清末国旗最初为三角龙旗，此为《中外各国轮船旗式》所刊样式

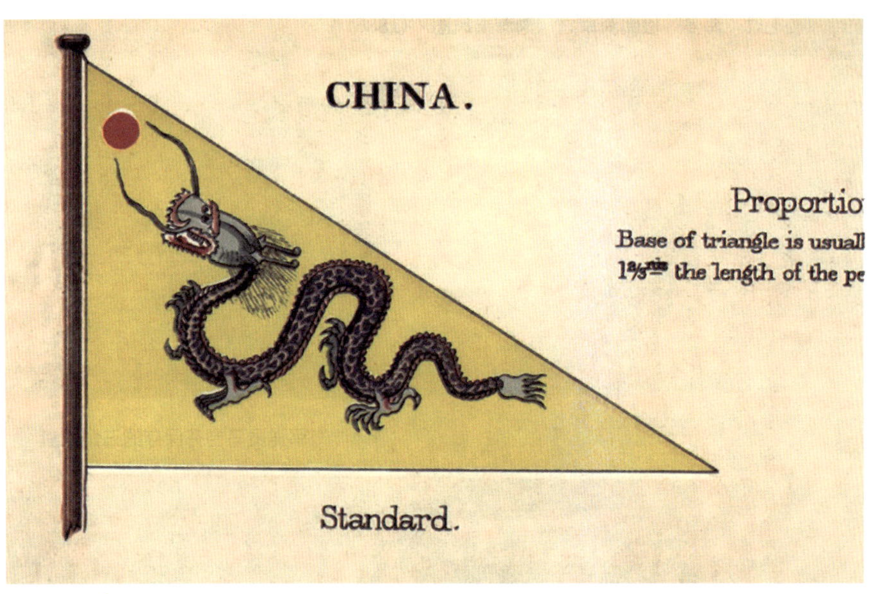

美国海军司令部编《各国船旗》（1889）所刊中国龙旗样式

描绘醇亲王乘“海晏”检阅海军之《渤澥乘风图》（1886）

北洋海军洋员马吉芬保存的三角龙旗

“海晏”船尾的三角龙旗

《北洋海军章程》稿本中设计的长方形国旗，上海图书馆藏

《北洋海军章程并改用长方国旗卷》中的国旗图样
采自吉辰:《晚清海军旗图样研究：基于图像资料的探讨》，载《学术研究》2020 年第 3 期

1888 年北洋海军成军后改国旗为长方龙旗，图为英国海事博物馆藏品，旗料、龙和龙珠都是棉布拼贴绣制。

合肥市李鸿章故居陈列馆收藏的双面鲁绣龙旗，材质为丝麻。

清末《中外各国轮船旗式》所刊北洋水师统领旗和分军将领旗（1888 年成军前）

“靖远”舰回国时船尾的三角龙旗和后桅上的北洋水师统领旗（1887）

《渤海阅师图》中“定远”舰后桅的三角龙旗和前桅的北洋水师统领旗（1886）

三角龙旗和北洋水师统领旗

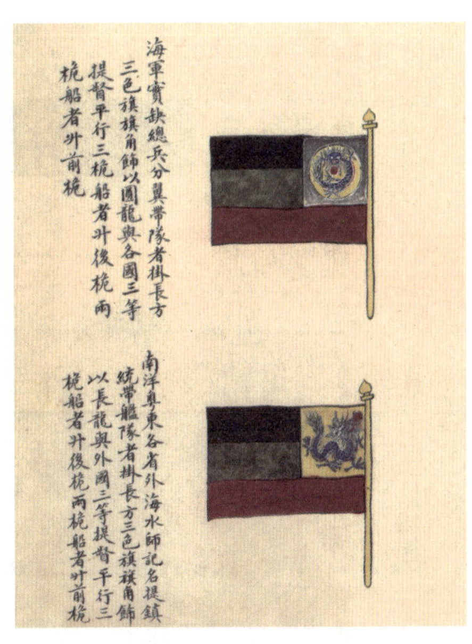

《北洋海军章程》稿本中设计的提督、总兵旗和南洋广东外海水师提督旗（1888）

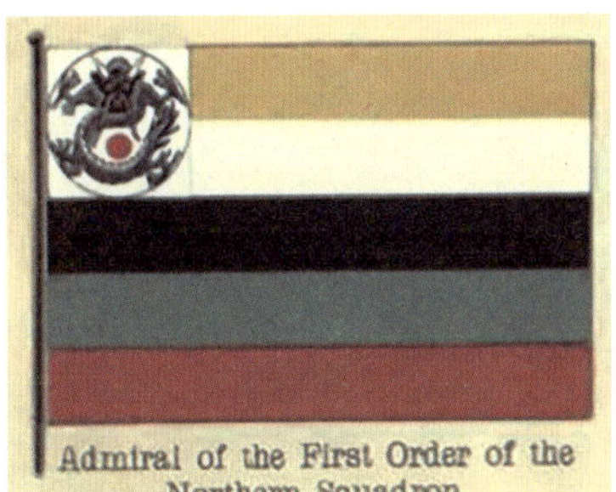

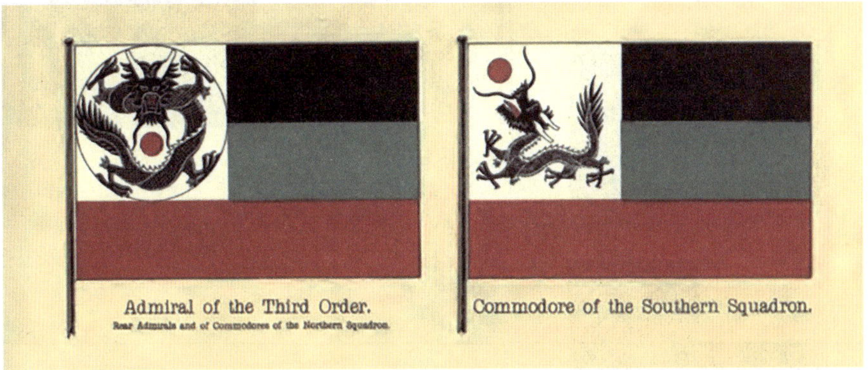

美国海军部编《各国船旗》(1899) 中清朝海军将旗，注意龙的画法和绿色彩条与《北洋海军章程》稿本的区别

清末英国海军部《各国旗式》中清朝头等、二等、三等提督（海军上将、中将、少将）和总兵（一级海军准将）旗

1909 年后海军将旗式样

龙旗飘扬的舰队

中国近代海军兴衰史（上）

插图典藏本

姜鸣 著

江苏凤凰文艺出版社
JIANGSU PHOENIX LITERATURE AND ART PUBLISHING

图书在版编目（CIP）数据

龙旗飘扬的舰队：中国近代海军兴衰史：插图典藏本：全2册 / 姜鸣著. -- 南京：江苏凤凰文艺出版社，2021.10

ISBN 978-7-5594-3758-7

Ⅰ. ①龙… Ⅱ. ①姜… Ⅲ. ①北洋海军－史料②海军－军队史－中国－清后期 Ⅳ. ①E295.2

中国版本图书馆CIP数据核字（2020）第258949号

龙旗飘扬的舰队：中国近代海军兴衰史：插图典藏本：全2册

姜鸣　著

责任编辑　孙金荣
特约编辑　张雪雅
责任校对　孔智敏
出版统筹　孙小野
出版发行　江苏凤凰文艺出版社
　　　　　南京市中央路165号，邮编：210009
网　　址　http://www.jswenyi.com
印　　刷　三河市金元印装有限公司
开　　本　700毫米×1000毫米　1/16
印　　张　46
字　　数　776千字
版　　次　2021年10月第1版
印　　次　2021年10月第1次印刷
书　　号　ISBN 978-7-5594-3758-7
定　　价　158.00元（全2册）

目录

第三章 马江之战前后 1884～1885

第四章 海军衙门的设立 1885～1894

第五章 北洋海军成军 1885～1894

第六章　甲午海战及北洋海军的覆灭　1894～1895

第七章　海军发展的第二个浪峰　1895～1911

原序一

改革开放以来，我国学术界涌现出一批令人瞩目的青年学者。他们在各自的研究领域里孜孜求索，以年轻人特有的朝气，给学界带来了蓬勃生机。姜鸣同志是其中之一。

他从 1981 年起，在我指导下专攻中国近代海军史。十年耕耘，发表了不少有价值的论文，引起了军事史和船史研究界同人的注意。本书是他关于海军史研究的第一部著作，原拟作为我主编的《中国近代军事史研究丛书》的一种，后来由于出版方面的原因，只好先单独出书了。

从一开始，我们就议定了海军史研究的几项原则：既要着重考察近代海军建设和发展中的重大事件，又要认真研究事件之间的有机联系和关键性细节，避免将近代海军史写成不相接续的事件堆积；既要对近代海军的发展过程做动态研究，又须对海军建设的各项制度、船舰性能、军舰炮械、教育训练等做充分的静态研究，避免把近代海军史写成海战史；既要深入研究北洋海军，又应对南洋、福建、广东地区的海军发展状况进行钩稽考索，避免把近代海军史写成北洋舰队史；既要充分注意海军的军事使命，又要注意海军的政治使命与晚清政情的关系，把近代海军的发生发展放在清王朝国家战略的广阔背景中考察；既要纵向论述中国海军的兴衰，又要对中外海军尤其是日本海军作横向比较研究，以确定中国海军的发展水平、特点和历史教训。我们认为这样才有可能写出一部比较完整翔实的具有较高学术水准的中国近代海军史。

我高兴地看到姜鸣同志在本书中很好地实现了自己原定的目标。他对若干重大事件如马江之战、黄海海战，提出了自己的独立见解，又对某些细节如黄海海战中的接敌队形、中俄密约与维特回忆、颐和园经费等作了详细考证；对某些鲜为人知的问题，如甲午战争期间的军舰贸易、聘请外国军事顾问的内幕等，也根据中外史料进行了论述。在充分注意动态研究的同时，对诸如船舰性能、海军章程与训练、海军教育制度等不少静态专题做了叙述与分析。他使用了清廷档案和奏稿，对南洋、福建、广东地区的海军作了迄今为止最翔实的研究，并提出了不存在三洋海军的见解。尽管这是一家之言，容可讨论，但他根据史料立说的态度是认真的。

作者的视野也较宽阔。在本书中，他以现代意识审视历史，着眼于中外海军的比较研究，从而对海防与塞防的大讨论、海军发展战略、晚清和清流政治等问题，都有不少值得注意的观察与分析。虽然，分析中有时会夹杂一些太现代化的词句而显得不够缜密，但年轻人在对历史进行反思时所特具的敏感，又常常使人嗟叹不已。

本书不仅以开阔的思路给人启迪，还因扎实的史料显示了作者的功力。为了写书，他常常废寝忘食地奔波于各个图书馆，辛勤搜集中外海军史料；做了数十万字的海军史大事记，每条记事都出自原始资料；解析海军史的重要问题，先作专题研究；钻研前辈和时贤的著作，咀嚼他们的写作技巧和文采，这几多辛劳的凝聚，才使本书持之有故，言之成理，深入浅出，达到了一定的水准。

这本书的文字也很潇洒，文如其人，他自己确也是个颇为潇洒的人。既做党务方面的工作，又搞历史研究，还经常在上海的《解放日报》上发表京华览胜的历史散文，说古抚今，致使许多人以为他是一个熟知北京掌故、好发思古幽情的老夫子，其实，他至今只有三十挂四。以三十出头的青年人而能有这样的成绩，实在令人欣慰。

我决非因为是他的老师而净说些好话，只是在目前知识贬值的不正常情况下，出于对像他那样一类青年学者有志于学术研究的感动，写些他的勤奋与立志，可以举一反三，看到其他已有成绩或正在努力的青年同志的辛劳。有这样一代青年，我们的学术界是大有希望的。他们当然还不很成熟，这部著作中也不是没有缺点，但我不是在评书。我所想到的是学术界、出版界乃至社会各界人士，应该给他们以更多的指导关心和支持。一棵好苗，只有在肥沃的土壤里，在充足的阳光、水分下，才能茁壮成长。木多成林，学术才能繁荣昌盛。当然，像姜鸣这类青年学者，也要更加自爱自重，才能在学界和社会的扶植下不断奋进，为祖国的文化事业做出更多的贡献。我作为老师，对之有厚望焉。是为序。

沈渭滨

1991 年 4 月于复旦大学

原序二

世纪之末，在中央电视台拍摄讲述中国海军百年变迁的专题片《世纪海》时，我认识了姜鸣。

尚未谋面之前，军事部海军记者站站长刘树人先向我推荐了姜鸣和他所著的历史专著《龙旗飘扬的舰队》。我曾想象，他一定是个饱经世事、满腹经纶的文人，见面后方才知道大错特错了。

他竟然是个证券营业部的老总，用时下流行的话说，就是“下海”的商人。我和商界人士接触不多，在证券界更无熟人。但当我们在一起聊起中国海军的发展，我又被姜鸣忧国忧民、努力探索中华民族强盛之路的赤诚之心深深感动。作为一个军人，我觉得，我们在许多想法上竟是那样相通。

2000 年 12 月 31 日下午，《世纪海》在中央一台播出，我们在舟山的军舰上一起收看。姜鸣告诉我，他将修订《龙旗飘扬的舰队》。

《龙旗飘扬的舰队》是姜鸣在十年前出版的第一部专著，详细记录了中国近代海军创建发展的曲折历史，总结了清末海军近代化失败的历史教训。为了修订本书，姜鸣在业余时间倾注了无数的精力。晚间，我时常接到他的电话，讨论中法战争时期浙江海面某日的航海晨光，甲午黄海海战中北洋舰队爆破弹和穿甲弹的战斗性能这样一些专业问题。在他的影响下，我也对这段历史投以很大的关注。

我尤为关注甲午战争。甲午战争是中国海军历史上最大一次失败。提起这场战争，中国人无不悲愤和叹息，尤其海军军人，更是感到莫大的耻辱。虽然这页惨痛的历史早已翻了过去，中国人再也不是任人欺凌的“东亚病夫”，然而要真正实现中华民族的伟大复兴，我们前面要走的路还很长。总结甲午战争，不让历史重演，对学术界和海军界来说，都是具有现实意义的重要课题。

甲午战争海军失利的原因，以前的专家学者已经作了多方面的总结。除了大家常说的封建政治层面的腐败之外，从军队建设的角度来看，我认为至少还包括以下几个方面：

人才培养上只注重技术技能灌输，忽视了品德节操的养成 人的综合素质是多方面组成的，素质的各方面关系如同木桶效应，其中某项素质的严重缺乏将导致其综合素质的低下。北洋海军骨干军官基本上经过国内外海军院校培养深造，不可谓知识不丰富，视野不开阔；回国操舰，训练多年，不可谓缺乏实践经验。可为何甲午一战，全军覆没而未能歼敌一舰？究其原因，还是缺乏全民团结同仇敌忾的爱国主义精神和奋不顾身一往无前的英雄主义素质。诚然，北洋海军官兵中，不乏为寻找强国之路而孜孜不倦的探索者，不乏面对危险为国慷慨赴死者，但战争中也明显暴露出严重的问题：不敢出战者有之，临阵脱逃者有之，力主投降者有之；在军人节操、军人道德上存在严重问题，极大地影响了军队的综合素质，最终导致刘公岛的投降和北洋海军全军覆灭。我们推而广之地观察，在中国近代对外战争史上，除了少数战役之外，中国军队几乎从未取得过全局性的胜利，反而常常出现“兵败如山倒”的记录。这里，仅仅把失败解释为武器装备落后显然是不够的，而是同当时的军队没有进行爱国主义教育和军人品德节操的养成有很大关系，这是军队建设中的一大教训。

部队管理松懈，形同一盘散沙 有个比喻，武器装备和高技能的人才是战车的两个轮子，而部队的管理是连接轮子的车轴。军队没有正规严格的管理，战车就不能前进。中国古代军事家认为，军队管理所要达到的目标是：驻防时严守规章制度，行动时十分威严，进击时锐不可当，退却时不可追赶，进退有节制，左右调动听指挥。对照以上目标，北洋海军的部队管理差距很大。首先是军队的主要管理者自己的表率作用极差。当时海军军官有着比陆军军官更为丰厚的报酬，但高级军官却带头违反纪律，建公馆，养小妾，夜不归舰。上行下效，下级官兵也军纪涣散。“长崎事件”固然是日本人对我敌视造成的，但也暴露了北洋海军管理上的问题，以至日本海军一眼认定北洋海军是可以欺辱的目标。管理的松弛同时也是腐败的温床，纪律和训练懈怠了，军官就会把精力放到谋私利上去，结果销蚀的必然是军队的战斗力。

引进了先进的武器装备，但没有形成系统配套的管理体制 热兵器时代，武器装备不同于古代的大刀长矛，需要有与之相适应的装备管理办法和维修保障体系，使其始终处于良好能战状态，这样才能发挥出装备应有的效能。甲午战争期间，中日两国的舰艇、火炮，均属世界先进水平。问题在于，北洋海军引进了先进的装备，却没有搞好装备管理，舰艇水密装置损坏不及时修复，造成军舰进水后迅速沉没；黄海海战中军舰弹药供应不足，战后的调查却发现实际上存有所需的弹药，均暴露出装备管理和维护水平的低劣。北洋海军追求进口西式装备，模仿西式操典和西式战术，却没有真正学到先进的保障管理体制。

训练缺乏针对性，满足于演式和摆练，造成实战中的失利 兵书上说："知己知彼，百战不殆。"要做到这点，首先要分析周边形势，设置假想敌，分析敌我优长与不足，进行有针对性的训练。然而北洋海军的训练显然不从实战出发，仅是为了满足上级视察；编队训练预定阵形，射击训练预定距离，缺乏实战的针对性。平时看起来耀武扬威，一到作战，便马上暴露问题，甚至在黄海海战中连接敌的第一个编队变阵都没能走好。鱼雷艇对商船改制的代用军舰几次抵近发射均不能命中目标。这样的舰队，岂能夺得战争的胜利？

我读过《龙旗飘扬的舰队》的初版，也有幸在第一时间读到了修订文稿。我注意到，姜鸣在修订本里，着力对北洋海军的失败原因做了新的和更为深刻的发掘。有位军人曾说："如同美国人反复研究越战一样，我们也应该反复研究北洋海军史。"尽管今天的国内外环境都已发生了根本性的变化，但温故知新，在我们进行现代化军队建设的时候，仍然可以从清政府创建北洋海军的历史中不断地汲取教训。我愿意军队和地方的朋友们都能认真地一阅本书。

最后我想说，姜鸣是个勤奋的人。他的勤奋，不仅表现在业余时间专研海军史，更反映在他对自己本职工作的热爱和投入，他获得了 2001 年全国金融系统五一劳动奖章。他是一个职业经理人，又是一个历史学家，他喜欢这样的双重角色，并且在两方面均取得了成绩。我想，能够做到这样是很不容易的。所以我们常常交流思想，成为挚友。我祝愿姜鸣在业务上和学术研究上取得更大的成绩。

柏耀平　海军上校[1]
2001 年 9 月

1 柏耀平现任北部战区海军副司令员，海军少将。

初版前言

中国位于欧亚大陆的东端，濒临浩瀚无涯的太平洋，有长达一万八千余千米的大陆海岸线。

早在石器时代，中国人的祖先就已经在沿海地区生活了。为了同江河湖海搏斗，他们发明了舟楫。到了春秋时期，出现了专门进行水上作战的部队“舟师”。公元前 485 年，吴国和齐国在黄海进行了最早的海战。

中华民族征服海洋的活动，经过几千年的发展，到明朝郑和下西洋时达到高峰。从 1405 年至 1433 年，宝船队远航三十余国，航迹到达印度洋和大西洋。郑和船队的最后一次返航，要比哥伦布抵达美洲早六十年。

中国本土位于温带至暖温带地区。绵亘北方的戈壁荒漠和西伯利亚森林草原，逶迤西陲的青藏高原和天山山地，截断东西的澜沧江、怒江和横断山脉，使得华夏文明同西方文明隔绝开来，成为一个独立发展的文化区域。从大海到帕米尔高原，有千余万平方公里的广阔舞台可供先民们驰骋，足以抵消人口繁衍和外族入侵带来的种种压力。黄河、长江滋润着中下游平原，哺育出极为发达的农业文明。西太平洋成为天然屏障，既保护中国东部沿海不受外来民族的侵略，也阻碍了我们的祖先向东开拓的步伐。

孔子有一次对弟子们说：“道不行，乘桴浮于海，从我者其由与？”这不过是偶尔发出的喟叹。在中国古代传统世界观中，中国居于世界的中心。宋代有位士大夫说过：“夫天处乎上，地处乎下，居天地之中者曰中国，居天地之偏者曰四夷。四夷外也，中国内也，天地为之乎内外，所以限也。”千百年来，中国人心目中的中原王朝和四海邻国的关系就是如此。中原王朝对四海邻国实行王道教化，追求的理想是四野宾服、万方来朝。杜甫曾在诗中吟道：“杀人亦有限，列国自有疆。苟能制侵陵，岂在多杀伤？”表达的正是既要抵御外来侵略，又不要无止境地开疆拓土的有限战略目标。总体说来，这种温顺平和的战略思想，反映了儒学的精髓。

海军的发展，是同国家的政治经济目标相联系的。16 世纪的英国探险家罗利说过："能控制海洋的人便可控制世界贸易，而能控制世界贸易的人，便可控制陆地资源和陆地本身。"英国政治家克伦威尔更直言不讳地说："炮舰是最好的大使。军舰最能显示一国的军力及对利益的关切。军舰可以采取主动或有利的行动……没有其他军事力量可以提供这种机动和弹性。"这就把西方国家发展海军的政治、经济目的都说得十分明白。19 世纪更是海洋的时代，尽管当时对海洋资源的利用尚未达到相当的程度，但通过海洋控制贸易、交通、战略要隘和陆地资源却显得十分重要。然而长期推行重农抑商国策的清政府几乎没有这种观念。我们重温郑和下西洋的历史，可以看到明成祖和明宣宗的指导思想，首先是树立大明帝国在东南亚和南亚各国的威信，宣敷教化于海外，以造成远邦重泽而来、宾服中国的盛世景象；其次是察访明惠帝流亡海外的问题；最后才是进行朝贡贸易，为皇室和参加航海的官员获取经济利益。根据这些目标，中国海上力量前所未有地活跃在国际政治舞台上，极大地提高了中国在这些地区的影响度和凝聚力。可是，郑和下西洋毕竟只是为封建皇权服务的行动，缺乏社会经济发展的内在动力和广泛的社会基础，一旦皇帝决定取消这一行动，整个航海事业便像昙花一现般很快萎谢。这同西方航海事业伴随着资本主义发展和殖民势力东来而欣欣向荣、久盛不衰的景象，恰成对照。

总之，中华民族作为一个濒海的大陆民族，在它历史上有过一些航海的壮举，在航海器的研究上，也达到过相当水平。但从整个认识系统看，它对海洋的认识是保守的和有限的。广袤的生存空间，使它不必像岛国民族那样拼命去拓殖海外领土；丰饶的物产和自给自足的经济，使它无多大顾忌，除了奢侈品和香料外，几乎可以不依赖海外贸易；繁多的国内事务，更使它无暇顾及海外；而浩森的大海，犹如天然鸿沟，有效地阻挡住了外族入侵的可能性。由于中华帝国巨大的空间存在和华夏文化圈的辐射影响，在大多数年代里，海外邻国表示臣服和向化。于是皇帝和臣子们便沾沾自喜、高枕无忧了，他们何必再要去探险海外呢？

中国历史上的外患，长期来自北方游牧民族奔驰的铁骑。直到明朝，海防才成为国家对外防御的重点。明朝从山东北部辽东都司（今辽东半岛）至广东南部的海南岛，设立了 54 个卫，127 个千户所，并在各险要之处筑城戍守。每千户所有十艘战船，每卫有 50 艘战船，以期水陆配合，协同作战。明朝的海上之敌，主要是倭寇，后来还有荷兰殖民者。

清袭明制，继续设置水师。但在闭关政策指导下，水师发展十分缓慢，到了19世纪，便完全过时了。而西方的海军却发展到前所未有的程度。列强凭借着坚船利炮纵横三大洋，把一个个古老的封建帝国推入殖民地半殖民地深渊，也用轰鸣的舰炮打开了中国的大门。无论从侵略还是从反侵略的角度看，从来没有一个世纪，海军的作用显得如此突出。

近代中国的屈辱从海防的崩溃开始。为修补和缝缀破碎了的防线，便有了创办近代海军的历史活动。所谓近代海军，是指以蒸汽动力舰艇为主体，采用西式训练和作战方法，军官多经国内外海军院校培训，有完善后勤支援系统的新式海上武装力量。它的出现，标志着中国国防近代化的开端。近代海军的缔造者们——奕䜣、李鸿章、左宗棠、沈葆桢、丁日昌等，顺应历史的发展，继承“师夷长技”的主张，从1861年起，经过30多年的努力，把海军建设成整个清朝武装力量中初步完成向近代化转变的新军种，在中国近代军事改革中占据着十分重要的地位。有些研究者把1895年开始的“小站练兵”看作中国近代军事改革的滥觞，其实甲午战争后，清政府只是把军队近代化的重点从海军转移到陆军而已。袁世凯在“新建陆军”中追求的西式编队、西式装备、西式操典、西式教育、西式选拔征募制度和西式战术，海军在更早的时候便进行了探索和实践。由于海军装备和军港基地的特殊性，因而使得近代化的规模显得更为宏大。

本书所述的近代海军是指清朝海军。它的发展，经历了四个阶段，即1861 ~ 1874年的初创阶段，1875 ~ 1884年的“南北洋并进”阶段，1885 ~ 1895年的“北洋独进”阶段和1895 ~ 1911年的重建阶段。选择1861年作为海军史的开端，是以“李—阿舰队事件”为标志的。第二次鸦片战争后，清政府企图从国外购买军舰组建新式舰队，结果却被李泰国、阿思本等帝国主义分子搅得一塌糊涂，说明中国近代海军在发轫之初便历尽艰难。这一阶段的重点是清政府先后创办了江南机器制造局和福建船政，显示了近代海军同大工业密不可分。恰如恩格斯所说：“现代的军舰不仅是现代大工业的产物，而且同时还是现代大工业的缩影，是一个浮在水上的工厂。”在考察近代海军的发展过程中，笔者始终把近代造船工业的发育作为同时关注的线索，这也正是近代海军史的一个重要特征。

1867年，担任江苏布政使的丁日昌首先提出建立“三洋水师”的方案。1870年，在自制舰船的基础上，福建设立“轮船统领”。从此，按区域组建舰队以完成海军近代化的构想一直成为19世纪中国近代海军建设的主线。只是在如何发展区域海军的认识上，出现了许多激烈的争辩。经过1874年的海防大筹议，确立了南北洋同步发展的战略，构成海军发展的第二阶段。中法战争后，成立了总理海军事务衙门，领导全国的海防建设，并确立先练北洋海军的战略，构成近代海军发展最为辉煌的阶段。中日甲午战争中，北洋海军全军覆灭，海军衙门被裁撤。经过一段时间的沉寂后，20世纪初，海军开始了缓慢的复兴，直至辛亥革命易帜。

四个阶段的交接点，是三场对外民族战争，即1874年抵御日本侵略台湾的战争、1883 ~ 1885年的中法战争、1894 ~ 1895年的中日甲午战争。在这三次战争中，投入了相当的海军力量。在中法战争和中日战争中，都有大规模的海战。尤其在中日战争中，出现了迄至当时为止规模最大的蒸汽军舰主力决战和要塞防御战，从而为中国近代军事史增添了极为丰富的内容。前两场战争刺激了中国近代海军的发展，而第三场战争却毁灭了海军菁华。总结这些战争，对于海军史研究是十分重要的。历史的悲剧在于，洋务派官员们一方面在大张旗鼓地推行海军近代化，使得海军在技术领域里发生了巨大的变化，从而一度成为亚洲最为强大的舰队；可是另一方面，深植于文化心理深处的海洋观却并没有变化，国家战略中并没有增添海洋意识，从而注定了海军近代化的失败命运。

早在1874年，郭嵩焘便提出了他的疑惑："诚使竭中国之力，造一铁甲船及各兵船布置海口，遂可以操中国之胜算而杜海外之觊觎，亦何惮而不为之？而……果足恃否，此所不敢知也！"他尖锐地指出，"西洋立国，有本有末，其本在朝廷政教，其末在商贾。造船制器，相辅以益其强，又末中一节也……舍富强之本图，而怀欲速之心以责于海上，将造船制器，用其一旦之功，遂可转弱为强，其余皆可不问，恐无此理。"这种把海防建设同改造国家政治制度结合起来的观点，整整超越了时代20多年。其他洋务思想家和官员，一下子没有走得如此之远。他们中的一些人，通过实践，也开始考虑海防同国家战略的关系，提出把海防力量的振兴同航海、对外贸易、侨民管理事业结合起来，要从国家战略的宏观高度上来讨论海防。可是，这只是闪烁的流火，瞬即消逝在茫茫的夜空。无论是对于发展国家的海上综合力量，还是加强同侨民的联系以保护国家的海外利益，清政府都没有做过认真考虑，始终把海军建设仅仅看成是保卫本土海岸线及港口要塞的辅助力量。没有建立完整的海防理论，没有深入思考过海军的使命。直至清朝覆灭为止，中国舰队总体上是一支"绿水"舰队。可以说，以自给自足的自然经济为主体的中国社会，本质上并不需要强大的海军，不需要拥有将利用海洋和保卫国家利益综合于一体的海上力量。因此，发展海军事业必然缺乏内在动力。虽然在一个时期内，鼓吹海防的言论可以遍及朝野，海军建设也取得了一定的成就，但这仅仅是表面现象。清政府绝不会像德国、日本、美国那样，倾国力去建设海军，从而在 19 世纪末 20 世纪初崛起为海军强国。没有一支强大的舰队，保卫海防的任务也就难以完成。

40 年来，国内史学界对于近代海军史的研究，主要集中在洋务运动、中法战争和中日战争三个专题内，没有形成海军史自身的研究体系。主要环绕着清政府创办海军的社会背景和目的、北洋海军的评价、海军失败与洋务运动的性质、福建船政局、江南机器制造局、中法马尾海战、镇海保卫战、中日丰岛海战、黄海海战、威海卫保卫战及丁汝昌、刘步蟾、方伯谦的评价以及若干史料的价值问题，展开了热烈的争论。近年来，对海军史的研究还从海战史及人物评价进一步深入到海防思想，海军发展战略，海军衙门，海军的教育、训练、经费、基地，军舰性能，海军战术，北洋地区以外区域的海军，辛亥革命中的海军等方面，从而使得海军史的轮廓日益明显，海军史所涉及的各种问题的细节更为清晰和丰富。此外，各种新史料的公布，台湾和海外史学界研究成果的传入，对我们认识海军史都起了很大的推动作用。

我国海军史的研究力量主要集中在史学界、军事科研机构及院校和造船界三个方面。史学界偏重历史过程，军界偏重战役和战术细节，造船界偏重舰艇发展。从三个侧面出发，大家都取得了很大的成绩。近年来，三方面的研究者呈现出相互合作、协同配合、共同探索的新气象。这对于扩大海军史的研究广度和深度，无疑起到了推动作用。对于学术界的这些成果，本书都注意予以吸收。

海军史研究的积极意义，不仅表现为对历史碎片的修复，而且对于我们今天如何记取历史经验教训，建设现代化国防也有深刻的启迪作用。与一百年前相比，我国的国际地位、经济实力和国防力量都发生了巨大的变化。我们从一个封闭的体系走向世界。人们开始认识到，海洋的特性决定了地理海疆和战略海疆的不一致性。热爱和平的战略上处于防御态势的国家，它的海军并非只能是近海型的。拘泥于近海防御，等待敌国海军逼近领海，就是放弃制海权，就会在战争中陷于被动。为了保卫包括南沙、中沙、西沙群岛在内的广阔的领海和管辖海域，为了保卫我国日益壮大的远洋船队的水上交通线，我们必须建立强大的海军。那么，了解一下前辈们是如何梦寐以求建立一支强大的钢铁舰队，了解一下这支在 19 世纪“对外开放”中建立起来的舰队所取得的光荣，以及后来如何走向覆灭，就显得尤为重要。

九年前，我在沈渭滨先生的指导下开始进行近代军事史研究，并从 1987 年 1

月开始撰写本书，至 1988 年 10 月完成初稿。对一个完全利用业余时间进行学术创作的人来说，我经历了种种曲折。个中的酸甜苦辣，只有我自己和我的家人才能体察。借此机会，谨向在本书撰写和出版过程中给予我支持、鼓励和提供无私帮助的朋友们致以深深的谢意。没有他们，本书是难以问世的。

1990 年 6 月

增订本前言

我一直钦佩理想的守望者。我知道，一个人要坚守自己的理想，是一件十分艰难的事。

对我来说，能把自己喜爱的历史学专业当成一个没有功利目标的兴趣，来执着地守望，就是一个理想。20年前，当我刚刚踏上研究中国近代海军史的阶梯的时候，没有想到这个课题竟会如此长久地伴随我，同我一起走过五分之一世纪的风风雨雨。而到了今天，我想说，我终于做到了自己当年走进大学时立下的心愿：不管生活发生什么样的变化，我决不放弃自己的专业。

去年4月12日，《南方周末》在头版头条位置发表我写的纪念一位当代中国海军军人的文章《13亿人呼唤着一个名字》时，加了一段作者介绍："姜鸣，中国近代海军史研究者兼证券从业人员，他是在我国军机被撞事件发生后，最早见到王伟朋友的人之一。"这个"兼"字引起了同事们的议论。自然，我也觉得"兼"字用得不妥，因为证券工作毕竟是我从事了九年的职业而不是兼职，应当把"兼"字改成一个逗号。但我又想，这种写法也许反映出一部分朋友对我的看法，他们从本质上认为我是一个史学研究者，别的事儿，只是我在某个时期里从事的具体工作。需要说明的是，我对自己在每个时间段里从事的每项具体工作都是极为投入的，但我始终保持了对历史学术的那份忠诚不渝的挚爱。

本书初稿完稿于1990年底。我开始写作时，国内尚无这一题材的专著，学术界对中国近代海军史的研究还分散在洋务运动、中法战争、甲午战争等专题领域。初稿出版后，得到学术界的好评。而在后来的十多年里，这个课题的研究，无论在史料开掘，还是在研究成果上，都取得了长足进步，这促使我下决心拨出时间来修订本书。

史学研究的基本要点，是尽可能多地占有史料，找到历史大门背后隐藏着的钥匙眼，而不是仅凭一鳞半爪，就"望文生义"，擅下评论。这些年来，我接触到的新史料，主要包括中国第一历史档案馆编《光绪朝朱批奏折》，戚其章主编《中日战争》（中国近代史资料丛刊续编），陈霞飞主编《中国海关密档——赫德、金登干函电汇编》（以上均由中华书局出版），中国第一历史档案馆编《光绪朝上谕档》（广西师范大学出版社出版），沈葆桢的《沈文肃公牍》（江苏广陵古籍刻印社出版），谢忠岳在《北洋海军资料汇编》中公布的《丁汝昌海军函稿》（中华全国图书馆文献缩微复制中心出版），福建师范大学图书馆收藏的卢毓英《卢氏甲午前后杂记》，陈贞寿公布的《益堂（方伯谦）年谱》，苏小东公布的《徐建寅上督办军务处查验北洋海军禀》，王记华公布的《北洋海军"经远"舰驾驶二副陈京莹甲午遗书》，日本中塚明提供的日本海军军令部编纂《廿七八年海戰史·黄海役》（秘本），台湾地区王家俭在《李鸿章与北洋舰队——中国近代创建海军的失败与教训》（台湾"国立编译馆"出版）中提供的材料，黄振南在《中法战争诸役考》（广西师范大学出版社出版）中提供的材料，孔祥吉在《甲午战争中北洋水师上层人物的心态——营务处总办罗丰禄家书解读》（载《近代史研究》2000年第6期）中提供的材料，以及袁保龄的《阁学公集》，等等。这里应当特别提到，我有幸读到安徽教育出版社正在整理的新编《李鸿章全集》的有关内容。这些史料，对于我拓宽视野，加深对中国近代海军发展历史的研究，弄清许多历史细节，无疑有很大的推动作用。在收集史料、修订和考证的过程中，甚至在辨读一封字迹模糊的旧信札时，我都能感受到历史研究的迷人魅力。

虽说我们常常感叹新史料的发掘极为困难，用新史料重新修订传统定论更是一个巨大的挑战，但毕竟有许多旧结论是可以重新讨论的。从这个意义上说，前人给我们留下了广阔的空间。本书修订本在李鸿章、沈葆桢、丁日昌与海防建设的关系，李鸿章同清流（张佩纶、李鸿藻）的关系，李鸿章与淮系将领（张树声、张华奎父子，吴长庆等）的关系，袁保龄对海军建设的贡献，北洋海军在甲午战争前后的内部状况，李鸿章在甲午战争爆发前对日秘密外交活动，丁汝昌的历史评价，方伯谦之死是否是冤案等诸多方面进行了考订，并拓宽了对海军史相关人物与事件研究的视野，从而对中国近代海军的发展脉络，海军发展同各派政治势力的关系，北洋海军建设的实际状况提出了新的看法。我一直认为，对历史人物评价要客观谨慎，尽量少夹杂"好人""坏人""爱国""卖国"等简单的道德评判。我曾说过我不敢写历史小说，因为我不会虚构。所谓虚构，其实是以作者的水平去揣想前人的智慧谋略和行事处世。既然我所研究的历史人物，都是他们所在时代的佼佼者和弄潮儿，我怎么可以依自己的一孔之见去妄想去编派他们的思想和行动呢？我的任务只是努力地深刻地发掘并再现他们的思维逻辑和生活轨迹。基于这样的指导思想，我在修订本中，对重要历史人物，更多地采用了描述的方式，力求准确真实地再现他们本来的生动复杂的生存状态，他们的优点和弱点，他们的成就和无奈。我不知道自己在写作中把握得是否妥当，但希望读者能够理解我的用心。

在本书的初稿中，我力图打破原来海军史研究仅涉及中法、中日海战和洋务运动中兴办造船企业及军事院校等几个方面的限制，把研究深入到海军购舰、教育、训练、基地建设、经费收支、海军战略等领域，以使得书稿更具有军事史的完整性和专业性。而在修订本中，虽然未对全书做体例上的调整，但融入了我多年来的许多专题研究成果，增加了大量的细节，使得全书显得更为丰满，近代海军同中国社会发展的关系也显得更加清晰。

本书修订时，也曾想能以更大的篇幅，进一步探讨中国近代化失败的经验教训，然而真到动笔之时，又不得不感叹时间不够，材料不够，识见功力不够，所以最后的修订稿，还是不够惬意，有着意犹未尽的遗憾。

在修订本书的过程中，我也关注着我国的国防战略、海权理论研究和海军建设。2001 年元旦的第一缕阳光，我是在 131 驱逐舰上，同著名的飞行员舰长柏耀平上校一起迎来的。4 月 1 日晚间，我得悉南海撞机事件中海军航空兵飞行员王伟失踪的消息时，正在修改本书刘公岛保卫战的最后几段文字。我为撞机事件震惊，也被那些失败和投降的情节愤懑着、压抑着，总觉得要透出一口气来，于是我加写了杨用霖自杀的一段文字。同时，我连夜在我主管的“中国银河证券网”上，转帖了《发生在南中国海上空巡航的故事》（该文发表于第 4 期《舰船知识》，文章中提到王伟和战友多次监视并赶走美军侦察机的故事），以表达我对这位年轻飞行员的纪念。中国的富强，中华民族的复兴，是一百多年来无数志士仁人前仆后继继往开来的伟大事业，从历史看未来，我在新一代中国海军军人身上寄托着希望。我在同柏耀平，在同王伟的战友们的交往中，感受到他们质朴纯洁的心灵，他们是中国人民和平生活的守望者。所以我说：在这个灯红酒绿五彩绚迷的世界，当我们享受着阳光春风，在恋爱在旅游在努力挣钱在关心自己孩子成长的时候，不能忘记那些默默奉献着青春并随时准备奉献出生命却不为人知道姓名的军人，那些质朴平凡的好兄弟。中国国防现代化要走的路还很漫长，总结昨天的历史正是为了明天的崛起。有位书评作者曾说“这本书起码应该列为中国海军排以上军官的必读书”，我把这本书献给他们，愿他们从上一个时代中国军事近代化的失败中总结和吸取教训，为我们在赶超发达国家的历史征途中，创造一个和平的环境。

本书修订过程中，始终得到沈渭滨老师的关心和指导；皮明勇、刘申宁、翁飞、苏小东、后志刚、宋晓军、许华、刘庆、马忠文、姚晓亭、李光宇等先生，以及日本的中塚明教授为我提供史料，与我切磋观点，给我很多帮助；台湾地区学者王家俭教授的新作《李鸿章与北洋舰队》给我不少新的启发；吴侃炯、刘丽琼为我翻译和打印资料，在此我向他们表示感谢。

柏耀平上校在百忙中欣然为本书修订本作序，使这本平民史学研究者撰写的海军史著作，有了真正一线海军军人的评介，我向他表示感谢。

我还应当提到，十多年前，为了帮助本书的初版顺利付梓，黄跃金、王仲伟、李智平、李安瑜等同志都给予了关心和帮助。出版之后，赵启正部长亲自撰写书评予以推荐，这些都是我十年来坚持从事学术研究的动力。对于这些曾经给我帮助和鼓励的领导和朋友，我也在此向他们致谢。

本书初版是由上海交通大学出版社出版的，修订本由北京生活·读书·新知三联书店出版。责任编辑潘振平先生认真审阅书稿，提出了许多重要意见，我向他，并向书店领导董秀玉女士表示衷心感谢。

最后，我感谢我的父母和妻子李家玻，没有他们的倾力支持，我不可能在极为繁忙的工作中，依然保持住自己在学术领域的探索。

2001 年 9 月于上海望亭室

第　一　章

海军事业的先声

1861～1874

人生如朝露，倘及时得手，作成一二件济世安民顶天立地事业，不更愈于空言耶?

——李鸿章

一、船坚炮利的时代

公元1793年，时为大清朝乾隆五十八年。这年秋天，奉英王乔治三世之命来中国谈判两国贸易的马嘎尔尼使团，在北京圆明园向中国皇帝弘历送交了一批礼物。其中引起皇帝兴趣的，是一艘载有110门火炮的“君主”号军舰模型。“君主”号是当时英国最大的战列舰，舰上的各种细微部分在模型中表现无遗。皇帝兴致勃勃地向使团人员询问了军舰上的许多细节，以及英国造船事业方面的问题。他还注意到了另外一些礼品：地球仪、天体仪、铜炮、榴弹炮、枪支和英国式马车。

马嘎尔尼使团不久失败而归。因为乾隆皇帝认为，天朝物产丰盈，无所不有，无须与外夷贸易互通有无，英国则是个相距遥远无关紧要的岛国。这批象征“坚船利炮”的礼物渐渐被人淡忘，直到1860年，英法联军攻占圆明园后，被英国人重新找到。

在乾隆皇帝亲眼见到“君主”号模型后的12年，英国海军名将纳尔逊在特拉法尔加海战中击败法国—西班牙联合舰队，从而最终确立了英国长达百余年的海上霸权。此时，英国海军主力，正是类似“君主”号的三层甲板大型帆舰。

又过了29年。1834年9月30日，乾隆帝的孙子道光帝旻宁在圆明园批阅奏章时，从两广总督卢坤的折子中得悉，原先执有对华贸易垄断权和管理权的英国东印度公司已经解散。英国新派驻华商务监督律劳卑乘坐兵船于7月25日来到广州商馆，次日遣人向总督递送了一封要求通商的信函。按照数百年来的传统做法，外国人的要求和意见，一律采取“禀帖”形式，由行商代转，而不能采用平行公文，因为此节关系天朝体制的尊严。总督通过商人向其晓谕，希望初入中华的“化外愚蠢”能悔悟恭顺。谁知律劳卑置之不理，又调来一艘军舰，一起泊在虎门口外的九洲沙沥洋面。广州的当权者——总督、将军、粤海关监督和都统紧张起来了，决定封舱，停止中英贸易，既作惩罚，也促其改变态度。卢坤向皇帝报告说：该夷人所恃者，唯有船坚炮利。内洋水浅，礁石林立，夷人施放炮火，亦不能得力。我方只要调兵遣将，水陆分投布置，夷人便会折服。道光帝对于遥远的南方所发生的事件并未特别注意，他用朱笔批了八个字："所办尚妥，所见亦是。"[1]

谁知未过几天又接急报，英舰"依莫禁"号和"安东罗灭古"号在律劳卑的命令下强行驶入虎门，直逼黄埔，轰击炮台，而清朝水师竟不能阻挡。虽然后来采用木排封锁航道以使律劳卑退回澳门，但广东水师的腐败无能却暴露无遗。消息传来，朝廷震怒，将疏于职守的广东水师中军参将高宜勇革职，押在海口，枷号一月，以示惩戒。[2]

其实败象早已显露。两年前，东印度公司为了突破清政府仅限广州一地通商的规定，派遣林赛和郭士立乘坐"罗尔·阿美士德"号帆船北上，途经厦门、福州、宁波、上海、威海卫，直至朝鲜、琉球，进行侦察和测量航道时，就发现中国水师不堪一击。他们观察到广东海防重镇南澳的78艘类似福建商船的战船，要比广州的战船差得多；而在南澳镇总兵指挥下的5000余人军队，似乎只存在于花名册里。他们认为，"由大小不同的一千艘船只组成的整个中国舰队，都抵御不了一艘（英国）战舰"。[3]1835年，他们在给英国外交大臣巴麦尊的信件中表示，侵略中国只要1艘主力舰、2艘大巡洋舰、6艘三等军舰、34艘武装轮船，加上600人的舰载陆上部队就足够了。这支舰队"会在很短的时间内把沿海中国海军的全部威信一扫而光，并把数千只土著商船置于我们的掌握之下"。[4]

林赛的话虽然有些言过其实，但清朝水师的窳败落后却是毋庸置疑的。从成立时起，清朝水师就是一个编制无统一规定，也无全国统一指挥机构，分别隶属于各地区将军、总督、巡抚指挥的辅助兵种，职责是防守海口、缉私捕盗，装备是旧式木帆船和旧式火炮。战船最大的全长30余米，载炮30门；小的长度不足20米，载炮不足4门。在外海水师中，广东水师舰只最多，实力最强，福建、浙江次之，越往北力量越弱。[5]由于200年没有遇到海上入侵，坐享太平盛世，额设战船，视为无用，风吹日炙，敝坏居多。或舵折桅倾，或篷烂缆断，即使修理，不过涂饰颜色，以彩画为工，内中早已损坏，难供驾驶。推其原因，首先应当归于清朝的海禁政策。康熙帝为了切断沿海人民对郑成功抗清势力的支持，于1685年规定，如有打造双桅500石以上违反制式船只者，无论官兵民人，俱发边治罪。此后，在1760～1835年间，清廷先后颁布《防夷五事》《民夷交易章程》《防范夷人章程》《防范夷人规程》，限制与外商交往，严重阻碍了航海事业的发展；又于1797年明

林则徐

谕各地，沿海战船，于应行拆造之年，一律仿民船改小。这种闭关自守的政策，使得旧式师船的发展被完全窒息了。

其次，是由于战船归文官修理，竣工接收时，武弁索取陋规有增无减。所领修船之费，不足供其所索，修理战船就不得不草率从事。此外，修船力量不足，难以适应水师定期维修保养的要求，甚至有的军官离任数年，战船仍未修竣，建造新型战船就更没人过问了。

水师官兵的素质更成问题。水师本有查禁鸦片走私之责，可是广东水师总兵窦正彪本人便有20年吸毒史。家丁员弁，相率效尤，官署中大小人等，无不吸毒。副将韩肇庆，专以护鸦片渔利。[6]广东水师提督关天培视察部队时发现弓箭手、鸟枪手在射击时一枪不中、五箭全空或仅中一鹄的，竟占大多数。这样的军队怎能作战呢？

1839年，钦差大臣林则徐到广州禁烟，虽力行整饬，加意战备，但由于同英国海军实力悬殊，双方没有进行主力决战。除了穿鼻洋海战出动了10余艘师船外，其余多是海岸炮台的防御战斗。英国远征军以40余艘舰船（其中一半是运输船）两次北犯，从广州到渤海湾横行无阻。尤其在以林则徐为首的禁烟派受到贬斥和打击后，清朝水师海上防御的弱点更是一览无遗了。英军占领了香港、广州、厦

鸦片战争中英国蒸汽动力军舰“复仇女神”攻击中国水师战船。

门、定海、镇海、宁波、吴淞、宝山、上海、镇江，直逼江宁城（今南京）下，迫使清政府接受屈辱的城下之盟。

林则徐在广州时，已经意识到水师装备的落后，一方面，他从美国人手中购买了“剑桥”（又译“甘米力治”）号战舰，并仿造西洋式样，建造了一批火炮；另一方面，他又认为“彼之所恃，只在炮利船坚。若赴大洋与之交锋，总应相度机宜，须得确有把握，方无虚发。一至岸上，则该夷无他技能。且其浑身裹缠，腰腿僵硬，一仆不能复起。不独一兵可手刃数夷，即乡井平民亦尽足以制其死命”。[7]把制胜的希望寄托在陆战上。这种思想在当时很有代表性，以致有人建议干脆改水师为陆师，专防陆地。

林则徐对海军的认识不久便有变化。当他被贬离开广州前，提出了“以船炮而言，本为防海必需之物，虽一时难以猝办，而为长久计，亦不得不先事筹维”[8]的主张。在流戍西北途中，他更明确提出“有船有炮，水军主之，往来海中，追奔逐北，彼之所能往者，我亦能往”的设想，指出“剿夷而不谋船炮水军，是自取败也”。[9]到了《南京条约》签订前夕，连道光帝也看到了战争失败的原因，是没有水师巨舰与英军接战，造成“其来不可拒，其去不可追”的被动局面。他命令福建、广东、浙江等省赶造大号战船，多安炮位。如果赶造不及，可先行设法购买，并奖励捐资建造者。战争结束后，湖南邵阳人魏源出版了他受林则徐委托编写的《海国图志》，第一次明确了“师夷长技以制夷”的命题。

鸦片战争的实质，是资本主义生产方式以新式的坚船利炮和残暴的毒品贸易冲击古老的中国，以图叩开紧闭的大门，把中国卷入世界市场。但在当时，连最先进的中国人也只认为英国是数万里之外的蛮夷小国，凭借着奇巧利器，以图挟制天朝大国，因此必须学其长技，以利器制夷。而在更多的人看来，这不过是处置不当引起的偶然事件，所以当海上威胁暂时消除后，人们又沉湎昏睡，水师的整顿和装备更新也随之停止了。

曾国藩

1853年2月，太平天国起义军占领武汉后，挟数十万众，万余艘船，以雷霆万钧的气势，顺江而下，定鼎天京（今南京）。清军水师不堪一击，望风披靡。曾国藩为了夺回

第二次鸦片战争中英法联军进攻大沽口

长江江面的控制权，创建湘军水师。这支水师很出了些骁悍的战将，打了许多惊心动魄的大仗，但只是内战内行。其装备和作战方式，仍是旧式水师的翻版。从1855年曾国藩亲撰的《水师得胜歌》中，这支部队的情况便可略知端倪。曾国藩写道：

> 三军听我苦口说，教你水战真秘诀；
> 第一船上要洁净，全仗神灵保性命；
> 早晚烧香扫灰尘，敬奉江神与炮神。
> 第二湾船要稀松，时时防火又防风；
> 打仗也要去得稀，切莫拥挤吃大亏。
> 第三军器要齐整，船板莫沾半点泥；
> 牛皮圈子挂桨柱，打湿水絮封药箱……
> 第四军中要肃静，大喊大叫须严禁；
> 半夜惊营莫急躁，探听贼情莫乱报……
> 第五打仗不要慌，老手心中有主张……
> 若是好汉打得进，越近贼船越有劲。
> 第六水师要演操，兼习长矛并短刀；
> 荡桨要快舵要稳，打炮总要习个准……
> 第七不可抢贼赃，怕他来杀回马枪；
> 又怕暗中藏火药，未曾得财先受伤。
> 第八水师莫上岸，止许一人当买办；
> 其余个个要守船，不可半步走河沿……[10]

太平军水营力量一度十分壮大，但没有认真编练，太平天国领导人对水营也没有高度重视，结果为湘军水师击败。他们之间的战斗，可以说是中国旧式水师之间的最后决战。1865 年，曾国藩奏准将湘军水师改为经制长江水师，设提督管辖。又规定沿江五省督抚可以节制调遣。此后，长江水师也走入旧式八旗绿营水师的末路。

在 1856 ~ 1860 年第二次鸦片战争期间，清军水师几乎没有发挥任何抵御英法联军入侵的作用。对旧式水师的改革迫在眉睫。薛福成在《庸盦笔记》中记载：1861 年，湘军统帅胡林翼率军合围安庆后，策马登龙山，瞻眄形势，得意地说："此处俯视安庆，如在釜底，贼虽强，不足平也。"然而忽见两艘洋船鼓轮西上，迅如奔马，疾如飘风，于是变色不语，勒马回营，中途呕血，几至坠马。他与幕僚阎敬铭谈及洋务时，摇手闭目，神色不怡，说："此非吾辈所知也。" 不数月，薨于军中。这个故事反映了当时具有先见之明的政治家对西方轮船出现所带来的巨大冲击浪潮的焦虑心情。[11]

19 世纪 50 ~ 60 年代，是世界海军从木质帆船向钢质蒸汽舰转变的历史时期。主宰海洋数千年的古典风帆将要告退。卢坤、林则徐所称的"船坚炮利"，其实还只是旧式帆船和前膛炮，待到装有可旋转炮塔大口径后膛炮的铁甲舰驶入大海，海战便真正发生了决定性的变化。

最早的蒸汽轮船，是英国工程师赛明顿 1802 年研制的"夏洛特 · 邓达斯"号。五年后，美国人富尔顿的"克莱蒙特城"号投入了纽约至奥尔巴尼间的航线。1820 年，第一艘铁壳蒸汽船"阿荣 · 曼比"号也问世了。这时的蒸汽船都是船体两侧的大型蹼轮驱动，蹼轮不仅挤占了约三分之一的安装火炮的位置，而且在战斗中极易遭到敌人炮火的损坏。1829 年奥地利人莱赛尔发明了船舶螺旋桨，后来工程师埃里克森又对这一设计进行了改进。他与美国海军上尉斯托克顿一起设计了第一艘螺旋桨战船"普林斯顿"号。科学技术的急速发展，使得海军进入了崭新的时代。

在军舰向蒸汽动力演进的同时，火炮的研制也取得了革命性的突破。世界上最早的火炮是中国人发明的。13 世纪初至中叶，成吉思汗及其子孙率军西征，把火药和火器带到了阿拉伯和欧洲，但欧洲人未能掌握火药制造和使用技术。14 世纪前期，欧洲人从阿拉伯人那里学会了制造火药和火器，并使它的制造技术得到极大的发展。17 世纪，慕尼黑有一种口径 2 英寸，带八根膛线的线膛炮。18 世纪，英国和法国都进行了线膛炮的试验。来复线能够提高射击精度，炮弹也从球形实心弹发展为细长形空心弹丸。1821年，法国人帕克斯发明了爆破弹。1829年，法国军官蒂埃里用铁箍套铸铁炮管，发明了套筒炮，解决了后装线膛炮容易炸膛的技术问题。接着，英国的威廉·阿姆斯特朗爵士和惠特沃思又分别造出了质量很高的后装线膛火炮。人们开始认识到，只有铁甲舰才是对付爆破弹的较好方式；但又相信，强大的后装线膛炮，能够击沉铁甲舰。

19世纪中叶的三次著名海战，奠定了近代海军的发展方向。1853年，俄国为征服土耳其，控制黑海海峡，进而向近东和巴尔干扩张，同英、法、土耳其、撒丁王国爆发了克里米亚战争。战争的第一阶段是锡诺普海战。俄国黑海舰队司令纳希莫夫海军中将率领一支分舰队，袭击了停泊在锡诺普湾的土耳其分舰队。在俄国舰队所拥有的720门火炮中，有76门是发射爆破弹的轰击炮，而总共拥有510门火炮的土耳其舰队，仅有2门能发射爆破弹，在两个多小时的海战中，除了一艘汽船逃走之外，整个土耳其分舰队被消灭了。锡诺普海战是欧洲帆船舰队最后一次大规模交战，同时也是首次使用汽船和爆破弹的一次大海战，标志着现代海战的开始。

一年后，英法联合舰队驶入黑海。法国旗舰“拿破仑”号最为引人注目。它是第一艘用螺旋桨推进的蒸汽—风帆战列舰，有500匹马力，航速顶着强风时可达11节，平时可达14节。同盟军400艘战列舰和运输舰组成的编队，将一支62000人的部队送到黑海舰队基地——塞瓦斯托波尔以南约30英里的耶夫帕托利亚登陆。蒸汽船充分显示出它的作用。战争表明，木壳军舰的船舷经不起新式炮弹的袭击，由此也促进了铁甲舰的问世。在战争中，俄国人还首次使用了水雷。

1855年10月17日，塞瓦斯托波尔陷入同盟军之手后不久，联合舰队攻击了控制尼古拉耶夫港入口处的金伯利要塞。行动中，法国人使用了排水量1400吨的浮动装甲炮台“雷鸣”号、“熔岩”号和“扫荡”号。“熔岩”号中弹64发，“雷鸣”号中弹70发，却没有造成重大损失，金伯利炮台则被夷为平地。这种浮动炮台是现代炮舰的雏形。

接着，美国爆发了南北战争。1862年3月9日，首次铁甲舰之间的海战开始了。南军出动了“弗吉尼亚”号，这艘军舰的前身，是南军一年前占领诺福克军港时俘获的蒸汽动力护卫舰“麦里马克”号，南军把它改装成铁甲舰。北军注意到这一情况，制成了“莫尼特”号新型铁甲舰，它比“弗吉尼亚”号略小，但旋转炮台上装有2门11英寸口径滑膛炮，火力大大超过了对方的3门9英寸口径炮。

克里米亚战争中英法联合舰队炮击金伯利炮台。

美国南北战争时，北军“莫尼特”舰与南军“弗吉尼亚”舰对攻。

它们在切萨皮克湾的汉普顿锚地展开了激烈的对射。双方相距仅三十几米，炮火对彼此的铁甲似乎都不起作用。这次海战使那些反对用钢铁建造军舰的人被说服了。此后，旋转炮塔也被推广，以取代传统的侧舷炮。

又过了4年，奥地利与意大利间爆发了奥意战争。1866年7月20日，双方海军在利萨岛展开会战。数百年来，西方海军战术一直遵循纵队原则，交战双方的舰队航向互相平行，舷侧对舷侧展开炮火射击，直到击败对方为止。19世纪初，英国海军统帅纳尔逊海军上将开始探索新的海战战术。他在1805年特拉法尔加海战中，用两个纵队横向拦截法国—西班牙联合舰队，以机动分割打破了单纵队线式战术的教条，创造了著名的海战战例，但是各国海军仍把单纵队看作最正常、最规范的战术队形。利萨海战中，奥地利海军上将特拉特霍夫再次打破单纵队常规，以三列楔形队形扑向意大利的单纵队，他的旗舰“费迪南德·马克斯”号勇敢地撞沉了意大利旗舰“意大利”号。经过激战，奥地利大获全胜。利萨海战没有从本质上改变奥意战争中奥地利败北的局势，但它是铁甲舰队之间第一次大规模交战。作战编队成了各国海军将领热衷研究的课题。单纵队虽然仍不失为一种经典严密的海战队形，但大胆偏离条令，也能出奇制胜。此外，冲撞战术在铁甲舰上被证明继续有效，于是铁甲舰和巡洋舰的艏部都装上了坚固的冲角。不过这仅仅是古老战术的回光返照，海战正日益摆脱近距离的格杀，在很多情况下，孤注一掷的冲撞是十分危险的举动。

西方海军就是在这一系列海战的刺激下，急速地走向现代化。

早在1856年，当太平天国起义正如火如荼、势不可当地迅猛发展时，清政府已开始考虑购买外国轮船了。担任上海江海关税务司的英国人李泰国建议清廷"宜买此轮船数只，扫除狂寇"。[12]福建布政使曾望颜也主张雇火轮船以肃清江面。后来，咸丰帝奕詝同意筹商雇请火轮船入江助剿，命钦差大臣向荣等人办理。未料第二次鸦片战争不久爆发，此事便搁置了下来。

1861年《北京条约》签订后，由于俄、法先后表示愿意提供军事援助，使得朝廷再一次酝酿购买外洋船炮。军机大臣文祥在奏折中援引了上年两江总督、钦差大臣曾国藩提出的"要攻取苏、常、金陵，须有三支水师，现在设厂购料，不如购买轮船更为得利"。曾国藩，字涤生，湖南湘乡人，这年50岁，是晚清最重要的

利萨海战中"费迪南德·马克斯"号撞沉"意大利"号。

政治家和洋务活动家。此时刚被任命为中国总税务司的李泰国，因在上海抵抗太平军进攻受了重伤，回国休假，由 26 岁的北爱尔兰人赫德暂代其职。赫德具体建议，从海关关税中拨款，不过数十万两银子，便可购买外国舰船，克复沿海失地。又说可以和步军夹击南京，“一日之内可保成功”。[13]

7 月 7 日，皇帝颁谕同意速购。对清廷来说，经历了两次鸦片战争，尤其是英法舰队攻陷大沽炮台，使它认识到旧式水师的落伍，无法对抗西方的坚船利炮，因此购舰计划既是为了镇压太平军，也是为了抵御外国侵略，可谓一石二鸟。用曾国藩的话来说，“购买外洋船炮，则为今日救时之第一要务……购成之后，访募覃思之士，智巧之匠，始而演习，继而试造，不过一二年，火轮船必为中外官民通行之物。可以剿发逆，可以勤远略。”[14] 但此时购舰事宜进行得十分缓慢。8 月 22 日，咸丰帝病死热河，皇子载淳继位。11 月 1 日，24 岁的慈安太后和 26 岁的慈禧太后从热河回到北京，次日与恭亲王奕䜣发动政变，免除肃顺等 8 人赞襄政务大臣职务，改年号为“同治”。

恭亲王奕䜣是道光帝旻宁的第六个皇子，野史上说他“天资颖异，宣宗极钟爱之，恩宠为皇子冠”，同他的四哥，后来的咸丰皇帝奕詝，都是皇位的有力竞争者。我曾将他和清朝从顺治到光绪九位皇帝的资质、本性、体格、教育、责任感、统御力、应变力、私生活、机遇等方面进行过综合评分测试，结果在总名次中，他越过乾隆而与康熙并列第一。[15] 他精明强干，头脑开通，堪称皇族中的佼佼者。热河政变虽说是皇室中的一场家务风波，其结果，却使得慈禧太后和小叔奕䜣共同走到历史的前台，由此带来中国近代历史的巨大变化。

政坛的轩然大波搅得朝野心神不宁、极度紧张，而几乎在同时，太平军李秀成部迭克宁波、杭州，上海危如累卵。朝廷有情报说，太平军攻击上海的目的之一，是借此向外国购置一批火炮船。这使以议政王名义主持军机处日常事务的恭亲王十分震惊。他于次年 1 月 31 日和 2 月 1 日，以总理衙门的名义分别致函江苏巡抚薛焕、两广总督劳崇光、福州将军文清，命令迅速筹款购舰，以资攻剿。2 月 27 日，劳崇光在广州与赫德最后议定，由赫德向英国购买中号兵轮 3 艘，小号兵轮 4 艘。3 月 14 日，赫德接到总理衙门的指示，命他通知李泰国，立即在英国购买并装备一支轮船舰队，遣派到中国来，“不能一日羁延”。

英国人鼓励清政府在英国买兵船组建舰队，是想趁机控制中国海军。李泰国接到赫德来信后，曾同英国外交大臣罗素进行多次策划。6 月 16 日，李向罗素递

阿思本舰队的军舰。右起:“江苏”号、“广东”号、“厦门”号、“北京”号、“天津”号、“中国”号。

交呈文,请求批准他在英国为清政府购买舰船和聘用官兵,“成立一支欧洲海军部队”,即“英中联合海军舰队”。他申明:“这支舰队不会在任何地方妨碍女王陛下政府,反而会使它在没有进行直接援助时那些烦恼的情况下,享有一切好处。”英国外交部和海军部先后同意了这一计划。7 月 9 日,海军部通知阿思本海军上校,让他指挥这支舰队。阿思本这年 40 岁,参加过两次鸦片战争。尤其在第二次鸦片战争时,曾驾驶“狂暴”号军舰,载着英国谈判代表额尔金沿长江上溯南京,同太平军发生过冲突,是第一个在长江上驾驶现代战舰的人。他对中国的情况十分熟悉。不久,舰船顺利购齐,共计 6 艘炮舰,由李泰国命名为“北京”号(670 吨,150 马力)、“中国”号(669 吨,200 马力)、“厦门”号(301 吨,80 马力)、“广东”号(550 吨,150 马力)、“天津”号(445 吨,80 马力)、“江苏”号(1000 吨,300 马力),另有一艘叫作“盛京”号的供应船和一艘“遐荒”号快艇。

1863 年 1 月 16 日,李泰国擅自与阿思本签订十三条合同。主要内容包括:

(一)中国建立外海水师,阿思本允作总统四年。除阿思本外,中国不得另延外国人作总统。中国所有外国样式船只,或内地船雇外国人管理者,或中国调用官民所置各轮船,议定嗣后均归阿思本一律管辖调度。

(二)阿思本只执行李泰国转交的中国皇帝命令。若由别人传谕,则未能遵行。如有阿思本不能照办之事,则李泰国未便传谕。

(三)所有此项水师各船员弁、兵丁、水手均由阿思本选用,仍需李泰国应允,方可准行。

(四)此项水师,俱是外国水师,应挂外国样式旗号。因为船上是外国人,

阿思本舰队旗舰“江苏”号

阿思本舰队中的“北京”号、“中国”号，最右面是“厦门”号

非有外国旗号，才能尽心尽力；也使外国各商不敢藐视。所设计旗样为：绿底，中用黄色两条相交，心内画黄龙尖旗。[16]

同时，李泰国、阿思本还参照英国海军章程，制定了《英中联合舰队章程》，规定凡捕获船、货变价之银或原银，除以三分之一归清廷外，其余完全由舰队人员分领。

这项合同，显然侵犯中国主权，是极其荒谬和非法的，也只有疯狂而强横的殖民主义者才想象得出来。根据合同规定，阿思本不仅是这支舰队的司令，而且还成了清政府的海军总司令，甚至有权不执行清政府的指令。阿思本在给罗素的信中承认，他们的合同“是经过长时间深思熟虑而决定下来的行动计划，可以不致在今后迷失方向”。“在一切方面，我们必须小心谨慎，不要让女王陛下以枢密院法令授予我们这样重大的权力及与之相适应的责任，为我们自己，我们的继任

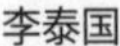

李泰国

阿思本

人或中国官员所滥用。”[17]

在李泰国看来，中国已有一支由英国军官戈登指挥的“常胜军”，再加上这支海军，今后都归总税务司指挥，就可以更好地控制中国的政局。他说：“我对中国人的态度是这样的：如果我帮助你们征税，只要外国的质疑是对的，你们必须去做。如果你们不做的话，我就停止帮助你们。……我深信，在我的管理中，如果我不坚信某些原则，我就不能达到我所要的成功。我有雄心，要取得当中国人和外国间中介人的地位，因为我觉得我找到了一条在新的立足点解决同中国建立和平关系问题的路子。为了博得欧洲公使的支持，消除他们的嫉妒，我得证明我的影响纯粹是用来为欧洲各国的利益服务的。……中国政府太腐朽了，不能依靠。我正努力要建造的结构的基础，得人工来创造。我的地位是作为一个外国人受中国政府雇佣来替他们执行某些工作，而不是受他们的差遣。我根本不需要说，一个高贵的人受亚洲野蛮人差遣的想法是非常荒谬的。我不是中国官员，而是一个没有头衔但有很高的地位和影响力的外国顾问。因为我受到信任，受到尊重。”[18]

李泰国、阿思本间的协定，连赫德也未料到。因此他写了一封措辞强烈的信给李泰国，指出这样的协议是不可容忍和有害的，但李泰国对此不予理会。

1862 年 10 月 17 日，总理衙门奏准，以三角黄色龙旗为中国官船旗号。在此之前，中国没有现代民族国家的国旗概念，仅有用于皇帝出行的卤簿和代表军队编队分属的旗帜，如“八旗”“绿营”等。随着两次鸦片战争后西方列强势力大量进入沿海、沿江通商口岸，他们的军舰、商船也随之进入，带来中国商人假借外国旗逃避清廷课税问题，也带来中外军队因识别而引起的矛盾。本年湘军水营和英国军舰在汉口就发生过冲突。法国驻华公使哥士耆致函总理衙门，称“外国船只向皆竖立各国旗号，易于认识。设有动移其旗帜，即为犯该国之禁，可以据理折服”，建议清政府制定代表中国的旗帜。总理衙门旋与曾国藩商定，制作黄色龙旗，“黄色画龙，龙头向上”，并照会英、法、俄、美各国公使。[19]

11 月 20 日，恭亲王向朝廷奏呈赫德草拟的轮船应派官弁、兵丁、水手清单。根据这份清单，中国方面应派总兵官 1 员，会同阿思本综理一切。另派武官 7 人，分管各船，督带兵勇。大轮船派炮手、水手各 40 名，水师兵 30 名；小轮船派炮手、水手、水师兵各 10 余名。炮手拟用湖南人，水手拟用山东人，水师兵拟用八旗人。同日奉上谕，命湖广总督官文、两江总督曾国藩相应机宜，悉心筹酌，所需官兵在船到之前一律配齐，船到即可上船练习。[20]12 月 21 日，总理衙门致函曾国藩，要他预筹节制经费及进剿事宜，以防外人掣肘。曾国藩对这支舰队期待已久，他任命统带巡抚营提督衔记名总兵蔡国祥统辖轮船，盛永清、袁俊、欧阳芳、邓秀枝、周文祥、蔡国喜、郭得山各领一船。水手、炮手、兵丁由蔡国祥在所部弁勇中预先派定。[21]

1863 年 4 月 4 日，伦敦《泰晤士报》发表社论，宣布“北京”号、“厦门”号和“中国”号启航，并概述了这支舰队及舰队的宗旨。社论表示，这支中国英裔舰队的首要任务，是建立帝国的权威——如果太平军有生命力，或有建设政权能力的话，南京也许已成为新帝国的首都。但是，十年的经验证明，太平军没有这种素质。南京并不是一个政府的首都，而是强盗的大本营。因此阿思本上校收复南京，对起义军会是一个沉重的打击，而对诚实的商人是很有利的。第二个任务，是勘探内河，重新打通大运河的航道，在主要通道上建立电报通信，教中国人使用蒸汽和电的工作，以展示它的实用性。第三个任务，镇压流窜在通商口岸的强盗。[22]同年 12 月 15 日，赫德在自己的日记中，也谈了他想达到的目的——为北京政府部署一支强大而机动的舰队，在最大范围内巩固清政府的中央集权制度；消除中国沿海的海盗，给海上船只提供足够的保护，也使清政府有能力解除海上商船自备重型武装，保证海上贸易额，减少走私行为，减少长江流域的犯罪；保护港口免受太平军的攻击，使太平军不能轻易横渡长江，并使清军便于攻打南京；等等。阐述了同样的目标。[23]

5 月，李泰国从英国返回中国，6 月 1 日，同赫德一起到达北京。在同总理衙门交涉过程中，他坚决要求清政府接受十三条合同。清廷本来希望英国帮助它购买船炮、聘请军官，组成舰队，而事权则由自己主持。现在接到李—阿舰队合同，大吃一惊，认识到“其意竟思藉此一举，将中国兵权、利权全行移于国外”，当然不肯全盘接受。但为了镇压太平天国，仍打算让步。于是，总理衙门与李泰国再三谈判，议定《轮船章程》五条。其要点是：中国所买兵船，由中国选派武职大员作为汉总统，延英人阿思本为帮同总统，以四年为期。兵船一切事宜，由两总统和衷商办。阿思本帮同中国管带师船，所在用兵地方，应听督抚节制。兵船系中国购买，应随时挑选中国人上船实习，以期经历久远，不致日久荒废。[24]

7 月 9 日，总理衙门向各地通报《轮船章程》已获奏准。所购军舰，“北京”号改名“金台”号，“中国”号改名“一统”号，“厦门”号改名“广万”号，“盛京”号改名“德胜”号，“广东”号改名“百粤”号，“天津”号改名“三卫”号，“江苏”号改名“镇吴”号。清廷与李泰国约定，如系同湘军共同攻克金陵，所得财物三分归朝廷充公，三分半归阿思本赏外国员弁，三分半归中国官兵作赏。如系阿思本单独克复，则七分均归阿思本充饷。

此时，湘淮军首领对于不能指挥新购轮船，反而允许阿思本介入对南京的进攻并获取财物的规定也大感不满。曾国藩对总理衙门说：《轮船章程》奉行甚难，拟令蔡国祥仍驻在旧式师船，不遽以汉总统自居，亦不停泊一处，且与阿思本交往察看，若不甚居骄，方可徐讲统辖之方。若意气凌厉，把轮船当作奇货，把汉总统看成堂下厮役、倚门贱客，则水陆将士必将视为大耻，不如早为之谋，干脆将此船分赏各国，不索原价，以折李泰国的骄气。[25]

他在给江苏巡抚李鸿章的信中说得更为透彻：“此次总理衙门奏定条议，将兵柄全予李泰国，而令中国大吏居节制之虚号，不特蔡国祥如骈拇枝指，无所用之，即吾二人，亦从何处着手？”[26]李鸿章自然支持曾国藩。他表示“金陵已成合围之势，可毋庸外国兵船会剿”。同样的意见，还由在金陵指挥围城的曾国藩九弟、浙江巡抚曾国荃重复，这都使北京的统治者感到了分量。话又说回来，曾国藩是理学家，理学家讲究修身时的“内省”，然而在处理涉外事务中，曾国藩却不知所措，只会怄气，把应当属于自己的东西免费送掉，以为这样就能折对手骄气，显然是自欺欺人的阿 Q 精神，是国门初开时天朝大国的虚骄和对洋人无可奈何的心态在曾国藩身上的集中反映。

对李泰国来讲，他所谈论的舰队只听从中国皇帝的命令，本身包含有“要恢复和维持中国的和平，就需要中央政府的直接行动，指挥皇帝的军队，而不是省级地方军队”这样一种理念。他认为，如果中国想像西方那样强盛和进步，必须加强中央政府，以便在需要的时候，随时执行中央的意志。达到这个目的的唯一办法，就是建立和控制一支国家的陆军和海军。他对李鸿章指挥戈登的常胜军不以为然，甚至积极说服英国公使卜鲁斯，要把戈登直接置于清政府的控制之下。[27] 这种构想，在当时清廷中央政权积弱，完全依靠地方汉族大员力挽狂澜的情况下，其实是根本做不到的。李泰国要求清廷撤销南北洋通商大臣这两个职位，由他本人直接控制海关岁入的使用权。他还要清廷为他提供一幢类似王府的官邸，出门要坐轿子。他甚至要同总理衙门的大臣平起平坐，只对恭王负责。在北京的外交界，“他素来非常骄傲”。赫德说，他“一味过分地依仗英国公使，动不动就用公使不高兴来吓唬他们。他对他们说，他丝毫也不信任他们，而同时又要求他们完全信任他”。李泰国在北京成了人人讨厌的自大狂。赫德在日记中很有把握地写道：“我敢说，他的打算是错了。”[28]

9月18日，阿思本率领舰队到达天津，旋进北京，同李泰国一起，要求清政府接受他们的合同，表示除非按十三条合同办理，否则拒绝从事任何活动，并宣布如果在48小时内收不到答复，就将舰队解散。总理衙门于10月13日口头通知李泰国，中国政府不会批准他同阿思本签订的协议。

10月25日，总理衙门照会卜鲁斯，详述购舰事件始末，并指出“中国兵权不可假与外人”。这正是争论的症结所在，也是清朝统治者最为警惕的。接着，总理衙门又照会英国，宣布中国不能批准李—阿十三条合同的理由，请将轮船撤回变价出售，将船款交还中国，并免去李泰国总税务司职务，由赫德继任。15年后，赫德在一封信中写道：“李泰国的垮台不仅毁了他自己，也使我受到挫折，致使中国的进步停滞了二十年之久。”[29] 其实赫德是李—阿舰队事件的直接受益者，清政府不仅没有责备他，而且使他完全掌握了海关。

由于英国在此事件中企图单独控制中国海军的阴谋露馅，美国、法国等列强表示强烈的嫉妒和反对；在华的其他英国人也认为李泰国过于狂妄刚愎，所以英国最后同意撤退舰队。李—阿舰队的使命就此完结。12月12日，阿思本离开上海，次年1月10日，离开香港回英国。[30] 这是第二次鸦片战争以后，北京的新政府第一次对外采取强硬立场。洋务派刚刚起步引进西方先进军事装备的时候，就遇到了反对外国控制的严峻问题。通过这次交涉，也使他们今后同洋人打交道更加谨慎。

作为尾声，1865年8月28日，英国外交官威妥玛照会总理衙门，阿思本带回轮船，英国政府估价为15.25万镑，合银46.75万两。此后售价若低于此数，由英国政府赔补。船上炮位军器火药不在此内，俟估明年再退还中国。[31] 不久，“广东”“遐荒”被印度政府买去。“江苏”“厦门”被日本萨摩藩买去，其中“江苏”改名“春日”，作为藩主座船，1870年归入日本海军。“北京”“中国”“天津”卖给了埃及。清政府在这次组建舰队的活动中，先支付了173.2万两银子（包括外国官兵俸饷、路费等），后来收回106.8万两，白白耗费了67万两。[32] 由于英国冒险家的阴谋，中国政府期望通过进口外国舰船，组建近代海军的第一个梦幻破灭了。

二、初创的江南制造局

1862年春天，正是太平军和清军在江浙一带激烈交战、争夺城池的时节。4月8日，39岁的道员李鸿章，率领着刚从家乡募来的六千五百淮勇，分乘八艘英国轮船，穿越太平军防线，从安庆抵达上海。

李鸿章，字渐甫，号少荃，安徽合肥人。父亲李文安，与曾国藩、宝鋆同为道光十八年（1838年）进士。所以李鸿章1844年中举后，就以“年家子”身份投入曾国藩门下，讲求义理之学。1847年中进士，被认为是八股名家，落笔藻采纷披。同年中有许多人，包括张之万、沈桂芬、李宗羲、沈葆桢、何璟、郭嵩焘、马新贻，后来都在政治舞台上留下了足迹。曾国藩认为此科进士中，有四人为伟器，可目为丁未四君子，李鸿章是其中之首。[33] 丁未科的主考官是潘世恩，其孙即潘祖荫，在同光年间官居尚书。李鸿章和沈葆桢的房师为孙锵鸣，孙乡试时出自翁心存门下，因而论起师门辈分，翁心存即为李鸿章的太老师，李鸿章则为翁心存的小门生。李鸿章后来在给翁心存之子翁同书、翁同龢的书信中，都以“侄”“世侄”自称。据说孙锵鸣当时以自己房中录取者甚少，很有些牢骚。某日带着门生拜见翁心存，翁心存懂点儿相术，看到李鸿章，就大呼“此人功业在我辈上”。看到沈葆桢，又说：“当为名臣。”翁心存对孙锵鸣说：“汝房中卷虽少，得此二人，复何憾？”这些复杂的师生、同年人脉关系，对李鸿章后来登上政治舞台，周旋折冲于各派利益集团之间，都起着重要的作用。1853年，太平军占领武昌，李鸿章随侍郎吕贤基回籍办团练，后入曾国藩幕。这次正是根据曾国藩的命令，东驰上海，接着署理江苏巡抚，从而进入他一生中最重要的时期。

李鸿章踏上上海土地时，租界里已有英国人杜拉普经营的新船坞，莫海德经营的董家渡船坞，霍金斯开设的立祥安顺船厂，包义德开办的祥生船厂和美商开办的旗记铁厂等几家修船企业。虽说这些船厂设备简陋，规模狭小，但黄浦江中停泊的外国轮船，给李鸿章留下了深刻印象。李鸿章的长江之行，本身就是一种很好的体验。他应邀参观了英法军舰后，感慨外国人大炮之精纯、子药之细巧、器械之鲜明，决心虚心忍辱，学得西人一二秘法。不过他尚无经验，对于学习西方还没有一个具体的设想。在当时外国人眼中，淮军被看作“大袴子蛮兵”，李鸿章鼓励士兵说：“军贵能战，而不是看外表装饰。待我们上战场一试，再笑也不晚。”他给士兵装备西式枪炮，并采用西法进行训练，大大增强了部队的战斗力。次年，他奏请催调同知衔候补道丁日昌来沪，专办制造事宜。丁日昌，字禹生，广东丰顺人，贡生出身，也是出自曾国藩幕府的洋务干才。此时，淮军正与太平军作战，所以由丁日昌在上海筹办洋炮局。

李鸿章

1864 年 6 月 1 日，太平天国天王洪秀全在天京病逝，天京的陷落指日可待了。2 日，总理衙门由恭亲王领衔，向皇帝上了一个奏折，主张学习西方先进军事技术以图自强。这个奏折在北京激起了巨大的反响。奏折写道：

> 查治国之道，在乎自强。而审时度势，则自强以练兵为要，练兵又以制器为先。自洋人构衅以来，至今数十年矣。迨咸丰年间，内患外侮一时并至，岂尽武臣之不善治兵哉！抑有制胜之兵，而无制胜之器，故不能所向无敌耳……臣等每于公余之际，反复筹维，洋人之向背，莫不以中国之强弱为衡……我能自强，可以彼此相安、潜慑其狡焉思逞之计。否则我无可恃，恐难保无轻我之心。设或一朝反复，诚非仓猝所能筹画万全。今既知其取胜之资，即当穷其取胜之术，岂可偷安苟且，坐失机宜？[34]

这是经历了“李—阿舰队事件”之后，总理衙门再一次提出学习西方的主张。

奏折还附有李鸿章致总理衙门的信，其中更有石破天惊之语，为当时士大夫不敢想、不敢言：

> 鸿章窃以为天下事穷则变，变则通。中国士夫沉浸于章句小楷之积习，武夫悍卒又多粗蠢而不加细心，以致所用非所学，所学非所用。无事则嗤外国之利器为奇技淫巧，以为不必学；有事则惊外国之利器为变怪神奇，以为不能学；不知洋人视火器为身心性命之学者已数百年。……鸿章以为，中国欲自强，则莫如学习外国利器；欲学习外国利器，则莫如觅制器之器；……欲觅制器之器与制器之人，则或专设一科取士。士终身悬以富贵功名之鹄，则业可成、艺可精，而才亦可集。[35]

面对数千年未遇的大变局，有眼光的政治家都在认真思考。京师枢臣中的恭亲王、文祥，封疆大吏中的曾国藩、李鸿章，都是时代的先行者。他们认为，中国要避免落后、避免亡国灭种，只有引进西方先进技术，师夷长技以制夷。他们是大清王朝的忠实卫士，正在镇压太平天国的造反，但在东西方文明的激烈碰撞中，他们审时度势，力排保守势力的非难。从 19 世纪 60 年代初期开始酝酿的这场学习西方运动，此时紧锣密鼓，开始上演第一幕。

黄鹄是中国古代传说中的一种大鸟。史书上说：黄鹄一举，知山川之纡曲；

恭亲王奕䜣

文祥

再举，睹天地之方圆。它游于江海，淹于大沼，备其六翮，而凌清风。可见飞得极高，游得极远。1866 年，曾国藩的长子曾纪泽乘坐中国第一艘木壳明轮蒸汽船“黄鹄”号北上省父，并亲书大楷，以金字雕镌于两舷明轮之厢，显示出时人对振兴中国造船工业所寄予的厚望。

最早开始研制轮船的人是徐寿和华蘅芳。徐寿，字雪村，江苏无锡人，生于 1818 年。幼年娴帖括、习举业，应过童子试。后来深感举业不切实用，遂钻研格物之学。华蘅芳，字若汀，是徐寿的同乡，比徐寿小 15 岁，从小对数学极有兴趣，广泛地研究了中国古典数学著作。1847 年，他们两人相识，从此成为挚友。咸丰初年，他们到上海向在墨海书馆工作的著名数学家李善兰求教，又广泛搜罗数学、律历、重学、化学、矿石、汽机、医学、光学、电学方面的书，潜心研索，并制设备一一予以验证。

1861 年 11 月 20 日，政变上台才 19 天的两宫皇太后，为了笼络汉人，任命两江总督、钦差大臣曾国藩节制江苏、安徽、江西、浙江四省军务。曾国藩认为，中国“欲求自强之道，总以修政事、求贤才为急务，以学作炸炮、学造轮舟等具为下手工夫。但使彼之所长，我皆有之。顺则报德有其具，逆则报怨亦有其具”。[36] 不久，他在安庆建立内军械所，招致研究西学的专门人才。徐、华应募而去，开始了把科学实验同实际制造相结合的探索。

1862 年 4 月，徐寿等奉命试造轮船，由于缺乏资料和加工设备，再加上毫无经验，因此困难重重。在此之前，魏源在《海国图志》中刊载过火轮船介绍，郑复光撰写过《火轮船图说》，但与实际造船和制作蒸汽机距离非常之大。他们决定从试制蒸汽机模型着手。经过三个多月的努力，中国第一台蒸汽机诞生了。它的汽锅用锌类合金制造，汽缸直径 1.7 寸，引擎转速每分钟 240 转。7 月 30 日，曾国藩饶有兴致地观看了蒸汽机试车。

在此基础上，徐寿、华蘅芳开始试制一条小比例的“木质轮船”。船长 3 尺，暗轮。从长度分析，估计是条自航船模。其动力就是那台蒸汽机模型。然后他们着手制作真正的轮船。

造真船要比造模型困难得多。他们没有见过轮船动力设备的运转情况，就到长江边远远观察外国轮船的行驶；缺乏造船资料，就充分吸收我国传统造船的各种合理要素。1855 年由墨海书馆出版的《博物新编》附有轮船略图，他们反复钻研、日夜凝思。华蘅芳主要负责设计和计算，制造轮船和蒸汽机则由徐寿主持。大约用了一年时间，他们于 1863 年 11 月制成一艘暗轮蒸汽船。由于不知应设锅炉管，结果汽船只行驶了一华里便停顿下来。徐寿毫不气馁，重新设计，并将暗轮改成明轮。两个月后，又一艘长约 2 丈 8 尺的小火轮制造成功了。轮船委员蔡国祥亲自驾驶，曾国藩上船察看，并指示将此船放大，投产制造。

湘军攻陷天京后，轮船的试制工作随内军械所迁往南京进行。1865 年，第一艘有实用价值的蒸汽船“黄鹄”号建造成功。此船重 25 吨，长 55 尺，主机采用斜卧式双联双胀蒸汽机，单汽缸，回烟式烟管锅炉。推进器为设在两舷的腰明轮。船体布置为机舱在舯前，货舱在舯后，驾驶室在二层。时速 22 华里。[37] 造船材料，除主轴、锅炉和汽缸配件等铁料系进口外，其余皆为国产。而全部工具器材及设备配件，均系自行制造，总耗资约为纹银 8000 两。

1866 年 4 月，“黄鹄”号在南京举行首航典礼。徐寿、华蘅芳在绝大多数士大夫仍喋喋不休地唠叨着“用夏变夷”的时代，勇于探索西方工程技术，无愧是高高翱翔的“黄鹄”。

“黄鹄”号建成后，一度作为曾国藩的座船。其儿子、夫人出行，都由“黄鹄”号拖带或护航。直到年底，才命徐寿将船驶往上海，交江南制造局管理。

1865 年，江海关道丁日昌购下了虹口美商开办的旗记铁厂。根据李鸿章的奏报，这家工厂是洋泾浜外国工厂中机器之最大者，能造大小轮船及开花炮、洋枪。由原海关通事唐国华等人集资 4 万两白银购下报效，以赎所犯罪愆。厂内各种钢铁木料，另值 2 万两白银，由丁日昌借款购买。关于旗记铁厂是不是“洋泾浜外国厂中机器之最大者”，是存疑的。这年英商成立了耶松船厂，旗记铁厂估计是无意在日益增多的外商修船企业中继续竞争，所以愿意脱盘出售。李鸿章又把丁日昌和总兵韩殿甲先后所办的两个炮局以及容闳在美国购到的机器一并归入。李鸿章会同曾国藩，正式奏请成立“江南机器制造总局”，通常简称“江南制造局”。

制造局成立之初，似乎并不是为了造船。1863 年底，中国第一个留美学生容闳在安庆对曾国藩说：“中国今日欲建设机器厂，必以先立普通基础为主，不宜专以供特别之应用。所谓立普通基础者无他，即由此厂可造出种种分厂，更由分厂以专造各种特别之机械。简言之，则此厂当有制造机器之机器，以立一切机器厂之基础也。”[38] “制造机器之机器”的说法，对刚刚接触外国事务的曾国藩、李鸿章等人说来是十分新鲜的。所以李鸿章在报告购买旗记铁厂的奏折中说：“查此项铁厂所有系制器之器。无论何种机器，逐渐依法仿制，即用以制造何种之物，生生不穷，事事可通。”但当时李鸿章并未将这批“制器之器”用于建设中国基础机械工业，而是根据前线需要，仍以铸造枪炮借充军用为主。至于造船，他说："此事体大物博，毫厘千里，未易挈长较短。目前尚未轻议兴办。如有余力，试造一二，以考验工匠之技艺。"[39]

5月，蒙古亲王僧格林沁在山东曹州同捻军作战中被杀。朝廷命两江总督曾国藩为钦差大臣，前去剿捻，李鸿章署理江督。次年6月25日，闽浙总督左宗棠上奏，拟于福州海口建局造船，这对李鸿章显然是个刺激。7月19日，总理衙门收到李鸿章去函，商筹沪厂制造小型轮船。这是江南制造局酝酿造船之始。年底，由于曾国藩剿捻无功，朝廷命其回任两江，调李鸿章署钦差大臣，与捻军作战。此后，江南制造局便归曾国藩领导了。[40]

江南制造局原址在虹口美租界，由于生产军火，受到外侨反对；而场地狭窄，也不利于工厂发展，于是便迁往上海县城南面的高昌庙。新址占地70余亩，动工于1866年夏，由孙玉堂、华蘅芳主持施工。不几年面积拓展到400亩。局门坐北朝南而设，署有"江南机器制造总局"的局名。东、西、北三面绕以高墙，正南面则用木头列成栅栏。进门后，中间设有公务厅，厅西迤北为公局，是官员议事的地方。公局东为文案房、画图房、总库房，东迤北为生铁厂、木工厂。正北为炮厂、大火器厂、汽锤厂、轮船汽机锅炉厂。公局西迤北为翻译房、广方言馆，又西北为熟铁厂，楼西为汽机厂。北面为卷枪厂。局门外至黄浦江边是一大片空地，有直道通往码头。直道东为泥船坞和造船厂，船坞长325英尺。坞西为木栈，又称西

江南制造局

厂，为储积材料之所。[41] 时人作竹枝词吟道："厂坞宏开备造船，马头筑就局门前。盖房分住华洋匠，监造工程派两员。""机器锅炉厂各分，造船铁壳匠成群。楼登一座洋枪望，测量台高上矗云。"[42] 以后又增设炮弹厂、水雷厂、炼钢厂。在龙华设立制造分局，内有火药厂和枪子厂；在陈家巷设立火箭分厂，两处分厂共占地 267 亩。还在松江城建立火药库。江南制造局成了当时国内首屈一指的大企业。它在开工生产军火后不久，又开始建造轮船，从而使得江南制造局的名字同中国近代海军事业紧紧地联系在一起。

1867 年 5 月 16 日，朝廷批准曾国藩的请求，从江海关四成洋税内酌留二成，一成解济军饷，一成给制造局专供造船之用。苏松太道兼江南制造局总办应宝时与会办冯焌光、沈保靖以及技术负责人徐寿、华蘅芳等，抓紧进行轮船的试制工作。1868 年 7 月 23 日，江南制造局第一艘明轮蒸汽船下水，取名"恬吉"，为四海恬波、厂务安吉的意思（后改名"惠吉"号）。从此，黄浦江开始迎接一艘又一艘中国人制造的轮船。

"恬吉"号是木质船体，马力 392 匹，排水量 600 吨，顺流时速 60 里，逆流时速 35 里。[43] 各项参数都大大超过了"黄鹄"号。在此之前，上海洋厂制造轮船，锅炉机器全从国外进口，只是配上自制的木船壳。江南制造局却自制船体和锅炉，另购旧蒸汽机整修后装船配套使用。轮船造价共耗工料银 81397.3 两。"恬吉"号先在吴淞口外试航，直抵舟山而返。9 月 28 日上驶江宁，曾国藩亲自前去视察，并登舟驶至采石矶。

这件事从策划到施工，届时年余。曾国藩唯恐试验失败，未敢事先奏报，只是暗中催饬赶工。捷报使得朝廷感到意外，也十分高兴。11 月 1 日，军机大臣向有关人员颁上谕指出：

> 中国试造轮船事属创始，曾国藩独能不动声色，从容集事，将第一号轮船成造，据称坚致灵便，可涉重洋，此后渐推渐精，即可续造暗轮大舰……足见能任事者举重若轻，深堪嘉尚！[44]

曾国藩计划第一批建造 4 艘轮船。除第一艘是明轮外，其余皆改暗轮。马新贻担任两江总督后，便抓紧第二艘船的施工。他奏请将江海关所留二成洋税全拨制造局，专造轮船。局里聘请三个外国技术人员领工，几百个中国工人边干边学。

江南制造局工人在铸造大炮。

江南制造局建造的第二艘轮船“操江”号

1869年5月,第二艘轮船“操江”号竣工。“操江”排水量640吨,马力425匹,所有船体、轮机、锅炉皆为厂内自造。船成之后,照例出吴淞口试航,至舟山而返。旋驶江宁,供马新贻验试。马新贻向朝廷报告说,此船工料极为精坚,机器小而灵动,在长江行驶尤为相宜。[45] 10月5日,第三艘船“测海”号下水;次年10月,第四艘船“威靖”号竣工。1872年5月,第五艘船“镇安”号(后改名“海晏”号)下水。“镇安”排水量2800吨、马力1800匹,载炮20门,是当时国产木壳蒸汽船中最大的一艘。[46] 可见江南制造局的造船能力已很强大。

由于江南制造局是一个以生产枪炮弹药为主,兼带造船的兵工厂,在造船方面没有投入主要精力,故造船数量不如后起的福建船政,大约保持在平均每年一艘的规模。1873 年 2 月，“镇安”的同型船“驭远”号下水后，延至 1876 年才又制成铁甲小轮船“金瓯”号。这是一艘带试验性的军舰，仅长 105 英尺，马力 200 匹。据说此船制成后，发现不能出海，炮位布置也有问题。[47] 此后，造船业务便停顿了下来。

考察江南制造局停造轮船的原因，主要有两个方面。一是清政府看到国产军舰形制不如外国。制造局所造 6 舰，除了“海晏”“驭远”号尚与国外同类军舰相似外，其余不过是炮艇的规模。造船所需原材料，皆需大宗进口。制造工作亦由洋匠主持。而造船之银，倍于外洋购船之价，因此造船不如买船。[48] 在当时，这些情况显然是存在的。如前所述，19 世纪 60 年代以后，世界海军的主战军舰已从木质舰改为钢质舰了，继续生产木壳军舰，本质上同继续生产旧式师船区别不大。而转产钢质舰，船厂设备需要大大更新。对清政府来说，1874 年日本侵略台湾事件发生后，首要任务是加强海防、组建海军，集中起一批先进的军舰来。至于军舰是进口还是国产，只是问题的形式。两相权衡，清政府做出了依靠进口军舰组建海军的决定。近代军舰是综合国力的体现，涉及资金、技术、设备、工艺、人力资源等诸多方面。在没有强大稳固的重工业的前提下，仅靠投资造船厂，要造出先进的舰只有很大困难。比诸外国，至少在 1878 年以前，土耳其的全部装甲舰、俄国的几乎全部装甲舰以及德国的大部分装甲舰，都是在英国建造的，最发达的工业国家差不多垄断了新型舰船的建造。因此，从获取近期效益的角度看，进口未必不是一种应急的方法。然而，中国是一个有着漫长海岸线的大国，如要

江南制造局翻译馆，右起：徐寿、华蘅芳、徐建寅

有效地保卫海疆，仅靠进口军舰而不建立本国先进的国防工业体系，显然也是不行的。后来的历史证明，每当对外民族战争爆发，西方国家对华实施军火禁运的时候，中国海军就一筹莫展，无法及时补充军备。进口与自制，这是一个两难的选择。自从中国开始近代化历程，决策者总是备感棘手地面临着这种选择。

停造轮船的另一个原因，是江南制造局军火生产任务太重，又无专款可拨，便将洋税之款拨留一成先行借拨，以济制造枪炮之急，这导致了造船工业的偏废。当时李鸿章上奏，对制造局趋重生产枪炮、放松建造轮船表示过看法，指出欧洲列强正在推广海军，添造轮船不遗余力，中国造船事业岂可创办未久遽生懈弛之心？无奈制造局注重枪炮弹药已成难返之势，马新贻所请酌留的二成洋税几无用于造船，故李鸿章有意维持造船也颇为困难。即便当过船政大臣的沈葆桢于1875 ~ 1879年驻节江宁五年，也没能使制造局的造船事业振兴起来。直到1884年左宗棠开府两江期间，才奏准建造了一艘“保民”号钢质军舰。以左宗棠之权位和对造船的兴趣，也无法使制造局军火、舰船两者生产并重。

1881年1月，李鸿章在讨论内阁学士梅启照整顿水师奏折时说：“从前闽沪轮船多系旧式，以之与西洋兵船角胜，尚难得力。闽厂后来所造‘扬武’‘超武’两船，则渐渐合用矣。然欲仿造铁甲船，尚恐机器未全，工匠未备，不若西洋购材制料，取携较便，厂肆既多，可以任意选择。惟是中国制造之法宜渐扩充，果使所造行驶之速，锋棱之利不逊于洋厂，虽需费稍多，亦可免洋人之居奇，开华匠之风气。拟请敕下船政大臣详查……如能合算，即以应购铁甲之费附入该厂、刻期造办。至沪局制造枪炮弹药各项工器太繁，经费支绌，已饬停造轮船……虽该局机器略备，而无精熟此道之员匠，于西洋新式隔阂尚多，似可缓议。”[49]这番话，可以为以上两个原因做注脚。但在私下，李鸿章认定造船不如买船。

三、福建船政的诞生

1866年6月25日，洋务派又一重要领袖，闽浙总督左宗棠在福州任所向朝廷上了两道奏疏。

左宗棠，字季高，湖南湘阴人。虽然只是举人出身，但多年塾师、幕僚生涯的磨砺，使他下笔成书，文章灿烂可读。平日他悉心经世致用，注意研究外国事务，尤其重视研究国防，关心造船事业的发展。三年前，法国远东舰队司令琼·路易斯·耀来斯在宁波建造了一个小船厂，造了四艘小轮船。不久，法国人对直接在中国经营造船业失去信心，听说左宗棠有意建造轮船，便打算把船厂盘给他，而在法国人需要时，又可加以利用。1864 年 6 月，前“常捷军”（一支由法国军官任统领，协助清政府对抗太平军的洋枪队，由中国人及菲律宾佣兵士卒组成）帮统、法国人日意格向左宗棠提出了这个意向。由于“李—阿舰队事件”余波未息，宁波船厂规模又太小，只能建造船体，而螺旋桨、蒸汽机、火炮都要向法国购买，所以左宗棠立即予以回绝。[50] 这年 10 月，左宗棠在杭州西湖请日意格、德克碑观看中国人仿造的小轮船，[51] 并与他们论证了设立船厂的计划。可是当时正处于镇压太平天国的军旅之中，治所未定，行程多变，这套计划只能置于箧中。太平天国失败后，左宗棠驻节福州，更决心建造轮船。1865 年，赫德向总理衙门递呈《局外旁观论》，接着英国驻华使馆参赞威妥玛也提出《新议论略》，怂恿清政府实行“新政”。此时，左宗棠借清帝饬令他参与讨论之机，和盘端出了设局造船、御侮自强的主张。

在第一篇奏疏中，左宗棠剖析了鸦片战争后的沿海形势，指出江南大利，在水不在陆。自广东至盛京，大海环其三面。江河以外，万水朝宗。和平之日，漕运贸易，业民安众。战争之时，调兵转输，设防争道。况津沽为北京要镇，自海上用兵以来，泰西各国火轮兵舰直达天津，藩篱竟成虚设。是以“欲防海之害而收其利，非整理水师不可；欲整理水师，非设局监造轮船不可”。针对保守派的攻击非难，他以犀利的言辞回击说：

> 泰西巧而中国不必安于拙也；泰西有而中国不能傲以无也。虽善作者不必其善成，而善因者究易于善创……彼此同以大海为利，彼有所挟，我独无之。譬如渡河，人操舟而我结筏；譬如使马，人跨骏而我骑驴，可乎？[52]

在第二篇奏疏中，左宗棠进一步申明：西洋各国向以船炮称雄海上，“我尚无之，形无与格，势无与禁，将奈之何？”“此微臣所为鳃鳃过计，拟习造船兼习驾驶。怀之三年，乃有此请”。[53]

左宗棠分析了从前中外臣工屡议雇买代造轮船而未敢轻议设局制造的原因。针对船厂择地困难，他建议可在福州海口罗星塔一带建局；针对机器购觅之难，他认为可托洋人购觅；针对外国匠师要约之难，他主张先立条约，定其薪水，到厂后派人随同学习，靳不传授者，罚扣薪水；针对筹款之难，他提出可划海关税收及厘税益之；针对船成之后无人驾驶，他提议雇请洋人担任教习；针对煤炭薪工按月支给，所费不赀，他以为可用轮船平日经商运漕，战时集中使用、分攻合剿的办法解决。最为困难的，是“非常之举，谤议易兴。创议者一人，任事者一人，旁观者一人”。“始则忧其无成，继则议其多费，或更讥其失体，皆意中必有之事。”面对这些非难，他认为要看到世界大势，尤其是日本及俄罗斯、美利坚的奋起。他坚定地说：“均是人也，聪明睿智，相近者性，而所习不能无殊。”“谓我之长不如外国，导其先可也，谓我之长不如外国，让外国擅其能不可也！”[54]

鉴于“李—阿舰队事件”的教训，朝廷对于购买外洋船炮犹有井绳之虑。但两次鸦片战争的教训，又使其坚信外国轮船必是攻守利器。处于这种矛盾境地中，看到左宗棠自告奋勇设局造船的主张，便立即批准了。

8月19日，刚担任江汉关税务司的日意格应左宗棠之邀，抵达福州。日意格1835年出生于法国，家境贫寒，原是法国海军上尉，参加过克里米亚海战，1856年来华。在担任宁波税务司任中，组织“常捷军”镇压太平军，从而结识左宗棠。这次他们同赴罗星塔，择定在马尾山下宽130丈、长110丈范围内开设船厂。马尾山位于闽江之畔，闽江两大支流在此交汇。南支曰西峡江，又称乌龙江；北支叫东峡江，一曰马头江，因江中有石状如马头而得名，马尾之名亦由此衍生。这里面临大江，群峰西踞，中间一片坦途。厂址泊岸处，土实水清，深达12丈，为天然良港。在商定了办厂的详细合同后，根据左宗棠的要求，日意格前往上海，请法国领事白来尼签字作保。

10月5日，担任过“常捷军”统领的另一位法国军官德克碑亦应召赶到。左宗棠与他进一步深入讨论了办船厂的各项细节。10月14日，他们正在督署议事，忽然接到上谕。原来在十几天前，朝廷已决定调左宗棠担任陕甘总督，前去镇压西北回民起义。显然，船政不可能随左西迁，左宗棠也不愿船政流产。他推荐了丁忧在籍的前江西巡抚沈葆桢总理船政，要求准其专折奏事，以防牵制。朝廷接受了这一提名。

左宗棠与日意格、德克碑议定的清折要点是：（一）从船政铁厂开工之日起五年内，日意格、德克碑负责募雇30名外国工程技术人员，教授中国员匠一切造船技术。（二）在此期间，购买外国船厂设备及轮船材料物件，以便制造能装1万石米、150匹马力的轮船11艘，80匹马力的轮船5艘。（三）进口两台150匹马力的蒸汽机，一台供初学仿造时参考，一台先行配装上船，以免船厂旷待。待铁厂自行生产出五六台轮机后，再将进口轮机装配上船。购买80匹马力的蒸汽

日意格

德克碑

机五台，交轮船厂抽空配造。（四）购买铁厂设备，以便制造轮机，并形成技术维修力量。铁厂设备，还可兼造枪炮。（五）开设学堂，教授中国员匠近海驾驶技术及英、法语。远洋航行非五年所能尽悉，将来或留外国人二三员再教习二三年。（六）日意格、德克碑回国雇募人员，采办设备原料。（七）日意格、德克碑月薪银 1000 两。五年内如能达到计划的各项要求，另外各嘉奖 2.5 万两，嘉奖外国员匠 6 万两。

左宗棠任命日意格、德克碑为船政正、副监督，又与他们订立合同规约，规定铁厂、轮船厂并学堂事务，由中国高级官员饬委洋监督负责，若有办理不妥，唯洋监督是问。所有外国工程技术人员均系中国的雇员，须认真出力，除奉派差事外，不得私揽工作。局厂内一切公事与中国官长来往，俱由洋监督负责，其余外国雇员不得私自超躐干预。教习期内，如中国员匠已掌握技术，应由中国官员酌量裁减。外国雇员不受节制、不守规矩或教习办事不力，工作取巧草率或打骂中国员匠，洋监督当随即令其回国。[55] 日意格、德克碑本来只是法国普通军官，对于蒸汽军舰的设计和建造没有任何经验，但左宗棠一来手里没有合适的外国专家人选，二来在攻打太平军的军事行动中与他们有过合作而产生信任，所以就以他们为“桥梁”，去沟通欧洲的科技和军工产业。德克碑在“常捷军”中的地位高于日意格，但日意格能讲中文，与中方官员的沟通也很顺畅，所以左宗棠将其安排为船政正监督。这造成德克碑的不满，以后渐渐淡出船政事务。日意格推荐 26 岁的法国海军中尉斯恭塞格担任监督帮办，取代了德克碑的位置。日意格从建设船政入手，后来又携带留学生出洋，由此深入地参与到清政府的洋务事业，以及中外关系的许多事务中去，自身也获得丰厚的回报。

从清折合同看，左宗棠十分注意“权操诸己”，以防“李—阿舰队事件”重演。朝廷对这些措施十分赞赏，称其“所见远大，理当如此”，并规定左宗棠西征期间仍当与闻船局一切事务。[56]

船政的工厂于1866年12月23日正式动工兴建，到1868年夏基本完工，在荒芜的江滩上打桩，并将地基抬高1.8米，计建衙、廨、厂、坞、洋房共八十余所。东北面是船政大臣衙门，前后学堂，艺圃，东西考工所，洋监督住宅，外籍工人住宅，翻译、医生、洋教习住宅和中国工人、学生宿舍。住宅区用高墙分隔，到了晚间就禁止通行。为了信仰的需要，特地为英国人和法国人分造了基督教堂和天主教堂，为中国人造了天后宫。西南面为厂区，包括船厂、合拢厂、截铁厂、打铁厂、铸铁厂、模厂、轮机厂、水缸厂、钟表厂、样板厂、帆缆厂、拉铁厂、锤铁厂、转锯厂、木料厂、炮厂、舢板厂（这里的“厂”，相当于“车间”）。厂区占地约600亩，内设铁路。其中船厂拥有四座船台，能够建造龙骨长100米、排水量2500吨的船舶。一些重点车间的单体面积达到2400平方米，有的厂房配置了跨度超过20米的木质桁架横梁，并铸造了120根每根重达2.5吨的铁圆柱来支撑这些横梁。打铁厂配置了5台汽锤，16台炼铁炉；铁工厂拥有6台加热炉和2部轨道车；轧铁厂拥有15马力的鼓风机为炼铁炉鼓风。此外，还从法国订购轮机、铁板，制成长30丈、宽15丈的铁船槽（浮船坞），专供修理轮船。[57]

总理船政大臣沈葆桢于1867年7月17日释服，次日前往船政工次，开始视事。

沈葆桢，字翰宇，又字幼丹，福建侯官人。19岁（1839年）中举，娶舅父林则徐的二小姐林普晴为妻，27岁中进士，排名二甲39名，后于24岁的安徽士子李鸿章三名。1856年任江西九江知府，旋入曾国藩幕府，管理营务。1862年由曾国藩推荐，出任江西巡

左宗棠

沈葆桢

抚。抚赣期间，镇压太平军，幼天王洪天贵福和干王洪仁玕皆由他抓获并处死。沈葆桢的特点是办事细密，作风严峻，擅兵法，长吏治。这些特点在他总理船政时都充分体现。按照清制，地方官不能在家乡任职。沈葆桢以本地绅士身份主持船政局，又获得专折奏事权和部颁关防，身份特殊，也可看出朝廷对他的宠信。他在船政大臣衙门作对联云：

以一篑为始基，从古天下无难事
致九译之新法，于今中国有圣人

又联曰：

且漫道见所未见闻所未闻，此即是格致关头认真下手处
何以能精益求精密益求密，定须从鬼神屋漏仔细扪心来

作为首任船政大臣，沈葆桢为创建中国近代海军事业做出了卓越的贡献。他是中国封疆大吏中第一个真正进入近代化技术操作层面的人，甚至可以说是唯一的人物。

1868 年 1 月 18 日，是福建船政的盛大节日。第一号轮船进行了隆重的安放龙骨典礼。沈葆桢亲率官绅并洋员祭告天后，与提调官周开锡、夏献纶及诸员匠共捧龙骨，安上船台。又到船厂，亲自拽绳下石，奠以牺醴。并与中外员匠敬宣皇上德意，勖以黾勉图功。闻者欢声雷动，手舞足蹈。然后举爵挈觞，劳之以酒而退。此后，他经常极为细致地关注着每一件新奇的西洋技巧，从蒸汽机到木材的弯曲工艺。他写给朝廷的报告，也常常包含着详尽的技术细节。

经过一年多努力，1869 年 6 月 10 日午间，第一号轮船顺利下水。这天沈葆桢率领员绅拜致天后、江神、土神、船神后，由日意格指挥工匠拔尽船底撑柱，锯断船头托钢，轮船便顺势滑向闽江。接着升桅杆、系帆缆、备床爨、添旗帜、制号衣、整炮械，以备出海试航。

船政日后每制新船，均由船政大臣等共捧龙骨，安上船台。新船下水，祭祀天后及诸神，典礼如仪，成为定例。

第一号轮船被命名为“万年清”，船长 238 营造尺，宽 27.8 尺，吃水 14.5 尺，排水量 1370 吨。货舱载货量 350 吨。装有立式 150 匹马力蒸汽机一台，平均时

福建船政正门

福建船政轮机厂

速 40 华里。[58] 9 月 25 日，沈葆桢亲自登船出海试航。10 月 1 日，由船政提调吴大廷督同管驾贝锦泉展轮北上津门，听候勘验。11 月 5 日 ~ 8 日，三口通商大臣崇厚在大沽验收合格。

12 月 6 日，第二号“湄云”轮下水。1870 年 5 月 30 日，第三号“福星”轮下水。两船动力均为 80 匹马力。至 1871 年底，船政局按预定计划共制轮船六艘。自制蒸汽机也顺利进行。第五号“安澜”轮（亦即第三艘 150 匹马力轮船）如期装上国产轮机、锅炉。出海试验表明，船极灵捷平稳，机器配搭亦均合宜，与购自外洋者无异。

80 匹和 150 匹马力的动力，对军舰来说，无疑太小了。船政局方面与日意格讨论，希望增拓马力。经过磋商，决定向国外订购一套 250 匹马力新式轮机，装到第七号“扬武”舰上去。“扬武”是船政局前期制造的功率最大的军舰，排水量 1560 吨，时速 12 节。布局全按国外军舰规制，不再兼设货舱。“扬武”舰于 1871 年 7 月 12 日装上龙骨，次年 4 月 23 日下水，船台周期 9 个月，较之第六号“镇海”轮的 8 个月周期、第五号“安澜”轮的 7 个月周期并不太长，但整个工作量却超出了一倍。[59]

由于沈葆桢是封疆大吏出身，又经过战争的世面，所以在船政局里采用严刑峻法建立威信。时人笔记记载，有个工人偷了外国工匠的汗衫，他斥其“太不替

福建船政全景

中国人做脸”，喝令处斩。藩司因买铜不报，谓与税款有碍，用札驳诘，他立缚藩吏，以“阻挠国是，侮慢大臣”八字杀之。某次与幕僚作诗，中途退场一回，则又坐堂杀人。在他管理船政局期间，弊绝风清，外国专家也对他表示钦服。[60]

除了严格的纪律管理，沈葆桢也给工人较高的报酬：无技术工人每天工作11小时，月薪银4.5 ~ 7两。同时期江南制造局的待遇是2.33 ~ 4.7两，而上海工厂里的工人是4 ~ 5两。技术工人待遇更好，他们的工作时间是冬季8.5小时，春秋季9小时，夏季10小时，月薪7 ~ 21两。江南制造局的技术工人工资为5.7 ~ 15两。这在当时是相当可观的收入，并且都能按时领到，而劳动条件，较之早期工业化社会的欧洲、日本以及后来的中国企业都要好得多。[61] 所以工人的表现也很出色，以非常快的速度掌握了西方的工具和技能。

造船工业的兴建和发展一直受到保守势力的阻挠和反对。正统派士大夫坚持以孔孟之道作为立国的根本和评价事物的尺度。1867年春，正当船政大兴土木进行基建的时候，京师里为设立同文馆爆发了一场著名的争论。大学士倭仁是保守派的挂帅人物。他在论战中说：“立国之道，尚礼义不尚权谋；根本之图，在人心不在技艺……古今来未闻有恃术数而能起衰振弱者也。”[62] 集中代表了保守派对引进西方先进技术的基本看法。在福州方面，新任闽浙总督吴棠也不以造船为然，处处务求反左宗棠其道而行之，使得船政这株嫩苗面临夭折的危险，以致

正在船台上的“万年清”舰

沈葆桢向清廷奏报福建船政建造第一号轮船“万年清”号时附呈的船图

远在西北的左宗棠亲自向朝廷请求，让沈葆桢一人专司船政。总理衙门也致函沈葆桢，要他以大局为重，勿以吴棠掣肘为意。

1872年1月，内阁学士宋晋上奏，认为船政经费已拨四五百万两，未免靡费太重，名为远谋，实用虚耗。请将沪闽两处造船暂行停止，额拨经费转解户部，已成之船租给殷商。福州将军文煜、福建巡抚王凯泰亦倾向停造。但又说如果停造，中国将赔偿法方70余万两白银，并认为将军舰租给商人太可惜，靠老式师船巡逻又不如轮船灵捷。曾国藩立即给总理衙门写信，指出当初造船，“非不知需费之巨，成事之难，特以中国欲图自强，不得不于船只船械练兵演阵等处入手”。左宗棠也拍案而起，力驳非难，强调：“此举为沿海断不容已之举，此事实国家断不可少之事。”[63]沈葆桢更用事实说明，从“万年清”到“伏波”“安澜”，制造技术日益改进，航行效果越来越稳。他问：“譬诸读书，读至数年，谓弟子当胜于师者，妄也。谓弟子即不如师矣，莫若废书不读，不益妄乎？且各国轮船亦有利有不利，其创之也各有后先，其成之也互相师法，久于其道、熟能生巧者则利，卤莽从事、浅尝辄止者则不利……勇猛精进则为远谋，因循苟且则为虚耗，岂但轮船一事然哉？”[64]李鸿章也说：“士大学囿于章句之学而昧于数千年来一大变局，狃于目前苟安而遂忘前二三十年之何以创巨而痛深，后千百年之何以安内而制外，此停止轮船之议所由起也。臣愚以为国家诸费皆可省，惟养兵设防、练习枪炮、制造兵轮船之费万不可省。”[65]在他们的坚持下，造船计划得以继续维持。不过在私下，李鸿章对船政局造船却不以为然，如同他对江南制造局造船的态度一样。他告诉王凯泰，他奏折中态度，只是对左宗棠、沈葆桢大声疾呼的回应，在当前的气氛下，鄙人又怎么可能去唱反调呢？[66]

从1869年2月11日（同治八年正月初一）铁厂起造，到1874年2月16日（同治十二年底）适为五年，福建船政共制成“万年清”“湄云”“福星”“伏波”“安澜”“镇海”“扬武”“飞云”“靖远”“振威”“济安”“永保”“海镜”“琛航”“大雅”15艘舰船。其中“扬武”轮工料繁巨、一船抵作二船，16艘舰船的建造计划算是完成了。朝廷赏给日意格一品衔和准穿黄马褂的荣耀，并与德克碑一体赏给一等宝星。帮办斯恭塞格、练船教习德勒塞，赏给三品衔并一等宝星。所有在局出力洋员匠51人，各得官衔、金牌不等。然后按照合同，将其遣散回国。

怎样评价福建船政前期所造轮船，是个长期争论不休的话题。在当时，除了朝廷内部，报界也发表了意见。英文《北华捷报》认为清政府的钱用得很不得当，福州船厂不过是个大玩具，看看很漂亮，但完全无用。[67]《申报》反驳说：中国仅以数百万两之费，六七年之时，习悉泰西百年之学，难道不是大利吗？怎能说是靡耗巨款呢？[68]应当看到，中国近代造船工业尽管付出了高昂的代价，但迈出的却是近代化的最初步伐，是传统农业文明向工业文明的伟大转变。同时也为进一步建造更好的舰船奠定了基础。基于这些，应对船政的造船实践予以高度评

福建船政的洋员，前排右五为日意格。福建船政是近代中国大规模规模引进西方先进制造业和专业人才之始。

价。就船厂的装备而论，也比当年同时起步的日本横须贺造船厂（1865 年德川幕府设立横须贺制铁所。1868 年明治政府接收其设施。1871 年改由海军管理，名曰横须贺造船所。1876 年建成首舰“清辉”号。该厂也是法国人指导建造的）更优良。船政培养了中国最早的制造业科技工程人员和产业工人，法国人认为，中国工人接受新式工具比日本工人更快。[69] 同时也要看到，在短短五年中，朝廷向船政投入 500 万两白银，大大超出预定的 300 万两计划额度；所制军舰皆为木壳，功率较小，式样也不先进——起初按左宗棠要求，船政轮船的设计定位是军民兼用，既运货，亦能捕盗护商，而他却不知道，蒸汽船时代，早已将商船和军舰清晰地分为两种产品路径了。后来舾装虽分军民而不再兼容，但仍是老式木壳船体。此外，每艘舰船的成本高于国外同类船 50% ~ 60% 等问题也确实存在，[70] 说明船政在引进外国技术时起点不高，内部经营管理也存在问题。加之国内本无制造业基础，在许多方面仍依赖外国，更使造船成本难以降低。这些都是中国早期工业化探索中的宝贵教训。不过，仅凭这些问题就全盘否定船政，显然是失之偏颇的。

应当指出，福建船政与江南制造局于19世纪70年代以后在造船方针上出现的不同情况，只是洋务派内部在发展海防事业上做出的不同方案选择，而在引进西方技术加强国防建设的总体目标上并无质的区别。

15艘舰船完成后，喧闹了几年的船政安静下来。车间里制成的两台蒸汽机尚未配用，船台上空空荡荡。下一步该怎么办？冬烘先生们主张就此收盘，洋务派还想继续干下去。这时发生了日本侵略台湾事件，沈葆桢率"安澜""伏波"和"飞云"号军舰前往台湾交涉。接着，他向朝廷呼吁，请求允许继续造船，加上朝中恭亲王奕䜣的鼓动，这个要求被批准了。于是第十七号"元凯"轮（150匹马力）便被驾轻就熟地送上船台。同样的木壳轮船，后来还建造了两艘，即第十八号"登瀛洲"和第十九号"泰安"。

值得一提的是，1875年夏，第十七号150匹马力船制造在即。因用于船胁的暹罗弯木尚未到货，一时难以动手。船政学堂的学生拿出自己绘制的一艘50匹马力船设计图和轮机设计图，禀请试造。沈葆桢支持年轻人的尝试，称之为"中华发轫之始"，并把它命名为"艺新"号。[71]1876年6月10日，千总沈有恒和制造学生汪乔年、吴德章驾驶"艺新"进行首次试航。这是船政自行设计的第一艘船舶。

1875年5月30日，朝廷调沈葆桢任两江总督兼办理通商事务大臣，督办南洋海防。沈葆桢选择福建按察使郭嵩焘接办船政，旋从李鸿章处得悉郭已被内定为第一任出使英国大臣，便改请北洋帮办大臣丁日昌继任。11月9日，丁日昌到

"伏波"号

局视事。一个月后，福建巡抚王凯泰因病出缺，朝廷命丁日昌接任。丁日昌建议在顺天府尹吴赞诚和布政使衔津海关道黎兆棠两人中拣派一人接办船政。朝廷选择了吴赞诚。次年5月，吴赞诚到局就职。丁、吴配合默契，进一步发展船政事业。但这对密友的健康都不佳，1877年夏，丁日昌连续病假，挣扎了一年，终于因病免职，由吴赞诚署理巡抚。岁暮时节，吴赞诚由船政工次到省，前往拜访丁日昌，忽然病倒丁府，几经医治不见好转。朝廷便转调前直隶按察使黎兆棠继任。黎兆棠在船政大臣的职位上工作了四年，据说官声不佳，最后被署左副都御史张佩纶参去职务，由张梦元接任。但这一时期船政总的形势依然是蒸蒸日上。

吴赞诚任内的主要贡献，是将船政从生产木质船转产铁胁木壳合构船。原先建造的轮船，所需木胁皆从南洋进口。由于这种天然弯木来源日益困难，要长期稳定地建造轮船，必须以铁代木。此外，生产铁胁船，还能为进一步建造全铁壳船打下基础。船政的生产设备，是按生产木质轮船配置的，法国人传授给中国人的，也是建造木质船的技术。转产铁胁船，原材料较原先易办，工作量则增加一倍，技术和工艺要求也更高。内行们还指出，为了提高船速，必须增大船用蒸汽机的功率。经与日意格商量，决定在法国地中海船厂先订全副铁胁，又在英国订制2台750匹马力复合式蒸汽机，以作仿制依据，并于1875年底开始兴建铁胁厂。1877年5月，第一号三桅铁胁兵船“威远”号下水。接着，同型船“超武”“康济”“澄庆”“横海”号也先后下水。成批生产铁胁船和750匹蒸汽机，标志着船政的造船水平有了很大提高。

黎兆棠任内，船政开始生产铁木合构的巡洋舰，也就是当时所称的巡海快船。这个计划酝酿已久，早在1876年秋，吴赞诚便根据李鸿章的建议，委托日意格在法国地中海船厂购买1000匹马力巡海快船图纸。经法国工程师核复，建议改为2400匹马力方可适用。旋用银3092两，委托法国工程师设计（法方仿照1877年新下水的“杜居士路因”号巡洋舰进行缩小）图纸，于1879年寄回国内。因船政经费拮据，延至1881年11月开始施工，1883年1月下水，命名“开济”号，排水量2200吨，船体铁胁之外，另包木舭两层。船头水线下装设冲角。船上配炮10门，皆可旋转轰击，火力猛烈。黎兆棠兴高采烈地向朝廷报告：“开济”舰机件之繁重，马力之猛烈，皆闽厂创设以来目所未睹。其大段款式，已与常式兵轮有异。制件之精良、算配之合法，皆由制造学生吴德章、李寿田、杨廉臣等按照国外最新技术建造，尤为各船所不可及。[72] 当时北洋正从国外进口巡洋舰“超勇”“扬威”号，南洋也随之引进了“南琛”“南瑞”号。李鸿章

“超武”号

研究了“开济”图纸后，认为它“与购之外洋者相等，而与铁甲船相辅并行，为用甚大”。[73]1883 年 9 月和 10 月，新任船政大臣张梦元两次乘舰试航，也对它赞不绝口。沿海各省督抚纷纷表示出订购意向。

“开济”号拨归南洋使用。1883 年 10 月 23 日，何心川驾驶它北上，忽遇飓风，致使舱中积水，轮机不能工作，何心川向上级报告说，船上抽水机不合用，顺便又指责造船未合工期、时速低于原设计、吃水又超过设计要求，还说造船经费超支。根据后来船政大臣何如璋的调查，故障责任主要归咎于何本人的驾驶技术和处理危急情况经验不足，以及船上水手对抽水机保养不善。[74] 因此，它的两艘姊妹舰“镜清”号和“寰泰”号得以继续建造。

洋务运动中创办的近代军事工业，在资金来源和产品分配上都带有浓郁的封建官营手工业特征。经费来自财政拨款，产品由朝廷统一调拨，不存在资本主义生产方式中的等价交换原则。这种做法，虽能以国家财政为后盾，保证企业的生产，但缺乏刺激企业生产和升级换代的活力。

船政创办之初，左宗棠奏定从闽海关四成结款项下拨银 40 万两作开办费，每月从六成款项下拨 5 万两以供日常开支。“万年清”号下水后，沈葆桢上奏请拨厘局征收洋药票税款，作养成经费。1875 年 1 月，又奏请自 1874 年 5 月 31 日起，将洋药票税并各船薪粮归入台防项下收支。因经费困难，船政还于同治十二年（1873 年）从福建茶款项下每月拨银 2 万两，共 24 万两。1875 年夏，沈葆桢以闽海关六成洋税下月解5万两不敷使用，奏请从四成项下余银40万两尽拨船政。嗣后又决定，从光绪二年（1876年）起，船政经费六成月拨3万两，四成月拨2万两。从同治五年十一月十七日至光绪十一年底（1866年12月23日～1886年2月3日）20年间，船政共收各项经费银10 793 743两，总支出10 222 464两。[75] 其间共建造了27艘舰船，造船经费约用500万两，占总支出的50%。

最初，无论是总理衙门还是福建船政，对于所制轮船的调拨使用均无周详考虑。迨至1871年底，已成五舰除一艘被浙江调去巡缉洋面外，其余四艘皆留在福建，洋药票税收入不敷养船之用。福州将军文煜向朝廷提出了这个问题。12月18日总理衙门议复说：

> 查闽省开厂制造轮船，原为备物制用，以期有备无患之意……沿海省份，如广东之香澳、山东之登州，奉省之牛庄、直隶之天津等处，均属海道可通。且各该省每有雇买外国火轮夹板等语，以资办公之时。与其借资外洋，徒增耗资，曷若拨用闽厂船只，既可省就地雇买之费，兼可节闽省薪粮之需，且不致以有用之船，置之无用之地，于试演新船、撙节度支之道均有裨益。如蒙谕允，应俟命下之日，臣等行文南北洋通商大臣及沿海各督抚，体察各处情形，分别奏咨拨往应用。所需薪粮各费，准令由各该省洋药厘金项下就近动支。[76]

当日奉旨允准。总理衙门即于翌日通知各地疆臣，嘱其奉旨拨船应用。次年4月1日，又行文催促办理。从此形成各地向船政调船的传统。由于船政的资金来源于固定拨款，产品不计成本，因此这些舰船不作商品出售，各地完全是无偿而获。

各地对选船十分挑剔，尽量要好船。除“安澜”“大雅”两船1874年在台湾安平、旗后遭风浪沉没外，“登瀛洲”“靖远”“澄庆”“开济”“横海”“镜清”调南洋，“伏波”“元凯”“超武”调浙江，“镇海”调天津，“湄云”调盛京牛庄，“泰安”调山东，“威远”调北洋，“康济”调招商局，后也调往北洋作练习舰。留闽的尚有6艘军舰（“万年清”“福星”“扬武”“振威”“济安”“艺新”）和3艘运船（“永保”“海镜”“琛航”），其中“扬武”舰吨位较大，用作船政学堂练习舰，其余都是过时的木壳舰船。第一艘下水的“万年清”号始终没有人要；“福星”号曾经搁浅，船身龙骨均有损伤。而1877年以后下水的铁胁木壳舰却一艘也没留下。可见军舰的去留，取决于其他沿海省份的需要，作为东南沿海前哨的福建，反倒得不到重视。只有分不出去的舰船，才挂在船政名下，归闽浙总督和船政大臣调遣。

四、天津、广州的造船事业

天津是华北门户，京畿喉襟。第二次鸦片战争后，它作为中外交涉的重要窗口，地位日益重要。先是设立三口通商大臣衙门，接着，直隶总督也从保定迁来，建立第二衙门，直隶总督往返于保定、天津二地办公。1870 年起，每天早晨 6 时，它的上空便回旋起“嘟嘟——”的汽笛声，这是新设的机器局在催促工人上班。从曼彻斯特、埃森到匹兹堡，黎明的汽笛一直是大工业的标志。此时，上海拉响了汽笛，马尾拉响了汽笛，天津也拉响了汽笛。

天津机器局是根据恭亲王的建议倡办的。1866 年 8 月 15 日，总理衙门鉴于上海、福州、金陵等地相继兴办近代工业，而北方的捻军和西北的回民起义正风起云涌，特奏请在京师或天津设局造机器。10 月，又进一步提出办局设想。从表面看，这是为了使军火工业平衡布局，同时也开北方风气。在实质上，又是出于对南方军火工业发展导致地方实力增强、外重内轻局面发展的一种防范。恭亲王指派三口通商大臣崇厚具体筹备，以津海关和东海关四成关税作为常年经费。崇厚在天津城东 18 里贾家沽购买民地 22 顷 30 余亩，厘为局址。1867 年 5 月开局，1868 年春间收到在国外设计的局房图式，兴工建造，至 1870 年 8 月告成，局名“天津军火机器局”，主要设置机器厂、火药厂、铜帽厂。总计建造机器房 42 座，290 余间，大烟筒 10 座，洋匠住房 160 余间。又在海光寺设立铸造局。为了便于区别，贾家沽局址称为东局，海光寺局址称为西局。崇厚聘请英国人密妥士为机器局洋总办。密妥士原是商人，此时正兼着荷兰、比利时、丹麦驻天津的领事，同时还是美国驻天津的副领事，居然能分出身来，为三口通商大臣办兵工厂。雇募的其他外国工程技术人员，于 1868 年春起陆续到工。

1870 年 6 月 21 日，天津教案发生，直隶总督曾国藩办案，受到舆论的强烈谴责。8 月 22 日，两江总督马新贻被张文祥刺死。29 日，朝廷命曾国藩任两江总督，调湖广总督李鸿章任直隶总督。11 月 12 日，朝廷准工部大臣毛昶熙请，裁三口通商大臣，所有洋务海防事宜均归直隶总督经营，照南洋通商大臣之例，颁给钦差大臣关防。从此，李鸿章开始了他长达 25 年的直隶总督兼北洋大臣生涯。

天津机器局，右侧为海光寺。

李鸿章接任直督后，改“天津军火机器总局”为“天津机器局”。他视察了机器局后，建议进一步扩充，将江南制造局总办沈保靖调任总理天津机器局事务。还从南方调来大批工人和技术人员，撤换以前在局的旗人和北方人。又以密妥士对于机器未甚精核，将其撤换，从而使天津机器局控制权转到自己的手里，同时又添造了火药库、铸铁厂、熟铁厂、锯木厂。津局宗旨，以制造弹药为主。以后又生产步枪、试制水雷。1887 年还建成一座生产栗色火药的工厂，据说是当时世界上最大最好的火药厂之一。其产品专供海口炮台内新式后膛炮和北洋海军各军舰火炮使用。北洋海军成军后，在其章程中明确规定，天津机器局“专造北洋水陆各营枪炮、应用火药、子弹及水雷、铜帽、门火等件”。李鸿章本人也屡次强调“该局为海防水师取给之源”及“该局为北洋水陆各军取给之源”。[77]

天津机器局主要生产任务是制造军火，但在兴办之初，便建起一座船坞。[78] 当时驻巡北洋的“镇海”“操江”轮船，需煤需料，修船修器，皆由该局承办。运输直、晋赈粮的福建、江南轮船，运输江浙漕粮的招商局轮船，一有损坏，亦由该局拨工拨料，星夜修理。

天津机器局承制的舰船不多，但都以其特殊性引人注目。最值得引起重视的，是它在 1880 年试制的第一艘潜水艇。这年 6 月 20 日，上海教会报纸《益闻录》在“试造轮船”的标题下，刊登了一条消息：

析津来信云，客岁有某员禀请试造轮船，当经大僚据禀具奏，得旨着就厂局试办，其能否合用，仍俟察查复奏等因。刻闻津门陈观察绘图贴说，募工攒造，并经府道大员通牒大府，具保领款。并称如不适用，愿将开去款项，照数赔偿，具结申送。现于津厂后面，缭以周亘，开工试造。雇用工匠十余人，自备薪米油烛等费，并木料铁皮，分投采买，不动该厂公项。禁止外人窥探，即其余工师，均设严禁，不准窥视。闻夏秋之交，当可竣工。未知制就后能否绝妙一时，徒令适观厥成者，望眼欲穿也。[79]

躲在围墙后面施工，无关人员不准窥视，这在其他船局制造轮船的过程中是没有的，因而更增添了神秘色彩，使那些惯于打听各种信息的报馆访员按捺不住，心痒难忍。三个月后，该报终于把谜底揭晓了：

津门机器局创造轮船，其情形已略前报，兹已造成，盖驶行水底机船也。式如橄榄，入水半浮水面，上有水标及吸气机，可于水底暗送水雷，置于敌船之下。其水标缩入船一尺，船即入水一尺。中秋节下水试行，灵捷异常，颇为合用。因内河水甚深，水标仍浮出水面尺许。能令水面一无所见，而布雷无不如意，洵摧敌之利器也。[80]

这条潜水艇的下落，后来不见记载，估计是失败了。从 1880 年 9 月 18 日（中秋节）的首次试航看，它尚未能全部沉入水下。

关于潜水艇的研制，有的学者一直追溯到 2000 年前，据说亚历山大大帝曾坐一种玻璃容器下沉至海底，并停留一些时候再浮上水面。但首先对潜水艇原理作科学说明的，是英国人威廉·伯恩在 1578 年出版的《发明》一书。40 年后，侨居英国的荷兰物理学家德布雷按照伯恩理论制造了潜艇的雏形。1776 年美国独立战争时，布什内尔设计了一艘叫作“乌龟”的铜板壳体单座潜艇，并在艇上装置水雷，企图用它去攻击英国船。南北战争时，潜艇首次被运用于实践。1864 年 2 月 17 日，南军的“H.L. 亨利”号用撑杆水雷击沉了北军军舰“胡萨托尼克”号，但它自己也葬身海底。在那时，潜艇对水面舰艇并不构成威胁，而对自己的乘员却更加危险。1879 年英国牧师迦莱特制造了用蒸汽推进的“里苏甘”号潜艇。后来“里苏甘”号以损失三名乘员的悲剧结束了寿命，但迦莱特并不泄气。1882 年，他又开始建造一艘长 64 英尺、宽 9 英尺、排水量 60 吨的“诺登费尔特 -I”号潜艇。这艘潜艇首次装上自航式白头鱼雷。从这个时间表看，天津机器局所试制的潜水

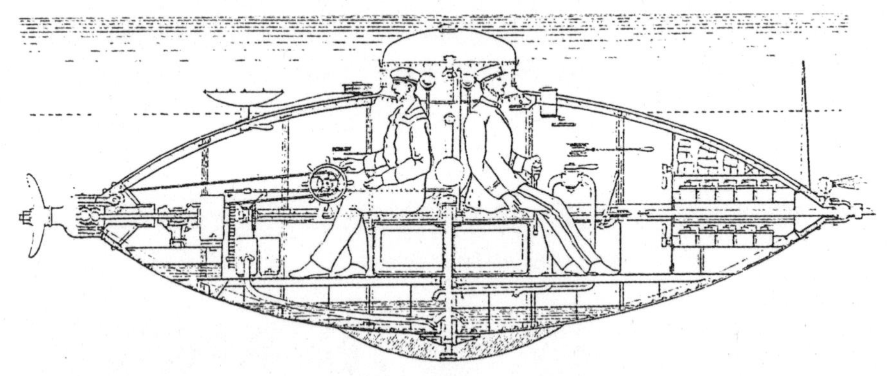

许景澄编撰《外国师船图表》所载国外早期潜水艇式样，如橄榄形。

艇并不落后，它反映出中国近代科技人员密切关注着世界海军技术的发展。可惜这一试验后来中断了，后人甚至不清楚那位姓陈的设计者叫什么名字。

此外，天津机器局在光绪初年建成一艘挖泥船。史书记载："其状如舟，大亦如之……以铁为之，底有机器，上为机架，形如人臂，能挖起河底之泥，重载万斤，置之岸上，旋转最灵，较人工费省而工速。"船名叫作"直隶挖河船"。[81]1880年，建成一套舟桥，由130余只行军桥船组成，"百丈之河顷刻布成平地"。1881年，又建成130匹马力七丈螺桥船两只，专备海口布雷并作小战船用。[82]这年，李鸿章还建造了一艘小汽船，能载40 ~ 50人。《北华捷报》报道说："全部机器与装备都是在此地完成的。"[83]1887年，机器局总工程师司图诺根据李鸿章的指令，为慈禧太后建造了钢质游艇"捧日"号。此船船舱宽敞，用硬木装潢，由一艘小汽船牵引着在颐和园昆明湖上行驶，以供太后饱览秀丽的湖光山色。

天津机器局在1900年的八国联军侵略战争中，遭到毁灭性的破坏，以后便鞠为茂草、扫地无存了。

洋务企业不仅受到顽固派士大夫的攻讦，有时也受到洋务派官僚的戕贼。不同的政治派系，不同的利益集团，按照各自的政治目标行事，犹如无数交错的力量，构成无数力的平行四边形，最终产生出推动历史前进的总的矢量。在洋务集团内部，这类大大小小的力的平行四边形，也是层出不穷的，这便是活生生的历史。

从广州机器局的发展及其主持人温子绍的经历中，能够清楚地体察到历史前进大潮流中的细小波澜。

温子绍是在籍绅士，广东顺德人，字飏园，靠捐资得花翎候补员外郎，加捐三品衔江苏试用道员的虚衔。他从小留意西学，对外国机器制造之事，悉心考究。到30岁时，因精于机器，善于发明，在社会上已很有名气了。1873年，两广总督瑞麟在广州城内聚贤坊设立广州军装机器局，听说温子绍精通机械，便委派他为在局经理。机器局开办后，购置机床器具，试造枪炮弹药，并承担轮船的修葺业务。

1875年，机器局迁往城外增埗。次年，刘坤一开府两广，用8万银元购下香港黄埔船坞公司在黄埔的各坞厂，[84]使得广州机器局在船舶修造方面力量大增。刘坤一曾扬扬自得地说："该澳工费颇巨，兹以贱值得之，将来如有扩充机器局务，自行制造大船大炮之时，此处便为得用。"又说这些船坞"于修理铁甲船甚为合用，似可于广东设立船政分局"。[85]

由于广东方面造船经费拮据，又缺技术人员，在1879年前，由温子绍领导，曾建造了16艘内河小轮船，以供东、西、北三江分段巡缉，但船的性能较差。后来北洋方面购买的第一批蚊炮船行驶回国，李鸿章鼓动朝廷指令各地仿此购买，刘坤一便密嘱温子绍等携带工匠，考察北洋所购的蚊炮船。温子绍天资聪明，深谙西法，认为广州有条件仿制木质船体的蚊炮船，并决定自己出资捐造。这条炮艇船身底板全用柚木，船身长124尺，200匹马力，除18吨后膛主炮系由库存拨给外，耗银39900两。炮艇于1881年夏竣工，被命名为"海东雄"号，并与刚从国外进口的钢质炮艇"海镜清"号进行了共同试航。两广总督张树声认为："虽外洋所制机器较多，通体纯钢与木壳有异，而温子绍仿造之船，价值悬殊，规模形式驶行迟速亦能不甚相悬，洵足以资备御。"[86]

温子绍家道并非巨富，因海防孔棘，不惜重资创此美举，刘坤一称赞他"揆诸古人毁家纾难之义，殊觉可风"。在办理机器局其他事务方面，所有制造枪炮、火箭、水雷，无不合同。仿制格林炮，灵巧不让外洋，而价格则减大半，使得广州机器局的产品声名鹊起，各省纷纷前来订购。广东财政拮据，他对局中经费与工料，无不力求节省。每遇放款不敷，便自行在外设法垫借接济，由此名闻遐迩，山东、江苏、云南、贵州乃至越南都竞相罗致。1880年，吉林创办机器局，上谕指名要温子绍前去制造轮船，后因张树声以蚊炮船尚未完工而拖延行期，他本人则以母亲年老生病，不能远离为由，才获准另觅他人前往。1881年底，朝廷以其捐造炮船，赏从一品封典。

1884年，张之洞由山西巡抚调任两广总督。他与温子绍发生了矛盾，旋以"江苏候补道温子绍经营机器局多年，料价既多不实，工匠亦不足额”为由奏参，获旨将其革职，彻底查办，勒令赔缴。张之洞，直隶南皮人，字孝达，号香涛，早年是清流健将，1880年官居左庶子时，因庚辰午门案中，与右庶子陈宝琛分上两疏，转圜西太后对阻止太监出宫的午门值班官兵所施以的严峻处分，名满天下。他的胆略和文字，为恭亲王和翁同龢所叹服。然而在查办温子绍案情的奏疏里，用词却令人颇生疑团。他说温子绍主持广州机器局12年，动用白银59.4万余两，“经查明尚无侵吞浮冒情弊，惟支销巨款，多历年所，因采办周折，算造未精，以致物料多所耗费，工匠手艺不尽精良”。又说该员“学艺本属疏浅，性情又复庸软，不能纠核司事工役”。最后责令温子绍赔罚白银5万余两，充作海防经费。事实上，张之洞并不打算解散机器局，还想借此干一番事业，所以他也承认：“自设局创办以来，员弁工匠能者渐多，频年办理海防，添补军械、修船运炮等事，该局亦当能勉强支应，是则无大功，亦未必竟无微效。”[87]他的目的，只不过是为了赶走温子绍，另行安排亲信办理局务而已。

温子绍的遭遇，引起广东官员的不平。广东海防善后局各司道呈请为他开复，指出机器局早期制造工作中出现的问题，是由于没有工业基础，没有熟练工人和工艺生疏造成的，而不能归结于温子绍中饱私囊。近年来广东工厂逐渐增多，追溯其源，实为温子绍开风气之先，功不可没。1889年8月，张之洞调任湖广总督。行前他也承认了上述理由，并建议开复温子绍的官职。接着，李鸿章之兄李瀚章出任粤督。他上奏提出：“粤中制购各国枪炮，其炮弹所存无几，若非善为仿造，设遇有警，有枪无弹，何以应敌？臣前派‘广甲’轮船赴北洋合操，闻有局制铜拉火未能合式，开炮即难灵便，可见一物未精，所关匪细，平时不讲，遇敌必挠。温子绍专精于是，为他员所不及。现值需人之际，合无仰恳天恩，俯准将该员赏还原品顶戴翎枝，留粤经办机器制造等事。”[88]这篇奏折中，对张之洞是颇有微词的。李瀚章的请求被允准了，温子绍的冤屈至此方得平反。

张之洞是政治家，他在中国近代化事业中做出的贡献不容泯灭。温子绍是钻研近代科技的知识分子和中级官员，在广州机器局的建设发展中倾注了大量心血。他们在历史发展的总过程中，也有利益冲突，人们甚至搞不清起始原因和是非曲直。但是，地位卑下的小人物，往往难以保护自己，这是知识分子的不幸。历史需要政治家大刀阔斧地正面突击，也需要专业技术人员和管理人员辛勤钻研和埋头工作。可惜人们对于后者关注太少。温子绍的遭遇虽然只是个极端的例子，但当年云集曾国藩幕府的徐寿、华蘅芳、王德均、赵元益，无不默默而终。李凤苞虽然官至出使大臣，但也为流矢所中，这不能不使人感慨万千。

在这一时期，广州机器局还仿照外洋式样，先后建造了“靖安”“横海”“扬武”“翔云”“肇安”“南图”等小轮船，用于内河巡防捕盗。这些轮船的造价都未超过1万两白银。

五、海军人才的摇篮

流传千年的科举制度，是封建时代中国知识分子出人头地，进入上层社会的最重要途径。整个社会的教育体系就是围绕着这个制度建立起来的。从国子监到县学，乃至民间的书院、私塾，都是以登科及第为办学目标。当明清科举考试的形式成为八股制艺后，青年士子的头脑就被彻底禁锢起来，任何生动活泼的自然科学知识，都成为不登大雅之堂的旁门术数，因而造成近几百年来中国科技发展的萎缩。鸦片战争前，今文经学家们提倡经世致用。战后，林则徐、魏源倡导“师夷长技以制夷”。在洋务运动中，自然科学和军事技术开始受到重视，新式军事院校也应运而生。

福建船政学堂是中国近代第一所海军军官学校和船舶工程学校，它的创办和船政的建立几为同时，创始人也是左宗棠。左宗棠在引进西方先进制造业的同时，就考虑到了人才的培养储备，所见远大，由此迈出中国西式教育开天辟地的最初步履。

1866年6月25日，左宗棠在请求设局造船的那个著名奏折中指出：“如虑船成以后中国无人堪作船主、看盘、管车，诸事均需雇倩洋人，则定议之初，即先与订明，教习制造即兼教习驾驶，船成即令随同出洋，周历各海口……将来讲习益精，水师人材固不可胜用矣。”[89]在左宗棠与日意格商定的创办船政局保约中，规定了创办学堂，教授制造、驾驶知识的内容。这一学堂，最初定名为“求是堂艺局”。

学堂开始招生时，设想的生源主要为本地资质聪颖、粗通文字的子弟。但在科举盛行的时代背景下，这种破天荒建立的军事技术学校对士子吸引力不大，因此后来把招生范围一直扩展到广东、香港一带。报名者必须填写三代名讳、职业、保举人功名经历等作为保结，并要取其父兄及本人的保证书。第一次招生考试的试题是“大孝终身慕父母论”。

当时参加报考的，主要是家境贫寒之士。其次是受到外国影响的家庭和商人子弟、外国学堂学生。获得考试第一名的福建侯官人严宗光（后改名严复），身世遭遇就很具有代表性。严宗光，字又陵，又字几道。父祖两代皆为中医。他自己从小进私塾，再加上父亲的辅导，打下了较好的学业基础。不久，父亲因抢救霍乱病人受到传染，不治而亡，家道急骤中落。听说船政学堂衣食住全由官家供给，每月还有四两纹银补贴，便决定前去报名。严宗光的叔叔严厚甫是个举人，母子俩请他作保，举人对此种新学堂绝无好感，当即回绝，后来只能瞒着他私自填写保结，还引来一场争吵。严宗光和母亲只得痛哭跪求，才算了事。严宗光在考试时面对试题触景生情，文章自然写得情文并茂，大得沈葆桢的赞赏。

这次招生因"风气未开，科举尤甚"，是以应试者极少，共录取严宗光、罗丰禄、林泰曾、刘步蟾、方伯谦、林永升、黄建勋、蒋超英、叶祖珪、邱宝仁、何心川等几十个人，年龄约为12～15岁。1867年1月6日，学堂正式开学。此时校舍未成，便假城南定光寺（白塔寺）的空房做教室。在暮鼓晨钟的古刹里，飘出了诵念A、B、C、D的琅琅书声，宣示着一个新时代的开端。

除了白塔寺外，学校还在仙塔街、亚伯尔顺洋房设置临时校舍。未几，船政在马尾厂区内新盖的学堂落成，旋将三处学生一并迁入。[90] 学堂分作两部分，在外国人士的一些早期报告中，将其称作"法语学校"和"英语学校"。直到1873年底，沈葆桢在奏折中首次使用了"前学堂，习法国语言文字者也……后学堂，习英国语言文字者也"，[91] 这一提法才被中文资料沿用。

前学堂以法语授课，包括造船专业和绘图专业。造船专业是前学堂的主要专业，它的培养方向，主要是船体和蒸汽机的设计制造人员。绘图专业在中文文献中称作"绘事院"，目标是培养绘图员，同时还承担船政图纸的绘制工作，因此又是局属技术部门。后学堂以英语授课，包括航海专业和管轮（轮机）专业。它为后来的海军事业培养了大批军官。学堂还附设艺圃，日意格称作学徒班，主要是培养技术工人。

左宗棠离闽前，制定了《求是堂艺局章程》。这是中国近代军事院校的第一个章程，为后来船政学堂的学制、规程确定了基本内容。其要点为：

（一）学习期限为五年。入局时，取具其父兄及本人甘结，不得改习别业。每逢端午、中秋，给假三天。过年时封印日回家，开印日到局。不得请长假。

（二）饮食医药费，均由局中发给，此外每月给银四两赡养家庭。病重者准回家调理，病痊后即行销假。

（三）每三个月考试一次。考到一等者赏银十元，二等者无赏无罚，三等者记惰一次。两次连考三等者戒责，三次连考三等者斥出。三次连考一等者另赏衣料。

（四）由船政大臣遴委明干绅士，常川驻局稽考师生勤惰。

（五）学成之后，准以水师员弁擢用。学成监工、船主者，即令作监工、船主，每月薪水照外国监工、船主薪数发给。有文职、文生者入学，未便概保武职，准照军功人员例议奖。[92]

从章程中可以看到，船政学堂虽是近代学校，仍留有浓厚的传统色彩，同时也似一个高度军事化的兵营。不久，英语教师嘉乐尔担任后学堂校长，他提出一套学校的规章制度，基本同《求是堂艺局章程》相同，但也有些欧美的新玩艺，如放暑假一个月等，但没有被中国方面采纳。

船政学堂在创办时期，师资主要聘用外籍人士，分为专职教师和兼职的船政技术人员两类。前学堂由监督秘书博赖主持，另有教员迈达、录赛二人，其余则由工程师舒赛、总木匠师乐平、木工工头马益识、装配工头德素兼任。绘事院由

画面右侧有上翘屋顶的建筑为天后宫。中景左侧白色两层建筑为福建船政学堂前学堂，其后正方形白色建筑为洋员办公所。

设计科长卢维主持，锅炉制造工杰达翁协助。后学堂由曾在英国格林尼治皇家海军学院任过教的嘉乐尔主持，有教师仕记、德勒塞和航海长阿务德、水手长儒昂索在驾驶班执教，教师阿兰在轮机班执教。他们的聘期至1873年底结束。

为了解决学生与洋教习之间的语言隔阂，还在福建到处搜罗懂得外文的人才。先是聘到黄绍本、林宪曾二人为助教，讲授英文和数学；后来又在广东、新加坡觅得曾锦文、曾恒忠来校担任教员。此外还有其他一些中国教员。学校开办几年后，便委派老班学生给新班学生帮教。

船政学堂正式办学后，面向全国招生，无论满汉民族皆可报考。但除了闽、粤两省外，仅有其他省籍学生一二人而已。广东及外省人，主要报名学习驾驶。学制造的，全是福建人。即使在驾驶班，福建人也占了多数。这自然是由于学堂设在福建，且福建又地处沿海，得风气之先的缘故。到后来，福建人不仅遍布海军上下，其他海军学堂也由福建人或与船政有关系的人主持。如天津水师学堂总办严复，南京水师学堂总办沈瑜庆、蒋超英，广东水师学堂总办吴仲翔、林贺峒、魏瀚等，在旧中国海军中，福建人独多。福建人互相推荐、援引，对发展海军事业有一定的积极意义；但形成小圈子，排斥非闽系人士，就带有强烈的封建地域集团色彩，以致被人称作“闽党”。

1874秋，英国军舰“田凫”号访问了马尾。海军军官寿尔记载了当时他所

福建船政学堂后学堂

看到的船政学堂的情景——虽然这是船政学堂重新聘请外国教员开展教学工作后的情景，但大致上能够反映早期船政学堂的状况：

> 我访问学校那天，学生大约五十人，第一班在作代数作业、简单的方程式。第二班正在一位本校训练出来的教师的指导下，研习欧几里几何学。两班都用英语进行教学。命题是先写黑板上，然后连续指定学生去演算推证各阶段；例题的工作完成后，便抄在一本美好的本子上，以备将来参考。我查阅其中几本，它们的整洁给我很深刻的印象。有的口授的题目是用大写的。当我们想到用毛笔缮写的中国文字和用钢笔横书的拼音语言间的区别时，便更知道这是一件非凡的事。学生每天上学六个小时，但课外许多作业是在他们自己的房间里做的。星期六休假。学生们一部分来自广州和香港，一部分来自福州。这些从南方来的，常是最伶俐的青年，但是他们劳作上不利之处是不懂官话；不懂官话在政府工作便没有升迁的希望。因此他们每天化一些时间同一位合格的本地老师学官话……海军学校招收学生的方法是在福州城所有明显的地点遍贴告示。规定年龄为十六岁以下，但这项并未很严格执行，因为有一些由香港方面的广告招收而来的学生是在二十岁以上。报名学生，给以中国经典知识的考试。直到最近，学校未曾录取过对自己国家的经典与文献没有相当知识的学生。……嘉乐尔先生的职务并不伸展到学生

福建船政学堂第一届学生和教习合影

福建船政学堂学生组成的少年洋枪队

管轮专业学生在车间实习

们的私人住宿区去，那是一位官吏管理的。广州和福州的学生分开住，用不同的厨师。嘉乐尔先生称赞这些学生，说他们勤勉与专心工作，也许超过英国的学生。因为他们不管他在场不在场，都坚毅地工作，未曾给他麻烦。从智力来说，他们和西方的学生不相上下，不过在其他各方面则远不如后者。他们是虚弱孱小的角色，一点精神或雄心也没有，在某种程度上有些巾帼气味。这自然是由抚育的方式所造成的。下完课，他们只是各处走走发呆，或是做他们的功课，从来不运动，而且不懂得娱乐。大体说来，在佛龛里呆着，要比在海上作警戒工作更适合他们的脾胃。[93]

西方人看东方，总有他们的癖好和偏见。同样，东方人要接受西方的教育方式，也需要相当长的适应时间。学生们无疑是聪明、勤奋、十分刻苦的。他们是未来中国的希望。他们还留有旧式士子的传统，不太习惯无拘无束地从事文体活动，但他们对祖国所抱有的责任心，却是不容怀疑的。

船政学堂的学生也并非都是温顺的绵羊。他们有时也反抗。1872年，后学堂学生因洋教习逊顺非礼虐待，为之哄堂，提调夏献纶发脾气，罚刘步蟾、邱宝仁做小工，到船局挑土。同学们更加愤怒，一直闹到丁忧在家的沈葆桢处，把逊顺撤换才算了事。据说沈葆桢当时打算撤去后学堂，把学生派往国外留学。经洋监督斯恭塞格引咎承担了责任，方使事件平息下来。[94]

学堂的课程十分广泛。制造专业的学生要掌握船舶和轮机的制造，必须学习法文、数学、物理和机械学，同时还进行船体制造和机械制造的实践教育，并到各工作部门实习，熟悉工作，学会如何指挥工人，以保证成为一个合格的监工。设计专业学生的课程包括法文、数学，并着重讲授150匹马力蒸汽机。艺圃的课程也基本类似。驾驶专业的学生除了学习英语、数学外，还要学习航海天文学、航行理论和地理。管轮专业的学生则要着重学习发动机绘制、海上操纵轮机规则，以及各种仪表的用途、蒸汽机的安装。[95]教材采用外文原版，在学校创办初期，不断根据实际情况，变更用书，因此没有固定的书目。

除了近代科学知识外，还要学习传统文化。沈葆桢谈到：

每日常课外，令读《圣谕广训》《孝经》，兼习策论，以明义理……盖欲习技艺不能不藉聪明之士，而天下往往愚鲁者尚循规矩，聪明之士，非范以中正必易入奇邪。今日之事，以中国之心思通外国之技巧可也，以外国之习气变中国之性情不可也。且浮浇险薄之子，必无持久之功。他日于天文、算法等事，安能精益求精、密益求密？谨始慎微之方，所以不能不讲也。[96]

这是中体西用理论的早期表述，也是洋务派对西方科学技术的基本态度。在很大程度上，他们与保守顽固派有着相通之处。在19世纪70年代前后，洋务派是中国社会对世界形势和中国面临的危机了解得最多的一个社会集团，沈葆桢又是其中的佼佼者。然而他对中西文化的看法不过如此，人们又怎能祈求洋务派倡导的"自强"运动取得根本胜利呢？

课堂教育，仅是海军教育的第一步。要成为合格的海军军官，还需经过练习舰的实习。如同沈葆桢所说："出自学堂者，则未敢信其能否成材，必亲试之风涛，乃足以觇其胆智。否则实心讲究，譬之谈兵纸上，临阵不免张皇。"[97]1868年，沈葆桢派员到香港、南洋一带购置夹板轮船，没有找到合适的。次年初夏，船政所制第三号轮船"福星"轮下水，沈葆桢打算将其改成练习舰，可是"福星"轮太小，难以容纳多人。直到年底，才在福州购得德国三桅夹板船"马得罗"号，易名"建威"号，按照军舰式样改造。[98]"建威"号排水量475吨，虽然已使用多年，但船的木料很好，做工也很讲究。二层舱内，能住百余人。于是以14191元成交。这是船政学堂的第一艘练习舰。

在香港物色练船的时候，还从香港英华书院和中央书院招来张成、吕翰、邓世昌、叶富、李和、李田、黎家本、梁梓芳、林国祥、卓关仁等10人，其皆已学过英文和数学，基础较好，籍贯为广东（包括香港），是船政学堂首批外省籍学生。他们到福州后，直接上练船学习驾驶、船艺、枪炮等实务操作，也在练船上生活，称作外堂学生，也称船生。而原先在后学堂学习的学生则被称为内堂学生。外堂生获得的赡银达到数十两，远高于内堂生。招收这批学生，是沈葆桢考虑到航海实习的难度，也是为了确保五年计划到期时，能够培养出合格的航海人才。[99]

1871年，船政后学堂的外籍教师嘉乐尔收到一封装饰精美的来信：

James Carroll 夫子教席：

惟同治五年，闽浙总督大人左奏请设船政局，以为强国之一法。皇上命令前江西巡抚沈在福州府的中岐兴建所需的宿舍，派日意格先生等尽力协助此事业。

沈大人建立一所海军学堂，招收一批学生，聘请英国绅士James Carroll

先生为教师，授航海原理，迄今五载。生等已修完了功课，即将航海，一试本领。为着这个航行，我们已做了广泛的准备。在离去之先，我们——你的忠实的学生——对于你的照顾及不倦的训诲，表示感激之忱……

从今而后，我们要去对付飓风、控制狂浪、窥测日星的行动，了解暴风的规律，勘察海岛，调查岩石的性质。

我们从老师所学习到的一切，在日后生活的经验中，将被证实为真确。这样地，最可怕的困难成为平易，最险恶的情况成为静谧。我帝国政府将以制度为例范，推广至于无穷……我们和你分别，虽觉难过，但我们为政府服务之心甚切，是以不能不把个人的意愿放于次要地位。我们的爱国心将不减少，我们的离去，老师，将为你所喜悦与赞许……

你忠实的学生（二十三人签字）[100]

不久，严宗光、刘步蟾、林泰曾、何心川、叶祖珪、蒋超英、方伯谦、林承漠、沈有恒、林永升、邱宝仁、郑溥泉、叶伯鋆、黄建勋、许寿山、陈毓淞、柴卓群、陈锦荣等18人与前学堂的部分学生登上“建威”舰，开始了他们渴望已久的海上远航。这次航习，由洋教习德勒塞负责。先后到达厦门、香港、新加坡、槟榔屿，历时四个月。扣除各码头停泊时间，实际在洋面75天。海天荡漾，有时数日不见远山，有时岛屿萦回，沙线交错，练习舰经受各种考验。去时由教习躬督驾驶，各学员逐段誊注航海日记，测量太阳和星座的位置，练习操纵各种仪器。返航时学员们轮流驾驶，教师将航海日记仔细勘对。

练习舰的实习时间，至少约需两年。根据原定合同，驾驶专业学生要达到近海航行的培养目标。由于学生们勤奋好学，当他们毕业时，不少人已能胜任远洋航行。到1873年秋，已有4名学生成为合格的舰长和大副。另有4名正在巡航，返航时也能获得同样的职务。6名学生需要实习至翌年春天。此外还有12名学生只完成了部分科目的训练。[101]从现存的零星史料中，可以找到驾驶专业学生的一些情况，显然外学堂学生独立带船和任职相对更早些。如1874年3月23日，沈葆桢奏请委派张成管驾“靖远”轮，叶富管驾“海东云”轮。旋调张成管驾“海东云”，吕翰管驾“长胜”轮船。同年，任命林国祥管驾“琛航”号，邓世昌担任大副。此外，还派林泰曾赴台湾后山测量港道，旋任“安澜”舰枪械教习，年底调充“建威”练习舰大副。派黄建勋任“扬武”舰正教习。[102]

船政学堂从香港书院直接招生的传统也保留着。第 4 期驾驶班，就有谢润德、关景等 6 人。

船政学堂培养的军官开始指挥军舰，这是中国军事教育史上的一件大事。它开辟了院校教育的先河。虽然在最初，依然有不少行伍出身的舰长和学堂生相间杂，但最终都被学堂生取代。这是军事技术发展的必然要求。船政学堂源源培养的青年军官，解决了中国军舰乏人指挥的严峻问题，为近代海军事业的发展奠定了重要的基础。

注释

1 “两广总督卢坤等奏为律劳卑来粤不遵法度现予封舱示惩片”(道光十四年八月),《鸦片战争档案史料》,第1册,第146 ~ 149页。

2 “两广总督卢坤奏为叩谢赏还兼衔花翎仍带革职留任之恩折”(道光十四年十月初三日),《鸦片战争档案史料》,第1册,第164 ~ 165页。

3 南木:“鸦片战争以前英船‘阿美士德’号在中国沿海的侦察活动”,《鸦片战争史论文集》,第110 ~ 111页、第106 ~ 107页。

4 严中平:“英国资产阶段纺织利益集团与两次鸦片战争史料”,《鸦片战争史论文集》,第39 ~ 41页。

5 清末水师,有外海、内河之分。从顺治到乾隆年间,先后建立盛京、直隶、山东、江南、浙江、福建、广东外海水师及湖北、湖南、江西、广东、江浙内河水师。根据乾隆年间统计,清初各地水师战船数目如下表(《清朝通典》,第2603页):

省份	盛京	直隶	山东	江南	浙江	福建	广东	江西	湖广
外海(只)	6	8	24	83	197	342	166		
内河(只)				250	221		392	46	127
总数(只)	6	8	24	333	418	342	558	46	127

6 黄爵滋:“审明员弁吸食鸦片分别定拟疏”(道光二十年四月初六日),《黄爵滋奏疏许乃济奏议合刊》,第110页。史澄:《同治番禺县志》,载《鸦片战争》丛刊,第4册,第343页。

7 林则徐:“密陈以重赏鼓励定海民众诛灭敌军片”(道光二十年七月初十日),《林则徐集·奏疏》(中),第861页。

8 林则徐:“密陈办理禁烟不能歇手片”(道光二十年八月),《林则徐集·奏疏》(中),第885页。

9 林则徐:“致苏廷玉”(道光二十二年三月),《致姚椿、王柏心》,道光二十二年八月上浣,《林则徐书简》,第191、197页。

10 曾国藩:“水师得胜歌”,《湘军记》,第352 ~ 353页。

11 薛福成:“荩臣忧国”,《庸盦笔记》,第16 ~ 17页。

12 “怡良等奏英怂恿中国买其炮船并允助战已予批驳”(咸丰六年三月十九日),《筹办夷务始末》,第2册,第456页。

13 “总署收署总税务司赫德禀附申呈及轮船枪炮价值等单”(咸丰十一年六月十二日),《海防档》甲(一),第12页。

14 曾国藩:“复陈购买外洋船炮折”(咸丰十一年七月十八日),《曾国藩全集》,第3册,第1603页。

15 姜鸣:“难与运抗争”,《天公不语对枯棋》,第5页。

16 Correspondence Respecting the Fitting Qut, Dispatching to China, and Ultimate Withdrawal of the Anglo-Chinese Fleet Under the Command of Captain Sherard Osborn; and the Dismissal of Mr.Lay from the Chefi Inspectorate

of Customs. Inclosure 2 in No. 15. *British Parliamentary Papers v.* 27. p. 235. 译文参见《清末海军史料》，第 162 ~ 163 页。

17 Captain Osborn to Earl Russell, Inclosure 2 in No. 15. British Parliamentary Papers. v. 27. p. 235.

18、22、27 魏尔特：《赫德与中国海关》(上)，第 319，324 ~ 325，326 ~ 330 页。

19 “奕䜣等又奏请我国师船一律添设黄龙旗折”“给英法美俄四国公使照会”(同治元年闰八月二十七日)，《筹办夷务始末》，第 1 册，第 405 ~ 407 页。清政府照会中声称“黄色画龙”，却未说明旗帜底色。从现存龙旗实样看，均以黄色为旗色，龙为青色。

20 “同治元年九月二十九日上谕”，《海防档》甲(一)，第 117 页。

21 曾国藩：“密陈购买外国船炮预筹管带员弁折”(同治元年十二月十二日)，《曾国藩全集》，第 5 册，第 2925 ~ 2927 页。

23 《赫德日记——赫德与中国早期现代化(1863 ~ 1866)》，第 52 ~ 53 页，1863 年 12 月 12 日。

24 “总署奏附现议轮船章程”(同治二年五月二十三日)，《海防档》甲(一)，第 162 ~ 165 页。

25 “总署收两江总督曾国藩函”(同治二年八月二十二日)，《海防档》甲(一)，第 244 ~ 246 页。

26 曾国藩：“复李鸿章”(同治二年六月二十一日)，《曾国藩全集》，第 26 册，第 3886 ~ 3887 页。

28 《赫德日记——步入中国清廷仕途(1835 ~ 1911)》，第 363 页，1863 年 6 月 29 日。

29 赫德：“致金登干”(1879 年 12 月 21 日)，《中国海关密档》，第 2 卷，第 276 页。李泰国回国后在 1876 年破产，“既无面包，又无朋友”，见“金致赫第 94 号”(1876 年 6 月 5 日)，《中国海关密档》，第 8 卷，第 78 页。赫德曾多次给予帮助。

30 阿思本回国后，于 1864 年受命指挥“皇家至尊”号军舰，接着到印度管理“大印半岛”铁路，后来作为董事管理电报建设与维修公司，从地中海和红海铺设海底电缆到印度和香港。1871 年受命指挥“罕侃尔斯”号铁甲舰。两年后晋升为海军少将。他于 1875 年 5 月 8 日死于中风，见金登干：“致赫德”，1875 年 5 月 14 日，《中国海关密档》，第 1 卷，第 250 页。5 月 10 日《泰晤士报》上的讣告称其“具有最高的专业才能，以沉着冷静、敏捷机智而出名，富有海军大胆冒险的精神。他胆大心细，他军纪严明，是最孚众望的上校之一。他也是一个非常成功的管理者”。见魏尔特：《赫德与中国海关》(上)，第 342 页。

31 “总署收英署使威妥玛照会附轮船总账”(同治四年六月二十七日)，《海防档》甲(一)，第 611 页。

32 吴乾兑：“阿思本舰队与英国的侵华政策”，《历史教学》，1984 年，第 8 期。

33 曾国藩：“与李瀚章”(咸丰三年十月二十六日)，《曾国藩全集》第 21 册，第 315 页。

34 “奕䜣等奏请派京营弁兵往江苏学制火器折”(同治三年四月二十八日)，《筹办夷务始末》，第 3 册，第 1081 页。

35 “奕䜣等奏请派京营弁兵往江苏学制火器折”附李鸿章函(同治三年四月二十八日)，《筹办夷务始末》第 3 册，第 1087 ~ 1089 页。

36 《曾国藩全集》，第 17 册，第 748 页，同治元年五月初七日日记。

37 李惠贤：“‘黄鹄’，中国自造第一艘轮船”，《船史研究》，第 2 期。

38 容闳：《西学东渐记》，第 75 页。

39 李鸿章：“置办外国铁厂机器折”(同治四年八月初一日)，《李鸿章全集》，第 2 册，第 201 页。

40 据张伯初“上海兵工厂之始末”云：“制造局创设之初，由南洋大臣两江总督奏准办理。故以江督苏抚为督办长官。有时江督迁调北洋大臣、直隶总督或湖广总督者，仍兼本局督办，有时非由江督迁调之直督亦遥兼本局督办。”见《人文月刊》，第5卷，第5期,1934年6月15日。这是指曾国藩去世后，李鸿章等人对江南制造局的控制情况。

41 应宝时修、俞樾纂:《上海县志》，卷二，页二十九。

42 秦荣光:《上海县竹枝词》，第68页。

43 “同治七年九月初二日调任直隶总督曾国藩折”，《洋务运动》丛刊，第4册，第17页；池仲祐:《海军实纪·造舰篇》(上);《清末海军史料》，第175页。

44 “同治七年九月十七日军机大臣字寄”，《洋务运动》丛刊，第4册，第19页。

45 马新贻:“续造第二号轮船工竣循案具报折”(同治八年六月十五日)，《马端敏公奏议》，卷七，页五十五。

46 “同治十三年二月十七日总理衙门收南洋通商大臣李宗羲文”，《海防档》(一)，第137页。

47 “光绪三年十一月二十一日两江总督沈葆桢奏”，《洋务运动》丛刊，第4册，第37～38页；李鸿章:“议复梅启照条陈”(光绪六年十二月十一日)，《李鸿章全集》，第9册，第259～260页。

48 李鸿章:“上海机器局报销折”(光绪元年十月十九日)，“筹议海防折”(同治十三年十一月初二日)，《李鸿章全集》，第6册，第413页、第162～163页。

49 李鸿章:“议复梅启照条陈”(光绪六年十二月十一日)，《李鸿章全集》，第9册，第259～260页。

50 “日意格1864年关于中国内陆的日记”，《近代史资料》，总90号，第8页。

51 关于这艘小轮船，左宗棠记载说:“前在杭州时曾觅匠仿造小轮船，形模初具。试之西湖，驶行不速。以示洋将德克碑、税务司日意格，据云大致不差，惟轮机须从西洋购觅，乃臻捷便。因出法国制船图册相示，并请代为监造，以西法传之中土。”见左宗棠《拟购机器雇洋匠试造轮船先陈大概情形折》，同治五年五月十三日，《左文襄公全集·奏稿》，卷十八，页五～六。日意格记载说：左宗棠“让我看一只中国人自行建造的小汽船。该船的轮廓与宁波的船只相仿。一前一后共装载两人。总的来讲，它拥有了引擎发动机的所有细节，足以示范船究竟是如何运行的，但也仅此而已。总督曾在西湖对该船进行试航。他向我展示了用作设计的两件工具，说这是一名60岁的中国人制造的”。见《日意格1864年关于中国内陆的日记》，《近代史资料》，总90号，第47页。又据陈其元记载:“……仿造小轮船二艘，试之均能合用，第以公费甚巨，无款可筹，且贼已将次剿灭，乃置之不讲。”见陈其元《庸闲斋随笔》，卷十一，页二。

52 左宗棠:“拟购机器雇洋匠试造轮船先陈大概情形折”(同治五年五月十三日)，《左文襄公全集·奏稿》，卷十八，页一～九。

53 左宗棠:“复陈筹议洋务事宜折”(同治五年五月十三日)，《左文襄公全集·奏稿》卷十八，页十二。

54 左宗棠:“拟购机器雇洋匠试造轮船先陈大概情形折”(同治五年五月十三日)，《左文襄公全集·奏稿》，卷十八，页一～九。

55 “同治五年十一月初五日左宗棠咨呈附清折”，《洋务运动》丛刊，第5册，第34～46页。

56 “同治五年十一月二十四日军机大臣字寄”，《左文襄公全集·奏稿》，卷二十，页七十六。

57 黄维煊:“福建船政局厂告成记”，《福州马尾港图志》，第40～41页；林庆元:《福建船政局史稿》有关章节；日意格:“关于福建船政的演讲”，《船政研究集萃》，第206～207页。

58 沈葆桢:“第一号轮船下水并续办各情形折”(同治八年五月十二日)，《沈文肃公政书》，卷四，页三十五～三十六。

59 “同治十一年五月十九日文煜等奏”,《洋务运动》丛刊，第5册，第124～125页。

60 何刚德:《客座偶谈》，卷一，页十。

61 庞百腾:《沈葆桢评传》，第256页及第291页注［23］。

62 “倭仁奏正途学习天文算学为益甚微所损甚大请立罢前议折”(同治六年二月十七日),《筹办同治夷务》，第5册，第2009页。卷四十七，页二十四。

63 “同治十一年正月二十八日总理衙门收曾国藩函”,《海防档》乙（二），第326页；左宗棠“复陈福建轮船局务不可停止折”(同治十一年三月二十五日),《左文襄公全集·奏稿》，卷四十一，页三十四。

64 “同治十一年四月初一日沈葆桢奏”,《洋务运动》丛刊，第5册，第114页。

65 李鸿章:“筹议制造轮船未可裁撤折”(同治十一年五月十五日),《李鸿章全集》，第5册，第107页。

66 李鸿章在给王凯泰的信中说:“雪帆阁部有停造轮船之奏，未知执事如何筹复？……闽轮创之左公，沪船创议曾相，鄙人早知不足御侮，徒增糜费。今已成事而与欲善其后，不亦难乎？”见《复王中丞》，同治十一年正月二十一日,《李鸿章全集》，第30册，第408页。当他自己出奏支持继续造船之后，又这样向王凯泰解释:“轮船有不可中止之势，季（左宗棠)、丹（沈葆桢）两公大声疾呼，鄙人岂复能异议？”见“复王补帆中丞”(同治十一年六月初一日),《李鸿章全集》，第30册，第454页。表明他只是出于礼节，漫应左、沈而已。

67 《北华捷报》，1874年3月5日，载孙毓棠编《中国近代工业史资料》，第404页。

68 《申报》，同治十三年正月十九日。

69 巴斯蒂:“福建船政局的技术引进”,《船政研究集萃》，第108页。

70 林庆元:《福建船政局史稿》，第116～117页。

71 沈葆桢:“第十七号艺新轮船下水片”(光绪二年四月初十日),《船政奏议汇编》，卷十三，页三十二。

72 “光绪八年十二月初三日督办船政黎兆棠奏”,《洋务运动》丛刊，第5册，第260页。

73 李鸿章:“议购铁甲船折”(光绪六年二月十九日),《李鸿章全集》，第9册，第19～20页。

74 左宗棠:“闽省船政局造船玩延讳饰请旨申饬折”(光绪九年十二月初七日),《左文襄公全集·奏稿》，卷六十一，页七十七；何如璋:“遵旨查明船政前此承造开济快船并无玩延讳饰据实复陈折”(光绪十年五月二十四日),《船政奏议汇编》，卷二十五，页一～九。

75 “船政大臣历年经费报销折”,《洋务运动》丛刊，第5册，第151～162页、222～233页、256～263页、274～282页、401～404页。

76 “同治十年十一月初六日总署奏”,《海防档》乙（一），第312页。

77 李鸿章:“天津机器局报销折”(光绪十三年十二月二十四日、十四年十二月十九日),《李鸿章全集》第12册，第312～313页、558～559页。

78 密妥士1867年4月18日致英国驻天津总领事摩尔根的备忘录中记载:“现在每天雇着1000至1200个中国小工和泥瓦匠、木匠在赶建厂房。大半的小工正在垫高四尺的地基，上面拟铺设轨道，把厂地上的各个建筑和大门外的船坞联接起来，也有工人在挖大门上的船坞。”见“英国驻华各口岸领事商务报告”，孙毓棠编:《中国近代工业史资料》，第349页。

79 《益闻录》，第五十四号，光绪六年五月十三日。

80 《益闻录》，第七十三号，光绪六年九月二十七日。

81 张焘：《津门杂记》，第 69 页。

82 李鸿章："机器局请奖折"（光绪七年八月初二日），《李鸿章全集》，第 9 册，第 460 页。

83 《北华捷报》，1881 年 8 月 26 日，孙毓棠编：《中国近代工业史资料》，第 359 页。又，李鸿章曾说，光绪六七年间，机器局"又成'仙航'小机船一号"。见"机器局经费报销折"（光绪九年二月十六日），《李鸿章全集》，第 10 册，第 164 页，估计即指此船。

84 《海关贸易关册》，1876 年份，孙毓棠编：《中国近代工业史资料》，第 458 页。香港黄埔船坞公司成立于 1863 年。这年它购得设在黄埔的"柯拜船坞"，1870 年又吞并了另一家船厂"于仁船坞公司"。此外，它在香港还有多座船坞。张树声曾说："所购西人船坞，环山带水，为省河中形胜之区。其于仁船澳局势堂皇，地尤旷阔。"见"筹议设立西学馆事宜折"（光绪六年），《张靖达公奏议》，卷五，页十二。说明原于仁船坞部分也一并为两广总督购得。在 1867 年，香港黄埔船坞公司在黄埔拥有五座船坞，于仁船坞也有四座船坞。但刘坤一和他的后任似乎只修复了其中的两座，即长 574 英尺的大石坞和长 383 英尺的水雷坞。见孙毓棠编：《中国近代工业史资料》，第 5 ~ 6 页、第 458 页。

85 刘坤一："复刘仲良"（光绪二年九月二十三日），《刘坤一遗集》，第 44 册，第 1811 页。

86 "光绪七年闰七月二十三日两广总督张树声奏"，《洋务运动》丛刊，第 2 册，第 514 ~ 515 页。

87 "光绪十一年十二月初一日两广总督张之洞奏"，《洋务运动》丛刊，第 4 册，第 381 ~ 382 页。

88 "光绪十六年八月初七日两广总督李瀚章奏"，《洋务运动》丛刊，第 4 册，第 389 页。

89 左宗棠："拟购机器雇佣洋匠试造轮船先陈大概情形折"（同治五年五月十三日），《左文襄公全集集·奏稿》，卷十八，页一 ~ 九。

90 船政学堂何时迁入马尾，各种说法不一。闽浙总督吴棠同治六年奏："臣吴棠先于五月初旬乘舟前往，周历勘视工程粗有端绪，查知学堂教习洋师均能认真讲授。"见《洋务运动》丛刊，第 5 册，第 52 页。沈葆桢说："六月十九日，就马尾甄别法学艺童，随及英学艺童。"见"察看福州船坞大概情形折"（同治六年八月初六日），《沈文肃公政书》，卷四，页六。说明在此以前，学堂已迁新址。但梁同怿编的《马尾海军学校稿》曰："同治六年冬，马尾两学堂址落成后，遂将亚伯尔顺洋房艺童归于前学堂，……其设于白塔寺、仙塔街两处艺童并于后学堂"，转引自包遵彭《中国海军史》，下册，第 688 页，录之待考。

91 沈葆桢："船工将竣谨筹善后事宜折"（同治十二年十月十八日），《沈文肃公政书》，卷四，页六十四。

92 左宗棠："详议创设船政章程折"（同治五年十一月初五日），《船政奏议汇编》，卷二，页九 ~ 十。

93 寿尔："田凫号航行记"，《洋务运动》丛刊，第 8 册，385 ~ 388 页。

94、100 黄维煊："福建船政局厂告成记"，《福州马尾港图志》第 43 页。

95 K.Biggerstaff: The Earliest Modern Government Schools in China. 译文载《中国近代学制史料》，第一辑，上册，第 463 ~ 464 页。

96 沈葆桢："察看福州海口船坞大概情形折"（同治六年八月初八日），《沈文肃公政书》，卷四，页六 ~ 七。

97 沈葆桢："三号轮船下水并续造轮船情形折"（同治九年五月十四日），《沈文肃公政书》，卷四，页四十六。

98 "同治九年十一月二十七日文煜奏"，《洋务运动》丛刊，第 5 册，第 97 页。文煜在奏折中说："至学堂艺童练习驾驶，沈葆桢前因购致舦板船未得，议将第三号'福星'作为练船。兹已购得日耳曼国舦板船一号，改名'建威'，按照兵船之式，量为修改。一俟修竣，即可将英国学堂上等艺童概令上船练习。”由此可知，“建威”实为船政学堂第一艘练习舰。又，王家俭《李鸿章与北洋舰队》第217页称：“船政所具有的第一条练船是‘辰下第三号’……该船是一条八十四马力的木质战船，改作练船后易名为‘福星’。”这一记叙有误。查沈葆桢“三号轮船下水并续造情形折”谓：“去岁派员到香港南洋各处购致舢板、轮船以资艺童练习，无如愿售者皆朽窳之余，不适于用。购旧修整，价又不赀，遂作罢议，而登舟练之事终不可以久延。辰下第三号八十四马力轮船告成，其式本属战舰，利于巡洋，拟以学堂上等艺童移处其中，饬洋员教其驾驶……第四号系一百五十匹马力，龙骨业已安置，船肋斗合亦已过半……兹谨将三号拟名‘福星’、四号拟名‘伏波’，以资号召”。见《沈文肃公政书》，卷四，页六～七。“辰下第三号”应不是船名。“辰下”，当作“时下，目前”解，“第三号”则为船政自制轮船的排序。

99 陈悦：《船政史》，上册，第192页。黄振威《番书与黄龙：香港皇仁书院华人精英与近代中国》，第102～103页。外堂生赡银高于内堂生，见沈葆桢：“复陈船政经费支绌情形折”（同治十二年正月二十七日），《船政奏议汇编》，卷八，页八。

101 K.Biggerstaff: The Earliest Modern Government Schools in China. 译文载《中国近代学制史料》，第一辑，上册，第466页。

102 《海防档》乙（二），第511～512页；《沈文肃公政书》，卷四，页六十二；《申报》，同治十三年九月初十日；《清末海军史料》，第357、372页。

第　二　章

南北并举

1875～1884

天下大变之来，方如烈火燎原，毁宫室、毙人畜在须臾之际，而一二老师宿儒，反叱水龙水机为奇技淫巧，方且斋戒沐浴，盘折俯伏，欲以至诚感格上苍，使之反风而自灭；抑或击里鼓、召胥徒、礼井泉、分长幼，持杯勺以灌沃之。心非不诚，法非不古，而财物之烬于火、人命毙于火者，已不可救药矣！御今日之外侮，而仍欲以昔日之兵器者，何以类此！

——丁日昌

一、日本侵台与海防筹议

1853 年 7 月，美国东印度舰队司令佩里海军准将率领 4 艘军舰，驶入日本江户湾的浦贺港，要求日本幕府派官阶相等的代表，接受美国总统的书信。幕府先要佩里把军舰开往长崎才开始谈判，后来又怕引起战争，才犹犹豫豫地收下了书信。佩里宣布，他明年将来听取回音。日本受到了西方世界要求它开放门户的挑战。

转眼半年过去，佩里海军准将果然又率军舰重返浦贺，深入神奈川河口停泊。幕府束手无策，在美国大炮的威慑下让步，签订《日美和好条约》，从此打破了日本延续 200 多年的锁国状态。

1868 年，明治天皇在倒幕派武士支持下，宣布王政复古，开始了被历史学家称之为"明治维新"的运动，走上了发展资本主义的道路。

维新之初，新政府从幕府手中接收了一些军舰，各藩也陆续上缴军舰，其中以 1869 年从美国购入的铁甲舰"东"舰（排水量 1358 吨）、1870 年熊本藩献纳的"龙骧"舰（2530 吨）、佐贺藩上缴的"日进"舰（1468 吨）、鹿儿岛藩上缴的"春日"舰（1269 吨）规模较大。1869 年 7 月，在东京筑地设立海军训练所，命各藩选派"海军志愿者"前来学习。次年聘请英国海军军官进行炮术训练，还扩建了从幕府手中接收的横须贺造船厂，附设技术学校，教授造船技术。日本海军开始起步。可以看出，这个时间表同中国海军的创建十分接近，甚至还略有些落后。

1870 年，兵部大辅前原一诚提出了扩建强大海军的计划，建议用 20 年时间，建造 200 艘大小军舰，其中铁甲舰 50 艘，以 7 年为一期，共分三期实施。所需经费折合成米，平均每年 150 万石，相当全国岁入的八分之一。前原认为，这种经费比例较之英国以岁入的五分之一至六分之一用于海军，并不更多。前原的动机，是建立在攘夷排外上的。当时明治政府的首要任务，是建立陆军，控制各藩，进而撤销各藩，统一全国，因此大丞船越卫明确表示反对。经过多次讨论，前原计划被否决了。但同年又在兵部省设置了陆军司和海军司，为今后陆海军分别设部打下了基础。

明治政府一面谋求修改维新前与欧美列强签订的不平等条约，一面又在积极准备对朝鲜和中国进行殖民扩张，“征韩论”一时甚嚣尘上。1873 年，岩仓具视、木户孝允、大久保利通从欧洲考察回国，认为侵略朝鲜条件尚不成熟，主张“以治内为急务”。这样就与西乡隆盛为代表的征韩派发生激烈冲突。大久保、木户、西乡在当时被称为“维新三杰”，他们的冲突，导致征韩派退出政府，引起了政治危机。废藩置县政策实施后，也引起士族对政府的不满，国内矛盾日益尖锐。为了转移国内视线，明治政府决定利用琉球船民在台湾被杀害事件，发动对中国领土台湾的侵略。

琉球国位于太平洋和东海之间，是西太平洋岛链中连接日本九州和中国台湾的重要环节。从 1372 年（明洪武五年）起向中国朝贡，500 余年中从未间断。1383 ~ 1866 年，有 24 个国王受中国皇帝册封。[1]1609 年日本萨摩藩背着中国，将琉球北部诸岛置于自己直接控制之下，南部仍由琉球国王治理。琉球每年也向萨摩藩主纳贡。萨摩藩主企图在与中国的贸易中获得好处，允许琉球继续朝贡中国。在中国使者来琉球主持册封典礼的时候，日本人不许琉球显露出任何日本势力存在的迹象。因此，清政府始终把琉球看作自己的藩属，不清楚它的双重归属。1871 年底，有两艘琉球贡船遇风漂至台湾，其中“八重山”号船获救，45 名船员被地方当局和当地居民护送到台湾府城。另一艘“太平山”号船在台湾南部北瑶湾触礁沉没，3 人淹死，66 人凫水上岸，中有 54 人被土著高士佛、牡丹两社居民杀害，其余 12 人被营救至府城，与那里的“八重山”号船员一起，乘轮由福州转送回国。

1872 年，日本册封琉球王尚泰为“藩主”，强迫建立日、琉宗藩关系，为其吞并琉球做准备，也为侵略台湾寻找根据。1873 年 3 月，日本备中州人佐藤利八等 4 人乘小船贩盐，遇风船沉，佐藤等凫水在台湾凤山后山上岸，被当地居民营救，并由地方官安排护送回国，当时即收到日本外交官的谢函。不料未久，日本人又指责佐藤等人在台湾遭劫。

同年 6 月，日本外务卿副岛种臣以换约和庆贺同治帝亲政为名，来到北京。21 日，副岛派外务大臣柳原前光到总理衙门探询清廷对台湾山胞戕害琉球船民的态度。总署大臣毛昶熙回答，该岛之民向有生熟两种。其已服我朝王化者为熟

西乡从道侵台期间与原住民合影

番，已设州县施治；其未服者为生番，姑置之化外，尚未甚加治理。日本即抓住问答中的只言片语，作为侵台的借口。

1874年4月4日，日本正式成立侵台机构“台湾都督府”，由西乡隆盛之弟西乡从道中将为“台湾事务都督”，大藏大臣大隈重信为“台湾番地事务局长官”。准备出动军舰“日进”“孟长”“有功”号和运输船“三邦”号，兵力3600人。日本此举引起西方国家的猜忌和反对。在外国压力下，日本政府下令军舰延期出发。但西乡从道抗命。他和大隈重信连夜启航，假道厦门，于5月7日在台湾南部琅璚登陆。当地民众对入侵者进行了顽强的抵抗。6月3日，日军攻占牡丹社，以龟山为基地，建立“都督府”，准备长期占领。

清政府对日本的一系列侵略活动，开始全无所知，直到5月14日，才任命沈葆桢为钦差办理台湾等处海防兼理各国事务大臣，授权节制福建省镇道以下各官，江苏、广东沿海各口轮船准其调遣。经过一番紧张的准备，6月14日，沈葆桢同福建布政司潘霨、台湾道夏献纶、船政洋监督日意格、帮办斯恭塞格从马尾分乘“安澜”“伏波”“飞云”号军舰前往台湾，17日抵达安平。沈葆桢布置“扬武”“飞云”“安澜”“靖远”“振威”“伏波”常驻澎湖，“福星”驻台北，“万年清”驻厦门，“济安”驻福州，“永保”“琛航”“大雅”3货船运送军队，装载军火，“测海”在闽沪间递送消息。[2]李鸿章紧急调集唐定奎驻扎徐州的淮军武毅铭字军13营6500人入台，运去洋炮20门，火药4万磅。中国自制军舰第一次在反侵略作

沈葆桢

西乡从道

战中发挥了作用。

6 月 19 日，潘霨、夏献纶、日意格、斯恭塞格乘舰前往琅璚，与西乡从道交涉退兵。会谈三次，未得结果。沈葆桢提出迅速装备铁甲舰的构想。但在私下，他其实并非真的准备对日开战。在给前陕西布政使林寿图的信中，他坦率地承认："弟亦不甚欲战，所以必调洋枪队购铁甲船者，冀彼知难而退耳。然于弟则干系未免过重。何者？铁甲船在外国，非能目睹其优劣，万一购来，群以为劣；万一购定而抚局已成，群以此为浪费；万一购成仍无以胜敌；万一胜之于台，而他处被扰，援之无及，此皆弟万不能辞之，他人不能分谤也。"沈葆桢是个老练的政治家，也是林则徐的女婿，他不会忘记林则徐在鸦片战争中经受的曲折遭遇。这种细微的思绪，在官场中是能够被同僚所体会的。李鸿章则说得更明白：沈葆桢商调部队，原为设防备御，非必与之用武。他多次写信劝沈，只自扎营操练，勿遽开仗启衅。并密饬唐定奎，到台后"进队不可孟浪"。[3]

在台湾面临日本侵略的当口，北京朝廷内部却掀起了另一场波澜。一年前，17 岁的同治帝载淳亲政，垂帘 12 年的两宫皇太后撤帘归政。慈禧谋划修复圆明园作为自己的逸乐之所。1874 年 8 月，皇帝发布上谕，宣布修园开工。由于当时镇压太平天国和捻军的战事平息未久，西北回民起义和新疆阿古柏入侵尚未克复，日本在台湾又挑起事端，朝廷收入十分拮据而开销浩大，复修圆明园将耗费大量人力物力，因此遭到以恭亲王、惇亲王、醇亲王、御前大臣伯彦讷谟祜、恭亲王妹夫景寿、贝勒奕劻、军机大臣文祥、宝鋆、沈桂芬、李鸿藻十重臣的联名反对。9月9日，刚愎的同治帝革去恭亲王一切差使，降为不入八分辅国公，交宗人府严议。旋因福建方面奏报台湾军务，乃复恭王军机大臣职务。10日，皇帝将给予恭王的处分改为革去亲王世袭罔替，降为郡王；但又欲以"朋比为奸，图谋不轨"的罪名革十重臣的职务，差点儿引发清代政坛前所未有的大风潮。同日，日本全权办理大臣大久保利通到京，与总理衙门谈判解决台湾问题。11日，两宫太后出面，谓"十年以来，无恭邸何以有今日？皇上少未更事，昨谕著已撤销"，赏还奕䜣爵秩。在内部风潮平息之后，中日两国开始会谈。

中日双方在50天里会谈八次，辩论激烈。从实力对比来看，当时日本无论在军舰、兵力、后勤方面均不是中国的对手，但在保卫台湾的军事调动中，也明显暴露了中国海防的薄弱环节，加之新疆部分地区尚在阿古柏控制下，中法关系亦因越南问题而有紧张的趋势，经英、美、法三国出面调停，清政府决定妥协。10月31日签订了《北京专条》。专条中说，日本此次出兵，"原为保民义举起见，中国不指以为不是"。此处所指之"民"，在日方，有含混所谓佐滕利八等人"被劫"和琉球船民被杀两个事件之意图；在中方，则从未承认琉球为日本属国，甚至在《专条》中只字未提"琉球"。在另订的《会议凭单》中，又规定"日本国从前被害难民之家"，中国给予抚恤银10万两；日军在12月20日全行退出台湾后，其在台修路、建房等件，中国愿留自用，准给费40万两。[4]日本在这次侵台战争中，出动军舰5艘，运输船13艘，兵员3658人，其中死亡593人（内含战死12人，病亡581人），负伤17人。支出军费361.6万元，另加船舶购买费共计771万元，中国付银50万两，合日币78万元，约占其支出的百分之十。李鸿章虽私下评论说："甘允日本'保民义举'，不指以为不是，犹要出五十万，犹以为了结便易，庸懦之甚，足见中国无人，能毋浩叹？"[5]但在内心，也不主张与日本开仗。日本出兵，理屈师老，中国却无与之决战的信心，确实令人扼腕。

1874年台湾之役，对于中日双方海军发展都有深远影响。日本这次行动，带有强烈的军事冒险性，但从中试探得清政府颟顸可欺，并看到建设海军的重要性，1875年第三次提出海军扩张计划获得通过。根据这个计划，从英国进口了"扶桑"（水线带装甲舰，排水量3777吨）、"金刚""比睿"（铁骨木舭，排水量均为2284吨）3艘军舰，又在横须贺船厂建造了木壳军舰"天城"号和"磐城"号（911吨、650吨）。[6]3艘进口军舰在性能上超过了中国已有的军舰。台湾之役给中国朝野的震动更大，不少有识之士逐渐认识到，在未来的反侵略战争中，日本是中国的头号敌人。由此激发起重视海防、发展海军的热潮。以此为转折，清政府的注重点，也从建造轮船转移到海军建设上来。

《北京专条》签订后的第六天，恭亲王以总理衙门的名义向皇帝提出了一份重要的奏疏，指出台湾事件明知日本理屈，苦于我之备虚。溯自庚申（1860 年）之衅，创巨痛深。当时诸事羁縻，本需亟图振作，然而迄今并无自强之实。本衙门提出的练兵、裕饷、习机器、制轮船等建议，有的被阻格，未能实行；有的实行了没法坚持。同心少，异议多，局中委屈，局外未能深知，以致敌情猝至，仓皇无备。现在日本寻衅，以一小国之不驯，防御已苦无策，西洋各国观变而动，就更没法弭救了。[7]

在这个奏折里，恭亲王等提出练兵、简器、造船、筹饷、用人、持久六条紧要应办事宜，请求饬下南北洋大臣、滨江沿海各督抚、将军详细筹议，将逐条切实办法于一月内奏复，再由在廷王大臣详细谋议。经皇帝批准，这个文件由军机大臣密寄直隶总督李鸿章、两江总督兼署江苏巡抚李宗羲、钦差办理台湾等处海防兼理各国事务大臣沈葆桢、盛京将军都兴阿、闽浙总督李鹤年、湖广总督兼署湖北巡抚李瀚章、两广总督英翰、暂署两广总督广东巡抚张兆栋、漕运总督署山东巡抚文彬、江苏巡抚吴元炳、安徽巡抚裕禄、浙江巡抚杨昌濬、江西巡抚刘坤一、福建巡抚王凯泰、湖南巡抚王文韶，由此引发了晚清史上关于海防建设的著名大讨论。

当怀揣军机大臣字寄上谕的信使正在初冬的寒风中策马疾驰时，朝廷收到了广东巡抚张兆栋转呈在籍守制养病的前江苏巡抚丁日昌所拟《海洋水师章程》。早在 1867 年，丁日昌担任江苏布政使时，便考虑改革水师旧制。他分析说，鸦片战争证明中国水师不能御敌，沿海炮台也殆无所用。建议制造中等炮艇 30 艘，分别由北洋提督、中洋提督、南洋提督统率。北洋提督驻大沽，下属直隶、盛京、山东各海口；中洋提督驻吴淞口，下属江苏、浙江各海口；南洋提督驻厦门，下属福建、广东各海口。无事出洋梭巡，习劳苦、娴港汊、捕海盗；有事则一路为正兵，两路为奇兵，飞驰援应。[8]那是最早提出的三洋水师构想。这次丁日昌所建言的，是他 1868 年在江苏巡抚任上，因与两江总督曾国藩在如何创建江苏内外洋艇船部队出现意见分歧，而撰写的海军发展构想。其要点包括六条建议：一、外海水师，专用大兵轮及招募驾驶之人；二、沿海择要修筑炮台；三、选练陆兵；四、沿海地方官精择仁廉干练之员；五、北东南三洋联为一气；六、精设机器局。其中关于三洋水师，改为北洋以山东益直隶建阃天津，东洋以浙江益江苏建阃吴淞，

丁日昌

南洋以广东益福建建阃南澳。每洋各设大兵轮船6艘，炮艇10艘。三洋提督，半年会哨一次，无事则以运漕，有事则以捕盗。关于机器局，主张三洋各设一大制造局，分为三厂：一厂造轮船，一厂造枪炮火箭，一厂造耕织机器。关于专用大轮船，认为海上交锋，纵有百号艇船，不敌一号大兵轮船。沿海旧式艇船皆可废弃不用，以省经费供给新式军舰。[9] 丁日昌这些建议，对未来海军的蓝图设想得十分具体。李鸿章回忆，当初曾国藩对用轮船完全替代旧式艇船并不谓然，后来虽然后悔，但未及更改，无用的师船依然逐年生产，殊为可笑。他告诉总理衙门，丁的建议因是旧作，未提铁甲船水炮台，但以丁之究心洋务，不得诿为不知；而丁所提三洋水师建议，语多可采。[10]

总理衙门提出，把丁日昌所拟《海洋水师章程》转交沿江沿海各大臣及在廷王大臣，一并归入海防建设讨论。到了12月6日，大学士文祥上奏，进一步强调了加强海防的问题。文祥，满洲正红旗人，瓜尔佳氏，字博川，号文山，1845年取中进士，1859年入值军机处。从1862年起到1876年去世，他一直在军机处和总理衙门排名第二，是恭亲王的密友。文祥提出：

> 目前所难缓者，惟防日本为尤亟。以时局论之，日本与闽浙一苇可航。倭人习惯食言，此番退兵，即无中变，不能保其必无后患。尤可虑者，彼国近年改变旧制，大失人心，叛藩乱民一旦崩溃，则我沿海各口岌岌堪虞。明季之倭患，可鉴前车……夫日本东洋一小国耳，新习西洋兵法，仅购铁甲船二只，竟敢藉端发难；而沈葆桢及沿海疆臣等佥以铁甲船尚未购妥，不便与之决裂，是此次之迁就了事，实以制备未齐之故。若再因循泄沓，而不亟求整顿，一旦变生，更形棘手。[11]

文祥透过日本侵台事件已经看到，日本将成为中华民族最危险的敌人，这个论断是很有远见的。后来其他洋务政治家也相继指出："泰西虽强，尚在七万里以外，日本则近在户闼，伺我虚实，诚为中国永远大患……是铁甲船水炮台等项诚不可不赶紧筹备。""日本倾国之力购造数号铁甲船，技痒欲试，即使日本能受羁縻，而二三年内不南犯台湾，必将北图高丽。我若不亟谋自强，将一波未平一波又起。……《诗》云：'未雨绸缪'，何况既阴既雨乎？""日本狡焉思逞，更甚于西洋诸国，今之所以谋创水师不遗余力者，大半为制驭日本起见。"[12] 由此奠定了中国近代海军的战略使命和主要假设敌。但文祥对于明治维新的深远意义没有认识清楚，以为大失民心，将酿成事变。在这种历史转变关头，中国政治家的错误判断，则是中日两国在现代化道路上拉开距离的重要原因之一。

可文祥毕竟是同光年间中国最有远见的智者。1860 年他随恭亲王与英法联军议和，亲身感受家国沦丧、火烧圆明园的切肤之痛，恐怕要超过看准洋枪洋炮厉害，索性借洋兵来打太平军的李鸿章。李鸿章在给湖广总督李瀚章的家信中坦露："文相为倭事气愤不过，发此正论，但恐有唱无和，言易行难。……此间正拟构思，尚不知何处说起。尊处虽居上游，遇此大议论，不免随众涂抹。幕僚中有可商榷属稿者否？弟自凌筱南南旋后，洋务笺奏皆自起稿，苦涩殊甚。"[13] 信中所提到的凌筱南即凌焕，是李鸿章乡试同年，1862 年即入李鸿章幕府。李鸿章曾称他久历艰险，赞画戎机，于筹议通商事务尤思精虑密，力持大体，"于洋务公牍实能曲折赴题"[14]，但毕竟还是旧式文人，对于 19 世纪以来的世界变局缺乏真正的了解。李鸿章处尚且如此，其他督抚在讨论中就更难以置喙，反映出整个中国官场在走向现代化的历史转型初期，从观念到人才都缺乏准备。

李鸿章还告诉其兄："海防自强复疏，文相又专函催嘱畅所欲言。若弟不畅所欲言，各督抚未必尽知，未必敢说。连日百忙中采择各营局洞悉军情洋法者议论，又历年来所阅历蕴蓄，逐条详答，推阐出许多新意，或日做一条，或数日一条，兹拟就六条草稿，尚须改定，先抄寄秘览。将来王大臣会议，即不能尽行，存吾此言，以俟后世。不一一做到，洋务断不能振作，自强断无实际也。兄未经办洋务，有许多话可说不到，复疏或不必分条详对（于正折内条对似可藏拙），或分条撮要言之，幸勿过于雷同耳。"[15] 如此严肃的海防讨论背后，忽然读到李氏兄弟这番坦率体己的私房话，我们不难体会到，古往今来，庙堂上许多重大的历史决策，在幕后就是这样讨论的。

经过各自不同的准备，督抚们对海防建设开始发表意见了。李鸿章、文彬、杨昌濬、王凯泰、刘坤一、沈葆桢主张三洋水师之议，唯地域所分略有不同[16]；李瀚章、李鹤年主张于南北洋分设外海水师[17]；王文韶称简任重臣督办海防，驻节天津，慎选熟悉海洋之提镇作分统，分布沿海[18]；左宗棠则明确反对，认为海防一水可通，若划三洋，畛域攸分，彼此势均力敌，意见难同，督抚亦成虚设。[19] 关于铁甲舰，除了丁宝桢明确宣布山东暂时不购，李宗羲表示要慎重，需酌定停泊处所，试验是否适用外[20]，各地疆臣都支持购买。此外，对于总理衙门和丁日昌提出的其他问题，督抚们也各抒己见，虽互有出入，但至少在表面上大同小异，都表示出对洋务活动中各项求强事业的支持。

李鸿章对海防大筹议并不抱乐观的态度。讨论初起时，他就透露出对时局的忧虑："近日热闹，万寿排日筵宴，恬嬉歌舞，皆幸倭事速了，意乃不以为耻辱。窃料奏议即多，仍是空话。农部（户部）及外省一毛不拔，必亦一事无成也。闻恭邸模棱缄默，畏祸实甚宝（鋆）、沈（桂芬），自邸以下，更无建白。升除多出特简，如新补豫臬（河南按察使）兴奎，由宦者荐引；周寿昌名字吉祥，擢署户左（户部左侍郎）；张家骧值南斋，不知所由推之。西林（英翰）督粤、寿山（裕禄）抚皖，似皆意外。仲仙（吴棠，时任四川总督）退志已决，雨亭（李宗羲，时任两江总督）必不耐久，替人亦不知谁何？不得人则江海固不必防，防亦虚文，何用？"[21]此处万寿，是指慈禧太后虚岁40的生日。恭邸模棱、缄默、畏祸，是指恭王在刚刚结束的关于是否重修圆明园的争议中，率全班军机抗旨，迫使同治帝收回成命之后，不欲在反击日本侵台事件上再持激烈态度，破坏普天同庆太后生日的热烈气氛。我们以往注意到恭亲王谏阻重修圆明园时的执着坚毅，却忽略了他在处理台湾问题上的踌躇。李鸿章表面上也力主对日议和，私下则认为如此草草求和，是不知羞耻，并对朝政的腐败提出尖锐的批评，更展示了他对官场的透彻观察。他在给丁日昌的信中还说："圆明园修葺之举，众论哗然，亲近涕泣谏阻，皆不得允，国事可知！然外面撑持一日是一日，鸿章无可去可退之义，且思同志相助，或及吾身不至颠蹶耳。"[22]这年他本人51岁。但到10年、20年以后，恰逢中法、中日两战，他也开始考虑战争与太后祝寿的关系，并力图以屈辱求和的方式来回避战争。那时，他是更圆熟了，还是更胆小了呢？

然而李鸿章的奏折还是所有参与讨论的督抚中最有切实之言的。他强调："洋人论势不论理，彼以兵势相压，我第欲以笔舌胜之，此必不得之数也。""《易》曰：'穷则变，变则通'，盖不变通，则战守皆不足恃，而和亦不可久也。"他同意丁日昌提出的三洋各设大兵轮船6艘，炮艇10艘，共计48艘的建议，更提出三洋各配置2艘铁甲舰，合计装备6艘铁甲舰的构想。在讨论到人才培养问题上，他指出传统的文武进身之途，考章句弓马，太蹈虚饰，不是培养人才之道，若不破此故习，天下危局，终不可支。建议"另开洋务进取一格，以资造就"。[23]

这年年底（同治十三年十二月初五日，即1875年1月12日），20岁的同治皇帝驾崩。懿旨立醇亲王之子载湉入继大统，年号“光绪”。此前三天，朝廷宣布武英殿大学士、直隶总督李鸿章接替10月17日去世的瑞麟，荣膺文华殿大学士，体仁阁大学士文祥改任武英殿大学士，协办大学士宝鋆授体仁阁大学士。清代不设丞相，以大学士为内阁首领。授大学士是极高的荣誉，习称“拜相”，又以文华殿大学士为首辅。据说是文祥自谓功业不如李鸿章而相让。[24]李鸿章、文祥、宝鋆等人的这次职务安排在此非常时期匆匆做出，其中必有至深之意，涉及同治去世之后最高政局的发展脉络，但对海防事业的发展也有推动作用。15日，两宫皇太后再次宣布“垂帘听政”。同治皇帝在世的时候，对政事就不太留心。亲政两年余，大事仍由太后做主，日常朝政靠恭亲王和军机处处理。所以龙驭宾天后，各项政务仍然井井有条地执行着。太后垂帘后，即宣布停止园囿工程，褫革怂恿同治帝重修圆明园的内务府大臣贵宝、文锡和引导同治帝微服冶游的御史王庆祺，发遣遇事招摇、营私舞弊的7个太监，使得军机大臣大受鼓舞，李鸿章进京叩见大行皇帝梓宫时发现，恭王、文祥、宝鋆、沈桂芳、李鸿藻“奋兴之象，不似春间楚囚相对情景”。恭王还告诉李鸿章，海防讨论各折，数他和沈葆桢写得最好。2月22日明发上谕，将总理衙门筹办海防事宜，丁日昌条陈，李鸿章、左宗棠及其他各大臣复奏中引申讨论各节，发给在京亲郡王、大学士、六部九卿悉心妥议，限一月内复奏。

24日，李鸿章上《代奏丁日昌议复海防六条折》。他报告说，在上年的海防大筹议中，他想到丁日昌随办洋务多年，熟悉机宜，究心时事，曾密抄总理衙门原奏六条，嘱其筹议切实办法，以为集思广益之助。1月20日，丁日昌从广东揭阳老家写信，寄来了逐条议复的折稿，现在转呈朝廷。在这份约六千言的文件中，丁日昌进一步发挥其在《海洋水师章程》中阐述的思路。关于练兵，他认为中国四边，东北为最要，东南、西北为次要，西南又次之。当分别缓急，选练重兵，以息敌人觊觎之心。他强调沿海水师应当全洋统筹兼顾，化散为整，不可稍分畛域。他说：“今日驭远之法，内则力图整顿，不可徒托空言，外则虚与委蛇，不可稍涉虚骄。”力保目前和平环境，以待水陆各军练成。关于造船，他详细介绍各国铁甲舰的情况，认为中国洋面辽延袤阔，目前至少须有10艘铁甲舰，将来能够制造，至少须30艘，方敷防守海口及游历五大洲，保护中国商人之用。目前各项船械，购买贱于自造，但如果不能制造，则“终受人把持，终无自强之日”。主张在购买的同时，派人到国外船厂，学习制造技术。关于筹饷，他认为中国地大物博，为五大洲第一繁盛之区，提出建立纺织工业，开发矿产，开发台湾，设立银行，发展交通，设立电报，彻底禁烟。关于用人，他主张培养洋务通才，取消捐输鬻官；关于持久，他对比中西治学治事之差异，认为“西国事事必求远胜古人，故术日习而日精。中国事事必求效法古人，然辩论多而事之业少，虚文多而真诣少，古人之糟粕存而古人之实意亡矣！夫铁船飞炮，古人所无之物，亦古书未载之条，嗜古者固无怪其不欲弃我之长，效彼之长。然使彼仅以船炮自囿于泰西，则我亦何妨以戈矛自足于中土？无我弱一分，则敌强一分，我退一步，则敌进一步，安危祸福之间，固有稍纵即逝者。”力主打破保守者的阻挠，所谈思路，已从海防扩展至国家经济发展的大战略。李鸿章称之“与拙作一鼻孔出气”。有的观点更是他“意中所欲言，而未敢尽情吐露者”。[25]

4月1日前后，在京王大臣、大学士、六部九卿关于海防筹议的复奏拟就了，醇亲王奕譞单衔独上一奏，其余官员由礼亲王世铎领衔，上一合奏。这几天，相关官员络绎不绝地前往内阁奏事堂会看复奏稿。时任内阁学士的翁同龢记录说，昨天曾拟一稿，军机大臣李鸿藻认为不妥，又易新稿，其实仍是空言。他在讨论时说，借洋款一节，似未可行，当时颇有附和者，醇亲王也以为然，就将借洋款归为“不可行”。其余内容皆不疼不痒，光说海防宜早布置，具体如何筹饷则毫无措置。他在奏稿上签名而出，心中以为“真是儿戏”。[26]

3日，两份复奏递上。醇亲王此时正为儿子被立为皇帝而诚惶诚恐，奏疏写得空泛而不着边际。如说购买铁甲舰，“固不可轻于一试，尤不可因噎废食”，用词圆滑，看不出主见。礼亲王等人的复奏同意添设轮船，辅以陆兵，裁撤旧式木船以专养轮船，铁甲船应俟沈葆桢购到后观其实效，再行续买。筹饷项下，一如翁同龢所说，“增盐厘、借洋款、开矿厂等事，深恐流弊易滋，诸多窒碍，此议之不可行者”。[27]

虽然京官们远没有像封疆大吏们那样认真地参与讨论，不以为然者多数也只是在自己的心里表示了不以为然，但有两位不太重要的京官——通政使于凌辰和大理寺少卿王家璧觉得是可忍孰不可忍，分别上奏表示反对。

于凌辰攻击说：“古圣先贤所谓用夏变夷者，李鸿章、丁日昌直欲不用夷变夏不止！”他认为李、丁讲求洋学是败坏风气。其推论是：制洋器、造洋船，就不能不学洋学。学洋学就不能不以是否精通洋学作为人才的取用标准。但师事洋人，不是可耻吗？大家都学洋学，天下就会将礼义廉耻看作无用，那么谁来与国家共缓急呢？他的主张是：“但修我陆战之备，不必争利海中也。”“但固我士卒之心，结以忠义，不必洋人机巧也。”“复不可购买洋器洋船，为敌人所饵取。又不可仿照制造，暗销我中国有数之帑项掷之汪洋也。”[28]

王家璧则上一折五片，抨击丁日昌“矫饬倾险、心术不正、实为小人之尤”，是“丁鬼奴”。他的批评采用了更为细密的推理。如说裁艇船以养轮船，艇船五十，可以更番迭战，互相应援，即令一船有失，尚存四十九船，四十九船俱失，尤有一船尚存，若裁并为一大轮船，设遇有失，则一举而失五十艇船。又如派员出国订造军舰，假如赍巨款如徐福求仙一去不返怎么办？如果回国称船已造成，未能出口怎么办？即使治其欺罔之罪，不也贻笑洋人吗？他认为铁甲舰及其他各种军舰水雷，不但毋庸购买，亦不必开厂制造，更不宜借洋款购办。“但就我所能办之炮台、轮船、洋枪、洋炮，参以我所常用之艇船、舢板、快蟹、长龙等船，劈山炮、子母炮、线枪、火弹、火箭、刀矛弓矢及易得之铜铁各炮，练习不懈，训以忠义，水陆兵勇互相援应，即足以固江海之防矣。”[29]

恪守传统观念的士大夫，有时固执和迂阔得不能理喻。李鸿章怀疑于、王复奏，背后主谋附和者，不止二人，目的是阻止丁日昌出任两江总督。“书生无识，可为悲叹！”[30]。就观点而论，于凌辰、王家璧的皇皇高论，只是道咸同光四朝如何对待西方文明的无数场辩论中颟顸庸迂一群的代表而已。早在 1858 年，马克思在谈到第二次鸦片战争时就曾指出：

> 一个人口几乎占人类三分之一的幅员广大的帝国，不顾时势，仍然安于现状，由于被强力排斥于世界联系的体系之外而孤立无依，因此竭力以天朝尽善尽美的幻想来欺骗自己，这样一个帝国终于要在这样一场殊死的决斗中死去。在这场决斗中，陈腐世界的代表是激于道义原则，而最现代的社会的代表却是为了获得贱买贵卖的特权——这的确是一种悲剧，甚至诗人的幻想也永远不敢创造出这种离奇的悲剧题材。[31]

17 年过去了。在这期间，俄国废除了农奴制，美国打完了南北战争，日本成立了明治政府，意大利完成了统一，法国在色当惨败于普鲁士之后，爆发了巴黎公社起义。而中国，虽然闭关自守的隔绝状态被打破，封建社会开始解体，一批具有洋务思想的政治家正在努力寻找使国家强盛的新途径，但是正统派士大夫却毫无长进，儒家文化的固有观念和价值尺度，在他们心头烙下了深深的痕迹。正统派士大夫蛮有把握地认为，只要正人心，重教化，就能够用夏变夷。不知世界的变化，把西方科技和军事装备一律视作“奇技淫巧”。他们视洋务派为汉奸，平日里依旧吟旧诗，访古董，考据古典经史。遇到中外冲突引发的时局争论，只会高谈阔论，空言心性，完全不着边际，种种可笑可叹的言行，却在士大夫阶层中有着普遍的内心认同。

日本侵台事件不仅引起洋务派和正统派官员之间的争论，还引起洋务集体内部对于国防战略重点的争论，即以李鸿章为代表的“海防论”和以左宗棠为代表的“塞防论”之争。

所谓“塞防”，是指中国西北边疆的防御。早在西汉，中国便对西域地区进行过有效的管辖。清康熙年间，朝廷戡定了准噶尔部噶尔丹的叛乱。乾隆年间，为了维护国家统一，安定边界秩序，又两次出兵，攻取伊犁，彻底平定了准噶尔的叛乱势力。1759年12月13日，清政府宣示中外，将西域改名为新疆，设立伊犁将军。由于新疆地处边陲，多民族杂处，所以内部存在着各种政治、民族和宗教势力集团。1864年，阿訇妥明利用当地人和汉人发生纠纷的机会，在乌鲁木齐起事，自号“清真王”。接着，中亚浩罕汗国军官阿古柏率军队入侵新疆，击败妥明及其他地方割据势力，以喀什噶尔为中心，控制了南疆，并向北疆扩充实力。号称“塔兰齐苏丹”的艾布艾拉，此时则控制北疆的伊犁地区。与此同时，沙俄也在中亚逐一吞并各个小的汗国。1871年，俄国军队以“代管”为名，进占伊犁，消灭了艾布艾拉政权，同时拒绝署理伊犁将军兼乌里雅苏台参赞大臣荣全接收伊犁，在同荣全的谈判中提出了领土要求。英国为了不让新疆落入俄国之手，从而逼近克什米尔和印度，便给予阿古柏政权以外交承认。土耳其帝国的苏丹哈里发也承认

左宗棠的西征部队

阿古柏，并向他提供武器和教官。新疆形势变得极其错综复杂。

朝廷决心用军事手段解决阿古柏政权，派左宗棠部队西出玉门关。左宗棠1866年奉旨离开福州，出任陕甘总督后，用7年时间，平定了捻军起义和陕甘两省的回民起义。1873年，他的军队到达河西走廊。次年，部分军队由张曜率领，进驻新疆哈密地区。这时东南沿海发生了日本侵台事件，如何解决两面作战问题，成了朝廷内部争论的焦点。

李鸿章对进一步耗资巨万以支援西征的计划表示怀疑。在海防筹议讨论中，他提出，国防建设的重点，已从西北边塞转移到东南沿海。国家财力有限，无法既顾东南万里海疆，又顾西北万里饷运。新疆地区，“即无事时，岁需兵费尚三百余万，徒收数千里之旷地，而增千百年之漏卮，已为不值。且其地北邻俄罗斯，西界土耳其、天方、波斯各回国，南近英属之印度。外日强大，内日侵削，今昔异势，即勉强恢复，将来断不能久守……论中国目前力量，实不及专顾西域，师老财痡，尤虑别生他变”。他的观点是“新疆不复，于肢体之元气无伤；海疆不守，则腹心之大患愈棘”。主张“招抚伊犁、乌鲁木齐、喀什噶尔诸部，准其自成部落，奉中国为正朔即可”。腾出款项，抵充海防经费，以保卫东南财奥之区。[32]

1875年初，李鸿章借进京参加同治帝葬礼之机，三次陛见皇太后，提出了开煤铁矿、架电报线、修铁路、办学校、开发台湾、办外交的建议。尤为重要的，是他当面向两宫皇太后阐述了停止西征，以西饷建设海军的理由。两宫不能确定，便交朝廷内外大臣研究。

左宗棠对李鸿章的观点进行了反驳。他指出，收复新疆是整个国防战略形势的需要。中国定都北京，蒙古环卫北方，百多年来无烽燧之警，不仅前代的九边皆成腹地，即由科布多、乌里雅苏台以达张家口，亦皆分屯列戍，斥候遥通。然后畿辅之地太平无事。重新疆者，为了保蒙古；保蒙古者，为了卫京师。西北臂指相联，形势完整，才无隙可乘。反之，新疆不固则蒙古不安，不仅陕西、甘肃、山西时虞侵轶，防不胜防，即直北关山亦无晏眠之日。他又说，就目前形势而论，西方列强断不至在沿海挑起战争，而关外贼氛极炽，收复新疆有燃眉之急。眼下俄国、英国尚不会介入中国平定叛乱之举，此时若弃置不问，则后患方长。再说海防本有经常之费，所缺无多，塞防经费不足，官兵连年欠饷已达八百余万两。即使停兵撤饷，对海防的帮助也不会很大。[33]

文祥支持左宗棠关于新疆—蒙古—京师战略关系的判断。湖南巡抚王文韶也支持“塞防”论，认为只要使俄国不能得逞于西北，则各国必不致构衅于东南。

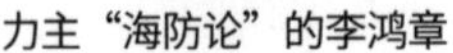
力主“海防论”的李鸿章

坚持“塞防论”的左宗棠

军机大臣沈桂芬和总理衙门大臣董恂认为，日本进退疾徐视中俄关系疏密而定，应避免与俄国决裂而为日本所乘隙。醇亲王则认为李鸿章提出的暂罢西征是最上策。一时间争论十分热烈。“海防”和“塞防”之争是朝廷内部关于国防战略重点放在哪个方面的一场重要讨论，争论的双方，都是从如何拱卫大清王朝的统治秩序出发设计的论证方案，同时又带有各自利益集团的色彩，本质上没有“爱国”与“卖国”之分，只有孰主孰从之别。朝廷刚刚在台湾结束了一场军事对峙，深知海防投资方兴未艾，而在新疆则需要继续面对战争，这是不容忽视的一对矛盾。经过反复权衡，最终采取了二者并举的方针。1875 年 5 月 3 日，任命左宗棠为钦差大臣督办新疆军务。大约一个月后，又任命沈葆桢、李鸿章分别督办南北洋海防事宜。1876 年，左宗棠率军西征，先后收复新疆南北路，阿古柏服毒自杀，西征军取得大胜，为迫使俄国交还伊犁创造了条件。

李鸿章攻击塞防的重要理由，是指责西征协饷犹如无底深壑。从 1875 年至 1881 年 7 年间，左宗棠在朝廷和全国各省的支持下，共获得 5230 万两白银的协饷，平均每年 747 万两。这场战争的代价确实高昂，但它所取得的成果却远远超出了金钱的计量。西征不仅使新疆回到了祖国的怀抱，也稳定了蒙古的局势，从而保证了北京的安全。这是朝廷支持西征的根本原因。而李鸿章强调海防的理由也受到了重视，推动了海防建设的发展。

二、方兴未艾的近代海军

1875年5月30日，恭亲王等上奏，对海防筹议进行总结并将总理衙门原奏六条，参酌诸议，提出办理意见。关于练兵，由于限于财力，请先就北洋创设水师一军，俟力渐充，就一化三，择要分布。旧有舢板、红单等师船，倘实不堪用，即行裁撤。关于简器、造船、新立外海水师应用枪炮、水炮台、水雷，应随宜购办。并派员赴各国学习制造诸艺。铁甲船拟先购一二只试用，果有实效，再行购买。恭亲王等还提出，对于凌辰、王家璧的各项批评，均应毋庸置议。[34]

同日又发布了上谕：

> 海防关系紧要，既为目前当务之急，又属国家久远之图，若筑室道谋，仅以空言了事，则因循废弛，何时见诸施行？亟宜未雨绸缪，以为自强之计。惟事属创始，必须通盘筹画，计出万全，方能有利无害。若始基不慎，过于铺张，既非切实办法，将兴利转以滋害，贻误曷可胜言。计惟有逐渐举行，持之以久，讲求实际，力戒虚糜，择其最要者，不动声色，先行试办，实见成效然后推广行之，次第认真布置，则经费可以周转，乃为持久之方。南北洋地面过宽，界连数省，必须分段督办，以专责成。著派李鸿章督办北洋海防事宜，派沈葆桢督办南洋海防事宜，所有分洋、分任练军、设局及招致海岛华人诸议，统归该大臣等择要筹办。其如何巡历各海口，随宜布置，及提拔饷需，整顿诸税之处，均著悉心经理……各该省督抚当事事和衷共济，不得稍分畛域。陆军须归并训练，方能得力……江防与海防表里，著彭玉麟、杨岳斌会同李成谋勤加操练，俟海防船炮购成，应择要添设兵轮船若干只……至铁甲船需费过巨，购买甚难，著李鸿章、沈葆桢酌度情形，如实利于用，即先购一两只，再行续办。海防用度浩繁，如何提拔应用，即著户部、总理各国事务衙门妥议具奏。[35]

这道上谕，确定了此后十年海军发展的基本方针。耐人寻味的是，北洋并没有如同恭亲王所要求的，获得优先发展的特权，所谓“三洋海军”的设想，也未被采纳实行，而是采用了南北洋分洋、分任，齐头并进的格局。恭王身兼军机大臣和总理衙门大臣，在他主导下，以循序渐进的方式，在全国封疆大吏和在京王大臣中，进行了长达大半年的海防筹议，其最终确定的建军方针竟在一日之内被轻轻地调换了。两宫太后通过上谕显示了自己的威严，后人则在字里行间感受到

慈禧太后

最高决策层中的微妙关系。

李鸿章对于海防筹议的结果不甚满意。他表示他本人“甘为众矢之的，无所疑惧，即有于、王等十辈，亦不敢竟避其锋！惟此次总署为群议所持，复陈数条，大都模棱敷衍，而又必强我辈以万做不到万办不好之事，只有挺身而出，不欲强拉旁人”。[36] 上谕颁布后的第三天，他给丁日昌写信，说：“海防一节，虽奉简派，徒拥虚名，恐鲜实济。第一是无财，次则无人，又无激励之法。衰暮负此重寄，瞬见颠蹶，如何可支？”一针见血地提出了资金、人才和激励机制问题。事实上，古往今来，要办成任何事业，所面对的，都是这三个条件。但同日他又向沈葆桢请教对总署原来所提北洋先创的“一军”，究竟应设兵轮若干只，何人堪为统领等问题的见解，说明他的态度还是积极的。沈葆桢回信说，他意中的“一军”，当有铁甲舰 2 艘，“扬武”级军舰 6 艘，“镇海”级军舰 10 艘。“扬武”等船，船政能够制造，铁甲舰似宜从英、法各定制 1 艘。统领则必须由学堂出身。[37]

李鸿章在办理海防时，与沈葆桢、丁日昌磋商最多。早在上年底，他与文祥议论海防人选时，就说：“左相（左宗棠）坐镇西陲，似难兼营海澨，幼丹（沈葆桢）于船务颇知梗概，而于不顺手之事肝气褊急，或有议其不能和衷者，究不失为光明俊伟之君子。”[38] 他的推荐，对于沈葆桢出任两江总督起了作用。

他同时也极力推荐丁日昌。这年春天，丁日昌在李鸿章的反复劝说下，带病北上，先是在天津督署住了十日，又去北京活动。丁日昌在京向文祥表示，愿助李鸿章，“明暗均帮”。6 月 10 日，丁日昌奏旧病剧增，请假回籍调理，朝廷命他赴天津，帮同北洋大臣李鸿章商办事务。

6 月 24 日，丁日昌入觐。他自记详细情况如下：

> 辰刻，传知在第三起引见。辰中刻，伯王带起上养心殿。两宫皇太后在黄纱帘内东西坐，皇上坐正中。
>
> 皇太后谕：尔现在身子如何？调理稍愈否？
>
> 日昌奏：臣因天时干燥，服药不甚见效。

太后谕：尔此行到天津，与李鸿章办理北洋防务，务要和衷共济，不可各有意见。第一要讲求练兵，第二要讲求制器造船，其余筹饷、用人，亦要次第讲求。现在时势如此艰难，君臣总要卧薪尝胆，做一分事尽一份心。

日昌奏：天津海防，李鸿章于前数年业已悉心布置，井井有条，现在膺此重任，定能将全局统筹兼顾，皇太后可以不必耽心。但设防先要筹饷，今不怕无办防之人，只怕无办防之饷，此为可虑。

太后谕：现在饷事难办理，海防若要大举动，流弊实多，且今委员难以相信。尔告诉李鸿章，用人须要斟酌，捐输便宜官多，不好者亦要参。

日昌奏：臣即当传旨告诉李鸿章。但现在直隶官吏经李鸿章整顿之后，业已比前好得无数。所可叹者，各边省吏治，日坏一日，百姓苦情无由上达天听，将来民心一变，较之夷患尤为可虑！

太后谕：可不是！现在四川按粮津贴，每正款银一两，百姓要完至十数两，所以百姓更苦！

日昌奏：皇太后真真圣明！现在吏治之所以难整顿者，由于官多缺少。官所以多，由于捐输太滥。现在捐饷局每年只收银二三十万两。外省捐输名为二三百万，折实不过数十万两。放出此等坏官，侵吞钱粮，贻害地方，国家每年何止吃数百万两之亏。务求皇太后毅然独断，停止实职捐输，不要与户部商议，方免阻挠。

太后谕：尔所言也有道理。

日昌奏：臣现在患病甚重，在外面不服水土，仰乞天恩准假回籍，调理一年半年，再当出来报效。

太后谕：尔之病是为国家事急出来的，尔有此番忠心，菩萨亦当庇佑尔。尔在江苏做官，虽然官场书差不喜欢尔，然百姓至今思念尔，里面亦是知道的。虽有旁人闲话，不可因此灰心。尔是国家老臣，总当为国家办事才是。

日昌奏：皇太后不提出闲话一层，臣亦不敢剖白。臣自问与□□□无冤无仇，□□□竟敢公然造言诬蔑，形诸奏章，使臣何以为人？请求皇太后明鉴！

太后谕：不特□□□，尚有□□□，狠糟蹋尔与李鸿章二人。此等人能说空话不能办事，到了有事时不知逃往何处！即如天津之事，□□□被人一骂，便尔装病。亏得你认真查办，省得里面耽多少心。尔今虽然为此事受了人家闲话，然当时实亏得尔！……

太后又谕及洋务与天津事云：李鸿章连年在天津布置一切，里面亦深谅其为难。李鸿章一时不在天津，便一时不放心。他是有大功于国的人，尔告诉他，不可因人闲话便灰心！

日昌奏：李鸿章忠心如铁石，不惟自己身家性命不紧要，即千秋亦看做不紧要（稍停一晌，复奏）。李鸿章将自己声名亦看做不紧要，只要求于国家有济。臣此次来时，因病住在李鸿章署，谈及去年十二月来京，见皇太后又辛苦又悲哀，万分不得已为此垂帘之举。嘱臣见皇太后，劝不要过劳，不要过哀，保养玉体，以慰天下苍生之望。李鸿章一面谈，一面哭！（太后听至此，料拭泪不止。良久，随谕。）

太后谕：尔到天津，好好将病医好。

遂跪辞。奈跪至四刻之久，一时挣扎不起来，太后命伯王扶掖始起。出宫门时已巳正矣。[39]

觐见和奏对是深宫中的统治者了解官场和社会情况的重要渠道，以及君臣沟通的难得机会。这种谈话内容广泛，能看出谈话双方的微妙心理，也能看出深居简出的皇太后，对世事和官场有着深刻的理解，这是她们驾驭政局的基本功力。

6 月 30 日，丁日昌抵达天津，向李鸿章谈及陛见所言之事。

四年之后，总理衙门提出，李鸿章、沈葆桢系以南北洋通商事务大臣，兼办海防事宜。李鸿章督办北洋数年，略有端倪，且海口亦较南洋为少。南洋地面辽阔，仅沈葆桢一人筹办海防，恐难以兼顾。拟请简派大臣一人，专驻南洋，会同沈葆桢及各督抚等将海防一切事宜，迅速筹办。所有南洋沿海水师兵弁统归节制，以专责成而收实效。这一人选，被确定为丁日昌。[40]

尽管有了南北洋同步发展的建军路线，但究竟如何实施，朝廷仍然飘忽不定。1879 年 5 月 11 日，沈葆桢主稿并以同李鸿章合奏的形式，向朝廷建议：奉天、直隶、山东、江苏、浙江、福建、广东皆有兵轮船常川驻泊，缺乏共同训练。需有威望素著之大将，于适中之地按期联䑸操演，号令归一。请旨任命江南提督李朝斌为外海兵轮船统领，吴淞口为南北洋适中之地，各省兵轮当间两月一赴吴淞口，听该提督亲督合操。操毕仍回各省，何处有警，即由该提督率之以向何处。[41] 这是建立统一的外海舰队的设想，6 月 13 日获得皇帝批准，但福建、广东表示反对。于是不到一个月，又根据丁日昌的建议，上谕饬令沈葆桢传知长江水师提督李成谋

"即赴福建、台湾一带总统水师，并将船政轮船先行练成一军"。[42] 8月13日，又从彭玉麟请，令福建水师提督彭楚汉总统闽局轮船，李成谋仍留长江水师提督之任。[43] 几个月中，变化繁纷，说明究竟如何发展海军，当局者并无全盘构想，南洋内部也充满门户之见。李朝斌曾主持过一次合操，福建派"扬武""威远"两舰参加，但以后就不再来，因为闽浙总督何璟"不愿其来"。沈葆桢只能寄希望"江浙两省总可按期不误。但得八船俱臻纯熟，亦得尺得寸之效也"。[44] 10月，浙江巡抚梅启照被召回北京，沈葆桢顿时对浙江军舰能否再来失去把握。他关照李朝斌："只能就江南现有之船极力勤操，俾臻纯熟而已。"[45]

李鸿章对把新式海军的节制权放在南洋是耿耿于怀的。1880年12月3日，内阁学士梅启照奏整顿水师十条，其中提到上年合操旧事，浙江允之、福建驳之，原因是"以上海为总汇，似乎以提督节制提督，非所愿也"。建议"轮船统领照添长江提督之例，改为外海水师提督，节制沿海各镇，按照旧例，四季巡洋会哨，则畛域不分，可收师克在和之效"。[46] 李鸿章表示，从前丁日昌早有三洋水师提督之议，现北洋俟铁甲两舰购到，海上可自成一军。拟请添设水师提督额缺。南洋船只未齐，或如照梅启照所议，暂将统领轮船的松江提督改为苏浙外海水师提督，节制苏浙沿海各镇。唯闽、粤、台湾与松沪相去甚远，势难兼顾，且福建轮船统领彭楚汉与松江提督李朝斌望均势敌，难相统摄，似应与广东联成一气，[47] 重提三洋海军旧说。此时沈葆桢已经作古，新任两江总督刘坤一知道无力与李鸿章对抗，将全国海军的重点建于上海显然已不可能，搞得不好反会给李鸿章全盘包揽过去。而他又不愿把南洋势力再分成江南、闽粤数摊，便决心守住现有营盘。他反对建立全国统一的外海水师，主张沿海水师仍按其旧，各归本管提镇，一俟南洋两号铁甲舰购到，遴选勇略兼优、深谙驾驶之提镇大员统带，驻扎澎湖，保障台湾，南控闽粤、北顾江浙。[48] 南北洋大臣各打自己的算盘，全国统一的外海舰队或分作三洋建军的计划都无法实施。

1882年，朝廷中又有人提出将长江水师提督移驻吴淞口（原驻安徽太平），江南提督移驻淮徐，改福建水师提督为闽浙水师提督，旋因左宗棠、彭玉麟反对而作罢。

这样，迨至中法战争之前，尽管对海军建设的构想屡有争议，实际部署仍然是按南北洋两地同步发展。朝廷下拨的海防经费，也按南北洋两地分剖。南洋大臣名义上统辖广东、福建、浙江、江苏四省外海水师兵轮船，但除江苏一省外，对浙、闽、粤就鞭长莫及了。

中国近代海军是从南洋起步的。1870 年 8 月，直隶总督曾国藩在处理天津教案期间，提出了海军的训练编成问题。他说："今中国轮船甫经修造，尚不尽如洋人兵船之式，洋枪洋炮操练，亦不能及洋人技艺之精；至如召集水军出海操演，此时尚未议及；苟欲捍御外侮，徐图自强，自非内外臣工各有卧薪尝胆之志，持以一二十年之久，未易收效。然因事艰巨，畏缩不为，俟诸后人，则后人又将推辞以俟后人，且永无自强之一日。兹当闽沪两厂船成之时，即当于两处选立统将、慎择船主，出洋操练。无论有警无警，穷年累岁，练习不懈，或者求艾三年，终有可以即成之时。"[49]

朝廷接受了这个建议，饬令闽沪各择统将出洋操练，广东应准备轮船巡防海口。上谕说，各军舰都要由中国人驾驶，各省将领中有才具出众，熟习风涛沙线者，当随时保奏。即使山林草野中有长于海战者，亦当留心物色，量才超擢。[50]

沈葆桢推荐福建水师提督李成谋担任轮船统领，获得允准。从此新式轮船编成便与旧式福建水师平行存在。前者是船政留闽舰只的管理、训练机构，不能笼统地称作"福建水师"。旧式福建水师提督与轮船统领虽可兼任，但没有并为一职，更不是统辖关系。[51]1872 年 9 月李成谋调任长江水师提督，朝廷命彭楚汉继任，却命福宁镇总兵罗大春（次年升为福建陆路提督）接任轮船统领，就是一个明显的例子。无论李、罗，对于近代海军皆为门外汉，所谓"操练"，不过虚应故事而已。

封建时代地方官制和军制设置的一个基本原则，就是防止地方割据和军人专权。清朝规定，提督、总兵等武职大员统兵，又受总督、巡抚节制。兵将分离，将皆升转，以防武官久踞一地，控制兵权。在镇压太平天国的战争中，出现了文人统兵的现象和兵为将有的局面。文臣曾国藩、左宗棠、李鸿章等成为军人领袖。朝廷虽然有权调动各地督抚，督抚却都在自己的治域里各行其道，内轻外重局面开始形成。沈葆桢早年有过统兵作战的经历，但他毕竟是个恪守礼义的儒臣。当他服官马江时，对福建海防筹划有方，威隆望重；对武官，也能指挥若定。然而他没有自己的军队体系，没有广大的门生羽翼，更没有李鸿章那样的勃勃雄心，因此后来调任南京，人走茶凉，尽管朝廷授权他督办南洋海防，他却只能节制两江。不要说广东，就连刚刚离任的福建，也不完全服从他的遥控了。

同光年间，随着调入一批江南机器局、福建船政建造的军舰，以及购买了几艘外国舰艇，江苏沿海和长江下游汇集起一批近代军舰。1870 年 9 月 30 日，曾国藩交卸直隶总督一职于李鸿章，回调两江总督。同日，他奏调福建前任台湾道吴大廷综理江南船政操练事宜。他认为，海军操兵之法，全在船主得人。既为一船之主，第一贵善于使船，合船水手士兵，皆可俯首听命。第二贵明于海道沙线，兼善阅看地图。第三贵娴于战阵，能察进退分合机宜。三者兼全，即洋人亦不可多得，中国武员中尤难其选。须从文员之中，得一素谙戎机，讲究地图、兼明洋务，而又不惮风涛者综理其事，始则博求将才，继则出洋督同操练，终则遍询外国水战事宜，暗师其法，取其所长，乃可日起有功。[52]

吴大廷

吴大廷，字桐云，湖南沅陵人，咸丰五年举人。曾先后担任福建盐法道、台湾道兼理学政、福建船政提调，被认为是熟悉洋务的干员，接管江南轮船操练局后的八年间，也多次参观法、美、德国海军在吴淞口外的操炮演习，参考“英国水师阵法”和中国传统兵法，组织“操江”“测海”“威靖”“恬吉”“海安”诸轮船进行近海操练，但毕竟不懂近代海军的业务。其驾驶人员，多在上海招募，各船管带和水手皆由长江水师挑选而来。他建议把负责驾驶的“船主”和负责军事指挥的“管带”两个职务，按照外国通行做法，合为一人充当，[53] 并组织翻译海军专业书籍，供官兵学习。吴大廷是文人，性机敏，好读书，喜古文辞，善交名士。他在军中不忘做学问，曾将自撰的《读〈易〉随笔》三卷赠刘坤一，刘坤一回信说“阁下博学鸿才，而屈就乎此，虽属时务之急，终觉位置非宜”，私下却对别人说：“沪渎轮船，据统领吴桐云则称无一号可靠，而人亦有谓此君断非统领轮船之才。”[54] 李鸿章则直言不讳地告诉曾国藩，吴大廷“于此道本非内行”，“将来造成兵船，宜选能亲带出洋者认真操习。现有四船，尚在不商不兵之列”。[55]1872 年 6 月，李鸿章密保吴大廷“才识闳达，任事沈毅，带船改用华人训练，亦甚认真”。1877 年秋，吴大廷于养心殿为皇帝召见，以为多年辛苦，可获晋官，李鸿章也在其到京之前上奏密保，称其“才识优裕，历练已深”，[56] 不料奉旨仍以海关道员用，吴大廷大感失望，遂以病辞，次年去世。

沈葆桢主持南洋海防后，计划以吴淞口为全国海军的汇集之地。由于近代海军是一项新兴事业，缺乏统帅人才，他便同在福建时一样，企图借助于旧式水师的将领。江苏地区水师包括江南水师和长江水师两支。江南水师系顺治初年所建，向分内河、外海两队，由江南水陆提督统辖。1869 年，根据曾国藩的提议，改为内洋、外海、里河三大队。长江水师，是同治年间将湘军水军立为经制水师而成的。在江苏有瓜洲、狼山两镇。其中狼山镇系隶长江水师提督标下，仍听两江总督和江南提督节制，说明江南水师同长江水师具有重叠关系。1879 年 5 月，沈葆桢奏请任命江南提督李朝斌为外海兵轮船统领，集中指挥各省军舰，但在实践中无法贯彻。他想派长江水师提督李成谋回福建总统水师和轮船，彭玉麟认为福建水师提督彭楚汉能够统领闽局轮船，无须将李成谋调回福建。关于船政轮船统领的驻地，他建议设在澎湖，闽浙总督何璟主张设在基隆，船政大臣吴赞诚提出设在厦门。彭楚汉为了各不得罪，上奏说基隆、澎湖、厦门均属吃重，议定每月轮赴以上三地，周而复始。[57] 南洋地区海军建设也长期不规范。在吴大廷提出合并“船主”“管带”由一人担任的建议五年之后，依旧“行驶归船主，管带无从过问，俨若一船两管。水手自以为雇工，去留随便。礼拜休息，登岸嬉游，尤非用兵之法”，以致李朝斌再次提出合并二职，把“船主”改为“帮带”的建议，并取消星期日休假，规定每月初三、十八日前，出吴淞口，训练行驶和用炮之法。[58] 这次建议的效果不得而知。

广东原是近代海防首冲之区，随着清廷对外防御重心的北移，加强广东海防建设的种种建议便渐渐冷落下来。1866 年，因洋面盗案迭出，广东巡抚蒋益澧与两广总督瑞麟会商，出银 24 万余两，向英国订购“安澜”“镇涛”“澄清”“绥靖”“飞龙”“镇海”6 艘兵船；出银 4 万两，向法国订购“澄波”号兵船。1872 年，从船政调来 150 匹马力木质军舰“安澜”号（与前购英舰同名），又在广州设局，建造了 16 艘内河小轮船，派赴东、西、北三江巡辑，这些军舰长度没有超过 15 丈的。刘坤一主政两广后，宣布他的舰艇无法开赴吴淞口合操，沈葆桢只能默认。

李鸿章、沈葆桢、丁日昌是当时洋务阵营中的佼佼者，在许多大的问题上，他们引为同志，互相声援支持；但在实际操作层面，却因各自所处的位置，常有矛盾，也是明争暗斗不断。沈葆桢是个擅长吏治、精通时务的官员。在受命同李鸿章一起督办南北洋海防之后，他表现出良好的君子风度，主动把每年 200 万两南洋海防经费尽解北洋使用；南洋进口的军舰被北洋调去，反把已用数年的旧舰给他，他也接受了。李鸿章对他耍了很多手腕，他一概表现豁达，北洋地区的海军事业由此后来居上。1879 年 12 月 26 日，沈葆桢卒于江宁任所，享年 59 岁。他的去世，使得南洋地区海军事业失去了重要的主持者。

本来，这个地区还有一个醉心海军的官员丁日昌。丁日昌自 1875 年底出任福建巡抚后，努力加强台湾地区的海防建设，旋因健康原因而开缺。据他自己说，他是台湾瘴气的第三个受害者。在他之前，福建巡抚王凯泰因驻台而病故，船政大臣吴赞诚因受瘴而半身不遂，他本人则是双足痿痹。李鸿章称丁日昌急流勇退，实因缺苦，不堪赔累。1879 年 6 月，朝廷任命勒方琦为福建巡抚，勒即拟辞。李鸿章在给何璟的信中说："自补帆（王凯泰）、雨生（丁日昌）、春帆（吴赞诚）巡台先后婴疾，林（达）、夏（献纶）又相继物化，外人多视台湾为畏途，军事吏治实亦难于整顿也。"[59]1879 年夏，朝廷赏丁日昌总督衔，会办南洋防务，他谢绝了，同时提出海防应办事宜十六条。[60]11 月 5 日，他更尖锐地指出，当年的湘军水师名将李成谋、李朝斌、彭楚汉都不宜统领轮船。因为他们只习长龙、舢板而不通轮船，万一稍失机宜，船失则人失，虽有智勇，又有何用？且这些提督年岁皆过五十，资望又隆，既不能经受海上风涛，也断不甘俯就西人绳墨。他含蓄地讽喻他们统领轮船，不过每隔数月选择风平浪静之日，于内洋校试枪炮而已，和大洋风浪中的实战状况完全不同。他建议大胆起用船政学堂培养的学生。[61]这是关于海军指挥官人选的一次严肃讨论，可惜这番远见卓识，没有引起朝廷的注意。像是与他作对，半个月后，李鸿章特地奏请把他的老部下，陆军出身的丁汝昌留在北洋海防差遣。丁汝昌后来长期主持北洋水师和北洋海军，与这支新式舰队共存亡。沈葆桢死后，朝廷就很少垂询丁日昌了。1882 年，丁日昌去世。

继沈葆桢之后出任两江总督的，有刘坤一、左宗棠、曾国荃。他们对南洋海军的发展均无大的建树。刘坤一，字砚庄，湖南新宁人，廪生出身，随刘长佑镇压太平天国起家。曾国藩生前，他算不上湘军嫡系。然而随着老湘系人物的凋零和他开府两广、两江等重要地区，逐渐成为后期湘系的代表人物，也是洋务运动的重要倡导者。但他对海军的重视，一向不如李鸿章和沈葆桢。左宗棠 1881 年从新疆荣归，入阁拜相，已近 70 岁了。旋因军机处诸公恶其喧聒，被调出北京。他总督金陵后，依然时时沉湎在征讨西陲的煌煌业绩里，偶有间隙，便大骂曾、李、沈，日复一日，别人常常难以插上公事。到了曾国藩九弟曾国荃当总督时，江南兵轮船共有"登瀛州""靖远""澄庆""开济""龙骧""虎威""飞霆""策电""威靖""测海""驭远""金瓯"12 艘，统统划归长江水师提督李成谋总统。1882 年初，中国公使黎庶昌乘"驭远"舰赴日本履新，称该船屡坏屡修，海道生疏，原因是平日很少出洋。

中国近代海军虽由南洋起步，但不久北洋即后来居上。

雍正年间，朝廷曾在天津设立八旗水师，防御海口。到了乾隆年间，这支舰队训练生疏、技艺荒废，已成虚设。某次乾隆巡幸阅操，都统英俊老态龙钟，所传号令错误百出，部队杂乱，喧哗不已。皇帝一怒之下，立即将舰队裁汰，从此直隶洋面便无水师。

1859年第二次鸦片战争中，英法联军进攻大沽炮台，并从北塘登陆，攻破京津。此后，中国沿海防御的重点开始北移。1870年6月天津教案发生，英、法、美、德、意等七国军舰集结天津、烟台一带示威，清廷再次把京畿地区的海防建设提上议事日程。8月，李鸿章从湖广总督调任直隶总督。年底，安徽巡抚英翰启奏，建议在天津设立海防水师提督专标，选择久著威望之大将兼辖水陆各营。李鸿章没有接受这个建议，他解释说，久著威望的大将难得其选，兼辖水陆各营则目前并无水师。兵事只论强弱，不专在职分。虚设提督而无得力之兵、应手之饷，于事何裨？[62] 此后四年里，李鸿章除了从沪局调"操江"轮赴津为北洋巡哨，从船政调用"镇海"舰来津使用，并兴建天津新城外，在海防上没有采取引人注目的动作。他需要在北方站稳脚跟。以致到1875年朝旨命其筹办北洋海防时，北洋仍处于"海口一无预备，赤地新立"的局面。

北洋地区近代海军事业，是在1875年以后才真正发轫的。筹办北洋海防的使命，使得李鸿章能够顺利地把山东、奉天等地的海防建设也统揽手中。

同治末年，随着海运取代漕运，山东的海防日益重要，巡抚丁宝桢狠抓山东绿营水师整顿。丁宝桢，字稚璜，贵州平远人。他刚正威严，不畏权贵，最脍炙人口之事，是将出外招摇的慈禧太后亲信太监安德海斩首。1871年，丁宝桢分设荣城、登州水师营，将从广东订购的14条拖缯船分拨2营使用。设立水师统领，由文登营副将充当。

1873年6月，丁宝桢在登州调集文登营和前后水师营兵丁校阅。这些人打靶时稀稀落落，未能一律如式；游泳时后营有80人能够下水，前营和文登营，能下水者各不过30名，且技艺未熟，泅水也不能耐久。丁宝桢当即开除射击无准及老弱之兵111名。文登营副将刘蒋华办事昏聩，不能得力，即饬濮州营游击李楹暂署。幸好奏调的闽局"飞云"轮已到，他乘坐轮船，周历长山、庙岛、黑山，直抵天津海面，再驶回山东，心情才转满意。

李鸿章筹办北洋海防消息发布不久，道员张荫桓向丁宝桢进献三策：一、从北洋海防全局着眼，当由直、东、奉三省合力建立海军，分置山东威海、烟台，奉天黑山湾，进击退守，可分可合；二、从山东海防着眼，当精选陆军，分扎登州、黄县、福山等地，既可合击登岸之敌，亦可用船载送援助天津；三、若以上两策饷力不足，则以登州为根基，再练陆军驻守烟台后山，逐渐再谋扩展。丁宝桢不同意先防登州的狭隘观点。他明确提出，“盖此时应注意北洋，兼顾东省……先将烟台炮台兴办，次及威海”，并派张荫桓总办防务。[63] 他虽然雄心勃勃，又时时以统筹北洋全局自许，但一直未能从李鸿章手中取得分文海防经费。1876 年，他擢升四川总督，继任巡抚文格毫无作为，山东海防事业便轻而易举地被李鸿章囊括过去了。

奉天地区原有旅顺口水师营，系为防缉海盗而设，共有 10 艘木质战船。经过 160 年的风吹雨打，大半朽坏，仅有两船尚堪应用，有时便雇商船搭配巡洋。1872 年，暂署盛京将军瑞联奏准从闽局调拨“湄云”轮船，用作巡洋拿贼。李鸿章从来没把这支水师放在眼里。他早就说过，“今急欲成军，须在外国定造为省便”。[64] 按照这一方针，他先后向英国订购了 10 余艘炮艇和 2 艘巡洋舰，在大沽洋面云集起一批近代军舰。同时，他准确地抓住教育、训练、基地建设诸环节，使得北洋海军后来居上，迅速超过了经营多年的南洋。

李鸿章知道，要办海军，先要物色海军统帅。1878 年初，他的一位淮军部曲来谒，马上被他看中。此人叫丁汝昌，原名先达，字禹亭。1836 年 11 月 18 日出生于安徽庐江丁家坎村。丁汝昌 10 岁便外出帮工，稍大又到豆腐坊学徒。1854 年太平军攻克庐江县城，丁汝昌参加了太平军，在安庆驻守约六年。后随程学启投降了湘军。清军攻破安庆后，他被授予哨官、千总。1862 年曾国藩把程部转授给李鸿章，丁汝昌随之改隶淮军，随军东进上海。因作战骁勇，被刘铭传索之帐下，统率马队，先后参加了镇压太平天国和东、西捻军的战争，官至总兵加提督衔，1874 年朝廷裁兵节饷，他回家闲居了几年。1877 年他赴京活动，谋获差使，奉旨发往甘肃差遣。他不愿去西北苦寒荒瘠之地，转赴天津走老长官的门路。李鸿章考虑到创办海军，缺人统率，丁汝昌有淮军背景、打仗经历，可补船政学生虽略知船学操法，却缺乏战阵实际之不足。于是丁汝昌借口伤病复发，呈请兵部暂缓行期，重新投入李鸿章的帐下。[65]

李鸿章本来委派道员许钤身为水师炮船督操。许钤身是出身名门的世家子弟。父亲许乃普，曾任吏部尚书。二伯父许乃济，1836 年在太常寺卿任上，上《鸦片烟例禁愈严流弊愈大应亟请变通办理折》，成为鸦片弛禁言论的代表人物。五叔父许乃钊，做过江苏巡抚。胞兄许彭寿，官至内阁学士。1875 年总理衙门奏请预储熟悉洋务人才，保举许钤身及陈兰彬、李凤苞、何如璋、徐建寅、许景澄等才堪出使，许钤身后被提名为出使英国副使和出使日本大臣，因李鸿章论其非才而中辍，发往福州船政差委。1878 年许钤身率“龙骧”等四炮艇北上天津，李鸿章命他同丁汝昌“会督管带各员认真操练”，[66] 而为清流健将张佩纶坚决反对。张佩纶私下写信给李鸿章，提出当年曾国藩创建湘军水师，文用彭玉麟，武用杨岳斌，而今欲以许当彭，丁当杨，“虽在妇孺必不谓然”。张佩纶指陈三事，一是烟台条约谈判期间泄密；二是李鸿章上年坐船出海演炮，因潮浅不能入口，许钤身却率随同之船先行离去；三是性本轻扬，取受狼藉，挟妓冶游，招摇过市。[67]1881 年 8 月中旬，“镇中”“镇边”炮艇到达大沽时，许钤身仍以水师营务处道员身份，与刘步蟾等人前去验收。[68]10 月，张佩纶过天津时与李鸿章面谈，得悉“时‘镇北’各船均归提督丁汝昌管带，阴夺许钤身权”。[69] 李鸿章把未来海军统领的人选最终确定为丁汝昌。

就性格论，丁汝昌较内向；就能力论，丁汝昌较庸懦；就专业论，丁汝昌完全不懂海军。李鸿章选择此人，显然是为了更好地直接控制海军。梁启超在李鸿章死后曾说，李鸿章和他的裨将故吏，昔共患难，今共功名，徇他私情，转展汲引，布满要津，委以重任，不暇问其才之可用与否，以故临机偾事，贻误大局。这番分析，用在丁汝昌身上，也是合适的。创大事业，用人最为重要。当年曾国藩门下曾涌现一大批文臣武将，成为平定太平天国的骨干。而李鸿章手下，出众的人才就不多见了，这也是曾李两人的区别之处。

1879 年，当“镇东”等 4 炮艇购回北洋后，李鸿章正式奏准，将丁汝昌留在北洋差遣。丁旋被派任督操北洋水师炮船，开始了他的海军生涯。此后，丁汝昌去欧洲接带“超勇”“扬威”两巡洋舰，获西林巴图鲁勇号并正一品封典，1882 年因处理朝鲜“壬午之变”有功，得到赏穿黄马褂的荣誉。1883 年被实授天津镇总兵兼北洋水师统领。而到这时，非经制的“北洋水师”提法，已经时常出现于官方文件中了。

1881 年春，张佩纶到天津，与李鸿章幕僚薛福成讨论海军发展规划。薛写了“酌议北洋海防水师章程”送他。这个材料，可以看作李鸿章的智囊班子对北洋水师未来发展的构想。薛福成写道，创设北洋水师，须配置铁甲船 2 艘，巡洋舰 3 艘，新式木壳兵轮 4 艘，二等兵轮 4 艘，“师丹”式炮船 8 艘，根驳小轮船 8 艘（gunboat，即炮艇。其实“师丹”Staunc 即为英国伦道尔式炮艇的首舰，薛福成这里将其分成两类船，是对军舰不熟悉），水雷船 10 艘。以津沽为 10 营，酌量分布旅顺、大连湾、烟台、威海卫等重要口岸，不时巡哨巡练。现在北洋已有炮艇 4 艘，水雷船 1 艘。津沽有“操江”“镇海”，奉天有“湄云”，山东有“泰安”，即为 4 艘

北洋水师水兵在外国教官带领下的早期训练

北洋水师水兵在射击训练

中等兵轮。北洋现已订购2艘巡洋舰，山东已订购2艘炮艇，在未来五年里可按计划把所需军舰配齐。添设外海水师提督，建阃津沽，裁撤天津镇一缺，改为北洋水师提督衙门。设立水师学堂造就海军人才，选拔出洋留学生统率各舰。在北洋各重镇间设立海底电缆，以通信息。[70] 此后北洋海军成军，就是大致按照这一设想逐步实施的。

这年秋天，李鸿章借验收“超勇”“扬威”两舰之机，前往旅顺考察。他看见旅顺水师营的几条朽坏的艇船搁在沙滩上，既无帆樯，也无炮位，显然多年未曾出海，便向朝廷提出裁撤。在此之前，他已消化了山东登莱水师，因此北洋地区不再存在旧式水师。这与南方各省继续实行师船和轮船双轨平行的体制相比，是明显的进步。

1882年，丁汝昌向李鸿章呈报了北洋水师官弁、水手、匠役的军服式样。军服仍是传统对襟，军官服是丝绸质，宽袍大袖，袖口宽达6寸，领圈、门襟和下摆，装饰着深色的丝绒宽边。根据官阶不同，袖口上饰有不同数量的金边。水手服是浅蓝色斜纹布。为了操作便利，上装要求掖入裤腰。军服的肩部有了识别符号（衣花）；三等水手一道横杠，头等水手三道横杠，水手头是一只铁锚，总水手头是两只交叉的锚加一个∧字杠。匠役的符号很富有想象力，管油的画个油壶，升火的画把铁铲，铁匠画个铁砧，最有趣的是鱼雷匠，符号是条大鲤鱼。[71] 这是海军正规化的重要标志。因为其他地区资格较老的兵轮船的士兵服，不过是把传统军服胸前背后大圆圈里的“兵”字改为“××轮船”而已。另据外国访问者一年前的报道，船政学堂练习船上的士官生服装完全同老百姓一样。李鸿章手下一位海军军官去主持皇帝生辰的典仪，居然穿着类似寝用汗衫的白色衣服，手中摇着扇子。这位目击者说，没人能否认，在炎热的天气下穿这身宽松的衣服是舒服异常的，但显然很滑稽。[72] 现在海军有了自己的服装，比过去是一个进步，但同世界海军的样式还不完全一致。我们对比同时代中日海军军人的服装，就能深切地感受到，军装不仅体现军人的风范，也能体现与现代化接轨的程度。

三、官场内斗与琉球、朝鲜的外争

从同治年起到光绪十年初，朝廷一线工作一直由恭王主持。他在军机处的主要班底，为文祥、宝鋆、沈桂芬、李鸿藻等大臣。

沈桂芬，字经笙，江苏吴江人，官至兵部尚书，协办大学士。沈桂芬干练有识，又以“洋务长才”自认，熟悉外国事务，甚得恭王倚信，也同宝鋆关系密切。文祥去世后，他成为恭王在军机处的主要助手。1878年，沈桂芬又援引湖南巡抚王文韶入军机，他同他的追随者，被人称为“南党”。史书记载他“躬行谨饬，为军机大臣十余年，自奉若寒素，所处极湫隘，而未尝以清节自矜，人以为难云”[73]。沈桂芬在外交事务中，遇事持重，以保和局。崇厚出使俄国谈判归还伊犁，即为沈桂芬推荐，因此后来颇受诟病，郁愤致疾，于光绪六年的除夕（1881年1月29日）去世。

李鸿藻，字寄云，号兰孙，直隶高阳人，工部尚书，曾当过同治帝的师傅，思想正统，是著名的理学家。沈桂芬病假后，他在枢廷秉笔，李鸿章顿感“洋务甚为隔膜”。[74]他与依附追随他的一批言官和翰林学士，被称作“北党”。他们继承了历史上儒家知识分子关心政治，抨击时弊的传统，以刚直不阿、主持清议为己任，面对吏治腐败，敢于上疏言事，评议朝政，纠弹大臣，指斥贪官。在短短几年里，连续劾下工部尚书贺寿慈、吏部尚书万青藜、户部尚书董恂等一批高官，还敢于为庚辰午门案的护军张目，逼使慈禧太后更改主张，从而煊赫一时，满朝侧目，人们称之为“清流党”。在沈桂芬去世之后，清流基本控制朝议，成为一股重要的政治力量。在1884年中法战争爆发前，清流的代表人物是张之洞、张佩纶、陈宝琛、宝廷、黄体芳、邓承修、陈启泰等，他们又被称作“前清流”。南党人士在光绪帝师傅、户部尚书翁同龢进入军机后，奉翁为领袖，被称作“后清流”。翁同龢，字叔平，江苏常熟人。当时在政治上亦属传统，因是光绪帝的师傅，与醇王奕譞关系密切。

清流抨击的对象，是那些直接主持政务、贪赃受贿、昏庸无能的大官僚。他们认为李鸿藻在军机处发言不受重视，因此频频施加压力。在对外事务上，他们一直是强硬的鹰派，凡稍谈对外妥协，一律斥为汉奸大侫，口诛笔伐，不遗余力。比如他们就公开批评沈桂芬、王文韶的外交是“背恭亲王、文祥卧薪尝胆之初心，但求苟且无事”。[75]尽管他们对战争的了解完全来自书本、传闻和想象，对军事力量、武器装备的对比全不知情，对枪林弹雨、血腥污秽的沙场完全隔膜，却以为自己握灵蛇之珠，抱荆山之玉，因而盛气凌人，指点江山。清流的出现，一方面是19世纪80年代错综复杂的社会矛盾所致；另一方面也是慈禧太后在一个时期内故意纵容的结果，她要利用这股力量平衡其他政治派别。

曾任李鸿章幕僚的晚清著名学者吴汝纶说过：“近来世议，以骂洋务为清流，以办洋务为浊流”[76]，表面上两派势成水火，但在私下，却有不少沟通的渠道。以清流中的最著名者张佩纶为例，就能看出双方渗透的蛛丝马迹。

张佩纶，字幼樵，号蒉斋，直隶丰润人。其祖父张灼有二子：印塘、印坦。张印坦曾任江苏丹阳知县。印坦子张钧有二子，即张寿曾和张人骏。张人骏，字健庵，号安圃，1868年中进士，在清末官至两江总督。张人骏关系密切的同年有吴大澂、陈宝琛、陈启泰，他们也因此成为张佩纶的朋友。张佩纶本人1870年中举，时年22岁，次年连捷进士，在光绪年前期北京政治舞台上风头极健。1875～1884年间共上奏折127件，其中弹劾和直谏的占三分之一。1879年，崇厚擅签《里瓦几亚条约》，割让伊犁周边给俄国，他上奏极言其非。同年，他上“疏陈大员子弟不宜破格保荐折”，批评四川总督丁宝桢特膺保荐大学士宝鋆之弟四川候补道宝森和刑部将翁同龢侄刑部郎中翁曾桂列入京察一等，王文韶在日记中称其“风骨崚嶒，可谓朝阳鸣凤，无形之中裨益良多也”。而翁同龢本人也认为“张侍讲原折甚切实，真讲官也”。[77]1882年，云南报销案起，牵涉王文韶，御史洪良品、邓承修连续奏劾王文韶而不能动摇其地位，张佩纶旋上三折，终于使王文韶挂冠而去。稗史中说，后来王文韶东山再起，出任直隶总督，“见文卷中有张佩纶手笔，自谓愧对”[78]。王文韶是否有此雅量，今人不得而知，但张佩纶在政坛的杀伤力是无与伦比的。

然而张佩纶从不攻击李鸿章，这同他父亲张印塘早年在镇压太平天国时，官居安徽按察使，与回乡办团练的李鸿章相识有关，也同前江苏巡抚张树声之子张华奎（字蔼青）私下为他们拉拢牵线有关。李鸿章虽与李鸿藻政见不同，但仍要保持联系。此时，张佩纶兼具故人之子、翰苑新贵、李鸿藻爱将的多重身份，李鸿章自然刻意笼络。1879年5月，张佩纶因母亲去世丁忧，张华奎推荐他去北洋幕府相助，李鸿章欣然表示欢迎。[79]张树声本属淮系故旧，张华奎在北京又与清流走得很近，被人讥为“清流靴子”，因是贵公子，自有一套与名士公卿交际的手段。未几，张佩纶出京赴苏州迁庶母灵柩过津，李鸿章助营葬之资千两。1880年4月，张佩纶又应李鸿章之邀，住天津直隶总督衙门两旬，讨论海军建设的诸多问题，并访问大沽炮台，游览天津机器局。李鸿章让他亲手试放水雷，还与他点评了新购蚊子炮艇的管带，认为刘步蟾最优。张佩纶在日记中记载：“夜请合肥（李鸿章）定北洋水师规模，以阻浮议、戒因循，合肥遂以相嘱。谈次及进退人才事，余以为此本朝强弱之机，未可委诸天数，合肥瞿然。”[80]此后，张佩纶虽未入幕，但他们的私下交往更为密切。张佩纶对李鸿章说：“年来交谊已深，所以为公代筹者，非尽执古议，而颇参以时政。”[81]张佩纶私下对李鸿章执弟子礼，以“师”相称。[82]渴望摆脱单纯纸上谈兵，在军国大事中一展个人治国平天下的抱负，是许多清流人物的共同志向。在这点上，张佩纶同张之洞十分相近。而李鸿章对张佩纶也十分看重，期望把李鸿藻门下这员最孚时望的大将纳入帐下。李、张之间的这种微妙关系，洋务、清流集团的彼此攻讦和渗透转化，构成那几年政坛斗争的重要内容。

1881年，张华奎曾暗示张佩纶，李鸿章母亲年老多病，为做后事安排，嘱张树声襄助处理淮军事务。意思是说，若李太夫人故世，李鸿章必然要丁忧守制，希望届时张佩纶能协助张家父子。张树声，字振轩，安徽合肥人，1854年起随李文安、李鸿章父子办团练抵抗太平军，是淮系集团中地位仅次于李鸿章的重要人物，因善于同名士交接，又被称作“诰封清流”。果然，1882年4月17日，李鸿章获准请假一月，去武汉其兄湖广总督李瀚章处探视母病，朝廷调张树声署理直隶总督兼北洋大臣。未及成行，李太夫人已于19日去世，24日，张华奎到达天津，为其父亲来天津接班做前期准备。26日，朝廷宣布夺情，要李鸿章穿孝百日后即行回任。但在李鸿章的幕僚中，对他是否真要坚持守制发生了争论。旧时值父母去世，儿子做官者须解除职务，在家守孝27个月，称作“守制”。但朝廷对重要官员，可命其不必去职，以“署理”方式素服办公，称作“夺情”。作为官员，以侍奉朝廷为先，作为子女，又必须孝敬父母，所以，无论朝廷如何慰留，官员本人必须苦辞。如果坚不出山，会得到社会舆论的尊敬，以为其举措合符礼制。比如李鸿藻，连庶母去世也坚持去职守制，极受人们赞誉。丁忧是官员职业生涯的暂时中断，涉及本人官位和升迁节奏，以及经济收入。由于高层官员的变动，还会牵动全国重要职务的结构调整，手下亲信、幕僚的前程。故不少人劝说李鸿章早点回津，这样，他们的地位就不会受到影响。李鸿章奔丧，他的夫人并不随行，继续留在天津，甚至连总督衙门都不想搬出，给人的感觉就是李鸿章马上要回来的。幕僚小圈子中主张守制者，仅袁保龄、周馥、章洪钧等数人，他们认为此事将关系到李鸿章一生名节。袁保龄、周馥还力劝李夫人搬家，以免遭人议论。盛宣怀、刘含芳等人不愿在张树声手下做事，纷纷思去。整个督署内部陷于混乱。

袁保龄，字子久，河南项城人。父亲袁甲三，官至钦差大臣漕运总督，长期在安徽与太平军、捻军作战，与淮系有着极深的关系。袁保龄本人14岁入邑庠，受知于李鸿藻。后随父在籍办团练，周历于各团练之间，使苗沛霖部始终未能进入河南。张宗禹率捻军进攻陈州，袁保龄会合清军、团练，分筹堵御，迫使捻军退去。曾国藩一见奇之，目为国士。袁甲三去世后，朝廷赏袁保龄为内阁中书，1866年到阁补缺，先后参与校勘、编纂《剿平粤匪方略》《剿平捻匪方略》《穆宗毅皇帝实录》《玉牒》等重要官方文献。在阁13年，博览群书，精熟典章制度。1877年起，山西、河南出现连续三年的特大旱灾，其兄刑部左侍郎袁保恒奉旨帮办河南赈务，次年得传染病而死。袁慨然以兄志未竟，豫民未活，呈请辞官归里，力肩赈务，尽括家资以救灾民，是晚清官场中难得的为官清正、极有责任心和办事能力的人物。上年，李鸿章以北洋海防交涉，求贤佐理，奏调袁保龄赴直隶委办海防营务。由于袁保龄既是李鸿藻的门生，与京中清流关系密切，又是世家子弟，与李鸿章渊源深厚，所以就成为沟通二李关系的又一条重要渠道。

张树声是李鸿章离开北洋时自己选定的替手，3月21日，李鸿章在做离职准备的时候，一面把徐建寅从欧洲回国时所撰《德国海部述略》和中国驻长崎理事（领事）余瑀建议设立海军衙门的条陈转交张佩纶参考，一面告诉他“振帅有志整备师船”。5月4日，李鸿章在给张佩纶的信中再次提及：“北洋水师，振公自应接办。”7日，袁保龄写信告诉张佩纶：“合肥（李鸿章）望公，将以水师相累，谅新帅当有同心。亦须看时局乃发，水师丁统领恐不胜任。”[83]袁保龄是张佩纶的好友，与张华奎的关系也不错。他透露的督署内幕，显然是可靠的。5月30日，李鸿章自天津乘“保大”轮南下奔丧。在其行前，致函张佩纶，对他允诺协助张树声提出保留意见。称“恐致它日进退两难”，“若于事有济而于公出处大计有裨，则鄙早乐赞其成矣”。这一意见，是否出于李鸿章已经明白自己即将夺情复出，张树声仍将回两广任职而做出的考虑尚待探讨，但却驱使张佩纶立即改变态度，回函张华奎，婉辞对其的邀请，并将张树声父子的活动连同他给张华奎的回信一同密呈李鸿章，以表白自己与他们并无更深的关系，使得张树声父子措手不及。[84]31日，有上谕称张树声奏请派翰林院侍讲张佩纶帮办北洋水师并请加卿衔，“帮办大员及赏加卿衔向系出自特旨，非臣下所得擅请”，张树声之奏著毋庸议。[85]这证实张树声按照原先的约定开始了行动。而张佩纶则通过李鸿藻控制的军机处，否定了张树声的提名，使得刚刚署理直隶总督的张树声讨了个极大的没趣。6月1日，张佩纶的密友陈宝琛又奏，张树声擅调近臣，实属冒昧，请照例议处。部议罚俸9个月。[86]虽得旨准予抵消，却使得张佩纶从此与张树声父子交恶。

张佩纶的这些举动，似乎是急于要向李鸿章表态。他事后写信告诉李鸿章：“振公（张树声）学浅才短，承乏畿郊，当怀极盛难继之惧，惟当一切守旧，方为萧规曹随。乃到任未及十日，便思罗致清流，炫惑观听，此乃吞刀吐火，左道旁门，并非真实本领。津防至重，似此屋大柱小，令人寒心也。”又说：“高阳（李鸿藻）大不以为然……商定命下必辞，能驳尤妙。……潜公（陈宝琛）有书，略劾振公，意在戢争止沸，不知能定浮言否。此所谓天下本无事也。然振公一唯贤郎之言是听，如此举，蔼青（张华奎）不当大杖三百耶？”还说：“渠竟不知鄙人身份志趣，可怪已极。”[87]从根本上说，他对张树声父子翻脸，是基于李鸿章不久就要重返天津的判断。袁保龄说李鸿章“将以水师相累”，讲的确是真话。如果看得再深一点，不难发现，对张佩纶的安排，实际上是二李之间的一种默契。李鸿藻表面上反对洋务，暗中通过张佩纶、袁保龄，也要在北洋插一脚。

张佩纶以名士做派解除同张树声父子的默契，李鸿章却不能这样处理人际关系。他把自己给张佩纶的信转交张氏父子一阅，又将此做法通报给张佩纶，他说：“振公荐贤之举，鄙意略嫌太骤。固争之而不能缓免，几失其乔梓之欢。然足以见其求才若渴，出于至诚矣……惟留侯处处要好，未免意气顿沮。鄙致尊处书则已向伊乔梓朗诵一过，不欲当面输心背面笑也。”[88] 由此可以看出官场关系的错综复杂。

虽然回绝了张树声的邀请，张佩纶当年却官运亨通。10月，他升任詹事府右春坊右庶子，12月署理都察院左副都御史。张佩纶还借清查“云南报销案”腐败内幕，连上三折，将王文韶逐出军机处，彻底扫除沈桂芬班底，太后改换翁同龢、潘祖荫入值军机。不久，潘祖荫丁忧，军机汉大臣仅剩李、翁二人。这一时期，恭亲王因肾病血尿，请病假前后达八个月之多，太后命痊愈后入值，毋庸拘定假期，一切差使毋庸派署。李鸿藻的权势日益扩大，张佩纶更是风头独盛。李鸿章为此写信规劝：“近有都中来者，佥谓太阿出匣，光芒逼人，不可向迩。仍祈少敛锋锷，以养和平之福，至为企祷。”[89] 次年5月，他升任翰林院侍讲学士，一如既往，继续关心北洋海防。

1883年12月3日，张佩纶出任总理衙门大臣。他向恭亲王建议，将总署原先附设在俄国股中的海防事务剥离出来，单独设置海防股，分管海防经费、沿海要隘、外国师船、各省局厂、各种枪炮、沿海防营。[90] 次年1月17日，他告诉李鸿章，“海防已设专股”。这个建议被迅速采纳了，[91] 说明他极得恭亲王和李鸿藻的支持。以致李鸿章在同总理衙门筹划成立海防衙门时，专门推荐张佩纶主持。赫德也在致金登干的信中说：“这人曾力主对俄作战，倡言以杀头严惩崇厚的罪状等等，锋芒毕露，不畏权势，很有骨气，这是骄矜、无知和中国式的爱国主义——‘中国人的中国’——的产物。这位先生经过培养和适当驾驭，一定可以成为出色的新人物。”[92]

同治朝最后几年和光绪皇帝登基的最初几年，大清帝国对外没有发生大的军事冲突。虽说1874年同治帝的突然驾崩和1880年慈禧太后病恹恹地折腾了一年，还下诏全国举荐名医进京会诊，却换来第二年4月慈安太后的猝死和慈禧太后的康复，并重新主持朝政这样两件宫闱大事，除了在部分接触上层的懿亲贵戚、官僚士大夫中引起一些猜测外，各项政务依然按部就班地运行着。左宗棠在西北收复了除伊犁以外的全部领土；洋务派倡言“求强”，在各省创办了一批军用和民用企业；容闳率领120名幼童前往美国留学。尽管抽样统计表明，在1870 ~ 1880年，9个重要省份中，40% ~ 50%的州县处于歉收，尤其在1877 ~ 1878年间，北方的山西、河南、直隶、陕西等省出现了极为严重的干旱，造成1000余万人的直接死亡，饿殍载途，白骨盈野。但席卷全国的农民起义已被平定，朝廷毕竟可以坐下来喘一口气了。封建文人将这样一种恢复生息的局面，差强人意地叫作"同光中兴"。

在表面平静的景象下，各种国际矛盾和危机却正在积累。1875年春，日本屡派军舰到朝鲜侦察和挑衅。9月20日，日舰"云扬"号又进入江华湾，企图占领江华岛草芝镇炮台，被守军击退，遂炮击永宗岛，并在该岛登岸，造成"江华岛事件"。总理衙门在同日本特使森有礼的谈判中妥协。次年2月，日本与朝鲜签订《江华条约》，规定朝鲜除釜山外，另开元山、仁川两港，日本在汉城设立使馆，在各港口派遣领事并享有领事裁判权。日本把西方列强强加于它的炮舰政策接了过来，用作对东亚邻国的侵略扩张。

日本又阴谋并吞琉球。1875年6月，日军正式进驻琉球，强迫琉球改奉日本年号，停止对中国的一切臣属关系。1877年6月，闽浙总督何璟向朝廷报告，琉球国王向中国求援。朝廷并不以为然，下旨琉球之事着出使日本大臣何如璋到日本后相机妥办，琉球使臣着饬令回国，毋庸在闽等候。1877～1878年，日本国内政局混乱，先是西乡隆盛发起了萨摩藩的叛乱，史称"西南战争"，李鸿章还向日本政府提供了10万发弹药。9月24日，西乡战死。次年，大久保利通被暗杀。日本政府无暇在此困境中解决琉球问题，清政府也没有抓住短暂的有利机遇。从深层次来说，他们根本就认为不值得为了这个孤悬海外的藩属，去与日本打仗。1879年3月，日本把琉球国王尚泰掳往东京，宣布改琉球为冲绳县。恭亲王却在奏疏中说，何如璋在日本办理琉球交涉事宜，欲假以兵力以示声威。但从中国现在局势看，跨海远征，实觉力有不逮，故仍然只能据理辩论。李鸿章则请求来华旅行的美国前总统格兰特设法调解。10月，琉球耳目官毛精长等3人向总署递禀泣援，总署只是发给他们300两川资，将他们打发回国。

同年10月2日，钦差大臣崇厚在沙俄胁迫下，擅自与沙俄代理外交大臣吉尔斯签订《里瓦几亚条约》，规定中国收回伊犁城，但沙俄割去伊犁西面霍尔果斯河以西，伊犁南面特克斯河流域和塔尔巴哈台地区斋桑湖以东的土地，使伊犁实际成为孤城，还向俄国赔款500万卢布。消息传来，举国大哗。总理衙门和不少大臣指出，如此则伊犁成为弹丸孤注，控守弥难，收回后毫无意义。朝廷将崇厚革职下狱，定为斩监候，并派曾国藩的长子、出使英法大臣曾纪泽前往俄国，重开谈判。俄国为到嘴的肥肉又将失去而愤怒咆哮。1880年7月10日，沙俄国务委员会主席康斯坦丁亲王亲自主持有海军部、陆军部、外交部参加的会议，策划以海军袭击中国的海岸与港口。接着，列索夫斯基上将率领一支由 4 艘铁甲舰、3 艘快速巡洋舰、3 艘海防舰、6 艘炮艇、4 艘运输船和相当数量的驱逐舰组成的舰队出现在远东海面，扬言封锁渤海、黄海，直接威胁北京。[93] 李鸿章接到命令，着其严防天津海口，以备俄国。

正是在这种背景下，总理衙门同日本驻华公使宍户玑开始谈判琉球问题。10 月底，恭亲王向朝廷报告，拟在修改《中日通商条约》时，将琉球冲绳岛以北归日本，南部宫古、八重山诸岛归中国，准日本人入中国内地通商，加入“一体均沾”条款[94]。这显然是日本在趁火打劫。而总理衙门的妥协，是企图避免两条战线作战。消息传出，清议立即反对。惇亲王奕誴则表示，为防止日俄勾结，宜照恭亲王所奏办理。张佩纶私下建议李鸿章，把延缓谈判琉球案，作为发展海军的政治策略。他说依其之见，欲留日本生一波折，使内外不即解严，以开自强之基。又说今年因俄事危迫，购铁舰、设电线，久不得请者一旦如愿以偿，就是明证。你只要慨然以倭事自任，则朝命必将以北洋全防交付给你。然后立水师、储战舰，汰冗弱之防兵，罢无用之将吏，蒐军简器，与倭相持，以你之才，左提右挈，效可立睹。[95] 朝廷征询李鸿章、刘坤一意见，李鸿章说，宜购铁甲、齐船械，水师练成，纵不跨海远征，日本嚣张之气亦当为之稍平。至于球案，原定需要由御笔批准，3 个月内换约。可视中俄交涉的消息，倘伊犁问题能在 3 个月内议结，就拒绝批准《中日通商条约》。[96] 刘坤一说，琉球臣中国，只假我声灵，琉球臣日本，实奉其号令。平日无端剥削，无故拘囚，一任日本所为，琉球未尝赴诉中国。中国也未尝过问。故一旦夷为郡县，而要中国强与之争，务使日本俯首听命，琉球扬眉吐气，又怎么可能？他主张琉球国王在南部诸岛重新立国。[97]

三个月中，曾纪泽在圣彼得堡与俄国交涉归还伊犁和修改《里瓦几亚条约》取得进展。审批《中日通商条约》一事便被搁置起来。中俄交涉的主要成果，是中国以增付 400 万卢布的代价，收回伊犁南部特克斯河流域 2 万多平方公里的领土。这是中国外交家在极困难的条件下取得的差强人意的成果，曾纪泽因此获得很高的历史地位和美誉。但人们很少从全面的角度去评估中国外交的得失。此后，虽然中日之间没有签署任何关于琉球问题的条约文件，但中国也没有就琉球问题向日本采取进一步措施。随着岁月的流逝，具有极为重要战略地位的琉球群岛便被日本完全吞并了。

进入 19 世纪 80 年代以后，资本主义列强在远东的争夺日益加剧，朝鲜成了国际政治力量冲突的重要舞台，日、俄、英、美诸国觊觎的一块肥肉。从历史传统上看，朝鲜长期是中国的藩属，对外隔绝，欧洲人曾称其为“隐士之国”。为了保护朝鲜以屏御中国东北的安宁，总署建议，把与朝鲜公牍往来中涉及洋务者，从原来的礼部管辖，改为由李鸿章及出使日本大臣直接与朝鲜通递文函、相机开导，并将结果报告总理衙门。这样，李鸿章就成为中国政府处理朝鲜事务的主要负责人。李鸿章和驻日公使何如璋都主张采用向各国开放朝鲜门户的方法，施展“以夷治夷”的平衡政策，以避免朝鲜成为某个列强的独占物。1882 年 5 ~ 7 月，丁汝昌奉李鸿章之命，两次率军舰护送道员马建忠前往朝鲜，协助朝鲜与美、英、德国分别签订通商条约。

日本从《江华条约》签订后，在朝鲜获得了许多不平等权利，并对朝鲜统治阶层进行拉拢渗透，引起朝鲜人民的愤怒。朝鲜国王李熙，1863 年 12 岁时，以旁支入承大统，由其父大院君李昰应摄政。14 岁时，李熙与闵氏女结婚。1873 年，大院君归政。但李熙十分庸懦，大权落入闵妃手中。闵妃引带外戚势力参政，和大院君遂成对立，各树党羽。在外交政策上，大院君是坚定的“尊王攘夷”论者，主张闭关锁国，反对对外开放。闵氏集团则在外国压力和清政府的倡导下，寻求对外开放，但他们对清政府自鸦片战争以来，屡屡在对外交涉中丧失权益的情况知之甚详，对琉球最近被日本并吞也很关注，所以对能否依靠清政府保护，对付日本、俄国等列强的觊觎心存疑问，甚至不少官员出现了媚日的倾向。这使得朝鲜内部的政治局势十分复杂。

1882 年 7 月 23 日，汉城驻军因俸米事件发生兵变，暴动队伍冲入王宫，杀死闵氏集团大臣闵谦镐和大院君胞兄、国相李最应，捣毁达官显贵的住宅，袭击日本公使馆，杀害 8 名日本人。日本公使花房义质夤夜逃往仁川。24 日，大院君被暴动群众迎入宫中，掌握政权。闵妃在乱兵涌入宫中时，化装成宫女逃往忠州，与朝鲜派在中国的使节金允植联系，敦请清政府出兵，而暴动者乃至许多大臣和大院君，都把一个为了保护王妃而服毒的宫女尸体误认作闵妃。这一事件，史称“壬午兵变”。

壬午兵变从群众自发的反腐败、反暴政开始，迅速演变成声势浩大的反开放、反日本的政治斗争，带有强烈的排外情绪和党派斗争色彩。

中国在朝鲜向不设官，兵变的消息至 8 月 1 日才从驻日公使黎庶昌的电报中得知。此时，李鸿章已回合肥奔丧，直隶总督兼北洋大臣由张树声署理。兵变发生后，枢臣担心日本借机介入，一面急召李鸿章还津（张佩纶在致李鸿藻的信中

大院君李昰应　朝鲜国王李熙　闵妃
吴长庆　马建忠　袁世凯

说“合肥如此可出矣”[98]，说明“夺情”种种，就是他和二李的共同谋划），一面饬令张树声派水陆两军迅赴朝鲜。北洋营务处道员马建忠先前方奉张树声之命，赴合肥向李鸿章言事，甫到上海，即接电谕，命其立即返回烟台，与丁汝昌率军舰东渡朝鲜。8月7日，丁汝昌抵达登州（蓬莱），与帮办山东军务的广东水师提督吴长庆商援朝鲜事，并转交张树声亲笔信。8日，马建忠到达烟台，吴长庆则率幕僚张謇赶往天津。吴长庆，字筱轩，安徽庐江人，为淮军“庆军”首领，因早年派系原因，与江西巡抚刘秉璋走得较近，在淮系内独自立异，结交朝贵以为攀缘，罗致文人以通声气，而不为李鸿章所喜。此时虽官居广东水师提督，却并未到任，仍带所部，驻防山东。张謇，字季直，江苏南通人，16岁中秀才，23岁入吴长庆幕府，时年29岁。虽尚未显达，已是吴长庆的重要助手。9日，吴、张抵达天津，与张树声闭门密谈东征大计。马建忠、丁汝昌则带领“威远”“超勇”“扬威”3

舰从烟台出动。此前，黎庶昌致电国内，主张对日强硬，并在解决朝鲜危机后“由我主持国是”。张树声对此表示赞同。同日，在华朝鲜官员金允植还提出了拘捕大院君的方案。11 日，吴长庆、张謇乘轮返回登州，发布开拔命令。

张树声、吴长庆密谈所决策的内容，一直不为外人所知，但一个“快”字，一个“狠”字，以迅雷不及掩耳之势平定事变，却为后来的事实所证明。张树声虽为淮系中除李鸿章以外最有影响的人物，也是李鸿章离任前自己选定的继任者，但从前述的李鸿章、张树声、张佩纶三角矛盾中，我们已能感觉到三人彼此间的微妙关系。张树声临时替代李鸿章做“看守总督”，直督衙门里全是李鸿章留下的旧人。他要在短短数月中崭露头角，壬午之变正是一个难得的机会。好在李鸿章幕中的袁保龄、马建忠都主张对日强硬，薛福成更强调吸取日占琉球的教训，吴长庆所部又驻扎在烟台附近，便于调动。所以这次出兵行动部署得极为迅速周密。

10 日，中国分舰队抵达仁川时，日本的“金刚”舰已先期到港。经过考察，丁汝昌 12 日乘“威远”回津向张树声汇报局势，马建忠同“超勇”管带林泰曾、“扬威”管带邓世昌坚守仁川。十天中，日本向仁川增派了 7 艘军舰，1 营陆军，形势日益紧张。18 日，“超勇”“扬威”移泊南阳浦口。20 日，吴长庆、丁汝昌率庆军 2 营 4 哨 2000 人分乘“威远”“日新”“泰安”“镇东”“拱北”5 船衔尾而来。吴长庆幕中，除张謇之外，还有一个 23 岁的青年袁世凯。袁世凯，字慰亭，是袁甲三的从孙、袁保龄的侄子，去年到登州投军，帮办庆军营务处。他于次日黎明，率 500 人赶往汉城，吴长庆也带大军随后出发。26 日，吴长庆、马建忠、丁汝昌在汉城设计扣留大院君，由丁汝昌护送，冒雨夜行 120 里，次日清晨抵达南阳，登上“登瀛洲”舰，直送天津，[99] 旋幽于保定。

早在清军发兵之前，清政府即根据金允植的说法，把兵变的祸首推定为大院君，此说是否确有依据令人怀疑，把亲华排日的大院君说成是亲日派更是个错误。但大院君入宫后，乘机扩充势力，将其带走，显然可以保证清政府在朝鲜继续推行对列强均等开放的政策，也以此敉平事端，防止日本的介入。这是中国近代海军第二次直接参与保卫国家利益的军事斗争，也是北洋创办新式海军以来的第一次对外行动。事定之后，吴长庆部暂留朝鲜，袁世凯更是在朝鲜度过了漫长的 12 年。朝廷在平定壬午兵变中体会到海军的快速机动作用，甚为满意，以李鸿章创办有功，交部从优议叙。

朝鲜事变平定的消息传到北京，大小京官都大为兴奋，尤其是平常不满意李鸿章者，咸以为假使李鸿章不丁忧，办理此案，决不能如此迅速。这当然是一种揣测。8 月 13 日李鸿章给张树声的信中讨论处理朝鲜方案，谓："先令马、丁二君带兵船速往，少作声势，帮同朝鲜君臣弹压，缉拏魁首，一面商劝日本员将勿遽动兵，静候缉匪……至调派陆军，尤须妥筹，由陆则道路阻长，雨水多滞，转运费艰；由水则兵船装载无多，商船租雇费力。或可号称陆军继至，先声后实，俟眉叔（马建忠）等到彼察看情势，再行禀办。计张虚声则护卫亲兵两营小队可矣；若大举有战事，惟铭军在后路可调。统将勇，疏于谋，似须添派稍有智略如吴殿元辈会同照料，庶冀操纵合宜。……鄙见商办得法，可无战事，仍是上年台湾成样耳。兵难隃度，英雄所见想亦大略相同。"此时李鸿章并不详知前方形势，所做安排，则与张树声大同小异，只是所调部队，不是吴长庆部。而日本此时军备未兴，显然也是清军能在处理壬午兵变时占据上风的重要原因。中国出兵朝鲜，是为了阻止日本对朝鲜的干预介入，强化在朝宗主权。但在随之的朝日谈判中，却没有正确指导外交斗争，致使日本在 8 月 30 日即与朝鲜签订《济物浦条约》和《修好条规续约》，朝鲜向日本赔偿损失费 55 万元，允许日本在朝鲜驻兵，并开放通商口岸。此时，中国海陆大军云集仁川、汉城，在取得战略主动的情况下，居然默认日本前所未有地取得了海外驻兵权，为后来的中日冲突埋下祸根，不能不说是外交上的一大失败。

朝鲜事态也给李鸿章马上返回天津创造了机会。他在同一封信中告诉张树声："今中旨叠催，而前咨王夔翁（王文韶）文内原有假满后海上或有警报，即赴津筹办之语。朝日纷争，虽未足云警报，究于海防微有关系。明知大才筹画，悉合机宜，即鸿章前去亦断无所增益。圣意殷盼，岂敢漠视，自食前言？……粤中人来，谓沅帅（曾国荃）五月二十四日由湘登舟，忽病发而止。果尔则执事回任两粤固在意中。若无意南行，而鸿章被诏迫趣，终不免此行，只可专办通商，奉屈台旆驻省经理直督事宜，兄必力为筹助，无分畛域。服制期内，无再握畿篆之理。"[100] 此信意思十分明白，朝廷夺情，我李鸿章即将回任。曾国荃奉旨署理你的两广总督，现在看来因病不去了，你回广东应无问题。如果你不愿南下，则我俩合作，我署理北洋大臣，你署理直隶总督，如何？官场之中，把话说得如此明白，无处不透露着凛然霸气，自然，这也显示出李鸿章在淮系中的盟主地位。9 月 5 日，李鸿章回抵天津，会晤张树声，并在当晚会见了回籍葬兄，恰好也在天津的张佩纶。[101]

张树声在处理壬午之变中是得了分的。张謇在朝鲜时，撰《朝鲜善后六策》，向其建言。大意包括：或援汉例，将朝鲜废为郡县；或援周例，在朝鲜设置监国；或置重兵，守其海口，而改革其内政；或令其自改，而为练新军，联合我东三省为一气；对日本，则三道出师，归复琉球。[102] 旋因李鸿章回到天津，嗤为多事，搁置不议。而张华奎却又将其早早携至北京，交五六清流密友传观。一时流传都下，潘祖荫、翁同龢咸以为善，连慈禧太后都予以关注，转询之李鸿章。[103] 在李鸿章看来，此事显然是张树声、吴长庆联手自立山头的又一举措，私下暗作防范置，欲将庆军改属马建忠节制，而令吴长庆回津待命。消息传来，张謇等一干幕僚愤愤不平，力劝吴长庆引退，并请其上奏解除本职住京。吴长庆开始同意，这就势必演化成与李鸿章的公开决裂，后经袁保龄、周馥等人斡旋才没有实行。[104] 到 1884 年春，李鸿章又以越南形势紧张，复将吴长庆赴朝庆军 6 营一析为二，命吴长庆带正营 3 营回奉天金州一带驻防，留副营 3 营由吴兆有统带，继续驻防朝鲜；同时札委袁世凯办理该部营务处。吴兆有才能平庸，这为袁世凯后来乘势崛起创造了机会。袁世凯从此直接投靠李鸿章，一切更革，颇让吴长庆难堪。张謇为此特地写信痛斥袁世凯，此后，张謇与袁世凯 20 年不通音信。[105]

1884 年 7 月 13 日和 10 月 26 日，吴长庆和张树声分别病逝于金州和广州。

在清流这边，他们对《济物浦条约》也甚为不满，认为“存朝鲜当自折服日本始，折服日本当自改仁川五十万之约始”。张佩纶坚决要求责成朝鲜改约，或派军舰与日本交涉，修改朝日条约。[106] 9 月中旬，张佩纶应李鸿章之邀请，前往天津密商。回京后，他给李鸿章写密信，告知连李鸿藻都说，若不是李鸿章创建北洋水师，张树声只能望洋兴叹。指明李鸿章将以经营日本之名重新出山，要李做好作战的准备。[107] 接着，给事中邓承修上《朝鲜乱党已平请乘机完结琉球案折》，建议派大臣驻扎烟台，厚集南北洋战舰，责日本擅灭琉球、肆行要挟之罪。[108] 张佩纶上《请密定东征之策折》，请南北洋大臣简练水师，广造战船；山东、台湾疆吏宜治精兵，蓄斗舰，与南北洋成犄角；分军巡海，绝关绝市，召使回国；责问琉球之案，驳正朝鲜之约，使日本增防耗帑，再大举乘之，一战定之。上谕称所奏颇为切要。著李鸿章通盘筹画，迅速复奏。[109] 李鸿章答复，中国海军实力，唯“超勇”“扬威”较为得力，其余军舰难战大洋。华船今驻数省，号令不一，不若日本兵船，统归海军卿节制，可以呼应一气。万一有事，与我争命，胜负尚难逆料。若向德定购之铁甲舰来华，再添购新式快船以为辅助，朝臣、枢臣、部臣、疆臣合谋一气，使水师成局，不战屈人，自为最善。[110] 又说“日本步趋西法，虽仅得形似，而所有船炮略足与我相敌，若必跨海数千里与角胜负，制其死命，臣未敢谓确有把握。第东征之事不必有，东征之志不可无，中国添练水师实不容一日稍缓”。[111]

这场“密定东征之策”讨论，张佩纶呼风唤雨，李鸿章却抱定宗旨，不为所动。平心而论，张佩纶以民族和道德正义为底线，在谋划方案之时，完全不受一般规则束缚，常有出人意料之举，此为其之长处；但思维偏激，有时忽略操作的可行性，则是其短处。最重要的是，张佩纶手无实权，用悲情去搏击腐败尚能取得成效，用悲情做武器去策划战争，则难以被决策层采纳。

四、炮艇、巡洋舰和铁甲船

“李—阿舰队事件”过去后的10余年里，朝野很少有人再提购买外国军舰，中国造船工业应运发展起来。由于国产军舰在舰型和作战性能上落后于西方国家的产品，造舰所需的主要原料、设备、炮械等又依赖国外，所以到了1874年日本侵略台湾时，沈葆桢再次提出进口外国军舰，并命其法籍顾问日意格直接写信给英国公使威妥玛探询。总理衙门也派赫德及总署大臣董恂、崇厚与威妥玛接洽。威妥玛对此表示赞同，并致电英国外交部，力陈此事关系重要。但英政府以中日已经开战，英方也已经拒绝日本购舰为由，予以婉辞。10月底，中日签订《北京专条》后，当年建议设立火轮船队以镇压太平天国，后因“李—阿舰队事件”而擢任中国海关总税务司的赫德，向总理衙门大臣恭亲王奕䜣和文祥推荐英国新制的炮艇，称其为攻守利器。文祥命李鸿章与赫德接洽，办理此事。赫德为此前往天津，多次讨论。[112]

其实，无论是李鸿章还是赫德，对军舰都不在行。赫德主要依靠中国海关驻伦敦办事处的金登干在国外收集信息，并同制造厂商保持接触。金登干推荐的这种被西方造船界称为“伦道尔”式炮艇的小型军舰，因其设计师乔治·伦道尔得名。它的首舰“坚定”号（Staunch），1867年12月下水。前文中薛福成提到的师丹式炮船，指的就是它。其特点是在很小的舰体上装载巨炮，所以又称“蚊子船”。“坚定”号排水量180吨，装有1门9英寸口径的巨炮。[113]这种设计思想在后来进一步发展，金登干向中国政府通报的，就有排水量260吨、载有10英寸径18吨重大炮，排水量320吨、载有11英寸径26.5吨重大炮，排水量440吨、载有12英寸径38吨重大炮和排水量1300吨、载有16英寸径80吨重大炮的炮

总税务司赫德

英国造船设计师乔治·伦道尔

威廉·乔治·阿姆斯特朗

“坚定”号炮艇

艇。[114]李鸿章经与赫德磋商，决定购买320吨、440吨炮艇各2艘。前者造价为每艘23000镑，后者造价为33400镑，分别合银76659两和111322两。此外运费65940两，总预算为45万两。[115]这批炮艇由设在泰恩河畔纽卡斯尔的阿姆斯特朗公司承包建造任务。阿姆斯特朗（亦译阿摩士庄）是一家从液压机械转而生产火炮的英国公司，在制造前装线膛炮方面具有领先水平。其创始人威廉·乔治·阿姆斯特朗一度出任皇家兵工厂总工程师。乔治·伦道尔是该公司股东和造舰总监。1862年，阿姆斯特朗与政府的合作关系破裂，英军决定所有火炮只采购皇家乌里治兵工厂的产品，这迫使阿姆斯特朗公司不断开发新产品，积极开拓海外市场，甚至造出18英寸口径（457毫米）100吨重巨炮，声震世界军工界。

中国海关驻伦敦办事处，位于斯托利门9号

海关伦敦办事处主任金登干

同时，在研制“坚定”舰时，将舰体部分外包给下沃克的查尔斯·米切尔公司，为中国生产炮艇时亦是如此。1882年底，阿姆斯特朗与米切尔合并，成立阿姆斯特朗-米切尔公司，新公司进行了造船新基地建设，随着埃尔威斯克造船厂投入使用，阿姆斯特朗成为英国最重要的造船企业和军火出口企业，并重新杀回英国军方供应商的行列。

1875年春，李、赫议定购艇章程，中国近代大规模购买外国军舰的浪潮由此掀起。

1876年6月24日，被英国人暂时按希腊文字母顺序排列为“阿尔法”“贝塔”号的2艘320吨炮艇，悬挂英国旗帜，由前皇家海军舰长勒·普里曼达吉和布莱尔·汉密尔顿驾驶，驶上了开往中国的遥远航程。如此之小的炮艇在茫茫大洋中犹如树叶，上下颠簸，历尽周折，缓缓行驶了近5个月，终于驶抵大沽口。11月27日，李鸿章偕同赫德前去验收。他对这洋玩意儿表示满意，向朝廷报告说“所有炮位、轮机、器具等件均属精致灵捷”，将其命名为“龙骧”“虎威”号，派船政学堂毕业生张成、邱宝仁担任管驾。又命他们会同来华的英国官兵将炮艇驶至福建船政，募选管轮、管炮、舵勇、水手。为了便于训练，还决定每艇暂留3名英国教习。[116] 这次视察中发生了一起事故：一名英国水兵的来复枪走火，子弹从李鸿章头上飞过。幸亏李鸿章此时坐着，否则中国近代历史的内容完全可能重写。

翌年春，440吨炮艇“伽玛”“德尔塔”号完工，金登干邀请中国驻英国公使郭嵩焘前去参观送行。郭嵩焘还亲手发射了大炮。然后，两艘炮艇由英国军官琅威理和劳伦斯·庆驾驶来华，被命名为"飞霆""策电"号。这位琅威理从此与中国结缘，后来还护送下一批4艘炮艇来华，再后来成为北洋海军总查。

"龙骧"等四艇引起南洋大臣沈葆桢、福建巡抚丁日昌的羡慕。沈葆桢致函李鸿章，请求分拨。丁日昌也主张进一步购买。在此之前，福建善后局已通过瑞生洋行在英国莱尔德公司购买了"福胜""建胜"两艘炮艇，其实也是仿造"坚定"型的。但丁日昌认为"龙""虎"胜于福建所购蚊船不啻十倍。经总理衙门同意，决定请天津海关税务司德璀琳通过海关总理文案税务司、赫德内弟裴式楷致电回国休假的赫德及金登干，征询价格有无变化。旋接金登干报告，四艘440吨炮艇的造价为13万镑，合银45万两。运艇回国及购买弹药，另需加银16万两。[117] 国内决定购买，并提出一些改进要求。到1879年8月，"埃普西隆""基塔""爱塔""西塔"四艇已经驶出工厂船台，停泊在朴茨茅斯港了。11月，四艇抵达大沽，沈葆桢分别命名为"镇东""镇西""镇南""镇北"。四"镇"原系应南洋需要而购，李鸿章却将其留下，而把已在北洋使用数年，船底铁板已经锈蚀，机器零件也有松损的"龙""虎""霆""电"送往上海修理洗刮，然后划给南洋使用。"龙骧"等四艇由沈有恒、许寿山、陈锦荣、何心川管带，放洋南下，从此划入南洋

"龙骧"号，清政府订购的第一批两艘炮艇之一。当时，金登干按照希腊字母，将其暂时命名为ALPHA（阿尔法，上图可见舰名刷在侧舷），故也有人将这批炮艇称作"字母炮艇"。

序列。沈葆桢对此甚为不满，致信李鸿章询问："承代购之'蚊子船'，闻前次在闽交割，故令管驾在罗星塔守候。比获咨示，饬令径驶津沽，俟亲研其美善毕臻，乃付南洋。知大君子之用心，突出寻常万万也。"[118] 李鸿章11月30日复信，称尊处奏明分防江阴、吴淞，风浪少平，"龙""虎"形制尤宜；敝处四船来年拟令常往大连湾巡泊，取其船舷加高，可破巨浪，非敢择利以自卫。12月7日又致一信：拟命甚得沈葆桢喜爱的刘步蟾管带"镇北"，林泰曾管带"飞霆"，[119] 这些信沈葆桢是否读到已不可知，他和李鸿章本是同年和好友，在海防事业上相互默契和支持，后来却因经费使用和舰船划拨出现龃龉。沈葆桢因病于12月18日在江宁逝世。沈死之后，船政学堂最好的毕业生亦被北洋悉数调去。

其实早在购船之前，李鸿章就明白"守口大炮铁船，即所谓水炮台船……以小船配极重之炮，辅助岸上炮台四面伏击，阻遏中流，能自行动，最为制胜。……但笨滞不能涉海"，[120] 后来，刘步蟾向船政提调吴仲翔呈交的《西洋兵船炮台操法略论》中，指出"蚊子船利于攻人，而无能自卫，只可用于守港"。吴仲翔将该文呈报李鸿章。看到军舰实物后，李鸿章更清楚蚊子船"只能在海口及沿岸浅水处驰逐接战，似不宜于大洋。赫因其船既由英国前来，自亦可施之海战，不知其涉历重洋须半年之久，无风与风小则行，风大则止，较之各项商船兵船不畏风浪行四十余日抵华者，大有径庭。若恃为洋面制敌之具未必确有把握"。[121] 但他却继续呼风唤雨，制造舆论。他上奏折说："蚊子船防守海岸最为得力，赫德所购，尤为各国罕有之新式。"建议广东、台湾至少各购2艘，宁波、烟台海口至少各购1艘。并"请敕下各该督抚臣，先其所急，迅速照议筹办，不准藉词诿延"。又说赫德解释蚊炮能制铁甲是专指日本铁甲而言，赫德指责中国人批评蚊炮船行驶慢，是中国人驾驶水平的问题。即使不能追赶铁甲舰，也可在海面拦截。[122]

半个月后，皇帝下谕，命各督抚迅速筹办。于是一场购买炮艇的旋风便迅速席卷各地。闽浙总督何璟说，尽管福州两遭水灾，库储如洗，但闽省密迩东洋，海防吃重，所以要在无可匀拨中，极力筹措款项。山东巡抚周恒祺说，山东早已委托李鸿章购买。两广总督刘坤一先是准备自行制造，不久他调任江督，继任的张树声立即决定订购1艘。浙江也表示了购艇意向。于是李鸿章转托赫德，在英国购买了第三批3艘炮艇。其中两艇归山东，命名为"镇中""镇边"，后来归入北洋海军序列；一艇归广东，取名"海镜清"。福建的购舰计划则发生变化，资金全被李鸿章挪去购买铁甲舰了。

后来，各地官员对这种炮艇颇有批评。沈葆桢直率指出："蚊子船在内河与

"策电"（德尔塔）号炮艇

铁甲船互击，未见其必败。其炮巨，其底浅，蚊子所到之地铁甲船未必能到，此其所以恃者也。倘在外洋，铁甲船一点钟行四十余里，蚊子船一点钟行十余里。铁甲船最耐风涛，蚊子船最畏风涛，有炮巨底浅之利，即不能无炮巨底浅之害也。海与陆不同，非能战断不能守。自奉天以至广东海口，更仆难数，安得处处购蚊子船以守之？"[123] 所谈内容其实同李鸿章的观察基本一致。

"龙骧""虎威"柱间长 118 英尺 6 英寸，宽 27 英尺，吃水 7 英尺 6 英寸，"飞霆""策电"柱间长 120 英尺，宽 30 英尺，吃水 8 英尺。六"镇"长 127 英尺，宽 29 英尺，吃水 9 英尺 6 英寸。各艇长宽比在 4 ～ 4.4，快速性较差；宽度吃水比在 3 ～ 3.75，稳性好而阻力相当大。从舰体设计看，是不适宜于海上作战的。排水量小，装着前膛巨炮。由于炮身不能转动，射击时靠调整艇身来瞄准目标。"飞霆""策电"的火炮口径（12.5 英寸，317.5 毫米）甚至超过后来的"定远"主炮（12 英寸，305 毫米），为从古至今中国海军舰炮之最大者。其余各型主炮，口径也有 11 英寸。所有前膛装填，都通过蒸汽驱动的液压系统完成，虽为自动，但速度缓慢。设计这种军舰的目的，是想作为水上炮台，就是用建造 1 艘铁甲舰的费用，建造 10 艘炮艇，在己方海岸线和港口防御时与陆路炮台机动配合，击退敌人进攻。克里米亚战争的经验证明，那些巨大固定的昂贵防御工事很容易被敌船绕开。当时鱼雷还未被正式使用，水雷也只能在狭长水域中起作用，面对宽阔的

"埃普西隆"号，后来命名为"镇东"。此图还能看到桅杆上装帆后的情景。

海岸线，防守确实成了令人头疼的问题，所以伦道尔的方案得到了英国海军部的首肯。在战舰如云的不列颠，军舰分工细密，发明几百吨小艇作浮动炮台，本来不失为一种设想。19 世纪下半叶，是军火技术和工业制造迅猛发展的时期。铁甲舰和它的对手——重炮、撞角、鱼雷和水雷不断被发明出来，各种军舰动力系统所带来的航速不断提高，究竟谁代表未来的方向，一时难以看清。1879 年 8 月"镇北"等炮艇出现于朴茨茅斯港时，《泰晤士报》曾作高度评价，认为其舰载火炮的穿透力，超过目前英国海军所拥有的最可怖的武器——"无畏"舰上的大炮 15%，"中国人作此突然的冒险的一跳，已经跳到我们前面去了"。[124] 这年，英俄间因争夺土耳其矛盾加剧，英国虑其大型军舰调来远东前即与俄国开战，曾密商李鸿章，准备借购"龙骧"等四艇，说明英国对这种军舰是很重视的。英国政府先后订购了 26 艘伦道尔式炮艇。此外的订单还包括：荷兰 30 艘，阿根廷、澳洲、意大利各 4 艘，丹麦 5 艘，希腊 3 艘，挪威 8 艘，俄国 13 艘，瑞典 10 艘。国外船史研究者认为，1876 年江南制造局建造的"金瓯"号军舰，其实也是一艘伦道尔式炮艇。[125] 当时，此种军舰尚在研制阶段，它的弊病是在以后使用中逐步显露出来的。李鸿章最终也承认"若恃为洋面制敌之具，未必确有把握"。[126] 但伦道尔式炮艇在世界军舰史上仍有其特定的历史意义，当今的各种炮艇和导弹快艇便是它生命力的一种延续。问题在于，李鸿章开始相信赫德的吹嘘，把它称为"攻

"拉姆达"号在船台舾装，后来被命名为"海镜清"号。

守利器"，后来觉察了缺陷，仍向各省推荐。各省督抚对船学炮说同样一窍不通，也盲目跟着购买，结果在这场购舰热潮中，先后购买 11 艘，耗银 150 万两。及至使用，才发现与心中所想的外国军舰相差甚远。尤其是金登干所谓"铁甲舰已经过时"的论断更是言之过早。当然，回过头去细想，中国当时财政的承担能力和运作、管理近代海军舰艇的能力，都有从小到大、从简到繁的过程，选择蚊子船起步，恐怕是一段躲不过的经历，从而使官方、军方逐渐理解和掌握当时先进的西式军舰，也使官员们在海防建设的实践中逐渐认识到，中国海军真正需要的，仍然是能与外国坚船利炮进行对决的大型军舰，而蚊炮船显然过于单薄古怪，并不能与铁甲舰角逐，这使得花费了巨款的官员们感到沮丧。这里最大的教训，是中国官员缺乏近代舰船知识和海军建设的规划目标，购舰活动尚处在探索之中。

1881 年 8 月 3 日，英国纽卡斯尔港洋溢着一片节日气氛。下午，出使英国大臣曾纪泽在这里举行中国巡洋舰"超勇""扬威"的升旗仪式。在 200 多名中国水师官兵和 30 多位英国官员、制造商及女眷们的注视下，曾纪泽把一面中国龙旗冉冉升上了军舰的桅杆。水兵们鸣放了礼炮。这是一个激动人心的时刻。

1862 年 10 月，总理衙门曾奏定的中国兵船旗为中画黄色飞龙图案的三角尖旗，龙头向上，并规定两种规格，大号直高一丈，小号直高七八尺，其斜长和底边长各从其便，以为各省兵船所用，并照会英法美俄四国公使。[127] 这是从传统皇家

19 世纪 80 年代的英国纽卡斯尔

卤簿仪仗的龙纛演化出来的一种旗帜样式，主要提供水上识别。这款旗帜，要求极为简单，没有宽度、没有图案设计和色彩的规范标准。在实施十余年后，1873 年 3 月又应赫德建议做出补充规定：大号旗帜长 1 丈 1 寸，宽 6 尺 5 寸；小号旗帜长 6 尺 9 寸 3 分，宽 4 尺，并下发了图案样式。[128] 从此龙旗更广泛地使用于大清的军舰、海关巡艇和各种商船，在中国沿海和东亚、东南亚地区航行。现在又在英国本土高高飘扬。当年各国国旗、船旗多是用色布拼缝，条块构成的图案较易制作。若有纹饰，只能绘制或绣制。1874 年，赫德曾命金登干在伦敦询问，获知印染只适应较小规格，且制版费不亚于绘制的旗帜。制旗商还觉得三角形旗很别扭，需要很有经验的人来缝制（见书前彩图）。[129] 三角龙旗还被中国驻外使馆及海外侨民悬挂，将其视作国旗。

订购“超勇”“扬威”的主意也是赫德提出的。早在两年前的夏天，金登干就告诉他，时下海军界的意见和火炮技术的发展对铁甲舰越来越不利。阿姆斯特朗公司已设计出新式的非装甲巡洋舰。金登干说，这种巡洋舰将被证明比现存的各种巡洋舰优越。如被中国政府选用，“您将再一次在海军科学方面居于领先地位”。[130] 这番话，对于赫德显然起了很大的鼓励作用。他从此到处鼓吹铁甲舰靡费无用，劝阻中国不要购买。到了年底，当四“镇”驶抵大沽时，赫德专程前往天津接船。他向李鸿章推荐了阿姆斯特朗公司新制巡洋舰的图样，介绍这种军舰“可保追赶碰坏极好之铁甲船”，所以当时又译称“快碰船”。造价 65 万两。李鸿章经向驻天津的法国海军军官咨询后，通过赫德电饬金登干购办。实际上，这是乔治·伦道尔的一个设计想法而非成熟产品，特点是将轮机和弹药库安设在水线之下，舱顶敷设从舰艏到舰艉通长的水密甲板，在水密甲板和水线上主甲板之间，划分若干水密隔舱，放置煤或其他储备品，作战时能够阻滞敌方炮弹穿透水密甲板，同时这些隔舱也能保证军舰浮力。船体采用钢制外壳而不用铁甲，能使军舰更轻，获得更高航速，用于追逐铁甲舰，并采用特殊设计的船艏结构，使军舰兼具撞击的作战能力，并通过增加一个"假舰艏"，使撞角不突出艏柱，以免造成过大的兴波阻力。这是后来颇为流行的防护巡洋舰的雏形，中国成了这种思路的先锋用户。军舰排水量 1350 吨，指示马力 2400 匹。采用平甲板船型，干舷很低。首尾主炮口径为 10 英寸，依然延续小舰体上配置大炮的思路。主炮放置在炮廓内（当时尚没有旋转炮塔），可以通过蒸汽绞盘带动炮盘上的链条实现转动，比较蚊炮船的固定炮位已有明显进步。有 3 个射击口，朝前（后）端的射击范围为 44 度，左右两侧的射击范围为 70 度，炮廓开口处装有向上翻折盖板，盖紧时能与炮廓上下边沿密封，防止恶劣海况下炮廓进水。在上层建筑的四个拐角上，各有 1 门 4.7 英寸火炮。在射击时也要打开平时屏蔽着的设计孔。李鸿章将其特点归纳为三条：船小、炮大、行速。"船小则价不甚昂，炮大则能御铁甲，行速则易于进退"。[131] 然而经过使用，发现军舰前后主炮过大，遇风颠簸，难于取准。初次巡海，尚能达 15 ~ 16 节，久则滞涩，仅驶 12 ~ 13 节，而撞击铁甲舰的说法更是不切实际的。章斯敦干脆说这两条巡洋舰是骗人的东西，中国政府常常受人欺骗，他

丁汝昌在英国接舰时

邓世昌在英国接舰时

们将会感到非常失望。[132]

原先中国订制英国军舰，都雇请英国官兵升英国旗驾驶来华交接。这次派出丁汝昌、林泰曾、邓世昌及英籍总教习葛雷森、教习章斯敦率领200多名官兵前往英国接船，是一个空前壮举。丁汝昌1880年底偕葛雷森先期出国，照料造舰有关事项并在欧洲考察。邓世昌、章斯敦等则率领官兵在吴淞操练，至次年乘招商局“海琛”轮出洋。英国之行，使年轻的中国海军军人大开眼界。在此之前，丁汝昌从未到过欧洲；邓世昌由于学业卓著，较早带船，失去了留学深造的机会。此行使他们弥补了对西方国家的感性了解，对于欧洲海军，有了近距离的观察机会。在英期间，正逢火车之父乔治·史蒂芬孙诞辰百年纪念，纽卡斯尔是他的故乡。丁汝昌、林泰曾应邀出席纪念晚宴，林泰曾用英语即席致辞道：“丁军门是第一位来到英国的中国水师提督——他来到此地的目的，是驾驶一艘在纽卡斯尔建

“扬威”号的后主炮炮廊

“扬威”号炮廊向上翻折盖板

造的军舰回航中华；我们希望不久后我国就能有更多的军舰巡航在中国海上，并且在下一个史蒂芬孙百年诞辰之前，我们的舰队就能与贵国的舰队一同驰骋大洋，这将极大地促进中国与世界各国的友好交流和商贸往来。”8 月 6 日，纽卡斯尔市议会决定在丁汝昌率军舰离开之前，在议会大厅向他致送祝辞。丁汝昌致答词表示：“超勇”“扬威”将成为最先从英国挂上龙旗回航远东的军舰。它们的使命将是和平的，它们的任务将是保护中国的海岸，其他于之前回航的军舰任务也是如此。就我所确信，天朝的准则正如你们志愿兵运动的座右铭：“防御，而不是挑战。”[133] 这些都是中国军人 140 年前在英伦进行的公共外交活动。

8 月 17 日，“超勇”“扬威”启程回国，这更是中国人驾驶中国军舰，悬挂着龙旗，首次航行北大西洋—地中海—苏伊士运河—印度洋—西太平洋航线，途经各国均鸣礼炮致贺，始知中国也有海军，大大扩大了中国的国际影响。

“超”“扬”回国途中经历了惊险曲折。先是在地中海两舰失散，“扬威”因缺煤而在海上漂流了两昼夜，“超勇”得讯后前去寻找接济。在过苏伊士运河时，“超勇”的螺旋浆又触礁碰坏，经修理才继续航行。至 10 月 15 日，两舰顺利抵达香港，历时 61 天。因接船有功，朝廷赏林泰曾果勇巴图鲁勇号，以参将补用；邓世昌赏戴花翎，以都司补用。

1883 年，左宗棠委托德国泰来洋行经理福克，在德国基尔的霍华德船厂（亦

“扬威”号下水

“扬威”号在船台上

译后挖得船厂）为南洋订购了巡洋舰“南琛”“南瑞”号。这两舰血缘比较奇特，由福建船政提供“开济”级图纸，而“开济”，又是委托法国地中海船厂仿照法舰“杜居士路因”缩小设计的。两舰排水量2200吨，马力2400匹，时速14.5节。装备8英寸口径炮4门，4.7英寸口径炮4门。舰体外观与“开济”相似，三桅，双烟囱，舰艏有前倾式冲角。[134]南北洋购舰各行其是，“南琛”“南瑞”号与在什切青订制的铁甲舰、巡洋舰完全没有关系。

赫德积极向清政府建议购买军舰是有其用意的。如果说在1874年他还囿于“李—阿舰队事件”的余悸而小心翼翼，尽量不露痕迹的话，到了1879年，他从英国休假返回中国后就直言不讳了。他在提议李鸿章购买“超”“扬”两舰的同时，积极活动谋求插足中国海军。他向总理衙门建议说，南北洋只需各购2艘巡洋舰、8艘蚊炮船便可成军，反对购买铁甲舰。又说聘用的外国教习没有实权，必须派

福建船政生产的“寰泰”舰，与“开济”为同一型号

使用法国设计的“开济”级图纸在德国霍华德船厂生产的“南琛”舰

他担任总海防司。他在给金登干的信中详细地介绍了自己的计划：

> 可能组成两支舰队，每队由一位中国高级官员协同一位海防司（正如一位海关税务司协同一位道台那样）领导。这两位海防司就是那两艘海防舰的舰长。他们在海防司所管辖的一个新衙门当差。这个大概将要设置的新衙门称作海防总署。我的官衔简称为总海防司。我的上司是总理衙门和负责海岸防务的总督（两位）。这项计划现已上奏皇上和交军机处审议，非常可能获得批准。[135]

在所拟的总海防司章程中，他更规定用人、支饷、造械诸事，皆由他一人主持，南北洋大臣不得侵越。显然想把总海防司变为第二个海关。此时俄侵伊犁、日并琉球，南北洋海防却进展缓慢，总理衙门急不择路，准备同意赫德的建议。李鸿章办理海防多年，成效未显，也想借助洋人的力量。他研究了赫德章程后写信对恭亲王说，这个文件"诚如尊论，不免揽权，而欲令办事，似不能不稍假以权也。惟既设海防大臣，又添派督办监司大员，亦不可全置不问，太阿倒持。谨就鄙见所及，于稍可迁就处概不置议，以免掣肘；于必须参酌申明之处，粘签呈核。应否酌量增改，再行具奏"。[136]沈葆桢则对赫德能否为我所用表示怀疑。他说：赫德所反复叮咛、再三致意者，在一权字。总署所十分慎重、难于立断者，亦在一权字。天下无权固不能办事，但真给赫德大权则实误我之事。他还以赫德以前推荐购买蚊子船、快碰船的例子，质疑赫德的海军常识。[137]

这时，李鸿章的幕僚薛福成写了《论赫德不宜总司海防书》，剀陈理由，坚决反对任用赫德。薛福成，字叔耘，号庸盦，江苏无锡人。早年充曾国藩幕僚，后又随李鸿章办外交，是个有思想、通时务的人物。他指出，赫德虽长于理财，但"为人阴鸷而专利，怙势而自尊，虽食厚禄，受高职，其意仍内西人而外中国。彼既总司江海各关税务，利柄在其掌握，已有尾大不掉之势，若复授为总海防司，则中国兵权、饷权皆入赫德一人之手。且以南北洋大臣之尊，尚且划分界域，而赫德独综其全；南北洋所派监司大员仅获列衔会办，而赫德独筦其政；彼将朝建一议、暮陈一策以眩总理衙门，既藉总理衙门之权牵制南北洋，复藉南北洋海防之权牵制总理衙门，南北洋不能难也，总理衙门不敢违也。数年之后，恐赫德不复如今日之可驭也"。

薛福成还向李鸿章献计，如果总理衙门与赫德已有定议，不能中止，则可告诉赫德，总海防司必须亲赴海滨专司练兵，他的总税务司一职则应由别人担任。他断定赫德贪恋利权，决不肯舍此就彼，这样其议也就不罢而罢了。[138]

薛福成

李鸿章接到这一建议后，踌躇数日。赫德的用心是不言而喻的，自己也实在不愿赫德分去权柄。最后，撮举要言，函告总理衙门。赫德的总海防司之梦，终于落空。赫德以了解西方坚船利炮行情炫耀于清政府，把向国外订购船炮看成是自己的禁脔。丁日昌曾委托留学生监督李凤苞出洋时探询阿姆斯特朗公司蚊炮船价格，赫德获悉后大为不满，指责中国有人猜忌他。他指示金登干，订购炮艇不要让郭嵩焘或李凤苞插手。金登干也公然以未接到赫德的通知为由，拒绝中国驻德公使李凤苞和参赞徐建寅去纽卡斯尔察看“超勇”“扬威”等舰的情况。李凤苞告诉天津军械局的刘含芳，赫德与英国厂商约定，未购时不准乱问价，已购后不准他人查询。而中国官员和上海商人则是常来询价索图，回去后又是杳无声息，弄得大厂概置不理，小厂浮开图骗。同时，中国人一人购定，就有十人查探，总因大吏没有真心信托之人。刘含芳回复说，已购不准查询，不能一概而言。从前中国无人在洋，凡事皆经洋商，诚难全信。[139]

事实上，李凤苞是高级外交官中最醉心于技术的，取消总海防司之议后，李鸿章不再托赫德购舰。同时，阿姆期特朗公司也派退役少校布里奇福德到中国，作为该公司的代理。这样，反倒促使中国官员摆脱金登干的干预，直接探索与外国厂商订购军舰的途径。这些年份，正是世界海军急剧发展的时刻，炮艇、鱼雷艇、巡洋舰、装甲巡洋舰、铁甲舰等舰种都随着科技和制造业的发展而走向成熟。通过数年努力，中国最早一批熟悉军舰知识的外交人员开始成熟起来。

订购铁甲舰是洋务活动家议论已久的话题。

1875年，朝廷在任命沈葆桢、李鸿章办理南北洋海防的上谕中，批准购置一两艘铁甲舰。于是购舰之议在沈、李及丁日昌等人的书牍奏章中屡被提及。标榜“海防”“自强”的洋务派，在购买铁甲舰的过程中，进行了一场错综复杂的派系斗争。沈葆桢、丁日昌主张迅速购船。由于南洋依靠福建、江南两局所造的十几艘军舰，已初具舰队规模，再添上铁甲舰，实力必将大增。北洋根底薄弱，即使购得一艘铁甲舰，也依然不能成军，反倒可能并入南洋。因此，李鸿章竭力阻挠购买铁甲舰的计划。他一面以无款、无驾驶、无坞修理、无港停泊乃至国外亦将停造铁甲舰等理由搪塞沈葆桢等人，并以“南北洋面万余里，一旦有警，仅得一二船，恐不足以往来扼剿。或有失利，该船不能进口，必先为敌人所攫，转贻笑于天下”，[140]讽喻南洋购船不可行；一面又不断根据赫德的推荐，大购蚊炮船和快碰船。至于他自己，则从未忘记购办铁甲舰对加强北洋海军实力的重要性，一直委托李凤苞在国外为他打听行情。

早在1877年2月初，李鸿章从赫德来信中便得知土耳其在英国订造了两艘铁甲舰，现欲转卖出手，每艘出价合银80万两。从此这两艘军舰成了李鸿章手中的筹码，根据他的需要，在他手中随心所欲地翻动。土耳其铁甲舰一名“柏尔来”号，一名“奥利恩”号，皆属较老式的“船腰炮房”式铁甲舰，排水量4830吨，马力3900匹，航速13节，装有4门8英寸口径大炮。李凤苞、日意格、金登干先后同土耳其领事接洽转购事宜。李凤苞认为，该舰式样陈旧，火炮较小，且无蒸汽自助装填弹药的功能，土耳其目前仍在英国订购军舰，显然不是缺钱才不要这两艘舰。李鸿章并不急于购舰，就将此事搁置下来。当时英俄关系紧张，英国海军恐俄国从土耳其转购，便将两舰购下。以后，沈葆桢向李鸿章提出，土舰既不合用，可以另订新式，但李鸿章依然虚与委蛇，引而不发。

1879年秋，北洋筹得百余万两银子，拟单独购买一艘铁甲舰。为了在南北洋间保持均势，恭亲王想稍稍抑制北洋而扶持一下南洋。他上奏称南洋所缉洋面较北洋尤宽，经费却所拨无多，当“稍为裒益”，并以北洋铁甲舰专顾一口质疑李鸿章。[141]李鸿章更是老谋深算，他立即取消已经准备的购买铁甲舰计划，改购“超勇”“扬威”两舰。这是李鸿章有钱不愿让南洋分沾，宁愿购买不甚先进军舰的明显事例。以致沈葆桢极为失望，对丁日昌大发牢骚：“铁甲船事，弟进言于伯相者，不可以次数计，亦自厌其烦数，无如其不可以已也。”[142]

这年年底，沈葆桢去世。临终前他口授遗疏说：“臣所每饭不忘者，在购买铁甲船一事，至今无及矣。而恳恳之愚，总以为铁甲船不可不办，倭人万不可轻视。”“伏望皇太后圣断施行，早日定计，事机呼吸，迟则噬脐。”[143]生前没能看到飘扬着龙旗的铁甲舰，是沈葆桢的遗憾。此后，俄国因伊犁问题，向中国调派舰队，李鸿章购买铁甲舰的行动紧锣密鼓地开始了。李凤苞报告说，英国愿意转售土耳其铁甲舰，两舰价格涨到543380镑，合银计200万两。李鸿章仍颇为冲动，选称若机会一失，中国永无购铁甲之日，即永无自强之日，殊属可惜。在他力争下，朝廷同意购买。于是李鸿章指令李凤苞同英国海军部谈判。1880年5月13日，李凤苞报告说："英海部易人，旧执政所允二铁甲均作罢论。"理由是"当此中俄交涉吃紧之时，新闻报纸议论纷纷。英国家碍于公法，不能再践前言"。请示是否另行订造。李鸿章立即回电："如所议无成，即查照新式，在英厂订造铁甲二只。"曾纪泽反对购买铁甲舰，担心此举会影响中俄伊犁交涉。李鸿章嘱咐李凤苞"坚持定见，毅然任之"。[144] 经过李凤苞、徐建寅在欧洲反复考察，于同年12月2日，选择德国伏耳铿船厂拟定第一艘铁甲舰"定远"号合同，并于次年1月8日在柏林正式签约。这项订货，赫德直至1月下旬才知晓。接着，英商和法商积极活动，谋求获得第二艘的订单。但因索价太巨，李凤苞于次年夏天依然选择伏厂，订制了第二艘铁甲舰"镇远"号。李鸿章本来计划购买4艘铁甲舰，但后二舰因经费原因终没能购买。

李凤苞，字海客，号丹崖，1834年生于江苏崇明（今属上海市崇明区）。自幼聪颖，遍览群书，兴趣广泛，对自然科学广有涉猎。同治初年在编制江苏舆图时，为丁日昌赏识，旋介绍给曾国藩，调至江南制造局。在工作中学习了英语，参与译书馆许多西方科技军事著作的翻译。他靠捐资得候选道。1875年，他与李鸿章在天津初次相见，以渊博的学识给李鸿章留下深刻的印象。两年后，出任海军留学生监督，1878年被任命为署理出使德国大臣，次年实授。

徐建寅，字仲虎，江苏无锡人，1845年生。他是著名科学家徐寿之子，早年也在江南制造译书馆，同华蘅芳、李凤苞等人翻译西书，后调往天津机器局、山东机器局任职，1879年10月被任命为驻德国使馆二等参赞。出国前，李鸿章特地

驻德公使李凤苞

驻德使馆参赞徐建寅

嘱咐他在英、德留心铁甲舰的各种情况。

李鸿章对西方铁甲舰的了解十分有限，他提出的要求，仅是式新价廉、吃水在 20 英尺以内，以适应中国港口水深等几条最简单的原则。李凤苞、徐建寅以前翻译过《行海要求》《克虏伯炮说》《造船全书》和英国《海军章程》，是当时中国知识分子中了解西方的佼佼者，对于近代科学技术和海军、造船理论均有一定的基础。官方身份和出使欧洲的有利地位，都能使他们绕开赫德的束缚，独立地按照本国要求，在国际市场上选购先进军事装备。"定""镇"两舰的设计，就是他们在英、法、德国考察了几十条铁甲舰，同英、德等国海军部反复研究后，综合英舰"英弗来息白"号和德舰"萨克森"号的长处而成。徐建寅曾说："现在中国拟造之船，集两者之长，去两者之弊……如此经营，似可列于当今遍地球第一等之铁甲舰。"[145] 李凤苞则对葛雷森说，这是他本人几天几夜苦思冥想的结果。

"英弗来息白"号是英国人巴纳贝设计、1876 年下水的铁甲舰，排水量 11800 吨，装有 4 门口径 16 英寸（406 毫米）的前膛巨炮，据称是英国式最新、甲最厚、炮最大的"铁甲堡"式战舰。它与当时通行的"水线带"式铁甲舰敷甲部位不同，舍去水线装甲，将主机舱外长 110 英尺，宽 75 英尺的一圈用装甲防护起来，水线下装甲厚 16 英寸，水线上装甲厚 20 ~ 24 英寸。在铁甲堡之外的艏、艉部安设装甲甲板，前后延伸 30 ~ 40 英尺，并向下倾斜，有力地支撑住船艏冲角。

中国驻德国公使馆，柏林，兰德维尔运河上的蒂尔加滕别墅

火炮采用旋转炮塔，这在当时也是一个进步。且对角布局，可以使前后主炮同时射击，火力极猛。[146] 这种军舰的特点，是减少了包裹舰身的装甲重量，使舰体更为轻捷，相应也降低了造价。但旋转炮塔的装甲厚达 16 英寸，成本过高，旋机繁重，弹着旋缝，炮即碍射，[147] 加上空气不畅，药气密切，炮管升降受炮塔口限制，所以仍有不少未善之处。

“萨克森”号竣工于 1874 年，是德国当时最大最新的铁甲堡式铁甲舰，排水量 7400 吨，马力 5600 匹，航速 14 节。主炮采用“露台旋炮”式，炮台外用装甲环绕，本身不动，塔内之炮却能自动旋转。没有炮罩，较为灵便，又能避免旋转炮塔转动机构容易被敌击毁的弊病。缺点是炮多而不大（前台 2 炮，后台 4 炮，口径均 260 毫米），特别是后台，“倘一弹入台，则四炮之人皆将受伤”[148]，对于实战颇为不利。

“定”“镇”的主要技术参数为：舰长 91 米，宽 18.3 米，吃水 6.05 米，排水

英国“英弗来息白”号铁甲舰

德国“萨克森”号铁甲舰

量 7335 吨，航速 14.5 节。[149] 在设计中，集中了“英”“萨”两舰的优点。如舰体主要仿照“萨”舰，炮台对角布局，则是吸收了“英”舰的特点，射击扇面较大，正向射击火力极猛。且从船舯移至前面，留出位置布置了两艘舰载鱼雷艇。装甲防护，采用“铁甲堡”式。船中腰用复合装甲环绕为堡，堡长 43.5 米。水线下甲厚 12 英寸，水线上甲厚 14 英寸。机器舱、弹药舱均在堡内。火力配置上，两个炮台各有双联装 305 毫米口径巨炮。艏艉各置 150 毫米口径炮 1 门。此外还有 3 英寸口径炮 4 门，5 管机关炮 10 门；船头左右及船尾共设鱼雷管 3 具。另带小鱼雷艇 2 艘，小轮船 1 艘。军舰动力装置，采用 2 台复合平卧式蒸汽机，实马力 6000 匹。可携煤 400 吨，粮食 24 吨。舱内还设淡水柜 20 具，装淡水 18 吨，其制淡水机器每日可供 300 人食用。舰体内部结构，设双层船底和水密隔舱，军舰偶有触损，水也不能通灌。由于两船订制相隔一年，市场上钢价陡涨，价格有所上升。而装甲、装备却有细微不同：“定远”装甲全为钢面铁甲，舰上设有发电机 3 座；“镇远”水线下参用熟铁甲，发电机只设 2 座。[150] 李鸿章认为，两舰在德国订购，监工可在一处兼办，李凤苞可就近稽查，且一切细节无须重复驳论，故“所省实多”。

总的说来，“定”“镇”两舰在当时堪称相当先进的军舰。虽说它们的装甲、吨位、航速、火炮口径尚不能属世界之最，但在远东却是无与匹敌。众所周知，英国是传统海军国家，德国则是刚崛起的资本主义新秀。李凤苞等最后选择在德国购舰，经济上的考虑是重要原因之一。清政府为购买这两艘军舰，付出近 340 万两白银（约合 80 余万英镑）。倘若订购更为先进的英国军舰，财政负担就更沉重。[151]

“定远”号纪念舰

两舰订购后，英国拒绝向德国出口复合装甲，于是德国自行制造。克服了各种困难后，1881 年 12 月 8 日，“定远”号在柏林东北的小城司旦丁下水。李凤苞在下水仪式上发表了热情洋溢的演讲：

> 中国人民内心深处对和平文明生活的向往，在你的设计中得到了新的印证，也对你的能力进行了限制，你不应将战火带到远方，摧毁敌人的海岸，而只应在本国沿海用你的钢铁之躯，保卫大清帝国的权力，使得独立文明的邦国相互承认。
>
> 愿你永远被忠勇之人驾驶，其尽忠职守之心与你的钢铁身躯一样坚定。[152]

清廷派首批留欧学习海军的魏瀚、陈兆翱、郑清濂前往监造，并派管轮学生陈麟清带领匠首黄戴、陈和庆等十人到德随同实习。徐建寅回国后反映，“此辈虽谙西学，习气颇深，实未能事事考校”。李鸿章为此致函李凤苞说，徐氏“与陈季同、魏瀚等固未浃洽，而所论恐非无因。鄙人于铁舰一事独力提倡，筹款极艰，将来若造不如法，议者必将蜂起，此私衷所尤兢兢者，乞执事随时督同各监工等，认真考校，勿任嬉游敷衍，蒙蔽草率，免贻后悔，是为至要！该学生等虽相从多年，切不可信之太深，不加督责也”。[153]

此后，李鸿章又从国内派遣刘步蟾前往德国，准备学习接带“定远”。李凤苞曾在信中向李鸿章称赞刘步蟾，但又转述日意格的看法，认为刘“明敏而轻躁，恐易偾事”。李鸿章表示，刘步蟾“隶北洋数年，屡经严切教诫，近稍谨饬”。“该生轻躁诚所不免，晤时望加训迪”。[154]

1883 年，赫德又先后向李鸿章递呈英国阿姆斯特朗公司快碰船和加大快碰船图说。李鸿章将图说转寄李凤苞。李凤苞经与德国海军部讨论，认定赫德之船的前者“一遇风浪则炮难取准，偶受小炮即船已洞穿，徒欲击敌而不能防敌击，终不足恃”；后者价格过于昂贵。决定在德国订购一艘新近流行的甲板防护巡洋舰，这艘军舰排水量 2300 吨，马力 2800 匹，航速 15 节。火力系统包括 1 座双联装 210 毫米口径前主炮，1 座 150 毫米口径后主炮，4 具鱼雷发射管。载煤 270 吨，以每天用煤 30 吨计算，可供 9 天连续航行。[155] 该舰后来命名为“济远”。

五、海防经费的收支

从1876年8月起，在世界的另一端，恩格斯开始撰写他的名著《反杜林论》。他在书中写道："现代的军舰不仅是现代大工业的产物，而且也是现代大工业的缩影。是一个浮在水上的工厂——浪费大量金钱的工厂。没有什么东西比陆军和海军更依赖于经济前提，要获得火药和火器，就要有工业和金钱。总之，暴力的胜利是以武器的生产为基础的。而武器的生产又是以整个生产为基础。因而是以经济力量，以经济情况，以暴力所拥有的物质资料为基础的。"[156]

国防力量的对比，归根结底，是生产力水平的对比，是经济实力的对比。工业落后的国家，可以依靠进口，把本国军队装备维持到一个较高水平，军火生意从来就是赚钱的大买卖。然而金钱财富的积累，却同经济结构、生产规模、资源状况、财政收入来源直接关联。这就注定了国防发展必须受到经济发展的制约。

朝廷决定采用南北洋建设海防的方案后，碰到的首要问题便是经费。清朝后期，朝廷常例的财源，主要包括地丁、杂赋、租息、粮折、耗羡、盐课、常税、漕折、漕项等方面，以及新增的厘金、洋税、新关税、按粮津贴、续完、捐输、完缴、节扣，综计岁入近8000万两。常例开支，包括陵寝、交进银两、仪宪、俸食、科场、饷干、驿站、廪膳、赏恤、修缮、河工、采用、织造、公廉、杂支。新增项目有营勇饷需、关局经费、洋款还借、息款，以补支、预支、批解排比核列，年支7000余万两。镇压太平天国和捻军，朝廷耗资巨万，西北边陲用兵，也是用费浩瀚。历年积蓄，几乎罗致一空。所以当李鸿章受命督办北洋海防事宜后，感到最棘手的便是经费。他上奏说："凡事非财不行，而北洋三省财力最窘，无别可筹之款……适当兹经费支绌之地，旁皇无措，展布何从？"又给总理衙门写信，表示北洋欲创设海军，非千万两预算不能集事。"从何开办，惟有静候卓裁明示"。[157]

不久，总理衙门和户部奏请由洋税和厘金项下拨解南北洋海防经费。所谓洋税，即海关税，向分六成和四成。60%用于户部所指定的各项常年开支，40%上缴户部，转入中央财政封存，以备不时之需。然而事实上，四成洋税这些年或提拨陕、黔、淮等军月饷，或留充机器局经费，有些并非紧要用款也在其中随便挪用。所谓厘金，是从生产运销日用必需品中抽收1%税款，称作"抽厘"，本是镇压太平天国时的临时筹款手段，后来也成了一项正税。厘金又分盐斤、百货、洋药三项，其中仅货厘每年即进款一千数百万两，实为大宗财源。

恭亲王具体计划，除津海关、东海关应提四成洋税及江海关四成洋款内扣除两成，拨充机器局经费依然不变外，镇江、九江、江汉三关应提四成洋税仍解户部存储；粤海、潮州、闽海、浙海、山海五关并台湾沪尾、打狗两口应提四成暨江海关四成内二内洋税，总计约二百数十万两，全部分解南北洋海防大臣李鸿章、沈葆桢兑收应用。江苏、浙江厘金项下，每年各提银40万两，江西、福建、湖北、广东厘金项下，每年各提银30万两，总计200万两，亦拨南北洋海防大臣使用。两项合计，海防经费每年共达400余万两，[158]实在是笔不小的款项，可见朝廷巩固海防的决心。

方案甫定，李鸿章即函沈葆桢，要求将拨款先解北洋。沈葆桢以北洋海防基础薄弱，应当尽力创办。他接任两江总督后，也向李鸿章表示："总署所筹巨款，本有分解南北洋之说。窃思此举为创立外海水师而起，分之则为数愈少，必两无所成，不如肇基于北洋，将来得有续款，固不难于推广。"[159]咨明各省关将款尽解北洋。然而不久李鸿章向沈葆桢抱怨："户部所拨海防额款，本为搪塞之计。各关四成，惟粤海、浙海可稍拨，而为数无几，其余各有紧饷。各省厘金，惟江西、浙江可稍匀拨，亦断不能如数，其余皆无指望。统计每年实解不过数十万。"[160]接着，总理衙门和户部又议奏，从光绪二年七月第二个财政年度起，将关税中本解南北洋之款，以一半批解海防大臣，一半委解户部，陆续归还部拨西征饷银200万两。[161]这样，每年拨款减去100万两。光绪元年七月至三年六月两个财政年度里，各省关应解海防军费为700万两，而实际仅解200万两，不到名义拨款的三分之一。[162]这一状况，除了说明各地财政拮据外，也反映出朝廷指令失范，不能化作各地的具体行动。这是晚清地方势力兴起，外重内轻局面形成后的一个重要特点；文件的构想在实施中变形走样，更是历代政治生活的基本规律。

1877年初，在讨论加强台湾海防建设时，福建巡抚丁日昌提出了修铁路、办矿务的主张，得到总理衙门的赞同。所需经费，恭亲王决定从南北洋海防经费内拨取。具体做法是，从光绪二年七月起，关税仍以一半批解部库，抵还西饷，剩下一半中的一半，解交李鸿章，另一半，批解丁日昌兑收。所收厘金亦一分为二，李、丁各得其半[163]。从总数上讲，北洋和台防各得150万两经费。

夏初，丁日昌忽然提出，听说春夏之际日本在英国订购了两艘铁甲舰（按此说不确），显然针对中国。"人皆退而结网，我独临渊羡鱼。合全局而统计熟筹，臣又有不能不皇然改图、翻然决议者"。他说，铁路仅可专顾台湾，铁甲船则可兼顾沿海七省。所以铁甲船之应办又先于铁路。请将议拨台湾铁路经费改购中等铁甲船三艘，无事在澎湖操练，有事驻往南北洋听调，以期练成水师一二军。还说可以少购一二艘铁甲船，以其经费购买十艘蚊炮船，布置全台海口。[164]这种主张，显然已超出他原先提出的"三洋海军"构想，企图以台澎为基础，自行建立一支舰队。朝廷命丁日昌详细咨商南北洋大臣,会同派员,分别订购。总理衙门还规定由丁日昌具体经理,以一事权而收实效。

丁、李本是观点相近的密友。但在不同岗位,并有各自的利益和需求。丁日昌的主张,击中了李鸿章拖延购办铁甲舰方针的要害,自然使李鸿章大为不满。而在丁日昌看来,台湾购舰需详细咨商南北洋大臣,协调意见,以他的地位和影响力,也是难以做到。不久,丁日昌本人病倒,回广东老家就医,由布政使葆亨、周恒祺先后代署。他们自知无力与李鸿章分庭抗礼,表示购置铁甲舰仍归南北洋大臣督办。闽浙总督何璟更主动将已解福建的经费交还李鸿章。一场风波,遂告平息。

与此同时,因江苏筹办新式炮台、购备新式洋炮经费不敷,沈葆桢请求截留江海关解部二成洋税一年,部准六个月。随着南洋海防事业的进一步发展,各项开支日益增加,原先积存的款项,迅速告罄,加之海防经费常被挪垫抽分,李鸿章又迟迟不购铁甲舰,也使沈葆桢十分不悦。1878 年 3 月,他上奏请将海防经费仍按南北洋分解。根据李鸿章的说法,南北洋分款的确切时间,系从光绪三年七月第三个财政年度开始。[165]

南北洋分解后,经费依然不敷。广东、江苏、福建厘金奉拨以来,就分文未解。浙海关洋税自另立招商局名目后,亦未解分毫。浙江、江西、湖北厘金及各海关洋税实解北洋者,每年平均不过 30 余万两,比原定 200 万两之数不及十分之二。因此, 1880 年 4 月,李鸿章请求自本年起停止提还西征饷银,仍照原议,分协南北洋经费; 各省厘金与其拨多解少,不如实拨实解。江西、湖北各原拨 30 万两,浙江原拨 40 万两,请按八成起解,不得再有短少。江苏、广东、福建厘金现皆不报解,请改拨他省有着的款。总理衙门研究后表示,同意停止提还西饷和将厘金改按八成指标报解。至于改拨他省款项,则毋庸议,应请旨催促。以后再有拖欠,查照迟误京饷定例议处。[166] 此后各省厘金便按八成指标起解。而广东、福建厘金 60 万两正式停止拨付。南北洋海防经费总额,从此改为 300 万两。[167] 但人们仍然习惯统称 400 万两海防经费。

从 1875 年到 1880 年, 6 年间,北洋共计收入海防经费 4 826 618 两,平均每年 80 万两。1881 年、1882 年略有起色,共收 2 273 263 两,平均每年 114 万两。1883 年、1884 年锐减,平均仅得 65.6 万两,李鸿章只得提用淮军协拨和长芦运库银 116 万两弥缝额缺。1885 年厘金、洋税共收 73.3 万两,李鸿章又动用直隶海防捐输 112.8 万两维持开支。[168] 每每陷入捉襟见肘、焦头烂额的境地。

关于南洋海防经费的收入情况，目前所知甚少。光绪初年，刘坤一主粤，便以广东库款支绌，奏准免去协拨南北洋海防的厘金。当他1880年出任南洋大臣时，福建、浙江应解南洋的厘金也都获准留闽应用，江西厘金抵作新饷，湖北省分毫未解（后划解北洋），南洋经费仅靠关税。在南北洋分解经费后的三个财政年度里，仅仅收到各省关经费40余万两，不及原拨的十分之一。[169]1884年曾国荃担任南洋大臣时，依然感叹"南洋防费除各省奏明截留停解划拨外，其余报解寥寥，已成坐困之势。而南洋应用款项，层见迭出，应接不暇"。[170]南洋各省皆各自筹款，自谋发展。这一时期南洋海防经费，主要用于江苏沿海的炮台建设上。

由于南洋海防经费开支的史料十分匮乏，本书对海防经费支出的研究，集中在北洋海防经费这一线索上。

北洋海防初兴之时，大宗经费主要用于购买船炮军火。李鸿章使用165万两银子，向英国购买了"龙骧"等八艘炮艇和"超勇""扬威"号巡洋舰。以后虽不直接再用海防经费购买作战舰只，但仍陆续添置了一批运输船、练习舰和工程船。此外，还大量购入枪炮、鱼雷、弹药和制造军火的机器。由于进口军火缺乏统一规划，造成引进枪炮型号、口径的混乱。据1886年统计，当时北洋各军营炮台（不含军舰）使用的火炮，竟达84种之多。[171]这给国内兵工厂弹药生产带来极大的不便，从而进一步造成对进口的依赖。按历年海防报销折粗率统计，1875～1884年，用于购买舰艇及辅助设施的开支达212万两，1885～1888年用于同类的开支仅28万两。前十年平均每年开支21万两，后四年平均每年7万两，减少了三分之二，以后便不见记载。1875～1884年用于购买枪炮弹药军火共支银231万两，1885～1894年同类开支达300余万两。后十年比前十年平均每年增加开支30%。总计20年中，购买船炮军火的总开支达800万两。

1880年起，北洋先后在大沽、旅顺建造船坞及附属工厂；又在旅顺、威海修筑了当时中国两大最新式军港，四周遍布炮台，形成防御体系。这一系列工程的总投资在380万两以上。其中除旅顺坞、厂、码头承包给法人德威尼，共耗资139万余两，由直隶海防展捐项下拨银63.1万余两，户部及郑工捐拨款53.9万余两，购买"致远"等四舰余款6.9万两移用外，所缺部分及北洋海防其他各项基建工程，在海防经费内动支共约240余万两。

北洋海防更为巨大的开支，是薪粮公费。

薪粮公费包括三大方面：一是舰队例支薪粮公费，包括舰队官兵的薪俸、行船公费、医药费、酬应公费等。1875～1886年，这一开支达162万两，平均每年开支13.2万两。后来海军衙门规定，“定远”“镇远”“济远”“致远”“靖远”“经远”“来远”七舰及后来服役的“平远”舰的薪粮公费、燃料、维修费用，由海军衙门另行拨款，而六“镇”、“超勇”“扬威”“威远”“康济”及其鱼雷艇、运输船，仍由海防经费内拨支。1887 ~ 1894年间，共拨银275万两，平均每年34万两。（同期海军衙门对“定远”等舰拨款约390万两，平均每年48.8万两。）二是基地人员（包括水师营务处、港坞、炮台、学堂、医院）的薪俸及日常办公用费，20年中，共支约314万两，平均每年15万两。三是洋员薪俸川资。北洋海军常年聘请外国教官、顾问，给予高薪水高待遇。随着舰队训练成军，所雇洋员日益减少。海军衙门规定："致远”“靖远”“经远”“来远”四舰洋员经费，由海军衙门统一拨款（共拨约8万两）。其他洋员，一律由北洋海防经费支薪。1875 ~ 1886年，这一开支共达38万两。此后八年中，约支银75万余两。北洋海防经费中的薪粮公费总开支，约达864万两。[172] 加上海军衙门的直接拨款、人头费和行政费，总数在1200万两之上。

总理衙门和户部确定年拨海防经费400万两后，此款便成为众目睽睽的一大财源。每当朝廷财政拮据，便从其中大量腾挪抽调。1877年，山西、河南大旱，饿殍遍地，道殣相望。朝廷筹款办赈，命李鸿章筹拨海防经费20万两，三成给豫，七成给晋。李鸿章力争，指出海防经费关系军国大计，请勿分拨。朝廷虽表示同意，然而未过两月，又饬令李鸿章从海防经费项下拨银8万两运往山西，12万两解送河南。次年春，依左庶子黄体芳、编修吴观礼的请求，谕令将各省协解轮船机器各局用款，提取一半，分解晋豫办赈。查北洋海防经费报销折及其他有关奏折，仅1875 ~ 1880年6年间，就从海防经费中挪用了滇案恤款（按指马嘉理事件）20.3万两，借拨河南买米银4万两，山西河南两省赈案20万两，京师平粜不敷价银7.4万两，直隶赈抚各属运米脚价银1万两，河间等处井工4万两，惠陵工程4万两，拨解留美幼童经费28.9万两，等等，[173] 加上提还部拨西征饷银共一百几十万两，海防经费腾挪抽调的总数是不容忽视的。

1875 ~ 1884年，是北洋海军发展的前十年。北洋海防经费共支出762万两。与实际收入相比，平均每年支出仅占66%。其中1875 ~ 1878年最低，仅用去47%。中法战争后，这一比例逐渐升高，超出92%以上。这种状况与李鸿章先是积累资金，投资于重点项目，以后主力军舰购到，海军支出日益繁多和固定化的实际状况是相符合的。李鸿章主持北洋海防20年，海防经费总支出约达2140余万两。[174]

除了海防经费协拨外，李鸿章利用北洋海军拱卫京畿的有利地位，或向户部申请额外拨款（如旅顺基地建设费用），或从其他派系手中巧取豪夺，从而开辟了新的财源。这在“定远”“镇远”等军舰购买过程中表现尤为明显。

李鸿章在购买铁甲舰时与南洋明争暗斗而取胜，奥妙全在北洋本身没付购舰费用。

1879年，在李鸿章鼓动下，福建筹银130万两，决定购买4艘炮船，2艘巡洋舰，以李鸿章熟悉行情，全盘托其代办。总理衙门亦以北洋海防经费稍充，李鸿章已设法整理，南洋所辖洋面较之北洋尤宽，只有4艘炮艇不敷分布，决定从出使经费项下，拨银40万两，以助南洋（实指江苏上海地区）购买军舰。南洋拿出25万两，凑成65万两，准备购置2艘“超勇”级巡洋舰。可是不久，李鸿章又建议将筹款改购土耳其铁甲舰。他说“柏尔来”号归福建调用，福建当独任其费，可从购置蚊、快船的130万两内作抵。“奥利恩”号归南洋，应将南洋拟购巡洋舰的65万两作抵。此外尚短45万两，可明示中外统筹，或从出使经费内借拨，或酌借部库洋税若干。恭亲王同李鸿章商量，希望从北洋海防所存经费中设法匀兑，李鸿章一口回绝。不久，购买土耳其铁甲舰计划流产，李鸿章将前款改订“定远”“镇远”。

“定远”舰价140.9万两，“镇远”舰价142.48万两，加上各项杂支、回国路费，共支银339万9240两。挪用福建、南洋经费仅够购买一艘。李鸿章建议拨用淮南北盐商议捐报效银100万两；又说各省拨借轮船招商局官款，从该局运漕水脚项下分年扣还，计每年拨还35万余两。可提三届还款100万两，抵作订造铁甲之需。[175]看起来，他是为他人出谋划策，但不知不觉中，已打出“不分畛域”的旗号，最终一毛不拔，坐收渔利，将两大铁甲舰全部归入自己囊中。无怪南洋大臣刘坤一得悉李鸿章移款购置“定远”后，便知南洋无法染指，愤然致函军机大臣沈桂芬：“南北洋共此一船，即金甲、银甲亦属无济，不如专归北洋，免兼顾为难。”说完气话，他又感叹南洋经费全失，“将为无米之炊”。[176]在另外一封信中，他向友人抱怨：东南巨款，悉数收罗以掷外洋，筹防弥觉束手，为之奈何？此次道出天津，与李鸿章议论铁甲船不合。似此情状，南北洋岂能和衷？

1883年，李鸿章用购买“定”“镇”的余款24万7274两，加上从淮军第八案报销款内挪用的43万8930两，共68万204两，购买了“济远”号巡洋舰。[177]

在此之后，李鸿章1885年再次打着替福建购舰的幌子，动用户部提用神机营借怡和洋行洋款248万两，海军衙门转商户部指拨各省展限海防捐输银 75 万 1117 两，以及江、闽、浙海三关洋药税厘 26 万 6187 两，总计 349 万 7304 两，购买了“致远”“靖远”“经远”“来远”四艘巡洋舰。[178] 李鸿章还用购舰费用在银行的利息 7.8 万两，略加补贴，又从英国购得头等大鱼雷艇“左队一”号。[179]

合计以上各项购舰费用，耗银近 800 万两，皆从海防协饷之外攫取。李鸿章名义上号称代人办事，实则长袖善舞，银子滚滚而来，敛财手腕可谓高明，这是李鸿章开辟的第二财源，也是北洋海军实力迅速膨胀，超过其他地区跃居全国之首的秘密所在。

李凤苞从留学生监督转任驻德国公使后，从国内调徐建寅来做参赞。本来两人在江南制造局时就是同事，在欧洲也共同参观考察了许多项目。但不知什么缘故，徐与李凤苞，与驻英使馆的陈季同、督造“定远”的魏瀚关系不睦，在 1881 年 9 月 9 日，“借阅操事，顿掀大波，坚请销差”。[180] 次年初回到国内后，徐建寅揭发李凤苞在国外所谈合同，“明扣五厘之外，尚有暗扣一厘”，并怀疑李凤苞勾结天津军械局刘含芳共同舞弊。所谓“明扣”，是外商在谈妥合同价格后再让利百分之五，李凤苞向国内汇报过；所谓“暗扣”，自然是私下好处。李凤苞闻此十分愤怒，他反驳说：“此间每有订购，必邀参赞在座，翻译传语，信札存案。试问仲虎此言，系厂主面告耶？抑翻译转告耶？”他说自古小人构谗，必欺以其方。此可诬也，孰不可诬？请求国内彻查。[181] 李鸿章去信说，徐建寅“对执事颇有违言，均可不必深究”，[182] 表示对李凤苞的信任。但徐建寅在国内不同场合传播这种说法，还说“铁舰等件无不作弊”，使得李凤苞屡遭弹劾批评。有人说他为负贩小夫，钻营保荐，在国外不守定制，挟妓出游。[183] 有人直指他存在经济问题。1883 年 1 月 3 日，国子监司业潘衍桐上奏，称李凤苞订购铁甲舰，数百万巨款一人开支，难保无收受花红等弊。[184]1884 年 7 月 8 日，内阁学士尚贤奏，李凤苞购买铁甲船，“价三百万两，以二成折扣，侵吞六十万金以肥己囊。又闻包修船屋，糜费巨款数十万两，将来船之好坏不可知，而该员已盈箱充橐”。[185] 李鸿章多次为李凤苞做了解释。

订购军火有回扣是一个商业潜规则，关键是拿不拿。拿不拿谁知道呢？当事人矢口否认又有谁相信？要探究其中秘密，一般来说极为困难。在赫德与金登干的秘密通信中，对于订购蚊炮船背后的商业回扣，曾有详尽完整的讨论。

经手第一批蚊炮船业务后不久，金登干告诉赫德，希望得到通过商业代理人卖给中国政府时所付“通常的佣金”。阿姆斯特朗公司股东伦道尔答应，佣金按照订货合同价的2.5%支付。他想建立一个秘密的“S”账户，用于支付办事处的咨询费、修缮费和日用开支，同时为办事处买一辆四轮轿式马车，因为“地下火车我受不了，公共马车又太慢，主要是为了节省时间”。他还提到可以为办事处雇员免费供应午餐，比如一块羊排加少许奶酪。[186]经过数月考虑，赫德回应说：“我的直觉是反对你提出的花掉这笔钱的一切办法。”[187]金登干申辩道：回扣是从承包商给政府购买品的价格中减下来的，而佣金是承包商在已经打了各种可能的折扣并得到他应得的纯利之后，从他的利润中拿出来作为好处赠给有关代理人的。并且由于赫德的答复较迟，他已当成同意，支付了某些款项。金登干说：“假如命令不许收这种佣金，我是不会收的；其次，假如授权我接受佣金，承包商会认为那是与他们有过接触的代理人个人应得的好处，——同时，（商界的）人们会说：‘作为中国政府的代理人，金先生该靠他收到的订单发大财了；而要是他不设法从承包商手里弄到百分之五或十的佣金的话，他便是一个傻瓜！’”[188]

从现存史料看，赫德对金登干的表态是断断续续的。又隔一年多，他在给金登干的信中说：阿姆斯特朗公司可以同任何人做生意，但佣金还是不要为好。金登干则在回信中附上一份关于S字账上一两处地方的解释性备忘录。显然，小金库依然存在着。到1877年底，赫德致函金登干，表示“你搞到了一笔钱并提出了如何用公事方式把它花费掉的办法，逼我对这件事采取行动。因而，我把这个问题搁置起来，打算过一些时日再处理，想清楚了，再正式指示你要这样办还是那样办”。[189]1878年春，赫德前往巴黎参加世博会，处理中国馆的事务并回英国休假，他将金登干所收佣金带回中国。1879年5月26日，赫德返回北京后不久，就将规平银17460两交给李鸿章。这与赫德在担任海关总税务司时创建的廉洁制度是一脉相承的。李鸿章将此款“饬局存备公用”，并向朝廷称赞金登干“深明大义，廉介可风”。[190]同时，他对于外商军火贸易的潜规则，应当是心知肚明了。而金登干在后来的购舰活动中，也不再收取佣金了。

那么，李凤苞在订购德国军舰时，是否会有受贿的机会和行为呢？在前些年发现的《中国驻德大臣李与德国士旦丁伯雷度之伏耳铿厂两总办订定铁舰合同》中，带有一个附件，可以回答这个问题。

附　合同之函

伏耳铿于正月初四日在伯雷度书立，正月初八日在柏林画押之合同内，定造铁甲船之价，毫无经手之费，中国使馆，无论何人，皆不得经手之费。又申明，本厂亦不送贿与所派监工之员，凡送贿或送经手之费即作为犯法。愿照办公时送贿于德国官之律例办罪。此件虽不钉连于合同内，但与合同无异。[191]

这是一个反商业贿赂条款，其规定的内容，超出了人们对于19世纪中德军购贸易的想象，也揭去了100多年来笼罩在李凤苞本人头顶上的疑云。反商业贿赂条款是现代企业合同样本中的固定格式内容，用以约束雇员的行贿或受贿行为。作为企业管理和合规运作的一项措施，反商业贿赂条款近年来才逐渐被中国企业了解和使用。按照对德国法律规范和德国人的性格来审慎推测，这种条款不太像是为了向李凤苞行贿而设置的伪装物。有了这种约定，船厂似不会再给予中方人员好处费或佣金。并且“定远”的这个条款，也应被写入“镇远”“济远”的采购合同中。李凤苞签署的反商业贿赂约定，为他保留清白提供了重要证据。在清末的跨国采购或者借款活动中，经办人普遍存在以权谋私，为自己捞取好处的情况，其中尤以胡雪岩为左宗棠筹措西征外债借款时，将月息浮动到一分三厘，从中获取巨额回扣，极受时人诟病，而李凤苞与伏耳鏗船厂的这份合同，就显得难能可贵。

但李凤苞购舰时中饱私囊的说法一直长盛不衰，直到十年后的甲午战争期

光緒六年十二月初九日
西歷一千八百八十一年正月初八日
中國駐德大臣李 押
德國伏耳鏗廠總辦哈士蒂爾格 押
附合同之函
伏耳鏗於正月初四日在伯雷度書立正月初八日在柏林書押之合同內，定造鐵甲船之價，毫無經手之費，中國使館，無論何人，皆不得經手之費，又申明本廠亦不送賄與所派監工之員，凡送賄或送經手之費，即作為犯法，願照辦公時送賄于德國官之律例辦罪，此件雖不釘連於合同內，但與合同無異，又驗鐵章程內有一款，德海部已不用，故本章程內未列，如德海部仍用此款，則中國使館亦可用之，一千八百八十一年西正月初四日伏耳鏗廠總辦哈士蒂爾格 押
鐵艦合同 八

“定远”订购合同中反贿赂条款

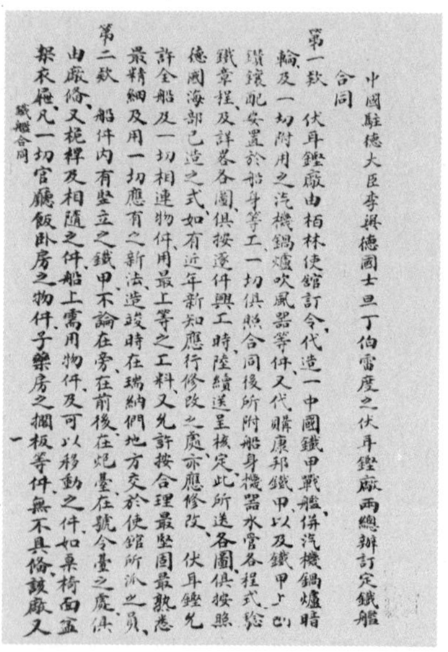
中國駐德大臣李與德國士旦丁伯雷度之伏耳鏗廠兩總辦訂定鐵艦合同
第一款 伏耳鏗廠由柏林使館訂令，代造一中國鐵甲戰艦，併汽機鍋爐暗輪，及一切附用之汽機鍋爐吹風器等件，又代購康邦鐵甲，以及鐵甲上所[illegible]鐶配安置於船身等工，一切俱照合同後所附船身機器水雷各程式、繪鐵章程，及詳細各圖，俱按逐件興工時，陸續送呈核定，此所送各圖，俱按照德國海部已造之式，如有近年新知應行修改之處，亦應修改。伏耳鏗允許全船及一切相連物件，用最上等之工料，又允許按合理最堅固最熟悉最精細及用一切應有之新法造設時在瑞納們地方交於使館所派之員，
第二款 船件內有豎立之鐵甲，不論在旁、在前後、在炮臺、在號令臺之處，俱由廠備，又桅桿及相隨之件，船上需用物件，及可以移動之件，如桌椅面盆架衣櫥，凡一切官廳飯卧房之物件，子藥房之擱板等件，無不具備，該廠又
鐵艦合同 一

“定远”订购合同

间，还有人说他购买“定远”等三舰时，“与洋员金楷理朋比为奸，侵蚀至百万上下。‘济远’原价三十万，报销六十万”。[192] 这些指控，缺乏事实依据。“定远”造价 37 万镑（约合银 140 万两），应当说是很便宜的，[193] 指控者其实不懂海军，也不了解国际市场上军舰造价，很难设想在两条军舰的订货中能贪污如此巨款，一条 2300 吨级巡洋舰，35 万两是买不下来的（“济远”造价为 68 万两，许景澄购买的“经远”造价为 87 万两，曾纪泽购买的“致远”造价为 85 万两）。德国人在竞争军舰订货时，也不至于下这么大的贿赂。

六、继续发展的海军教育

1874 年 2 月，福建船政局和船政学堂的外籍雇员工作期满回国，船政学堂的课程由中国教员自行担任。次年 1 月，因“建威”号练习船损坏，日意格建议将新造的“扬武”舰改为练习舰。5 月，学堂正式接收了“扬武”。又聘洋员德勒塞为总教习，阖顺为帆教习，阿务德为炮教习，将“建威”舰原有见习学员移入，复添萨镇冰、林颖启、吴开泰、江懋祉、叶琛、林履中、蓝建枢、戴伯康、许济川、陈英、林森林、韦振声、史建中登舰实习。9 月 30 日，“扬武”出海试航，一切顺利。于是便开始实施预定的出洋远航实习计划。

学堂与德勒塞拟定的计划十分宏大。它包括六个实习阶段：第一，中国各海口；第二，日本各口；第三，小吕宋、新加坡、槟榔屿、利阿玛；第四，金山；第五，印度各国；第六，西洋各国并美洲。实际完成了前三个阶段。1876 年 2 月 4 日，“扬武”从烟台起锚，前往日本。接着游历了南洋诸岛。侨居海外的华侨看到祖国军舰，十分激动和鼓舞，认为是百年未有的光荣。

“扬武”的训练水平也是船政局轮船中最高的。吴赞诚曾夸奖说，各船枪炮，“扬武”中靶最多，“飞云”次之，“济安”又次之，而“扬武”之中靶，则水手又不及学生。

当然，“扬武”舰上并非一切尽如人意。一位外国观察家写道，舰上插着原先拟任“李—阿舰队”中方统领蔡国祥的旗帜。但他不常到船上来，要是来的话，便把自己关闭在一间位于船中部的狭小而熏得很香的舱室里，里头有一个敬拜天后的龛。这位提督所积极参加的，是发给士兵薪水及监视刑罚的执行。他对蒸汽船毫无所知，而且连一个英文字也不会说。[194] 再往后，“扬武”归船政学堂的高材生张成指挥。具有讽刺意义的是，军舰从此竟“有名无实，练务为弛”了。

为了提高教学水平，丁日昌决定重新聘请外国教师来学堂任教。1876年春，他通过日意格邀请嘉乐尔重返后学堂。前学堂聘请德尚、迈达。1878年初，后学堂又聘请了管轮教师穆勒登。1880年5月，深受学生欢迎的嘉乐尔先生因病逝世，穆勒登聘期亦满，改募邓罗任驾驶教师，理格任管轮教师，订立三年合同。不久发现理格不甚得力，一年后将他辞退，暂由老班学生担任教习，为新生上课。另一位教师邓罗，因颇称得力，延长聘期一年，每月加薪50两。以后又多次延长聘期，并给予五品顶戴和二等宝星的赏赐。考虑到轮机课程十分重要，船政学堂决定通过英国海军部另聘洋员来校任教。英国人推荐师丢瓦，但师丢瓦到闽后水土不服，力求辞职。船政大臣张梦元只能改派前学堂毕业生魏瀚兼任后学堂管轮教习。1884年底，张佩纶委托驻英公使曾纪泽，又在英国聘请赖格罗、李家孜担任管轮和格致教师。三年后，李家孜被张之洞调往广东，学堂又聘斐士博担任教师。

1881年，在朝野内外保守势力的影响下，清政府取消了容闳倡导并得到曾国藩等人支持的幼童留美计划，学生奉召回国。从1872年起，共有120名少年被派往美国，从小学开始，逐渐升入大学，学习现代科学的知识。到1881年，他们的平均年龄约在21岁。除少数人已大学毕业外，多数人正在学习，扣去因事故撤回国及在洋病故者外，遣返者共94名。尽管他们中无人学习军事，但官员们认为，这批人既然是从外国回来的，就应当与海军有关，结果有41人被分配到船政和北洋水师。其中16人进入船政后学堂驾驶班第八期补习。这批人中，詹天佑、欧阳赓二人已获美国大学学士学位，其余人也已进入大学就读，所以他们在船政学堂的补习仅用了半年。在校期间，有二人重返美国，故毕业时仅有14人。而后，欧阳赓又回美国深造，一人去世，一人调广东黄埔实学馆任教学，吴应科、宋文翙、徐振鹏、邓士聪等4人调往北洋水师，詹天佑、邝咏钟等7人留“扬武”舰任职。

这一时期，朝野对于海军事业日益重视，本来应是海军教育发展的大好时机，然而随着沈葆桢调离船政，船政学堂的管理就日益松懈下来。1880年12月17日，江南监察御史李士彬奏称：“闻福建船政初开局时……局中学生督课綦严。勤者奖之，惰者革退。近则专徇情面，滥竽充数，不一而足。”[195]1884年10月23日，船政大臣张佩纶更指出，沈葆桢创校时，详立章程，遴选俊秀，学校十分整肃。近十余年来，考校生徒不无徇滥，而泰西机巧日辟，船政经费日绌，不免因陋就简，狃一得以自封，偷惰宽疲，后学堂尤甚。他饬令洋教习邓罗，酌将水师将弁应读之书，应学之技，增购洋书，开足课程，并取天津水师学堂章程，以补闽学疏

“扬武”号舰水兵在练习站桅。

漏。[196] 船政学堂作为中国第一所海军学校，竟要向开办才三年的天津学堂学习，可见其内部的松弛混乱已十分严重。

在历史研究的过程中做些横向比较，有时是很有兴味的。就在张佩纶发声的半个月前，10 月 6 日，美国海军部长威廉·钱德勒签署了一道命令，决定在罗得岛新港的一所贫民院里，建立美国海军军事学院。美国虽然在很早就开始使用蒸汽舰和铁甲舰作战，但在相当长的一个时期内忽视海军建设。南北战争时，海军舰船曾达700多艘，到了战后，大量军舰退役，或出售给商人改为商船。至1880年时，仅剩下48艘军舰，还都是过时的老家伙。海军上将戴维·波特称其为“画在中国人的古代碉堡上的龙，只能起吓唬敌人的作用”。美国海军力量退居世界第12位，排在丹麦、中国、智利之后。为了重新培养专业人员，1875年4月8日，在卢斯海军准将倡导下，国会批准招募750名16 ~ 18岁的少年进入海军学校学习。先在港内接受预科训练，然后到练习舰上学习火炮、船艺和其他技能。这个做法和船政学堂是十分相似的。接着，美国酝酿已久的海军改革开始出台。卢斯担任第一任海军军事学院院长。他邀请马汉中校开设海军历史课。第一学年结束时，海军军事学院的全部设备，包括1张特拉法尔加角海战图，4张借来的课桌和12把借来的椅子。卢斯将军说：“不仅没有教官，也没有课本。”人们对于海军军事学院能够存在几年抱有很大的怀疑。在当时，即使英国格林尼治皇家海军学院也只教技术课程，卢斯却设想“运用现代的科学方法，研究如何将海战从单纯的经验阶段上升到科学的高度”。[197] 两年后，马汉出任第二任院长。尽管官方人士仍然横加干预，阻挠学院研究战略问题，只要求安排技术发展方面的课程，但马汉不屈不挠，坚持海军战略研究，将他在学院授课的讲义修订成《海权对历史的影响（1660 ~ 1783年）》一书，从而确立了美国海军发展的基本理论，为美国海军事业的巨大发展奠定了基础。[198] 如今，美国海军军事学院无疑是世界上最著名的海军院校之一。

简单地拿中美之间的海军教育以及海军力量做对比，也许并不合适。因为两国的政治、经济制度不同，建设海军的目的也有很大的差异。但从美国注重海军教育之后极大地推动了本国海军事业的发展，而中国新办的海军学校日益腐败的事实中，可以总结出许多值得汲取的历史教训。

1873年12月26日，陕甘总督左宗棠、船政大臣沈葆桢、闽浙总督李鹤年、福建巡抚王凯泰联衔上奏，建议选派船政学堂优秀毕业生，前往法、英两国留学，深究造船之理、驾船之方。左宗棠还单独给总理衙门写信，重申这一建议。李鸿章和恭亲王对此也表赞成。1874年4月5日，沈葆桢在致总理衙门的函中，草拟了留学章程。在此之前，容闳曾组织幼童赴美留学，但向国外派遣军事留学生却没有先例。且日本侵台事件发生后，事绪繁多，倥偬未及定议。1875年，沈葆桢趁日意格回国之便，挑选前学堂学生魏瀚、陈兆翱、陈季同，后学堂学生刘步蟾、林泰曾随同前往英法进行考察。其中刘步蟾、林泰曾进了英国高士堡学堂。沈葆桢、丁日昌还通过总理衙门转请英国公使，允许他们进入英国军舰实习，但未获成功。1876年春，他们和陈季同随日意格回国，魏瀚、陈兆翱则继续留在法国学习。

李鸿章从1876年起，对派员出国留学海军兴趣甚高，与沈葆桢、丁日昌、吴赞诚以及总理衙门之间函商的信件不绝于途。丁日昌推荐他的助手，船政局总考工李凤苞担任出国留学生监督。此时李凤苞正丁忧在家，丁日昌和李鸿章仍坚持请他出山。1876年夏，李凤苞和日意格应召到天津，又随李鸿章前往烟台，谈判“马嘉理事件”。烟台海面上停泊着英、法、德国军舰，李鸿章多次应邀参观。他注意到英国军舰上有日本青年军官在接受训练，这更坚定了他派遣学生留洋的决心。他们在烟台详细商量了出国培训计划和章程，确定派遣30人，留学三年，预算经费30万两银。其中制造学生14名，制造艺徒4名，驾驶学生12名。由李凤苞担任华监督，日意格担任洋监督。

1877年3月31日，李凤苞、日意格率领留学生及随员马建忠、文案陈季同、翻译罗丰禄，乘“济安”轮离开福州，驶往香港。5天后，他们换乘外轮驶上西行的航线。5月7日，船抵马赛，学习制造的人员留下了，其余人改乘火车北驶，前往英国。5月13日是星期日，李凤苞等正式前往伦敦中国公使馆，拜会了第一任驻英公使郭嵩焘。次日，郭嵩焘在使馆设宴，邀李凤苞等小酌。席间讨论了这批学生的学习和实习问题。

经使馆与英方协商，驾驶学生刘步蟾、林泰曾、蒋超英被派往英国地中海舰队的“马那杜”“孛来克柏林”“狄芬士”号铁甲舰实习，并获准给予军官伙食和床位优待。其余9人参加格林尼治皇家海军学院的入学考试。严宗光、方伯谦、何心川、林永升、叶祖珪、萨镇冰被录取，学习驾驶理论。落选的林颖启、江懋祉被派往驻扎西班牙的大西洋舰“爱勤考特”号铁甲舰，黄建勋被派往驻扎美国的“伯利洛芬”号铁甲舰。此外，制造学生魏瀚、陈兆翱、郑清濂、陈林璋进入法国削浦官学（海军工程学校），梁炳年、吴德章、杨廉臣、李寿田、林怡游进入土伦海军造船厂，池贞铨、张金生、林庆升、林日章进入科鲁苏民厂（施耐德公司），均学习制造理法。罗臻禄进入汕答佃学堂（圣埃蒂安矿工学校）学习矿务。随员马建忠、陈季同进入法国政治学堂，学习国际法。翻译罗丰禄，进入英国伦敦琴士官学，学习物理化学。艺徒陈可会入法国腊孙船厂（地中海铁工及造船厂拉塞纳船厂），刘懋勋入马赛铸铁厂［拉卡佩雷特（马赛）铸铁厂］，裘国安、郭瑞珪入马赛木模厂，均学习制造技艺。年底，船政又派5名艺徒前往法国。其中张启正进入腊孙船厂，王桂芳、任照、吴学铿、叶殿铄进入白代果德铁厂学习绘图及制造铁甲。这样，这一批出洋留学的学生生徒及随员人数共达 38 名。

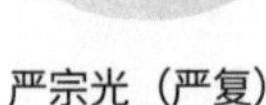
严宗光（严复）

叶祖珪

林永升

萨镇冰

郭嵩焘出使英国，本来事情不多。严宗光、方伯谦等人进入皇家海军学院留学后，便成了公使馆的常客。郭嵩焘日记中，记录了他们之间的多次有趣谈话。郭嵩焘还同李凤苞一起，前往风景如画的格林尼治，参观海军学院。在那里，他们看到了英国历代海军将领的油画像，最著名的，当然是多次击败拿破仑舰队，赢得特拉法尔加角海战胜利的纳尔逊。郭嵩焘经常阅读留学生们的日记，如严宗光的《沤舸纪经》、李寿田的《笔记》、梁炳年的《西游日录》、罗臻禄的《西行课记》、杨廉臣的《日记》。给他印象最深的，是吴德章的心得："闽厂数年，粗明格致算法，未睹厥奥也。验之施用，已属效不胜收。其微积编、新学、重学、运动诸法，皆素未所读，并得逐一推考，澈委知源，相与问难知新。视在闽时，不止事半功倍。"郭嵩焘感慨地说："观此足征出洋就学之为益多也。"[199]

1879 年夏，严宗光因学业屡考优等，本由使馆联络安排上舰实习，被吴赞诚先期调回国内充当教习。刘步蟾、林泰曾、魏瀚、陈兆翱学业已成，也束装回国。他们除了较其他学生早一年出国外，刘步蟾、林泰曾还先后在"拉里""潘尼洛布""阿其力"和"威灵顿"号军舰实习，巡历大西洋、地中海，学习了设防、备战、布置水雷、枪炮等技能。魏瀚、陈兆翱在削浦官学的每月考试，均为优等，还游历了比利时及德国克虏伯等大兵工厂。李鸿章为他们分别请奖。刘步蟾、林泰曾、

英国格林尼治皇家海军学院

陈兆翱以游击留闽尽先补用，并请赏戴花翎。魏瀚以知县分发省分补用，并请赏戴蓝翎。

其余学习驾驶的学生，此时也学习期满。李凤苞除另行安排英国海军炮队教习苏萃为他们讲授火炮、军火诸学，请美国水雷军官马格斐讲授水雷电气诸学外，林永升上“马那杜”舰；方伯谦上“恩延甫”舰，旋调“士班登”舰；叶祖珪上“孛来克柏林”舰，又改“英弗来息白”舰，萨镇冰上“们那次”舰，后调“恩延甫”舰。均经历地中海、大西洋、印度洋和美洲、非洲等地，至 1880 年春夏间回国。何心川在“菩提西阿”舰实习时，随同参加了英国在非洲祖鲁的战争。后因病提前肄业，随刘步蟾、林泰曾一起回国。

学习制造的学生，除梁炳年因病客死他乡外，郑清濂在削浦、多郎两厂的联合考试中考列一等。杨廉臣、吴德章次之，林怡游、李寿田、陈林璋又次之，均获得总监工的证书。他们还参观了法、比、英国的工厂。1879 年春，李凤苞又送吴德章、杨廉臣赴卢爱尔和布坎晤士海陆各炮厂学习制炮，郑清濂、林怡游赴汕答佃枪炮厂学习验料炼造诸法。艺徒们也学业有成。此外还调林庆升、池贞铨、张金生进入巴黎矿务学院，调艺徒王桂芳、任照、吴学铿学习炼钢和金相检验技术。至 1881 年陆续回国。

刘步蟾　林泰曾　蒋超英

林颖启　黄建勋　江懋祉

LIST OF FOREIGN OFFICERS SERVING IN HER MAJESTY'S SHIPS.

Name.	Rank.	Nation.	Ship.	Date.
Funaki Rentaro	Midshipman	Japanese	Sultan	18 June 76
Yendo Kitaro	Midshipman	Japanese	Turquoise	6 Oct 77
Tomioka Sadayasu	Cadet	Japanese	Audacious	29 June 76
Don Alvaro Bianchi	Lieutenant	Chilian	Alexandra	10 July 77
Don Albert Silvo Palma	Lieutenant	Chilian	Minotaur	10 July 77
Don Policarpo Toro	Lieutenant	Chilian	Black Prince	10 July 77
Lew-Poo-Chin	Sub-Lieut.	Chinese	Minotaur	14 Aug 77
Lin-Tai-Tsan	Sub-Lieut.	Chinese	Black Prince	14 Aug 77
Chung-Cheow-Ing	Sub-Lieut.	Chinese	Defence	14 Aug 77
Wang Kien Shoon	Sub-Lieut.	Chinese	Bellerophon	7 Nov 77
Kiang Mow Tye	Sub-Lieut.	Chinese	Agincourt	7 Nov 77
Lin Ying Khe	Sub-Lieut.	Chinese	Agincourt	7 Nov 77

中国海军留学生在皇家海军实习名册

刘步蟾、林永升曾经实习过的英国海军“马那杜”号铁甲舰，排水量 10600 吨。

马建忠（上）、陈季同（下）在法国学习法律

1879 年 1 月，郭嵩焘出使任满，李鸿章推荐曾纪泽继任。5 月，曾纪泽给李鸿章写信，认为派遣海军留学生无大益处，今后有人提议续派，请予以阻止。李鸿章认为曾纪泽不是没有见识的人，对他提出的这个看法感到迷惑。沈葆桢认为，派遣留学生“万万不宜阻止”。11 月，重病在身的沈葆桢与李鸿章联衔上奏，提出留学生徒即将届满，请予蝉联。1881 年，李鸿章与黎兆棠往返咨商，决定续选前学堂学生 8 名，后学堂学生 6 名出洋，并分拨经费 10 万两。由于后学堂毕业生有的被调任天津水师学堂教学，有的担任“威远”练习舰教练，最后只选中李鼎新、陈兆艺两人，连同前学堂学生共 10 人，前往英法。华洋监督仍由李凤苞、日意格兼任（李凤苞已出任驻德公使），翻译为陈季同，兼办文案为钱德，均为义务职，不受薪给。李鼎新、陈兆艺先入格林尼治海军学院学习，次年上皇家海军的“斯卫福舒尔”“诺尔参木顿”号实习，旋返海军学院进修炮术。1882 年，又增派驾驶学生邱宝仁、林履中赴英留学。制造学生王庆瑞进巴黎桥路工程官学

堂，黄庭、李芳荣、王回澜进法国芬屯伯鲁枪炮工程官学堂（枫丹白露枪炮工程学校），王福昌进火药官学堂。魏暹、陈伯璋、陈才鍴派赴德国刷次考甫水雷厂（施瓦茨科普夫铁工及机器制造厂）学习鱼雷。魏暹因体弱多病，医生认为其对气候不适，令其回国。但他本人坚决要求留下。后改入法国阿克工艺学院学习轮机。留学生中，王庆瑞因腕部患疔疮开刀致死。陈伯璋因学鱼雷自费购买试药，负债过多，李凤苞在经济上未予援助，因而自杀。[200] 从第二届留学生的学习专业来看，有的是首届没有的，但对他们的安排资助，显然较以前为差。

此外，早在1876年初，李鸿章曾借德国军官李劢协同国之机，委托他带卞长胜、王得胜、朱耀彩、杨德明、查连标、袁雨春、刘芳圃等7名军官赴德国学习军事。其中卞长胜、王得胜、朱耀彩3人于1878年向郭嵩焘投诉在德国受李劢协欺侮，已被逐出营外。郭派使馆随员张德彝前去调查，同行的其他中国人反映卞为人自大，不受西人约束，王得胜为卞所惑，而朱耀彩年幼无知。张德彝觉得将他们遣返回国，不仅辜负李鸿章培养人才的心愿，也浪费了来回旅费，即通过德国海军部，将他们安排到海军学习。由于他们刚去德国时未派专人监督，待李凤苞带领福建船政留学生去英法留学后，李鸿章让他每三个月乘火车去一次德国，检查他们的学业。经李凤苞考察，发现卞长胜等人在德国受到高规格接待，受邀参加德皇帝新年宴会。但他们表现依然不佳，屡犯事故，贻笑实多。李凤苞告诉国内，刘芳圃与洋女奸生一子（生后即殇）。“诱引闺女，诳订聘娶，尤背该处国法人情，为人类所不齿。”[201] 又说朱耀彩在德舰醉酒，哨官劝之，即割喉大闹。卞长胜怀疑水兵窃其600马克，舰长下令搜抄未得，有人反映曾见朱进过卞房间，遂去其屋检查，朱将钱币吞下，后由医生迫其服药而泄下。朱还勾搭女报贩，赠送衣履，该

卞长胜

王得胜

刘芳圃

魏瀚

陈兆翱

杨廉臣

李寿田

吴德章

林怡游

林庆升

林日章

罗臻禄

梁炳年 　　池贞铨 　　裘国安

郭瑞珪 　　吴学铿　　刘懋勋

第一届海军留学生在英国皇家海军学院的留影

在法国留学造船的中日留学生

前排左起：辰巳一（后任佐世保海军造船厂厂长）、河崎角松、山口辰弥（后任横须贺海军造船厂厂长）
二排左一：陈林璋，左二：广野静一郎，左三：魏瀚，左五：郑清濂；右一，黑川勇熊（后任佐世保海军造船厂厂长）。
三排左一：若山铉吉，左五：樱井省三（后任海军造船大佐），左六：陈兆翱

女屡欲上舰，要与朱同生同死。此类荒唐之事，为德舰从来未有。李凤苞说：德人最敬重中国人物，自得此七人，群怀薄视之心。李凤苞认为，此辈起自兵弁，本是无赖子弟。他把中国人通常对军人的这种看法告诉德国友人："在营员弁，本非上品。"友人答："如果以这种说法告诉德国海军部，必然更被薄视。去国七万里留学军事，怎能如此轻率？"李凤苞闻之惘然，他得出结论："卞长胜、王得胜、朱耀彩三人在德国水师学习恐不相宜。"[202] 国内同意他的意见，以免日后清议伤害李鸿章的开明形象。[203] 不久，朱、卞就被调回，成为早期留学海军的一段失败插曲。

李鸿章在发展海军事业方面，雄心甚大。从 1879 冬起，他开始筹划天津水师学堂，理由是"中国驾驶兵轮船学堂，创自福建船政。北洋前购蚊船所需管驾、大副、二副，管理轮机、炮位人员，皆借材于闽省，往返咨调，动需时日。且南北水土异宜，必须就地作养人才，以备异日之用。北洋现筹添购快碰、铁甲等船，需人甚众"。[204] 1880 年 8 月 6 日，李鸿章正式行文，命天津道、津海关道和天津机器局道员许其光着手会议规划，勘定地基，遴派得力局员经理工程。19 日，他又向朝廷奏请任命北上就医的前船政大臣吴赞诚筹办水师学堂和练船，获得允准。吴赞诚在天津机器东局一带勘定地基，遴派局员，绘图估料，兴工建造。并草拟规章制度。到了冬天，他回安徽庐江养病，李鸿章又任命福建船政提调吴仲翔，总办水师学堂和练船事宜。[205]1886 年，另一位船政提调吕耀斗接替吴仲翔，担任天津

水师学堂总办。

天津水师学堂于1881年8月落成于天津机器局河东一带。校舍宽宏整齐，不下一百余椽。楼台参差，花木掩映，学习设施无一不备。还有观星台，供学习天文者使用。接着开始招生。从现存的1882年的一份以李鸿章名义发出的招生告示中，可以看到当年是如何吸引青年加入海军的。

> ……本大臣前因北洋兵船陆续添置，驾驶管轮两项，需才甚亟。光绪六年七月奏设天津水师学堂，培植北地人材，以供器使在案。兹距开馆一年有奇。学生造诣，渐有端倪。惟额数未满，考投者或资质平庸，或年纪过大，终少出色人材。细揣情由，似由赡银少薄，未足招徕。今本大臣将该堂原订章程学生月给赡银一两改为月给四两，俾一经入选，八口有资，庶寒畯之家感知感奋。从前闽省水师学生，半皆世家子弟，学成之后，皆任各轮船将领，洊保二三品官阶，并有加勇号者。此间学生若果卓有成就，本大臣定当从优奏奖，破格录用。合行示谕，并将章程撮要开列为此示。仰士人民等知悉，无论直隶本籍及外省寄居良家子弟，年在十六七岁以内，资质聪颖，能作论文或小讲半篇，情愿投考者，开明年岁、籍贯、三代、自赴水师学堂报名，由该堂总办随到随考，秉公录取。尔等须知，今日之学生，即他年之将佐。优予之饩，原思亟得美材，大张吾军，是本深期继起。勿仍观望，其各奋兴，特示。[206]

从告示所附细则看，基本属于仿效船政学堂的规章，学制亦为五年。根据学堂章程，在校期间，学生不得自行告退及请假完娶，亦不得应童子试。学生入学三个月后，根据成绩分别去留。正式录取者，依资质进境，分作一、二、三班。第一班归洋文正教习督课，第二、三班归副教习两员分课。每周安排五天，学习西学。所谓“西学”，第一年以英语为主，兼习浅近数学。第二、三年即以数学为主，兼习中西海道和天文导航。第四、五年，则进一步学习三角、力学、微积分、驾驶、御风、测量、躔厘诸法。如果学习进度快，还要增设帆缆、枪炮、水雷、轮机理要和物理、化学、台垒学中有关水师的内容，以为将来出洋肄业打下基础。此外，还有两天专事汉文，授以《春秋》《左传》《战国策》《孙子兵法》《读史兵略》。每天早晚，学生还要军训。章程规定了严格的考试办法，学生在校学习课程极为繁重，每月仅能放假一天，端午、中秋放假3天，过年放假15天。学堂初建时，仅设驾驶专业，后因管轮人才需要量日增，便于1882年初夏，将原设天津水雷电报学堂改组为水师管轮学堂。[207]这样，天津水师学堂的规模就日益完善了。

驾驶学堂的管理人员，设总办、监督各1员，洋文正教习1员，副教习无定数，文案、司事、操教习、汉文教习、医官、洋号手各1名，书识2名。管轮学堂总办由驾驶学堂总办兼任。另设监督、司事、洋文正副教习各1员，其余皆由驾驶学堂人员兼理。教师中，华籍人士大为增加。李凤苞推荐的留英船政学堂毕业生严宗光长期在校服务。早在1876年，严宗光即被李鸿章留意，与张成等人一起调至天津，准备接带自英国进口的炮艇，旋因出洋学习驾驶的名单有缺额，他被改派留学。[208]在英国时，严宗光又被郭嵩焘、李凤苞、曾纪泽看好，认为他不仅懂得航海，更能探本寻源，足胜水师学堂教习之任。所以被提前召回国内，任船政学堂教习。又为闽人称颂，陈宝琛认为他"器识闳通，天资高朗"，极力推荐给李鸿章。经李鸿章向黎兆棠索要，严宗光于1880年8月12日抵达天津，参与学堂筹备的各项工作。不过作为教师，他并不像人们想象的那样能干，留美幼童梁诚就讥笑他上课很差。他在学堂的职务，也不是人们常说的"总教习"，而是驾驶学堂"洋文正教习"。[209]管轮学堂成立后，吴仲翔向李鸿章奏调萨镇冰担任洋文正教习，船政学堂帮教习郑文成为副教习，天津水师学堂汉文教习董元度为管轮学堂监督，均获李鸿章批准。[210]1881年学堂还从船政学堂第四届驾驶班抽调许兆箕等4人来校任教。

学堂的办学规模，分别专业，各可开设三班，招生120名，但很少有三届学生同时在读。每届学生之间，都相差两至三年。1883年前后，驾驶学堂头班学生堂课接近结束，校方开始酝酿训练。李鸿章调"镇北"炮艇管带方伯谦任"威远"练船管带。命严宗光与英国皇家海军学院联系，推荐练船正洋教习人选，制定练船章程，并组织对学生的考核。此后，练船正洋教习鲍察、练船驾驶教习倪耳森先后到任。1884年秋，新聘管轮正洋教习霍克尔到津，经他考试，认为在堂学生功课均有可观，唯英文尚浅，不敷学习深造之用。又建议在校舍旁增建一座厂房，供学生学习轮机修理。1884年，第一届驾驶班学生谢葆璋、沈寿坤、伍光建等30人毕业，派上"威远"号练习舰实习。李鸿章在奏折中曾记载了这届学生在校学习的情景：

> 其时北方风气未开，学生入堂之初，非惟于西语西学咸所未闻，即中国文字亦仅粗通。经饬监督各员严加约束，教习各员认真课导。欲其于泰西书志能知寻绎，于是授以英国语言翻译、文法；欲其于凡诸算学洞见源流，于是授以几何、代数、平弧三角、八线；欲其于轮机炮火备谙理法，于是授以级数、重学；欲其于大洋驾舟测日候星、积算晷刻以知方向道里，于是授以天

天津水师学堂学生伏案阅读

> 文推步、地舆测量。其于驾驶诸学庶乎明体达用矣。然犹虑其成或失文弱也，授之枪俾齐步伐；树之桅俾习升降。娴其技艺，即以练其筋力。犹虑其或邻浮薄也，教之经俾明大义；课以文俾知论人。瀹其灵明，即以培其根本。为之信赏必罚，以策其倦怠；为之月校季考，以稽其知能……今年春秋两季，经臣饬派委员罗丰禄邀同英、俄两国水师兵官到堂会考，该兵官等佥谓，欧洲水师学堂所留以俟上练船后指授之学，此堂均已先时预课。罗丰禄亦谓堂中所授繁难诸学，多为从前闽厂驾驶学堂洋教习所未及课。[211]

李鸿章在1885年制定了《练船章程》，规定设教习4员，正教习1员，由该船管驾官兼任。练船停在津沽时，船上学生归水师学堂总办管束；出海后，由水师统领节制调遣。练船的训练周期为3年。学员在最初熟悉了环渤海的庙岛、威海、旅顺、大连湾口岸之后，还有六次航海训练，包括浙江、福建各口岸；奉天、朝鲜永兴湾、海参崴、黑龙江、库页岛各口岸；广东、海南岛、海防、西贡各口岸；朝鲜东西南各口岸，日本长崎、下关、对马等处；新加坡、槟榔屿、暹罗、缅甸各口岸；日本西南各港口。要求学生熟悉洋面港口，沙线浅滩，山海形势，默计炮台营垒，何国布置得法，要求学生逐一日记详录并绘图，回津交李鸿章查核，并进行大考。周历亚洲港口之后，还要前往欧美游历。[212]

由于李鸿章的重视，天津水师学堂的办学质量逐渐赶上了福建船政学堂。

注释

1 傅角今、郑励俭:《琉球地理志略》，第 73 页。

2 沈葆桢:“闽厂轮船续行兴造片”(同治十三年七月),《沈文肃公政书》，卷四，页六十八。

3 沈葆桢:“致林颖叔方伯”,《沈文肃公牍》，第 1 册，第 104 页；李鸿章:“致总署 设台防”(同治十三年六月十九日),《李鸿章全集》，第 31 册，第 76 ~ 77 页。

4 《北京专条》(1874 年 10 月 31 日)，载王铁崖编:《中外旧约章汇编》，第一辑，第 343 页。关于对“保民义举”之研究，参见陈在正“1874 年日本出兵台湾引起之中日交涉及其善后”“扭曲中日《北京专条》的各种说法应加辩明”二文，载吕一燃主编:《中国海疆历史与现状研究》，第 8 ~ 68 页。

5 李鸿章:“致李瀚章”(同治十三年十月初三日),《李鸿章全集》第 31 册，第 120 页。

6 日本海軍省编:《山本权兵衛と海軍》，第 281 页。

7 “奕䜣等奏海防亟宜切筹将紧要应办事宜撮叙数条请饬详议折”(同治十三年九月二十七日),《筹办夷务始末》，第 10 册，第 3951 ~ 3952 页。

8 李鸿章:“附呈藩司丁日昌条说”(同治六年十二月初六日),《筹办夷务始末》，第 6 册，第 2263 ~ 2270 页。

9 “广东巡抚张兆栋奏呈丁日昌拟海洋水师章程片”(同治十三年十月十一日),《筹办夷务始末》(同治朝)，第 10 册，第 3955 ~ 3958 页。

10 李鸿章:“致总署 论善后事宜并教务厘务”(同治十三年十一月初四日),《李鸿章全集》，第 31 册，第 139 页。

11 “文祥奏台事虽结后患堪虞海防亟宜筹备折”(同治十三年十月二十八日),《筹办夷务始末》，第 10 册，第 3970 ~ 3971 页。

12 李鸿章:“筹办铁甲兼请遣使片”(同治十三年十一月初二日),《李鸿章全集》，第 6 册，第 170 页；“光绪五年四月二十五日前福建巡抚丁日昌奏”,《洋务运动》丛刊，第 2 册，第 394 ~ 395 页；李鸿章:“议复梅启照条陈折”(光绪六年十二月十一日),《李鸿章全集》，第 9 册，第 261 页。

13 李鸿章:“致李瀚章”(同治十三年十月初三日),《李鸿章全集》，第 31 册，第 120 页。

14 李鸿章:“奏保王凯泰凌焕片”(同治四年九月初八日),《李鸿章全集》，第 2 册，第 289 页；“复何筱宋制军”(同治十一年七月十九日),《李鸿章全集》，第 30 册，第 462 页。

15 李鸿章:“致李瀚章”(同治十三年十月初三日),《李鸿章全集》，第 31 册，第 121 页。

16 见李鸿章:“筹议海防折”(同治十三年十一月初二日),《李鸿章全集》第 6 册，第 163 页；“署山东巡抚漕运总督文彬奏”(同治十三年十月十九日),“浙江巡抚杨昌濬奏”(同治十三年十一月初四日),“福建巡抚王凯泰奏”(同治十三年十一月十一日),“江西巡抚刘坤一奏”(同治十三年十一月十七日),《筹办夷务始末》，第 10 册，第 3965、4002、4010、4042 页；沈葆桢:“复陈海洋水师片”(同治十三年十二月初五日),《沈文肃公政书》，卷五，页二十二。

17 李瀚章:“奏议海防江防各事宜折”(同治十三年十一月初四日),《合肥李勤恪公政书》，卷六，页二十；“闽浙总督李鹤年奏”（同治十三年十一月十四日），《筹办夷务始末》，第 10 册，第 4039 页。

18 “湖南巡抚王文韶奏”（同治十三年十一月十一日、十七日），《筹办夷务始末》，第 10 册，第 4016、4047 页。

19 “光绪元年正月二十九日总理各国事务衙门奕䜣等照录陕甘总督左宗棠签注丁日昌条陈单”，《洋务运动》丛刊，第 1 册，第 314 页。

20 丁宝桢：“筹议海防应办事宜折”（同治十三年十一月二十日），《丁文诚公奏稿》，卷十一，页七；李宗羲：“复奏总理衙门六条疏”（同治十三年十一月），《洋务运动》丛刊，第 1 册，第 72 页。

21 李鸿章：“致李瀚章”（同治十三年十月初三日），《李鸿章全集》，第 31 册，第 120 页。

22 李鸿章：“致丁日昌”（同治十三年十月十九日），《丰润文史资料选辑》，第二辑，第 75 页。

23 李鸿章：“筹议海防折”（同治十三年十一月初二日），《李鸿章全集》第 6 册，第 159 ~ 167 页。

24 刘声木：《苌楚斋随笔续笔三笔四笔五笔》，上册，第 599 页。

25 丁日昌奏折，见“李鸿章代丁日昌奏清单”（未刊稿）。李鸿章之评论见“复丁雨生中丞”（光绪元年正月十四日），《李鸿章全集》，第 31 册，第 176 页。

26 《翁同龢日记》，第 3 册，第 112 页。按翁在日记中所记，反对的是“借洋税”；而从礼亲王复奏中表述的是反对“借洋款”。本书改从借洋款。

27 “光绪元年二月二十七日醇亲王奕譞等奏片”；同日“礼亲王世铎等奏片“，《洋务运动》丛刊，第 1 册，第 118、119 页。

28 “光绪元年二月二十七日通政使于凌辰奏折”，《洋务运动》丛刊，第 1 册，第 121 ~ 122 页。

29 “光绪元年二月二十七日大理寺少卿王家璧奏折及附片”，《洋务运动》丛刊，第 1 册，第 124 ~ 135 页。

30 李鸿章“致丁日昌”（光绪元年三月十二日）、李鸿章“复沈幼丹制军”（光绪元年八月二十九日），《李鸿章全集》，第 31 册，第 193、315 页。

31 马克思：“鸦片贸易史”，《马克思恩格斯选集》，第 2 卷，第 137 页。

32 李鸿章：“筹议海防折”（同治十三年十一月初二日），《李鸿章全集》，第 6 册，第 159 ~ 166 页。

33 左宗棠：“复陈海防塞防及关外剿抚粮运情形折”（光绪元年三月初七日），《左文襄公全集・奏稿》，卷四十六，页三十二 ~ 四十一。

34 “光绪元年四月二十六日总理各国事务衙门奕䜣等奏”，《洋务运动》丛刊，第 1 册，第 146 ~ 153 页。

35 “著李鸿章、沈葆桢分别督办南北洋海防谕”（光绪元年四月二十六日），《清末海军史料》，第 12 ~ 13 页。

36 李鸿章：“复丁雨生中丞”（光绪元年五月初四日），《李鸿章全集》第 31 册，第 238 页。

37 见李鸿章：“复丁雨生中丞”“复沈幼丹制军”（光绪元年四月二十九日），《李鸿章全集》，第 31 册，第 231、233 页；沈葆桢：“致李中堂”，《沈文肃公牍》，第 1 册，第 385 ~ 387 页。

38 李鸿章：“复文中堂”（同治十三年十一月初四），《李鸿章全集》，第 31 册，第 141 页。

39 江村：《丁日昌生平活动大事记》，第 117 ~ 119 页。

40 “光绪五年闰三月二十二日总理各国事务衙门奕䜣等奏”，《洋务运动》丛刊，第 2 册，第 387 ~ 389 页；又，丁日昌对该职力辞不就，其理由参见同书第 389 ~ 392 页。

41 “光绪五年闰三月二十二日两江总督沈葆桢奏折”，《洋务运动》丛刊，第 2 册，第 386 ~ 387 页。

42 《清实录》，第 53 册，第 413 页，光绪五年五月庚寅。

43　《清实录》，第53册，第451～452页，光绪五年六月戊辰。

44　沈葆桢："复李军门"，《沈文肃公牍》，第3册，第1274页。

45　沈葆桢："复李质堂军门"，《沈文肃公牍》，第3册，第1340页。

46　"光绪六年十一月初二日内阁学士梅启照折"，《洋务运动》丛刊，第2册，第493页。

47　李鸿章："议复梅启照条陈"（光绪六年十二月十一日），《李鸿章全集》第9册，第261页。

48　刘坤一："复陈海防事宜折"（光绪七年正月初八日），《刘坤一遗集》，第2册，第596～597页。

49　曾国藩："复奏彭玉麟等近况及江海水师有别等情片"（同治九年七月十九日），《曾国藩全集》，第12册，第7030页。

50　"同治九年七月二十二日军机大臣字寄"，《洋务运动》丛刊，第2册，第276～277页。

51　以往论者把船政兵轮船和福建水师混为一谈是不对的。1872年李成谋调任，闽浙总督李鹤年上奏："福建水师提督李成谋奉旨调补长江水师提督，所遗提督篆，经臣李鹤年遴委福宁镇总兵罗大春接署。惟李成谋前蒙旨简派统领轮船，现因调补长江，距闽较远，势难兼顾，咨请遴员接办前来。查轮船统领，责任甚重，必须大员经理，方足以壮声威……可否即令罗大春统领轮船，以专责成，伏候圣裁。"（见《洋务运动》丛刊，第2册，第320页）清廷后来命罗大春统领轮船，罗大春于1873年9月1日接江长贵担任福建陆路提督，同时又任轮船统领（参见钱实甫：《清代职官年表》，第3册，第2574页；罗大春《罗景春台湾海防并开山日记》，页一），便是一个明证。

52　曾国藩："奏调吴大廷综理江南船政操练事宜片"（同治九年九月初六日），《曾国藩全集》第12册，第7116页。

53　李鸿章："复综理轮船操练事宜前福建台湾道吴"（同治十二年元月十五日）（未刊稿）。

54　刘坤一："复吴桐云观察"（光绪元年七月十九日）、"致刘仲良"（光绪元年六月初九日），《刘坤一遗集》，第4册，第1783、1779页。

55　李鸿章："复曾中堂"（同治十年五月初九日），《李鸿章全集》，第30册，第230页。

56　李鸿章："密保冯竣光、郑藻如、沈保靖、吴大廷四员片"（同治十一年五月十五日），"密保吴大廷片"（光绪三年八月初八日），《李鸿章全集》，第5册，第111页；第7册，第418页。

57　"光绪五年十一月二十日统领闽局轮船彭楚汉奏折"，《洋务运动》丛刊，第2册，第429页。

58　李鸿章："复总理轮船操练江南提台李"（光绪四年三月初五日），《李鸿章全集》，第32册，第262页。

59　李鸿章："复何筱宋制军"（光绪四年五月二十七日、光绪五年七月二十六日），《李鸿章全集》，第32册，第329、478页。

60　丁日昌提出海防应办事宜十六条包括：一、海防会办应阅历深厚，精通海防；二、江南制造局、福建船政宜选深谙外海水师之大员统领，延请熟谙水师之西员会同操练；三、请调李成谋去闽台总统水师，先将船政轮船练成一军；四、船政局经费必须保证；五、船政局轮船当预储管理人才；六、江防仅长龙、舢板不能御外侮，宜辅以浅水轮船及水雷；七、日本废琉球，我此时海防未备周齐，只能予以谴责，俟我防务沛然，再兴问罪之师；八、对日需俟其先发，分投牵制；九、日本即便二三年不犯台湾，也必将北图朝鲜，我需预作准备；十、朝鲜需与泰西各国立约，以防日本并吞；十一、英、法、美、德中宜联络一国，与之独亲独厚，使缓急可为我用；十二、请速购铁甲船、水雷，并整顿营制、饷制、行政、用人；十三、筹办海防，需整顿吏治，团结民心；十四、严整军队卖缺；十五、沈葆桢宜来往金陵、上海两处；十六、健康好转，再上北京。若不能愈，也随时接受朝廷查询。见《洋务运动》丛刊，第 2 册，第 392 ~ 397 页。

61 “光绪五年九月二十二日前福建巡抚丁日昌奏”，《洋务运动》丛刊，第 2 册，第 412 ~ 414 页。

62 李鸿章：“筹议天津设备事宜折”（同治九年十二月初一日），《李鸿章全集》，第 4 册，第 205 ~ 207 页。

63 丁宝桢：“筹办海防折”（光绪元年十月初一日），《丁文诚公奏稿》，卷十二，页十二。

64 李鸿章：“筹议海防折”（同治十三年十一月初二日），《李鸿章全集》，第 6 册，第 163 页。

65 丁汝昌早年生涯，参见戚其章：“《清史稿·丁汝昌传》订补”，载《中日甲午海战争论丛》，第 393 ~ 413 页；戚其章：“探访丁汝昌身世之谜”，《中国甲午战争博物馆馆刊》，2005 年第 4 期；苏小东：“北洋海军提督丁汝昌的身世及早年经历”，《安徽史学》，2010 年第 1 期；戚俊杰《丁汝昌年谱》，第 3 ~ 5 页。唯戚其章据《庐江文献初编·丁汝昌传》否认《清史稿》称丁氏“初隶长江水师”说，证据尚不充分。《清史稿》的说法，来自李鸿章“丁汝昌统领海船片”（光绪七年十月十一日）：“该提督曾在长江水师管带炮船，嗣随刘铭传统带铭军转战南北。”，《李鸿章全集》，第 9 册，第 509 页。这是正式保案中的文字，李鸿章为了使朝廷批准使用丁汝昌，可以回避其曾是太平军降将经历，但不致为其伪造履历。丁汝昌是否确在长江水师（湘军水营）服役，记此存疑。

66 见李鸿章：“勘验英厂购到四船片”（光绪四年六月十七日）；“筹议购船选将折”（光绪五年十月二十八日），《李鸿章全集》，第 8 册，第 109、511 页。

67 张佩纶：“致李鸿章”（光绪六年三月二十日），《李鸿章张佩纶往来信札》，第 17 ~ 20 页。

68 李鸿章：“验收新购蚊船折”（光绪七年八月二十日），《李鸿章全集》，第 9 册，第 477 页。

69 张佩纶：《涧于日记》，光绪六年九月初七日。

70 见薛福成：“酌议北洋海防水师章程”，《庸盦文外编》，卷一，页二十四 ~ 三十。

71 “北洋水师号衣图选”，《清末海军史料》，第 462 ~ 469 页。

72 寿尔：“田凫号航行记”，《洋务运动》丛刊，第 8 册，第 398 页。

73 《清史稿》，第 41 册，12366 页，“沈桂芬传”。

74 李鸿章：“复曾颉刚星使”（光绪六年四月初五日），《李鸿章全集》，第 32 册，第 544 页。

75 张佩纶：“再请罢斥枢臣王文韶折”（光绪八年十月二十七日），《涧于集·奏议》，卷二，页七十七。

76 吴汝纶：“与陈右铭方伯”（光绪二十一年闰六月十一日亥刻），《吴汝纶尺牍》，第 70 页。

77 张佩纶：《涧于集·奏议》，卷一、卷二诸折；《王文韶日记》，上册，第 451 页；《翁同龢日记》，第 3 册，第 1396 页。

78 柴小梵：《梵天庐从录》，第一册，第 253 页。

79 李鸿章：“复张蔼卿部郎”（光绪五年六月初六日），《李鸿章全集》，第 32 册，第 452 页。

80 张佩纶：《涧于日记》，光绪六年三月二十六日。

81 张佩纶：“致李鸿章”（光绪八年八月十八日），《李鸿章张佩纶往来信札》，第 245 页。

82 张佩纶现存最早的致李鸿章书信，为光绪五年七月，落款作“受业制张佩纶叩首”。见张佩纶：“致李鸿章”，《李鸿章张佩纶往来信札》，第 7 页。光绪六年三月初七日，张佩纶在日记中记载“夜合肥师来话”。《涧于日记》，庚辰上，第 15 页。

83 袁保龄：“致蒉斋”，《阁学公集·书札录遗》，页一 ~ 二。

84 关于李鸿章与张佩纶的通信，见李鸿章：“致张佩纶”（光绪八年二月三日、三月二十日、四月十一日、五月五日），张佩纶：“致李鸿章”（光绪八年四月十三日、十七日），《李鸿章张佩纶往来信札》，第

209 ~ 225 页。从张佩纶给李鸿章的信看，他显然不像袁保龄那样迂腐，他在信中告诉李鸿章朝廷仍坚持要李百日后回津的消息，却不劝说李守制。

85 《清实录》，第 54 册，第 54 页。光绪八年四月庚午。

86 《清实录》，第 54 册，第 55 页。光绪八年四月壬申。

87 张佩纶："致李鸿章"（光绪八年四月十三日、十七日），《李鸿章张佩纶往来信札》，第 221 ~ 225 页。

88 李鸿章："致张佩纶"（光绪八年五月初五日），《李鸿章张佩纶往来信札》，第 226 页。

89 李鸿章："致张佩纶"（光绪八年十二月初七日），《李鸿章全集》，第 33 册，第 199 页。

90 见张佩纶："上恭亲王"，《涧于集·书牍》，卷三，页二八一；

91 张佩纶："致李鸿章"（光绪九年十二月十七日），《李鸿章张佩纶往来信札》，第 338 页。又见许景澄："致朱亮生观察"谓："丰润到总署，创立海防股，议大减制兵"，《许文肃公遗稿·书札》，卷二，页七。

92 "赫德致金登干函"（1883 年 12 月 9 日），《中国海关密档》，第 2 卷，第 402 页。

93 中国社会科学院近代史研究所编：《沙俄侵华史》，第 3 卷，第 263 页。

94 "总理各国事务衙门奏与日本使臣议结琉球案折"（光绪六年九月二十五日），《清光绪朝中日交涉史料》，卷二，页九。

95 张佩纶："致李鸿章"（光绪六年十月初一日），《李鸿章张佩纶往来信札》，第 58 ~ 59 页。

96 李鸿章："妥筹球案折"（光绪六年十月初九日），《李鸿章全集》，第 9 册。第 198 ~ 199 页。

97 刘坤一："敬陈管见折"（光绪六年十一月初五日），《刘坤一遗集》，第 2 册，第 585 页。

98 张佩纶："致李鸿藻"（光绪八年），《张佩纶家藏信札》，第 7 册，第 3760 页。

99 马建忠：《东行三录》，第 68 页。

100 李鸿章："复直督张振轩制军"（光绪八年六月三十日），《李鸿章全集》，第 33 册，第 155 页。

101 据张佩纶称，其"七月间乞假回籍，将两兄一弟两姊之柩均买地分葬"。见"致陈弢庵学士"，《涧于集·书牍》卷二，页十四。

102 张謇《朝鲜善后六策》现已散失，其要点，参见张謇"为东三省事复韩国钧函"（宣统三年），《张謇全集》，第 1 卷，第 204 ~ 205 页。

103 刘厚生：《张謇传记》，第 17 页。

104 "啬翁自订年谱"，《张謇全集》，第 6 卷，第 844 ~ 845 页。

105 张謇等人写给袁世凯的信，是一份有趣的文件，对袁世凯嬉笑怒骂，极有文采。因内容太长，不录。载《张謇全集》，第 1 卷，第 17 ~ 22 页。

106 张佩纶："致李鸿章"（光绪八年七月二十五日），《李鸿章张佩纶往来信札》，第 237 页。

107 张佩纶："致李鸿章"（光绪八年八月十二日），《李鸿章张佩纶往来信札》，第 241 ~ 242 页。

108 "给事中邓承修奏朝鲜乱党已平请乘机完结琉球案折"（光绪八年八月初二日），《清光绪朝中日交涉史料》，卷四，页一 ~ 二。

109 张佩纶："请密定东征之策"（光绪八年八月十六日），《涧于集·奏议》卷二，页五九 ~ 六一。

110 李鸿章："议复邓承修驻军烟台折"（光绪八年八月十六日），《李鸿章全集》，第 10 册，第 81 ~ 83 页。

111 李鸿章："议复张佩纶靖藩服折"（光绪八年八月二十二日），《李鸿章全集》，第 10 册，第 88 ~ 89 页。

112 光绪元年六月二十三日奕䜣等奏折说："本年正月间，臣衙门奏请饬议海防事宜，臣文祥并陈请备船炮各节，已与李鸿章、沈葆桢先行筹办，本无专购铁甲船之说。复以铁甲船势难即购，而蚊子船炮位等件必须早为筹备，是以李鸿章上年来京时曾与面议，命总税务司赫德于本年三月间赴津商办此事。”见《洋务运动》丛刊，第2册，第337页。同年正月初六日李鸿章函沈葆桢谓：“文相急欲购办守口小铁船，属赫德由电信问价。”见《李鸿章全集》，第31册，第171页。

113 William Hovgarrd：*Modern History of Warships*. pp.244-245.

114 “赫德总税司面译金登干来函”，《李鸿章全集》，第31册，第197～200页。

115 李鸿章：“致总署议购船炮”（光绪元年三月二十二日），《李鸿章全集》，第31册，第202～203页。

116 李鸿章：“验收购到船炮片”（光绪二年十月二十日），《李鸿章全集》，第7册，第211～212页。

117 李鸿章：“验收续购船炮折”（光绪五年十月十六日），《李鸿章全集》，第8册，第502页；又，李鸿章光绪九年十二月十九日《海防经费销折》称：“订购‘镇北’‘镇南’‘镇东’‘镇西’四蚊炮船银六十万八十六两八分八厘九毫，添购‘镇北’等四船弹药六万八千一百十二两七钱八分四厘六毫。”见《李鸿章全集》，第10册，第363页。光绪五年十月十七日，李鸿章在给总理衙门的信中说：蚊船“即照现式，每只仅需银十五万两”。见《李鸿章全集》，第32册，第84页。此处十五万两，亦是从四船六十万两推算而出，估计均包括运费。

118 沈葆桢：“复李少荃中堂”，《沈文肃公牍》，第823页。

119 李鸿章：“复两江制军沈”（光绪五年十月十七日、十月二十四日），《李鸿章全集》，第32册，第493、496页。

120 李鸿章：“筹议海防折”（同治十三年十一月初二日），《李鸿章全集》，第6册，第161页。

121 李鸿章：“复总署条议海防”（光绪五年九月二十一日），《李鸿章全集》，第32册，第489页。

122 见李鸿章：“筹议购船选将折”（光绪五年十月二十八日），《李鸿章全集》，第8册，第512页；“复沈幼丹制军”（光绪五年八月十一日），《李鸿章全集》，第32册，第484页。

123 沈葆桢：“复李少荃中堂”，《沈文肃公牍》，第799页。

124 寿尔：“田凫号航行记”，《洋务运动》丛刊，第8册，第412～417页。

125 美国学者霍夫加德认为，伦道尔炮艇行动迅速，装载巨炮，虽然船身没有装甲保护，但由于小巧，敌人很难捕到。这种船是简单的移动炮台，对于海岸防御尤为有效。它的大炮对敌舰有很大的威胁。其缺点是炮体很重，整个船身不稳，只能在平静的水域作战，开炮时间间隔长，加上没有足够的装甲保护，容易被创伤（W.Hovgaard: *Modern History of Warships*. p.245）。研究者安德森认为，伦道尔炮艇的意义在于，低级的炮船也能拥有大炮舰的头衔，小规模的海军有希望在低代价下实现火力升级。总的来说，它们解决了当时令人头痛的沿岸防御问题。当高速炮和鱼雷出现后，由于其造价低，沿岸防御效果更好，使得伦道尔炮艇的优势不复存在。但将大型火炮装载在小型舰艇上的创意至今仍有极为重要的意义，现今世界许多小型快速的配有导弹的战舰便是伦道尔炮艇历史价值的佐证。（R.M.Anderson:The Rendel Gunboats. *Warship International,No.1*，1976）。

126 李鸿章：“复总署条议海防”（光绪五年九月十一日），《李鸿章全集》，第32册，第489页。

127 “奕䜣等又奏请我国师船一律添设黄龙旗折”“给英法美俄四国公使照会”（同治元年闰八月二十日），《筹办夷务始末》（同治朝），第1册，第405～407页。

128 见《旧中国海关总税务司署通令选编》，第1册，第209页；吴绪成主编《历史珍档：湖北省档案馆特藏档案集粹》，第21页。

129 “金登干致赫德”（1874年5月22日、6月19日、8月7日），《中国海关密档》，第1册，第51、

71 ~ 72、110 页。

130 “金登干致赫德”（1879 年 6 月 15 日），《中国海关密档》，第 8 册，第 177 页。

131 李鸿章：“定购快船来华折”（光绪七年十月十一日），《李鸿章全集》，第 9 册，第 507 ~ 508 页。

132 “金登干致赫德”（1881 年 10 月 21 日），《中国海关密档》，第 2 卷，第 641 页。

133 W. M.Duncan: *The Stephenson Centenary 1881*, E. W. Allen publishing,1881, p. 101-102. *The Newcastle Daily Journal*, August 8 th , 1881. 译文转引自《泰恩河上的黄龙旗》，第 202 ~ 203 页，原文“Defence , not defiance”出自托马斯·吉雷斯比的诗歌 The Mountain Storm。1859 年，英国面对拿破仑三世入侵威胁，兴起“志愿兵运动”时，将其作为座右铭。

134 相关内容见陈悦：《近代国造军舰史》，第 194 ~ 195 页。

135 “赫德致金登干函”（1879 年 9 月 4 日），《中国海关密档》，第 2 册，第 230 ~ 231 页。

136 李鸿章：“复总署议赫德海防条陈”（光绪五年七月十七日），《李鸿章全集》，第 32 册，第 473 页。

137 沈葆桢：“致李中堂”，《沈文肃公牍》，第 3 册，第 1296 页。

138 薛福成：“上李傅相论赫德不宜总司海防书”，《庸盦文编》，卷二，页五十三。

139 “李丹崖之英国伦敦发来第十七号信”（光绪五年四月初九日），“光绪五年五月二十三日天字第二十六号”，《李凤苞往来书信》，上册，第 102、107 页。

140 李鸿章：“复沈幼丹帅”（光绪三年十月二十一日），《李鸿章全集》，第 32 册，第 158 页。

141 “光绪五年十一月初一日总理各国事务衙门奕䜣等奏折”，《洋务运动》丛刊，第 2 册，第 426 页。

142 沈葆桢：“复丁雨生中丞”，《沈文肃公牍》，第 2 册，第 645 页。

143 《涛园集》，第 173 ~ 174 页。

144 李鸿章“定造铁甲折”（光绪六年六月初三日），“复李丹崖星使”（光绪六年八月十七日），《李鸿章全集》，第 9 册，第 108 页；第 32 册，第 600 页。

145 徐建寅：《欧游杂录》，第 85 页。

146 William Hovgaard：*Modern History of Warships*， p.303.

147 许景澄：《外国师船图表》，卷一，页八。

148 徐建寅：《欧游杂录》，第 86 页。

149 关于“定远”“镇远”两舰的舰体数据，各种史料互有出入。许景澄“遵旨勘验定远镇远两船工料并接管情形折”给出长 94.5 米，宽 18.3 米，吃水 6 米的数据，李鸿章“验收铁甲快船折”给出的数据是长 298 英尺 5 英寸，宽 60 英尺 4 英寸，吃水 19 英尺 6 英寸。T.A.Brassey：*.The Naval Annual* 1890 ~ 1895 年，各版给出的数据是长 308 英尺 5 英寸，宽 59 英尺，吃水 20 英尺。本书给出的尺度，见《中国驻德大臣李与德国士旦丁伯雷度之伏耳铿厂两总办订定铁舰合同》（南京图书馆藏），其中长度系指两柱间长。

150 见李鸿章：“验收铁甲快船折”（光绪十一年十月十八日），《李鸿章全集》，第 11 册，第 231 ~ 233 页；许景澄：“遵旨勘验定远镇远两船工料并接管情形折”（光绪十年十月二十四日），《许文肃公遗稿·奏疏》卷一，页五；《中国驻德大臣李与德国士旦丁伯雷度之伏耳铿厂两总办订定铁舰合同》。

151 从下表中可以比较英德在同类型军舰价格上的差距：

舰名	制造国	排水量（吨）	马力（匹）	航速（节）	长	宽	吃水	价格（镑）		资料来源
								船价	机器	
英弗莱息白 Inflexible	英	11800	6500	12.8	320 英尺	75 英尺	26.4 英尺	648 811	146 457	T.A.Brassey: The *Naval Ahnual* 1895
征服者 Conqueror	英	6200	6000	13.3	270 英尺	58 英尺	24 英尺	325 000	93 433	
泰米雷勒 Temeraire	英	8540	6500	13.8	285 英尺	62 英尺	27.2 英尺	352 015	102 954	
萨克森 Sachson	德	7400	5600	14	298 英尺	60 英尺	19.8 英尺	423 178		
定远	德	7335	6000	14.5	94.5 米	18 米	6 米	约 370 000		定价据《李鸿章全集》，第 33 册，第 95 页

又据李鸿章光绪十三年二月初五日奏称："定远"造价为 141 万两，"镇远"造价为 142.4 万两。用于运费、杂项开支约 56 万两。见《洋务运动》丛刊，第 3 册，第 42 ~ 45 页。

152 张黎源：《李凤苞在"定远"舰下水礼上的致辞》，微信公号"船坚炮利"，2019-10-3。

153 李鸿章：《复李丹崖星使》，光绪八年正月十八日，《李鸿章全集》，第 33 册，第 109 ~ 110 页。

154 李鸿章：《复出使德国大臣李》，光绪八年五月二十八日，《李鸿章全集》，第 33 册，第 152 页。

155 李鸿章《验收铁甲快船折》，光绪十一年十月十八日，《李鸿章全集》，第 11 册，第 231 ~ 233 页。

156 恩格斯：《反杜林论》，《马克思恩格斯选集》，第 3 卷，第 277 ~ 278 页。

157 李鸿章：《督办北洋海防谢恩折》，光绪元年五月初十日；"致总署论海防筹饷"，光绪元年五月十一日，《李鸿章全集》，第 6 册，第 304 页；第 31 册，第 242 页。

158 "奕䜣等奏请由洋税厘金项下拨南北洋海防经费"（光绪元年六月初十日），《清末海军史料》，第 615 ~ 617 页。

159 李鸿章："复刘仲良中丞"（光绪元年八月十三日），《李鸿章全集》，第 31 册，第 311 页；沈葆桢："复李中堂"，《沈文肃公牍》，第 1 册，第 385 页。

160 李鸿章："复沈幼帅"（光绪元年十一月十九日），《李鸿章全集》，第 31 册，第 329 页。又，李鸿章信函中，保留有许多各省欠款的记载。如光绪二年正月十二日给沈葆桢的信中说："海防拨款，近接各处文牍，惟鄂厘可如数报拨。"三月六日给丁日昌信中说："目前海防额款仅解到二十余万，力实不济。左相又大声疾呼，谓海防窒碍西局，以后必报解无几。"六月初二日给恭亲王信中说："上年……准户部会同贵署奏拨每年额饷四百万两。幼丹履任后知各省空虚，有拨无解，咨令尽数解交北洋。迄今一年之久，统计各省关仅解到银六十余万，屡催罔应。"次年三月二十日给吴赞诚信中说："南洋海防额款号称岁二百万，每年实解不过四十万。"见《李鸿章全集》，第 31 册，第 354、371、445 页；第 32 册，第 22 页，等等。

161 "光绪三年二月二十四日总理衙门奕䜣等奏"，《洋务运动》丛刊，第 2 册，第 360 页。

162 李鸿章："复沈幼丹制军"（光绪三年九月十六日），《李鸿章全集》，第 32 册，第 140 页。

163 "光绪三年二月二十四日总理衙门奕䜣等奏"，《洋务运动》丛刊，第 2 册，第 360 页。

164 "光绪三年五月初四日福建巡抚丁日昌奏"，《洋务运动》丛刊，第 2 册，第 370 ~ 371 页。

165 李鸿章在"请催海防经费片"（光绪五年十月二十八日）中说，"查户部原拨南北洋海防经费，每年额款四百万两，自光绪元年七月至三年六月止，统解北洋；自三年七月起，分解南北洋各半。”见《李鸿章全集》，第 8 册，第 513 页。

166 李鸿章：“请拨海防经费片”，光绪六年三月初一日，《李鸿章全集》，第 9 册，第 32 ~ 34 页；“光绪六年三月初十日总理衙门奕䜣等奏”，《洋务运动》丛刊，第 2 册，第 451 ~ 453 页。

167 李鸿章又说：“惟原拨经费四百万两，除去福建、广东截留之款，即使解足八成，合南北洋不过二百万余两，每处仅得百余万。”见“议梅启照条陈折”（光绪六年十二月十一日），《李鸿章全集》，第 9 册，第 260 页。

168 北洋海防经费收入状况见下表：

光绪元年～二十年北洋海防经费收入细表

单位：两

<table>
<tr><th rowspan="2">年份（光绪）</th><th colspan="4">厘金</th><th colspan="5">关税</th><th rowspan="2">海防捐</th><th rowspan="2">其他</th><th rowspan="2">共计收入</th></tr>
<tr><th>江西</th><th>浙江</th><th>江苏</th><th>湖北</th><th>山海关</th><th>浙海关</th><th>闽海关</th><th>粤海关</th><th>江海关</th></tr>
<tr><td>元 ~ 六</td><td>680 000</td><td>750 000</td><td>90 000</td><td>800 000</td><td>163 887</td><td>397 198</td><td>203 680</td><td>957 069</td><td>659 408</td><td></td><td>125 375</td><td>4 826 618</td></tr>
<tr><td>七、八</td><td>150 000</td><td>210 000</td><td>145 000</td><td>200 000</td><td>58 074</td><td>243 049</td><td>226 839</td><td>318 548</td><td>648 676</td><td></td><td>73 077</td><td>2 273 263</td></tr>
<tr><td>九、十</td><td>110 000</td><td>110 000</td><td>80 000</td><td>40 000</td><td>73 555</td><td>245 239</td><td>176 503</td><td>161 108</td><td>315 292</td><td></td><td>1 213 651</td><td>2 525 348</td></tr>
<tr><td>十一</td><td>40 000</td><td>30 000</td><td>45 000</td><td></td><td>43 684</td><td>128 717</td><td>103 468</td><td>100 000</td><td>241 950</td><td>1 128 199</td><td>47 778</td><td rowspan="2">2 862 143</td></tr>
<tr><td>十二</td><td></td><td></td><td></td><td>50 000</td><td>46 650</td><td>128 634</td><td></td><td></td><td>308 271</td><td>366 577</td><td>50 208</td></tr>
<tr><td>十三</td><td>30 000</td><td>140 000</td><td></td><td>310 000</td><td>100 900</td><td>147 589</td><td></td><td></td><td>159 037</td><td></td><td>105 548</td><td rowspan="2">2 284 411</td></tr>
<tr><td>十四</td><td>90 000</td><td>180 000</td><td></td><td>260 000</td><td>98 280</td><td>151 634</td><td></td><td></td><td>448 668</td><td></td><td>67 747</td></tr>
<tr><td rowspan="2">十五
十六</td><td colspan="9" rowspan="2">收湖北、浙江、江西厘金，江、浙、山海关税银共计 { 965 110
1 387 880</td><td></td><td>64 827</td><td>1 029 939</td></tr>
<tr><td></td><td>76 363</td><td>1 464 246</td></tr>
<tr><td>十七</td><td colspan="9" rowspan="3">收各省关税厘金 { 1 260 713
1 438 389
2 646 392</td><td></td><td>73 624</td><td>1 334 339</td></tr>
<tr><td>十八</td><td></td><td>82 604</td><td>1 520 993</td></tr>
<tr><td>十九
二十</td><td></td><td>475 720</td><td>3 122 115</td></tr>
<tr><td>总计</td><td colspan="9"></td><td></td><td></td><td>23 243 415</td></tr>
</table>

注：本表及下页的“北洋海防经费收支结余一览表”的数据来源，见注 172。

169 刘坤一：“南洋海防经费请饬粤海关迅速起解片”（光绪六年九月十二日），《刘坤一遗集》，第 1 册，第 575 页。

170 曾国荃：“船炮价值开销疏”（光绪十年闰五月十二日），《曾忠襄公奏议》，卷二十二，页四十六。

171 李鸿章：“北洋月支炮费表”（光绪十二年四月初十日），《李鸿章全集》，第 9 册，第 32~34 页。

172 以上开支均按李鸿章和王文韶历年北洋海防经费报销折统计。见《李鸿章全集》，第 10 册，第 360 ~ 365 页；第 11 册，第 553 ~ 559 页；第 12 册，第 282 ~ 283 页；第 13 册，第 12 ~ 26 页；第 14 册，第 25 ~ 34 页、第 409 ~ 415 页；第 15 册，第 111 ~ 114 页、第 340 ~ 348 页；《光绪朝硃批奏折》，第 65 辑，第 269 ~ 270 页；《清末海军史料》，第 658 ~ 660 页。

173 李鸿章：“海防经费报销折”（光绪九年十二月十九日）、“驻洋幼童匀拨经费折”（光绪三年九月十九日），《李鸿章全集》，第 10 册，第 361 页；第 7 册，第 445 页。

174 北洋海防经费支出状况见下表：

北洋海防经费收支结余一览表

单位：两

项目 年份（光绪）	收入				支出（5）	结余（6）（4—5）
	拨款（1）	总收入（2）（1+6）	登除（3）	实际收入（4）（2—3）		
元～六	4 826 618		808 084	4 018 534	2 964 233	1 054 301
七、八	2 273 263	3 327 564	1 075	3 328 639	1 630 177	1 698 462
九、十	2 525 348	4 223 810	—	4 223 810	3 295 083	928 728
十一、十二	2 862 143	3 790 871	222 528	3 568 342	2 947 746	620 596
十三、十四	2 284 411	2 905 007	230 345	2 674 551	2 594 830	79 721
十五	1 029 939	1 109 661	31 810	1 077 850	997 183	80 667
十六	1 464 246	1 544 913	76 368	1 408 545	1 426 038	42 506
十七	1 334 349	1 376 345	73 352	1 299 493	1 278 047	21 445
十八	1 520 993	1 542 439	191 405	1 351 034	1 336 739	14 294
十九、二十	3 122 115	3 136 410	210 814	2 925 585	2 924 640	945
总计	23 243 415	22 957 020	1 845 781	25 876 383	21 394 716	

注：“登除”栏数据，系在海防经费报销时扣除的非海防用款数额。

175 李鸿章：“订造铁甲船折”（光绪六年六月初三日），《李鸿章全集》，第9册，第108～109页；又，“定”“镇”二舰最终经费来源为：福建省关藩盐三库银60万两，福建省奏借出使经费20万两，总理衙门奏拨南洋购船价出使经费40万两，两淮商捐100万两，招商局拨还各省官本四届漕运水脚840515两，四川省拨官盐税厘30万两，户部划拨30万两，总计3646515两，全系北洋海防经费之外款项。见《洋务运动》丛刊，第3册，第42～43页。

176 刘坤一：“致沈经生中堂”（光绪六年六月十一日），“复刘荫渠”（光绪六年七月十二日），《刘坤一遗集》，第5册，第2481页；第4册，第1890页。

177 “光绪十三年二月初五日李鸿章片”，《洋务运动》丛刊，第3册，第46～49页。

178 李鸿章：“定造快船报销折”（光绪十五年四月二十二日），《李鸿章全集》，第13册，第86～87页。

179 李鸿章：“雷艇经费请销片”（光绪十五年四月二十二日），《李鸿章全集》，第13册，第93页。

180 李凤苞：“来信第八十三号”（光绪七年闰七月二十八日），《李凤苞往来书信》，下册，第465页。

181 李凤苞：“来信第一百零四号”（光绪八年三月二十六日），《李凤苞往来书信》，下册，第613页。

182 李鸿章：“复李丹崖星使”（光绪八年正月十八日），《李鸿章全集》，第33册，第109页。

183 李鸿章：“查复李凤苞被参各款折”（光绪九年正月二十日），《李鸿章全集》，第10册，第149页。

184 “光绪九年十二月初六日上谕”，《光绪宣统两朝上谕档》，第9册，第441页；张佩纶：“遵查出使大臣李凤苞参案折”（光绪九年十二月二十四日），《涧于集·奏议》，卷六，页二十。

185 “内阁学士尚贤奏各国照会洋字翻译往往错误请照会各国令其译就汉文并参奏李凤苞等片”（光绪十年闰五年十六日），《中法交涉史料》，卷十八，页二十四。

186 “金登干致赫德”（1875年7月2日、9月10日），《中国海关密档》，第1卷，第274～277页，第295～296页。

187 “赫德致金登干”（1876年4月21日），《中国海关密档》，第1册，第388页。

188 “金登干致赫德”（1876年7月3日），《中国海关密档》，第1册，第419～420页。

189 “赫德致金登干”（1877年12月14日），《中国海关密档》，第1册，第650～651页。

190 李鸿章称：“驻英税务司金登干代订船炮，实心实力，纤悉无遗。光绪五年六月间，据赫德申呈，该税司等皆食中国俸禄，分应效力，将船厂送到酬劳中费规平银一万七千四百六十两缴还臣处，饬局存备公用。”见“请奖洋员片”（光绪七年十月十一日），《李鸿章全集》，第9册，第510页。

191 《中国驻德大臣李与德国士旦丁伯雷度之伏耳铿厂两总办订定铁舰合同》（抄本，南京图书馆藏）。

192 “福建监察御史安维峻奏请慎购快船片”（光绪二十年八月初一日），《中日交涉史料》，卷十九，页三。

193 参见本章注151。

194 寿尔：“田凫号航行记”，《洋务运动》丛刊，第8册，第398页。

195 “光绪六年十一月十六日江南监察御史李士彬奏”，《洋务运动》丛刊，第5册，第249页。

196 “光绪十年九月初五日兼署船政张佩纶片”，《中国近代学制史料》，第一辑，上册，第346页。

197 斯蒂芬·豪沃思：《驶向阳光灿烂的大海：美国海军史（1775～1991）》，第281～284页。

198 内森·米勒：《美国海军史》，第165～177页。

199 《郭嵩焘日记》，第3卷，第205、207、531页。

200 包遵彭：《中国海军史》，下册，第759页。

201 “李丹崖自英国伦敦发来第一号信”（光绪十年二月初五日），《李凤苞往来书信》，上册，第34页。

202 《郭嵩焘日记》，第3卷，第441页；李鸿章：“卞长胜等赴德国学习片”（光绪二年三月二十六日），“闽厂学生出洋学习折”（光绪二年十一月二十九日），“武弁回华教练折”（光绪五年十月二十八日），《李鸿章全集》，第7册，第53～54页、第256～258页，第8册，第514～515页；张德彝：《随使英俄记》，第348～354页，第546页。

203 “复李丹崖信天字第十三号”（光绪十年四月初四日），《李凤苞往来书信》，上册，第36页。

204 “光绪六年七月十四日李鸿章片”，《洋务运动》丛刊，第2册，第460～461页。

205 “北洋大臣李札天津道、津海关道、天津机器局许道其光”（光绪六年七月初一日），《北洋纪事》（第十本）；李鸿章：“筹办天津水师学堂片”（光绪六年七月十四日），“吴仲翔办理学堂片”（光绪七年四月二十三日），《李鸿章全集》，第9册，第138、342页。

206 张焘：《津门杂记》，第67～69页；又，《万国公报》第361卷刊有《天津新设水师学堂章程》，内容与本告示相近，可参阅。

207 设立天津水师学堂管轮诵堂之初议，见“光绪七年十月十二日水师学堂吴仲翔详北洋大臣李”，提出轮船水师管驾与管轮相须为用，拟于天津水师学堂后隙地增建管轮诵堂。次年三月，机器局道员潘骏德、刘含芳又以原办水雷学堂诸生入学两年，中西功课无甚长进，建议将学生中资质学业略可造就者提归水师学堂，其资质次下者若愿赴大沽水雷营即发往学习。水雷学堂校舍七十余间，与水师学堂同在河东机器局内，相距咫尺，拟将所有校舍设备全部移交，改办管轮学堂。旋为李鸿章批准。见“光绪八年三月二十三日机器局潘骏德等禀北洋大臣李”。以上均载《北洋纪事》（第十本）。

208 李鸿章：“复吴春帆京卿”（光绪二年八月初四日、九月十四日），《李鸿章全集》，第31册，第479、496页。

209 严宗光（复）是中国留学生中理论学习方面的佼佼者。《郭嵩焘日记》中，有许多记录他们在英国交往的内容。光绪五年六月廿二日记：“刘伯固送康候回自上海，见示曾颉刚日记一本，讽刺鄙人凡数端：……一论褒奖严宗光太过，长其狂傲矜张之气。虽属有意相抵而犹近事理。”（第三卷，第901页）七月十一日记：“又陵论颉刚门第意气太重，天分亦不高，然喜为轻藐鄙夷之论；日记中所载中西时事，去事理远甚，所带人从，皆赘疣也，于使事毫无补济。……又陵言自有理，亦正嫌其锋芒过露。颉刚谓其狂态由鄙人作成之，则亦不知又陵之狂，由来固已久也。”（第912页）不过从曾纪泽《出使英法俄国日记》来看，他对严宗光还是很赞赏的。原文为：（三月）“十三日……核改答肆业学生严宗光一函，甚长。宗光才质甚美，颖悟好学，论事有识，然以郭筠丈褒奖太过，颇长其狂傲矜张之气。近呈其作文三篇，曰《饶顿传》、曰《论法》、曰《与人书》，于中华文字，未甚通顺，而自负颇甚。余故抉其疵弊而戒励之，爱其禀赋之美，欲玉之于成也。”（第168页）此后，薛福成1890年出使英国，他的日记中记录：“查旧卷，光绪十二年署洋督师恭萨克禀曾侯云……水师管驾学生二十人，以刘步蟾、林泰曾、严宗光、蒋超英为最出色……严宗光于管驾官应知学问以外，更能探本溯源，以为传授生徒之资，足胜水师学堂教习之任。”（《出使四国日记》，第142～143页）师恭萨克（通译斯恭塞格）为第三届留英学生监督，这个报告，应当反映的是第一届留学生监督日意格、李凤苞的看法。1880年李鸿章在给船政大臣黎兆棠的信中说：“丹崖星使（李凤苞）迭函严宗光堪充教习，闽人多引重之。”［“复黎召民京卿”（光绪六年三月二十一日），《李鸿章全集》第32册，第540页）］4月19日，张佩纶路过天津，李鸿章曾与他讨论海军人才。他的日记记载：“夜，合肥来话，询及水师将才。……伯潜（陈宝琛）称严宗光者，器识闳通，天资高朗，合肥已往调之来津矣。”27日又记：“黎召民书来，以严宗光不能即到见复。严，伯潜所荐士也。”（《涧于日记》，光绪六年三月十一日，十九日）此时严复年仅二十六岁，朝中硕臣，均以国士待之。但直到1887年底，我们从文献上看到他的职务仍只是天津水师学堂洋文正教习而非总教习。（见姜鸣“严复任职天津水师学堂史实再证”，《历史研究》，2008年第3期）关于他在天津水师学堂的教学情况，由于史料缺乏，后人所知甚少。1882年留美归国分在该学堂继续学习的幼童梁诚在写给友人的信中，指责他教学水平低劣。说“那位在英国受教育的，像其他中国教习一样不知如何施教。他上课每次念一小段，使人一听见就感到恶心。数学应该是他的本行，但我们常发现他做几何及代数时也造成不必要的问题，他照书本一字字往下念”［“梁诚（丕旭）致肖（Shaw）”，1882年3月6日，见高宗鲁编译：“中国留美幼童书信集”，载《传记文学》，第36卷，第6期］。严复后来以翻译西方社会科学名著而享大名，但恐怕未必是一个自然科学的好老师。

210　“光绪八年三月二十三日水师学堂吴仲翔详北洋大臣李”，《北洋纪事》（第十本）。

211　李鸿章：“水师学堂请奖折”（光绪十年十一月初五日），《李鸿章全集》，第10册，第649页。

212　陈悦：“北洋海军史料新发现之一——《北洋水师练船章程》”，《中国甲午战争博物馆馆刊》，2009年第1期，第10～13页。

第　三　章

马江之战前后

1884～1885

我们不是生存在一个完美的世界上，我们也不可以期望用理想中完美的方式来处理不完美的现实。只有借助于“力量”这个粗俗的、不完美的但却是不可忽视的仲裁者，我们才得时间和持久力。

——A.T. 马汉

一、战前风波

在悠悠数千年的历史长河中，中国历代封建统治者，通过实力兼并、贸易往来和典章文物制度的吸引，逐步形成了中原王朝控制周边邻国、周边邻国依附中原王朝的宗藩关系。

宗藩关系是中国封建对外关系的重要组成部分。有学者以为，所谓属国，既非殖民地，也不是托管地，中华帝国的思想意识里并不含有近代国际社会的概念。宗藩关系的基本条件是遵礼仪，纳贡献，受册封，奉正朔，而中国作为宗主国，并不操纵或干涉朝贡国的内外事务。只是在朝贡国内乱时，宗主国才有责任出兵平定。[1]这话分析得有理，但在精明的封建统治者心目中，它也绝不仅仅是为了满足“通惠四海”“万邦来朝”的大一统盛世虚荣的点缀物，更是调节同边远异邦的民族关系，保证国内安定的缓冲阀。从《左传》上说“古者天子守在四夷，天子卑，守在诸侯”，《淮南子》说“天子得道，守在四夷”，到 1881 年云贵总督刘长佑说“边省者，中国之门户，外藩者，中国之藩篱。藩篱陷则门户危，门户危则堂室震矣”[2]，都是主张把战略防御的空间，前出到国境之外。这是地缘政治学说在国土防御战略中的应用，现代学者有将此称为“国防掩护圈”的。当然，由于儒家文化的浸濡，长期以来，中国人对于地缘政治的应用，主要采取战略防御态势，同近代资本主义的进攻扩张理论和殖民侵略，有着根本的区别。在近代，随着殖民势力东来，中国无力庇护藩属国，藩属国更是孱弱式微，结果宗藩关系便逐步瓦解。

19 世纪 80 年代初，中国南方的藩属国越南，发生了被法国侵略并吞的危机。

越南曾属中国版图。公元 968 年（北宋开宝元年）脱离中国，建立瞿越国。此后在 900 多年里，政权屡有更迭，却一直保持了同中国的藩属关系。18 世纪起，欧洲人纷至沓来。1749 年，法国人皮埃尔 · 波福尔在越南进行政治活动后，向法国国王路易十五密奏，必须迅速占领这个国家，以免落入英国人手中。接着，在

1756～1763年七年战争中，法国与英国争夺霸权败北，失去了它的北美殖民地加拿大和东印度殖民地。为了继续与英国对抗，传教士百禄多主教在1787年再次建议路易十六占领越南。此后，由于法国大革命爆发，这一计划没有实现。

从19世纪中叶开始，法国加紧了对越南的侵略。60年代，它把越南南方五省纳入自己的控制，统称交趾支那。1874年，法国与越南阮氏王朝签订了《法越和平同盟条约》（又称《第二次西贡条约》），宣布越南完全独立。就法国来说，这是企图割断越南与中国之间的宗藩关系，并在控制越南之后，打通进入中国云南的商路；对越南而言，它看到清王朝日益衰弱，就千方百计地设法摆脱清朝对它的宗主关系，还梦想依靠法国来建立一个独立自主的封建王国。

越南君臣惯于首鼠两端，反复无常，在大国夹缝中寻求生存。他们一面求庇法国，以摆脱清朝的控制；另一方面，为了维持其国内统治，仍要借助中国的实力和影响。当他们看到法国势力图谋并吞整个越南后，又向清政府请求援助。据不完全统计，从1882年初到1883年底，阮氏王朝通过各种渠道，共向中国发出了30余次请援要求。[3]

中国朝野对于法国在越南的殖民侵略扩张早有警惕。1881年12月6日，总理衙门就指出："越之积弱，本非法敌，若任其全占越土，粤西唇齿相依，后患堪虞……此事关系中国大局。"[4]13天后，翰林院侍讲学士周德润上奏提出："越南之存亡，中夏之安危系之。""越南存而吾之自强易，越南亡而吾之自强难，失其屏藩而欲以多方备之，虽有智者亦不知善其后矣。"[5]署理直隶总督张树声更指出："法人通商红江，规取越南北境，命意所在，尤注滇南……云南保胜一带，防务尤为紧要。一旦法逞其志，尽占北圻，西南半壁处处与内地为邻，势必有欲闭关自守而不能者。及今相持未下，能多守越南尺寸之土，即多增中国尺寸之土。"[6]

除了这种增加防御弹性和战略主动权的考虑外，宗主国对藩属国的字小之仁，也是清廷决定出兵援越的重要原因。此外，朝廷还看到，"环伺而起者，不止一法国。相逼而处者，不止一越南。此不特边疆之患，抑亦大局之忧也"。[7]日本已在并吞琉球，若听任法国占领越南，那么缅甸、朝鲜都会出现同样的情况，整个国家便岌岌可危了。

在越南问题的讨论中，还有一些不同的声音。广东巡抚裕宽认为，越南政令不修，人情恇怯，无法与法国抗争。我若援助越南，异日法越之人俱将有词于我。一方频繁呼吁，一方藉端要挟。与其将来为难，不如不再干预。署理云贵总督岑毓英担心出兵援越，耗中国之力为越南守土，于彼无益，于我有损。另一位前方的疆吏，广西巡抚倪文蔚分析说，越南国政，横征暴敛，民怨甚深。如欲保护越南，必须改易政令，与民更新。否则费财劳师，无有穷期。保护边疆，却没有把握。[8] 这些议论，不能说没有道理。但为了遏制法国势力在越南的扩张，保卫中越两国的安宁，朝廷最后还是做出决定，出兵边境，援越抗法。

中越边境一带，群山连绵，坡陡谷深，人烟稀少，几条南北向的山口关隘，连接着两国人员和经济的交流，也是兵家必争之地。其中东部的镇南关和西部的河口，是维系广西、云南与越南联系的重要孔道。

1879 年，广西边军应越南邀请，入越助剿清军叛将李扬才。事定后酌留营哨驻守谅山、高平。1882 年起，应越南政府多次请求，广西增援部队进入北圻一带。

在西线，河口对岸保胜一带，驻有刘永福领导的黑旗军。刘永福早年参加广西天地会起义，后来转赴越南，在六安州建立“中和团黑旗军”。1873 年，法军侵犯北圻，他应越南约请，领兵抗法。1882 年，清政府听从吏部候补主事唐景崧的建议，做出暗助刘永福抗法的决策。同时谕令云南筹兵布防，以与广西边军遥相呼应。8 月，西线清军以“剿办土匪”的名义越过边境，进入越南。

朝廷还密谕广东各兵轮克期整顿，由吴全美统带，驰赴北部湾廉州、琼州一带操防，并不时驶往越南洋面，确探消息。

1883 年 2 月，法国温和派共和党人茹费理第二次组阁。5 月 15 日，法国议会通过增加 550 万法郎军事拨款，并增派军队和 12 艘各式舰船支援侵越殖民军的决议。黑旗军立即回击侵略者，19 日，他们在河内城西的纸桥伏击法军，击毙交趾支那海军司令李威利（又译李维业）上校及官兵数百人。

李威利死后，正在瑟堡组建试验分舰队的孤拔海军少将奉命带旗舰“巴雅”号铁甲舰前往阿尔及尔待命。31 日，孤拔被任命为“东京”分舰队司令（总司令衔），为他增配了铁甲舰“阿塔朗特”号、二级巡洋舰“雷诺堡”号，炮舰“益士弼”号、“蝮蛇”号、“野猫”号、“火枪”号，以及二级鱼雷艇 45、46 号。这支分舰队连同原先拥有的舰船，共达 25 艘。

7 月底，孤拔抵达西贡。法军兵分两路。陆路由北圻法军统帅波滑率领，沿红河进攻黑旗军，这支部队失败而归。海路由孤拔率领进攻越南首都顺化。一个月后，越南嗣德皇帝阮福时病薨，阮朝内部为继位发生争夺，孤拔毫不费力地占领了顺化。他迫使越南与法国签订了《顺化条约》，条约声称越南承认法国的保护权，越南只有通过法国才能与外国（包括中国）进行联系。10 月，孤拔率军进入河内。12 月，法国议会通过新的增拨军费和加派远征军的提案。12 月 11 日，孤拔指挥军队进攻驻扎在山西的中国军队，中法两国的正面军事行动开始了。法国计划将中国海域分舰队和东京海域分舰队合组成中国海域舰队，并拟由孤拔担任总司令。在这个命令正式发布前，法国海军部的负责人多次要求孤拔，注意做好战时集中全部海军力量进行军事行动的准备。

法国海军少将孤拔

1883 年 5 月 1 日，上谕命李鸿章前往广东，督办越南事宜，所有广东、广西、云南防军均归节制。[9] 在此之前的 3 月底，李鸿章刚刚请假获准，离天津回合肥营葬，又如此匆匆地将他召回，可见前线形势的紧迫。

李鸿章是中国变革的先驱人物，但从壮年步入老境，精力、气魄、胆略都大不如前了。在对外事务中，他历来主张忍让，可是每场冲突，朝廷总要他去处理。李鸿章本不以中国介入保护越南为然，此时知悉法国正在扩大战争，桂滇粤防军又是有名无实，因此不愿贸然前去。他一面上奏，提出法国志在逼胁从，而不在吞全越。说广东水师不能与法相敌，担心法舰扰我海口，请各省督抚自行调度，自己暂驻上海，统筹全局，再定进止。另一方面，他还通过关系在京枢大佬中展开公关活动。比如袁保龄就给李鸿藻写信，建议调李鸿章驻天津或坐镇上海。13 日，朝廷同意他暂驻上海。24 日，张佩纶上奏，请召李鸿章回天津署理直督。又说曾国荃在广东调度乖方，请开去署缺，命张树声仍回广东。[10] 同日，李鸿章又收到津海关道周馥拍来的密电，报告法国方面密拟的议和办法，其中提到在法国势力范围和在滇桂边界留出中立地带，以作缓冲，于是更拿定主意。到达上海后，他一面请张树声调丁汝昌带“超勇”“扬威”“威远”3 舰来吴淞候派，为南下作准备，一面继续故意拖延行期。朝廷知他心事，6 月 20 日下谕将他北调，仍回北洋大臣署任。7 月 13 日，更采纳张佩纶前议，命李鸿章署理直隶总督，张树声回两广总督本任，曾国荃来京陛见。在这场内部权力之争中，李鸿章大获全胜，不过一年时间，他就收回了因母亲去世丁忧免去的全部权位。[11]

1884 年春天，北京政局充满了诡谲的变数。由于云南巡抚唐炯、广西巡抚徐

1884 年 3 月，清军在北宁战败

延旭等人的昏庸怯懦，指挥失误，战事节节失利，援越清军与黑旗军坚守的越南北宁被法军占领。3 月 26 日，朝廷下令革职拿问唐、徐，命贵州巡抚张凯嵩、湖南巡抚潘鼎新分别署理云南巡抚和广西巡抚。在表面的人事变动后面，孕育着一场剧烈的政坛风波。

事情又从张华奎而起。1882 年张佩纶反悔为张树声帮办北洋海防的承诺，并与李鸿藻、陈宝琛联手给张树声难堪，使得张家父子耿耿于怀。上年，张佩纶又上奏把李鸿章搬回天津，而将张树声逐回两广，更使二张之间结怨加深，张华奎一直在寻找机会试图报复。唐炯、徐延旭都是经张佩纶推荐，称其“知兵”，在一年多时间从道员躐升巡抚的。张与唐、徐其实并不相熟，但他俩是张佩纶的密友、山西巡抚张之洞的裙带人物。唐炯是张之洞的舅哥（张之洞第二任夫人唐氏之兄），徐延旭是张之洞姐夫鹿传霖（时任河南巡抚）的儿女亲家。据说张华奎草拟底稿，通过王仁东，说动左庶子盛昱出头弹劾张佩纶和李鸿藻滥保匪人唐炯、徐延旭。[12] 王仁东（字旭庄）、其兄王仁堪（字可庄）及盛昱（字伯羲），都是著名的后清流人物。王仁堪还是光绪三年（1877 年）的状元，与盛昱为同年。他们虽科名较晚，却也都以才学和刚直著称，宛若数年之前的张佩纶、张之洞。王仁堪兄弟的祖父王庆云，曾任工部尚书，姐夫陈宝琛，则是张佩纶的密友。王仁东本人，又是陈宝琛的妹夫。本来大家私下都是走得极勤、又相互提携的亲戚朋友，此时在对越作战的观点上出现了很大的分歧。王仁东还专门写了《与张佩纶绝交书》，谓“某谬附故交，又复长承教益，故敢以古谊责备贤者，如谓所见大谬，即以此纸为绝交书可也”。张佩纶回书说：他的责任，并不在误保徐延旭、唐炯，不能出战的原因，实在是水师火器，与陈宝琛三年前所沥陈时一样，全未预备，贸然出师，实为兵家大忌。这种解释的口气，倒像是洋务大佬李鸿章。“鄙人怨家甚多，不患无人弹劾。……今日身在局中，不肯劾他人自解，亦何必自劾以为人解？……绝交与否，听之中散。”[13] 张佩纶名士做派，如此回答。此外还有一种说法，称王氏兄弟早已被张树声买通，作为他安插的“坐京”（专指受外省督抚委托，在京打探消息的人）。

张佩纶

张华奎要盛昱参张佩纶、李鸿藻，盛昱不愿，又无法推托，便说不如参军机大臣。他以为漫漫地指斥一通军机大臣，军机并不会倒台。4月3日，他用清流式的激愤语言上折说道：

> 唐炯、徐延旭自道员超擢藩司，不二年即抚滇、桂，皆谓侍讲学士张佩纶荐之于前，而协办大学士李鸿藻保之于后。张佩纶资浅分疏，误采虚声，遽登荐牍，犹可言也；李鸿藻内参进退之权，外顾安危之局，义当博访，务极真知，乃以轻信滥保，使越事败坏至此，即非阿好徇事，律以失人偾事，何说之辞？恭亲王、宝鋆久直枢廷，更事不少，非无知人之明，与景廉、翁同龢之才识凡下者不同，乃亦俯仰徘徊，坐观成败，其咎实与李鸿藻同科！……我皇太后皇上付之以用人行政之柄，言听计从，远者廿余年，近亦十数年，乃饷源何以日绌，兵力何以日单，人才何以日乏，即无越南之事，且应重处，况已败坏于前，而更蒙蔽诿卸于后乎？有臣如此，皇太后皇上不加显责，何以对祖宗，何以答天下？惟有请明降谕旨，将军机大臣及滥保匪人之张佩纶，均交部严加议处，责令戴罪图功，认真改过，讳饰素习悉数湔除……[14]

盛昱没有想到，这封奏折却被慈禧太后借题发挥地利用了。

1860年两宫皇太后与恭亲王奕䜣协作除去肃顺等八位顾命大臣后，慈禧太后与恭亲王开始联手执政，但彼此又有很深的矛盾。她曾两次罢黜恭王，均因群臣反对而未成功。太后见到盛折，意识到这是再次扳倒恭王的机会。当日，她对军机大臣批评边防不靖，疆臣因循，国用空虚，海防粉饰，不可对祖宗，盛折却留中不发。此时恭王并不在场，他被派到东陵主持慈安太后去世三周年祭奠。4月8日发表懿旨，以恭亲王奕䜣等“始尚小心匡弼，继则委蛇保荣，近年爵禄日崇，因循日甚，每于朝廷振作求治之意，谬执成见，不肯实力奉行”为由，将军机大臣奕䜣、宝鋆、李鸿藻、景廉、翁同龢全班开缺。恭亲王开去一切差使，家居养疾；宝鋆退休；李鸿藻、景廉开去一切差使，降二级调用；翁同龢“既别无建白，亦不无应得之咎，着加恩革职留任，退出军机处，仍在毓庆宫行走，以示区别”。另命礼亲王世铎、户部尚书额勒和布、阎敬铭、刑部尚书张之万在军机大臣上行走，工部左侍郎孙毓汶在军机大臣上学习行走。次日又颁懿旨，军机处遇有紧要事件，着会同醇亲王商办。旋命贝勒奕劻管理总理各国事务衙门。[15]这一轮新人马，虽然平均年龄降低3岁，论能力、论主见和原则性，总体上均不如老军机，但这样更便于慈禧太后驱使指挥。从此，晚清政局出现了新的格局。

盛昱上奏，是慈禧太后等待已久的由头和机遇，她的同盟者是醇亲王奕譞。醇王因是光绪皇帝的亲生父亲，为避嫌疑，不能直接进入军机处，便以礼亲王世铎为傀儡。张佩纶在盛昱奏上留中不发后就听到传言，他写信密告李鸿章：“盛自云历诋中外有名人为一网打尽之计。”张佩纶猜测涉及的人，除他自己外，还有李鸿章、张之洞、吴大澂。待到事发，他给李鸿章写信分析说：“乐道之事，因好货、好色，为圣心所怒，尚非同根相煎。”此事“固上有积怒，实盛庶子一疏激成；庶子一疏，又王旭庄因祖振轩诋鄙人激成。其疏以荐徐、唐为鄙人罪，以信鄙人为高阳罪，以任高阳为恭、宝罪，不过呈其骂坐之锋，而不知酿成燎原之焰”。但他又怀疑“虞作谋主，兴乐不能再合”。[16]此处，“虞”即指翁，因翁氏家乡为常熟虞山；“兴”指醇王，当时以明代兴献王比醇王；“乐”及“乐道”指恭王，因其所居为乐道堂；“高阳”指李鸿藻。李鸿章也极震惊，他询问说：“一朝同罢，汲取乳臭陋儒，更合足搘此危局？兴献用意殊不可解。小臣一疏，岂遂动听？物先腐而蠹生，恐弄成明季世界，可为痛哭流弟者也。此后变态百出，知公无意久留，鄙人亦欲拂衣而去。枢、译两署究竟如何应付，念之心悸。”[17]

甲申易枢的一个重要特点，是改变恭亲王时代军机大臣兼任总理衙门大臣的做法，将军机处和总理衙门大臣分设成两个团队，以进行分权。易枢事件起于盛昱弹劾推举徐延旭的张佩纶，波及李鸿藻，但慈禧要打倒的对象是恭王，所以张本人在易枢后未受影响。但张佩纶所具有的耿介、忠直、敢言性格，又驱使他不顾个人安危，以军机大臣不兼总署大臣将难以处理复杂的外交交涉，而替代恭王的新团队还不如老团队为理由上奏，希图让太后重新起用恭亲王。在举朝大员沉默以观风向的时候，张佩纶勇敢地站出来诤谏，未获成功，反使得醇亲王对他很是不满。

改组军机处因中国在越南的军事失败而起。易枢之后，外交和军事的决策依然要回到解决中法越南冲突上来。但无论慈禧还是新老军机均无善策，能做的就是妥协，不要将越南之战弄成中法开战。4月，德籍税务司德璀琳在在香港见到了新任法国“中国”分舰队司令利士比海军少将和旗舰“窝尔达”巡洋舰舰长福禄诺海军中校。福禄诺1879年即率舰来华，居天津多年，与李鸿章熟识，还帮他斟酌过水师章程。经德璀琳斡旋，决定由福禄诺代表法方前往天津谈判。4月19日，李鸿章将这一动向报告朝廷，立即得到允准。[18]李鸿章连夜致信张佩纶，邀请他一起参加，想帮助张在荐人失误的尴尬处境下转变形象，与决策层最新动向保持一致。[19]又请军机处、总理衙门派出才望卓著之大臣，驰往天津，统筹斯事，这差不多就是点名邀请张佩纶了。[20]张佩纶却回信断然拒绝参与议和，称“作清流须清到底，犹公之谈洋务，各有门面也”。[21]

李鸿章认定中国无法与法国匹敌，主张放弃越南，先结此案，运用国际法，将中越边界固定下来，以防法国势力侵入广西、云南。这也是清政府后来“乘胜议和”的基本思路。以慈禧太后为首的最高统治者，亦认为越南朝廷早就与法签约，首鼠两端。山西、北宁之失，皆系该国民人纷纷内应所致。“出师护越，越不知感，法又为仇，兵连祸结”，准备与其切割。但在操作上，他们也不想担责，遂以上谕之名，命御前大臣、军机大臣、总署大臣、大学士、六部九卿、翰詹科道，5月2日

法国海军少将利士比

福禄诺海军中校

在内阁讨论李鸿章所上奏折，与会者大部分同意李鸿章与法方谈判。张佩纶则单独上奏，要求在李鸿章与福禄诺谈判的同时，请饬边海各军严防备战，以防劲敌强迫订立盟约，奉旨允准。另有一批言官表示他们将另行具奏[22]——4日，吏科给事中孔宪瑴等8人，户科掌印给事中邓承修等10人各上一折，强调和局断不可恃，夷情叵测、请力筹战备云云，[23]所言皆不出张奏之范畴。可见李、张私下深度沟通，而他们外表上的洋务、清流门面，也做得滴水不漏。

5月5日晚，福禄诺到津，次日下午与李鸿章会谈。他虽然级别不高，李鸿章同他还是谈得情投意合。经朝廷批准，11日，双方火速签订《中法会议简明条款》（即《天津专约》），规定：（一）北圻归法国保护；（二）中国将在北圻的部队调回国内；（三）法国不向中国索取赔款；（四）法国与越南议改条约时，不插入伤碍中国威望体面的字眼，并将以前与越订立条约关涉东京者尽行销废；（五）此约签押后，两国即派全权大臣在3个月内悉照以上所定各节，会议详细条款。[24]但对中国军队究竟何时撤退，却没有明确时间。法方理解为马上，中方认为三个月内还要细谈。

5月初的北京，正是海棠初红、杨絮纷飞的春天季节。新班军机大臣的心情，却没有随着春天的来临而舒畅起来。前线暂时沉寂，手握兵权的李鸿章正在力主和谈。京师里充斥着清流反对议和的激昂高论。翰林院编修梁鼎芬弹劾李鸿章有六条可杀之罪，请旨明正刑典。

5月8日是福禄诺到达天津的第四天。早晨，北京的天空阴沉沉的，颇有下雨的征象。快到中午的时候，又刮起了大风。在这变幻莫测的天气里，朝廷明发了一道令人瞩目的上谕，任命通政使司通政使吴大澂会办北洋事宜，内阁学士陈宝琛会办南洋事宜，翰林院侍讲学士张佩纶会办福建海疆事宜，均准其专折奏事。[25]这道上谕其实是顺着张佩纶提出的谈判时请严防备战思路做的安排，却引得朝野内外猜测纷纷。

张佩纶获知任命时，当即与李鸿章联系，希望李帮忙将他与会办北洋海防的吴大澂对调，他想留在李鸿章的身边，但已经来不及了。清流谈事议人，常是鞭辟近里，入木三分。却没有料到自己也不过是棋盘上的棋子，只能凭人摆布。三人之中，吴大澂为长，时年49岁，是著名的金石学家。陈宝琛与张佩纶同为36岁，此时正在江西学政任上。

6月中旬，张佩纶、吴大澂和新近由山西巡抚迁署两广总督的张之洞联袂出

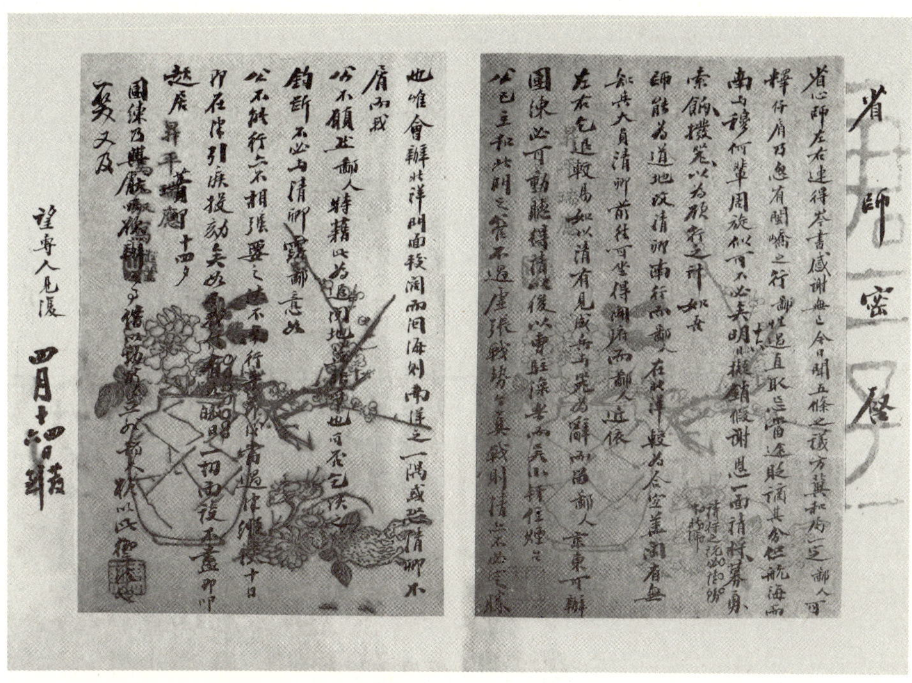

张佩纶获知会办福建海疆事宜后给李鸿章写的密信

京，前赴任所。会办海防，同纸上谈兵完全不同，三位新贵，决定先往天津，拜访前辈李鸿章。

应李鸿章邀请，他们前去视察北洋海军。初夏的太阳已很晒人，站在鼓浪前进的“康济”舰上，迎面海风猎猎。“超勇”“扬威”“威远”诸舰尾随其后，不断演变鱼贯、雁行阵式，并在海上进行打靶表演，使新贵们眼界大开。

6月23日，舰队抵达旅顺口，一行人察勘了正在施工的炮台和船澳船坞工地，

吴大澂

陈宝琛

张之洞

见到了分别多日的老友袁保龄。翌日乘舰前往烟台，与停泊在那里的六“镇”会合，军威更为壮观。法国分舰队司令利士比前来拜会。下午 4 点，李鸿章一行前往“拉加利桑尼亚”铁甲舰回拜，“凯旋”“窝尔达”等舰排列一行，鸣放礼炮、军乐队奏乐，水兵高呼：“共和国万岁！”中国官员参观之后，又登上“凯旋”舰。这些军舰，都是 2 个月后马江之战时法国舰队主力。[26] 李鸿章评价说：“其船坚炮巨，实较北洋为雄大，而操法尚不甚相远也。”[27] 接着又往威海观看德国教官哈孙指挥鱼雷营施放鱼雷。26 日，张之洞、张佩纶登上福建派来迎接的“扬武”舰前往上海，吴大澂与李鸿章扬舲北旋。

临歧之际，依依不舍。几天的朝夕相处、促膝密谈，李鸿章曾私下为张佩纶分析，“自系当轴忌其多言，然未始非磨练英雄之具”。[28] 此时张佩纶自定的方略是先“将船政、台事及各处防务查明复奏，静听朝命。召回，中途乞病，不召，设辞乞病”。[29] 出京前，张佩纶上奏请设沿海七省水师。提出参考五六个海军国家的编制，水师宜合不宜分，宜整不宜散。因此必须设立外海水师和专门的水师衙门。请特派大臣将沿海七省水师改用兵轮，俾各省船厂、机局均归调节，以专责成。此后以水师一军，应七省之防，即以七省供水师一军之饷。[30] 这本是李鸿章

观音桥事件

与总理衙门反复商量后待奏的主意，根据慈禧太后召见张佩纶时的懿旨，改由张佩纶上奏条陈，以使这个改变南北洋海军同步发展，统一全国海军建设的计划，不带有地方派系的痕迹。此次在津时，他又与李鸿章密议，决定用抽调闽局轮船回福州聚操的名义，把分布各省的船政军舰重新集中起来，为统一七省兵轮水师张本。

“扬武”舰启航了。军舰缓缓驶出威海湾东口，载着七省海军的梦想。张佩纶还不知道，就在他们到达旅顺口那天，法军在谅山北黎附近的观音桥，要求中国军队立即撤退回国，清军表示尚未接到撤退命令，法军遂发动进攻。清军反击，打死打伤法军90余人，李鸿章的外交努力失败。从此，命运之神将不再对他青睐，任何海军计划将与他断绝缘分。

二、马江之战

法国是当时世界第二海军大国。在1882年，它已拥有38艘铁甲舰、9艘岸防铁甲舰、50艘巡洋舰、炮舰和60艘鱼雷艇，总吨位达50余万吨。[31] 这是它推行殖民炮舰外交的军事机器。

6月30日，一位法国军官在拍给海军殖民部长裴龙的电报中，提出海军分舰队采取强力军事行动，占据一地为质，对于强制中国履行《天津专约》是必不可少的。次日，法国对华谈判代表巴特诺也向茹费理表达了相同的意见，孤拔更主张在预定的时刻同时进攻旅顺、威海、南京、吴淞、福州和厦门，使得清政府措手不及。他在舰队的供应、引水员和翻译方面都做了准备。就在这时，福禄诺带着《天津专约》的文本回到巴黎。他认为李鸿章是真诚的，只有他拥有解决问题的权力，因此建议照顾李鸿章，避免把战斗引向北方。茹费理也担心在华北进行军事行动会引起国际纠纷。他给孤拔拍电说：“我们不明白突然袭击旅顺和威海卫这两个正在建设中的港口有什么好处。只要有可能，我们就应该照顾直隶总督。我们对我方军舰尚未到福州河感到遗憾。”[32] 法国政府批准了入侵闽江的计划，法国不仅在中越边境同中国作战，而且要到东南沿海来开辟第二战场。

7月12日，法国向清政府发出最后通牒，要求中国立即执行《天津专约》，撤退驻在北圻的军队，赔偿2.5亿法郎，限七天内答复，否则法国将自取抵押品，并自取赔款。13日，裴龙训令孤拔：“遣派你所有可调用的船只到福州和基隆去。

我们的用意是要拿住这两个埠口作质，如果我们的最后通牒被拒绝的话。”[33]14 日，孤拔率舰队离开上海南下，只留“德斯丹”号归巴特诺指挥。同日，法舰“安普黎”驶入闽江，行至马尾附近的半屿搁浅。

16 日，清政府决定妥协，撤退北圻的中国军队。这样为中法之间的再次和谈提供了机会。朝廷同时谕令各地：“倘有法军前来，按兵不动，我亦静以待之；如果扑犯我营，或登岸肆扰，务须并力迎击，并设法断其接济，期于有战必胜。”[34]这实质是一个消极防御的指令。也在这天，奉命督办台湾事务的淮军宿将、前直隶提督刘铭传率亲兵百余人，抵达台湾基隆。而朝廷得悉，孤拔将于明天进入闽江。

7 月 19 日，清政府派署理两江总督曾国荃为全权大臣，驰赴上海，与法国代表巴特诺谈判。法国同意将最后通牒的截止日期延至月底。在谈判中，曾国荃提出，中国只能以抚恤的名义，给银 50 万两。由于美国外交官何天爵在前一天拜访了总理衙门，表示愿请美国总统向法国总统斡旋，这大大增强了朝廷的自信心。军机处拍电拒绝给法国任何名目的银子，并传旨申饬曾国荃、陈宝琛，[35]于是谈判又陷僵局。为了防止战争突然爆发，招商局所属轮船就在这天全部售给美商旗昌公司，悬挂起星条旗来。

8 月 1 日，最后通牒到期。孤拔命令“凯旋”号铁甲舰和“德斯丹”号巡洋舰攻击吴淞的中国舰队。由于法国政府担心这种袭击会引起国际问题，公开做了战争不危及上海的保证，这个命令未被实施。

法国人自然不甘心。茹费理说过，“在所有的担保中，台湾是最良好的，选择得最适当的，最容易守，守起来又最不费钱的担保品”。[36]这是因为台湾孤悬海外，防御薄弱，又有丰富的煤炭资源，可供军舰商船补给。从地理位置来说，这里是控制太平洋局势的战略要地。8 月 2 日，停泊在闽江的法国舰队接到法国政府“破坏基隆港防御工事暨市街，并占领附近煤矿”的命令后，利士比于次日乘“鲁汀”舰升火出发，在马祖澳与“巴雅”“拉加利桑尼亚”舰会合，4 日抵达基隆。另一艘法舰“费勒斯”号已经在这里等待两个星期了。

在刘铭传来台湾前，全岛防务归兵备道刘璈指挥。防御布局重南轻北，把主力放在台湾府城（今台南市）。刘铭传到后，将原有和新增的 15500 余人重新布置，在台北设立大营。以基隆、沪尾为据点，以使防务中心北移。还加强了基隆炮台建设，在淡水海岸埋设地雷，港口敷设水雷。这番紧张的调兵遣将，设防安炮，前后只有 20 天时间。

4 日下午，利士比派一位传令官上岸，把一份要求中国军队交出所有工事的劝降书交给守军。中国军队置之不理。

5日上午8时，法舰开始炮击基隆炮台，滚滚浓烟和爆炸的火光弥漫整个作战区域。由于中国炮台的火炮射程较短，没法达到法舰。炮弹的爆炸力也不足，射中法舰后没有产生致命的效果。经过一小时炮战，仓促构筑起来的炮台被法国舰炮摧毁了。

“费勒斯”上的80名陆战队员换乘小艇进行登陆。其他军舰上的陆战队员也源源不断地涌上登陆点。法军的抢摊冲击取得了成功。中国军队退守附近的山头。次日下午，法军向基隆市街推进，遭到反击。刘铭传指挥守军形成三面包围之势，展开数小时的激战。最后法军不支，丢下枪械帐篷，匆匆撤回军舰。第一次进攻基隆便这样失败了。

清政府对法方在和谈期间突袭台湾提出强烈抗议。法国代办谢满禄则继续勒索观音桥事件中的赔款，只是将数额减至8000万法郎。外交代表们相持不下。8月16日，茹费理在上下两院对华作战拨款表决中获得必需的信任票后，决心扩大对华战争。他训令孤拔，如果法国要求再被拒绝，他应于知照外国领事及船舰后，立即在福州行动，毁坏船厂的炮台，捕获中国的船只。福州行动后，提督将即赴基隆，并进行一切他认为以他的兵力可做的战斗。[37] 显然，法国决心扩大战争事态，并通过消灭福州的中国舰队，掌握台湾海峡的制海权，消除腹背之患，最终得以攫取台湾为抵押品。一场海军决战势不可免了。

7月3日，张佩纶乘坐军舰抵达福州。

从闽江海口到马尾，水程共约80华里。两岸群山夹立，形势险峻。口外，有五虎门、壶江诸岛，兀立海中，为前哨防线。江口，琅岐岛的金牌和对岸的长门，各设炮台，总扼芭蕉、五虎、连江三个入口。两岸之间，还有南北龟岛，一向被称作“五虎把门、双龟守户”的天险。张佩纶站在甲板上，细细察看了形势后，军舰驶入闽江。金牌、长门、琯头、亭头、闽安、员山寨一一闪过，高高的罗星塔遥遥在望了。这里江面宽阔，水深流缓，是闽江和乌龙江汇流之处。“扬武”缓缓地在江中掉过头

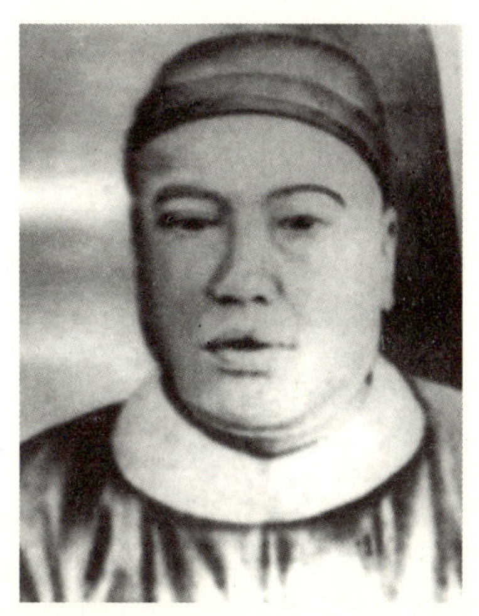

何如璋

来，靠上码头。

船政大臣何如璋率领员弁士绅在码头恭迎钦差。何如璋，字子峨，广东大浦人。曾于1876年任驻日本公使，1880年回国。上年调来马尾任职。当天两人察勘了船政。次日，张佩纶进省城，拜会福州将军穆图善、总督何璟、巡抚张兆栋。穆图善是满洲镶黄旗人，那拉塔氏，字春岩。早年为多隆阿部下，是八旗中的骁将。何璟，字小宋，广东香山人，翰林出身，在闽浙总督的交椅上已经坐了八年。张兆栋，字友山，山东潍坊人，进士比何璟更早一科。张佩纶虽是后进，却是新贵，不知衔有什么密命，又有李鸿章做奥援，所以大家对他恭恭敬敬，把大局全托"幼翁"主持。

上年底，张佩纶刚任总理衙门大臣后，在写给恭亲王奕䜣的信中，曾对福建防务表达过严重关注：

> 闽省远连粤海，近蔽浙洋，尤宜镇辖得人，以杜日本乘间窥伺。现在总督何璟、巡抚张兆栋，治务安静，不甚知兵，而亦不讲求兵事。台湾镇道不和，防务一切阁置。一旦海波偶扬，恐台、澎、厦、澳尤不足恃。[38]

张佩纶没有料到，数月之后，他会与何璟、张兆栋为同事，共同防御福州和马尾，他原先的担心，全部变为现实。

根据分工，督抚驻省，将军驻闽江口，船政大臣驻守马尾。船政一带原有陆兵2营，水师1营防卫，令参将杨延辉将南台所有漳、泉精壮编集成军，扼扎马尾。长门、金牌要塞，本有张得胜9营、方勋2营驻守，又从兴化、澎湖抽调潮普3营，以厚声援。唯有军舰缺乏，除了原有"扬武""福星"两舰外，从外地把"福胜""建胜"两炮艇调回待命。撤换闽安协副将蔡根业，由"扬武"管带张成署理，并统带兵船，一切水师听其调度。[39]

局势越来越坏。7月14日张佩纶等向军机处报告，法国领事通知今日将有两艘军舰入口。目前中法尚未决裂，拦阻即背条约。朝旨规定彼若不动，我不先发。但法舰深入，我方便失主动。谅山中法已经开战，不能不作慎重考虑。[40]朝廷的答复仅是规劝法国领事，彼此宜遵条约，切勿生衅。军舰勿再进口，以免百姓惊疑。[41]15日，张佩纶再报，孤拔明天进口，未便阻止。听说法国拟取福州为质押，如果朝廷不同意谢满禄的谈判条件，务乞于答复法国照会之前一二日速示福建，使闽军得先下手。否则敌人内外夹攻，我们就要中其奸计。[42]醇亲王私下询问翁同龢，张佩纶连电，甚为焦急。衅不开不能截击，衅既开彼已深入，应当怎么办呢？[43] 翁也束手无策，只是安慰醇王"勿过焦劳"。18日，李鸿章电告张佩纶，法领事林椿来密言，公使巴德诺及孤拔与外交部商定，通牒限满即攻打马尾船厂。若中方允将船厂作抵押，可免法方动兵，将来中法谈判定约后交还。李鸿章说："此为救急之计，鸿不敢许。诸公可否相机与议？"[44]

到18日，进入闽江的法国军舰共有"益士弼""雷诺堡"等4舰。孤拔即在"益士弼"上。19日，法舰增至5艘。次日凌晨，将是法国通牒的最后期限。清廷派曾国荃为全权大臣，往上海与法使谈判条约。总署大臣周家楣电张佩纶："醇邸属阁下珍重，勿蹈险。"[45] 李鸿章亦电告张佩纶："限期已满，法国必大进。领事言，如不肯以船厂作押，我若阻拦，彼必开炮则决裂。若不阻，彼亦不能先开炮，或尚可讲解。望相机办理，切勿躁急。"[46] 张佩纶电复李鸿章："公乱矣。宥电无旨，不敢议，纶亦不告诸公，即日至马尾。"[47] 张佩纶本想在福州督查防务后，择时告假返回。在大敌当前的情况下，却不顾个人身家前途，不顾官场的请示、推宕技巧，连夜赶往马尾船政大臣衙门，找何如璋进行布置。先派张成驾"扬武"和两艘小蚊船驶入法舰锚地，与敌杂泊，阻其猝发，并准备以船相撞；又派2营部队进入周围阵地，命人在沿岸遍张旗帜，以作疑兵。

亲赴马尾是张佩纶一生命运的转折点。

当时无论福建全省设防备战，还是马尾船政局的卫戍，首要责任都在闽浙总督何璟、福建巡抚张兆栋，以及福州将军穆图善，张佩纶只是"会办福建海疆事宜"，手中还持有醇王嘱其"勿蹈险"的密电。比如陈宝琛会办南洋事宜，本来踌躇满志，想带郑观应、罗丰禄、严复、沈瑜庆做幕僚，在两江总督曾国荃面前竟无从置喙。船政大臣何如璋在写给父母亲的家书中也说："船政系差事，不同守土之官。胜敌自佳，否则亦可退守省城，以图后举。"[48] 但张佩纶认为形势危急，责无旁贷。这天风雨大作，法舰见清军调动频繁，也极为紧张。入夜，孤拔命各舰打开探照灯，防止突袭。由于法方此时尚未决定开战，张佩纶也不敢擅行决定攻击，双方对峙，直至东方拂晓，度过了不眠之夜。天亮后，两艘法舰退至壶江口之马祖山，另一舰退至闽安。

形势依然紧张。何璟、张佩纶和何如璋分别电请朝廷饬下南北洋速派军舰增援闽防。曾国荃一口回绝，李鸿章也电告总署，北洋轮船皆小，本不敌法之铁甲兵轮。又有3艘法舰现屯烟台口外，每日生火作欲动之势。旅顺孤悬海外，必须严备。倘令兵船远去，设有疏虞，咎将谁执？至于六"镇"炮艇，只可守口，不能

停泊在闽江中的“福星”号，远处为“建胜”号

“扬威”号水兵

海战。现调大沽北塘防护炮台，断难远去，去也无益。[49]张佩纶大为失望。李鸿章给张佩纶写信说：“敬悉移驻马尾。独当其冲，有辟易万夫气概，欣佩之余，转增危悚。”“虽电奏在先，而醇邸犹传语勿冒险，亦爱才之甚矣。沅帅（曾国荃）沪议恐必无成，公须刻刻防备退步，为国爱身，以图复振，而慰速怀，日夜企祝。”[50]却不给予军事援助，还在给别人的信中讥讽：“马尾船厂危于累卵，幼樵屡电，尚盛称军威，亦不自量力之甚矣。”[51]张佩纶致电陈宝琛，欲调南洋“开济”舰回闽，称“如管驾推延，请遵旨照退缩不前例正法”。曾国荃立即电奏朝廷：“张陈二会办，当此万分威迫之际，往来电信，动曰军前正法，窃恐各兵船闻之人心解体，将贻淞沪长江五省不测之患，兼误国家万分紧要之大局。荃任大责重，只身孤立，目下极力坚持，维系军心，不敢不先行密奏，乞恩以救各管驾之性命，扼守吴淞、长江。”朝廷只能下旨：“拨船既于闽无济，吴淞、长江防务亦殊吃紧，著不必拨往。管驾归总督管辖，行止不能自由，张佩纶屡有将管驾正法之言，殊属过当。且言之轻易，恐以后号令不行。刻下事机万急，总当遇事知衷，妥筹商办，不得各存意见。懔之！”陈宝琛陪着曾国荃与法国人谈判，私下以为曾国荃从来没有办过外交，“衰疾闇懦，毫无主宰，辩论因应无一得宜”。“偏闇自信，又无肩膀”，[52]没料到内斗起来却是手段如此毒辣。唯有张之洞，看在多年

“扬武”号和“伏波”号

友谊的份上，向福建派去“飞云”舰以作支援。此外，福建还从浙江调回“伏波”号。

法舰除威胁马尾之外，又有数舰前往台湾，并扬言要攻打舟山、琼州。本来，法国舰队劳师远来，理屈人乏，深入闽江更是自入险地。中国军队以逸待劳，掌握着战争主动权。但朝廷迟迟不定和战大策，以致法军反客为主，依靠军舰的机动性，使沿海七省陷入一片慌乱状态。孤拔率舰队进入马尾后，还横蛮无理地宣布，不准停泊于港内的中国军舰出入及改变泊位，不准在港内布雷及构筑防御工事，否则等于向法军宣战。中法在台湾交战之后，北京仍寄望于曾国荃的和谈，不下开火宣战的决心，福建方面只好忍气吞声。

张佩纶只能不断地拍电报。

7 月 26 日，他致电军机处：“闻法又密议船局为屏蔽，据则能禁口岸，轰则得摧。胜负呼吸，争先下手。”[53] 他征集了 30 艘帆船装满石头，停泊在长门附近，以备阻塞航道。朝廷答曰：“现在闽口有英、法等国保护兵船，德国兵船亦将前往。此时堵塞，应就地与各国领事说明举行。庶免与国藉口。着与何璟等相机妥办。现经美国调处，局势未定。所称先发，尤须慎重，勿稍轻率。”[54]

31 日，李鸿章同时致电张佩纶和总理衙门，言闽事紧急，曾国荃沪议无成，难保不即动兵。马尾以上水浅，兵船难进，法人不会遽攻福州。若与接战，无非烧船厂、掳兵轮。“我自度兵轮不敌，莫如全调他往，腾出一座空厂。彼即暂据，事

法国旗舰“窝尔达”号

法舰“德斯坦”号

定必仍原物交还。否则一经轰毁，从此海防根本扫尽，力难兴复。此以柔制刚之妙算，乞速与当事诸公密图之。”李鸿章还对总理衙门说：张佩纶性格倔强，“揆度事机，似此办法较妥。钧处如以为然，乞速电催酌办”。[55]总理衙门接受李鸿章建议，次日致电张佩纶：“闽事方棘，主者甚劳苦，天实鉴之。”电报重复了李鸿章原话后说：“两害相形取其轻，事急莫若腾空船厂，撤全军以顾省城根本重地为第一义。……总以勿呆守马尾，避其锐气，伺隙而为方妙。仍请尊处酌夺。”[56]张佩纶不愿放弃，他电告张之洞：“（总）署微意劝弃厂，可叹。”[57] 8月5日，张佩纶又致电总理衙门：“兵，诡道，不可先传。敌船至，始商各领事，无及；未到先商，是激法增船。互援是活着，先发是急着。舍两着，布置更难！不乘未定时先筹，若待敌船大至，当何所持耶？不敢屡渎宵旰，愿诸公审思。”[58]直至8月17日美国调解失败，军机处才向各地传旨：“法人如有蠢动，即行攻击，毋稍顾忌。”[59]又命福建不许放孤拔出口。[60]张佩纶感到绝望。他向张之洞发牢骚：“旨云‘如有蠢动，即行攻击’，非后发何？怯战者即可藉口。无专权、无斗将，虽欲先发，能乎？愤闷！以闽为天阱，不准出口，尤奇。恐必偾事也。”[61]

法舰“凯旋”号

中法双方的军舰彼此在对方的火力圈内对峙着、恐吓着。日子一天天过去，达摩克利斯之剑悬在头顶，无论是指挥官还是士兵，都不堪负担。醇亲王托周德润关照张佩纶珍重、勿蹈险。李鸿章、陈宝琛劝他干脆放弃或炸毁船政局，以杜法人觊觎。按照官场行事规则，他此时撤回福州，此后个人无须承担马尾方向的责任，但张佩纶不愿。而未来的败局，张佩纶也预感到了。在给侄子张人骏的信中，他无限感慨地写道：

> 株守遂已一月。请先发，不可。请互援，不可。机会屡失，朝令暮改。枢泽勇怯无常，曾李置身事外。敌在肘腋，尤且如何，国事可知……合肥（李鸿章）……不知何以胆怯如此？然内谋不决，酿至法大举入犯，则沿海各督抚舍香老（张之洞）外，无一有天良者。将奈之何？吾不忧敌而忧政也！[62]
>
> 南援不来，法船日至。闽已苦守四十余日，止能牵制。而忽令阻其勿出，以致法不肯退；忽令如蠢动即行攻击，以至闽仍不敢先发（此时先发亦败）……澶渊之德不成，街亭之败难振，命也。[63]

8月21日，台风过境，暴雨如注，直到次日才渐渐平息下来。22日晚上8时，余晖刚刚消失，黑暗笼罩住闽江。江上的民船仍在来来往往地行驶，船政的工人坐在家门口乘凉。有的人在传说中法将要开战，有的人对流传已久的战争消息不再耐烦。恐怕没有一个中国人确切知道，这是和平的最后一个夜晚。

根据下午5时收到的法国政府训令，孤拔召集所有舰长到“窝尔达”号旗舰上开会。他下达了次日作战的命令。

停泊闽江的法舰共有9艘：二级木壳巡洋舰“窝尔达”号，排水量1300吨；炮舰“益士弼”号，471吨；“野猫”号，515吨；“蝮蛇”号，471吨，皆在罗星塔以西水域。二等铁骨木壳巡洋舰“杜居士路因”号，3189吨；二等木壳巡洋舰“费勒斯”号，2268吨；“德斯丹”号，2236吨，泊在罗星塔以东水域，总吨位达10387吨，共拥有火炮72门。在“窝尔达”那个分舰队里，还有45、46号杆雷艇。此外，二级巡洋舰“梭尼”号和通信联系舰“雷诺堡”号，驻在金牌、琯头一带江面，防止清军塞口封江，保障后路安全。

孤拔的作战计划是，23日下午2时左右，各舰利用退潮江水移转船身时起锚，低速前进。旗舰升起第一信号旗，这时鱼雷艇出动，攻击上游的两艘中国军舰。当第一信号旗下降时，全线开火。“窝尔达”号以左舷火炮掩护鱼雷艇，以右舷火炮攻击中国师船。“野猫”“益士弼”“蝮蛇”号从旗舰左舷出动，攻击马尾船政

中法马江之战

马江之战前中法军舰对峙

局附近3艘中国军舰。“杜居士路因”“费勒斯”“德斯丹”号以左舷炮火击沉与它们舷侧相对的3艘中国军舰，以右舷炮火攻击成列的中国师船。“德斯丹”随后驶入附近海关的水流汇合处，追逐中国水雷艇，再驶回旗舰“窝尔达”号附近。

这个计划的特点，是利用中国军舰船头系锚，退潮时船尾对着法舰，不能发挥前主炮的火力优势，交战时必须完成180度的回转，才能向法舰攻击。孤拔要的就是这个时间差。但是，倘若中国军舰利用上午涨潮时先发动攻击，那么整个情况便会倒置，优势和主动权便掌握在中国海军手中。根据40多天的观察，孤拔断定中国人决不敢首先开火。这是孤注一掷的估计，也是一个正确的判断。

法国驻福州副领事白藻泰应约来到军舰。孤拔把法国政府的决定通知给他，商定次日上午8时，将交战消息通报各国领事，10时把战书送给闽浙总督何璟。[64]

8月23日清晨，太阳从东面山头冉冉升起，波光粼粼的闽江犹如一条金色的绸缎。一切是那样静谧。孤拔早早地起了床。像往常那样，他穿上中国绒制服，戴上白色草帽，站到后桅甲板，仔细地观察着前方停泊的中国军舰。

一个多月来，福州船政从省内及浙江调集了10艘军舰，加上张之洞派来增援的“飞云”号，闽江上共泊有11舰。在罗星塔以西与孤拔的“窝尔达”等6舰

中法马江之战前停泊在福建闽江中的中法军舰

对峙的，是“福星”“扬武”“伏波”“建胜”“艺新”“福胜”“琛航”“永保”，8舰大致以单横队展开。另有3舰泊在闽江南岸，即“济安”“飞云”“振威”，监视着“杜居士路因”“费勒斯”和“德斯丹”。中国军舰的总排水量约9900吨，除了“福胜”“建胜”是从英国进口的蚊炮艇外，其他军舰都是船政制造的，以“扬武”号为最大，“伏波”“琛航”“永保”“济安”“飞云”的排水量也都在1200吨以上。木质船身，没有装甲防护，共有火炮50门。以双方吨位论，悬殊并不很大。但法军主要军舰，都是铁胁铁壳和铁胁木壳。此外，中国还有9艘旧式武装师船、2艘帆船、7艘载有鱼雷发射机的汽艇和若干装有杆雷的桨船。附近岸上还有7座新式炮台，为军舰提供火力支援。孤拔舰队深入危地进行挑衅，可以说是一种冒险，他把希望寄托在突然袭击上。

白藻泰没有亲自前去递交战书，而是委托了一个传教士去执行这个任务。战书辗转周折，又经翻译，到何璟手中，已过11时（午刻）了。何璟开始误解战书内容，直到下午1时以后（未刻），方才急电船政和长门炮台准备。[65]这样就延误了战前的宝贵时间。孤拔不向近在咫尺的张佩纶宣战，而把战书递交福州的何璟，是把何璟作为中国政府的正式交战对手，利用传递消耗时间的权谋。所以，所谓提前四小时通知“宣战”，实际上同不宣而战差不多。加上中国官员的昏庸，孤拔果然如愿以偿。

清政府对于法国要在福州挑起战争的判断存在严重失误，福州前敌指挥官的处置，也有重大失误。8月19日，法国代办谢满禄照会宣称，必须在两天里赔偿8000万法郎，否则下旗出京，由孤拔自取补偿。同时清政府又听说孤拔军舰要出闽江，于是急忙电令何璟等人勿任法舰出口。21日，谢满禄下旗出京，朝廷仍未意识到国家已到战争边缘，甚至以为这是法国人示弱的一种表示。张佩纶再次电求拨船四五只，四天内速到，指出唯此才可阻法开战。如此紧迫的军情，军机处仍拖至23日才向南北洋转寄派援的电旨。法使出京后，英国领事向福州当局提供了开战在即的情报。22日，洋教习迈达路经马尾，魏瀚前去拜访时，又证实了中法外交决裂的消息。这天晚间，就在孤拔召集军事会议的时候，何璟向张佩纶拍电，通报说，根据传闻，法国人可能明天趁潮进攻马尾。张佩纶回电严备以待，[66]他还连夜给各舰管带写信："初三（8月23日）风定，法必妄动。"[67]但以交战照会未至，仍然迟疑不决。至于前线的海军指挥者，船政轮船营务处负责人兼"扬武"管带张成则是未做布置和准备。外国人称"中国人冗长的指挥链笨拙到瘫痪的地步"[68]。23日清晨，英国领事再次向福州当局透露："三日内法必开战，其意先将船厂轰（毁），再行渡台。"[69]马尾方面仍然一片平静。船政照常开工，各舰也没有进入临战状态，甚至没有起锚掉转船头。近中午时，何如璋对法国人的备战举动越来越感到不安。他命魏瀚再找英国领事探听消息。英国领事此时已往闽江下游的军舰上等待观战了。魏瀚弄来一条火轮舢板前去寻访。

孤拔发现此船，以为是中国杆雷艇从上游开来，中国人开始进攻，立即命令把第一信号旗升至桅顶，45、46号杆雷艇立即出动攻击。杆雷艇是种小型快艇，在船艏安装一根伸出船体的金属长杆，杆头装有13公斤炸药的杆雷。作战时高速冲锋，直接将杆雷撞上目标舰艇，并用电力击发。按预定计划，其他法舰要待杆雷艇实施突击后才开火，可是安装在"野猫"号桅杆上战斗桅盘里的哈乞开司机关炮却"嗒嗒嗒"地扫射起来。孤拔恐怕中国军舰回击，便下令降下第一信号旗。顿时，震耳欲聋的炮声响彻江面。中法马江之战提前开始了。此时在闽江观战的美国军舰"企业"号军官罗蚩·高文记录，是下午1时56分13秒。[70]

"扬武"舰实习军官，留美学生容尚谦首先发现"窝尔达"号桅杆上信号旗降落下来。他立即报告管带张成。可张成以为是法舰上有军官病死，下半旗致哀呢。正议论间，炮弹便如雨而至。[71]这时另一位留美学生杨兆楠立即施放后主炮，第一炮便击中"窝尔达"舰桥，当场炸毙引水员汤姆斯和五个水手，孤拔仅以身免。同时木匠周宝用铁锤击断铁链，张成急令开船。然而为时已晚，46号杆雷舰向"扬武"舯部发起攻击。只听轰的一声巨响，杆雷击中了，时间仅在交战的27秒之后。"扬武"仍挣扎着开动，驶向岸边搁浅。46号鱼雷艇企图退出战场，但"扬武"的后主炮击中了它的锅炉。受了重伤的鱼雷艇歪歪斜斜地向下游驶去，躲进中立

中法马江之战中孤拔在“窝尔达”号上指挥作战

“扬武”军官杨兆楠

“扬武”军官黄季良自画像

“扬武”军官薛有福

国观战军舰行列。此役，留美学生邝咏钟、薛有福、黄季良、杨兆楠牺牲[72]，占全部留美幼童三十分之一，是十分可惜的人才损失。黄季良战前曾给父亲写信：“望父亲大人勿以男为念，惟兵事究不可测，男既受朝廷豢养之恩，自当勉尽致身之义，犹记父亲与男之信，嘱以移孝作忠，能为忠臣即是孝子等语。男亦知以身报国不可游移胆畏。”[73]张成则在混乱中跳水逃生，为江水冲至上歧君竹乡江边遇救。

45号鱼雷艇的攻击目标是“伏波”。它的杆雷在“伏波”水线部位爆炸，引起进水，但雷杆没能拔出，使其无法逃离。“伏波”官兵用轻武器射击，将该艇艇长拉都的眼睛当场打瞎。“伏波”砍断锚链后向上游逃脱，亦使45号艇得以脱离。

“福星”在管带陈英的指挥下，砍链营救“扬威”，同法舰作战。陈英，字贻惠，福州人，船政学堂毕业生。他人极瘦弱，但心雄万夫，驾驶军舰冲出队列。陈英的侍从向他喊道：“‘伏波’‘艺新’正向上游开驶，我们怎么办？”

陈英眦目大喝：“要我逃走？大丈夫食君之禄，宜在死报！今日之事，有进无退！”

全舰官兵，声诺雷动。于是鼓轮前进，向敌攻击。[74]

45号鱼雷艇长拉都在观察该艇与“福星”号作战的情形

交战中，陈英中弹牺牲。三副王涟继续指挥开炮。军舰最后在熊熊大火中沉没。

又是一阵炮声从远处传来。孤拔喜出望外地喊道：“是‘利士比’或是‘凯旋’！”

果然是法舰“凯旋”号。这是一艘4127吨的装甲巡洋舰，配置有6门240毫米口径大炮，原来泊在马祖。早晨10时，它驶入闽江，没有受到任何拦阻，顺利地穿过沿江各炮台，进入战场增援。孤拔见状，立即命令“窝尔达”向“扬武”冲击。“扬武”船身的四分之三都着了火，就在即将沉没的一霎，一面中国龙旗升上了它的桅顶。炮手向法舰送来最后一炮，以致法国军官也称赞它“表现出勇敢和英雄的优美榜样”。

“凯旋”炮击“振威”，“振威”虽受重伤，但在管带许寿山的指挥下，向“德斯丹”冲去，准备同归于尽。许寿山，字玉珊，福建闽县人，船政学堂第一届驾驶班毕业生。他平时以豪杰自命，也好交结天下豪杰。喜山水、善书法、能吟诗，有儒将风度。此时冒着枪林弹雨，毫不畏惧。一位外国目击者写道：“这位管驾具有独特的英雄气概。其高贵的抗战自在人的意料中。他留着一尊实弹的炮等待最后一着。当他那被打得百孔千疮的船身最后颠斜下沉时，他仍拉开引绳，从不幸的‘振威’发出嘶嘶而鸣、仇恨如海的炮弹……重创了敌舰长和两名士兵……这一件事在世界最古老的海军记录上均无先例。”[75]

“飞云”由广东水师参将高腾云驾驶。高腾云行伍出身，人瘦弱，不善言辞。战斗中，手发巨炮，与三敌舰周旋。后被弹片炸断腿，又被炮弹炸入水中而殁，死事最为惨烈。

“福胜”“建胜”两艇抵抗时间最长。在炮艇统带吕翰的指挥下，叶琛、林森林两位管带奋不顾身地向敌舰进攻。吕翰，字赓堂，广东鹤山人，也是船政学堂毕业生。当法舰驶入闽江后，他写下“翰受国恩，见危授命，决不苟免”的遗书，并把老母妻儿送回老家，已作一死的决心。此时他短衣仗剑，督战发炮。额部被流弹打伤，血流满面，仍裹伤再战。有凫水逃生者，挥剑砍之。两艇战至最后，分别被法舰击沉。

短暂而惨烈的炮战持续了半个小时。[76] 中国军舰除“艺新”“伏波”两舰负伤后向上游逃脱外，其余 9 艘全被击沉击毁。另有一批旧式师船被击沉。共牺牲海陆官兵 700 余人，包括舰长 6 名，其他海军军官 58 名，新式军舰及旧式师船士兵 695 人。法军方面，死 6 人，伤 27 人，一舰未沉。[77]

接着，法舰又与陆地炮台对射。4 时 55 分，孤拔下令军舰退至炮台火力圈之外抛锚。

江面上漂浮着木板、篷帆和尸体，高高低低地露出沉没军舰的桅杆和部分上层建筑。江水被鲜血染成红色。入夜，罗星塔附近江上渔火点点，哭唤连绵。乡民们驾船打捞死难者的遗骸。位于战场下游的洋屿乡共捞起 500 余具尸首。其中尸体完整的仅 132 具，陈放在庙中，招亲属认领。这些全尸首，多是落水后为法国人用竹竿猛击淹死的。[78] 马江之战牺牲者的遗骸后来被葬于马尾山麓，并建立了昭忠祠。

马江烈士昭忠祠

当闽江上传来第一阵舰炮的轰鸣时，张佩纶在船政的议事厅堂里刚刚拿到译毕的何璟电报。他与何如璋立即带人登上中岐山观战。江面上枪林弹雨，浓烟烈焰，水柱冲天，血肉横飞。他目睹着一艘又一艘中国军舰沉没江底，心如火焚，万念俱灰，却拿不出一点办法。开战必败，这样的心理准备是早已有了的，却没想到败得这样快，这样惨。数月之前，京师之中，议论海防边务，那是何等痛快，何等气派。及至今日，方才体验到身败名裂、罪无可逭的绝望心情。

下午两点半左右，江面上已无中方军舰，张佩纶向后山撤退，至山坳中的彭田村居住。此后几天，往返于彭田和马尾之间，直至法军退出闽江。就当时情况论，法军控制江面，随时可能登陆，福建船政处在敌人炮火射程之下。张佩纶转移驻地，其实无可厚非。从船政到彭田 15 华里山路，有 14 座大小山岗，均属中岐山的范围。当地人行走，大约二至三个小时，但张佩纶并没有逃至鼓山。天黑之后，张佩纶向朝廷发出了第一份马江战败的电报，自请处分。[79] 后来福州城里流行着一些张佩纶的笑谈，并传到北京官场，虽然情节并不准确，但很容易就将他描绘成平日大言炎炎说空话，临时又只会仓皇逃命，似乎马江之败，全在张佩纶失职。人们出于对他及何璟、何如璋、张兆栋在战争中指挥失误的激愤，作词讽刺为“两个是傅粉何郎，两个是画眉张敞”，语句自然十分刻薄了。

何如璋也是第一次经历战阵。当法国舰炮的轰击停止后，他仓皇地换上便衣，坐上竹舆，带着 80 余名勇丁，匆匆离开船政衙门，当晚宿在距马尾十余里的快安乡施氏祠堂。何氏一行引起农民的好奇，竞相前来观看落难的船政大臣。第二天，他又派人回局，取出库存的 36000 余两白银，押着前往省城。

24 日，孤拔打算派陆战队员占领船政，但临时改变了主意。因为局中有守军千余人，又有传说中国人早在船厂埋下大量地雷，于是决定用大炮摧毁这座由法国人帮助兴建的造船企业。由于吃水关系，他派吨位较小的“野猫”“德斯丹”和“蝮蛇”号去执行。从上午开始，法国的炮弹雨点般落在车站、仓库和船台上，工厂熊熊燃烧，发出五次剧烈的爆炸声。据战后调查，除了船政内新设立的炮台被破坏外，“砖砌之厂，以合拢厂、画楼为最，水缸厂次之，炮厂、轮机厂又次之，铸铁厂为最轻。架木之厂，以拉铁厂为最，广储所、砖灰厂次之，船亭、栈房又次之，模厂为最轻。船槽陡出江干，受炮最烈。新制第五号铁胁船身将要下水，被敌炮击穿九十余孔。至学堂匠房等处，虽受炮较轻，而器具书籍亦有残缺”。[80]

其余法舰则在罗星塔附近江面，搜索中国火攻船。停泊在闽江口处的法舰“拉加利桑尼亚”号企图闯入闽江，策应孤拔舰队，被金牌炮台守军击退。夜幕降临后，法舰泊在原先的锚地。次日凌晨4时，又有两艘中国水雷艇悄悄地向法舰驶去，可惜被法国人发现后迅速击沉了。

25日早晨，“杜居士路因”和“凯旋”号上的陆战队员登上罗星塔炮台，拆去3门克虏伯大炮作为战利品。11时，孤拔下令舰队启航，冲出闽江口。他换乘“杜居士路因”号。航行序列为：“凯旋”“杜居士路因”“费勒斯”“德斯丹”“窝尔达”“野猫”“蝮蛇”“益士弼”。打头的两舰各拖带1艘鱼雷艇。

27日下午3时，舰队在金牌水道上游，与“雷诺堡”和“梭尼”号会合，协同进攻金牌、长门炮台。金牌、长门炮台的岸炮因射向固定朝外，不能向内射击，守军便以轻炮封锁航道，阻拦法舰。“杜居士路因”和“蝮蛇”被击伤。28日清晨4时30分，法国舰队猛烈炮击两岸炮台，两军继续作战。这天，金牌炮台被法国舰队摧毁。

29日，法国舰队驶出闽江口，同利士比所乘的“拉加利桑尼亚”号会合，共同驶向台湾。这天，法国“东京”“中国”两个分舰队正式合并，组成远东舰队，孤拔任总司令。[81]

探索马江之败的原因，可以找出许多经验教训。

从直接原因来说，这是清廷犹豫于和战两端，不敢向法国侵略者决战的妥协心理造成的。按当时国际惯例，外国军舰驶入别国口岸，数量不得超过2艘，时间不得超过2周。清政府在中法已经交战的情况下，居然允许敌国舰队深入本国军事要地40余日，不能不说是中外战争史上的奇闻。美国历史学家马士认为，孤拔的来临使得清廷束手无策。这并不完全是他们的实力薄弱，而是因为在处理有关国际法的问题上，他们不知如何去做，诸如怎样叫孤拔退出港外。[82]这就使船政和所属军舰直接处在法国大炮的威胁之下。中国人又信守“不先发第一炮”的战争伦理，等待着“衅自彼开”，等于自己把脖子伸进绞索后，还在幻想等到刽子手收紧绳子的时候一脚踹死他。

聪明的战略家指出，战争具有四重性，即外交、经济、心理，最后一招才是军事。在第一颗子弹发射之前，军事战役的胜负往往已经决定了。有人把前三轮的较量称作“寂静战场”的格斗。马江之战从某种程度上证实了这一点。外交与经济的较量，清政府敌不过法国；在心理方面，也是如此。心理上的优势，并不仅仅是道德正义论所决定的，它还依赖于经济和国防的实力后盾。近代中国，震慑于洋枪洋炮威胁而产生的民族虚无主义和迷信精神万能、妄自尊大的顽固派是屡见不鲜的。能够冷静地分析敌我双方力量，审时度势，制定正确战略的人物却是凤毛麟角。这使当道者的心理总是无法达到平衡，因此，在每次民族危机来临时，他们无法做出正确的抉择，在左右摇摆和彷徨中贻误了战机。

当然，军事角逐对于战争胜负仍然具有十分重要的作用。战争是政治的继续，但政治判断不等于军事指挥。农业民族的特点是重文轻武，军人地位很低。随着近代战争科学化、工业化程度的提高，军事指挥越来越具有浓厚的专业色彩。清政府没有认识到这种趋势，在引进军事装备的同时，没有着意进行军事家的培养，仍然依靠文官典兵。当时的高级军官，基本上是从镇压太平天国起家的，缺乏近代战争的基本训练。而新近毕业的船政学堂学生，地位尚低，得不到重视。整个新式海军，谁都没有经历过战争。直接面对列强侵略的近代战争，显得极不适应。而会办大臣张佩纶更是个尴尬的例子。不少人认为他纸上谈兵，书生误国。其实，作为一个言官、智囊和政治战略家，他是出色的。但他不是军事战略家，更不是战术家。他主动前往前线坚守，也多次建议朝廷先发制人。但当战争进入直接的武力对抗时，一线官兵不能制胜，他只能在中岐山上顿足长吁。没有总参谋部，没有合格的战区指挥官，远至枢廷，近至前线，仅靠一伙文官来控制战争，怎会不失败呢？这个教训，清廷一直没有记取。十年之后的甲午战争，日本大本营中已拥有一批懂政治、懂军事的指挥人才，而清政府依赖的仍是这批文官和行伍。

在讨论了各种原因后必须指出，当时军队的基本素质较差，是导致战争失败的重要原因。在近代抵御侵略的民族战争史上，除了运用人海战术取得个别战役的胜利外，在绝大多数角逐中，无论是旧式八旗、绿营、防军，还是用外国最新装备武装起来的海军，基本没有取得过成功。马江之战揭开了中国近代海战的第一幕，从这天起，到清王朝覆灭止，两支中国舰队遭到全军覆灭的厄运，竟从未击沉过一艘敌舰。这仅仅归罪于政治腐败和装备落后是不够的。清朝军队中，虽然不乏为国捐躯的烈士，但是，作为一支耗尽国家财力和决策者心力建立的军队，它在整体上缺乏敢于牺牲、敢于胜利的集体英雄主义气概，缺乏主动寻求战机、力求全歼敌人的军人勇气，缺乏高超的军事指挥艺术和娴熟的作战技能。结果只能是屡战屡败，望风披靡。

三、东南战局与议和

8月26日，马江之战爆发的3天之后，朝廷终于降旨，对法宣战。

法国人从《京报》上获悉了这一消息。但法国因与英国争夺埃及，正闹得不可开交，从而引起欧洲局势的紧张，所以不宣布同中国正式作战，只是把在中国进行的侵略行动说成是一种“报复状态”。[83] 这样，它便能继续利用香港等“中立”口岸作为基地，并从英、美等国获得物资补给。

9月1日，法国舰队驶至台湾洋面，孤拔将旗舰转移至“凯旋”号上。清政府不知法舰去向，一时各地探报消息纷至沓来，有说法舰将入长江，已雇引水员在吴淞等待；有说将攻打北洋口岸；还有说将攻打广东，直至3日仍不得要领。

由于宣战诏书的颁布，京师里主战派势力大盛。文学侍臣们猛攻主和派，把办洋务的人一概目为汉奸，最终使得慈禧太后颁发懿旨，一下子撤去总理衙门周家楣、吴廷芬、昆冈、周德润、张荫桓、陈兰彬等六位大臣，但被攻击得最厉害的阎敬铭却获保全。7日，朝廷命左宗棠为钦差大臣，督办福建军务。漕运总督杨昌濬帮办军务，张佩纶以会办大臣兼署船政大臣，召何如璋来京。19日革何璟职。11月12日，撤去张佩纶会办职务。

孤拔在台湾洋面多次与国内联系，力主向华北采取行动，先占烟台，再占威海、旅顺。但法国海军部令其攻占基隆，以作为补给中心和煤炭供应基地，并作为与中国政府谈判的抵押品。法国舰队开始在台湾洋面集结。9月13日，刘铭传向北京电告法国调兵4000人攻打台湾，台北紧急万分，请饬南北洋速遣救兵。18日，军机处向李鸿章寄电旨，着其竭力援救，保全台湾。李鸿章则不断报告，法军可能随时攻打北洋。直至28日才接到李凤苞的报告，法国已饬孤拔全力进攻基隆，准备久占。

刘铭传

29日下午4时，法舰“胆”“德拉克”“尼夫”“鲁汀”“巴雅”号接到孤拔的命令，从马祖向基隆出发。次日，“拉加利桑尼亚”“德斯丹”和“凯旋”号向淡水出动。30日上午，孤拔的分舰队在基隆洋面同“梭尼”“雷诺堡”和“杜居士路因”号会合，完成了进犯基隆的布置。

在第一次基隆保卫战后，刘铭传估计敌人还将再次进犯，决心亲率主力，防守基隆。基隆清军共 9 个营。以曹志忠部 6 个营防守港湾东岸，以章高元部 2 个营及陈永隆部 1 个营防守西岸。另以孙开华部扼守淡水。将士们枕戈待旦，随时准备迎击来犯之敌。

10 月 1 日上午 6 时，法舰“巴雅”号向基隆狮球岭发炮。接着法国登陆部队在舰炮掩护下，从“尼夫”号换乘小艇向仙洞山海岸发起登陆冲击。章高元、陈永隆率部实施火力反击，双方激战四小时。法军改从山头迂回，章高元等率部退出山口，继续抵抗。将士们已在炎瘴溽湿的酷暑中坚守了两个多月，战斗力受到很大影响，但在法国侵略者面前，斗志旺盛，顽强搏战至黄昏。也在同一日，利士比率“拉加利桑尼亚”等 3 舰进攻淡水。淡水前敌营务处李彤恩向刘铭传告急。此时基隆、淡水皆处万分紧急状态之中，刘铭传手中无后备梯队可供调遣。考虑到淡水为基隆后路，距台北府城仅 30 公里，淡水一失，则前军不战立溃，必致全军瓦解。刘铭传因此做出了集中力量，增援淡水的决定，连夜率曹志忠、章高元部从基隆拔营，驰赴淡水，仅留 300 人防守狮球岭，实质上是主动放弃基隆。第二天，法军轻而易举地占领了基隆。他们发现，基隆煤矿的机械早被拆走，1.5 万吨存煤也被毁去，不由对刘铭传果断敏捷的作风感到惊讶。他们遇到了一个非常富有经验的对手。由于法军人数有限，他们虽然控制住了基隆，却无力扩大战果。

法军进攻淡水

中国军队在四周山头迅速建立起新的防线。

淡水河口，清军早已沉下一队满载石块的民船，并布设了电发鱼雷，形成一道屏障。海滩边的低矮丘陵地带，又建有两座炮台，法国人称作"红堡"和"白堡"，直接封锁了沿岸的登陆地点。在得到基隆清军主力增援后，守军士气大振。10月2日上午6时35分，红堡守军利用太阳初升，法舰在眩目光线照射下无法瞄准海岸目标，而炮台又被晨雾笼罩的有利时机，首先向敌人发起炮击。双方激战三小时，打破了法军原定10时发动进攻的计划。利士比只能把新的进攻日期改到10月6日，并向基隆的孤拔求援。孤拔派"杜居士路因""雷诺堡"和"胆"号运载临时组建的加强营前去增援，由"拉加利桑尼亚"副舰长马丁中校指挥。淡水法舰序列，包括"蝮蛇""拉加利桑尼亚""杜居士路因""凯旋""胆""德斯丹"和"雷诺堡"号。法军的目标是攻占白堡，以控制设在白堡的水雷引爆站。然后再用"凯旋"号的500公斤黑色炸药水雷，炸开封锁航道的沉船障碍，以打通驶往台北府城的航路。

5日晚间起，狂风大作，海浪翻腾，气候异常恶劣，这使法军的进攻延至8日方才发起。马丁中校因病不能指挥登陆战斗，改由"雷诺堡"舰长波林奴中校指挥。上午9时零2分，登陆攻击开始。载有陆战队的小艇离开军舰向海岸划去。3分钟后，7艘法舰的舰炮开始猛烈轰击清军海岸防御工事。法军登陆部队共计600人，分为5个连队。法军登陆后，绕过红堡直扑白堡。这时，埋伏在油车口的李定民、范惠意，埋伏在大炮台山的章高元分别率部出击，合围法军。民军张李成率众从后部拦截。双方激烈地展开短兵相接的搏杀。

11时45分，一个法国陆战队员走到港口灯台的石山上，用手势发出信号：

"我们被逼后退，没有军火，损失严重！"

接着法军全线溃退，争先恐后地爬上海边的小艇，向舰队方向逃跑。这便是中国史书称作"淡水大捷"的战斗。[84] 根据法方发表的数字，法军共死9人，失踪8人，伤49人。刘铭传报告朝廷，此役"馘首级二十五颗，内有兵酋二名。枪毙约三百名。"[85] 孤拔承认："我们的损失十分严重……因此我放弃占领淡水埠口。因为我们军队员兵，仅勉强足供基隆之用。"[86]

抗登陆作战是一种重要的作战样式，法军凭借其夺得的制海权，在舰炮掩护下，遂行登陆行动，清军依托炮台和各种障碍物，乘敌立足未稳，进行强力反击，法军进犯淡水的计划至此被粉碎。

法军侵台期间，福州、香港、厦门等地电报线路同时中断，使得朝廷不清楚前线的战况。10月8日晚间，李鸿章秘密约见法国驻天津领事林椿，探求谋取和平的途径。同样，法国方面也不知淡水之战法国已败。直到两天后，法国公使巴德诺才从孤拔处得悉失败的消息。11日，巴德诺把孤拔报告的要点电告茹费理。其中提到孤拔已决定放弃占领淡水，并拟以八至十艘军舰，由利士比指挥，封锁台湾西海岸线。其余军舰，由孤拔率领北上。巴德诺对孤拔袭击华北的计划，依然信心不大。[87]

李鸿章14日才接到刘铭传从厦门转来的电报。在中国本土作战，信息传递竟比上海与巴黎之间的外交电报慢3天。清政府对前线的指挥行为可想而知。

10月20日，孤拔宣布自23日起，封锁台湾。法国人把这一行动解释为："当我们愿意时，可以恢复谈判。它使我们有权对中国采取一切战争措施而不必宣战；因而也可使英国不致宣告中立，而不让我方船舶进入其补给港及碇泊港，如香港和新加坡。并使我方有权捕获那些悬挂中国旗的船舶。"[88]

法国的做法引起英国强烈不满。英法两国在埃及已经发生激烈的冲突，此时法国又在英国在华利益最为集中的东南沿海挑起战争。11月26日，英国政府通知法国说，它认为"中法之间已存在着事实上和法律上的战争状态"。并宣布中立，封闭香港，禁止法国前去装运燃煤和修理船只。[89]

法国人继续一意孤行。1885年2月1日，巴德诺在写给茹费理的信中，抱怨法国政府在去年没有迅速地把战争扩展到中国北方。建议禁止从海上运输大米到华北口岸，来迫使清廷妥协。接着，法国政府发出通知说，从2月26日起，它将把运往广州以北口岸的米视为战争违禁品。当时的稻米，大多是雇请悬挂英、美旗帜的船只运输的。英国拒绝接受法国人擅自规定违禁品的做法。

清政府除了积极争取国际上的支持外，还组织东南沿海往台湾运输物资，以支持台湾的抗法斗争。本来，法国人仅靠15艘军舰，要想有效地封锁台湾海峡十分困难。但是它摧毁了福建船政所属军舰，中国其他舰队没有及时前来支援，这就使得法国有可能掌握住台湾海峡的制海权。然而沿海各省，特别是福建军民，采用夜航、偷渡等各种方式，突破法军封锁线，把3000名淮军、60门钢炮、9000支步枪、200万发弹药、40枚鱼雷和10万两饷银安全运往台湾，为台湾的抗法斗争提供了保证。台湾人民积极参加军队，为守军源源不断地补充兵员。云南、广西军队也相机向越南境内的法军发起攻击。在各方支援下，台湾军民终于度过了封锁带来的困难时期，有效地抵御了法军的入侵，为抗法战争做出了贡献。法国人承认，“我们的海军舰艇在漫长的海岸线面前，显得兵力不足，致使封锁无明显效果”。

台湾的气候、环境，也使法国人受到损失。10月23日，孤拔报告国内，由于伤寒或霍乱的流行，已有11人损失，56人住进医院。到11月9日，法国地面部队已有350人因健康原因不能执勤。

为了打破法舰对台湾的封锁，11月1日，朝廷批准了督办福建军务的钦差大臣左宗棠从江宁发来的建议，着南洋派军舰5艘，北洋派军舰4～5艘在上海会齐。帮办军务大臣杨昌濬由汉口抵沪后，即统率各舰增援福建。左宗棠这年6月从两江总督任上内召，重入军机，这时老态龙钟，且受同官倾轧。至9月，再次外放。调军舰之事，因事先未同曾国荃讨论，所以曾国荃大为不满，表示南洋只能派出“开济”“南瑞”“南琛”3舰。[90]

曾国荃不愿将南洋军舰主力援闽作战，自己把军舰说得一无是处，谓之“不足当铁甲一炮”“炮小舨薄易被轰沉”“敌船坚而且速倍于华轮，海中相遇，既无退步，万难脱身。数日之煤用完，寸步之行难驶”。李鸿章对调派北洋军舰也颇不以为然。他在向总理衙门转发曾国荃的报告时，又添上“北洋仅有快碰船二艘，略可行海，实太单薄……勿论无大帮兵可派，即有船而无将帅，岂能用命济事？”[91]

这种拥兵抗命的行为激怒了朝廷。5日，军机处和总理衙门分别寄旨，对曾国荃峻词申饬，着交部严加议处。并命他立派军舰，与李鸿章派出之船在上海会齐，驶往福建，速解台湾之危。并责其“倘再迁延观望，致误戎机，自问当得何罪？”[92]

在朝廷重压下，曾国荃只能从命，并保荐长江水师总兵吴安康统带南洋五船。李鸿章也报告说，除留丁汝昌统带六“镇”炮艇及“威远”“康济”练习舰留守旅顺口外，派林泰曾、邓世昌管带“超勇”“扬威”两舰南下，与南洋5舰会齐密商，相机前进。

英国宣布对中法战争保持中立后，北洋原先聘请的英国海军教官琅威理即以回避为由，请假回国。早在马江交战之前，朝廷已根据李鸿章的建议，命李凤苞在德国遴雇军官50人来华交李鸿章调遣。这既是援引德国法律中退役官兵可受聘他国作战的规定，也是利用了德国人对法国人仇恨的心理。10月，李凤苞报告共雇得24人，李鸿章对其中的海军总兵式百龄特别感兴趣。式百龄曾参加美国南北战争中的海战，归国后加入德国海军，官阶为少校。1884年退役后被李凤苞聘雇，准备驾驶“镇远”舰回华，后因该舰无法按期开行而先来中国。在天津会晤李鸿章时他滔滔不绝地谈论了一通海军战略，使得李鸿章大为倾倒。李鸿章认为，“中国创练（水师）未久，勉效步趋，将材非咄嗟能办。遽当劲敌纵横洋面，实虑船炮人才一无可恃，转资敌用而损国威”。不仅决定把北洋“超”“扬”两舰交给式百龄统领，还建议朝廷饬令吴安康，与式百龄“妥为联络商办，或有训练未精，见识未到之处，可属式百龄随事帮同教练指示，以增益所不能”。[93]不过李鸿章后来发现，式百龄虽曾在德管驾小船，实非学堂出身，来津数月，闽厂管带、员弁对其能力皆有背后议论，并称其“夜郎自大”。若照约委带“镇远”，未卜能否得力。[94]有位美籍洋员形容他是个近视眼，爱喝啤酒，老挖鼻子，又爱吹嘘。官兵嘲笑他“挂了一身宝剑，没有一把是锋利的”。[95]

11 月 19 日，曾国荃经与长江水师提督李成谋函商，确定南洋派出“开济”“南琛”“南瑞”“澄庆”“威靖”（后改“驭远”）5 船援闽，20 日夜，式百龄率“超勇”“扬威”两舰驶抵上海，进入船坞做改装加固。“超勇”“扬威”是从英国引进的新式军舰，法国人颇有警惕之心，担心其袭扰海上运输船只。他们买通一个德国人前去观察，将军舰情况摸得一清二楚，知道其弱点是“轮机上部暴露，从上部一发穿甲炮弹就可加以摧毁”，以及烟囱的烟道附近钢板较薄等细节，甚至还手绘出军舰布置的平面草图，[96]中国军队的反间谍意识极为松懈。由南北洋两支分舰队凑合组成的混合编队，本来就是同床异梦，难以合作。恰好 12 月 4 日，朝鲜发生“甲申政变”，李鸿章乘机要求调南北洋 7 舰驶往朝鲜，朝廷认为未便全数掣动，允许将北洋 2 舰调回。南洋 5 舰仍由式百龄带往福建。李鸿章再次电奏，说式百龄谓南洋各船素未学习西洋操法，不愿统带，请旨让该洋将一同北回。北洋军舰终于退出了与法国海军正面交锋的东南沿海战场。

南洋五舰慢吞吞地开始了修理加固。12 月 28 日曾国荃奏报，根据式百龄的建议，“南琛”“南瑞”的炮位需加铁柱六根。各舰的舵楼均须用 2 寸钢板遮蔽。除“南琛”外，其他四舰还需添配哈乞开斯机关炮。这些工作又拖延了 20 余天。直到次年 1 月 18 日，军舰方才驶出洋面，前往浙江沿海。五舰的主官是：“开济”管带徐传隆；“澄庆”管带蒋超英；“驭远”管带金荣；“南瑞”管带徐长顺；“南琛”管带袁九皋。五舰的排水量，分别为 2200 吨、1268 吨、2800 吨、1905 吨、1905 吨，总计 10078 吨。

吴安康，字澂三，湖南沅陵人，是吴大廷的侄孙。[97]早年投效湘军，1874 年曾管驾“海安”舰赴日本察看情形，游历各岛。旋改管带“惠吉”舰，从此进入

吴安康

江南内洋外海水师，充操练轮船营务处。1881年署理江南苏松镇总兵，1882年蒙保堪胜水师总兵之任。[98]吴安康虽在海上服役10余年，却从未经历海战。这次受命统带分舰队援闽，心中不免战战兢兢。

1月26日，南洋五舰驻泊浙江南田，31日驻泊浙江玉环。2月初，听说福州口外法国舰队防守严密，便滞留在温州洋面。2月3日，孤拔在得悉南洋分舰队驶至浙江洋面的消息后，把封锁台湾的任务交给副司令利士比海军少将，亲率“巴雅”“侦察”“益士弼”“梭尼”舰到马祖澳，并命“尼埃利”“凯旋”号前来会合。6日下午，“杜居士路因”号也到了。7日，七舰向北截击，直抵吴淞口外。10日，南洋分舰队退驶定海，11日回到吴淞口，12日复过定海。法国舰队则因燃料不足，“杜居士路因”号于10日退回基隆。

2月13日早晨5时30分，按照当日航海晨光推算，天还是黑乎乎的。法国舰队的“侦察”号在檀头山洋面发现了中国军舰的踪迹，法国舰队立即发出攻击信号，追了过去。中国分舰队也发现了敌人，转舵逃跑。不久，中国舰队一分为二，吴安康率航速较快的“开济”“南琛”“南瑞”3舰驶往宁波镇海口，“驭远”“澄庆”两舰航速较慢，便避入三门湾的石浦。以南洋5舰对法国6舰，实力相差并不悬殊，然而南洋诸舰毫无斗志，不战自退，不仅失去了与法舰决战的机会，还为法舰分割消灭南洋分舰队创造了条件。

法舰也一分为二。孤拔命“凯旋”“梭尼”和“益士弼”号进入石浦，监视“驭远”和“澄庆”，自己率“巴雅”“尼埃利”和“侦察”号追击南逃的“南琛”等3舰。因浓雾，法舰丢失目标，孤拔率舰返回石浦海域。午后1时，完成了对石浦各个进口的封锁。14日，“益士弼”和几艘汽艇深入港湾，探明“驭远”“澄庆”停泊在东门岛和石浦之间。此时舰上水手勇丁，已有多人悄悄地登陆开了小差。是晚11时30分，孤拔派遣“巴雅”副舰长戈尔敦中校和水雷官杜波克上尉分乘两艘装载鱼雷的汽艇驶入石浦港。这天是除夕夜，岸上的爆竹声盖住了汽艇发动机的声响。翌日凌晨 3 时 45 分，汽艇向“驭远”发射了鱼雷。“驭远”尾部受伤，舰上官兵全无斗志，管带金荣怕弹药舱被轰击，遂打开底舱阀门放水，将军舰自沉。“澄庆”舰则是在未受伤的情况下，也放水自沉。沉没地点，在石浦镇天妃宫两侧。[99]

“开济”“南琛”“南瑞”此时停泊在镇海口招宝山一带。镇海是浙东门户，甬江从这里通向宁波。浙江巡抚刘秉璋布置浙江提督欧阳利见率本标练兵 1000 人和楚勇 2500 人防守甬江南岸，驻金鸡山，在山上筑有“天然”“自然”两座炮台。记名提督杨岐珍率淮勇 2500 人防守甬江北岸，驻招宝山。游击钱宝兴率兵驻梅墟，以作后路策应。招宝山的威远炮台、金鸡山的靖远炮台和小港口的镇远炮台，归守备吴杰指挥。港中还有“超武”“元凯”两舰及红单师船以作联络。宁绍台道薛福成为宁防营务处，同知杜冠英为海防营务处，宁波知府宗源瀚为营务处提调。所有水陆兵将均受欧阳利见节制。镇海守将虽然早已枕戈待旦，但担心南洋 3 舰会招来法舰的入侵，因此千方百计使南洋军舰离去。2 月 14 日，薛福成给远在江宁的曾国荃拍电，指出“目下以保全师船为上策。闻敌计在毁我师船，或乘虚犯长江。似宜趁敌船未到，急调三轮回沪，先顾门户，添备子药、煤米，可以进退自如。否则法以一二铁甲停泊浙洋，三轮又被牵阻，长江益虚矣”。[100] 曾国荃也担心剩下的三舰再遭法人袭击，16 日给吴安康发出撤回的指令，并称一切责任由他承担。

可是三舰管带害怕再遇法舰，不敢将军舰驶出洋面，而水兵多为宁波人，此

石浦之战中，法国杆雷艇攻击中国巡洋舰“驭远”号。

时思家心切，无心恋战，便借口吴安康赴石浦处理“驭远”“澄庆”两舰事宜，无人做主，继续蜗居镇海。19日，曾国荃再向浙江发电，申明“为今之计，以保全三船为上策。如澂三尚未回船，即由三管驾相机冲出，驶回吴淞、江阴。但须探明镇海口外有无法船拦阻。如已封口，只可稳守。若能乘隙冲出来，保全三船，统领管驾皆有功无过”。[101] 刘秉璋发给前敌的电报说得更为露骨：“三管驾怕死，徒以引敌，万难同心。途中无法船，宜令驶回。”[102] 为了保证回程安全，薛福成派外国人同吴安康部下的军官乘轮船从宁波至上海探路。他们发电通知，洋面上没有法舰。接着又从上海派轮南下，26日安全驶抵宁波。经过如此周密的准备，4舰于当晚10时趁着黑夜小心翼翼地驶出镇海。没过多久，他们又以发现法舰为由，慌张地返回镇海，抛锚在口外的七里屿。

法舰直到28日才驶抵镇海口外。3月1日下午，孤拔率4艘法舰驶往镇海航道附近抛锚。下午，他乘“尼埃利”号驶近口岸进行侦察，发现了躲在港中的中国军舰。清军炮台发炮，打断法舰桅杆上的支索。“尼埃利”号遂与炮台展开对射。由于距离较远，双方均无伤亡。“德拉克”“巴雅”“凯旋”三舰没有参战。法舰在完成侦察行动后，返回停泊地。在此之前，镇海守军已在江口用木桩设置障碍，又预先用高价在上海收买了熟悉甬江航道的外籍引水员，这些都为保卫战的成功创造了条件，而镇海守军同仇敌忾，英勇作战，更是战斗胜利的根本原因。

2日以后的战事，中方史料还有多次记载，而法国档案中全无记载，其真实情况，尚待进一步考证。3月下旬以后，战事完全停止。[103] 镇海保卫战至此告一段落。以后法舰在镇海附近多次游弋，但没有发生冲突。

浙江沿海的两次作战，法舰在军事上均未占有明显优势。南洋军舰望风披靡，殊为可耻。镇海保卫战虽然获得成功，但以万余名陆军和3艘军舰对付敌人4艘军舰的远征，赢得十分勉强，是个消极守口防御的典型战例。由于东南沿海战场清军皆成惊弓之鸟，镇海之战总算是对朝野上下的一帖安神剂。

法国的战略方针是东取台北，西取谅山，据地为质，勒索赔款，在派出舰队到中国东南沿海进行侵略活动的同时，在中越边界也发起了大规模的军事行动。至1885年2月，清军在陆路战场东西两翼皆陷入被动，形势告急。

2月17日，朝廷起用在籍宿将，前广西提督冯子材帮办广西关外军务。他在距镇南关十里之关前隘筑立长墙，添挖深壕，巩固防御阵地。3月21日，冯子材率军主动出击法军据点文渊，鼓舞起军民的信心。

24日，法军向关前隘长墙守军发动攻击。冯子材身先士卒，跳出长墙，持矛大呼，冲入敌阵。全军将士大开栅门，向敌人涌去。当地群众和部分散兵游勇也主动前来助战。经过激战，中路法军111团1营300余人大部分被歼灭。下午3时，中国军队发起反击，夺回东岭被敌占领的堡垒，并击退进攻西岭之敌。法军三面被围，全线崩溃，仓皇逃回文渊。冯子材率军追出镇南关。这一仗，共歼法军千余人，是法军挑起战争以来所受创伤最大的一次，史称“镇南关大捷”。

27日，法军失败的消息传到巴黎，立即引起巨大的震动。众议员们强烈批评政府的远东政策。29日，清军收复谅山。31日收复谷松、屯梅等地，茹费理内阁就此倒台。

也在此时，在东南沿海指挥法国海军作战的孤拔，为了摆脱始终只能局促基隆一隅的困境，于3月28日率领“巴雅”“德斯丹”“杜沙佛”“安南人”等舰和1个营的陆战队，袭击了防御比较薄弱的澎湖。澎湖列岛在马公、四角屿、荷兰屿等处设有炮台，守军千余人。29日上午7时，法舰炮击西屿炮台。30日，法军在鸡姆澳登陆，清军多观望不前，唯绥靖中营副将陈得胜率部抵抗。次日，法军继续进攻，陈得胜力战阵亡。同日，法军八九百人在双头跨登陆，副将周善初乘船逃走，澎湖落入法军手中。

镇南关大捷使得陆上战场出现了转机。形势变得对中国有利，但并非像有的人想象的那么顺当，似乎冯子材就此能一举南下，将法国势力赶出越南。事实上，法军从镇南关后退百里，迅速在郎甲地区完成新的集结。除了从宣光调第一旅沿河而下，转赴郎甲以外，又从台湾的孤拔舰队急调一团增援，并把月前从法国调来的5000援军从海防分运东京。法国议会还决定增派8000 ~ 9000人增援。到4月下旬，北圻的法军已达25000人，加上越南冲锋兵共达37000多人。还加强了炮兵、骑兵、炮艇的配置。而南下追击的清军，总数不超过15000人，数量和武器装备都处于劣势。如果战线向南展开，后勤补给将产生更大困难。[104]

其次，在镇南关大捷的同时，法国又占据了澎湖，取得了它在中国东南沿海的第二个“担保品”，造成战争结局戏剧性的微妙变化。法国原想依靠占领基隆和在越南战场的胜利来形成谈判的王牌，却没料到镇南关的惨败；清政府本可利用镇南关大捷对抗法国的胁迫，却没料到澎湖的陷落。这样，清政府不得不置越南战场的胜利不顾，首先收回基隆和澎湖，而法国也不得不放弃台、澎，以换取它在越南的利益。

再次，交战双方都不想继续这场战争，急欲寻求解脱的途径。就清政府而言，一方面，由于从1884年秋天以后，法军已完全控制顺化阮氏王朝，越南政府在中法冲突中完全倒向法国，迫使清政府不得不重新评估援越的意义。战前那种认为越南政权不值得扶持的意见，逐渐随着战争带来的创伤和疲劳情绪而占了上风。另一方面，日本在朝鲜的渗透使清政府焦虑不安，急于结束南方的战场以便应付日本在北方的挑战。就法国而言，也期望早日结束同中国的军事行动，以巩固和消化它在越南攫取的新的殖民利益。尤其整个谈判是以1884年《天津专约》为基础的，这正是法国发动战争的预定目的。在法国内部，对于政府远东政策有许多批评和压力，茹费理内阁倒台后，通过外交途径取得战争未能取得的一切并且恢复和平，就显得更为迫切了。

镇南关大捷后，中国外交官首先提出了乘胜议和的主张。3月30日，出使英俄大臣曾纪泽和出使法德意奥大臣许景澄相继发回电报。曾纪泽说：谅山克复，茹费理下野，此时若能议和，中国极为体面。虽稍让亦合算，似宜趁法新总理初升时速办。许景澄说：德国外交部约见我，传达首相俾斯麦意见，认为中国谅山战胜，可乘机议和；否则战祸无已。德法有隙，所以专劝中国。[105]

4月1日，李鸿章也从天津向总理衙门发电，表示外电称“谅山已复，若此时平心与和，和款可无大损。否则兵又连矣”。[106]就当时情况而论，乘胜议和恐怕是最佳的选择。军机处向张之洞电寄的上谕指出：现在广西刚刚收复谅山，法军即占据澎湖。冯子材、王德榜部若不乘胜即收，不惟全局败坏，且孤军深入，战事益无把握。纵再有进步，越地终非我有；而全台隶我版图，援断饷绝，一失难复，彼时和战两难，更将何以为计？[107]集中反映了朝廷在权衡大局后所下的决心。

4月4日，金登干与法国代表毕乐在巴黎签订《中法停战条件》和《停战条件解释》，规定中国政府批准1884年《天津专约》。6月9日，李鸿章与法国公使签订《中法天津条约》。

孤拔死于澎湖

6月11日，孤拔因患赤痢和严重贫血症，死在澎湖。

15日，法军从基隆向澎湖撤退。他们在岛上留下500余官兵的坟茔。7月22日，法军完全撤出澎湖。25日，法国宣布解散远东舰队。

“巴雅”号将孤拔遗体运回国

中国方面的善后工作更早就开始了。

马江之战失败后，张佩纶受到京中闽籍官员的严词抨击，他的同年，翰林院编修潘炳年领衔，38人副署，上奏弹劾张佩纶，指责他阻止兵船备战。交战后冒雨仓皇跣足出逃，“途仆，亲兵曳之。行抵鼓山麓，乡人拒不纳，匿弹寺之下院”。清政府派钦差大臣左宗棠督办福建军务，并调查战况。左宗棠到闽后，经过核证，与新任闽浙总督杨昌濬联署奏称，张佩纶才识夙优，勇于任事，以文学侍从之臣初涉军事，阅历未深。抵闽之日，法船先已入口，据我腹地，未能审察情势，将我兵轮分布要隘。明知敌人船坚炮利，调令兵商各舰与敌舰聚泊一处，遂致全被轰沉，是调度失宜。又说张佩纶出驻马尾，身临前敌，不避艰险，及师船被毁，本志不遂，根本没有抵达鼓山之麓，亦无乡人拒而不纳之事，否定了张临阵逃跑的说法。左宗棠认为张佩纶“其咎无可辞而心尚可悯”，建议请旨交吏部给个处分，以示薄惩。[108] 但朝廷不予理会，上谕称：“左宗棠所请交部议处，殊觉情重罚轻，着从重发往军台效力赎罪。”又称左、杨对张意存袒护，曲为开脱。着传旨申饬。[109] 此时，张佩纶成了马江之败的替罪羊和书生昏庸误国的负面典型。

总理衙门章京袁昶在致张佩纶的信中写道：

七月间事，吾丈承前人积弊之余，仓猝布置，以新集之军当方张之寇，事机虽钝，厂卒获全。乃铄金之口不加诸从前废弛战备之人，反集矢于受任未久、事权不属、奋起以一身当其冲者。黑白倒置，良可怪异。语曰“流丸止于瓯臾，流言止于智者”，恃君相之聪，谅不至浮言所蔽耳。[110]

福建京官的奏折声称，关于张佩纶马江之战的表现是接闻家乡来信所获信息，而这些来信，其实是王仁堪、王仁东兄弟策划的。1884年底，因母亲去世返回福州奔丧的陈宝琛，在给两位妻弟的私信中质问：“归来后始知公疏劾蒉（张佩纶），尽属虚诬，不知足下何所据？”他说“省垣万口喧腾，皆谓有四人公函致省绅，串通构陷，勿令死灰复燃。四人者，昆玉即居其二也”。[111] 这里延续的，仍是引发“甲申易枢”的斗争。连左宗棠出面的解释都遭到朝廷申饬，明知开战前种种细节的上层官员就此无人再为张佩纶援手，大家集体置身事外。究其原因，既有张佩纶张扬的性格结下的仇怨，亦包含主政的醇亲王对张观感不悦。官场的缄默、自保和落井下石历来如此。

醇王其实未必看不明白，他曾对另一位“清流”邓承修说：

朝廷令张佩纶往福建，原为外间督抚奏报全是粉饰，欲得破除情面之人，使之有所顾忌，非要他去打仗也。伊办事固不妥，闽人亦多出于私憾也。[112]

张佩纶曾对侄子张人骏表明心迹：

书生初当巨寇，必以亲临前敌为第一义；否则军无固志、民有讹言，吾心胆为之摇惑矣。醇邸属勿冒险，总署劝勿拘守，合肥（李鸿章）及伯潜（陈宝琛）均劝弃厂、均劝避炮，用意有厚薄浅深之不同，大都为爱惜鄙人起见。然自鄙人到厂，民心大定，茶市复开，若骤然退去，绅民必且失望。且法船相逼二里许，一旦弃厂，法必来据，且恐匪徒乘机攘夺。[113]

李鸿章事后为其归纳说：

公之过津也，本无意久留闽，迨于舟次知谅山反约，犹从容入险。闻到闽后意气陵躏一切，势不能坐守省垣，乃自请驻厂。夫会办全省军务，何独一厂哉？法早欲毁厂，固明知之，厂船不敌西船，当亦知之。若三月以前之朝局，则法必就款；目前朝局，款必无成。不款必战，战必败，此路人皆知，而当局懵焉，此愚所不解者也。是以事前欲公将船调守他隘，弃厂不顾。电商不允，又电署转商不允，失此机会，遂无挽救之方。……公会办实系贬谪，只合浮湛，乃如此勇于任事，又任必不可任之事。为中外众射之的，能毋痛惜耶！天下知公者无如鄙人，惟知之深故责之备。[114]

大家都看得明白。张佩纶这种理想主义的书生官员，其实是不适合官场生态的。1885 年 2 月 11 日，上谕命将张佩纶、何如璋发军台效力赎罪。张成定斩监候，秋后处决，交刑部监禁。4 月 25 日，上谕务将石浦之战首先逃走的“驭远”舰副队总李时珍严惩正法，蒋超英、金荣革职发军台效力。[115] 至 1886 年 12 月 11 日，清廷下令原先因战败斩监候的徐延旭、唐炯及张成，均加恩免予处决。徐延旭发往新疆效力赎罪，唐炯发往云南交岑毓英差遣效力赎罪，张成发往台湾交刘铭传差遣效力赎罪。[116] 徐延旭未及成行，即在北京病逝。次年 3 月，清廷赏唐炯巡抚衔，督办云南矿务。[117] 至此，引发“易枢”事件的徐、唐获得解脱，马江之战中指挥作战且致全军覆没的张成也获释放。此外，在中法战争中直接承担福建地区军政责任的闽浙总督何璟、福建巡抚张兆栋，战后除撤职之外，并未受到其他处分。赏罚不公，追责不明，亦是导致晚清政治腐败和军事失败的一个重要原因。

1888 年，张佩纶戍满，从张家口返回天津。不久，娶李鸿章钟爱的女儿鞠耦为妻，一跃成为东床快婿，彻底从“清流”变为“淮戚”。张佩纶此前曾两次结婚，原配为长期担任军机章京的大理寺卿朱学勤之女朱芷芬，继室为陕西巡抚边宝泉的女儿边粹玉。虽说鞠耦是第三任夫人，他们的婚后感情却极好，生育了儿子张志沂，张志沂的女儿，就是后来的女作家张爱玲。

打了一年的中法战争就此结束了。法国人取得了他们原先想攫取的一切。平心而论，清政府从介入越南事务，到签订停战协议，都是从当时当地的政治、军事、外交格局做出的决定，很难说停战就是卖国。有的评论家事后认为中国不应该乘胜议和，认为中国是“不败而败”，这其实只是纸上谈兵的观点。对清政府来说，这样的结果也许就是最好的结局了。在无法取得军事优势的情况下，面对强敌入侵，从民族最高利益出发，是积极抗争，不惜以承担更大失败为代价来维护国家的尊严，还是适度妥协，以较小的损失回避全面战争或危机升级，历来是决策者极费踌躇的两难抉择。主战者往往能保持道义上的优势，主和者则极易陷入“卖国”的罪恶泥潭。

政治有时是一种表演，但在表演背后，隐含着决策者在国家谋略上的识见。同一切其他谋略一样，国家谋略所依托的是手中的牌点，所追求的，是利益最大化原则。落后国家在民族危亡和社会转型的历史关头，所能采取的国策必然是变革和妥协。所谓变革，包括从实行富国强兵的经济和军事制度改革，到政治制度的改革，以增强整体实力；所谓妥协，是不断地在失败中退让，主动或被动地放弃利益，以换取时间。在国家决策中，妥协是弱势状态下不可缺少的政治行为，关键是在赢得了喘息时间后，能否卧薪尝胆，不失时机地进行主动的变革，以应对迫在眉睫的危机。如果换取时间只是为了短暂的苟延残喘，最后来到的必然是革命的风暴。

中法战争显示了中国人民抵御外国侵略的英勇精神，也极大地暴露了朝廷的腐败和军队在各方面的落后，更揭示了中国所面临的越来越险恶的国际环境。寻求生存之路，仍是中国政治家优先考虑的大问题。

四、海防建设的再次讨论

新的危机仍在发展。

清政府本来以为，拘禁大院君，扶植闵氏集团后，朝鲜内部的党争可以缓和，却未料到主张开放的人士中还有亲华、亲日、亲俄三派。亲华派被称作“事大党”，亲日派被称作“开化党”。清军驻朝，使得亲华派得势，加剧了同亲日派的矛盾。亲日派开化党人，是以金玉均、朴泳孝、洪英植为首的青年贵族知识分子和官吏，他们觉察到清政府的腐朽，要求仿效资本主义国家，尤其是明治维新后的日本。而日本按照其大陆政策，企图将中国势力驱逐出朝鲜，扶植亲日势力，建立傀儡政权。

开化党与日本公使竹添进一郎共同策划，在1884年12月4日庆祝邮政局成立的宴会上，刺杀亲华派主要官员闵台镐、赵宁夏、尹泰骏等多人，砍伤闵泳翊，金允植因事不在现场而免难。是为“甲申政变”。然后，开化党伪称清兵作乱，招日军保护，占领王宫，控制国王，组织新政府，宣布废除对中国的朝贡关系。6日，清政府在朝驻军，应朝鲜议政府右议政沈舜泽的请求，由袁世凯统率，开进王宫，逐走日军，将国王迎至清军军营中。政变失败后，竹添放火烧毁日本使馆，逃往仁川领事馆。11日，竹添乘“千岁丸”号回国，竟不让金玉均等人同行，还打算把他们交给朝鲜政府。后来在日本船长的帮助下，金玉均等被密藏在船的底舱，带到日本。[118] 20日，当丁汝昌、式百龄率“超勇”“扬威”“威远”三舰载方正祥军一营从旅顺赴朝时，政变已经平息。

金玉均

日本政府利用“甲申政变”，在国内煽动反华情绪。政府大臣西乡从道在内阁会议上提议对华宣战。一些团体在东京上野公园举行“膺惩清国大会”，有的团体甚至组织义勇军，要求日本同法国联合进攻中国。明治维新活动的重要思想家福泽谕吉认为，如果在日清战争中取得胜利，那么日本就“永为东邦之盟主”，所以“吾辈之躯早不足爱，当挺身战死于北京军中”。改进党的尾崎行雄和犬养毅更直截了当地说，“干涉朝鲜内政，务必予以并吞”，即便引起对华作战，也是“为国家所最希冀者”。但是日本政府认为，出兵干预会导致日中两国在朝鲜发生战争，其客观效果是在北方牵制住中国，有助法国占领台湾，这与日本在南方的利益相冲突。最佳选择，应寻求事件的和平解决。同时军方认为，对华作战的战备尚未完成，这一计划才未被采纳。陆军大臣山县有朋指出，对清作战不仅是轻率的，而且是不可能的。这只要比较一下两国的舰队情况就可以知道。[119] 于是日本内阁派井上馨为特命全权大使，前往朝鲜进行谈判。井上避开日使参与政变的责任，只强调日本公使受到朝鲜人的攻击、公使馆被焚、侨民被杀，逼迫朝鲜政府签订了《朝日汉城条约》，朝鲜政府承诺谢罪、赔偿和抚恤，并新建日本使馆和护卫兵营。清政府派钦差大臣吴大澂赴朝调查事件原委，吴大澂在中方有效控制了汉城局势的情况下，没有追究日方责任，再次放弃宗主国的权利。这个妥协，显然与中国当时正在和法国作战，不欲两面受敌的考虑有关。

次年2月，日本政府参议兼宫内卿伊藤博文来华，与李鸿章进行外交谈判，以解决双方的争端。双方最后签订了《天津会议专条》。《专条》规定，从朝鲜撤出中日双方的一切军队；劝促朝鲜建立自己的军队，中国人和日本人均不得担任

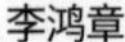

李鸿章　　伊藤博文

教官；将来朝鲜有事，两国或一国要派兵，应先行知照对方，一俟目的达到，应立即撤回。[120] 此时，张佩纶流戍军台，从福建北上，正路过天津。听说议约之事，坚决反对这一条款。李鸿章认为照约双方撤兵，于全局有裨，依然决定同意日方要求，却没料到这一条约为后来中日甲午战争的爆发埋下了祸根。

李鸿章与伊藤在天津的谈判结束之后，双方都向本国方面发表了对对方的评估。

李鸿章告诉总理衙门：伊藤博文“久历欧美各洲，极力模仿，实有治国之才。专注意通商睦邻、富民强兵诸政，不欲轻言战事，并吞小邦。大约十年内外，日本富强必有可观，此中土之远患而非目前之近忧，尚祈当轴诸公及早留意是幸”。[121]

伊藤博文说：有人担心“三年后中国必强，此事直可不必虑，中国以时文取文，以弓矢取武，所取非所用；稍为更变，则言官肆口参之。虽此时外面于水陆军俱似整顿，以我看来，皆是空言。缘现当法事甫定之后，似乎发奋有为，殊不知一二年后，则又因循苟安，诚如西洋人形容中国所说又‘睡觉’矣。倘此时我与之战，是催其速强也。诸君不看中国自俄之役，始设电线，自法之役，始设海军；若平静一二年，言官必多参更变之事，谋国者又不敢举行矣。即中国执权大官，腹中经济，只有前数千年之书，据为治国要典。此时只宜与之和好，我国速节冗费，多建铁路，赶添海军。今年我国钞票已与银钱一样通行，三五年后，我国官商皆可充裕，彼时看中国情形，再行办理。……惟现时则不可妄动”。[122]

令人感慨的是，伊藤博文的这番谈话，中国方面通过自己的情报系统，不久即看到了。中国建设海军的努力，是否只有几年的热情呢？李鸿章和伊藤博文对对方的研判，不幸都一言中的。又过十年，他们在马关相会，彼此心中不知又作何等想法？

事大党方面的闵妃集团看到中法战争中中国的失败和甲申事变中日本的表现，感到中日两国都靠不住，渐渐产生与俄国接近的想法。1883年，李鸿章推荐前任德国驻天津领事穆麟德为朝鲜外务协办兼总税务司。1885年初，穆麟德建议朝鲜外务署与俄国商订条约，由俄国借调军官为朝鲜训练军队，俄国则得到朝鲜东海岸元山湾的使用权。这样，俄国海军便能取得一个不封冻的海军基地，使它的海军大大向南发展。穆麟德的举动，据说与德国外交部的指令有关。俾斯麦政府为在欧洲对付法国，极力阻止俄法接近，采取了“引诱俄国熊到远东牧场去”的策略，怂恿俄国在亚洲扩张，从而削弱其在欧洲的势力。引俄南下引起清政府的严重不安，李鸿章要求朝鲜国王李熙废弃对俄条约，并将穆麟德解职。在此同时，英俄之间因争夺阿富汗发生冲突，两国间几乎爆发战争。英国为扼制俄国势力南下，于4月15日派舰队占领巨文岛。

巨文岛位于朝鲜半岛南端与济州岛之间的济州海峡，由西岛、南岛、古岛组成一个小岛群，三岛鼎足而立，中间形成一个可泊巨舰的天然港湾，战略地位极为重要。舰队在此屯泊，可以直接控制毗邻的朝鲜海峡和对马海峡，监视中、日、俄三国在朝鲜的行动。起初，李鸿章对此事并不反对，认为“英暂据此备俄，与朝鲜、中国皆无损”。[123] 4月16日，英国外交部密咨曾纪泽，表示愿与中国订立密约，以承认中国对朝鲜的宗主权，换取中国不反对其占领巨文岛。曾纪泽复函，询问立约式样及如何保护中国的权利。清政府反对与英立约，命李鸿章酌议具奏。李鸿章此时意识到事态严重，复奏称“若允英据此岛，俄必将索永兴湾，日本亦必有词，后患更大”。[124] 5月4日，李鸿章写信给朝鲜国王，嘱其不可轻允。10日，丁汝昌率“超勇”“扬威”抵达朝鲜，递交李鸿章信函，劝说朝王。16日，丁汝昌率舰前往巨文岛察看。朝鲜派参判严世永和穆麟德随舰前去质问，发现湾内泊有6艘英舰，2艘商船，岛上悬有英国国旗。英国舰长麦乞伊说，此举系为防俄，请丁汝昌往长崎与英国舰队司令交涉。18日，丁汝昌等来到长崎，会晤英国远东舰队司令陶威尔，仍不得要领。

英俄阿富汗危机在5月间开始缓和，但巨文岛问题又造成新的矛盾。俄国驻华公使博白傅到总理衙门吵闹，要占领永兴湾作为英占巨文岛的补偿。还提出要占领对马岛，引起日本的紧张。而在英国外交部，则有人提出，该岛孤悬海上，没有陆地依托，战时须调动大批军舰，保护其不被敌舰击毁，这样必将分散英国远东海军的力量，反而得不偿失。经过中国方面长期的折冲，1887年2月7日，英国军舰从巨文岛撤退。

1885年，慈禧太后在召见中法两国商议划定中越边界广西段划界大臣邓承修时，深为感慨地说："此番立约，实系草草了事，朝廷吃亏在无水师。"这是痛定思痛后的一句重要总结。邓承修说："无水师决难争胜，不独马江之败为然，即去岁刘永福之败，亦系江水暴涨，不能立脚，该国轮船驶入，遂败也。且基隆澎湖已失，声息不易通，军械不易运，危在旦夕，不得不作此收场。"中国若有一支强大的海上武装力量，法国就无法在东南沿海地区横行，整个战争的结局，也许会有很大的不同。中法战争的事实，再一次把海军建设提上议事日程。

上年秋天，左宗棠被任命为钦差大臣，督办福建军务，重返阔别18年的福州。在考察了自己亲手创办的福建船政和长门、金牌炮台后，他对中国军事装备和造船工业的落后感慨万千。1885年3月，他上了一封名为"请旨敕议拓增船炮大厂以图久远"的奏折，再次强调海军建设的重要性。他说："臣老矣，无深谋至计可分圣主忧劳。目睹时艰，不胜愧愤。惟念开铁矿、制船炮各节，事虽重大，实系刻不容缓。"[125] 这份耿耿忠心，使慈禧太后深为感动。加上李鸿章不久前也上了一道请办武备学堂以培养海军人才的奏折，促使朝廷在1885年夏季再次发起一场关于海防建设的大讨论。

6月21日，朝廷颁布上谕提出：

> 自海上有事以来，法国恃其船坚炮利，横行无忌。我之筹画备御亦尝开设船厂、创立水师；而造船不坚，制器不备，选将不精，筹费不广。上年法人寻衅，迭次开仗，陆路各军屡获大胜，尚能张我军威；如果水师得力，互相援应，何至处处牵制？当此事定之时，惩前毖后，自以大治水师为主。船厂应如何增拓，炮台应如何安设，枪械应如何精造，均须破除常格，实力讲求。至于遴选将才，筹画经费，尤应谋之于豫，庶临事确有把握。着李鸿章、左宗棠、彭玉麟、穆图善、曾国荃、张之洞、杨昌濬各抒所见，确切筹议，迅速具奏……毋得蹈常袭故，摭拾从前敷衍之词，一奏塞责！[126]

9月5日，左宗棠在福州因食一种叫作"矼盖米"的黏腻食物，造成消化不良，痰凝气喘，突然病故，终年73岁。左宗棠的去世，使得中国海防建设失去了一位规划者和实施者，也使湘淮系权力制衡的天平产生重大的倾斜。湘系失去了一个能与李鸿章相颉颃的人物。从此，海防建设的计划主要由李鸿章来主持，海军发展的重点也终于转向北洋一隅。

9 月 30 日，慈禧太后发布懿旨，将海防建设的讨论扩大至军机大臣、总理衙门王大臣及醇亲王。讨论主要围绕设立海军衙门、确定海军发展的重点、落实海军发展的经费、加强海军人才的培养、重视舰炮军火的制造等问题展开，涉及问题较第一次海防大筹议更为深入。设立全国性的海军管理机构，裁汰旧式师船，建设现代海军，开矿设厂，加强基础工业建设等，在上层官僚中成为共识。总理衙门最后归纳说，各种见解“皆为统筹全局起见。然与其长驾远驭，难于成功，不如先练一军，以为之倡。此后分年筹款、次第兴办……查北洋屏蔽畿辅，地势最为扼要，现有船只亦较他处稍多，拟请先从北洋开办精练水师一支”[127]，并获懿旨允准。这样，南北洋海军同步发展的建军路线正式被修改了。

注释

1 参见林明德："李鸿章对朝鲜的宗藩政策"，《李鸿章评传》，第216页。

2 《光绪朝东华录》，第1册，第1187页，光绪七年九月丙午刘长佑奏。

3 峤粟、宗麟、壮强："试论中法战争中清阮宗藩关系的实质和作用"，《广西社会科学增刊·中法战争史专集》，广西社会科学编辑部编，1986年，第7页。

4 "总理各国事务衙门奏法人谋占越南北境并欲通商云南现拟预筹办法折"（光绪七年十月十五日），《清光绪朝中法交涉史料》，卷二，页一～二。

5 "翰林院侍讲学士周德润请保藩封以安中夏折"（光绪七年十月二十八日），《清光绪朝中法交涉史料》，卷二，页三。

6 "直隶总督张树声奏请命岑毓英经理越南南【北】圻片"（光绪八年四月十四日），《清季外交史料》，卷二十七，页二十二～二十三。

7 "总理衙门奏法越兵端已起亟宜通筹边备折"（光绪八年三月二十五日），《清光绪朝中法交涉史料》，卷二，页十七。

8 "裕宽奏法越如换新约中国不必预闻片"（光绪八年四月十九日）；"岑毓英奏密陈越南实在情况我军只宜布边内要害暗资刘永福使之拒法片"（光绪八年十月十一日）；"倪文蔚密陈越南国势分界保护实无把握片"（光绪九年正月十六日），《清光绪朝中法交涉史料》，卷三，页十、二十三、三十。

9 "北洋通商大臣李鸿章密陈越南边防事务折"（光绪九年四月初一日），《清光绪朝中法交涉史料》，卷四，页三。

10 袁保龄："上高阳师相"，《阁学公集·书札》，卷一，页四十五；张佩纶："制敌安边先谋将帅折"（光绪九年四月十八日），《涧于集·奏议》卷三，页二十五～二十六。

11 《清实录》，第54册，第294、309页。光绪九年五月乙未、六月戊午条。

12 关于张华奎说动盛昱弹劾张佩纶、李鸿藻，见祁景颐：《䜩谷亭随笔》，载《近代稗海》第十三辑，第120页；李宗侗："敬悼溥心畬大师兼述清末醇王对恭王政争的内幕"，《传记文学》，第四卷第二期；黄濬：《花随人圣庵摭忆》（二），第558页。其中祁景颐为清工部尚书祁世长之孙，李鸿藻之外孙，李宗侗为李鸿藻之孙，说明李鸿藻家族对此事皆持同一看法。

13 黄濬：《花随人圣庵摭忆》（一），第122页。

14 转引自李宗侗、刘凤翰：《李鸿藻先生年谱》，下册，第406～407页。

15 《清实录》，第54册，第499～501页、第506页，光绪十年三月戊子、己丑、壬辰条。

16 张佩纶："致李鸿章"（光绪十年三月二十一、二十三日），《李鸿章张佩纶往来信札》，第373、376页。

17 李鸿章："致张佩纶"（光绪十年三月十五日），《李鸿章张佩纶往来信札》，第371页。

18 李鸿章："致总署 述德璀琳条陈"（光绪十年三月二十四日）；"译署来电"（光绪十年三月二十七日亥刻到），《李鸿章全集》，第33册，第378页；第21册，第141页。

19 李鸿章："致张佩纶"（光绪十年十月二十七日夜），《李鸿章全集》，第33册，第83页。

20 李鸿章:“遵旨复陈法越事宜密抒愚悃折”(光绪十年四月初四日),《李鸿章全集》,第10册,第416 ~ 418页。

21 张佩纶:“致李鸿章”(光绪十年四月初八日),《李鸿章张佩纶往来信札》,第382页。

22 张佩纶:“请饬边海各军严防备战,以杜要盟折”(光绪十年十月初八日),《涧于集·奏议》,卷三,页六十九 ~ 七十五。“光绪十年十月初十日总理衙门会奏”,《清光绪朝中法交涉史料》,第3册,第1682 ~ 1683页。

23 “吏科给事中孔宪瑴等奏和局断不可恃折”(光绪十年四月初十日);“户科掌印给事中邓承修等奏夷情可测”,《中法战争》丛刊,第329 ~ 354页。

24 “中法简明条款”,《中法战争》丛刊,第7册,第419页。

25 “上谕”(光绪十年四月十四日),《清光绪朝中法交涉史料》,卷十五,页六。

26 *North China Herald and Supreme Court & Consular Gazette*, July 4 th , 1884. 转引自《泰恩河上的黄龙旗》,第236页。

27 李鸿章:“出洋巡阅情形片”(光绪十年闰五月初七日),《李鸿章全集》,第10册,第480页。

28 张佩纶:“致李鸿章”(光绪十年四月二十五日),《李鸿章张佩纶往来信札》,第392页。

29 张佩纶:“致李鸿藻”(光绪十年闰五月十五日),《张佩纶家藏信札》,第7册,第3853 ~ 3854页。

30 张佩纶:“请设沿海七省兵轮水师折”(光绪十年四月二十五日),《涧于集·奏议》,卷四,页二 ~ 六。

31 H. 帕姆塞尔:《世界海战史》,第577、578页。

32 勒内·里斯贝特勒:“我们与中国在东京的冲突(1884 ~ 1885)”,《广西社会科学增刊·中法战争史专集》,第239页。

33 “裴龙致孤拔”(1884年7月13日),《法国黄皮书》,载《中法战争》丛刊,第7册,第225页。

34 “军机处电寄上谕”(光绪十年闰五月二十四日),《清光绪朝中法交涉史料》,卷十九,页三。

35 “法使谢满禄照会”(光绪十年六月初五日),“军机处电寄曾国荃等谕旨”(光绪十年六月初十日到),《清光绪朝中法交涉中料》,卷二十,页十四~十五,页二十二。

36 罗亚尔:“中法海战”,《中法战争》丛刊,第3册,第539页。

37 “茹费理致巴德诺”,1884年8月16日,《法国黄皮书》,载《中法战争》丛刊,第7册,第249 ~ 250页。

38 张佩纶:“上恭亲王”,《涧于集·书牍》,卷三,页十六 ~ 十九。

39 唐景崧:《请缨日记》,卷五,页六 ~ 七。

40 “会办福建海疆事宜张佩纶来电”(光绪十年闰五月二十二日到),《清光绪朝中法交涉史料》,卷十八,页三十九。

41 “军机处电寄穆图善谕旨”(光绪十年闰五月二十三日),《清光绪朝中法交涉史料》,卷八,页四十。

42 “会办福建海疆事宜张佩纶等来电”(光绪十年闰五月二十三日),《清光绪朝中法交涉史料》,卷十九,页一。

43 “醇亲王致翁同龢函第五十五”,《中法越南之争》,第131 ~ 132页。

44 李鸿章:“寄会办闽防张学士”(光绪十年闰五月二十六日亥刻),《李鸿章全集》,第21册,第190页。

45 张佩纶:“总署周侍郎来电”(光绪十年闰五月二十七日),《涧于集·电稿》,页七。

46 李鸿章:“寄会办闽防张学士”(光绪十年闰五月二十七日酉刻),《李鸿章全集》,第21册,第192页。

47 张佩纶:“复北洋李中堂”(光绪十年闰五月二十七日),《涧于集·电稿》,第7页。

48 “何如璋家书”（光绪十年闰五月二十九日），《梅州文史》第六辑（何如璋专辑），第 179 ~ 180 页。

49 李鸿章：“寄译署”（光绪十年六月初四午刻），《李鸿章全集》，第 21 册，第 202 页。

50 李鸿章：“致张佩纶”（光绪十年六月初三日），《李鸿章张佩纶往来信札》，第 420 页。

51 李鸿章：“复张樵野京卿”（光绪十年六月初六日），《李鸿章全集》，第 33 册，第 403 页。

52 参见“南洋曾致总署电”（光绪十年六月二十四日），“总署来电”（同日），《涧于集·电稿》页十六 ~ 十七。“陈宝琛致王仁堪、王仁东”（光绪十年六月十八日），《张佩纶家藏信札》，第 16 册，第 9081 ~ 9091 页。

53 “会办福建海疆事宜张佩纶等来电”（光绪十年六月初五日到），《清光绪朝中法交涉史料》，卷二十，页十二。

54 “军机处寄何如璋谕旨”（光绪十年六月十六日），《清光绪朝中法交涉史料》，卷二十一，页二十。

55 李鸿章：“寄译署”（光绪十年六月初十午刻），《李鸿章全集》，第 21 册，第 214 页。

56 李鸿章：“译署寄张会办等”（光绪十年六月十二日巳初到），《李鸿章全集》，第 21 册，第 218 页。

57 张佩纶：“复署粤督张”（光绪十年六月十三日），《涧于集·电稿》，页三。

58 张佩纶：“致总署”（光绪十年六月十五日），《涧于集·电稿》，页十三。

59 “军机处寄沿江沿海将军督抚统兵大臣等电旨”（光绪十年六月二十七日），《中法战争》丛刊，第 5 册，第 502 页。

60 “总署来电”（光绪十年七月初一日），《涧于集·电稿》，页十九。

61 张佩纶：“复署粤督张”（光绪十年七月初一日），《涧于集·电稿》，页二十。

62 张佩纶：“致安圃侄”，《涧于集·书牍》卷三，页五十五。

63 张佩纶：“致安圃侄”，《涧于集·书牍》卷三，页五十六。

64 罗亚尔：“中法海战”，《中法战争》丛刊，第 3 册，第 545 ~ 549 页。

65 “何璟、张兆栋 8 月 23 日（七月初三）未时（13 ~ 15 时）向朝廷报告：‘午刻接法领事照会，言巴日要开战，已告知长门、马尾准备。’”载《中法战争》丛刊，第 5 册，第 512 页。从这封电报的内容看，似乎尚不知悉马尾之战已经爆发。午刻的范围为 11 ~ 13 时，而罗亚尔记载，孤拔要白藻泰 10 时向何璟送出照会，递交照会当在这段时间中。又，何璟未时向朝廷报告法国宣战事，则给长门、马尾的电报亦应同时或稍早发出，即下午 1 时以后。后来左宗棠在查办此案的奏折中提到“初三日法国照会何璟，何璟据电张佩纶等。翻译甫毕，炮声已隆隆矣”。载《中法战争》丛刊，第 6 册，第 246 页。这些记载当为可信。有关马尾之战宣战的情况，还可参考俞政：“马江宣战考”，《中法战争史学术讨论会论文集》，第 75 ~ 94 页。

66 “钦差大臣督办福建军务左宗棠等奏折”（光绪十年十二月初七日），《中法战争》丛刊，第 6 册，第 249 页。

67 张佩纶：“水师失利自请逮问折”（光绪十年七月初十日），《涧于集·奏议》，卷四，页二十六。

68 Wright:*The Chinese Steam Navy*, p.62

69 李鸿章：“寄译署”（光绪十年七月初三午刻），《李鸿章全集》，第 21 册，第 265 页。

70 罗蚩·高文：“马江观战记”，《福州马尾港图志》，第 137 页。

71 “刑部尚书锡珍等奏折附片”（光绪十一年九月二十六日），《中法战争》丛刊，第 6 册，第 534 页。

72 过去一些著述认为詹天佑也参加了“扬武”舰上的战斗，这一讹误源自 1884 年 8 月 25 日上海《晋源西字报》的报道，该报道由邵友濂于9月4日译寄总理衙门，见“光绪十年七月十四日江海关道邵友濂函”，《清光绪朝中法交涉史料》，第4册，第35～36页。英文原文，见 *The Fighting at Foochow, see The Shanghai Courier, 25 August, 1884*。事实上，詹天佑于当年2月已调任船政后学堂教习，没有直接参加作战。他本人晚年回忆，当时他冒险到江边观战，见官兵落水，就跳入闽江泅水救人。见《铁路巨擘詹天佑》，第69、71、73页；《詹天佑生平志》，第35～36页。

73 钱钢：《留美幼童》，第174页。

74 池仲祐：《海军实纪·述战篇》，《清末海军史料》，第303页。

75 罗蚩·高文：《法国人在福州》，转引自林庆元《福州船政局史稿》，第185页。

76 罗亚尔《中法海战》称，至2时25分，交战双方炮火完全停了下来。见《中法战争》丛刊，第3册，第553页。也有研究者认为仅有20分钟，见陈悦《船政史》，下册，第452页。

77 池仲祐：《海军实纪·述战篇》所附“死亡将士姓名”，《清末海军史料》，第307～315页；罗亚尔：“中法海战”，《中法战争》丛刊，第3册，第557页。

78 采樵山人：“中法马江战役之回忆”，《中法战争》丛刊，第3册，第134页。

79 “会办福建海疆事宜张佩纶电”（光绪十年七月初三戌时），《中法战争》丛刊，第5册，第512～513页。按，翰林院编修潘炳年等福建京官39人参劾张佩纶：“张佩纶、何如璋甫闻炮声，即从船局后山逃走。是日大雷雨，张佩纶跣而奔，途仆，亲兵曳之。行抵鼓山麓，乡人拒不纳，匿禅寺之下院，距船厂二十余里。次日奔鼓山之彭田乡。适有廷寄到，督抚觅张佩纶不得，遣弁四探，报者赏钱一千，迹得之。”见潘炳年等：“奏报张佩纶、何如璋两员在闽省玩寇弃师偾事辱国并请旨查办以伸国法事”（光绪十年八月初五日），《顺风相送》，第102～104页。此说被广为引用，其实不确。张佩纶本人在奏折中提到，交战后，“臣一面饬陆军整队并以小炮登山与水师相应，一面升山颠观战”。见“水师失利自请逮问折”（光绪十年七月初十日），《涧于集·奏议》，卷四，页二十六。“法船退后，臣查点机厂料件，偶有遗失”。见“陆军接仗情形片”（光绪十年七月初十日），《涧于集·奏议》，卷四，页三十。另一个重要佐证是，当晚戌时（19～21时），张佩纶即向朝廷发出战事失败的电报。当时为有线电报，躲匿禅寺是无法发报的（见“张会办致译署”，光绪十年七月初四申刻到的发报时间为“肴戌”，见《李鸿章全集》，第21册，第268页）。战后左宗棠等奉旨查核潘炳年的指控，派人去相关现场调查，复奏指出：“查彭田距马尾十五里，以省城言之，则在鼓山之后，以马尾言之，则在鼓山之前。据该司道等复称，张佩纶于是日登山观战，战毕退驻彭田。初四日清晨，驰赴马尾，仍回宿陈禹谟家，次日移居陈芳年新屋。嗣后往来彭田马尾之间，十五日始回驻马尾厂楼……并未一抵鼓山之麓，亦无乡人拒而不纳之事。惟彭田在马尾中岐之后，鼓山亦有中岐，或因此讹传耳。”见“钦差大臣督办福建军务左宗棠等奏”（光绪十年十二月初七日），《中法战争》丛刊，第6册，第246～247页。这个调查是站得住脚的。关于彭田和马尾的路程，可参见黄荣春：“张佩纶与彭田”，《福建文博》，1985年，第1期，第111～112页；陈公远：“谈张佩纶升山巅观战”，《马尾文史资料》（二），第34～37页。我在2020年10月从马尾出发前往彭田村探访，也做过考察，确认两地相距不远。在法军控制了闽江江面并将船政置于炮火之下的时候，张佩纶退守彭田其实是个正常的选择。

80 何如璋：“船厂受伤查照机料清册并局存经费一起移交折”（光绪十年八月十五日），《船政奏议汇编》，卷二十五，页十七。

81 杨志本、王苏波：“中法战争中的孤拔舰队”，《广西社会科学增刊·中法战争史专集》，第73～83页。又，过去史学界沿用林绳武《海滨大事记》和李世甲《缺嘴将军》的说法，认为孤拔在率舰冲出闽江口时被击毙。此说不确。见高炳康："中法马江战役孤拔伤亡问题的探讨"，《中法战争史学术讨论会论文集》，第 217 ~ 221 页。

82、83 马士：《中华帝国对外关系史》，第 2 卷，第 394，397 页。

84 罗亚尔："中法海战""督办台湾事务刘铭传奏折"（光绪十年八月十五日、二十四日），《中法战争》丛刊，第 3 册，第 560 ~ 573 页，第 5 册，第 562 ~ 564、577 ~ 578 页。

85 关于淡水之战法军伤亡人数，本书所引为法国登陆部队指挥官波林奴报告的数字，载法国海军部档案 BB4.1959，第 150 页。转引自黄振南："关于淡水之役的几个问题"，载《海峡两岸纪念刘铭传逝世一百周年论文集》，第 79 页。又法国公使巴德诺根据孤拔报告的说法，为死 6 人，失踪 11 人，伤 48 人，这里除伤者相差一人外，死亡和失踪人数之和与波林奴的数字是一致的，估计是对找不到的人的不同认定方式。见"巴德诺致茹费理"（1884 年 10 月 12 日），《法国黄皮书》，《中法战争》丛刊，第 7 册，第 266 页。刘铭传的数字，见"督办台湾事务刘铭传奏折"（光绪十年八月二十四日），《中法战争》丛刊，第 5 册，第 578 页。

86 "巴德诺致茹费理"（1884 年 10 月 12 日），《法国黄皮书》，载《中法战争》丛刊，第 7 册，第 266 页。

87 "巴德诺致茹费理"（1884 年 10 月 10、11 日），《法国黄皮书》，载《中法战争》丛刊，第 7 册，第 265 页。

88 卡诺：《法军侵台始末》，第 37 页。

89 "1884 年 11 月 26 日格兰威尔勋爵致瓦定敦函、致曾袭侯函等"，转引自马士：《中华帝国对外关系史》，第 2 卷，第 399 页。

90 左宗棠奏称："两江督臣曾国荃虽明知南洋防务不能松懈，然不能不先其所急，拟调派兵轮五艘，并咨商直隶督臣李鸿章，于北洋抽调兵轮四、五艘，开赴上海取齐。"见"钦差大臣督办福建军务左宗棠奏折"（光绪十年九月十四日到），《中法战争》丛刊，第 6 册，第 78 ~ 79 页。曾国荃发电向李鸿章解释说："左侯奏商派南洋五船，向日左办事总是独抒忠爱，从未采听人言。至于事理之能行与否，利钝成败，左均未深思。"见李鸿章："寄译署"（光绪十年九月二十一日），《李鸿章全集》，第 21 册，第 341 页。

91 李鸿章："寄译署"（光绪十年九月十六日亥刻），《李鸿章全集》，第 21 册，第 339 页。

92 "军机处寄直隶总督李鸿章等电旨"（光绪十年九月十八日），《中法战争》丛刊，第 6 册，第 94 页。

93 李鸿章："轮船联络德国水师片"（光绪十年九月二十六日），《李鸿章全集》，第 10 册，第 611 页。

94 李鸿章："复出使德国大臣许竹筼馆使"（光绪十一年五月初四日），《李鸿章全集》，第 33 册，第 501 页。

95 阿林敦：《青龙过眼》，第 45 页。

96 "巴德诺致茹费理"（1884 年 12 月 23 日），法国外交部档案，《中法战争》丛刊续编，第 6 册（下），第 1132 ~ 1135 页。

97 袁保龄："致袁世凯"，《袁氏家书》，卷六，页二十九。

98 "吴安康履历单"，《清代官员履历档案全编》，第 5 册，第 286 ~ 287 页。

99 罗亚尔："中法海战"，《中法战争》丛刊，第 3 册，第 574 ~ 586 页。根据罗亚尔的记载，"驭远"舰被鱼雷轰沉后，舰体直立在水面上。"澄庆"舰则被岸上炮台当作法舰击沉。又据曾国荃奏报："初一日寅刻，法酋又以小火轮夹杂于被掳渔船之中，乘黑潜入，偷放鱼雷。该两船后艄均被碰伤。其船上水手平素未经过战阵，相率凫水潜逃。蒋超英、金荣力为阻扼，犹冀补救。讵两船受伤之处，逼近火药舱，倘被轰燃，不特全船人命尽成灰烬，且恐祸延居民，殃及商船；又恐法人掳去船炮，不得已亟放水管引以自沉，救全船炮。蒋超英、金荣志在与船自没，经弁勇扶掖上岸。”见《中法战争》丛刊，第6册，第415页。又据石浦同知黄幼臣报告，“驭远”“澄庆”两舰入港后，停泊在天后宫前，离石浦城甚近。“是夜卑职正在督率团丁各处梭巡防守，间闻有大炮之声，随即趋赴江边瞭望，但见我兵轮上开炮数响，随即寂然，并未见有法船进口。嗣于四鼓后，又闻大炮连声，卑职立即亲至天后宫前阅视，仍见系我兵轮所放。乃至黎明，忽报兵轮有沉没之信，当即会同竹山巡检李夔臣等前往察看，则见‘驭远’轮船业已入水，而‘澄庆’轮船亦渐欹侧，有欲沉之象。至该船兵勇人等，于一到石浦后已见纷纷窜逃，斯时并管驾、水手一概不知何往……惟查该轮船因何致沉之故，其中情节甚属可疑。若系被法船轰坏，现在法船尚未进口，何尝与之交战？倘云为水雷轰破，是处居民甚多，左近并不曾听见震动，且闻该船有自行凿沉等弊，即请速委干员前来查办。”载《金鸡谈荟》，卷五，页二十五。指挥实施偷袭的法国军官戈尔敦用嘲讽的口吻说：“夜袭中国两舰的命令一部分是中国人自己执行的。”巴德诺认为：“很可能实情就是如此：‘澄庆’号舰长想找借口逃到岸上，并想把自己船只的沉没归咎于我们的鱼雷艇，遂与他的船员串通，自动把船弄沉了。”见法国外交部档案《政治通信·中国》第67卷，第117页，转引自《近代中国海军》，第297页。几种说法，录之备考。

100 薛福成：“除夕递金陵”，《浙东筹防录》，卷四，页三。

101 “两江曾电”（光绪十一年正月初五日辰刻），《金鸡谈荟》，卷五，页二十八。

102 “刘抚致杜丞电”（光绪十一年正月初九日），《金鸡谈荟》，卷六，页十一。

103 关于镇海之战的考证，参考黄振南：《中法战争诸役考》，第242～284页。

104 庾裕良：“镇南关—谅山战役刍议”，《广西社会科学增刊·中法战争史专集》，第49～50页。

105 “出使俄英国大臣曾纪泽电”“出使法德意奥国大臣许景澄电”（光绪十一年二月十四日），《中法战争》丛刊，第6册，第367页。

106 李鸿章：“寄译署”（光绪十一年二月十六日酉刻），《李鸿章全集》，第21册，第489页。

107 “军机处寄两广总督张之洞电旨”（光绪十一年二月二十五日），《中法战争》丛刊，第6册，第385页。

108 参见潘炳年等：“奏报张佩纶、何如璋两员在闽省玩寇弃师偾事辱国并请旨查办以伸国法事”（光绪十年八月初五日），《顺风相送》，第102～104页。左宗棠等：“查复马江失守被参偾事各员情形折”（光绪十年十二月二十七日），《左宗棠全集》，第8册，540～546页。

109 “光绪十年十二月二十七日上谕”，《左宗棠全集》，第8册，第547～548页。

110 袁昶：“致张佩纶”（光绪十年十月二十一日），《张佩纶家藏信札》，第14册，第7996～7997页。

111 陈宝琛：“致王仁堪、王仁东”（光绪十年十月二十七日），《张佩纶家藏信札》，第16册，第9110～9111页。

112 “邓承修勘界日记”，《邓承修勘界资料汇编》，第116页。

113 张佩纶：“致安圃侄”，《涧于集·书牍》，卷三，页五十三～五十四。

114 李鸿章：“致张佩纶”（光绪十年八月二十五日），《李鸿章张佩纶往来信札》，第449页。

115 “光绪十年十二月二十七日上谕”，《中法战争》丛刊，第6册，第284～285页；《清实录》，第54册，第908页。

116 “光绪十二年十一月十六日上谕”，《光绪宣统两朝上谕档》，第12册，第436页。

117 “光绪十三年二月二十三日上谕”，《光绪朝东华录》第2册，第2236页。

118 杨昭全：《朝鲜1884年的政变》。

119 藤村道生:《日清战争》, 第 16 页。

120 "天津会议专条"(1885 年 4 月 18 日),《中外旧约章汇编》, 第一辑, 第 365 页。

121 李鸿章:"致总署 密陈伊藤有治国之才"(光绪十一年三月初五日),《李鸿章全集》, 第 33 册, 第 483 页。

122 "日人朝比奈密探各事清册",《中日战争》丛刊, 第 1 册, 第 600 ~ 601 页。

123 李鸿章:"寄译署"(光绪十一年二月二十七日午刻),《李鸿章全集》, 第 21 册, 第 504 页。

124 "译署来电"(光绪十一年三月十七日酉初到), 李鸿章:"寄译署"(光绪十一年三月十七日酉刻),《李鸿章全集》, 第 21 册, 第 522 ~ 523 页。

125 左宗棠:"请旨敕议拓增船炮大厂以图久远折"(光绪十一年正月二十五日),《左文襄公全集》, 卷六十四, 页八。

126 《清实录》第 54 册, 第 935 页, 光绪十一年五月丁未。

127 "总理各国事务衙门奏遵旨会议海防折"(光绪十一年),《清末海军史料》, 第 58 ~ 66 页。

第　四　章

海军衙门的设立

1885～1894

中国还需要许多年月才有可能成为一个海军国家，使我们英国觉到恐慌或忧郁。中国的海军还在摇篮时代。

——寿尔

一、史所未有的新机构

中国古代没有全国性水师指挥机构。清代八旗、绿营水师，是各地将军、督抚指挥下的辅助兵种。19 世纪 60 年代兴起的造船购舰热潮，使沿海各省云集起一批近代军舰，迫切需要编队；而从近代海军高度机动灵活的特点出发，也要求有一个全国性的领导机构。原先，总理衙门设英、法、俄、美四股，海防事务附于俄国股来处理。1883 年底，总理衙门在张佩纶建议下，报经恭王和朝廷批准，添设海防股，掌南北洋海防之事。凡长江水师，沿海炮台、船厂，购置轮船、枪炮、弹药，创设机器、电线、铁路及各省矿务皆隶于一统。[1] 这是一个管辖国内各项洋务事业的部门，也可以看作即将问世的海军衙门的前身。

按照张佩纶的建议，海防股设记名汉章京 4 员，2 员为新任，另 2 员安排到原设各股，再于股中替出 2 员，形成两旧带两新的局面，办理海防事宜。在总办章京中，派定一员管司，考核期勤惰。“每日除例行海防文牍外，分查档案，旁采图志，咨核户兵两部饷数及兵数勇数，与各省军营营制军火一切详章细目，应增者增，应改者改，汇辑成编，删繁就简，以便观览，不独译署办理海防醒心豁目，并可录副以备枢廷赞画机宜，指挥诸将之一助。”[2]

海防股设立未久，先是甲申易枢，恭亲王不再管理总理衙门，接着张佩纶奉派会办福建海疆事宜出京，海防事无人再感兴趣。章京袁昶说：“筹海椽廨（总署海防股），自张公丰润学士创之。公既去之，乃阒寂无所事，亦可称冷庙。”[3] 但冷庙一直保留着，成为总理衙门内部处理海防业务的文秘部门，直至甲午战争之后，改为日本司。[4]

海军衙门的设立，是个反复酝酿的过程，大约以中国驻日本长崎理事余瓗的建议最早。1881 年，他上书总理衙门，建议设立海军衙门，保边固圉。接着，翰林院侍讲何如璋也提出建立水师衙门的建议。何在马江之战中仓皇出逃，名誉不佳，但在战前，却以究心洋务著称。他说：

> 筹办水师之大略，苟非统归一人节制，则备多力分，情睽势隔，徒有虚名，究无实际。诚以防海异于防陆，陆军可以分省设守，海军则巡防布置必须联络一气，始无兵分势散之虞。七省濒海之地，港汊纷错，互有关涉。风轮飚忽，瞬息千里。苟分省设防，则事权不一，呼应不灵，守且不能，何有于战？拟请旨特设水师衙门，以知兵重臣领之，统理七省海防。举一切应办之事，分门别类，次第经营。并将现有之兵轮调齐，定为等差，编成舰队，分布合操，以资练习，按年责效。[5]

何如璋在出奏前，曾拿奏稿征求李鸿章的意见，李鸿章请马建忠议复。马建忠支持何如璋的想法，具体提出海部当由一知兵重臣领之，另立军政、典选、广储、粮糈、会计五司，经理庶务。并设一咨询性质的议事处和一个监督性质的稽查使。[6]后来由于李鸿章以丁忧去职，接着中日朝和中法交涉事起，这一计划被暂时搁置了。

1884年初，总理衙门因越南局势告紧，海防吃重，经张佩纶推动，打算在沿海七省专设一个海防衙门，将各省船政、营制、海径、饷需诸大端均归一重臣经划，并有意让李鸿章出任海防大臣，专驻烟台。李鸿章很早就参与这个方案的策划，他曾命袁保龄密议对策，袁保龄为他提出六条建言，包括重事权、定经制、建军府、简船械、筹用费、储人才。[7]但李鸿章对总署的提名表示婉辞，坚持海部应由总理衙门主持，他可依外省督抚兼任京衔的做法，参与海部的有关工作，并呈《德国海部述略》《日本海军说略》。李的本意，是不想做有职无权、远离京津的“海防大臣”。他说：“我为北洋海军耗费心血，连头发也枯萎了。若不自量力，好为大言，以七省海军自居，早就成为众矢之的而颠蹶。”他告诉张佩纶：“我与你可以同调唱和，但恐怕权力、‘无贝之才’和‘有贝之才’（人才和钱财）均不够，仅靠二三个中等人物奔走其间，万分吃力。请问阁下有什么办法？”但他还是直接向总署提名张佩纶，说张“廉介耐劳，年力正可有为，海部设后，若令周履海疆，蒐讨军实，商略机宜，似于训练制造诸事必有裨益”。[8]而袁保龄在给张佩纶的信中提出，“海防军权归一，乃克有济，公与合肥、高阳措危局，探本源，在此一举。合肥欲会中外之通，亦老于变世之言，朝右以为何若？下走与参未议，辄就狂瞽为篇，已交卷而未誊录，敢将初稿秘呈，乞良友与吾师共教之，勿遣外人知之”。[9]

信中提到的高阳、吾师，均指李鸿藻，显然，李鸿章通过张佩纶、袁保龄与清流后台李鸿藻暗中已经达成默契，建立海军衙门，是洋务派和清流的共识。二李私下的政治联系，大大超出人们想象。3 月 30 日，张佩纶密告李鸿章，“水师疏已拟出”，只等恭王东陵祭典回来，即可上呈。然而九天之后，李鸿藻与恭亲王所领之军机处全班倒台，此事被拖延。5 月 19 日，张佩纶所撰《请设沿海七省兵轮水师折》在其出发福州前终于发出，指出“欲收横海之功，非设立水师衙门不可”。奉旨著李鸿章、曾国荃先行会议具奏。[10]6 月，刘铭传奏称“朝廷廑念海防，似宜另设海部衙门”[11]，筹设主管海军专门机构的建议已广为流行。此事前后原委，李鸿章在给曾国荃的书信中有详细记录：

> 幼樵京卿奏设水师衙门，特请派重臣经画一事……先是幼樵在总署创发此议，恭邸、兰相（李鸿藻）多韪之，遂欲以兹事委之，鄙人实苦才力不及，曾于二月十三日详复总署，请仿东西各国之例，在京添设海部，或令不才襄助商榷，嗣闻枢意不以为然，仍拟奏请在外设水师衙门。正缮奏间，朝局忽更，因而中止。幼樵赴闽召对时又奏，奉懿旨饬陈，乃下南北洋先行会议，俟复奏后，想仍饬枢译会同户部妥议也。

同时，李鸿章私下又与曾国荃联系，做分头主持水师衙门的准备。他说：“两张（张之洞、张佩纶）及吴（大澂）、陈（宝琛）两会办心精力果，当愿分赞斯役，应否由执事与鄙人合力肩承，谨钞与总署往复函及译德、倭创立海部规模述略，寄呈鉴核。”[12]显然，在李鸿藻倒台之后，北洋与清流先前达成的合作依然未变。李鸿章还抓紧同新任军机大臣、户部尚书阎敬铭沟通：“幼樵整练水师之议，实为自强要务……公其有意提倡乎？”[13]

只是新上手管事的醇亲王心中还没想定主意。同一日，他悄悄询问翁同龢：“幼樵濒行，条议创立水军，局面甚大。已由南北洋妥议。而旁观之论又谓徒劳无益，仍以陆路置优为宜。海面听其浮沉。说各有理，究竟当如何耶？”[14]

中法战争后的善后讨论中，对建立海部问题，议论更为集中。李鸿章主张或设海部，或设海防衙门，并设专办此事之人。左宗棠建议设海防全政大臣或海部大臣，驻扎长江。穆图善认为海部宜设天津，置尚书部曹，直、江、闽、粤四督分兼海部尚书。吴大澂则说，应在北京添设海军衙门，特派亲王总理，节制沿海督抚。在封疆大吏中，选派一员督办水师，加总理水师衙门大臣衔。[15]9 月，李鸿章奏召入都陛见，在京逗留20余天，慈禧太后单独召见5次，还同醇亲王、军机大臣广泛接触，密商设立海部之事。10月初，总理衙门上奏，提出此事重大，应派王大臣综理，并于疆臣中简派一二人会同办理。[16]10月12日，慈禧太后发布懿旨，指定了办理海军事务的人选：

> 着派醇亲王奕譞总理海军事务，所有沿海水师悉归节制调遣；并派庆郡王奕劻、大学士直隶总督李鸿章会同办理；正红旗汉军都统善庆、兵部右侍郎曾纪泽帮同办理。现当北洋练军伊始，即责成李鸿章专司其事。其应行创设筹议各事宜，统由该王大臣等详慎规画，拟立章程，奏明次第兴办。[17]

10月24日，醇亲王等奏称，海军“事属始创，头绪纷繁，若待另建衙署，恐需时日。查神机营署内尚有空闲房间，稍为修葺，可敷办公。名曰‘总理海军事务衙门’。所有咨札文件，拟即借用神机营印信，以昭简易”。[18]同日获懿旨允准。至此，海军衙门作为一个机构，算是成立了。[19]

新设海军衙门在体制上的最大特点，是一个由醇亲王主持的中央机构，在人员配置规格上，甚至超过了同时期的总理衙门。原定南北洋大臣分头主持的构想被否决了。李鸿章为此特向曾国荃解释：“海军一事，条陈极多，皆以事权归一为主。鸿章事烦力惫，屡辞不获。虽得两邸主持，而仍不名一钱，不得一将，茫茫大海，望洋涑惧！”[20]

海军衙门创办之时，从衙署到公章都借用神机营，其办事人员亦多是神机营的军官，简直像个依附于神机营的临时机构，缺乏作为全国海军最高领导机关所应具有的独立地位。

神机营是慈禧太后发动北京政变后，为了加强京师和皇宫的警戒所设立的禁卫部队，从八旗骁骑营、前锋营、护军营、火器营、健锐营中挑选出一万名精壮士兵组成。神机营衙门设在米市大街和王府井大街之间的煤渣胡同[21]，大约是在今日王府饭店的位置。门前有四株两三人合抱的老槐树，隔着米市大街与设在东堂子胡同的总理衙门遥遥相望。神机营之西，是冰盏胡同，即贤良寺所在地。李鸿章到京办事，总是在寺西的跨院下榻。这个地点选得十分合适。此时醇亲王和善庆皆兼管神机营，顺理成章地把神机营事务同海军衙门事务扯在一起。直到三年后，《北洋海军章程》正式制定，海军衙门才上奏，请求颁发“总理海军事务衙门关防”。[22]

总理海军事务大臣奕譞

会办海军事务大臣奕劻

会办海军事务大臣李鸿章

帮办海军事务大臣善庆

帮办海军事务大臣曾纪泽

海军衙门总办章京恩佑

醇亲王拟在西四牌楼粉子胡同奕将军宅建立海军衙门的正式办公地点，但这个计划在他生前一直未曾实现。1892 年春，在庆王主持下，经广丰、祥茂、天德、兴隆四厂施工，海军衙门新址落成，海署才迁入办公。[23]

海军衙门的设立，标志着中国近代海军已成为一个独立军种。在中国军队发展史上，有着十分重要的意义。

根据慈禧的懿旨，海军衙门大臣以奕譞总办，奕劻、李鸿章会办，善庆、曾纪泽帮办。这一安排，不久受到了挑战。

1886 年 1 月 20 日，兵部左侍郎黄体芳上奏，反对李鸿章参与海军事务。黄体芳，字漱兰，浙江瑞安人，同治三年（1864 年）进士。黄体芳本是清流健将，与宝廷、张佩纶、张之洞并称为“翰林四谏”，以词锋犀利著称，敢言人所不敢言者。他指责李鸿章身任封疆，事务繁多，无事必不能巡阅，有事复不遵调度。上年朝旨饬“超勇”“扬威”赴援南洋，李鸿章留不遣发。今既奉命会办，设遇海氛，仍踵故智，拥兵自卫，不顾缓急，专以保护畿辅为名，以为朝廷无以夺之。又称李鸿章所用之人皆贪诈卑污之辈，若让这些人遍布海军，一旦有警，祸甚噬脐，悔之何及？故建议开去李鸿章会办差使，电催熟悉西洋事务的曾纪泽迅速回国筹练海军。奏上，京师震动。这是中法战争后沉寂一时的清流又一搏击力作，尤其奏中“是水师并非中国沿海之水师，乃直隶天津之水师；非海军衙门之水师，乃李鸿章之水师”“再阅数年，兵权益盛，恐用以御敌则不足，挟以自重则有余”[24]数语，更在士大夫中传诵一时。黄体芳此奏，集中反映了朝廷内外各种派别对李鸿章的仇视、警惕和忧虑情绪。

慈禧太后大怒，下懿旨将黄体芳交部议处，罪名是“妄议更张，迹近乱政”。又颁上谕，着李鸿章仰体朝廷格外成全，优加依畀之意，确切筹办，总期他日成效昭然共睹，餍众望而答殊恩。[25]一打一拉，恩威并施。既警告清流不要过于张狂，又迫使李鸿章俯首帖耳，更加勤勉和谨慎。吏部奉旨议处，其时满尚书崇绮因病告假，汉尚书徐桐本是个极顽固的守旧分子，对李鸿章自然没有好感。右侍郎李鸿藻，又是昔日清流领袖，因此对黄体芳着意回护，提出“按照妄行条奏，降一级调用。公罪，例准抵销议处”。慈禧雷霆未息，又大发作，颁下懿旨：“所议过轻，殊未允当。兵部左侍郎黄体芳着降二级调用，吏部堂官，着传旨严行申饬！”[26]于是，黄体芳左迁通政使，对海军衙门的人选，再也没人敢发议论。比较有趣的，倒是黄体芳所遗兵部左侍郎一职，改由曾纪泽转任。

李鸿章本人对曾纪泽并无恶感。海军衙门大臣人选发表后，他便给曾纪泽写信：“明春旋旆，译署及海军署均待襄赞主持，艰巨非异人任也。”当他听说曾纪泽以患病为理由，不愿就职的消息后，更以忠君大义相激励，并嘱其趁回国之便，考察西洋各国海军设施。[27]

1886年12月11日，曾纪泽结束了八年的出使生涯，风尘仆仆地回到北京。14日，慈禧太后召见他，讨论了海军事宜，太后还询问了许多外国船械方面的事情。当时的海军衙门大臣，醇亲王和庆郡王皆不懂军事。李鸿章远在天津，道路相隔。因此衙门的日常事务，皆由曾纪泽主持，规划细密，为人称道。刘体智在《异辞录》中说，曾纪泽自欧洲归国，李鸿章以其为曾国藩之子，待其亲近异乎寻常。曾纪泽年富气盛，略示欲得两江总督之意。李鸿章说：“以你的才地勋劳，且承先德，哪有不可得的。不过江南地大不易治，先试诸陕甘如何？”曾纪泽怒曰：“虽死也不去。”此后，醇王又几次询问李鸿章如何安排曾纪泽的位

帮办海军事务大臣
张曜

帮办海军事务大臣
刘铭传

帮办海军事务大臣
刘坤一

总理海军事务大臣
恭亲王奕䜣

置，李鸿章说："慢慢地增加他的才华吧。"曾纪泽就此郁郁以终。[28] 曾纪泽1884年11月在出使英法俄国大臣的任上得授兵部右侍郎，1886年1月改左侍郎，以此名分和资历，他欲立即开府两江，这个故事的可信度是值得怀疑的。

同清朝中央政府的官制一样，海军衙门也实行满汉双轨。但又仿总理衙门，以王大臣为统领。其额员为4～6人。1890年醇亲王薨，次年任命庆郡王奕劻总理海军事务。此外，陆续增补担任过海军衙门大臣的还有山东巡抚张曜（1888～1891），台湾巡抚刘铭传（1890～1891），正白旗汉军都统定安（1891～1895），两江总督刘坤一（1891～1895），恭亲王奕䜣（1894～1895）。唯有奕劻和李鸿章与这个机构相始终。海军衙门大臣分为总理大臣、会同办理大臣、帮同办理大臣，但没有明确规定三者之间的关系。这些大臣全由部臣疆臣兼职，没有一个人是专门负责海军衙门事务的。

根据海军衙门的组织建制，除了管部大臣外，还设有总办文案翼长2人，帮总办文案4人，管股章京12人（其中管理海疆股、款项股、船政股、军械股章京各3人），主稿章京3～4人，轮班当月章京5～6人，印务参领2人。[29] 这些官职，在海军衙门成立之初，皆由旗人担任，且在其他衙门挂有职衔，说明海军衙门尚无实缺。1886年7月，御史朱一新建议海署办事章京宜满汉人兼用，这个建议没有被朝廷理会。直到1892年，才由李鸿章推荐，委任了一位汉人傅云龙担任帮总办文案。衙门中的旗员，不仅不懂海军，也不懂一般军事知识，只是把海军衙门当作擢进的终南捷径，使得这个机构日益腐败。

从理论上讲，海军衙门有负责海军建设和海军调度的军政军令大权，但在实际上，它的权限仍然限制在军政方面。慈禧太后的懿旨曾说："前经设立海军事务衙门，特派醇亲王奕譞总司其事。举凡造船购器，选将练兵，均应由该衙门主持考核办理。”[30] 这就导致后来海军领导体系的紊乱，出现了日常军政权掌握在不谙海军事务的满族部员手里，军令权掌握在不谙军事的皇帝和文官（军机大臣）手里，舰队指挥权掌握在不谙近代海战的前陆军将领手里的尴尬局面。这种状态，对海军事业的发展显然是不利的。

1886 年 5 月，天津城里一片忙碌。大大小小的衙门和上上下下的官员，都在为迎接醇亲王的到来紧张地进行各项准备。虽说正是春归北国、杂树生花的时节，要人们却无意踏青赏景——这是醇亲王总理海军事务以来第一次巡阅北洋水陆各军，自然要给他留下好的印象。无论是北洋大臣李鸿章，还是津海关道周馥，北洋水师天津镇总兵丁汝昌，心中都有些惴惴不安。5 月 1 日，丁汝昌率舰从大沽前往旅顺，用 10 天时间进行巡阅前的合操演练。

醇亲王奕譞是道光皇帝第七子，生于 1840 年 10 月 16 日。10 岁时，因哥哥咸丰帝登极而封为醇郡王，32 岁正式晋封为醇亲王。嫡福晋叶赫那拉氏，是慈禧太后的胞妹，生育了四个儿子，一、三、四子早殇，第二子载湉 1874 年被姨母慈禧太后接进宫里，做了当今皇帝。侧福晋刘佳氏，生了三个儿子。老五载沣，后来袭了王爵，是宣统皇帝的本生父。老六载洵，在 20 余年后重兴海军时，做了海军大臣。

光绪入宫后，醇亲王就辞去一切官职，在家赋闲。慈禧是个猜忌心很重的女人，唯恐有人利用醇亲王的皇帝本生父身份。醇亲王诚惶诚恐，置身事外，倒也

醇亲王出京阅兵乘坐的长龙木座船

太平了几年。但他内心不甘寂寞。中法战争中，恭亲王失宠，慈禧命醇亲王参与军国大事，他在相当程度上取代了恭亲王的地位，他位于西单北大街的过渡性府邸适园，成了要人们趋之若鹜的地方。

自从中法战争中恭亲王被罢黜，李鸿章同朝廷之间的直接沟通联系中断了。他在写给新任军机大臣许庚身的信中说“内外局势屡变，皆出人意料之外”，今后“赖公等持危扶颠，干济艰巨。弟虽谤满天下，他日或犹得山野之幸民也”，[31]道出了惶恐不安的心情。虽说并不缺乏传递中枢机密消息的渠道，但位若恭亲王之尊，又能在皇太后面前为他调停缓冲，施加影响的人物却没有。这次醇亲王出京，巡阅北洋，为李鸿章重新建立与最高层的直接联系创造了机会。

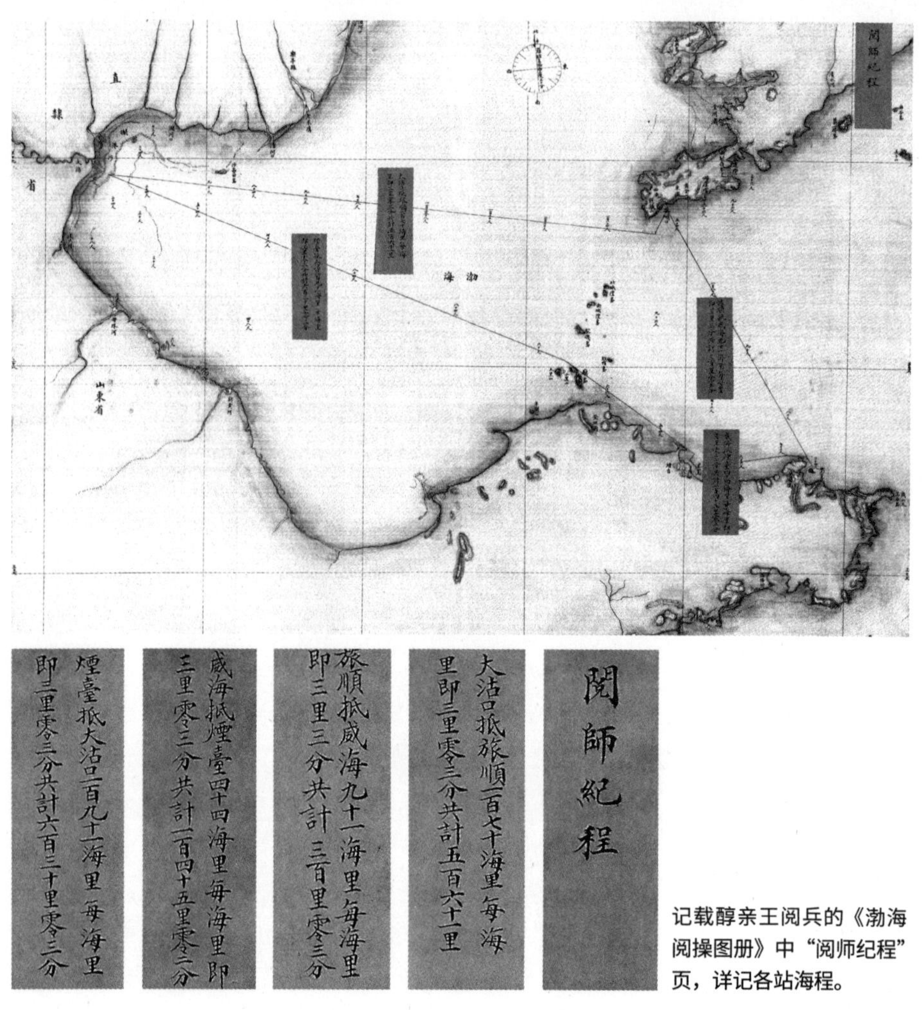

记载醇亲王阅兵的《渤海阅操图册》中“阅师纪程”页，详记各站海程。

5月12日，醇亲王以巡阅水陆各军事向慈禧太后请训。14日早晨，他在帮办海军衙门大臣善庆、海军衙门总办章京恩佑的陪同下启节出都，乘马行40里，至通州换坐长龙座船，沿北运河南下，那时，京津之间尚无铁路相连，相比骑马乘轿，旧式水师木船显然更为舒适。这也暴露了中国近代化新旧嬗递时代的尴尬之处——醇王此行的重要内容，是视察新从德国购买的“定远”“镇远”铁甲舰和“济远”巡洋舰，这3艘军舰标志着中国海军的现代化已经走在日本之前，然而出京检阅，却要乘坐旧式师船。醇王16日抵达天津。李鸿章乘小轮船出迎，驻津文武官员在红桥码头恭候。各军统领营官全身披挂，领队在20里外沿途跪接。醇亲王天潢贵胄，位高体尊，随从人数庞杂。上至高级幕宾，下至戈什哈兵弁、夫役、护卫、太监，约有230余人。帮办海军大臣善庆、海军衙门总办文案恩佑随同巡阅。然而醇亲王十分谨慎，节制下属不得骚扰地方，也坚辞不乘太后赏坐的杏黄轿，只乘黄绊四人肩舆。他的行辕设在南城外海光寺，布置朴素简便，不取秾丽及黄赤诸色。

17日上午，醇亲王接见各国驻津领事后，视察了天津武备学堂。中午，登“快马”小轮船沿海河驶入大沽，改乘“海晏”号轮船。随行人员登上“保大”号轮船。次日凌晨，一轮满月照映着万顷碧波。排水量2800吨的“海晏”轮在北洋“定远”“镇远”“济远”“超勇”“扬威”5舰和南洋“南琛”“南瑞”“开济”3舰左右护卫下，乘潮出大沽口。“镇东”“镇西”“镇南”“镇北”“镇中”“镇边”6炮艇尾随其后。浩浩荡荡，舳舻相接，蔚为壮观。傍晚，舰队抵达旅顺口。

醇亲王（中）与李鸿章（右）、善庆（左）在天津海光寺合影。

醇亲王在旅顺接见英国海军将领后合影。

接见活动后，与海防建设相关的“八道一知府”合影。前排左起为轮船招商局督办盛宣怀、天津机器局总办潘骏德、候补道黄建筦；中排左起为天津知府汪守正、补用道张翼、北洋水师营务处道员罗丰禄；后排左起为主持旅顺军港建设的袁保龄、津海关道周馥、候补道刘含芳。

醇亲王管海军而不谙海军。上年奉旨总理海军后，就感叹“轮船之制，苦不深悉”。李鸿章这次的接待方针，是想以海军建设的最新成果，给醇亲王一个新鲜而强烈的刺激，以加深其对海军事业的印象。

20日上午，醇王由李鸿章、善庆、丁汝昌陪同，接见前来观摩阅兵的英国海军提督哈密敦。会见结束后，宾主合影留念。客人离去后，醇王传谕“在事文武，上至提镇道府，下讫护卫队长，人各照一相”。包括北洋主持洋务的各位道员——直隶候补道盛宣怀，时任轮船招商局督办；津海关道周馥，曾协助李鸿章设立天津电报局、开平煤矿，制定《北洋海军章程》，后来官至两江总督；分省补用道罗丰禄，毕业于福建船政学堂，曾与严复同至英国留学，回国后担任李鸿章英文秘书和北洋水师营务处道员；直隶候补道袁保龄，1882年起主持旅顺军港建设；直隶候补道刘含芳，是袁保龄的助手和旅顺港坞工程主管的继任者，此时在为北洋水师训练鱼雷艇；直隶候补道潘骏德，天津机器局总办；分省候补道黄建筦，主持天津轮船招商局；江苏补用道张翼，原是醇王侍从，后任直隶全省及热河矿务督办、帮办路矿大臣；天津知府汪守正，既是地方官，亦是著名医生，曾奉召为慈禧太后治病。还有旅顺口诸将领宋庆、左宝贵、叶志超、刘盛休、徐邦道、吴育仁。有战功者，都穿上恩赐的黄马褂，醇王称作“衣冠共是军中侣”。当时拍照是件稀罕事，可能也是许多人生平第一次被拍摄。这批照片，后来选择了54帧，编为《大臣官弁亲兵照相》影册，送给慈禧御览。在照片旁边还标注了他们的官职姓名。

然后，醇亲王一行登上黄金山炮台，李鸿章调集“定远”“镇远”等8舰表演演阵打靶，又看刘含芳督率训练多年的5艘鱼雷艇表演发射。旅顺口新修的海岸炮台，也竞相开炮，连环打靶。一时间，黄金山麓炮若雷鸣，撼地震天。整个演习共耗军舰、炮台炮弹各百余发，鱼雷1具，水雷8具，约合银万余两，是北洋水师组建以来规模最大的一次演习。

21日，醇亲王视察老蛎嘴炮台和鱼雷厂，午后登“海晏”轮南下，船过庙岛，远处海面上忽然出现海市蜃楼，“楼台隐见，林树扶疏，树外若有数僧翘首立迎，逾时始散”。一行深夜抵达威海。22日，阅“镇东”等6炮艇打靶并检验“定远”“镇远”“济远”3舰质量，旋开赴烟台。英国海军提督哈密敦、法国海军提督理尧年率本国军舰排泊在烟台山之外迎候。23日，醇亲王展轮返回大沽，继续巡阅津沽防军，视察天津水师学堂。[32]

28日，醇亲王结束了北洋之行，午宴后登舟回京。李鸿章陪送至北运河桃花

旅顺口黄金山下的受阅部队，画面前方为白玉山，右侧为黄金山，左侧为老虎尾。

《渤海阅操图册》之《海军布阵》。1886 年 5 月 17 日，奕譞、李鸿章乘“海晏”前行，“保大”后随；“定远”“镇远”“济远”“超勇”“扬威”5 舰并南洋派来合操之“南琛”“南瑞”“开济”3 舰分左右护行；“镇东”“镇西”“镇南”“镇北”“镇中”“镇边”6 炮艇尾随之。

《渤海阅操图册》之《旅顺水操》局部图，画面前方为白玉山，右侧为黄金山，左侧为老虎尾。

口。醇亲王口诵李白的《赠汪伦》作别，李鸿章当即占诗献呈：

雕弓玉节出天阊，士女如山拥绣裳。
照海旌旗摇电影，切云戈槊耀荣光。
佽飞禁旅严千帐，罗拜夷酋列几行。
德协谦尊齐赞颂，力辞黄屋福威扬。

万千气象蜃楼高，忽地齐烟涌六鳌。
慈佛护持看献瑞，仙舟共济敢辞劳。
自怜坚壁心偏苦，却愧屯田诏屡褒。
无限临歧依恋意，漫吟潭水答云璈。[33]

醇亲王和诗曰：

岂学烟波稳放闾，直如仙路咏鳞裳。
从滋舟楫期同济，自昔邦家藉有光。

立雪情联瞻雅度，投醪才绌愧戎行。
后生崛起知谁健，勉继勋酋我武扬。

放怀碧海接天高，知是骖鸾抑驾鳌。
最喜貔貅皆赳赳，漫疑鹈鲽各劳劳。
藩篱势固神京拱，节钺功深圣母褒。
自问清人独何幸，蜃楼看罢听仙璈。[34]

这次视察活动，对李鸿章和醇亲王双方来说，是一次难得的直接接触，迅速缩短了彼此间的心理距离。李鸿章为醇王精心安排，既有艨艟如云的战舰，亦有轻松舒适的雅趣。“海晏”前往旅顺口时，洋人弹奏钢琴并歌唱；驶往威海时，李鸿章奉以无锡惠山泉水。醇王记载，“时船头洋花盛开，煮茗敲诗，若忘身在风涛中”。醇王来津的长龙座船上，也是“瓶中芍药正盛”。醇王高兴之余，表示愿将他和李鸿章、善庆在天津海光寺的合影找画家摹绘，送给寺僧，以传佳话。

醇亲王此行随员中，最引人注目的是长春宫总管太监李连英。按清朝祖制，太监无故不得出京。1869年，大太监安德海奉慈禧之命出都，往南方采办宫中用物，被山东巡抚丁宝桢诛于济南。李连英这次以照顾醇王生活起居的名义随行，不敢招摇，布衣布鞋，手执醇亲王的长竿烟筒和大皮烟荷包，侍立装烟，一副恭顺的模样，不接受地方官员的奉迎贿赂，使钻营巴结之徒大失所望。[35] 李连英出京，有说系醇亲王主动请求，无非向慈禧表明心迹，以释慈禧猜忌之心。李连英亦是乖巧之辈，怵于安德海前车之鉴，不愿招惹言路抨击。然而慈禧以李连英作为她私人观察员的意图，却是无疑的。几个月后，御史朱一新上奏，请预防宦寺流弊，将李连英此行比作唐朝太监监军。西太后以醇亲王所奏“该总管太监沿途小心伺应，实与府中随往太监无异，绝无丝毫干预外事”为由，申饬朱一新以虚诞之辞，希图耸听，给其以主事降补的处分。[36]

李鸿章达到了他预期的目的。醇亲王回京后上奏：“北洋现只‘定远’‘镇远’‘济远’三铁舰，‘超勇’‘扬威’两快船可备海战之用。南洋仅‘开济’‘南琛’‘南瑞’三船行驶尚速，炮位尚大……惟此数船，合尚嫌单，分则更少。俟明年英、德新订快船四只北来，合之北洋现有五船，自成一队，仍俟筹款有着，再行续商订购。”[37] 一年前，因福建船政军舰在中法战争中全军覆灭，朝廷电谕李鸿章“着照前购钢面铁甲快船定购四只，供台澎用”。[38] 四船即“致远”“靖远”“经远”“来远”。现经醇亲王寥寥数语，便纳入北洋范围，李鸿章焉能不喜？

经过这次阅兵，醇亲王对海军未来发展也有了初步想法：“海防关系重大，久远之计。将来船只成军，自应请专设提督等额缺，妥定章程，以专责成而固军志。”他还注意到“北洋为京师拱卫，李鸿章所部各队分布各隘，力量并不见厚”，“练兵先须选将，今未雨绸缪，尤以教练人才为第一义”，故得出“陆军不宜遽裁，学堂仍须推广”[39]的结论。

在北洋之行中，醇亲王甚至对铁路发生了浓厚的兴趣，成为铁路事业的鼓吹者和支持者，以致海军衙门也卷入到兴办铁路的事业中去，对中国铁路建设起了一定的推动作用。

醇亲王还打算在1888年再赴北洋海口，但后来未能成行。故这次检阅便成为近代海军史上唯一一次亲王阅兵。

醇亲王没有恭亲王那样的办事之才，性格也较软弱和谨小慎微，且处于皇帝本生父的地位，常是想办事又怕遭猜忌，每每有意取悦慈禧，以显忠诚。其当政之日，办成的事情不多。但在实际事务中，他毕竟了解一些西方的情况，对于洋务运动中的许多措施继续给予支持，对海军发展也始终关注。1887年后，醇亲王屡遭慈禧猜忌，在家养病。1891年1月1日醇亲王奕譞薨，李鸿章电北洋海军提督丁汝昌传令各军舰下半旗10日致哀。[40]这是西礼，也是首次在中国海军中采用。

二、西苑、颐和园与海军费

海军衙门主管全国海防建设，进而负责审批各省进口海防器材，过问铁路建设等，管辖范围涉及洋务活动的许多方面，筹划海军经费则是其直接分管的重要内容。

户部奏定，从1886年起，原解南北洋收支的海防经费拨归海军衙门收放。这对南北洋来说，无疑是极不情愿的。1875年总理衙门和户部奏定从关税厘金项下年拨海防协饷400万两，虽然从来解不足额，但毕竟是笔地方上可以直接支配的巨大款项。现在把财权收至海军衙门，李鸿章表面上不便公开反对，便以退为进，多方要挟，屡屡致函醇亲王，要其保证北洋海防的浩繁开支：

伏查北洋目下常年薪饷等项，连“定”“镇”“济”三舰在内，岁需一百二三十万两。新建旅顺船坞等工及找发采购制造等项，约需一百四十余万两……通计北洋光绪十二、十三两年，每年需饷近二百万，新购英、德四艘之饷，尚未计及……前准户部奏明将南北洋经费拨归海军衙门，南北洋应需各款，随时咨请动用。鸿章方幸饷需有着，得以专力操防……计明年实应向海军衙门请领一百二三十万两，皆系确需之数，难再撙节。均恳筹画早定，源源接济。或派员先期赴海军衙门请领，或催各省迳解北洋，由海军衙门作为收放，均听钧裁……事事苟简，虽巧妇不能为无米之炊。鸿章束手无策，实不敢当此责任也。[41]

海军衙门的经费来源，除了常年海防协拨外，还在开办时，特拨粤省余存洋款42万余两，闽省造船余存洋款60万两，部库所存神机营息借洋款108万两，各省海防捐款100余万两，总理衙门匀拨出使经费25万余两，总计300余万两。这些存款息款，“日拨日消，其涸立待，嗣后无以为继”[42]，而各省协拨依然解不足额。且东三省练饷每年近百万也要海军衙门筹付。不到一年，海军衙门便感到焦头烂额，无以应付，只得采取变通办法，将海防协饷仍归南北洋收放，海军衙门只负责支付“定远”“镇远”“济远”3舰及以后购到的巡洋舰的日常开支。[43]于是，海军经费的来源便形成两个方面：一是日常开支，继续从海防协饷内支用。1887 ~ 1894年，北洋方面共获得1000余万两协款，[44]平均每年130万两；南洋1886年从海防经费获得100余万两，以后每年仅得50余万两。[45]二是海军衙门直接拨款，提供“定”“镇”“济”“致”“靖”“经”“来”7舰及后来增加的“平远”舰薪粮公费、燃料、维修费用。这笔款项为北洋独得。从1886年至1894年，共约400万库平两。[46]清朝则例常有不可解者，诸如海军经费之如此划分，就说不出什么道理，只能归诸“老人老办法，新人新办法”。细细考察，奇怪更多。例如“致”“靖”“经”“来”4舰洋员经费，在海军衙门8舰薪粮公费中统一拨款，其他洋员，包括北洋海军总查，“定”“镇”“济”舰外籍教官，则一律由海防经费中支薪。

海军衙门从成立到撤销，共为全国海军筹拨了2000余万两经费。为了筹款，使出了浑身解数。海防经费虽已奏定由各省径解南北洋支用，海军衙门仍有责任为其催款。1887年6月醇亲王专折上奏，指责江苏、浙江、江西拖欠应解厘金，并指出福建、广东两省应拨海防经费，已经奏归本省使用，沪尾、打狗二口税款亦归台防，则户部不能再以虚数并入海防协饷，应别筹的款相抵，获懿旨允准。户部从各省海关新收洋药加厘项下，指拨 65 万两以补缺口。[47] 海军衙门又将南北洋海防经费银自光绪十三年正月起统按“二两平”（京平）核发，每百两扣除 6 两平余，用以划抵名义上由海军衙门专款拨发的“定远”等 8 舰薪粮公费。据统计，1887 ~ 1894 年 8 年间，平余划抵薪粮共 20 余万两。此外还有人奏议过川淮盐斤加价、开办印花税等办法。

除了增设各种捐税外，鬻官亦是当时“开源”的重要途径。1884 年中法战争爆发后，李鸿章以海防紧迫，饷源枯窘，设筹无方为名，奏请于北洋开设“军器捐输”。经户部商议后，决定请旨予限一年。所谓“捐输”，亦称“捐纳”，是由朝廷以授予官衔来取得捐款的一种办法，清朝在开国之初和乾隆年间都曾采用过。鸦片战争后，财政支出激增，战争、灾荒不断，于是广开捐输。京官自郎中以下，外官自道员以下均可购买，造成吏治腐败、流品混杂，受到社会舆论抨击。1879 年朝廷下令停捐，然未歇数年，因直、鲁等省发生水灾，为办赈济而于 1883 年重开捐输，其时已是明知有害而饮鸩止渴了。

新开的海防捐例规定，捐银 1000 两准给蓝翎，捐银 2000 两可得四品以下官衔。捐银 3000 两可得三品以上官衔，均准给花翎。[48] 兴办之初，报捐者甚为踊跃。至 1886 年初，直隶一省即收入白银 150 万余两。开捐 3 年，直隶共收银达 212 万余两之巨，除拨给旅顺建造船坞用款 63 万余两外，均归北洋海防开销。[49] 广东省 3 年共收捐银 113 万 2000 余两，统归本省使用。这一做法，被海军衙门承接过去，于是年年奏请展限，进一步鼓励捐纳。1886 ~ 1888 年，海军衙门收到各省解来海防捐款银 157 万 8058 两。[50]1889 年，因黄河年前在郑州决口，朝廷为复修大堤，暂停海防捐而开郑工捐。次年复开海防新捐，在捐例上再做新的优惠。然而报捐者日少，处于畿辅之地的直隶省，5 年中仅收库平银 117 万 9670 余两。湖南省 1890 ~ 1893 年间，共得 6 万 3175 两。江西省 1890 ~ 1893 年底共得 11 万 5615 两。地处西南的四川省，1890 年后两年仅收银 3 万 1000 多两。[51] 捐输收入已成强弩之末了。

仔细研究近代海防经费，可以发现这样一种情况：一方面，海军经费在国家财政支出中所占的比例并不很大。以海军建设主体部分北洋舰队为例，建设这支舰队的全部开支，包括 20 年的海防协饷、购买西方军舰费用，以及军舰官兵薪粮、燃料、油修费等，共用去白银 3500 万两，仅占同期国库开支的 2% 左右，[52] 远远低于全国陆军部队的军费开支。另一方面，这笔款项在洋务运动各项新兴事业的投资中，耗费又是最为巨大的。北洋海防协饷开支总额，相当于同期江南制造局和福建船政从创办到中法战争爆发17年总支出之和。正如恩格斯所指出的，再也没有谁像"国家那样感到苦恼的了。国家现在建造一艘军舰要花费以前建造一整个小舰队那样多的金钱"[53]。对于一个近于崩溃的封建国家，即使是年度预算2%的海军军费，仍是不胜负担。更新军队装备，建设近代化海军，是时代发展的需要，也是清王朝维护其统治的需要。建立在小农经济基础上的封建制国家，没有相当的生产力水平和广泛的财源，仅靠各种捐厘税金，要维持一支近代化海军是十分困难的。朝廷采用挖肉补疮的办法筹措资金，难免捉襟见肘，并且激化各方面的矛盾。

人们还有一个疑问：屡屡申言缺乏经费的海军衙门，其筹集到的款项是否都用到海军事业上去了呢？

对慈禧太后来说，京西三山五园的绮丽风光是难以忘怀的，青年时代在那儿度过的美好情景更是记忆犹新，以致她人过中年之后，对于修复园子的兴趣越来越强烈。

历代帝王都修苑囿，或是在宫禁之旁起盖别院，或是在城郊和外地兴建离宫。这种风气，清代尤烈。西山一带，连绵20里，逶迤着康熙、雍正、乾隆三朝修建起来的圆明园、畅春园、万寿山的清漪园、玉泉山的静明园和香山的静宜园等一大片皇家园林。紫禁城皇宫中附会《礼记》《周礼·考工记》建造的宫殿群落，体现了封建时代严格的宗法等级制度。刻板的布局，高度规格化的建筑风格，大面积相同的色块和一个又一个大大小小、紧密相套的四合院，常常使人产生沉闷压抑的心理负担。所以康熙以降各位皇帝都常年居住在圆明园和避暑山庄，既处理政务，又游燕逸乐。1860年第二次鸦片战争中，英法联军举火焚烧了经营百年的西郊林苑，使得惯于奢侈享受的清朝皇室在北京附近竟无处避暑消夏。环绕着复修苑囿，晚清政局出现了各种大小事件，而修园经费又和海军经费扯在一起。

同治末年，慈禧母子曾谋复修圆明园，而与主持军机处的恭亲王及朝野大臣发生激烈冲突。为了缓和折中，有人建议改修三海。未过多久，同治帝暴病而崩，4岁的光绪帝载湉继位，两宫太后再度宣布垂帘听政，三海工程对她们不再有直接意义，于是便告停工。

三海位于紫禁城西侧，一片秀丽的山水包蕴在高大的土红色宫墙之内，因南海、中海、北海三个著名的湖泊而得名。三海面积2500余亩，其中水面占一半以上。湖光潋滟，回映着四岸的亭台楼阁，景色绝佳。到了1885年，慈禧太后考虑到光绪帝即将亲政，自己归政后若要重修圆明园，不但国家财力难以支持，同时又会遭到反对，于是决定援引同治年旧例，于6月21日下懿旨重修三海。根据档案记载，事实上工程在此之前已经开始动工。

三海工程包括三海所有的殿宇、房屋、道路、河池、假山、堤泊、点景花园，电灯、铁路、冰床、朱车等等。重点在南海的瀛台，中海的丰泽园、仪銮殿、西苑门一带。全部工程有100多处，几百个项目，整个大修工程经费总额约在白银600万两左右。[54]奉宸苑工程处从光绪十一年（1885年）四月至十六年（1890年）十月，共收银513万两。其经费来源主要包括官员捐修银、户部及内库帑银、各海关解银、海军衙门、神机营借拨银。其中海军衙门和神机营的借拨银为229万4329两，占总经费收入的44.7%。此后海军衙门还代奉宸苑借拨欠发厂商实银66万余两。从1891年至1895年，三海在正常岁修和为慈禧太后庆寿工程中，又从海军衙门挪借141.5万两。1885 ~ 1895年10年中，整个三海工程（包括大修、岁修及庆典）共计挪借海军衙门经费437万两。

根据近年来对清宫档案的研究，工程并没有无偿占用海军衙门经费，所借款项后来都指定专款归还。[55]关键在于同光年间，中央财政空虚，户部和内务府往往难以随时满足工程需款。设立海军衙门，就能多建立一个账户，使朝廷多一条调用资金的渠道。海军衙门有固定的经费收入，因此在用款时有很大的机动余地。在营建三海及以后营建颐和园的过程中，醇亲王控制的海军衙门确实起了调剂资金的作用。醇亲王深知其中的奥秘。在后世看来，皇太后、皇帝君临天下，自然可以恣意调拨全国财富，其实不然。封建国家机器本身具有制约机制。它通过祖制祖训、部院规章、御史谏官和朝野清议来平衡天子的言行。从这个角度看，皇太后、皇帝的自由也是十分有限的。但另一方面，制度都是人创的。在一个人治的社会，最高统治者又会通过各种方式巧立名目，以避开制度对其的束缚。诸如以海军衙门为中继站，调节缓冲内务府施工急需的帑银，就是例证之一。海军衙门所垫的款项虽然后来如数归还，慈禧太后孜孜以求的三海工程也如期竣工了，但拆东墙补西墙，受损的依然是海军。

李鸿章显然精通此道。处于封疆大吏的立场，他既希望巴结皇太后以巩固慈眷；又不愿因建造园囿，使得海防经费挪用过多而影响北洋实力；更知道哪些挪垫是不合规矩、摆不上桌面的，因此采取了灵活的态度。他有时积极表示赞同，有时找理由婉辞，有时还用海防名义向外商借款以保工需，[56]在夹缝中居然左右逢源。

到了修建颐和园时，挪垫进一步发展成为挪用。

慈禧太后在中海泛舟

1886年11月19日，户部尚书翁同龢在日记中写道：

> 庆邸（按指奕劻）晤朴庵（奕譞），深谈时局。嘱其转告吾辈当谅其苦衷。盖以昆明（湖）易勃（渤）海，万寿山换滦阳（按指承德避暑山庄）也。[57]

这段话透出一个大秘密：虽然三海工程正以慈禧归政后颐养之所的名义大张旗鼓地进行施工，皇太后依然未能忘情西郊的旖旎景色，复修清漪园之事已被提上议事日程。清漪园是乾隆皇帝1750年为庆贺母后六十寿辰而兴修的林苑，位于圆明圆西侧，万寿山、昆明湖都是园中的景致。慈禧太后深知圆明园局面过于散漫，复修工时浩瀚，且是一马平川，有水面无山色，反不如清漪园倚山傍湖的翠微灵气，还能抬出乾隆帝为母后修园祝寿的先例来堵住反对者的嘴巴，是以选定清漪园作为自己晚年的另一处怡乐之所。三天以后，翁同龢再谒醇王，他记录这次访问是“深谈时局，极耿耿也”。所谓时局，当指复修园囿的工程及可能带来的各种社会反应，翁同龢在政治上是走醇王路线的，他显然是最早知悉这一秘密的上层官员。

园工是悄悄开始的。醇亲王找了规复昆明湖水操旧制，在湖内修建水操学堂做理由。昆明湖水操是乾隆仿效汉武帝在长安昆明池训练水军故事，于1751年开始在昆明湖定期进行操练。当时还专门建造了16艘大型战船，调福建水师官员担任教习。这种训练当然只是象征，军事意义并不很大，到了19世纪更与海防无关。醇亲王以祖制为借口，却能讲得头头是道。他在奏折中说："因见沿湖一带殿宇亭台半就颓圮，若不稍加修葺，诚恐恭备御操时难昭敬谨……拟将万寿山暨广润灵雨祠旧有殿宇台榭并沿湖各桥座、牌楼酌加保护修补，以供临幸。"[58]接着，被英法联军毁坏了26年的东宫门、仁寿殿、玉澜堂、乐寿堂、长廊、排云殿、后山佛殿、南湖岛诸殿、十七孔桥等建筑便开始动工修造了。李鸿章自然知晓这一计划。1887年8月15日，他在给醇亲王的信中表示："禁苑工款及万寿山各座落陆续经营。截长补短，实费荩筹。鸿章愧不能效一臂之助。"[59]

纸包不住火。随着时间推移，清漪园动工复修的消息终于传了出去，弄得朝野沸沸扬扬。袁保龄在给军机章京钱应溥的私信中一针见血地说："昆明（湖）习水战，赋绝好题目，借款得所藉手，挥洒较易。"[60]1888年3月13日，皇帝发布上谕，向天下诏示此事。上谕宣称，三海修缮将次告竣，现将清漪园改名颐和园，量加修葺，以备慈舆临幸。园中万寿山大报恩延寿寺为高宗侍奉宪皇后三次祝嘏之所，敬踵前规，尤臻祥治。恭逢大庆之年，朕躬率群臣，同伸祝嘏。[61]从此颐和园工程便公开进行了。到了1889年1月16日，紫禁城中贞度门发生火灾，火势延及太和门。这在当时看来是不祥之兆，表明人怨激起天怒，天意示警。再加上不少臣工对工程的批评，慈禧太后不得不发布懿旨，表示"遇灾知儆，修省宜先。所有颐和园工程，除佛宇暨正路殿座外，其余工作一律停止"。[62]这样，园工缩小了规模。1891年6月4日，慈禧首次巡幸颐和园，以后常住园中。而园工中尚未完成的项目，则加紧施工，直到1895年上半年方告结束。

颐和园工程究竟耗费了多少银两，现在尚难考证清楚。根据承办工程的算房对1888～1895年修建的佛香阁、谐趣园、德和园大戏楼等56项工程估价，约为318万两。[63]1886年以修建水操学堂名义拨款67.8万两。[64]而1886～1887年修建的仁寿殿、玉澜堂、排云殿、长廊等建筑缺乏明确的造价资料。鉴于整个三海工程用银为600余万两，这批建筑估计不会超出此数，因而推算整个颐和园工程用费在1000万两白银上下。

长期以来，人们一直传说颐和园是挪用海军经费修造的，清末维新党人梁启超首创将园工同甲午海战失败相联系的说法，以激起人们对慈禧太后的仇恨。挪用的确切数额则说法不一，多则谓8000万两，少则仅300万两。一般的看法认为

颐和园石舫

在 2000 万～3000 万两。[65] 根据目前能够找到的清宫档案，海军衙门在 1888 年把 45.75 万两银挪至园工。[66] 次年，奕譞又决定每年从海军经费中腾挪 30 万两交颐和园工程处。[67] 至 1894 年共挪用 180 万两。1891 年 3 月 25 日，奕劻奏称“查颐和园自开工以来，每岁暂由海军衙门内腾挪三十万两拨给工程处应用，复将各省督抚认筹海军巨款二百六十万两陆续解津发存生息，所得息银专归工用……惟每年拨工之款原属无多，各省认筹银两亦非一时所能解齐。钦工紧要，需款益急，思维至再，只有腾挪新捐暂作权宜之计，所有工程用款即由新海防捐输项下暂行挪垫，一俟津存生息集有成数，陆续提解臣衙门分别归款。”[68] 以后又从出使经费中挪垫了工程银 100 万两，申明从海军巨款 260 万两生息项下按年拨还。[69] 此后在 1892 年先后归还了 5 万和 14 万，1894 年归还 4 万，均再用于新疆电报工程，[70] 则出使经费还被挪用 77 万。从这些数字统计，海军衙门经费有案可稽的腾挪共达 302.75 万两。1889 年 1 月 6 日，海军衙门还在奏折中提到“余平、捐输二款，拟另款存储，专备工作之需”。[71] 根据海军衙门的规定，北洋海防经费的平余，划抵下一年度“定远”等八舰的粮饷油修经费，而海军衙门发放的八舰经费及东三省练兵饷，则由海军衙门拨付时扣除。有人统计，从 1887 年到 1894 年，海军衙门克扣南北洋将士员弁及东三省练兵饷的平余银，总数约达库平银 87 万两。按照余平专备“工作”之需的说法，这笔款子也被挪用于园工。[72] 此外，海防捐和新海防捐被挪至园工的，约在 250 万 ~ 350 万两之间。[73] 所有数字相加，海军衙门经费用于颐和园工程的总额，当不超过 750 万两。[74]

在三海和颐和园大兴土木的时候，朝廷财政正十分窘迫。以 1888 年为例，这年户部在正常的年度开支之外，又筹拨皇帝大婚典礼费 500 万两，郑州河工 600 万两，山东河工 289 万两，制钱工本 90 余万两，铜本 50 万两等等。大工未尽，大礼方兴。历年铢积寸累之余罄于数月，只能大量腾挪海军衙门的经费了。庆郡王私下坦承，以昆明湖替代海防建设是其无可奈何的苦衷。庆郡王（1894 年封亲王）奕劻是乾隆第十七子庆禧亲王永璘之孙。他在政务上比醇亲王更无建树，但在谄媚慈禧和接受贿赂方面却有过之而无不及。谄媚和腐化的升级标志着一个王朝没落的加剧。到这种时候，祖制、规则、谏议就都被抛到一边去了。

这里，还应提一下“海军巨款”事件。

1888 年 10 月底，醇亲王致函李鸿章，透露“万寿山工程用款不敷”，嘱其与各地督抚设法“集款二百万两存储生息，以备分年修理”。李鸿章悟出此乃慈禧的旨意，立即通报两广总督张之洞、两江总督曾国荃、湖广总督裕禄、湖北巡抚奎斌、四川总督刘秉璋、江西巡抚德馨等人：“去岁在京时，醇邸即以此事相属，当以‘工程太大，费用不赀，外省情形素所深悉，恐难办到’，一再婉复。邸谓：‘目前海部、神机营两处解款皆可支用，将来事务仍须奉商。’今年二月朔日遂见明谕，以万寿山大报恩寺及延寿寺为将来慈圣六旬祝嘏之所。”他对张之洞说：

颐和园内慈禧太后的画舫

窃以粤中指款名目繁多，若能酌节用项，分次匀提，正与朝旨、邸教不动正款之意相合，且时逾五稔，尚可分岁经营。但每年得二十万，五年积成百万，则尊处已独任其半。此外南洋各处一二善国从而附议，便可观成。……此为功力，岂可测量？[75]

他对曾国荃讲得更为露骨：

邸意所注……首望香帅，次则台端。能于江、粤集得大宗，此外略加附益，便有成数。但当频年搜刮之余，何处得有闲款？目前需用已亟，无论正、杂各款，均可移缓就急，分年提解。将来能在外筹还固佳，即至无可挪填，统俟凑齐后，再行酌量奏明办理，谅无不可。[76]

各地督抚心领神会，争先恐后，结果合计集款竟达260万两。[77]为了掩人耳目，故意将这笔款项称为"海军经费"，"以海防、工作并为一案，词意尚觉浑融"[78]，"存诸北洋生息，按年解京，以补正杂款之不足。本银专备购舰、设防一切要务"[79]。不久，御史林绍年上奏要求停止报效，竟遭懿旨严行申饬，而李鸿章、张之洞及所有参与"海军巨款"的督、抚、藩、臬、运司共25人却受到奖叙。这一事件，充分暴露了官场的腐败和吏治的黑暗。

更有意思的是，督抚们虽然向皇太后行了贿，却害怕同样的索贿经常发生，将使他们难以应付，所以大家要为自己留下余地，不能显得地方财政过于宽裕。同时，在清末，修园囿本来就是一个敏感的话题，同治年间复修圆明园的争议在许多人的脑子里还记忆犹新，督抚们当然也会小心翼翼地顾及自己身后的名声。好在海军衙门总办章京恩佑早已表示："除两广不动正款外，各省择无碍京协各饷之正杂诸款腾挪挹注，分别奏咨办理。"[80]所以，两广总督张之洞就在奏折里明白地告诉皇帝，粤省虽然认筹100万两，第一期应付的5万两也已划出，但现在一时难以指定专款名目，故只能先向百川通商号借垫。[81]四川总督刘秉璋也汇报说，他汇出的银子是藩司商同盐茶道、官运局各向商号借得，俟以后岁收盐厘除拨解京协各饷外，即以盈余分年归还。其最后一笔5万两款项，挪用的是官运局的运本。[82]其他各省的划款途径，还有盐斤加价、厘金、地丁收入等等。[83]所有这些见不得人的肮脏交易，居然可以在正式公文中赤裸裸地陈述于庙堂之上，近乎在同皇太后直接做生意报账，这在清朝前期显然是不可想象的，一方面说明了大员们了无顾忌的末世心态，另一方面也反映出封疆大吏对朝廷腐败的一种蔑视。比如清流出身的张之洞，既然已经安排好了报效，又说尚未想好出处，只得向商人借垫，是否还有挪揄一下朝廷的用意呢？张之洞是一个聪敏机灵的读书人，再过十几年，他还敢说向各国宣战的上谕是“矫旨”，公然发起“东南互保”呢。

还需说明，醇亲王、庆郡王主持园工，筹措经费，甚至在工地上张贴的告示也落海军衙门的款，给人以海军衙门即颐和园工程处的印象，但两者毕竟是有区别的。修园经费也非海军衙门独任。260 万两巨款虽然打着海军名目，其实完全是各地督抚对慈禧的报效，不能算在海军经费的账上。从事后来看，这笔款子的本金全部存在外国银行及借给开平矿务局，[84] 利息用于解还从出使经费中挪用的 100 万两。但颐和园工程毕竟妨碍了清季海军的发展，从而对中国近代化的进程产生了消极的影响。

三、海军教育的全盛时期

近代中国的第三所海军院校——昆明湖水操学堂是 1887 年 1 月 8 日开学的。海军衙门总办章京恩佑、学堂总办潘骏德、署总办惠年、提调奎昌、王福星等参加了开学典礼。学堂宗旨是在满族人中造就海军人才。这天午时，60 名满族学员按照中国传统庠序私塾的规矩，恭恭敬敬地向孔子牌位行礼，从而开始了他们新鲜的西学生涯。那群出席开学典礼的官员，一个小时后又赶到毗邻的万寿山排云殿，主持拱梁仪式。

匆匆筹建昆明湖水操学堂的直接目的，是为了掩饰清漪园的土木工程。但醇亲王上半年巡阅北洋海军所产生的新鲜印象，无疑也对这所学堂的诞生起了重要的催产作用。醇亲王承认：“此次查阅北洋，于武备、驾驶、管轮各学堂悉心究考，见其地理、戎事、测量、算化等学，有条不紊，实足为济时要务。因思八旗之众，聪颖骁健者实不乏人，只是为见闻所囿，虽具美质无可表见。亟当乘时教练，预储异日将材。”[85] 他说：“昆明习战，不过借一旧制，大题实则开都中风气。”[86] 当时从国外考察归来的人，常常推崇欧洲民族的尚武精神，介绍在这些国家，虽贵为太子皇族，也要到海军服役的故事，这对于自诩擅长骑射征战的满清权贵，也是强烈的刺激。可是，在长期重文轻武的社会风气熏陶下，没有任何贵胄子弟有意加入海军，只能在健锐营、外火器营官兵子弟中，遴选通晓文义的八旗青年前来就学。就清朝统治者而言，他们看到海军这一新式军种未来发展的广阔前景，希图造就满族海军人才，以便将来更好地控制海军。这所学堂的出现，反映了不可逆转的历史趋势。近代军事技术工程教育，开始渗入保守颟顸的八旗子弟中去了。

昆明湖水操学堂仿照天津水师学堂的课程设置安排教学，也分作内外学堂。外学堂设在玉带桥和西堤偏西北处，有校舍 116 间；内学堂设在豳风桥偏西北处，有校舍 103 间，是从前清漪园耕织图、水村居景点的旧址。

内学堂学生课以西法测算、天文、驾驶诸学；外学堂学生教以行船布阵及施放枪炮诸法。李鸿章派来西学教习，还有一些教习是从金州水师营调来的。八旗子弟对于学习海军兴趣不大，经过 5 年学习，只有 35 人期满肄业，派往天津水师学堂考校，结果有 24 名学生成绩超过 180 分。喜昌、荣续分获第一、第二名，其英文、测算、推步等学的分数，不逊于天津水师学堂历届毕业生。这批合格学生被留在天津进一步深造。余下 11 人咨送回旗，自谋生路。[87] 留津学生中，又有 12 人被神机营调用，剩下一半，后来上“通济”练习舰实习。最后 3 人在训练尚未结束前，被神机营调走。[88] 所以最终学完海军教育全部科目的人不多。

先后担任过昆明湖水操学堂总办者，有潘骏德和王福祥；曾任帮总办者有惠年（一度署总办）、德峰；曾任会办者，有宜霖；曾任提调者，有常瑛、瑞沅、载林、桂祥。这些人本无海军背景，不过将此视作一个补缺的衙门。

昆明湖水操学堂

五年学习，仅培养 24 名学生，68% 的合格率，然而海军衙门却利用这一时机，大肆保举请奖。请奖人数计海军衙门和学堂官员教习共 46 人，识者以为“彼等只知升晋级而罔顾国家利益，直视军国大事如同儿戏”[89]。这是清朝官场吏治腐败却又人所周知，官员们人人为之的通病。

学堂还有为慈禧太后驻跸时服务的责任。海军衙门在天津机器局制造了“安澜”“翔云”“捧日”三艘船只，以供慈禧游览昆明湖时乘坐。海军衙门的一些文件提到，“该学堂演试轮船，原为恭备拖带‘安澜辐’御坐船，系属要差，自非寻常操船可比”“内学堂恭备轮船，外学堂恭备颐和园电灯与西苑电灯……该员等夙夜在公，无间寒暑”。[90] 从一个侧面反映了这所学堂所带有的浓郁的封建性。

第一届学生毕业转赴天津后，学堂又招收了第二届 40 名学生，但不久甲午战争失败，海军衙门撤销，这所学堂也就停办了。如今，水操学堂遗址无存，只有那艘永远开不动的汉白石舫，静静地泊在万寿山的西侧，默默地注视着时代的巨变。

在福建船政学堂和天津水师学堂的影响下，广东、江苏等地也相继仿效，办起了海军学校。

1887 年 8 月，两广总督张之洞和广东巡抚吴大澂联衔上奏，将广东原办博学馆改为水陆师学堂。这是近代中国第四所海军院校。博学馆原名实学馆，是张树声督粤时，用前任总督刘坤一捐其兼任粤海关所得平余银 15 万两，奏明生息，作为储养洋务人才的基金兴办的，地处黄埔长洲。1882 年实学馆校舍竣工开学，1884 年更名博学馆，主要学习西学知识。改作水陆师学堂后，又在附近购地 47 亩，修建了设备完善的新校舍。1887 年调前福建船政提调、天津水师学堂总办吴仲翔任总办。

按照学校规模，广东水陆师学堂分为管轮、驾驶、陆师三科，各科同时招收 70 名学生。开办之初，从博学馆挑选了 70 余人学习海军，经过考试，陆续淘汰剔除，二年后仅余 38 名。1889 年秋，又从福建船政学堂调来已在堂学习三四年的 37 名学生，根据其实际水平，或另编一班，或插入博学馆旧生的班中，继续受业。还从天津招致了 20 名曾经读书、略有根底的幼童进行英语、算学训练，以期将来向水、陆师方向发展。聘英人李家孜为驾驶教习，爱德门为管轮教习，德人欧披次为陆军教习，兼教水师学生操演。并增设教习、稽察、文案、医官等多员。詹天佑担任英文教习和海图馆教习。以“广甲”舰为练船，委派刘恩荣为练船总管，程璧光为副总管。学堂的年度预算为 6 万两，练船薪粮杂费每年约需 4 万两。

吴仲翔和道台在校门口与广东水师师生合影。

广东水师学堂师生合影。前排就座者为教师，后排站立者为学生。他们手执团扇，很难想象为海军军人。

1893 年，谭钟麟调任两广总督，他辞退陆师教习，解散陆师学生，裁汰水师学生名额，仅留 96 人，改校名为水师学堂。[91]

江南水师学堂开办较晚。中法战争之后，两江总督曾国荃在讨论海防计划时，即打算在南京下关设立水师学堂，培养海军人才，但这一构想没有实施。1889 年冬，詹事府詹事志锐条陈海军事宜，建议各省广设水师学堂，教之海军诸学，以为筹防第一要务。经海军衙门议准，咨行两江总督，转饬江南筹防局议复。筹防局总办桂嵩庆向曾国荃建议，南洋理应创办水师学堂。于是，1890 年初夏，江南水师学堂在江宁开办起来。

江南水师学堂设在仪凤门（今兴中门）和挹江门之间的花家桥，地广约三四十亩，南北狭长。校园系仿英国水师学堂常习之式，请上海著名西式建筑专家，稍变其制，设计建造的。公务厅、客厅与学生住房、饭房、睡房皆照华式。西学堂、工艺房、洋教习房则仿西式。另有操场，设高桅，供学生练习桅上操法用。十余年后考入该校的周作人，曾对校舍做过详尽的回忆。

学堂分驾驶、管轮二科，各计额设学生 60 名。创办时将原设鱼雷学堂裁撤，优等学生转送旅顺鱼雷营加习海操，其余留归学堂。[92] 向社会公开招生的，要求年龄在 13 ~ 20 岁之间，已读二三经，能作策论，文理通顺，曾习英文三四年者。除了考试中文外，还要加考英文、翻译、地理、算学四门，须四门皆有可观者方能中选。文化考试之后，“由西医体检，证明身无隐疾，再由本人家属出具甘结及绅士保结，声明身家清白，并非寄籍外国，亦不崇奉异邪等教”。在学五年之中，“不得自行告退请假完娶，不得应童子试”。学习训练中，“如有他虞，各听天命，倘若藉众滋事或畏难逃学，除将该生开革外，还将提其家属，追缴历领赡银”。[93] 然后留堂试习四个月，最后确定是否录取。如此严格的要求，使招生颇为不易。1892 年《格致汇编》报道，“至馆生徒仅八十名”，“验学者之年貌，略皆在十六七至二十四五岁之谱”。[94]

江南水师学堂各项规章主要仿效天津水师学堂。根据英文深浅、资质进境，把学生分作三班。英文胜者为一班，每月每人除饭食外给赡银 4 两；次者为二班，赡银 3 两；再次者为三班，赡银 2 两。未满四个月的试习生，只供饭食不给赡银。

驾驶学生除要求精通英文外，须学几何、代数、平弦三角，中西海道、星辰部位、升桅帆缆、划船泅水、枪炮步伐、水雷鱼雷、重学、微积、驾驶、御风、测量、绘图诸法、轮机理要、格致、化学等课程。管轮学生须习气学、力学、水学、火学、轮机理法、推算绘图诸法，并由洋教习领赴机器厂、绘图房、鱼雷厂、木厂，实习打铁、翻砂、铸铜、修理轮机诸项手艺。并规定了定期考试制度。1892 年 10 月 17 日，学堂总办桂嵩庆特请江南制造局著名英国翻译傅兰雅到校，主持五天大考。驾驶班平均分数 2196 分，管轮班平均分数 1866 分（3200 分为满分）。按例凡得全分之半者得到上取，得全分三分之一者为次取。因此，学堂的教学还是很有成绩的。[95]

海军衙门成立之后，中国近代海军的发展重点移至北洋，海军教育的重点也移至北洋。天津水师学堂的各项规章成了其他学校创办时的楷模。随着 1888 年《北洋海军章程》的制定，天津学堂的各项制度更加完备了。

《北洋海军章程》规定：

> 凡挑选海军学生，须身家清白，身无废疾，耳目聪明，口齿清爽，文字清顺，年在十四岁以上十七岁以下，已读二三经，能作论及小讲半篇者。准其父兄觅具保人，送堂考验。如其合选，留堂学习英文三个月。由堂中总办大员甄别，择其聪俊者留堂肄业，名为海军官学生。[96]

学制改为四年。学业完成后，经北洋大臣大考中式，派上练船学习 1 年。对于大炮、洋枪、刀剑、操法、药弹利弊、上桅接绳、用帆诸法及一切船上应习诸艺，都要通晓。又通过春秋两考，便准保以把总候补，获得七品官资格，然后回校重新学习 6 个月。考试合格，再拨入枪炮练船学习 3 个月。成绩优秀的，即保以千总候补，其列次等的，为尽先候补把总，分派各兵船差遣练习，遇缺外补。[97]

1887 年，天津水师学堂驾驶班第二届曾兆麟等 20 人肄业，1890 年第三届刘传绶等 19 人肄业，1892 年第四届曾宗巩等 19 人肄业。1888 年，管轮班第一届黎元洪等 19 人肄业，1889 年第二届严文炳等 13 人肄业，1891 年第三届吴毓麟等 16 人肄业，1894 年第四届谢天佑等 11 人肄业。再加上昆明湖水操学堂毕业生、威海水师学堂即将毕业的学生，19 世纪 90 年代起有大批海军士官生进入北洋海军服务。而舰队这几年又未添置新船，使得人与岗位的矛盾日益突出。1893 年，丁汝昌建议变通旧章，将京津两学堂毕业生先派入枪炮学堂学习 6 个月，上“康济”练习舰学习鱼雷、水雷技艺 6 个月，再上“威远”练习舰学习练艺 2 年。广历东南洋沿海，考察风涛沙线。2 年之后再按章补等。李鸿章表示同意，并上奏说明。[98] 天津水师学堂驾驶班第五届学生 1894 年已进入实习期，因甲午北洋海军战败，一些人另谋出路。比如张寿春（字伯苓），后来创办南开中学和南开大学，成为著名教育家。

西方国家军事院校校长都是现役军人担任。日本作为后起国家，早期军校校长亦有幕府时代武士背景。天津水师学堂最初的 3 位总办却都是文职。首任总办吴赞诚，字存甫，以拔贡朝考任知县，后以镇压太平军军功，升补知府、道员、顺天府尹、船政大臣、光禄寺卿，短暂署理过福建巡抚。二任总办吴仲翔，字维允，举人出身，是沈葆桢妹夫，管过府学、县学，调赴船政办理文案、提调，有很强的学习、办事能力。吴仲翔在校任职 5 年后，于 1886 年离职回任福建船政提调，总办一职由会办吕耀斗继任。吕耀斗，字庭芷，号定子，江苏阳湖人。1850 年 22 岁中道光庚戌科进士，此时距严复出生，尚前四年，可见科名极早。翁同龢在 1866 年的日记中就称他“吕定子前辈”。但他在官场迁擢缓慢，直到 1880 年，才熬到以道员指分直隶试用。次年黎兆棠出任船政大臣，与李鸿章商量，调吕担任船政提调，李鸿章回复称“念其日暮途穷，每为轸惜”，“虽船务机器素非熟习，而精细廉静，涉历稍久，当可为执事臂指之助”。[99] 任上曾主持建造“开济”舰。1886 年，吕耀斗进京交内阁验看后，被李鸿章调至北洋，先任水师学堂提调兼会办，再接总办。吕是旧式文人，既不懂外语也不懂海军，任军校领导，本来只是个位置安

天津水师学堂学生进行操枪训练。

天津水师学堂学生在学习使用六分仪。

排，但他在这里待了7年。他能写文辞优雅的诗词，有时也把自己当成武人。朋友吹嘘他“剑佩奋发，胸有甲兵，然亦用而不尽用，坦然处之……出入军中，逡巡有年”。[100] 此处以“用而不尽用”来形容，颇为精准传神。天津的英文《中国时报》说，吕耀斗是位翰林，学识渊博，和蔼可亲。在他管理下，当地人和外国人十分和谐融洽，没有摩擦。外国人还说水师学堂的成功来自诚恳的工作，不搞阴谋诡计。而这个国家很多有用的机构，正是被各种阴谋伎俩搞得一塌糊涂。[101] 在现存严复的书翰中，偶尔也提到过吕耀斗，那是1889年初夏，严复已获会办的任命，他回家乡参加母亲葬礼后返回天津，在给四弟严传安的家信中说：“学堂公事山积，吕道皆推俟兄到津时措办。体息事繁，然无可推委也。”[102]

后人感慨，天津水师学堂应当任用熟悉专业的严复（严宗光）来主持，这无可置疑。但要让吕耀斗让位严复，却需要具备两个条件。一是将吕放实缺，或者平调另外差使。吕耀斗这辈子就指望放实缺做个真道台，但并不容易，需要等待机遇。李鸿章曾对向其请托某人安排事项的工部尚书潘祖荫解释：“此间道班需次者多至二十余人，其间资深劳多，久应委署者亦复不少，经年不见一缺，得之极难。”[103] 他将北洋帐下的各种候补道员称作“道班”，可见人数繁多。对吕耀斗这种老资格官员来说，调动职位还须谨慎考虑他本人的感受和官场内部复杂的人事关系。李鸿章是个善于推荐亲信出任各种官职的封疆大吏，但也无法保证人人尽欢。他的主要助手周馥，1877 年起署理永定河道，后来又筹建海防支应局、电报局，担任津海关道、会办天津营务处兼北洋行营翼长，一直参与北洋核心军务，包括筹建海军的各项工作，但任职十年，也曾感叹自己下一步发展前途。1887 年他入京觐见皇帝，归来作诗曰：“同时流辈飞腾尽，顾我疏慵隐退难。”周馥还注意到另一个北洋同事刘含芳，参与旅顺口基地建设和训练鱼雷营，却一直是道员而未能更上层楼，故在诗中还喟叹：“频年却愧刘公干，海峤孤羁耐岁寒。”并作一小注：“刘芗林观察含芳资劳亦二十余年尚未补署。”[104] 这两人在北洋的地位都要比吕耀斗和严复更重要，但晋升也十分困难。与他们经历相似的，还有前面提及的曾经担任台湾道、福建船政提调、综理江南船政操练事宜的吴大廷。

二是天津水师学堂是个新设机构，总办是由候补道级官员担任的非正式官职。用当时话说，是“差使”而非实缺。严复欲任总办，必须升至道员。回国时，严复走的是武官晋升路线，他想改变，四次参加乡试，每次都铩羽而归，考不上举人。所以在私信中，他有“北洋当差，味同嚼蜡”的抱怨，在诗中，有“四十不官拥皋比，男儿怀抱谁人知”，“当年误行旁行书，举世相视如髦蛮”的牢骚。[105] 皋比即虎皮，宋代张载曾坐虎皮讲《易经》，后称任教为“坐拥皋比”。旁行书即横写的外文，此处指学西学。科举不顺，使他焦虑，心中颇有怨言。1888 年，他出资捐官同知，李鸿章旋即提携他任知府。1891 年，李鸿章又奏保严复以道员遇缺先用。1893 年，翁同龢为吕耀斗的晋升写信给李鸿章，年底，李鸿章安排吕耀斗转办绥巩支应局事务，提拔严复总办天津水师学堂，洪恩广接任学堂会办。[106] 应当说，李鸿章待严复不薄。1894 年底，天津道一职出缺，李鸿章推荐吕耀斗署理。1895 年 3 月 22 日，吕耀斗被实授永定河道。此时距他进士及第，已经度过 45 个寒暑。吕未及上任，就于 8 月 28 日，卒于老家苏州。[107] 严复说话依然锋芒毕露，陈宝琛说他“慨夫朝野玩愒，而日本同学归者，皆用事图强”“常语人，不三十年，藩属且尽，环我如犉牛耳。闻者弗省，文忠（李鸿章）亦患其激烈，不之近也”。[108] 他在给堂弟的信中说：“自来津以后，诸事虽无不佳，亦无甚好处。公事一切，仍是有人掣肘，不得自在施行。至于上司，当今做官，须得内有门马，外有交游，又须钱钞应酬，广通声气。兄则三者无一焉。又何怪仕宦之不达乎？置之

天津水师学堂总办吕耀斗

天津水师学堂洋文正教习、会办、总办严复

不足道也。”堂弟劝他走李鸿章的门路，他后来复信说：“用吾弟之言，多见此老，果然即有好处。大奇大奇。”[109] 这有点近乎矫情。严复在北洋厮混多年，岂能不知亲近李鸿章的道理？严复是才子，官场须关系，这都是实情。李鸿章对他本是极欣赏的，二人关系出现疏远，原因不详，但恐怕未必就是陈宝琛所说的忧国忧民，语气激烈。严复儿子说他“不预机要，奉职而已”。他显然把兴趣放到科举上，于 1885 年捐了个监生，以后 4 次参加乡试，皆铩羽而归，连个举人都没考上。后人研究严复，多是从戊戌变法时代的思想家、翻译家入手，很少有人讨论他在英伦归国后执教津门十几年的思想脉络和工作表现。在这些年头里，严复对自己所从事的海军事业其实兴趣不大，他一直追求的，是另外一条入仕的道路，而那条路，在当时士大夫看来，才是人之常情的正途。

为加快培养海军军官，除了天津水师学堂外，丁汝昌又于 1889 年在刘公岛西南端向南坡上，兴建威海行营海军学堂。利用冬季南巡机会，在上海、福建、广东招收学生 36 人，次年 6 月开学。另有自费生 10 人前来旁听。丁汝昌兼任学堂总办，直隶候补道李继刚任委员，实际负责学务。1891 年派丁幼章为提调，后由郑汝成继任。委郑汝成为总教习，美国人马吉芬为洋教习，王学廉、刘善选先后担任洋文教习，余芝春、谭家复为汉文教习。操练教习向练营借用，西医官由海军医院借用。学堂所有章程悉照天津水师学堂及《北洋海军章程》办理，唯内堂外场课目略有变通。本来天津水师学堂驾驶学生毕业后，还要上练船实习船艺、枪炮科目，而在威海办学，能在实地兼习枪炮、雷学和船艺，缩短实习时间，毕业后可直接赴舰服务。[110]

1894年，吴纫礼等46人毕业，放假回籍。中日战争后，转入天津水师学堂续习1年，分发军舰实习，他们是威海水师学堂唯一一届学生。

与此同时，福建船政学堂进一步衰落。中法战争后，裴荫森出任船政大臣。他力图扭转颓风，批准增购外洋书籍、教学仪器，继续招生。聘用外国教习，恢复艺圃，采取了不少积极措施。为了解决“扬武”号练习舰在中法战争中沉没，学生无处实习的问题，还购买了英商“美那”号夹板船，改名“平远”，用作学堂练习舰。

派往欧洲的留学计划仍在进行。1886年4月6日，海军第三批出洋肄业学生，在华监督周懋琦、洋监督法员斯恭塞格率领下，取道香港前往欧洲。其中包括船政后学堂驾驶、管轮班历届毕业生陈恩焘、贾凝禧、周献琛、刘冠雄、黄鸣球、邱志范、郑文英、王桐、陈伯函、曹廉箴（曹廉正），张秉圭、罗忠尧、陈寿彭、陈鹤谭，前学堂制造班第三届毕业生卢守孟、郑守箴、林振峰、陈庆平、王寿昌、李大受、高而谦、陈长龄、林志荣、杨济成、林藩、游学楷、许寿仁、柯鸿年，天津水师学堂第一届驾驶班学生郑汝成、陈杜衡、沈寿堃、伍光建、王学廉等33人。[111]驾驶生留学3年，制造生延长为6年。周懋琦评价说，在英国学习测绘海图、巡船练船兼驾驶铁甲兵船的陈恩焘、贾凝禧文武兼资，最为出色。周献琛于练船用帆、驶风之学尤肯不惮劳苦。学习操放炮枪队阵兼学铁甲兵船的刘冠雄、黄鸣球、邱志范、王学廉、郑汝成、陈杜衡、沈寿堃、郑文英，学习兵船管轮的王桐，考试成绩优等。学习水师兵船算学、格致的，伍光建最为出色，陈伯函、曹廉箴（曹廉正）次之。学习水师海军公法、捕盗公法及英语的，张秉圭、罗忠尧较优，陈庚（寿彭？）次之。在法国学习海军制造、算学、化学、格物学的有郑守箴、林振峰。学习海军制造之学的4人中，陈庆平、李大受将来可胜轮车铁路总监工之任，陈长龄、卢守孟可胜轮船监工之任。此外，陈鹤潭病故，罗忠铭中途撤回。只有杨济成考不及格。[112]

值得一提的是，第三届留学生所学的专业，已大大超出海军驾驶和造船技术，甚至超出了一般的工科。林藩等6人进入法国教育部“律例大书院”，攻读国际法等近代法学课程，反映出中法战争后清政府对于西方法系和社会科学的迫切兴趣。

第三届留学生出洋后，船政学堂第九届驾驶学生所剩无几。船政为节省经费，将“平远”练习舰改作运输船，驾驶学生送入北洋“威远”练习舰实习。以后又需练船，再将从南洋调回收坞的“靖远”轮船改充。

海军人才培育是个系统工程，除了需要驾驶、轮机军官和设计建造工程师外，军医也是必备环节。1881 年 11 月，美国前驻天津署理领事毕德格和在津行医的英国伦敦会传教士医生马根济向李鸿章建议设立医学馆，为陆海军培养医官。由此筹划，第一届招生 8 人，以后每届招 4 人，并拟定《医学馆章程》和预算，这是近代中国第一所官办医学院校创始之缘起。署理天津海关道周馥捐出养廉银 1250 两，用于购买人体标本及书籍图画应用器具等，并从由美回华的第二、三批幼童内挑选 8 人，交医学馆习业。另在教会所办天津施医院隙地，添建五六间中国式房屋作学生住房。师生“同居一院，朝夕可以照应”。李鸿章批示同意，强调学有成效，仿造西国定章，核给考取官凭，以便分派军营战舰委用。[113] 此前马根济医治好李鸿章姨太太莫氏的疾病，使得一直欣赏和支持西方科技的李鸿章，也坚定地相信西医的治疗作用。天津施医院由李鸿章和天津士绅出资捐助，在中方看来是委托马根济主持并服务的慈善机构，外国人称其为“总督医院”，老百姓俗称“马大夫医院”，但在马根济看来，这是他传教的业绩和一家教会医院，双方对此认识中有些各自解读的模糊地带，却由于李鸿章和马根济的特殊友谊而暂时掩盖了。同样，医学堂在中国人看来，是官办的军医学校，无论校舍、经费、招生、分配都贯彻着李鸿章、周馥等人的筹划布局意图，而在马根济对英国教会方面的解读，则是为了扩大基督教在中国精英阶层中的影响力，也是为他自己培养助手，以便今后腾出时间去天津周边传教。[114]

医学堂第一班学生中，唐国安借口探望母病，不辞而别，先入美商旗昌洋行做翻译，后在粤汉铁路公司和中国铁路总公司做职员，至 1907 年进外务部担任候补主事，派去筹备庚款留美预备学校，由此成为清华大学创始人。有 6 位学生坚持到 1886 年 4 月毕业，林联辉留校任教，金大廷任新建的天津武备学堂校医。同

林联辉　唐国安　麦信坚　屈永秋

天津施医院

年 9 月，第二班毕业，4 位毕业生全部从香港皇仁书院招募过来，麦信坚留在北洋施医院做医生。林联辉和麦信坚后来都做过李鸿章的保健医官，分别陪同他参加马关议和和出访欧美，林联辉去日本时的官衔已是四品衔直隶候补同知。另一位二班毕业生屈永秋，还是醇亲王奕譞、李鸿章和光绪皇帝临终时的诊病医生，也曾在旅顺医院、天津北洋医学堂和医院当过医官。1888 年 4 月，第三班 9 位学生毕业，关景贤被派往威海开办威海海军医院，尹端模被派到旅顺海军医院工作。此时，马根济去世，伦敦会和天津官方对医院归属发生争议，结果是重新划分成两家医院，伦敦会出钱买回医院建筑，自己单独继续办院；原来医院中的医疗设施归属北洋。这一时期，医学堂招生出现停顿。

至 1892 年，海军各项业务日臻成熟，按照《北洋海军章程》所定机构，分别在威海和旅顺兴办了水师养病院，还在原来总督医院基础上建立天津储药施医总医院，内设施医院、储药处、西医学堂 3 个部分。1893 年 12 月 8 日，城外新建的漂亮宏大的新院舍开业，占地 53 亩，为海军各舰和炮台官兵提供医疗服务，亦为四方贫民求诊酌给方药。院中大夫，均为医学堂第一、二班毕业生。此外，在医院旁边的医学堂新校舍，招收第四班 20 名学生以培养海军医生。林联辉任学堂总办，聘用英国军医欧士敦任总教习，聘期四年。所有用项，在北洋海军经费中列支，[115] 各种待遇十分优渥。[116]

这一时期创办的海军学校，还有天津水雷电报学堂、大沽鱼雷学堂、广东黄埔鱼雷学堂和旅顺口鱼雷学堂。近代海军成为一个强大的驱动引擎，拉动各项现代化事业向前拓展。近代海军教育此时达到全盛时期。新的教育思想、教学内容，对传统文化形成巨大冲击。

然而在此时，科举制度的根基尚未动摇。不少进入新式学堂，甚至出洋留过学的人，依然被视为杂途出身而受到歧视。鉴于这种情况，李鸿章在 1887 年 6 月上奏，要求在乡试之年，允许天津水师学堂、武备学堂学生教习，就近由直隶总督遴选参加考试，以免学生千里迢迢返回原籍。[117] 今天虽然已无法弄清有多少海军学生曾企图通过科举以获得正途出身，但最终获得进士的却一个也没有。看来学习声光化电的，确实做不了八股制艺。而历史的发展，最终以新式教育埋葬了科举制度。

四、由盛转衰的福建船政

江南制造局从 1885 年建成“保民”号军舰后，便偃旗息鼓，停止了造船业务，成为单纯制造枪炮弹药的兵工厂。中国两大造船基地，只剩福建船政一家了。

马江之战后的半个月，朝廷任命张佩纶会办福建军务兼署船政大臣，张佩纶重又恢复了自信。他在《筹办船政事宜折》中，提出整饬局章、筹集军火、增筑炮台、统筹经费四策。[118] 未几他被革职，由福建按察使裴荫森署理船政。在以后的五年中，船政局事业进一步得到发展。

1884 年 12 月 18 日，船政第五号铁胁船“横海”号下水。“横海”是在上年 5 月 17 日安上龙骨的，本当 1884 年夏竣工，因马江之战被伤，战后日夜赶工，终于一切就绪。“横海”与“威远”“超武”“康济”“澄庆”是同型船，张佩纶登舰视察时，认为设计中留载的部位过宽，配炮的吨数尚少，仍带有商船之式，指示工程处在设计第六艘铁胁船时完全采用军舰式样。

船政所制第一艘 2200 吨级巡洋舰“开济”号拨归南洋使用后，左宗棠决定向船政续订 2 艘。1884 年 1 月，两舰先后安上龙骨，开始施工，同“横海”兼营并制。三舰同工，是船政历史上最为鼎盛的时期。1885 年 12 月 23 日，第二艘巡洋舰“镜清”号下水。1886 年 10 月 15 日，第三舰“寰泰”号下水。与“开济”相比，两舰在舰底两旁添设了舭龙骨，在望台上添设了 1 副双灯电机，以防敌人雷艇夜间偷袭。还在舰艏增添 2 具鱼雷发射管，舰尾改配 190 毫米口径大炮 1 门，将三支木桅改为钢桅。[119] 以上诸舰皆调往南洋。

1887 年春，船政开始建造第六号铁胁船和钢甲快船，“寰泰”舰亦只剩扫尾工程。估计一到秋间，三舰中当竣工两舰，故须预筹接续之工。此外，经费拮据，薪资料件苦无可指之款。如何将船政蒸蒸日上的势头发展下去，正是裴荫森日夜谋划的重要问题。这时，两广总督张之洞决定请船政代制 1600 匹马力巡洋舰 1 艘，2400 匹马力穹甲巡洋舰 3 艘，每舰协拨番银 9 万两。代制中等浅水兵轮 4 艘，每舰协拨番银 3 万两。虽说 8 舰之工，粤省仅付区区 48 万两，为造价之半，可是裴荫森认为：“粤济闽厂经费之不足，闽协粤省工力所有余，制造、用船均属公家，自无庸两相计较”。协造计划遂为谈妥。[120] 8 月 6 日，第六号铁胁船下水。船政将此船拨给广东，取名“广甲”，作为协造计划中的第一舰。

“广甲”较前面 5 艘铁胁巡洋舰做了较大的改进。该舰排水量 1300 吨，装有 1600 匹马力复合卧式蒸汽机 1 台，航速 14 节。舱面配有两支钢桅、一支木桅，能张帆以收风力，节省能源消耗。舰上装有 150 毫米口径钢炮 1 门，120 毫米口径钢炮 4 门，连珠炮 4 门，鱼雷发射管 2 具。[121]

协造中的 3 艘穹甲巡洋舰，命名为“广乙”“广丙”“广丁”。1889 年 8 月 28 日，“广乙”舰下水。1891 年 4 月 11 日，“广丙”舰下水。“广丁”于 1889 年 11 月 4 日安上龙骨，旋因新任两广总督李瀚章对海军发展有不同看法，奏请将造船计划暂行缓办，船政便将“广丁”改作本厂自造之舰，易名“福靖”号。[122] 一般认为 3 舰为同型舰，排水量 1000 吨，功率 2400 匹马力。但档案中留有的有关军舰尺度和装备的记载是有所不同的。“广乙”配有 150 毫米口径前主炮 1 门，120 毫米口径后主炮 2 门、连珠炮 2 门。[123]“广丙”配有 120 毫米口径前主炮 2 门，120 毫米口径后主炮 1 门，五管 37 毫米口径哈乞开司炮 4 门，6 磅子哈乞开司炮 4 门，鱼雷管 4 具。[124]

此外，拟定建造的 4 艘浅水军舰，仅成“广庚”1 舰。“广庚”排水量 320 吨，功率 400 匹马力。[125]

19 世纪 80 年代，是船政兴旺发达的时代。除了施工安排上数舰并造，大大缩短了周期外，更重要的是一批造船技术骨干正在迅速成长。魏瀚、郑清濂、吴德章、陈兆翱、李寿田、杨廉臣等留学归来的学生成为船政的中坚。他们运用所学的西方造舰知识，独立担负起船政的军舰设计、施工指导和监制任务。裴荫森称赞说：“该学生等于制造之学研虑殚精，不特创中华未有之奇能，抑且骎骎乎驾泰西而上之。”[126]

“广甲”号

1885年7月4日，裴荫森主稿，并与左宗棠、穆图善、杨昌濬、张兆栋联衔，向朝廷提出《试造新式兵船疏》。他们总结马江之战教训，认为法国的上等炮艇不过与“福胜”“建胜”等船争猛，上等兵船不过与“南瑞”“南琛”争快。但凭着二三艘铁甲舰，便纵横闽浙洋面。马江之役，九船同沉；石浦之役，五船俱退，证明沈葆桢当年所说“无铁甲而兵船恐致失所恃”的判断是正确的。奏折又说，根据魏瀚等人的报告，法国最新创制了“柯袭德”“士迪克十”“飞礼则唐”等3艘钢甲舰（“黄泉”级的“痛哭河”“冥河”和“地狱火河”，而这型军舰，又是仿效德国装甲蚊子船Wespe号，即放大蚊炮船并安装水线带装甲），较北洋新订“定远”舰船身略小，较“济远”马力稍轻，但驾驶容易，费用较省。每舰工料银预估40万两。闽省如有这样的军舰三数号，炮艇、快船得其所护，则胆壮气扬，法人断不敢轻于启衅。[127]这个奏折被用轮船送到上海，再以五百里驿传的急件方式，向北京递送。

李鸿章接到这一奏疏的副本后，与回国述职的李凤苞进行讨论，旋对船政计划进行了全面批评。李鸿章认为，裴氏“所称船式轻重尺寸均不合海面交锋之用。马力速率亦小，钢甲既薄，尤不若钢面铁甲之坚。估价虽略少于‘济远’，然欲以此敌西国之铁甲舰，恐万不能。裴臬司于此道素未考究，误信闽厂学生鼓惑……尚祈朝廷审慎图维，勿任虚掷帑金，是为至幸”。[128]并将该舰与“济远”的性能做了全面比较。朝廷经过考虑，依然批准试造一条：

现当创办海军之际，洋面兵船自应次第筹备，以资操练。著裴荫森即将新式双机钢甲兵船，先行试造一号。如果试验合用，将来再行奏明，陆续添造。目前所需造船经费，即由闽省前存洋款内拨用。余剩洋款著杨昌濬解交神机营存储。裴荫森务当督饬员役工匠核实经理，不得虚糜帑项，以重要需。[129]

1886年春，裴荫森委派魏瀚出国选购钢甲舰料件，至秋天回国。12月7日，裴荫森率员绅工匠，共捧龙骨，安置船台。钢甲舰开始全面施工。1888年1月29日，钢甲舰下水，命名"龙威"。"龙威"舰前段装甲厚5英寸，后段装甲厚6英寸，机器舱、锅炉房、弹药舱外的防护装甲，宽5英尺，厚8英寸；舱面甲厚2英寸，炮台甲厚8英寸，排水量2100吨，2400匹马力，时速45华里。军舰的武备包括：260毫米口径前主炮1门，120毫米口径辅炮1门，120毫米口径后主炮1门，连珠炮4门，鱼雷发射管前后2具。[130]

"龙威"属于装甲巡洋舰。从其型制看，比铁甲舰要低一个层次，属于不同舰种。李鸿章抓住裴荫森用"钢甲船"偷换"铁甲船"概念的问题，不能说没有道理。当时军舰的防护材料，有生铁甲、熟铁甲、钢面铁甲（亦译康邦甲，即复合装甲）和钢甲四种，以钢面铁甲和钢甲最为流行。二者孰优孰劣，西方国家也是见仁见智，评价各不相同。[131]"龙威"是用钢甲材料做防护的巡洋舰，和铁甲舰显然不是一回事。作为国产巡洋舰，其舰种样式、制造水平、工艺标准，则比原先建造的军舰有了很大的进步。外国专家来厂参观，也诧为奇能，称赞不已。

1889年5月15日，"龙威"舰由"靖远"练习舰带林承谟暂行管驾，出洋试航。次日出芭蕉口至白犬洋，行驶数周，甚为平稳。下午演放主炮，忽然右副轮机出现故障，原来是折损、脱落了两颗螺丝。旋抛锚修理，又命杨永泰为管驾，黄鸣球为帮带，于9月28日再次试航。10月20日，"龙威"在上海展轮，准备驶往天津候验时，发现小轴汽机力量不足，即在耶松船厂订购备件两副，裴荫森还派后学堂管轮洋教习斐士博赴沪调查，并暂时革去负责轮机制造的陈兆翱、李寿田、杨廉臣的顶戴。12月12日，丁汝昌率北洋海军南下，勘验了"龙威"舰，认为"舱位工程布置妥贴，大机器两副亦复坚固灵通。闽厂首次试制之船，能是亦足"[132]，决定将此舰调拨北洋。琅威理还按照新式军舰的要求，提出增修镶配百数十处。次年5月16日，"龙威"舰随北洋海军北上，根据李鸿章的意见，舰名改为"平远"。[133]

李鸿章虽然调入"平远"，但对于5年前造舰时的争议依然耿耿于怀。6月23日，李鸿章率周馥、罗丰禄、刘汝翼，乘火车驶往大沽口，换小轮船出海，登"平远”亲自校验。他评价说：“平远”钢甲、锅炉等均系新式，洵属精坚合同。唯嫌吃水过深，行驶稍缓。较之“定远”“镇远”两铁舰固多不及，即较自“致远”“靖远”“经远”“来远”四快船速率较少，而制价实较节省。以之归队操练，聊助声威，尚未可专任海战。[134] 文中颇多曲笔。

任何落后国家在发展近代造船工业乃至整个近代工业的过程中，都有一个由低级向高级的发展过程。李鸿章对此应当体会最深。即使是从国外进口，也是走过许多弯路，付出大量学费之后，才渐渐地精明起来。“平远”代表了 19 世纪 80 年代中国造船工业的最高水平，虽然尚未脱离仿制阶段，但在制造中，不用洋员，完全由中国技术人员和工人独运精思，汇集新法，绘算图式，脱手自造，这是很了不起的。船政之外，还有一个巨大的国际船舶卖方市场。只要有足够的金钱和专业知识，便能购到先进的军舰。这对于中国造船企业，是重要的刺激和比照系统。作为一个严肃的政治家，应当利用国际市场的最新水平，促进本国民族工业的发展，而不应以此来苛求和打击民族工业，更不能仅以进口为满足。李鸿章认为造船不如买船，由此停止了江南制造局的造船业务，对于船政继续造船也不以为然。他以洋务宗师、新式海军鼻祖自居，挂公正评价之名，行门户派系之实。这种态度，是他个人品格中的弱点。“平远”建造过程中的争议，是洋务集团内部湘淮系争斗攻讦的一个缩影。这种争斗，贯穿于海军建设的各个方面，作为内耗，不断销蚀着洋务运动本身向前突进时的锐气。

1549 年，明人唐顺之编辑的《武编》中，记载了一种叫作“水底雷”的水中

船政建造的钢甲巡洋舰“龙威”号（后更名“平远”号）

爆炸兵器。这是世界上最早的人工操纵拉索引爆水雷。1590年左右，又出现了叫作“水底龙王炮”的水雷，用线香做引信，利用黑夜顺流飘放，当接近敌船时，香尽火发。1621年，还发明了以绊索引爆的触发漂流水雷。水雷在中国出现，比欧洲要早200余年。[135]

19世纪中叶起，水雷在西方国家海战中开始经常使用，并出现了专门运用水雷进攻的蒸汽艇。攻击的方法，有将水雷用绳悬于艇后引敌舰触发的，称作拖带水雷；有将水雷缀于升出船头八九米的铁杆上进行攻击的，称作撑竿水雷。1866年，英国工程师怀特黑德在奥地利海军上校勒皮斯研制的机动水雷的基础上，发明了新式自航水雷。因其形状细长，被称作鱼雷。1872年，怀特黑德开设鱼雷工厂，开始成批生产“白头”鱼雷。以后，德国人又做了改进，研制出刷次考甫磷铜鱼雷。[136]

1878年1月26日，在俄土战争中，俄国鱼雷艇用刚装备的白头鱼雷，击沉了土耳其蒸汽护卫舰“因蒂巴凯赫”号。鱼雷艇小队的攻击战术，受到各国海军界的瞩目。1884年中法马江之战中，法国人也运用杆雷艇攻击，击沉中国旗舰“扬武”号。鱼雷在近代海战中的地位日益显著。

洋务领袖很早就认识到鱼雷兵器的重要性。除了1880年前后订购的“定远”“镇远”“济远”3舰均载有舰载小鱼雷艇或鱼雷发射管外，1882年，北洋向德国订购单管鱼雷艇4艘，广东向德国订购了“雷龙”“雷虎”“雷中”3艘鱼雷艇。1884年，广东又在德国订购了8艘鱼雷艇，以八卦名之，即“雷乾”“雷坤”“雷离”“雷坎”“雷震”“雷艮”“雷巽”“雷兑”。马江之战后，张佩纶提出，鱼雷快艇为水师必不可少之利器，奏请在德国伏尔铿船厂订购头号双筒鱼雷快艇一艘，在刷次考甫厂订购磷铜鱼雷十具。裴荫森署理船政后，更明确提出：“海防利器，攻剿莫捷于鱼雷，守口莫猛于水雷。”[137]主张自行制造。他部署学生陆汝成、杨仰曾试制各式水雷。1885年，刷次考甫鱼雷运到，在德国学习鱼雷、水雷制造的陈才鍴也艺成回国。裴荫森派他仿制鱼雷，“不使外人傲我所无”。[138]

在伏耳铿船厂订制鱼雷艇的计划，因该厂不能承造，遂改在德国挨吕屏什好厂制造。1886年9月24日，鱼雷艇由德国海军军官驾驶抵达福州，命名为“福龙”号。“福龙”1500匹马力，时速23海里，船头配有鱼雷发射管2具，哈乞开司五管连珠炮2门。[139]裴荫森计划在研究“福龙”的基础上，仿制鱼雷快艇。1886年船政局鱼雷厂落成，开始制造水雷。以后又向刷次考甫厂订制修理鱼雷机件。旋因经费不足，终于没有形成批量生产鱼雷的能力，建造鱼雷艇队的计划也未能实现。1890 年，新任船政大臣卞宝第认为，“孤行一艇，殊不足以助声威”，奏请撤去，于海口改设水雷营，即以岁养鱼雷经费为水雷营经费。无论南北洋，只要拨银 6 万两，即可将“福龙”调去应用。[140]“福龙”旋拨归北洋操练。

南北洋水师对于鱼雷的兴趣并未就此消失。船政所制“广乙”“广丙”“福靖”诸舰，都配置了鱼雷兵器。有些史料称其为“猎舰”或“鱼雷快船”，当可属于雷击舰的范畴。北洋海军也继续向国外订购了左队一、二、三号、右队一、二、三号鱼雷艇。其中“左队一”号系英国百济公司所制，马力 1000 匹，时速 26 英里，配有哈乞开司炮 2 门，格林炮 4 门，鱼雷管 2 具，船价及附属装备、火力系统共耗银 74452 两，杂支 11546 两。[141] 另外五艇则是从德国购买散件回国组装的。显然，李鸿章对鱼雷兵器的认识，要比卞宝第高明得多。

中国人从 19 世纪 80 年代起对鱼雷快艇产生兴趣。但这种兴趣远未达到后来的那种程度。

中法战争后，福建船政在基础设施建设方面也取得很大的进展。

船政原有一座木质船槽，可供修理 1500 ~ 2000 吨左右的舰船。随着造船事业的发展，它已难于适应维修大型军舰的需要。尤其是北洋“定远”“镇远”诸舰每年南下避冻，如果没有大型保养基地，只能进入上海、香港的外商船坞，或前往外国维修。1886 年 1 月 6 日，裴荫森提出在距离船政 8 里水程的红山建造船坞。这一建议被海军衙门以“经费竭蹶，实难为继，应俟筹有定款，再议兴造”和“闽坞尚非急不可缓”为理由搁置。[142]1887 年底，裴荫森与郑清濂、吴德章等人经过多次踏勘，另选青洲作坞址，自行开工。

青洲距船政约 3 里，中间隔着均竹港。船政局为此专门筑起通济桥，使两地联成一气。裴荫森认为，坞址土实港深，形胜天然。坞近山根，大半石骨，以石为底，料省工坚；与船厂邻近，往来方便，便于修理；坞口江岸可泊轮船百艘，无须另建码头，这些都是青洲建坞的优点。建坞之款，拟用船政常年经费。工程进行至五分之二时，因闽海关经费欠解，难以维持，于 1889 年 9 月 4 日奏请暂行停工。至次年 4 月 17 日复工，1896 年全部完成。船坞长 38 丈，宽 10 丈，深 2 丈 8 尺，[143] 连同它周围的面积计 29.3 万平方尺。内设抽水厂、机器厂、官厂（官员宿舍）、丁役房、水手房、木料亭、机房等设施，共耗银 49 万两。青洲船坞仅次于旅顺船坞，是中国第二大船坞。它不仅能容纳当时国内最大的军舰，还修理过外国的军舰商船。只是当它建成时，中国海军发展的浪峰已经过去，船政也由盛转衰。船坞没有发挥它预期的作用。

船政还根据造船业务的发展，进口和自制了大量机器设备。1885 年，设立了电报局。为了解决原料问题，曾计划开采福建附近的穆源铁矿并自炼钢铁，还打算自行铸造大炮以摆脱对国外的依赖。由于经费匮乏，这些设想最终未能实现。

船政的发展势头在 1890 年左右被打断了，其标志是裴荫森的调离。由于船政经费来源于闽海关的固定拨款，经营不计成本，产品不作商品出售，无偿调拨给各省使用，使得它在进一步发展的过程中，资金矛盾日益突出。根据朝廷规定，福州海关每月应拨经费 5 万两，可是从光绪十二年（1886 年）至十六年（1890 年）底 62 个月中，船政实际得款仅 166 万两，平均每月 26774 两，为应拨款的一半。[144] 随着舰船品种的升级换代，造船成本日益增高，经费不仅不增，还严重拖欠。船政日益难以维持，造船周期也就拖得很长。针对这些困难，裴荫森想了很多办法。与广东协款建造军舰，便是其中一种。朝廷也试图解决这一问题。总理衙门大臣认为："光绪二三年以前，两江督臣沈葆桢、前福建巡抚丁日昌任内，位望较崇，随时将需款为难情况据实奏明。每奉特旨催解，各将军督抚亦气谊交孚，力筹应付。故经费裕而成船多。以后船政大臣如黎兆棠、张梦元、裴荫森，以两司调管船政，不能不事事禀承督抚将军。名为专管，实与司道兼权无异。所谓权势较轻，不足振全局，扩前功者。"[145] 解决的方法，是提高船政大臣的级别。

1890 年 4 月 20 日，裴荫森被召往北京，闽浙总督卞宝第兼管船政事务。从此以后，船政大臣皆由闽浙总督或福州将军兼管。但这样做的效果更糟。除了总督、将军公务繁重，无暇经常前往船政督促检查外，这些官僚本身对造船全无所知，也毫无兴趣，所以船政日趋停滞和没落。至 1894 年 4 年间，除将"广丁"改名"福靖"并制造完毕外，仅仅建造了"通济"号练习舰。如此缓慢的进度，在船政历史上是前所未有的。光绪十七年（1891 年）至二十一年（1895 年）底 62 个月中，船政得到的闽海关解款仅 118 万两，平均每月 19032 两，为应拨款的 38%，大大低于裴荫森任内所得数。[146] 可见用总督、将军兼管船政以筹经费的打算是完全失败的。前后对比，人们更应对裴荫森等人任内的苦心经营深表敬意。

当年左宗棠创办船政局时，对船政大臣人选极费斟酌，认为关系事业的兴衰成败。这种考虑是很有远见的。1890 年之后，船政局虽然在某些方面还有发展，但失去了从宏观角度统筹全局发展的核心人物，因此一蹶不振。正如它的兴建是洋务运动兴起的最早几抹霞光一样，它的没落也透出了洋务运动的衰象，这同北洋海军在成军之后便停滞不前的状况是完全一致的。

注释

1 《清朝续文献通考》，第 8779 页。

2 张佩纶："上恭亲王"，《涧于集·书牍》，卷三，页二十八～二十九。

3 袁昶：《袁昶日记》，中册，第 587 页，光绪十年五月。

4 吴福环：《清季总理衙门研究》，第 25 页。

5 "光绪八年九月二十日翰林院侍讲何如璋奏"，《洋务运动》丛刊，第 2 册，第 534 页。

6 马建忠："上李伯相复议何学士奏设水师书"，《适可斋纪言》，卷三，页七～八。按书中称此文作于光绪辛巳冬，即光绪七年冬，而何如璋之奏的日期为光绪八年，故疑为"光绪壬午冬"之误。

7 袁保龄："建海防衙门议"，《阁学公集·文稿拾遗》，页二十九～三十九。

8 李鸿章："复总署 请设海部兼筹海军"（光绪十年二月十三日），《李鸿章全集》，第 33 册，第 368 ～ 369 页。

9 袁保龄："致绳盦"，《阁学公集·书札》，卷二，页四十三。

10 参见张佩纶："致李鸿章"（光绪十年三月初四日），《李鸿章张佩纶往来信札》，第 365 页；张佩纶："请设沿海七省兵轮水师折"（光绪十年四月二十五日），《涧于集·奏稿》，卷四，页三。

11 刘铭传："遵筹整顿海防讲求武备折"（光绪十年闰五月初二日），《刘铭传文集》，第 54 页。

12 李鸿章："致曾沅帅"（光绪十年五月初九日），《李鸿章全集》，第 33 册，第 393 ～ 394 页。

13 李鸿章："致阎中堂"（光绪十年五月十八日），《李鸿章全集》，第 33 册，第 395 页。

14 "醇亲王致翁同龢函第五十一"（光绪十年五月十八日），《朴园越议》，《翁同龢文献丛编之四：中法越南之争》，第 105 页。

15、16 "总理各国事务衙门遵旨会议海防折"（光绪十一年），《清末海军史料》，第 59 ～ 60 页。

17 《清实录》，第 54 册，第 1023 页，光绪十一年九月庚子。

18 周馥："醇亲王巡阅北洋海防日记"，《清末海军史料》，第 233 页。

19 史学界通常把 1885 年 10 月 12 日（九月初五日）作为海军衙门成立之日，似不妥。因为该日懿旨仅规定奕譞总理海军事务，没有明确提出设立海军衙门。且又指令奕譞同奕劻、李鸿章等详慎规划后再上奏。因此海军衙门应是 10 月 24 日（九月十七日）奕譞上奏获懿旨允准后才成立的。

20 李鸿章："复曾沅甫宫保"（光绪十一年十月初五日），《李鸿章全集》，第 33 册，第 571 页。

21 震钧称："神机营署在煤炸胡同。"见《天咫偶闻》，卷三，页十八；朱一新《京师坊巷志稿》第 110 页称："煤渣衚衕，渣作炸，神机营衙门在焉。"

22 "奕譞缮具总理海军事务衙门关防满汉文黄模奏请铸颁抄折"（光绪十四年），《清末海军史料》，第 504 ～ 505 页。

23 王家俭："清末的海军衙门"注［56］，《中国近代海军史论集》，第 234 页。

24 "光绪十一年十二月十六日兵部左侍郎黄体芳奏"，《洋务运动》丛刊，第 3 册，第 17 ～ 19 页。

25、26 《清实录》，第 54 册，第 1102 页，光绪十一年十二月辛巳；第 1112 页，光绪十一年十二月巳丑。

27 李鸿章："复曾劼刚袭侯"（光绪十一年十二月初九日、十二年正月十六日），《李鸿章全集》，第33册，第603页。

28 刘体智：《异辞录》，第83页。

29 据王家俭"清季的海军衙门"引光绪十六年荣禄堂刊《大清缙绅全书》及《万国公报》，第二十五号，载《中国近代海军史论集》，第234页。又据王文及周馥：《醇亲王巡阅北洋海防日记》，在海军衙门当过差的人员包括：总办文案翼长（总办章京）：恩佑（神机营全营翼长、镶红旗汉军副都统、镶黄旗满州副都统，蒙古正白旗人）、尚思懋（正红旗汉军副都统，汉军镶蓝旗人）；帮总办文案（帮总办章京）：堃岫（四品衔兵部郎中、通政使参议，满州正红旗人）、阿麟（记名知府、户部郎中）、奎焕（内阁侍读学士、云骑尉、太仆寺少卿，蒙古镶白旗人）、常明（记名御史、工部员外郎，满州镶红旗人）、明惠（记名副都统，满州镶黄旗人）、傅云龙（候补道员，汉人）；管理海疆股章京：崇纶（大理寺丞，满州正蓝旗人）、丰伸（候选通判，汉军正黄旗人）、荫斌（礼部候选员外郎，满州正黄旗人）；管理款项股章京：维松（副参领，蒙古镶白旗人）、铁良（工部员外郎，满州镶白旗人）、麟瑞（候选州同知，满州正蓝旗人）；管理船政股章京：寿山（候选员外郎，汉军正白旗人）、金如鉴（京营游击，满州正黄旗人）、彦忠（礼部笔帖式，满州正黄旗人）；管理器械股章京：耀豫（理藩院笔帖式，蒙古正黄旗人）、庆宽（内务府员外郎，满州正黄旗人）、宝文（宗人府笔帖式，满州镶蓝旗人、宗室）；主稿章京：载林（吏部候补主事，满州镶蓝旗人、宗室）、耆龄（工部候补主事，汉军镶黄旗人）、联魁（兵部郎中，满州镶红旗人）、丰培（工部候补主事，满州镶红旗人）；轮班当月章京：英文（满州镶蓝旗人、宗室）、色克图（蒙古镶黄旗人）、色楞额（蒙古镶黄旗人）、钟俊（满州镶黄旗人）、全顺（满州正黄旗人）、春龄（满州镶黄旗人）；印务参领：明惠（满州镶黄旗人）、铁良（满州镶白旗人）等。又据《故宫藏影：西洋镜里的宫廷人物》所载醇亲王巡阅海军随行人员照片，还有海军衙门委员，世管佐领博端、三等侍卫景亨、三等侍卫轻车都尉佟泽沛、世官佐领希林布、六品军功领催伯达。

30 "裁撤无用之船精练兵船懿旨"（光绪十三年十月二十九日），《清末海军史料》，第75页。

31 李鸿章："复军机许星叔少司寇"（光绪十年闰五月二十四日），《李鸿章全集》，第33册，第401页。

32 周馥："醇亲王巡阅北洋海防日记"，《清末海军史料》，第232～251页。

33 李鸿章："丙戌四月随醇亲王巡海呈教"，李国杰辑：《合肥李氏三世遗集·李鸿章遗集》，卷六，页十九。

34 "醇邸和诗"，《海军衙门函稿》，第1册（未刊稿）。

35 王照："方家园杂咏纪事"，《近代稗海》，第一辑，第2～3页。

36 1886年9月21日，御史朱一新上奏，称"宗藩至戚阅军大典，而令刑余之辈厕乎其间，将何以诘戎兵而崇体制？矧作法于凉其弊犹贪之唐监军，岂其本意积渐者然也？"并称"意深宫或别有不得已之苦衷，匪外廷所能喻"等语。见"豫防宦寺流弊疏"（光绪十二年八月二十四日），《佩弦斋文存》，卷首，页二十三。次日懿旨，谓朱一新所奏与醇亲王面奏李连英随行情况大相径庭。又深宫不得已苦衷句意尤不可解，着其明白回奏。见《光绪朝东华录》，第2册，第2149页。24日，朱一新回奏称："今亲藩远涉，内侍随行，在朝廷为曲礼宗亲，在臣庶则以为创见。群情过虑，不免惊疑。风闻北洋大臣曾以座船迎醇亲王，王弗受也，该太监遂乘之。沿途办差者误谓王舟已至，骇人观听，众口喧传。臣恐事或失真，未敢遽尘圣听。"又谓不得已之苦衷，系指皇太后体恤醇亲王，而令太监同往云。见"明白回奏疏"（光绪十二年八月廿七日），《佩弦斋文存》，卷首，页二十七～二十八。25日懿旨，称该御史风闻不实，“既料及内侍随行系深宫体恤之意，何又目为朝廷过举？”“诸臣陈奏事件，总应专就本事，剀切敷陈，若仅取快词锋，不按事理，务必藉端立说，以遂其倾轧之私……殊与整饬纪纲，实事求是之意大相刺谬。”“朱一新著以主事降补。”见《光绪朝东华录》，第2册，第2151 ~ 2152页。

37 “奕譞奏查北洋炮台水陆操防机器装备水师学堂情形折”（光绪十二年五月初一日），《清末海军史料》，第252页。

38 《光绪朝东华录》，第2册，第1977页，光绪十一年六月辛卯条。

39 “奕譞奏查北洋炮台水陆操防机器装备水师学堂情形折”（光绪十二年五月初一日），《清末海军史料》，第252页。

40 李鸿章：“寄译署”（光绪十六年十一月二十八日辰刻），《李鸿章全集》，第23册，第136页。

41 李鸿章：“致醇邸筹议海军经费”（光绪十一年十二月十七日），《李鸿章全集》，第33册，第604 ~ 605页。

42、43 “海军衙门奏展限海防捐输预筹海军经费折”（光绪十二年十月二十日），《清末海军史料》，第626 ~ 627页。

44 关于这一时期北洋海防经费收入细表，参见本书第二章注[174]。

45 奕譞等在光绪十四年四月二十一日“奏请按原议筹拨洋药税厘银一百万两折”中称：“岁出之项，北洋用款一百二三十万，南洋用款七八十万。现在撙节度支，北洋仅拨银九十余万两，南洋仅拨银五十余万两。”见《清末海军史料》，第637 ~ 638页。又，南洋1886年支款数，见“海军衙门奏展限海防捐输预筹海军经费折”（光绪十二年十月二十日），《清末海军史料》，第627页。然而在事实上，这种划拨往往是难以落实的。比如江西，光绪十二年应从厘金项下拨解海防经费30万两，按8折计为24万两。当年解海军衙门5万两，其余款项海署命就近解往南洋。此后七年里，先后分9次解款13万两。光绪十九年，南洋大臣派员往江西守催，才又于四月十三日再解2万两，依然缺额5万两。见“护理江西巡抚布政使方汝翼片”（光绪十九年四月），《光绪朝硃批奏折》，第65辑，第221页。

46 据《李鸿章全集》第12册，第535 ~ 536页，第13册，第351 ~ 354页，第14册，第412 ~ 415页，第15册，第114 ~ 119页、第349 ~ 353页，《光绪朝硃批奏折》第65辑，第267 ~ 268页、第288 ~ 289页所载李鸿章、王文韶奏折统计，奏折中凡有京平数，皆按100两京平等于94两库平比例，转成库平银。

47 “户部奏拨补海军衙门经费片”（光绪十四年四月初六日），《清末海军史料》，第636 ~ 637页。

48 “户部议定海防报捐五项新章”（光绪十年七月二十八日），《清末海军史料》，第623 ~ 625页。

49 1885年，北洋海防经费从直隶海防捐中收入1 128 199两，1886年收入366 577两，旅顺船坞工程从直隶海防捐内拨款631 433两，合计2 126 209两。见《李鸿章全集》，第13册，第12、513页。

50 据第一历史档案馆：《醇亲王府档清二》，第195、197、198号（转引自张利民：“清廷挪用海军经费修筑颐和园考”，《南开学报》，1983年第3期）：其中1886年收入1 004 525两，1887年收入271 823两，1888年收入301 710两，总计1 578 058两。张文统计作1 577 000余两，有误。

51 直隶、四川海防新捐收入，见张利民：“清廷挪用海军经费修筑颐和园考”，《南开学报》，1983年第3期。湖南、江西的海防新捐收入，见《光绪朝硃批奏折》第65辑，第179、219、253、257页。

52 1874 ~ 1894年，北洋海防协饷共支银约2140万两，购买军舰开支约800万两，“定远”等8舰经费共支银420万两，旅顺船坞工程支银140万两，总计3500万两。这一时期，清政府财政支出平均每年为8000万两。见姜鸣：“北洋海军经费初探”，《浙江学刊》，1986年，第5期。

53　恩格斯:“反杜林论”,《马克思恩格斯选集》,第 3 卷,第 212 页。

54、55、58　叶志如、唐益年:“光绪朝三海工程与北洋海军”,《历史档案》,1986 年第 1 期。

56　1986 年 6 月,奉宸宛以三海工程款不敷,奏准从存入汇丰银行生息购买“致远”等军舰专款中暂提银 30 万两,被李鸿章以购舰急需备款为理由拒绝。是年底,醇亲王以工程紧急,嘱李鸿章“可否指称创建京师水操学堂或贵处某事,借洋七八十万之谱”,以后再分派闽海关及江海关按年报效归款。李鸿章派周馥向德国华泰银行借款 500 万马克,约合银 90 余万两,岁息五厘五。醇亲王称这种交易“为转移计,非有事辄勒捐也”。见《李鸿章全集》诸函电。

57　《翁同龢日记》,第 4 册,第 2060 页,光绪十二年十月廿四日。

59　李鸿章:“致醇邸 综论饷源并山东热河各矿”(光绪十三年六月二十六日),《李鸿章全集》,第 34 册,第 233 页。

60　袁保龄:“致钱军机”,《阁学公集・书札》,卷四,页五十。

61　《清实录》,第 55 册,第 393 ~ 394 页,光绪十四年二月癸未。

62　《清实录》,第 55 册,第 529 页,光绪十四年十二月丁酉。

63　颐和园管理处、中国人民大学清史研究所编:《颐和园》。

64　第一历史档案馆藏:《醇亲王府档清二》,第 198 号,转引自张利民:“朝廷挪用海军经费修筑颐和园考”,《南开学报》,1983 年第 3 期。

65　颐和园挪用海军经费数,是中国近代史研究中的一个悬案。过去较为流行的挪款三千万两说,系源于梁启超、王世龢等人的记载。梁谓:“自马江败后,戒于外患,群臣竞奏请练海军。备款三千万,思练一劲旅。其后海军之款,日日加增。积之十年,其数可想……颐和园之工程大起,举所筹之款,尽数以充土木之用。此后名为海军捐者,实则皆颐和园工程捐也。吾尝游颐和园,见其门栅内外,皆大张海军衙门告示。同游之人窃窃焉惊讶之。谓此内务府所管,与海军何与?而岂知其为经费之所从出也!”见梁启超:“瓜分危言”,载《饮冰室合集・文集》,第 2 册,第 40 页。王称奉宸苑司三海工程,贪污中饱。“海军各堂司瞰见如此得金,谋营修清漪园,动款三千余万,而海军各堂司较奉宸苑鱼肉尤甚。”见王世龢:“造陶庐日录”,转引自郑天杰、赵梅卿:《中日甲午战争与李鸿章》,第 238 页。此外,池仲祐:“海军大事记”称“园工无已时,而海军款二千余万尽数输入颐和园之用矣”,见《洋务运动》丛刊,第 8 册,第 483 页。这些说法,距离海军经费筹集的一舰规律相差太远,并不足信。现代史学家中,有不少人对这一悬案做了研究。肖一山同意“三千万两说”,见肖一山《清代通史》,第 3 卷,第 935 ~ 938 页。罗尔纲认为“吾人今日虽无法考出其确数,然必在一千万两以上则可断言也”。见罗尔纲:“清季海军经费移筑颐和园考”,转引自郑天杰等:《中日甲午战争与李鸿章》,第 239 页。张利民认为“不会大于一千万两”,见张利民:“清廷挪用海军经费修筑颐和园考”,《南开学报》,1983 年第 3 期。邹兆琦认为“估计挪用总数为一千二百万至一千四百万两之多”,见邹兆琦:“慈禧挪用海军费造颐和园考”,《学术月刊》,1984 年第 5 期。叶志如、唐益年认为整个颐和园工程用费的上限估计为六百万两左右,挪用海军经费当然更少,见叶志如、唐益年:“光绪朝三海工程与北洋海军”,《历史档案》,1986 年第 1 期。

66　“海军衙门奏请添拨经费一百万两以补放款及三海、颐和园工程用款折”,《清末海军史料》,第 684 页。

67　“奕譞奏每年由海军经费拨颐和园工程用款三十万两片”(光绪十五年六月十一日),《清末海军史料》,第 684 页。

68 “奕劻等奏新海防捐暂垫颐和园工程用款片”（光绪十七年二月十六日），《清末海军史料》，第685页。

69 “光绪十七年八月二十八日奕劻、福锟奏”，转引自王道成：“颐和园修建年代考”，载《近代京华史迹》，第476页。

70 “奕劻等奏各管提存出使经费谨将收拨总数汇核请销并请催还借款折”（光绪十八年闰六月初四日），《光绪朝硃批奏折》，第87册，第270页；李鸿章：“拟设新疆电线折”（光绪十八年十一月初四日），“展造塔城电线片”（光绪二十年五月十八日），《李鸿章全集》，第14册，第595页，第15册，第355页。

71、79 “海军衙门奏为筹集巨款用备海军要需折”（光绪十四年十二月十五日），《清末海军史料》，第641页。

72、73 邹兆琦：“慈禧挪用海军经费造颐和园考”，《学术月刊》，1984年第5期。

74 关于颐和园和海军经费问题，最新的研究论文见陈先松“修建颐和园挪用‘海防经费’史料解读”，《历史研究》，2013年第2期。作者认为颐和园工程经费约为8 145 148两，出自海军衙门经费7 375 148两、总理衙门经费770 000两。除本为颐和园工程而筹的“海军巨款”息银321 183两外，属于“挪用”性质的海军衙门经费数额7 053 965两，而“挪用”的海防专款数额不会超过668 265两。

75 李鸿章：“致两广制台张”（光绪十四年十月初一日），《李鸿章全集》，第34册，第435页。

76 李鸿章：“致两江制台曾”（光绪十四年十月初一日），《李鸿章全集》，第34册，第435页。

77 260万两海军巨款的来源为：广东100万两，两江70万两，湖北40万两，四川、直隶各20万两，江西10万两，见《洋务运动》丛刊，第3册，第167页。

78 李鸿章：“复两江制台曾”（光绪十四年十二月十二日），《李鸿章全集》，第34册，第469页。

80 刘秉璋：“筹解海军要需银两谨将起程日期恭折具陈”（光绪十六年二月十六日），《光绪朝硃批奏折》第65辑，第74页。

81 张之洞：“筹解海军备用银款分年按季解津折”（光绪十五年三月二十八日），《光绪朝硃批奏折》第65辑，第52～53页。

82 刘秉璋：“筹解海军要需银两谨将起程日期恭折具陈”（光绪十六年二月十六日）；“刘秉璋片”（光绪十六年五月），《光绪朝硃批奏折》第65辑，第74～75页，第93页。

83 具体来说，广东认筹100万两，自光绪十五年起，分作五年，每年应解20万两。每年又分四季，每季交银5万两。两江认筹70万两，分作二年，每年按季在正杂各款内腾挪。直隶认筹20万两，来自藩库拨节年耗羡银2万两，六分平银2万两，外销款银2万两；长芦运库拨正课银5万两，外销款银3万两；天津道拨满剥变价银2万两；海防支应局拨天津厘捐银4万两。四川认筹20万两，经藩司商同盐茶道、官运局向商号借款15万两，于光绪十五年二月、十六年二月分别汇往天津，俟以后岁收盐厘除拨解京协各饷外以盈余分年归还。最后5万两，从官运局运本下暂挪。江西认筹10万两，计光绪十五年、十六两年各5万两解清，一半为厘金，一半为地丁银。湖北认筹40万两，分三年解清，在本省所收川盐斤加价内开支计光绪十五年14万两，十六、十七年各13万两。参见《光绪朝硃批奏折》第65辑，第52～53页，第49～50页，第48页，第50、74、93页，第53～54、64、86、105页，第63、112页。

84 260万两巨款的存放地点为：汇丰银行存银1 072 900两，德华银行存银440 000两，怡和银行存银559 600两，开平矿务局借用527 500两，见李鸿章“请添拨备倭饷需折”（光绪二十年九月二十三日），《李鸿章全集》，第15册，第465页。

85 “奕譞等奏请复昆明湖水操旧制折”（光绪十二年八月十七日），《清末海军史料》，第395页。

86　“醇亲王致李鸿章函”（光绪十三年八月十三日），《海军衙门函稿》（未刊稿），第2册。

87　李鸿章：“考校内学堂学生”（光绪十九年七月十四日），《李鸿章全集》，第35册，第542页。

88　包遵彭：《中国海军史》，下册，第796页。又，关于昆明湖水操学堂毕业生人数还有其他说法。如池仲祐在“昆明湖水师学堂纪略”中称：“甄别后得四十名留堂肄业，光绪十八年三月毕业，派赴天津水师学堂”，转引自包遵彭《中国海军史》，下册，第794页。《清末海军史料》所载“海军各学校历届毕业生名册”中，昆明湖水操学堂驾驶班第一届毕业生为36名。

89　王家俭：《李鸿章与北洋舰队》，第232页。

90　“海军衙门为昆明湖闸板蓄水以资水操学堂演练事致奉宸苑咨”（光绪十四年七月二十日），“奕劻等奏昆明湖水操内外学堂各员请奖折”（光绪十八年十二月十八日），《清末海军史料》，第401、406页。

91　包遵彭：《中国海军史》，下册，第776 ~ 777页。

92　《清实录》，第55册，第902页，光绪十七年正月己卯。

93　“江南水师学堂简明章程”，《中国近代学制史料》，第一辑，上册，第523 ~ 525页。

94、95　“南洋水师学堂考试纪略”，《格致汇编》，第七卷，第4期。

96、97　《北洋海军章程·考校》（十四款本）。

98　李鸿章：“变通学艺期限片”（光绪十九年九月二十六日），《李鸿章全集》，第15册，第190页。

99　李鸿章：“复船政黎召民京卿”（光绪七年五月初四日），《李鸿章全集》，第33册，第33页。

100　谭献：《〈鹤缘词〉序》，光绪庚子十一月吕氏敬止堂版。

101　The Imperial Naval College at Tientsin, *The Chinese Times* June 28th,1890。

102　严孝雄：“新发现严复一封信”，《今晚报》，天津，2005年4月25日。

103　李鸿章：“复兼尹潘”（光绪十六年四月十八日），《李鸿章全集》，第35册，第63页。

104　周馥：“丁亥十一月以卓异入都展觐归至保定感述五律”，《玉山诗集》，卷一，页三十五。

105　严复：“与四弟观澜书”，《严复集》，第3册，第731页；“送陈彤卣归闽”，《严复集》，第2册，第361页。

106　王遽常：《严几道年谱》第11页称，光绪十六年“直隶总督李文忠公派为总办水师学堂”。据李鸿章光绪十九年七月十四日与海军衙门谈论昆明湖水师学堂来天津考试时提到“当即遴熟谙西学之罗道会同水师学堂吕道、严道认真考校”（《李鸿章全集》第35册，第542页），则吕耀斗此时当仍在学堂任职，严复出任天津水师学堂总办的确切年份待考。

107　“光绪二十一年二月二十六日上谕”，《光绪宣统两朝上谕档》，第21卷，第46页；“王文韶光绪二十一年八月十二日奏”，《光绪朝硃批奏折》，第10辑，第854页。

108　王遽常：《严几道年谱》，第8页。

109　严复：“与四弟观澜书”，《严复集》，第3册，第730 ~ 731页。

110　李鸿章：“威海添建学堂片”（光绪十七年七月二十二日），《李鸿章全集》，第14册，第134页；吴纫礼：“北洋威海水师学堂事略”，转引自包遵彭《中国海军史》，下册，第798 ~ 804页。

111　《船政奏议汇编》，卷三十二，页四~六；卷四十一，页八~十二。按卷三十二所载裴荫森光绪十二年四月初七奏中有罗忠铭，卷四十一所载裴荫森光绪十六年二月初八奏中无罗，另开陈寿彭。薛福成日记载周懋琦向他禀告出洋学生情况，共列举学生34人，称罗忠铭撤回国，又提及有陈庚者，见《出使四国日记》，第144 ~ 145页。林庆元在《福建船政局史稿》中考证，认为陈寿彭确系出国，船政学堂历届毕业生名册和第三批留学生名单中漏列他的名字。又认为陈庚系陈寿彭之误，见该书第

156、160 页。

112 薛福成:《出使四国日记》, 第 144 ~ 145 页。

113 “光绪七年九月二十五日洋务委员美国前署领事官毕德格施医处官医生马根济禀”“光绪七年十月二十一日署津海关道周馥详”“光绪七年十月二十九日北洋大臣李批示”等,《北洋纪事》, 第十一册,《博文书院、北洋医院》。

114 余新忠、杨璐玮:“马根济与近代天津医疗事业考论”,《社会科学辑刊》,2012 年第 3 期, 第 195 ~ 202 页。

115 李鸿章:“医院创立学堂折”(光绪二十年五月二十三日),《李鸿章全集》, 第 15 册, 第 365 页。

116 关于天津医学堂, 还可参见姜文熙:“北洋医学校史稿”,《文史资料存稿选编》, 第 24 辑, 第 339 ~ 344 页; 马幼垣:“北洋医学堂总教习欧士敦考”,《甲午战争研究》, 2016 年第 2 期, 第 56 ~ 57 页; 郭辉:“马根济与近代天津西式医疗机构建设”,《中国国家博物馆馆刊》, 2018 年第 7 期, 第 109 ~ 116 页; 黄振威:《番书与黄龙: 香港皇仁书院, 华人精英与近代中国》,2019 年, 香港中华书局, 第 184 ~ 199 页。

117 李鸿章:“学堂人员请一体参加乡试片”(光绪十三年闰四月二十八日),《李鸿章全集》, 第 12 册, 第 152 ~ 153 页。

118 张佩纶:“筹办船政事宜折”(光绪十年九月初五日),《涧于集·奏议》, 卷四, 页六十一。

119 “光绪十一年十二月初二日、十二年十月初八日裴荫森奏”,《洋务运动》丛刊, 第 5 册, 第 324 ~ 325 页、第 345 ~ 346 页。

120 “光绪十三年五月十五日裴荫森奏”,《洋务运动》丛刊, 第 5 册, 第 364 ~ 366 页。

121 “光绪十三年六月二十二日裴荫森奏”,《洋务运动》丛刊, 第 5 册, 第 368 ~ 369 页。

122 “光绪十六年八月二十八日卞宝第奏”,《洋务运动》丛刊, 第 5 册, 第 422 ~ 423 页。

123 “光绪十五年八月初十日裴荫森奏”,《洋务运动》丛刊, 第 5 册, 第 395 ~ 396 页。

124 “光绪十七年三月二十一日卞宝第奏”,《洋务运动》丛刊, 第 5 册, 第 427 页。

125 “光绪十五年八月初十日裴荫森奏”,《洋务运动》丛刊, 第 5 册, 第 395 ~ 396 页。

126 裴荫森:“寰泰快船试洋并陈厂务情形折”(光绪十三年七月二十六日),《船政奏议汇编》, 卷三十六, 页十。

127 裴荫森:“恳准拨款试造钢甲兵船折”(光绪十一年五月二十二日),《船政奏议汇编》, 卷二十七, 页七。

128 李鸿章:“致总署 议驳船政局请造兵船”(光绪十一年六月十九日),《李鸿章全集》, 第33册, 第519页。

129 《清实录》, 第 54 册, 第 1046 ~ 1047 页, 光绪十一年十月丁卯。

130 “光绪十三年十二月二十四日裴荫森奏”,《洋务运动》丛刊, 第 5 册, 第 379 页。

131 许景澄:《外国师船图表》介绍称:“钢面铁甲创于英之喀墨耳厂……造法有二: 其一, 设造长五迈当阔二迈当厚二百四密里之甲, 先造熟铁甲长三迈当, 阔千八百密里, 厚三百十密里; 又造钢板厚五十密里, 长阔数同。两板用螺钉栓连(栓于四角), 中间相距百二十五密里。入火烧红, 立置冶坑中, 于相距处三面作匡而空其上, 钢汁灌入。俟凝结后, 钢铁粘连, 乃拆其匡, 以辊轴夹之, 即成所造甲式。其一, 不用钢板, 置熟铁板于坑, 留空处三分之一, 遮以界壁, 灌钢汁于内, 使空处充满, 凝成钢面。余同上法。”“钢甲为法克磊苏厂创制。其法先作甲模, 自炼矿料熔铸而成, 压以百吨重之气锤。锤路上下五迈当。锤后烧热, 用油浸透, 钢含炭千分之五”。“康邦甲、钢甲各诩其精。主康邦者, 谓钢铁切配融合无间, 得外钢内柔之益。炮弹遇空而阻, 变为縻力, 或钢力弹碎, 其质粘著熟铁, 不致迸落。若纯用钢造, 虽坚不粘, 或值击碎, 全甲俱裂矣。主钢甲者, 谓铁合钢究患力弱, 制炼稍疏,尤易震折，不若全钢之完固。二家互有訾摘，尚无定评……然钢甲视康邦增昂，而著效未详确，法义而外，用者寥寥无闻也。”见卷九，页二十～二十五。

132 “光绪十六年二月初六日裴荫森奏”，《洋务运动》丛刊，第5册，第404页。

133 “光绪十六年四月初六日裴荫森奏”，《洋务运动》丛刊，第5册，第415页。

134 李鸿章：“查验平远快船折”（光绪十六年五月十一日），《李鸿章全集》，第13册，第377～378页。又，“平远”舰体设计，长宽比（L/B）为4.9，过于短阔，是船政局所制军舰中快速性最差的军舰，何以如此，不得而知。

135 李少一、刘旭：《干戈春秋——中国古兵器科技史话》，第144～146页。

136 爱德华·霍顿：《潜艇发展史》；许景澄《外国师船图表》，卷一，页二十七。

137 裴荫森：“制造各种水雷并厂署被风损伤估修片”（光绪十一年七月二十六日），《船政奏议汇编》，卷二十九，页十四。

138 “光绪十一年十二月初二日裴荫森奏”，《洋务运动》丛刊，第5册，第323页。

139 “光绪十二年十月初八日裴荫森奏”，《洋务运动》丛刊，第5册，第351页。

140 卞宝第：“闽防拟设水雷营变通筹款折”（光绪十六年六月二十一日），《船政奏议汇编》，卷四十三，页七。

141 李鸿章：“新购雷艇定饷章折”（光绪十四年五月初十日），“雷艇经费请销片”（光绪十五年四月二十二日），《李鸿章全集》，第12册，第408页；第13册，第93页。

142 “光绪十二年正月二十二日奕譞等奏”，《洋务运动》丛刊，第5册，第340页。

143 “光绪十四年三月初六日裴荫森奏”，《洋务运动》丛刊，第5册，第383页。又据陈公远“马尾的船坞”称，青洲船坞长360英尺，宽93英尺，深25英尺。见《福州马尾港图志》，第97页。

144 林庆元：《福建船政局史稿》第216页所附拨款表。

145 “总理衙门奏复遵议闽督船政情形请派大员督办折”（光绪二十二年），《船政奏议汇编》，卷四十六，页二十五。

146 林庆元：《福建船政局史稿》第216页所附拨款表。

第 五 章

北洋海军成军

1885～1894

中国有一天的钱，就可以买一天海陆军所需要的任何东西。整个文明世界都情愿把武器供给他。但是中国不能在任何市场上购买有训练的军官和有纪律的士兵。

——何天爵

一、购舰活动的继续

1884年9月7日，大清帝国出使法、德、意、荷、奥钦差大臣许景澄乘坐英国“啮士”号邮船离开上海，前往欧洲。这天距清政府向法国宣战，刚刚过了12天。中法间的外交折冲，李鸿章通过金登干在秘密进行，许景澄反倒置身事外。好在持节五邦，他便径往柏林，与前任钦差大臣李凤苞办理交接。

许景澄

许景澄，字竹筼，浙江嘉兴人，翰林出身，这年39岁，以往的仕途一直是平坦而风顺的。他在国内虽留心洋务，却未想到自己会终身从事外交。当然更不知道15年后，他作为总理衙门大臣，会因为反对用武力进攻各国驻华使馆，而被绑赴菜市口斩首。但在他第一次出使欧洲的3年任期中，给人深刻印象的，倒是对海军事业做出的贡献。

朝廷正对李凤苞生疑。不少人看不惯这个捐资出身的外交官，国内一直流传着关于他的风言风语。最近又有人弹劾，说他在订购铁甲舰的交易中，损公肥私，侵吞了数十万两银子，而军舰质量大可怀疑。所以许景澄在正式拜会李凤苞的次日，便接到国内发来的电旨，着他将铁甲舰详细勘验工料，如不坚固，据实参奏。倘将来船只到华，如查与承验不符，就唯他是问。[1]

许景澄不敢怠慢，立即调来订舰合同详加研究。递交国书后，他偕同李凤苞及参赞朱宗祥、翻译赓音泰、随员杨兆鋆，乘火车前往基尔，正式勘验停泊港中的“定远”和“镇远”。

“定”“镇”二舰已经竣工多时，雇请驾驶回国的德国舰长、水手也早已安排妥当。因中法交战，法国人扬言要在公海截夺，使得清政府不敢命令军舰回国。

“定远”“镇远”舰在基尔

而德国政府以保持中立为名，也下密令禁止两舰行驶，军舰便滞泊在基尔港。许景澄的勘验十分顺利，在监工陈兆翱、协同管驾刘步蟾的指点下，花了几天时间，把这两个钢铁机器的庞然大物里里外外检视了一番。一切皆与合同相符，他正式同李凤苞办了交接。在给朋友的信中他说：“两舰甲厚炮巨，订制颇为妥善，不得以（交付）迟而没其实也。”[2]

麻烦出在“济远”舰上。许景澄一行转赴司旦丁（今波兰什切青），验收“济远”号巡洋舰后不久，便发觉这艘军舰的设计存在缺陷。19 世纪 80 年代，阿姆斯特朗公司在“超勇”式舰体基础上逐渐完善起防护巡洋舰的概念，它不在军舰侧舷敷设装甲，而是在舰体中层水平方向辅设弧型甲板。其中央拱起，两侧斜至水线下，像个龟壳覆盖住主机舱。敌弹即使穿透侧舷，也无法穿透这层甲板。乔治·伦道尔为智利设计的“爱斯米拉达”号，就是第一艘真正意义上的防护巡洋舰，以舰体轻盈赢得速度，当时译作“穹甲快船”。关于穹甲的设计，英国与德国各有特点。起初，伦道尔设计的防护甲板，顶端低于水线，后来发现一旦船侧舷被击穿，海水涌入，穹甲下方的水密体积无法保证军舰浮力，最终仍会造成军舰沉没。此外，随着对巡洋舰航速的要求越来越高，锅炉的体积也越造越大，机舱受到水线下甲板高度的限制，空间逼仄，无法扩大锅炉，也不利于空气流通和作业。所以，英国设计师将装甲甲板改为中间为平顶，两侧为斜板，且将中间平顶升出水线。而德船穹甲仍与水线相近。[3]“济远”系德国人依照英国军舰制造的第一款

“济远”舰

防护巡洋舰，它的穹甲采用75毫米厚钢面铁甲制成，斜坡深入水线4尺，穹甲顶部低于水线。英国人认为这种设计过时，且订购军舰的单子被德国人拿走，也令其不爽，所以对该舰多有批评。此外，“济远”“机舱逼窄，绝无空隙，只身侧行，尚虑误触。……水管纡折、远达汽锅，历次损修，甚为不便。其下舱煤柜，只容百吨，盖以限于入水。”而“炮房之药气闷人，令台之布置不密，尤其弊之小者”。[4]许景澄后来几次在日记中写道：“十八子（李凤苞）偏执，致‘济远’误。”“‘济远’穹甲太低，致英议其人。”“丹崖所办公事与自诩之长，不能附和。尚无一言达(总)署，以尽前后任交谊。”[5]

应当指出的是，“济远”的技术问题，并非德方故意滥制造成。在19世纪80年代，德国还是个新兴国家。军事工业上，克虏伯大炮经过普法战争的洗礼已经名扬世界，造船业却还在成长之中。光绪初年，李鸿章在赫德等人的鼓动下，在英国购买了一批中小型军舰，但使用效果差强人意，他遂将目光转向德国。先是订购铁甲舰，而后又买巡洋舰。由于“济远”是德国首次建造的防护巡洋舰，设计中存在不够完善之处，伏耳铿船厂办事之人也不讳言其失。[6]英德之间的矛盾，使得双方互相攻讦。早在决定购买“济远”时，李鸿章已向恭亲王声明：“英人知敝处在德厂购船，忌嫉实深。赫德亦颇恨丹崖之洞察其弊。”[7] 1889年起担任驻英公使的薛福成，在研究了购舰档案后也认为：“外洋匠师务求相胜，亦犹自古文人之相轻，虽有佳文，欲指其瑕不患无辞。”[8]许景澄是翰林出身的文官，首次接触军舰自然一头雾水。但他没有为了照顾同前任的交情，便把责任一人担揽下来。接船不久，他就向总理衙门章京钱应溥、袁昶透露了英国人批评“济远”

的缺点。次年8月，使馆参赞王咏霓写信给袁昶，更详细介绍了“定”“镇”“济”三舰接收情况及存在的问题。信中说：“‘镇远’工料不及‘定远’，而当时价值计增十万（如平面钢甲改用熟铁甲等事），此弟所未喻者也。”“‘济远’速率十五海里，不为不多，鱼雷二筒安置船尾，差为善法。然船面甲台西国并无其式（法国有二小船，不及千吨，为‘济远’所本，然初无炮台），德海部新定一船，仍而不用，必有深意。不然岂西人智术皆出李丹崖下哉？”并细数了“济远”改装前的毛病。[9]此信在北京官圈中流传，使得一些不懂海军技术也反对购买军舰的官员尤为担心和激愤。而从后来“济远”回国后使用的情况看，问题似乎并不像说的那样严重。

1885年10月，李鸿章奉旨进京商议筹备海军，李凤苞也已回到北京，他们应当多次见面。12日，懿旨派醇亲王奕譞总理海军事务，所有沿海水师，悉归节制调遣，先从北洋精练水师一支以为之倡。北洋练军伊始，责成李鸿章专司其事。同日，清廷根据李鸿章请求，安排李凤苞到北洋襄办海军事务。[10]14日，李鸿章向醇亲王赠送李凤苞翻译的《海战新义》《各国水师操练法》《艇雷纪要》各十部。[11]15日，醇王收到奕劻转交驻德使馆参赞舒文、王咏霓的两封谈论“济远”舰质量问题的来信，他立即致函军机处，谓“李凤苞承办不力之咎，亦应俟船到时设法查勘，不使有所诿卸”[12]。16日，舒、王来信被转呈给慈禧太后御览，懿旨命醇亲王、庆郡王和李鸿章俟“济远”回国后详细查勘。[13]太仆寺少卿延茂则据此上奏，称近闻李凤苞自德国购买“定远”一船质坚而价廉，“镇远”一船质稍次而价稍涨，至“济远”一船质极坏而价极昂。又说此事“自海上喧传，直抵都下，人人骇异，咸谓苟非李凤苞勾串洋人侵蚀肥己，必不至船质与船价颠倒悬殊至于此极”。还称“李凤苞之为人，小有才而性极贪”，应请饬惩办。[14]国子监祭酒盛昱也上奏：“近闻已革道员李凤苞所购‘济远’铁船，一切皆不如式，浮开价值，尽入私囊。闻其数目足敷十数营一年之饷。”请求派大臣严密查抄，勿使寄顿。或将该员查拿监禁，勒令缴出船价。[15]

李凤苞是洋务外交官，出国八年，与朝中“清议”从无过节，但分属两个官僚群落。以往的弹劾，李鸿章都为他做了辩解，此时却对各种弹劾百口难辩。许景澄后来逐渐熟悉情况，又主持订购“经远”“来远”巡洋舰，还编辑出版《外国师船图表》等著作，成为当时难得的专业人士，但刚到任时，并不具备海军知识，却将各种弹劾资料源源传向总理衙门。这显然是官场上为了撇清责任所采取的过当防卫，客观上产生了巨大的杀伤力量。在千夫所指的气氛中，李凤苞被革去职衔，孑然一身，返回老家江苏崇明。他在写给朋友的一副对联中表露了郁闷和悲愤的心迹：

忌我安知非赏识

欺人到底不英雄[16]

1887年8月6日，备受争议的李凤苞在忧郁和期待中去世，终年53岁。[17]

从李家后人的经济状况看，不能算是富人。半年后，其子李钟英变卖家产，捐助直隶水患和郑州黄河决口灾情赈银6000两，李鸿章不忘故旧，为其上奏云：已革记名海关道花翎二品顶戴三品卿衔李凤苞，前带闽厂学生出洋肄习驾驶等事，以开风气，现在铁舰管驾官弁，多系该道造就。其监造“定远”等三舰，到华后，承蒙醇亲王阅看，尚属船坚炮利，虽因人言获咎，究亦不无微劳。今病革，请赏还李凤苞原衔翎枝。[18] 光绪皇帝写下亲笔朱谕，赏还李凤苞原衔翎。

李鸿章一直关心李凤苞的境遇。他在给出使德、俄、荷、奥大臣洪钧的信中说，李凤苞“制造之学，近今罕伦，摧折而死，良可痛惜。遗书当向其家询得校刊，以存其人”[19]。李凤苞撰写和翻译的西学著作，从军事技术、国际公法，到地理和历史，近50种。

李凤苞撰写的对联

中法战争结束后的第3天，朝廷记起了新军舰，命将其驾驶回华。1885年7月3日，许景澄来到基尔港，先是祭天，然后登舰，为船员饯行。“济远”舰管驾为伏司，“镇远”舰管驾为密拉，“济远”舰管驾为恩诺尔，3舰共雇外国水手员弁400余人。刘步蟾和使馆员杨兆鋆分乘“定远”“镇远”随船照料。典礼完毕，军舰拉响了汽笛，驶上东归的航线，10月抵达大沽。

11月17日，李鸿章亲赴大沽口验收军舰，18日乘舰试航，前往旅顺口视察东西海岸炮台。海上波涛汹涌，北风呼啸，军舰却如履平地，航行得十分平稳。望着舰首飘扬的龙旗，李鸿章志得意满。出海归来后，他写信告诉醇王：“王咏霓等所指各弊未尽确实。”[20]

在此之前的 8 月 4 日，当“定远”三舰正在大海中向着东方行驶的时候，李鸿章收到了一道电旨，命他按照“济远”式样再购四舰。当天，他向曾纪泽、许景澄发出电报，指令他们各自在所在国订购两艘防护巡洋舰。

许景澄立即同伏耳铿船厂磋商，要求修改“济远”的设计缺陷，如升高穹甲、增加储煤舱、放大轮机舱。德国人提出两个方案，新军舰或可设计为装甲巡洋舰，即除了保留原先的装甲甲板外，再在舰舷水线部位敷设立甲；亦可对“济远”设计做改良，升高穹甲及增加储煤。装甲巡洋舰的设计思想源于俄国人。19 世纪 70 年代，A.A. 波波夫设计了最早的“海军上将”号，其特点是增强了侧舷的保护，但因装甲薄于铁甲舰，依然能够保持较高的航速。许景澄把谈判要点多次电告李鸿章，李鸿章同意升高穹甲。[21] 9 月 18 日，许景澄与伏耳铿代办哈克斯他耳议定订购快船草合同。草合同规定所订之船仍仿“济远”式样，第一船工价 300 万马克，于 1887 年 1 月 20 日前造成；第二船工价 294 万马克，1887 年 4 月 20 日前造成。伏厂再按上述船价扣除 1 厘，即 59400 马克。[22] 此时，李鸿章其实尚未目睹防护巡洋舰的穹甲究竟是怎么回事，许景澄也只看到过一眼，但他们的拍板却很干脆，讨论的都是概念。此外，合同明确不是制造装甲巡洋舰，但这个念头一直在许景澄脑海中萦绕。

曾纪泽指派使馆下属，包括英籍参赞马格里与英国海军部联系订购军舰，将“济远”舰的合同、图纸等文件交给阿姆斯特朗公司研判后，英国人交给他两份说帖，皆为阿姆斯特朗公司造舰总监威廉·亨利·怀特所撰。乔治·伦道尔于 1882 年春天应邀担任海军部文职大臣（Civil Lord），辞去他在阿姆斯特朗 20 多年的职务后，阿姆斯特朗邀请海军部主任设计师怀特来接任。怀特在公司任职三年，此时又将辞职，担任海军部总设计师，但还在为老东家照顾生意。他的说帖，一份论述“济远”舰之弊，指出该舰设计中的 8 项缺陷；一份介绍英国新设计的军舰。新舰排水量 2300 吨，时速 18 海里，相比“济远”有 10 个优点。[23] 它的设计，同 1884 年下水的英制智利巡洋舰“爱斯米拉达”号十分相似。“爱”舰排水量 3000 吨，是根据阿姆斯特朗勋爵主张的舰体轻、速度快、火炮大的原则建造的防护巡洋舰。曾纪泽把两份文件译寄李鸿章和许景澄，对究竟制造何种军舰展开了争

曾纪泽

论。许景澄及其随员后来向国内批评“济远”的缺陷，就是来源于怀特的观点。

德国驻华公使巴兰德9月在一份报告中说，曾纪泽受到英国人影响，在怡和洋行和英国驻北京公使馆的支持下，极力阻挠向伏耳铿船厂和德国其他造船厂订购军舰。他还说曾纪泽宣称伏耳铿为中国制造的铁甲舰完全不能使用，经不起海上风浪。这些言论虽未能阻止向伏耳铿造船厂续订两条新军舰，但引起一定程度的不安。巴兰德的说法是片面的。曾纪泽虽未像李凤苞那样事必躬亲，却依据英国造船人士的专业意见，指出了德国设计中的毛病，他也一直不接受装甲巡洋舰的设计思想，认为断不能制一舰兼擅铁甲、快船之胜，并将理由电达国内，但他对购舰始终是审慎负责的。他和许景澄彼此交换了草签的合同，再将新舰说帖分送英、德两国海军部听取意见。怀特指出了德国设计中的问题，德国海军部的脱里西也分析了英国新船的利弊。这种争辩，对于提高所订军舰质量无疑是有好处的。

10月15日起，因舒文、王咏霓来信转给高层，使得购舰一度陷于停顿。醇亲王奕譞致信军机处，称“新购四船，决不可照‘济远’定造”[24]。曾纪泽却给国内打电报：“已交定钱，已起造，不能改。”他坚持说新船尽除“济远”毛病，穹甲高出水面，虽受炮不危，速率18海里，常行16海里，炮加大加多，而吃水不加深，浪中可放炮，在舰侧装煤，超过“济远”二倍，确实是新式最佳者。[25]经李鸿章解释协调，购舰终于又重新发动。对英德军舰之争，李鸿章表示“海军甫设，不妨并存其式，他日驶行日久，利病自见，再专择其一推广仿造”。[26]朝廷同意，将购舰的决定权交给李鸿章。

于是曾纪泽委托阿姆斯特朗公司，按照英国向意大利出口“道加里”巡洋舰的设计，建造了英式穹甲舰“致远”“靖远”。“致远”舰排水量2300吨，使用卧式三涨蒸汽机，轮机马力5500匹，时速18海里，为中国军舰中航速最快者，还配备电控火炮齐射装置、主炮夜间操瞄装置、舰内通信系统、火炮和鱼雷指挥装置、6磅速射炮等先进装备。许景澄则借国内要求停造“济远”式样之机，与德方改订草合同，将军舰正式定为“水线甲堡之船”即装甲巡洋舰，这便是“经远”“来远”。“经”“来”排水量2900吨，马力3400匹，时速15.25海里，两舰各加价47万马克。后来海军界有人认为，“经远”级装甲巡洋舰实为“甲带巡洋舰”，因其并未形成铁甲堡结构，对于舰内动力舱室的防护与防护巡洋舰相比，没有优势，反会导致价格上涨、航速下降等弊端，在小型军舰上使用更是鸡肋设计。[27]这种看法只能是见仁见智了。根据李鸿章的报销折，“致”“靖”两舰的购舰费用共合银1 697 453两，“经”“来”两舰的购舰费用共合银1 739 761两。由神机营息借怡和洋行洋款及部拨各省捐款及江、浙、闽三海关洋药税厘款项支付。[28]

这场争论甚至引起德国首相俾斯麦的注意。他指示伏耳铿船厂：“卓越和准

在埃尔斯威克船厂船台上，最右面的一艘为建造中的“靖远”。

“致远”号下水典礼

时地执行中国这一次的订货具有重大的意义。”[29] 应当说，英德所制军舰各有特点，在当时也都是先进的。

为保证军舰质量，福建船政派遣曾宗瀛、张启正、林鸣埙、黄戴、陈和庆、裘国安前往英、德两国，协同使馆官员朱宗祥、王咏霓，进行现场监造。[30]

1887 年初，李鸿章派琅威理及邓世昌、叶祖珪、林永升、邱宝仁率 400 余名官兵，乘招商局“图南”轮，赴英德接收军舰。邓世昌等 4 人分任“致”“靖”“经”“来”号管带，邓世昌还负责经理文报、银钱。德使巴兰德提出，德制军舰来华所雇管轮帮驾，必须用德人，否则将来评论该船会不公平，万一发生一点最小事故，也会

试航中的“致远”号

“来远”号

被英国人予以充分利用。李鸿章急电琅威理，转告了必须雇请德人的意思。又电许景澄，要他向德国人声明，须将琅威理作为中国水师官看待。德国欲派帮驾管轮，须受中国水师官节制。[31]8月22日，“致远”“靖远”从纽卡斯尔驶抵朴茨茅斯。24日，“经远”“来远”亦从德国抵达。波光月影中，龙旗映射，恍如千万师船环峙，树木山川为之增色。9月12日，飘扬着中国三角龙旗的“致远”等4舰，拖带着在英国亚罗造船厂定制的“左队一”号鱼雷艇，起碇回国。舰队沿途进行了各种编队训练和单舰训练。11月28日，舰队驶抵香港。12月1日，到达厦门。丁汝昌率“定远”“镇远”“济远”“超勇”“扬威”“康济”“威远”及南洋“琛航”在厦迎候。

“致远”等四舰原为增强台澎防务所购。然而中法战争的硝烟飘散后，台湾防务的紧迫性就不很明显了。1885年秋，朝廷决定先建北洋水师一支，所以醇亲王在那年10月谈到购舰时，便透露了“将来船既归北洋编伍，自以垂询北洋”[32]的意图。次日上谕也明确宣布：“此项船只造成，即应归入北洋水师操练。”[33]当新购军舰和北洋水师在台湾海峡会师的时候，台湾巡抚刘铭传不识时务地给李鸿章打电报要办接收，李鸿章要醇亲王表态。1888年1月4日，海军衙门电告刘铭传：“所购英德四快船，本署已于上年三月奏明归北洋海军应用，自毋庸由台湾具奏。”[34]刘铭传碰了个灰头土脸。

二、《北洋海军章程》和北洋海军成军

“致远”“靖远”“经远”“来远”四舰来华后，为北洋海军制定章程，以使这支舰队经制化的任务，便被提上议事日程。按照清朝规定，没有被朝廷批准营制、饷制和官制的军队，都不是正规部队，也没有正式军官编制。要使军队长期存在，就必须以规章条令形式使其正规化。

1888年5月5日至16日，李鸿章借验收“致远”等四舰之机，第四次出海巡视他的舰队。行前，关于制定海军章程的设想已经有所讨论。视察结束后，他饬令文武将领悉心筹议，参加起草工作的有周馥、丁汝昌、罗丰禄、林泰曾、刘步蟾等人。李鸿章本人因出海感冒，卧病经旬，减少了许多应酬接待，但仍参加讨论。端午痊复后，更是详加关注。所依据的范本，大半采用英国海军章程，部分参仿德国或仍遵中国旧制。经过半个多月努力，至7月中旬写出底稿。7月15日，李鸿章向醇亲王函告此事，并派周馥携带《章程》底稿进京呈阅。由于朝廷已在

《北洋海军章程》稿本

5 月 19 日发表周馥为直隶按察使的任命，所以 8 月 1 日总理衙门上奏，请将周馥暂留海军衙门，创办《海军章程》，俟拟成再行赴任。[35] 在以后的两个月里，醇亲王数次接见周馥，商改《章程》。周馥同海军衙门总办章京等进一步对底稿进行了修订。9 月 30 日，海军衙门正式向慈禧太后奏呈《北洋海军章程》，三天后，奉懿旨“依议”，《章程》遂为定稿，颁布实行。

从上年起，醇亲王便患重病，濒危数次，直至过了年，才慢慢调养过来。《章程》进呈的次日，醇亲王上奏，声称大纲已定，请求开去管理海军衙门及神机营差使，得以安心调养。懿旨不准，算是对醇亲王的抚慰。

《北洋海军章程》有多种版本传世。一为十二款的红格手写稿本，估计是周馥向醇亲王呈送的底稿或底稿副本。一为铅活字十三款印本，估计是在北京讨论修改时所印。一为铅活字十四款通行本，包括船制、官制、升擢、事故、考校、俸饷、恤赏、工需杂费、仪制、钤制、军规、简阅、武备、水师后路各局等方面，是正式奏定之后印行的版本。三个版本，一个比一个更为严整细密，反映了拟订工作的不断深化。清政府对建设北洋海军的重视程度，由此可见一斑。

《章程》是一个重要的文件。它的颁布，标志着北洋海军这支洋务运动中创建的舰队，至此正式成军。《章程》是新式西方近代军队制度开始在中国推行，而传统的中国古代军队制度尚未退出历史舞台时，两种体制交替消长的产物。它已包含中国近代军制改革的许多先声。比较 1865 年曾国藩奏定的《长江水师事宜》《长江水师营制》，可以明显看出《章程》已带有浓郁的西方海军制度的色彩。然而北洋海军毕竟是半殖民地半封建国家学习“洋务”的产物，不可避免地保留下传统军队的痕迹。

人们通常认为，晚清军制改革是在甲午战争后开始的。战前，枢臣大吏对于西方军事的认识，只是停留在坚船利炮这类表面观感上，没有从军制建设的角度来进行军队近代化建设，只重视改进军队的器用而轻视变更军队的体制。这种观点其实并不全面。洋务运动中，海军建设走在陆军建设前面，它除了引进新式军舰大炮等装备外，在军队的编制、管理、纪律、训练和兵役制度等诸多方面，都与传统旧式军队有了很大的区别。《北洋海军章程》所规定的内容，反映出晚清军制改革在 19 世纪 80 年代的海军中已取得长足进展。

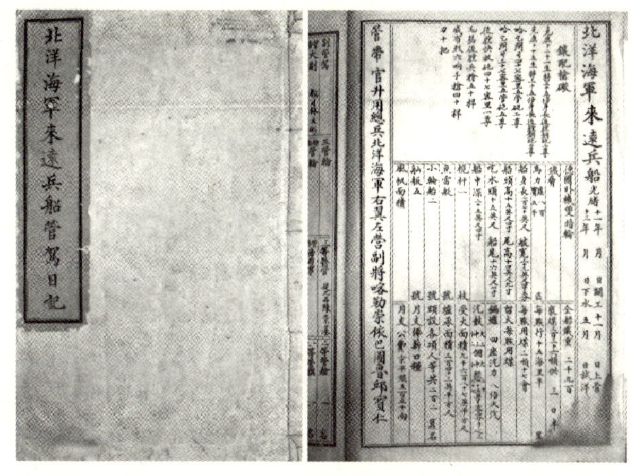
北洋海軍來遠兵船管駕日記

北洋海軍來遠兵船

“来远”管驾日记中保存的军舰主要性能数据和人员、航行资料

中国古代的兵役制度，经历了征兵制、世兵制、府兵制、募兵制、卫所制。17 世纪初，女真兴起，以部落为单位组成“旗”，这是一种军政合一的组织。旗民平时为民，战时为兵。1615 年，努尔哈赤将满族人编成八个旗，以后又设蒙古八旗和汉军八旗。清统一全国后，以汉族人为基础组成绿营。绿营兵是清朝军队的主力，在兵役制度上，实行兵皆土著的原则，只用本地人当兵。一列兵籍，便终身不能改动。绿营拔补，凡骑兵拔于步兵，步兵拔于守兵，守兵拔于余丁，无余丁，方募于民。所谓余丁，是将营中清出的火粮收养兵丁子弟，每名月给饷银 5 钱，以备出缺挑补。余丁拔补，使得绿营成为世兵制。绿营兵制保证了军队的稳定兵源，避免了募兵制随意往来脱离的弊病；且余丁生长兵家，自小耳濡目染，较易训练。然而随着绿营的腐败衰退，积习日深，这支军队逐渐丧失了战斗力，并代代相传，愈加不可救药。太平天国被镇压后，练军防军作为清朝主要的军事力量，在兵制上对绿营制度进行了冲击，而最先效法西方军制进行全面改革尝试的，当属北洋海军。

《章程》将北洋海军官兵分为军官和士兵两个独立系统。海军士兵包括弁目、士兵和练勇。练勇是备补兵员，额设 250 人，分作三等。招收沿海船户、渔户年轻者进行训练，并为其设立练勇学堂和练船。征集的条件，一是年龄在 16 ~ 17

岁，身高4.6尺以上为率，18岁以上以4.7尺以上为率；二是须由练勇学堂督操官或练船管带官，会同驾驶大副、医官三人察看合适，然后收录；三是应募者当自书姓名，略能识字，刑伤犯罪之人不得征募；四是应募者必须由父兄保人出结，订明服役年限，遇有各船士兵告假、革退、病故，即在练勇内挑补。这样就打破了绿营的世兵制，并防止了各舰管带直接招募劣等者混充兵数。士兵包括水手、炮目、各色当差兵匠。水手分三等，三等水手由一等练勇调补，炮目由一等水手考升。各色当差兵匠，包括管旗、管舱、管油、鱼雷头目、鱼雷匠、升火头目、升火匠、电灯匠、锅炉匠、洋枪匠、油漆匠、帆匠、木匠、铜匠、铁匠等，属于技术水兵，有的从机器局、鱼雷局中选充，有的向社会招募，各以技艺优长，于船上相宜方能补入。[36]北洋水兵最初来自旧式山东登荣水师，1879年，李鸿章奏请裁撤老弱、保留精壮，由当时督操炮船的丁汝昌、许钤身及总教习洋员葛雷森挑选，挑留千总袁培英等4名军官和306名兵丁，构成六"镇"炮艇水手班底。这些弁兵，曾由洋员瑞乃尔操练多年，后来又有200余人在1880年前往英国接带"超勇""扬威"，[37]是见过世面的老战士。1882年琅威理担任北洋水师总查后，借鉴英国水手培训制度，在烟台设立水师屯船，招募培养水师练勇，建立起练勇招募和升补制度。再后来，随着新舰增加，水兵需求日益迫切，又在刘公岛上设立练勇学堂，使得招募和训练日益规范，与舰上水兵的使用、晋升形成完整体系。《章程》使这个体系制度化了。

练勇的地域来源，多以山东威海、荣成、烟台等地船户青年渔民为主。同时，由于提督丁汝昌和北洋海军军官的关系，安徽巢湖和庐江，福建、广东、天津的亲朋故旧乡友，也来辗转当兵。在英国纽卡斯尔圣约翰公墓，埋葬着北洋水师两次赴英接收战舰时病故的三名水手，墓碑上记载着他们的籍贯姓名，分别是"大清故勇山东登州府荣成县袁福培"（病故于1881年）、"大清故勇安徽庐州府庐江县顾世忠"（病故于1881年）、"大清

纽卡斯尔圣约翰公墓的北洋海军水兵墓

故勇福建福州府闽县连金源”（病故于 1887 年），正是当年水兵即练勇来源地的缩影。[38]

军官分作战官和艺官两类。战官指各舰管带和大、二、三副，艺官指各舰管轮官。《章程》规定，无论战官艺官，都须从水师学堂毕业，受过专业训练。这在中国军队史上，首次明确封禁了行伍向军官晋升的道路，大大提高了军官的素质。在以后的清朝陆军军制改革中，虽也努力提高军校士官生的地位，但始终未能像海军那样形成制度。海军的这种做法，适应了高度技术性、专业性和精细的岗位分工需要，也符合世界军制发展的方向。

《章程》根据海军各个岗位要求，对官兵的晋升提出了严格的规定。同时还明文规定了军官的服役年龄。“自授职守备之日起，按资推升，无论在船在岸当差供职，总以二十年为限。”[39] 根据海军军官 15 岁进入海军学堂学习开始计算，退役年龄约在 45 ~ 50 岁，从而保证了海军的年轻化。

军衔制度是近代军制的重要内容。军衔是国家根据军人的职务、军事素质和专业素质、资历、贡献以及军兵种或勤务区，分授予每个军人的衔称，用以表明其身份、地位和荣誉。军衔是上至最高统帅，下至最末一级士兵的完整的军人等级体系。军衔制产生于 15 ~ 16 世纪，是在资产阶级反对封建贵族等级制度的过程中发展起来的。它以劳绩军功获得职衔，为平民出身的军人提供了进身之阶。军衔制度有利于军队统一编制、指挥和训练管理，有利于提高军人的荣誉感和责任心，有利于加强军队的组织纪律性，并使人事管理制度化。中国古代在周朝就有了官职、序品之分，魏晋南北朝时出现了“官衔”的说法，表示官吏的阶位。其与军衔制的区别，在于没有包括士兵的等级体系。清朝武官的官阶分为九品十八级，相对应的官职便有提督、总兵、副将、参将、游击、都司、守备等，然而并非所有获得官职者都能实授。镇压太平天国之后，以军功而记名的提督达 8000 多人，总兵、副将更不计其数，而全国的实缺提督不过十余人，总兵几十人，副将 100 多人。绝大多数人显然是补缺无望，只能搞“借缺补署”，即以高级武官的品位，做低级武官的职务，官衔与实职明显脱节。《北洋海军章程》想解决官职和官衔对应的问题，规定了舰艇官兵从管带、大副、二副、三副到水手总头目（水手长）、水兵、当差兵匠的完整职务序列；又保留了提督、总兵、副将至经制外委的职衔，并对同舰艇职务做出了对应规定。

《章程》说：“查英国海军官制，其提督一、二、三等，或会办海部，或统领各军，或督办各口船政。德国一等提督系海部大臣兼摄，其二、三等提督则统领海军巡防要地。”[40]所谓英德“一、二、三等提督”，其实即海军上将、中将、少将，是军衔。而在北洋海军中，提督除了是一种官职（舰队司令）外，已转换为一种官衔，对应为英国海军上将（一等提督 Admiral of the First Order）。提督以下，总兵对应为海军少将（Admiral of the Third Order）或海军准将（Rear Admirals and Commodores），副将对应为海军上校（Captain）。一直到经制外委，都从传统的官职中分离出来。鉴于北洋海军从上到下建立了完善的等级制度（虽然在《章程》中士兵等级序列是归入职务序列的），可以说这里已经有了军衔制的雏形。就军衔等级设计而论，西方国家在上将和少将之间还有中将级别（Vice Admiral），丁汝昌由天津镇总兵晋升北洋海军提督，似以中将为妥。在其之上，可设统辖全国的海军总司令，军衔为海军上将。《北洋海军章程》提及此等分级上有为难之处，认为新式海军在中国为创始，“初无几等提督名目，自应仍遵旧制”。此外，铁甲舰舰长由总兵担任，对应西方国家惯例，配置也相对偏高。故两位总兵亦被任命为左右翼领队翼长，相当于分舰队司令。

尤其令人感兴趣的，是在北洋海军军官和士兵间还设置了“弁目”层次，包括炮弁、水手总头目、寻查等下级官佐，由士兵中的优秀者升任，最高可升至实缺千总。[41]就其实质而论，类似西方军队中的军士和军士长。

与军衔制配套，北洋海军仿效西方国家海军传统，设置将旗，以显示在舰海军将领的身份，以及在舰艇中的指挥地位。海军惯例，载有海军舰队、分舰队司令的军舰，其所在军舰悬挂将旗，称为“旗舰”。1882 年，丁汝昌就禀明，水师统领用五色长方旗，诸将用三色长方旗，旗之上角饰以锚形，经北洋大臣李鸿章核准，分咨总理各国事务衙门、南洋、船政各大臣。《北洋海军章程》规定，提督旗依然为五色，总兵旗为三色，旗上角图案改为团龙（见书前彩图）。这些旗式，被知会各国政府和清政府驻外使馆。同时规定，南洋、广东外海水师记名提镇统带舰队者，挂长方三色旗，旗角饰以长龙，与各国三等提督平行。[42]1890 年 12 月底，丁汝昌曾就南洋兵轮船统领吴安康所悬将旗事致函指出，南洋不得悬挂五色提督旗。

《北洋海军章程》规定以长方形黄色飞龙旗作为兵船国旗，以与国际上通用样式接轨，替代同治年间为军舰制定的三角形龙旗。《章程》指出：

西洋各国有国旗、兵船旗、商船旗之别，而国旗又有兵商之别。大致旗

> 式以方长为贵，斜幅长次之。同治五年，总理各国事务衙门初定中国旗式，斜幅黄色，中画飞龙，系为雇船、捕盗而用，并未奏明定为万年国旗。今中国兵船各船日益加增，时与各国交接，自应重订旗式，以崇体制。应将兵船国旗改为长方形，照旧黄色，中画青色飞龙，各口陆营国旗同式。

日本海军兵学校保存的“定远”龙旗

次年3月，驻美公使张荫桓在华盛顿收到上海寄来的外交邮件，获知《北洋海军章程》已获颁行。他随即上奏：“今北洋海军国旗既以长方为式，臣在海外敬悬国旗，亦拟用长方式，绘画仍旧。”他还说，美洲华商亦“经久循用斜幅龙旗，遇中国庆典及臣出入岛境，辄高悬以为荣耀，未便抑令更张”。现在国旗若改用长方形，请求朝廷批准华商“永远尊用斜幅龙旗，以示等差”。这一建议被批准了。[43]

由此可见，中国国旗的出现，起初并非出于国内政治或外交方面的需要，而是为了海上联系和交往，其后被外交系统仿效，这显示了海军的重要地位。从当时整个旗帜体系看，分别有国旗、商旗、兵船国旗（海军旗）的提法，这些涉及国家礼仪和认同的庄严标识，并非从顶层开始整体设计，而是在实践中逐渐形成认识，缺乏严格的规定和区别。但《北洋海军章程》颁布之后，海军和外交系统均改用长方形龙旗，人们也将其视作国旗，并使用至清王朝被推翻才终止。

目前所见北洋海军成军前后官方文件中，存有两种龙旗图样。一见上海图书馆收藏的《北洋海军章程》稿本，一见台北“中研院”近史所保存的总理衙门档案《北洋海军章程并改用长方国旗卷》（见书前彩图）。后一个图样旁还附有文字：

> 用正黄色羽纱制造，中用羽纱镶嵌青色飞龙，五爪，龙头向上。海口大炮台、水师大兵船通用。[44]

日本海军兵学校藏长方龙旗

但从实际运用的情况看，当时国旗图案并无严格规范，且龙的形态较为复杂，由此造成手工制作的国旗大形态相同，而每面旗帜的龙头龙须龙身龙爪皆有差异。甲午战争后，北洋海军各舰的龙旗为日军缴获，先后在日本皇宫、靖国神社和江田岛海军兵学校展示，现在均不再陈列。从刊布的照片看，龙的形态均较笨拙。日本之外，旅顺博物馆存有一面龙旗，横 4.92 米，纵 2.16 米，棉麻质，双面贴布绣，龙的形态灵动，与各种图录上的形态最为接近，但横纵比较大，旗上缘有一排便于悬挂的铜扣眼，为台湾企业家陈朝波早年在海外购得，2007 年捐赠。英国皇家海事博物馆亦收藏一面龙旗实物，其材质为棉布，长 177.8 厘米，宽 114.3 厘米。制作工艺，是在黄布上挖剪出龙形窟窿，再用青布龙形图案缝缀上去，并用白线绣出龙鳞。旗上的龙角、龙须和红色太阳亦用同样方式处理。捐赠者为曾在 19 世纪末 20 世纪初在英国皇家海军“中国舰队”两次担任舰长的沃森爵士。这两面龙旗与近代海军有无关联，尚待考证。此外，合肥李府纪念馆亦收藏有一面龙旗，据捐赠者刘申宁介绍，旗帜来源于“康济”舰水兵后代，为甲午战后流落民间。该旗长 204 厘米，宽 142 厘米，材质为丝麻。龙形图案为双面鲁绣，龙珠有火焰纹，为其他龙旗所未见，也较旅顺、日本、英国保存的龙旗更为精美（见书前彩图）。

北洋海军在俸饷制度上，较之传统绿营也有了较大变化。绿营官员的俸薪，分为俸银、薪银、蔬菜烛炭银、心红纸张银四种。俸银是正禄，指朝廷发给武官的银米。因以年计，也称年俸。薪银、蔬菜烛炭银为生活费，心红纸张银略等于办公费。绿营官员的俸薪银十分低薄，尤其乾嘉以后，物价上涨，正俸银两难以维持生活，于是另加养廉银，也作武官固定的常年收入，且养廉银高出正俸银几倍至十几倍。发给士兵的银米称作饷，因以月计，又叫月饷。绿营饷章规定兵饷分三等支给，马兵、字识为一等，月支银 2 两，米 3 斗；战兵为二等，月支银 1.5 两，米 3 斗；守兵为三等，月支银 1 两，米 3 斗。绿营水师支饷，也分马、步、守三等，同陆上部队相同。

绿营士兵的实际所得，要比明定饷章更低，因为还有名目繁多的扣除。例如扣建，即以 30 日为大建月，月饷照章支发；不足 30 日为小建月，扣存不足天数之饷，留抵闰月加银。又如军械费，官兵须自备军器甲胄，其费用动支军人钱粮额支，分期在俸饷内扣还。还有朋扣、赔椿银、皮脏费、衣帽费、房费、营务日常开支银、赏恤银等项扣除。军官利用手中权力做各种非法贪污和克扣，名目繁多，除了战时的掳掠外，平时主要通过克扣粮饷和吃空额来敛财。有人统计，以每名士兵每月被扣半两银子计算，一支 3000 人的部队总共便是 1500 两。至于部队缺额，常有三四成之多，兵饷便为军官侵蚀。可吃的空额还殃及于战马，左宗棠曾揭发，光绪初年甘肃绿营额设 20831 匹官马，全部有名无实。而在东南沿海，绿营水师还将装备的战船私下出租给商人，按月私分租金。当时人指斥谓“久充统领，无不坐拥厚赀至十数万或数十万百万者”[45]，而士兵则生计竭蹶，无力养家。由此带来军备废弛，军事素质低下，自然不足为奇。

军人是一种职业。在战时，需要军人牺牲生命来保卫国家、社会乃至文官和平民的安全；在平时，则应给予军人较高的经济待遇和社会地位。这在现代国家，已经成为常识，但在中国古代，却一直是个难以解决的大问题。宋代养兵 140 万，被史家推为“积贫积弱”的重要根源。明代仅卫所之兵就多达 300 多万，创下历代政府养兵人数的最高纪录。清代前期，除八旗兵外，养绿营官兵 60 多万，比之前朝并不算多，但每年的粮饷支出即达 1300 万 ~ 1400 万两，约占当时财政总支出的一半。后期加上湘、淮军和练军、防军，人数达近百万，财政开支更为庞大，这对一个封建农业国家来说，越来越成为沉重的财政负担。在当时，军队的主要社会职能假使仅限于对内镇压，防止农民起义的话，面对一个地域辽阔，而敢于造反者本身军事素质又不高的统治对象，绿营所扮演的武装警察角色尚可勉强维持，但在太平天国起义时，却暴露出其全部的腐败内幕和不堪一击的虚弱本质。倘若面对工业时代的铁甲舰和克虏伯大炮，旧式军队更是无法应战，需要全方位的重建。其中，提高军人待遇，克服军内腐败，是必须解决的当务之急。

为了吸引优秀人才进入海军，北洋海军在俸饷制度上进行改革，努力剔除绿营积弊，较大幅度地提高官兵待遇。《章程》指出：“盖以海军为护国威远之大计，不宜过从省啬也。中国海军创设，饷力未充，未能援引（英国海军饷章），但兵船将士终年涉历风涛，异常劳苦，与绿营水陆情形迥不相同。不能不格外体恤，通盘筹计。”其制定俸饷的原则，是参照当时北洋水师实际所发银数的范围，略加增损。军官薪俸，四成为本官之俸，视官职大小而定；六成为带船之俸，视船只大小而定。而绿营例支廉、薪、蔬、烛、炭、心红、纸张、案衣、什物、马干等名目，一概删除。[46]

通过薪俸调整，海军军官的收入大大超过绿营武官。例如绿营提督，其俸银为81.693两，薪银144两，蔬菜烛炭银180两，心红纸张银200两，养廉银2000两，合计年收入为2605.693两。而海军提督，官俸为3360两，船俸为5040两，合计8400两，为前者的3.2倍。绿营总兵的各项年收入总计为2011两，海军总兵为3960两，为前者的1.97倍。绿营副将的各项年收入总计为1177.4两，海军副将为3240两，为前者的2.75倍。绿营参将的各项年收入总计为743.3两，海军参将为2640两，为前者的3.55倍。此外《章程》还规定各舰有"行船公费"，除水线下船底油漆及天棚、炮罩、帆布、绳索、通信旗帜，用于修理的铜、钢、铁、木材料可专项申报核发，煤炭、弹药随时具领外，其水线以上船舱内外应用油漆、油斤、纸张、棉纱、砂布、购买淡水、煤炭装卸、雇人引港、更换国旗、军装、采购零星物品、管带自雇幕僚、文书的费用，皆在行船公费中开支。"定""镇"二舰每月各核定850两，"致""济""靖""经""来"五舰各为550两，"超""扬"二舰各为320两。该项费用实行总额包干，实际上给管带们留出了很大的弹性支配空间。

同样，海军士兵的月饷也高于绿营。刚入伍的三等练勇，月饷为4两，而一等水手为10两，一等炮目为20两。当差兵匠的收入更高，鱼雷匠24两，电灯匠30两，连在岸当差的夫役，月饷也有3两。有人测算，当时一户自耕农的年耕种收入在33 ~ 50两之间，19世纪80年代一个宁波纱工的年工资为13 ~ 23.5两，一个山东工人的工资为18.3 ~ 60两，说明北洋海军的最低收入，已达到普通农户或工人的中等以上收入。这种变化，有利于提高军队素质，提高海军对优秀人才的吸引力。[47]

军事制度是国家的基本制度，和其他制度一起，反映了统治阶级的利益。清王朝在被迫面向西方开放的过程中，对海军制度进行各种探索和改革，本质上都是用西方文明来强化维护封建统治的军队，以延续自己的统治。但当西方军制被纳入清王朝军队时，两种完全不同性质的文明也开始了碰撞。清廷在开始海军军制改革的时候，绝没有意识到自己正在动摇统治机器的基础。历史的辩证法便是如此。

1888年是个平静的年份。世界编年史上没有记载什么特殊的事件，中国政坛也很宁和。关心朝政的人知道，宫中正在酝酿皇帝亲政。

跪
奏為恭謝
天恩仰祈
聖鑒事竊臣在福建廈門巡次接奉北洋大臣大學
士直隸督臣李鴻章行知光緒十四年十一月
十五日內閣奉
上諭北洋海軍提督著丁汝昌補授欽此當即恭設
香案望
闕叩頭謝
恩伏念臣皖北庸愚早從軍旅於同治初隨剿粵捻
各匪轉戰南北各省疊保至記名提督旋經奏
調來直統帶北洋水師歷赴英德各國及日本
朝鮮各洋面游歷旋蒙
簡放天津鎮總兵又於朝鮮定亂案內
賞穿黃馬褂
恩榮迭被報稱毫無茲因新設北洋海軍提督遂蒙
特旨補授竊維海軍為中國自强之本北洋為
畿疆拱衛之司當一支創辦之方新實環海先聲

跪
奏為恭謝
天恩仰祈
聖鑒事竊臣在福建廈門巡次接奉北洋大臣大學
士直隸督臣李鴻章行知光緒十四年十一月
十五日內閣奉
上諭北洋海軍左翼總兵著林泰曾補授欽此當即
恭設香案望
闕叩頭謝
恩伏念臣閩嶠庸愚毫無知識由出洋學生歷赴英
法各國學習經出使大臣派入英國大鐵甲船
熟練駕駛槍礮戰陣諸法期滿回華迭蒙保薦
旋奉調北洋委帶戰船於歷屆出洋接船及防
護朝鮮案內遞保至提督銜記名總兵階閥已
崇涓埃未報茲蒙
特簡遂得真除竊維軍興以來專閫之寄並由百戰
奮迹兵間臣拔自學堂歸從海國雖預渡遼之
役曾無橫陣之功十載之中屢叨薦擢比於諸

跪
奏為恭謝
天恩仰祈
聖鑒事竊臣在福建廈門巡次接奉北洋大臣大學
士直隸督臣李鴻章行知光緒十四年十一月
十五日內閣奉
上諭北洋海軍右翼總兵著劉步蟾補授欽此當即
恭設香案望
闕叩頭謝
恩伏念臣海嶠凡材水師末秩由出洋學生周歷英
法德各國經出使大臣送入英海部派上鐵甲
船快船練習大操備戰及發雷布陣等法經歷
英國各海口期滿回華疊膺保薦旋奉調來直
委帶戰船於歷屆出洋接船案內遞保至總兵
銜補用副將茲蒙
恩命越次超遷竊維總兵一官右列崇職從前軍營
諸將積功至記名提督者偶蒙
特簡已號殊榮臣以副將充員後生新進既尠戰績

丁汝昌、林泰曾、刘步蟾担任北洋海军提督、总兵的谢恩折

5月20日，三海工程竣工，慈禧太后前往巡幸，这是她归政后颐养天年的地方。

7月27日，懿旨诏告全国，皇帝明年正月大婚，亲裁大政。慈禧太后选中自己二弟桂祥的二格格叶赫那拉氏为光绪皇后。原户部右侍郎长叙的女儿他他拉氏姐妹为瑾嫔、珍嫔。

10月，名不见经传的30岁广东青年康有为，趁来京参加秋闱之际，提出“变成法、通下情、慎左右”三条纲领，极言时危，请求变法。但这份文件没能上达给皇帝。

到了12月17日，邸报上登出上谕，以天津镇总兵丁汝昌为北洋海军提督，记名提督林泰曾为北洋海军左翼总兵，记名总兵刘步蟾为北洋海军右翼总兵。[48]

当时谁也没有想到，1888年这几件毫不相干的事，后来竟会如此紧密地纠葛在一起，互为因果，引发出近代史上一连串的风波：1895年，北洋海军在甲午战争中全军覆灭，朝廷被迫与日本签订《马关条约》，康有为再次疾呼变法。1898年，皇帝采纳康梁主张，诏定国是，百日维新。慈禧太后在守旧大臣支持下发动政变，重新训政，将皇帝囚禁在南海瀛台，将珍妃打入冷宫。经过十年的风风雨雨，人们重新来看1888年，便茅塞顿开地感受到歌舞升平景象下潜伏着的深刻危机。

如同“水师”这个名词一样，“海军”在清朝人的心目中，也同样具有两重意义。当它单独使用时，是指以舰艇为主体，在海洋江河上作战的军种；当它和某个区域名称结合使用时，又是指担负该战略海区作战任务的海军建制单位，即“舰队”。如“广东水师”“北洋海军”，实际便是“广东舰队”“北洋舰队”。需要说明的是，在19世纪末，作为“舰队”意义上的“海军”，只有北洋一处独用。而在1888年之后，北洋舰队在清政府正式文件中，便再也不叫“北洋水师”，而只叫“北洋海军”了。这是其成军的标志之一。

由于史料缺乏，现已不知北洋海军正式任命提督这一最高职务时的详情，但想必会有隆重的庆典。然而军官们更关注的肯定是顶戴的下一步分配。根据《章程》，北洋海军额设副将5缺、参将4缺、游击9缺、都司27缺、守备60缺。这是一次极好的晋升机会。由于北洋办理海防十余年来，凡水师员弁，仅于出洋接船及援护朝鲜案内酌量附保，从未专案褒奖，所以管驾、管轮、大二副等官阶皆小，若必各按本班补缺，即无从安排。故决定若无合例应补人员，即以官小者通融升署，俟数年后，再按实缺补授。唯官小升署，须以三级为断。如参将、游击、都司准升署副将缺，游击、都司、守备准升署参将缺，如此等等。不准小至四级，以示限制。也有个别人是高官阶借补低缺。李鸿章和丁汝昌经过仔细商量拣选，在1889年2月20日，皇帝大婚前五天，正式将5副将、3参将、7游击、21都司、46守备人选确定，上奏皇太后、皇帝定夺，旋获允准。随着电报传来的喜讯，82位海军军官，一齐向京师方向下跪，叩谢皇恩浩荡，遥祝龙凤呈祥。

这次任命的军官主要有：

中军中营副将以花翎提督衔记名总兵邓世昌借补，委带“致远”舰；中军左营副将以花翎副将衔补用参将方伯谦升署，委带“济远”舰；中军右营副将以花翎副将衔补用参将叶祖珪升署，委带“靖远”舰；左翼右营副将以花翎补用游击林永升升署，委带“经远”舰；右翼左营副将以花翎补用游击邱宝仁升署，委带“来远”舰；提标中军参将兼理粮饷事宜以花翎四品衔山东候补知府严道洪借补；左翼右营参将以花翎补用都司黄建勋升署，委带“超勇”舰；右翼右营参将以花翎补用都司林履中升署，委带“扬威”舰；左翼中营游击“镇远”舰副管驾以花翎补用守备杨用霖升署；左翼中营游击“镇远”舰总管轮以花翎补用游击陆麟清补授；右翼中营游击“定远”舰副管驾以五品军功补用千总李鼎新升署；右翼中营游击“定远”舰总官轮以花翎补用都司余守顺升署；精练前营游击以花翎补用游击林颖启补授，委带“威远”练船；精练左营游击以参将衔补用都司萨镇冰升署，委带“康济”练船；精练右营游击以蓝翎都司衔补用守备戴伯康升署，委带“敏捷”练船；提标中营都司督队船大副事以五品军功拔补把总吴应科升署；中军中营都司“致远”舰帮带大副以五品军功拔补千总陈金揆升署；中军中营都司“致远”舰总管轮以五品军功补用把总刘应霖升署；中军左营都司“济远”舰帮带大副以五品军功拔补把总沈寿昌升署；中军左营都司“济远”舰总管轮以五品军功补用千总梁祖全升署；中军右营都司“靖远”舰帮带大副以蓝翎五品军功补用千总刘冠雄升署；中军右营都司“靖远”舰总管轮以五品军功拔补把总林登亮升署；左翼中营都司“镇远”舰帮带大副以五品军功拔补把总何品璋升署；左翼中营都司“镇远”舰大管轮以六品军功补用千总王齐辰升署；左翼左营都司“经远”舰帮带大副以花翎补用都司陈策补授；左翼左营都司“经远”舰总管轮以五品军功拔补千总孙姜升署；左翼右营都司“超勇”舰总管轮以五品军功拔补千总黎星桥升署；左翼中营都司“定远”舰帮带大副以五品军功补用千总江仁辉升署；左翼中营都司“定远”舰大管轮以六品军功补用把总陈楠升署；右翼左营都司“来远”舰帮带大副以五品军功补用千总林文彬升署；右翼左营都司“来远”舰总管轮以六品军功补用千总伍廷山升署；右翼右营都司“扬威”舰总管轮以蓝翎补用守备陈学书升署；后军右营都司以蓝翎五品顶戴补用千总蓝建枢升署，委带“镇西”炮艇；后军前营都司以都司衔补用守备李和升署，委带“镇南”炮艇；鱼雷左一营都司以都司衔补用守备蔡廷干升署，委带“左队一”鱼雷艇；精练后营都司练勇学堂督操官以副将衔补用游击刘学礼借补。[49]

在冗官繁多又无战事的年代，北洋海军军官的这次升迁是十分快捷的。船政学堂第一届毕业生至北洋服务十余年，实授或署理二、三品实缺，不能不令他们在其他地区服役的同学侧目，也显示出朝廷和李鸿章对北洋海军的特殊关注。

北洋海军“靖远”舰官兵（本照片由何云凌浩 / Yunlinghao He 提供。）

根据《章程》,北洋海军在编军舰共25艘。即“定远”“镇远”号铁甲舰;“经远”“来远”“致远”“靖远”“济远”“超勇”“扬威”号巡洋舰;“镇东”“镇西”“镇南”“镇北”“镇中”“镇边”号炮艇;左队一、二、三,右队一、二、三号鱼雷艇;“威远”“康济”“敏捷”号练习舰;“利远”号运输舰。《章程》指出:“海军一枝,局势略备。然参稽欧洲各国水师之制,战舰尤嫌其少,运船太单,测量、探信各船皆未备,似尚未足云成军。目前库藏支绌,固难遽议添购,而规画远久,造端不可不宏。拟俟库款稍充,再添大快船一艘、浅水快船四艘、鱼雷快船二艘、庶战舰可敷用。另添鱼雷艇六艘,练船一艘,军火船一艘,测量船一艘,信船一艘。”[50]这个分析是中肯客观的。然而自从北洋海军成军以后,添补新舰的速度大为减缓。到甲午战争爆发,仅新补巡洋舰“平远”号、大鱼雷艇“福龙”号和新调闽局运输舰“海镜”号,舰队总计排水量4万吨。

仔细研究《北洋海军章程》及清政府内部各项文件、当时人的函牍公文,我们发现,北洋海军提督的职责是统领全军的操防事项,归北洋大臣(而不是直属海军衙门)节制。他能管辖的,仅为各艘军舰及舰上官兵,以及提标所辖的中军参将兼理全军粮饷事宜、管轮参将稽查全军轮机事宜、提标游记稽查全军军械事务、提标都司充督队船(旗舰)大副等数名助手,海军测量画图翻译及各船文案支应人员和威海海军学堂、威海行营机器厂。此外,设在天津的总理水师营务处(负责协调北洋大臣与海军提督、各局坞负责人关系,商榷操防事宜,稽核功过,监视操练,会同各局所筹商储备各事,布置各项任务)、天津海防支应局(专管海军俸饷及各厂坞经费、收支报销,相当于北洋海军财务部)、天津军械局(为淮军海军军火收发总汇,相当于北洋军械部)、天津水师学堂、天津储药施医总医院、天津机器制造局、大沽船坞,设在旅顺口的旅顺船坞、旅顺应添船械局(专管各军舰一切器具添换购置)、旅顺军械局(总理北洋海军枪炮弹药一切军火事宜,稽察考核各舰收发存储)、旅顺鱼雷营,均由北洋大臣任命官员管理,不受北洋海军提督节制。李鸿章说,设计这些管理体制的依据,是西方国家此类职务皆受命于海军部,而“与提督各不相辖”[51]。但在中国,此类极为重要的管理、保障、教育部门,不隶属海军衙门,不隶属北洋海军提督而直属北洋大臣,就很具有“中国特色”了。其结果,只是削弱海军提督的权力,增添了很多掣肘和扯皮,虽然便于李鸿章本人控制,却大大不利于北洋海军自身的管理和战时协调。

三、两大海军基地

海军基地是为保障海军兵力驻泊和机动而建立的军事基地，具有指挥、通信、后勤、岸防等功能，为舰队提供战斗保障和后勤保障，并且建立海岸防御体系，以构成易守难攻的要塞。基地建设是近现代海军发展不可或缺的组成部分。抓住这个环节，有利于整个海军建设的迅速进行。李鸿章面对旧式水师向近代海军的历史转变，认准这一重要环节，展开了营建基地的巨大工程。

辽东半岛和山东半岛，像一双有力的臂膀，怀抱着渤海，是北京的天然屏障。清朝统治者对这一地区的战略意义和防御要求一向极为重视，对海军基地的选址故颇费周折。前后十余年中，烟台、大连湾、天津、旅顺口、威海卫、胶州湾等地点先后被提了出来。经过较为详细的讨论，逐步统一了对建港必备条件的认识，并最终在多处候选地址中确定旅顺口、威海卫为基地。李鸿章在致海军衙门的信中写道：

> 西国水师泊船建坞之地，其要有六：水深不冻、往来无间，一也；山列屏幛、以避飓风，二也；路连腹地、便运粮粮，三也；土无厚淤、可浚坞澳，四也；口接大洋，以勤操作，五也；地出海中、控制要害，六也。北洋海滨欲觅如此地势，甚不易得。胶州澳形势甚阔，但僻在山东之南，嫌其太远。大连湾口门过宽，难于布置。惟威海卫、旅顺口两处较易。[52]

旅顺口位于辽东半岛最南端，是个天然良港，战略地位十分重要。1602年，明朝便在这里设立水军，1714年，清朝再次设立水师营，将登州裁汰的30艘战船移运于此，以备操演巡哨，兵士皆为八旗丁壮。然而旅顺口长期以来只是清朝小型水师的屯泊所，未能成为影响全国的国防要地，它的重要性也未引起朝廷的瞩目。

在近代，营建旅顺口之初议，据说发自李凤苞。1875年，李凤苞在天津初会李鸿章时，提出“关外旅顺一口，为京师东北要害，宜早为备”。李鸿章命其乘船往度形势，规为海疆重镇。[53]但直到1879年，李鸿章在给总署和沈葆桢等友人的书信中，所瞩目的乃是大连湾。不久，他派洋员葛雷森、哥嘉前去考察测量，发现大连湾口门太宽，非有大支水陆军相为倚护，不宜立足。而以当时北洋的兵力而论，一时还难以办到。故于次年7月下决心改变初衷，决定“先择著名险要之旅顺口屯扎，以扼北洋门户”[54]。李鸿章旋派县令陆尔发随同德员汉纳根、英国上校柯克再往旅顺口，查勘修建炮台和船坞之所，并于11月命汉纳根先修建黄金山炮台。1881年4月，李鸿章的幕僚马建忠前往旅顺考察，确定了在黄金山后修造船坞的计划。同年，李鸿章在给船政大臣黎兆棠的信中两次提及“将来拟在旅顺口扼扎老营”，“惟该口虽甚扼要得势，凡筑炮台、添陆军，建军械库、煤厂、船坞，至少须费百万以外，一时未易就绪”。[55] 11月，李鸿章在大沽口验收了“超勇”“扬威”舰后，亲率幕僚周馥、马建忠、黄瑞兰、章洪钧、薛福成及提督周盛传、周盛修，总兵唐仁廉，一同乘舰，查勘旅顺口，深感该口实据北洋险要，“洋面至此一束，为奉、直两省海防之关键”[56]，更坚定了将此地建设成“北洋第一重捍卫”的信心。旅顺基地选址遂成定局。

威海卫在山东半岛北端，与旅顺口遥遥相望，互为犄角。此地汉代名石落村，元代名清泉夼。1389年为防御倭寇入侵，设威海卫。1403年建城。城临海湾，湾中有岛，疏峰拱秀，砥柱中流，成为海湾的天然巨屏，并将湾口分为东西两口。因岛民祭祀先祖刘公而得名刘公岛。郑观应在1874年出版的《易言》中已经设想：“为今计，宜合直、奉、东三省之力，以铁甲船四艘为帅，以蚊子船四艘、轮船十艘为辅，与炮台相表里，立营于威海卫之中，使敌先不敢屯兵于登郡各岛；而我则北接津郡、东接牛庄，水程易通，首尾相应。”[57] 丁宝桢也于1875年派张荫桓前去考察，提出将威海卫建成“轮船水寨”的建议。[58] 但马建忠1882年6月途经此地时，威海依然是个环境幽洁、民风淳朴的小城。此后，李鸿章命刘含芳在刘公岛操练鱼雷营，并购买民地，以备建设海军基地。1884年6月，李鸿章出海巡阅，在谈到威海防务时说：“该处濒海，南北两口地阔水深。若筑台设守，需费极巨，一时不易措办。”[59] 两年后，醇亲王的视察报告也谈了同样的困难。直到1887年后，朝廷出于渤海防御的全盘考虑，决定从江海、浙海两关洋药加厘内多拨30万两，以期十年中逐渐经营威海、大连湾，威海作为津、旅、威三角防御体系中的一个重要战略据点，才迅速发展起来。

1886年，许景澄上奏建议在山东胶州湾建立海军屯埠。在此之前，李鸿章曾派刘含芳带兵轮前往查勘测量。刘含芳认为该湾口门小于威海，而不如旅顺之紧固。口门三岛，炮台之费昂贵，而转运军需尤难，且地处偏僻。断非目前之兵力财力所宜使用。[60] 刘含芳只站在渤海防御立场，没有看到胶州湾地处南北洋交界之处，上可屏登莱，下可控江浙，并且遥对济州海峡，战略地位极为重要。醇亲王把许景澄的奏折转寄李鸿章后，李于6月电令丁汝昌、琅威理再次率舰前去考察。

根据琅氏看法，这里“实为海军之地利，南北洋水师总汇之区”[61]。7月，御史朱一新也提出经营胶州湾的建议。李鸿章却坚持认为，旅顺与大沽犄角对峙。形胜所在，必须先行下手。俟旅防就绪，方可再办胶州湾。将来南北洋水师添多铁舰快船，成军后可在彼处会哨驻操，唯目前北洋兵力饷力皆缺，断难远顾胶州。[62]这一建议因此被推迟了。

1891年5、6月间，李鸿章巡阅北洋海军后，乘舰绕过山东半岛东头的黑水洋，赴胶州湾考察，发现海湾口边，有个叫作青岛的小地方。他乘舰驶入湾口转向北行，看到坦岛（后改称团岛）在东，黄岛在西，相距七里。从东至北，环山蔽海，形胜天成，可泊大队军舰。现在旅、威基地均已竣工，胶州湾工程应按预定计划，提上议事日程。旋奏请截留山东海防捐，作为建筑烟台、胶州湾炮台之费。[63]1894年5月，李鸿章再抵胶州，此时由登州镇总兵章高元承办的青岛、坦岛、黄岛炮台基址已具，又在青岛前建设大铁码头一座。由于甲午战争爆发，胶州湾海军基地工程没有如期完成。

综观北洋海军基地选址活动，不难看出，着眼点在于拱卫京师。在此意图下，选定旅顺、威海、大沽三地形成三角防御体系，对横扼渤海湾咽喉，内卫京师，外御侵略，是有重要意义的。但就中国的漫长海岸线而言，洋务派对海军基地的考虑尚在较低层次。他们对军港本身的自然条件考虑较多，对其他制约因素和宏观战略方面考虑较少。尤其是旅顺口，在其刚开始建设时，朱一新就提出过批评，认为口门狭处仅容一船，敌易封锁；无内河通运腹地，转运甚艰；后路太窄，敌易登陆；口内沙线胶滞，战船难以成列，疏浚则费巨帑。[64]甲午战前，郑观应更尖锐指出：“旅顺濒南后路连接大连湾，由大连湾再北约金州交界处，地势如人颈忽然收束，东、北两面皆海，狭仅七十里。倘敌人于此登岸，坚筑营垒以断我后，再以铁舰游弋口外，以扼我前，则旅顺遂成绝地。援兵、军火、饷道皆不通矣。”[65]从甲午中日战争和1904年日俄战争的实际状况看，这些批评不无道理。再往更深一步说，这些缺陷，当初的筹划者其实也明白，袁保龄就提出过加强陆防力量建设，“急宜教民能战”“辽人守辽地”[66]。只是由于长期无战争，兵源不足，训练松懈，及至战时，后路防御不堪一击。

1876～1879年，当从英国订购的炮艇相继驶回后，李鸿章开始筹划建设大沽船坞。天津机器局原来设有船坞，光绪初年从江南制造局和福州船政调来驻巡北洋的“镇海”“操江”轮，煤料维修，皆由该局承办。“镇海”“操江”吃水分别为 11.8 尺和 10 尺，而四“镇”炮艇不过 9 英尺 6 英寸，利用机器局旧坞，是能满足维修任务的。李鸿章弃旧营新之目的，显然是将大沽船坞作为当时海军的主要维修基地来营建的。就扩充实力而言，他总显得既有远见又有魄力。

大沽船坞建设进展甚快。1880 年 2 月创议，3 月在大沽购用民地 100 亩，4 月聘用英员葛兰德为船坞总管，安的森为轮机总管，斯德浪为收支委员。5 月，委罗丰禄为大沽船坞总办。1 月，甲坞开工，由天津四合顺包揽工程，盖轮机厂、马力房、抽水房，从国外购入机床 20 余台。又盖大木厂、起重架、绘图楼，设模样厂、铸铁厂、熟铁厂、熟铜厂。当年 12 月竣工，招募工人 600 余名，工匠 3000

大沽炮台

余名。1884年，兴建乙、丙两坞。1885年，兴建丁、己两坞。次年续盖办公房、西坞抽水机房、西坞军械库。1892年建炮厂。其中甲坞长320尺，宽92尺，深20尺。[67] 大沽船坞和天津机器局一起，使天津成为北洋海军军火的主要生产基地和舰队的维修基地。但其船坞规模较小，且是木坞；再加大沽口河道太浅，难泊巨舰；地处直隶湾，既不利于出击，又太抵近北京，故难进一步扩充为大型的海军停泊场，后来李鸿章的兴趣便转向旅顺。1890年旅顺船坞落成使用后，北洋海军主要维修基地迁往旅顺，大沽船坞的地位明显下降，直到甲午战争后，旅顺、威海皆失，才又显重要。

李鸿章加强了大沽炮台的建设。大沽设防可追溯至1404年（明永乐二年），1817年（清嘉庆二十二年）在大沽口南北两岸添筑水师汛衙署兵房及两座炮台。1840年鸦片战争爆发后，英国舰队曾北上闯入大沽口，清廷派琦善与义律会谈，劝说英国人返回广州谈判。接着，清廷加强了大沽炮台的防御力量。第二次鸦片战争期间，英军于1858、1859、1860年三次进攻大沽口，其中两次攻陷。1870年李鸿章就任直隶总督兼北洋大臣后，着力加强大沽口的防务力量。至1884年，大沽口南岸共设大炮台4座，小炮台40座，派记名提督大沽协副将罗荣光统协兵1800人守御，亲军炮队1营接应。北岸设大炮台2座，平台6座，派记名总兵刘祺统直字2营驻守，副将史济源带保定练军1营为接应。又命丁汝昌调派“镇东”“镇西”“镇北”“镇中”炮艇入口与炮台相倚护。北塘口南岸设炮台2座，平台3座，派署广西提督唐仕廉统仁字、义胜各1营、通永练军3营分驻设防。调“镇南”“镇边”2炮艇与炮台相倚护。直隶提督李长乐统武毅马步4营、提标练军马步2营驻芦台为后应。

天津是北洋大臣驻节之地，李鸿章在天津还设立了总理水师营务处、天津海防支应局、天津军械局、天津机器制造局，所以天津是北洋海军重要的管理枢纽。1887年4月，津海关道周馥被任命总理北洋水陆营务处，督办旅顺船坞工程，联络旅顺口、大连湾、威海卫水陆将领，布置防务。此外，由于北洋海军军舰燃煤均采用唐山开平煤矿所产煤块，因此专门铺设了中国第一条自造铁路——唐胥路，以保证燃煤从唐山经大沽转运旅顺、威海、烟台各处。大沽码头在北洋海军后勤保障中具有重要的战略地位。

旅顺海军基地是洋务运动中一项规模浩大的工程，旅顺口内由老虎尾半岛延伸，天然地分为东西两澳。北洋海军主要营建了东澳。东澳亦称东港，东南北三面共长 4106.8 尺，西面拦潮大坝长 934 尺，形如方池。西北留一口门，以便军舰出入。四周全砌大石岸，由岸面至澳底深 38.2 尺。周围泊船，毫无风浪摇动。东港东北，为旅顺船坞，长 413 尺，宽 124 尺，深 37.98 尺。坞口以铁船横栏为门。全坞石工用山东大块方石，垩以水泥，凝结无缝，平整坚实。还建有修船各厂 9 座，包括锅炉厂、机器厂、吸水锅炉厂、吸水机器厂、木作厂、铜匠厂、铸铁厂、打铁厂、电灯厂，占地 48500 平方尺。在东港南岸建仓库 4 座，东岸建仓库 1 座，备储船械杂料。这些厂、库结构，均用铁梁铁瓦，以防火灾。港坞四周，联以铁道，间设起重铁架 5 座。并建丁字式大铁码头，专供军舰上煤运械。又在澳东建造小石码头，以便修理雷艇炮船。澳坞各厂、库码头，设电灯 46 座。还铺设自来水铁管，引 10 余里外山泉至工厂码头，以供官兵工匠饮用。[68]

近代战争中，随着军舰攻击炮火越来越猛，海岸防御配置也引起人们高度重视。旅顺基地沿海一侧依山形地势，共筑有 9 座海岸炮台。以旅顺口口门为界，口东（俗称海东）5 台，口西（俗称海西）4 台。从东迤西为老蛎嘴（崂嵂嘴）后炮台、老蛎嘴炮台、模珠礁炮台、黄金山副炮台、黄金山炮台、老虎尾炮台、威远炮台、蛮子营炮台、馒头山炮台。除老蛎嘴炮台为穹窑式外，其余皆为露天式。共配置火炮 58 门，包括 200 毫米以上口径巨炮 9 门。

由于旅顺口位于辽东半岛之端，孤悬海中，没有广阔腹地，南关岭附近的蜂腰部，极易为敌人登陆而切断后路。为弥补这一缺陷，又在金州至旅顺大道东侧，依次筑起松树山、二龙山、望台北、鸡冠山、小坡山、大坡山炮台。各炮台间及松树山至刘家沟西北端，沿丘陵筑起一道长墙，将各炮台连接成炮台群。在大道西侧的案子山，修建东、西、低炮台，亦以长墙连接，构成炮台群。两个炮台群的交叉火力，能够有力地封锁金州至旅顺的大道。还在大连湾修筑和尚岛、老龙头、黄山、徐家山等 6 座炮台，构成旅顺后路的又一道防线。

旅顺基地工程分为两阶段。1880 ~ 1885 年为第一阶段，主要是修筑炮台，同时进行疏浚口门、船澳，挑挖船澳土方，修筑船澳石坝、泊岸，添建库房等工程。李鸿章聘请德国人汉纳根监造炮台，派县令陆尔发帮同办理。随着工程展开，又于 1881 年派海防营务处道员黄瑞兰前去设立营务处工程局。黄是李鸿章的同乡，同治元年起，即入淮军幕府，办理文案。1879 年由工部主事指捐道员分发直隶，此人任性乖张，贪鄙无能，言语狂妄，文武将吏皆不愿与其共事。再加上不懂工程，任职一年，怨声四起。1882 年 8 月，回籍奔丧的李鸿章直接写信给张树声，建议将其撤回，改派袁保龄前往。[69]

袁保龄

袁保龄出身名门，却无贵介公子的纨绔习气，也算不得李鸿章的嫡系亲信。他临危受命，接管工程营建时，对土木工程、会计核算，乃至军舰炮台等各项西方先进军事技术全无所知，就下决心一切从头学起。早在上年夏天，他甫到北洋幕府，曾奉命对北洋各口岸进行考察，认定“齐辽各口形势，其关锁渤海、拱卫留都，无逾旅顺者”[70]。他曾形象地比喻说：“水师为骊珠，旅顺威海皆为鳞爪。譬诸贵家世疾，书室中几案精洁，架上宋椠本纷然罗列，而其家子弟皆务饮博，不知以巨金营此室将何用？”[71]所以他发宏愿，以建设旅顺军港为己任。秋冬之交，他乘轮前往工次。此后5年间，他履冰践雪，登凭版筑，忍辱负重，无片刻闲暇。自谓每夜“非交丑（时）不能熟睡。幸筋力顽壮，每日奔走尚不知疲”“所历艰苦，实为四十年所未有……方来之始，万事瓦裂，今则公帑节省数万金，海防军容渐如荼火，差可自慰，而面黑肤瘦、形容憔悴、鬓发已渐渐白矣”。[72]其间曾有吏部安排进京引见，李鸿章以工程缺乏接手者挽留他，袁保龄也说早将仕途看作游戏三昧，当年出京，已将十六七年的京官资格弃之如脱屣，岂能年过四十反而斤斤计较？遂一笑置之。遗著《阁学公集》，十卷“公牍”，几乎全谈旅顺工程。筑坝挖泥、建坞修桥，事无巨细，皆一一考虑周全，不能不使后人对这位筚路蓝缕的先行者产生深深的敬意。

袁保龄主持的工程，主要是海门疏浚、拦潮大坝、船澳及泊岸工程、周边炮台、水雷营、鱼雷营、电报局、水陆医院及军港内部的道路、库房、码头、小型机器厂等。其中尤以拦潮大坝最为艰巨。大坝为整个项目中的首要工程，将东港与入海口分开。此工程原由黄瑞兰经手，在袁保龄接任时已近完成。由于坝底胶泥四五丈未曾挖净，且坝身收坡太小，故产生渗漏下塌，随时有崩溃的危险。袁保龄到任后，想方设法予以补救，一方面增高加厚旧坝，另一方面又在东面加修备坝以为候补方案。从他到工之日起到1883年底，一年之中数次发生危情。尤其是从1883年10月28日起，连日雷雨，潮水大涨，狂风巨浪，工程告急。10月31日上午，大坝南段在一二分钟内陡陷五尺，下午又进一步陷落八尺许，几乎与水面持平。南段

旅顺军港

旅顺东港和大坞

旅顺大坞

旅顺大坞至今仍在使用，且周边建筑基本保留原状。

四十余丈近中段二三十丈处均出现横裂大缝。袁保龄率局员及民工在提督宋庆及所部毅军3营、总兵王永胜及所部护军营1营3哨官兵的全力配合下，奋力抢险。所幸11月1日起，天气转晴，风势减弱，潮水亦小。他们使用我国传统河工办法，层土层阶加筑护坝小埝。10日，昼夜狂风震撼，拔木破屋，为袁保龄到旅顺后所见到的最大风势，大坝依然经受住了考验。至19日，所有塌陷之处，全部堵闭合龙。[73]袁保龄在给周馥的私信中说："敝工竭一年之力，澳工将近九分，而坝工陡塌四十余丈。变生顷刻，不遑措手，几令人心胆俱碎。请各队伍帮忙不过场面文章。""仰天太息，涕下弥襟，代人受累乃至此极。上帅（李鸿章）禀中咬定牙不说前人一字坏处，以力避世俗诿卸之习。恃公爱我，一倾吐之。"[74]其后，袁保龄督率部下，于冰雪风雾中植立坝上40余日，仿栗毓美石坝纯用块石护坝之法，终于使得大坝获得坚稳。

袁保龄刚到旅顺时，因缺乏技术顾问，根据德瑞琳的推荐，聘请德国工程师善威任工程局帮办。由于善威没有主持过这么巨大的工程，不仅没有解决问题，反而与中国官员在工作中产生了许多分歧。1886年10月，在袁保龄建议下，中方决定用招标方式聘请外国公司承包，工程进入第二阶段。英德法三国就此展开激烈竞争，最后法国辛迪加以最低造价，并由上海法兰西银行及法国驻天津领事

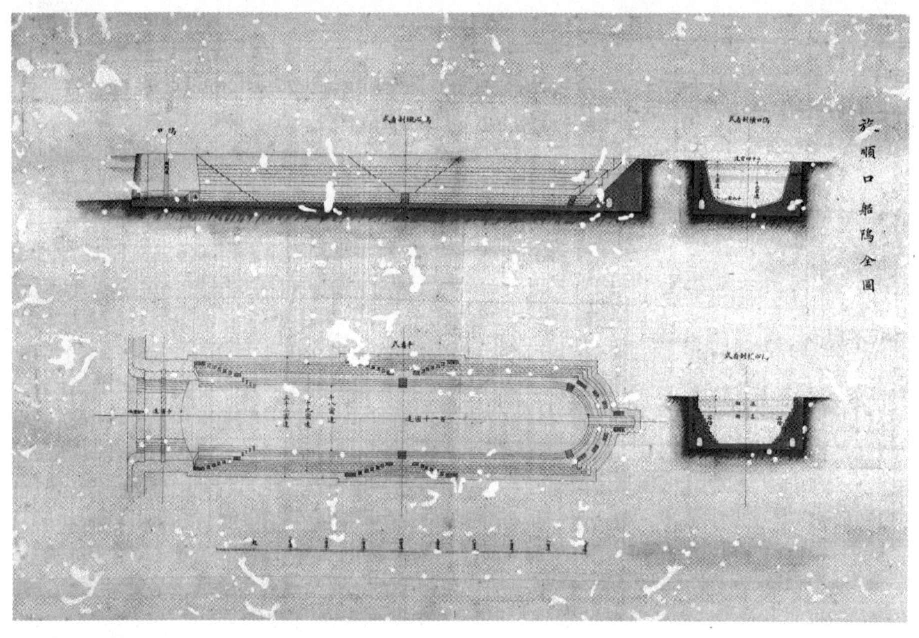

旅顺船坞工程图

林椿承担保修十年的担保而中标。袁保龄则因主持从德人手中收回工程的繁忙活动，“竭二十昼夜之力，笔秃唇焦。幸得就绪，计节公帑十七万余金”，而心力交瘁，中风病倒，晕绝复苏，后延请曾给慈禧太后治过病的名医汪守正诊治，方渐恢复。[75] 他曾说：“税务司德瑞琳者，性最贪狡，百计干预。旅役荐德人善威为工员，两年无尺寸效，犹以华官掣肘为辞，荧惑长官之听。龄再三争之不可得，无日不呕气，此病根所由来也。”[76] 他请求退休，李鸿章以其久任要防，乃派刘含芳督工，仍以袁保龄任防务。1889 年 8 月 19 日，袁保龄病逝于旅顺，终年 48 岁。朝廷追赠以内阁学士。

法国负责工程的总工程师，初为德威尼，后为吉礼丰。[77] 承揽项目，包括大石坞、各修理厂、储料库、办公住人各屋及船澳泊岸、铁道、码头、电灯、自来水等设施，共需银 125 万两，工期 30 个月。1888 年，又增筑船澳拦潮石坝及铁码头，追加经费 14.35 万两，展期 6 个月，至 1890 年 11 月 9 日全部竣工。[78] 李鸿章派丁汝昌、周馥、刘汝翼验收。工程总的质量是高的。历尽兵燹战乱之后，不少设施至今仍在使用。但也有些问题，如机器局与船澳毗连基址，用砖石水泥筑成，砌缝中有渗水现象。[79] 此后，由龚照玙负责，又在基地内陆续添建了一些新的厂房设施。至甲午战争之前，旅顺堪称远东一流、配套完善的海军基地。

袁保龄曾为黄金山炮台撰对联曰：

大海澜回忆从前唐战辽征往昔英雄垂信史
高山天作愿此后镐京丰水中兴日月丽神州

又为白玉山行宫撰对联曰：

创四千年未有之规愿成渤海屏藩留都堂奥
环九万里无远弗届漫谈昆明池水汉武旌旗

可惜现在这些对联早已不存，人们也早已淡忘了袁保龄这个名字。今天的旅顺口白玉山巅，竖立着日本人为纪念在日俄战争中战胜俄国而建立的表忠塔。

如果说，旅顺基地的主要使命是军舰维修保养之区，威海基地则主要是舰队聚泊和补给之所。威海刘公岛全面建设起自 1887 年，岛上修建了北洋海军提督

刘公岛基地和威海湾

衙门和大批营房。从威海乘船上岛，远远就能眺见提督衙门前高耸着的两支巨大旗杆。拾级而上，穿过辕门，便是正门，门上高悬“海军公所”匾额，出自李鸿章的手泽。提督衙门有三进院落。前、中、后厅，东西厢房及跨廊连成一体，占地1万多平方米，是丁汝昌坐镇议事的地方。刘公岛上建造了机器厂、水师学堂、医院，各式建筑鳞次栉比。由于岛上饮水困难，特地修筑了甜水库，并在提督衙门院内及炮台等处修筑水池多座，内有过滤泥沙设备，储存雨水。还为外籍雇员设置了俱乐部。由于刘公岛是海军提督丁汝昌驻节之地，所以李鸿章称“威海卫为北洋海军根本重地”[80]。参与领导基地施工的官员，有刘含芳、戴宗骞、龚照玙、张文宣等人。

刘含芳，字芗林，安徽贵池人。1862年即随李鸿章淮军东进上海，为李办理军械后勤。先后参与旅顺口、威海卫的工程指挥。总办威海卫鱼雷营，充北洋沿海水陆营务处，总办旅顺船坞工程局，凡屯防营、筑炮台、设机器厂、造弹药库、开学堂、办医院，皆手定章程，躬亲履勘，联络将领，督率工匠，跋涉风涛，无间寒暑。1888年署津海关道，1891年，授甘肃安肃道，为李鸿章奏请留用。1892年调任山东登莱青道，监督东海关。李鸿章称创办海军，“该道艰难缔造，历年最久，经手事件最多”。仍请于地方公事之暇，兼管营务。[81]

戴宗骞，字孝侯，安徽寿州人。同治初年入李鸿章幕府，1880年随吴大澂办理吉林边务，后率绥军移防京畿沿海一带。1888年兼统巩军，移防威海卫南北岸，督修炮台。其中巩军驻南岸，绥军驻北岸，李鸿章奏称其所建炮台结构精严，壁垒一新。对他本人的评价是“志趣廉正、经济宏通，实为文武兼资之选，深堪倚任”[82]。

龚照玙，字鲁卿，安徽合肥人。1871年入北洋制造局当差，后捐纳同知，保知府，1885年捐道员，1890年保二品顶戴，任直隶候补道。旋调总办旅顺船坞工程，

兼会办北洋沿海水陆营务处。龚照玙负责督造威海大铁码头，墩柱用厚铁板钉成方形桩，直径四五尺，长五六丈，中灌水泥，直入海底，较之各处所设铁码头，工程尤巨。

张文宣，字德三，安徽合肥人，李鸿章外甥张士珩的堂兄。1871 年中武进士，1880 年被李鸿章调为管带亲军副营，驻防旅顺，修筑黄金山炮台。1887 年调防威海，率亲军正副两营驻扎刘公岛，先后修筑岛上各座炮台，因功以总兵记名简放。[83]

威海基地营建较晚，其防御体系的设计布局也更近代化、大型化。海湾北端设有北山嘴、黄泥嘴、龙庙嘴 3 座海岸炮台（通称北帮炮台）；海湾南端设有皂埠嘴、鹿角嘴、龙庙嘴 3 座海岸炮台（通称南帮炮台）；北帮后路，有合庆滩陆路炮台；威海卫城北，有老母顶陆路炮台；南帮后路，有所城北、杨枫岭、摩天岭 3 座陆路炮台。又在刘公岛上建立东泓、南嘴、迎门洞、旗顶山、公所后、黄岛等炮台。其中公所后炮台是地阱炮台。其炮设于地下，以水机升降，见敌至则升炮轰击。可以圆转自如，四面环击。发射后借弹药坐力退压水气，降还地阱。黄岛原是邻近的一座小岛，经填

刘公岛铁码头

威海的防御炮台

海筑道，与刘公岛相连，安装巨炮。又在刘公岛南面的日岛上，建立地阱炮台，从而有力地加强了威海海湾南出海口的防御力量，能够有效地阻止来犯的敌军。威海南北帮及刘公岛西岸，还各设火药、军械等库。此外在南北帮还设有水雷营。

从防御体系来看，威海基地似乎壁垒森严。但其布局设计是有缺陷的。甲午战后，英国人戴理尔曾指出两条：一是南部的内陆炮台，其后路一侧没有防护，敌人可从此面进攻；二是岛上及其他各处炮台皆无测距离设备。[84] 负责工程的汉纳根辩解说："惟炮台形势只能顾及海中，不能兼顾后路，当时曾具禀声明，并条陈慎防敌军由陆后犯事宜。惜有胶执成法者，妄谓但须于台后树立木栅，已保无虞……而职此之故，遂与当事者意见不洽。"[85] 据对威海南帮炮台的实地观察，不

刘公岛北洋海军公所

难看出，鹿角嘴、皂埠嘴、所城北、杨枫岭、摩天岭、龙庙嘴诸炮台，由海湾而陆路，形成了一个独立的防御体系。其对外有连绵的交叉火力，彼此互为依庇。所谓对内并无保障，不能兼顾后路云云，系指海岸炮台与陆路炮台之间不能对射，亦即陆路炮台倘被攻破，海岸炮台自身缺乏后路防御力量。这类批评，从事后总结的角度看，有一定道理。更明显的问题在于，皂埠嘴炮台选址过于偏西，虽能与日岛炮台遥相响应、封锁海湾南口航道，却被东侧高坡阻挡视线，难以有效控制东、南方位的海区。龙庙嘴炮台则过于深缩港内，对湾口防御作用不大。一旦为敌所夺，反易用来射击港内舰队和刘公岛。倘若能将龙庙嘴炮台移至皂埠东山，则南帮炮台的布局就更为严密了。

短短几年时间，恬静的威海湾，成了第一流军港。一队队的士兵开进了新筑的炮台，给荒瘠的山梁海角带来了生气。暮春时节，炮台四周开遍了朱红色的花朵，五个尖瓣，在微风中摇曳。据说这花儿是外乡的士兵们带来的，只盛开在炮台周围。时隔百年之后，炮台早已坍圮，士兵也化为白骨，唯有那些小花仍在盛开，红红一片，悄悄地散发着幽香。

四、北洋海军的训练

海军初创时期，主持海防计划的洋务派官僚重点着眼于扩充舰只，对训练的重要性认识不足。马建忠曾批评说："中国自筹办水师以来，徒以分省设防，画疆而守，号令不齐，衣械不一。平日既无统属之分，临敌难收臂指之效。南北洋师船相遇，且不能以旗号通语，更何望其合操布阵？"[86] 直至 1885 年，吴大澂仍然指出海军训练中存在的问题："北洋之船，遇台澎之风，则茫无措手；南闽之弁，于渤海之沙礁，则漠不关心。"[87] 这种状况和当年绿营水师划地而巡、迁地弗良的状况变化不大，与近代化海战需要大规模协同，远距离支援的要求相差甚远。

北洋海军起步晚于南洋。由于李鸿章吸取了海军初建时的教训，抓住购舰、教育、训练、基地建设四个环节，使得舰队发展后来居上。

海军训练，从内容上可分为共同科目训练和专门训练两大类。共同科目训练是海军官兵一切训练的基础，包括条令、枪炮、损伤管制、游泳潜水等方面的训练。专业训练是海军官兵根据职责分工进行的深入技术训练。包括远海训练、枪炮训练、水中武器（鱼雷、水雷）训练、帆缆训练、通信训练等等。

军官的训练在水师学堂和练习舰实习中学得，并在服役后通过实践进一步巩固。《北洋海军章程》规定，战官“虽已补缺带船，应随时温习旧业，推广新知。每年夏季，饬由水师学堂将行海事宜出题数道，寄交提督转发各管带官、大、二、三副等拟作，仍将各卷呈由提督汇送学堂，评定甲乙、报明北洋大臣，分别记奖记过”。[88] 对于艺官，则要求其在上船五年内深明汽机理法，并能修理汽机、锅炉。[89] 由此可见，尽管海军军官在学堂已经获得较为扎实全面的基础知识，仍然要在任职岗位上不断通过学习和实践，提高专业素质和专业水平。

对弁目、水手来说，其共同科目训练是在练勇时在练习舰上完成的。《北洋海军章程》要求一等练勇对船艺项下荡桨、把舵、量水、接缆、张帆、叠帆等法，枪炮项下四轮炮操法，大炮操法，洋枪操法、刀枪操法都能训练掌握。[90] 有些共同科目，如步兵轻武器训练在军舰上也反复进行。李鸿章 1891、1894 年两次巡阅海军，均调集各舰小队登陆操演陆路枪炮阵法。他在奏折中赞扬其“精坚快利，旋转如风，为各处洋操之冠”[91]，说明北洋舰队具备两栖作战能力。又如“致远”等四舰在欧洲回华途中，就多次进行“或操火险或操水险”的损伤管制训练。[92]

弁目、水手专业训练的方法，主要由高一等的弁目水手教授。《章程》对于炮目，特别订出了应“善于教人”的要求。特种技术兵匠，还要专门训练。如鱼雷匠的培训，由鱼雷局派人担任，或由各船铜铁匠进修鱼雷技术后再来考充。近年发现的北洋海军教材《电气问答》《水雷问答》，就是专供培训用的。[93]

船队经常考核各级官兵的训练成果。通过的项目，还要定期复考，以防遗忘。考试后发给“凭单”，作为擢升时的参考。训练同考核密切相连，是国防近代化的要求和特征。海军训练，从其范围看，又分单舰训练和编队训练。

单舰训练指以一艘军舰为单位进行的训练。包括武器（火炮射击）训练、船员代理职责和多能训练、舰艇长训练、单舰战术训练等等。目前很难找到北洋海军单舰训练的材料，但北洋海军是按照英国海军操典进行训练的，因此，1872 年江南机器局译书馆所译英国海军部编《水师操练》一书，为了解北洋海军的单舰训练提供了侧面的参考依据。《水师操练》规定单舰武器训练是：“新出海之船，操练炮法，先使船上一切人同操一法。各人作各人之事，快速整齐，并须声明作事之理。次则各哨分操各法，要以能极速极静为贵。”武器训练还包括“各炮任意分放”（任意射）、“一边之炮同时排放”（同向炮齐射）、“暗号操练”（放炮不喊口令，全看第一炮手手势，以适应实战中炮声极响，无法听清口令的情况）等。《水师操练》还具体规定了船员代理职责和多能训练（“减人放炮”）、战术训练（“将

“致远”号水兵合影

战时预备各事”“夜间备战”）等内容。[94] 还在大连湾外侧的三山岛一带专门设立靶场，进行考核。西文报刊将其称作“年度射击大奖赛”。[95]

北洋军舰每年春夏秋三季沿海操巡，周历奉天、直隶、山东、朝鲜各洋面，东北各岛。冬令驶往南洋江、浙、闽、粤洋面要隘，南至东南亚各埠。从舰艇长训练的角度看，这种操巡包含熟悉风涛、沙线和提高驾驶水平的意义，是必不可少的训练环节。

从北洋海军的实际情况看，在沿海行驶的触礁事故还是很多。除了 1880 年“镇南”号由大连湾驶往海洋岛的途中触礁事件之外，1889 年 2 月，从欧洲回国刚及一年的“致远”号又在广东琼州海峡坐礁，损伤舰底面达三分之二，后来在上海江南制造局修理了一年时间。同年 9 月 11 日，“靖远”号在朝鲜海岸巡航时，因遭遇暴风，被涌山侧，舰艏撞角外甲擦伤，按照西文报纸报道，更是撞掉多块舷板，折断数根肋骨，右舷螺旋桨有两片桨叶被撞弯。舰体进水，几乎沉没。如果再加上 1894 年 11 月“镇远”号在威海入港时触礁，可以看出北洋海军海图测绘保障显然不足，导航、驾驶经验也不够。虽然修理费用须由管带自付，但对事故没有严肃追责，甚至还被隐瞒和大事化小。[96]

《北洋海军章程》以条令形式对单舰训练做了规定："各船逐日小操一次。"[97] 即日操。从现存的"致远"等舰从英国回华途中操练的秋季操单，可以看到日操在上午 8 点 45 分至 11 时 45 分，下午 3 点至 4 点进行。[98]《水师操练》称："天气若不炎热，必上午操练备战之法，至于极热为度……遂操各种放炮之法约三刻。下午齐集带刀带洋枪之人，轮流操练手枪用法。"[99] 北洋海军每天操练形成制度，迨至甲午黄海大战前，各舰仍进行日操。

编队训练，当时称"操演阵法"，是指两艘以上军舰参加的协同训练。阵法是海军战术的重要内容，对于夺取海战胜利常常起着关键作用。在帆船时代，好的阵法能帮助舰队在投入战斗前抢占有利的上风位置，并能根据战术进展来决定是逼近敌舰还是避开敌舰。但一旦投入战斗，就产生出两种战术思想。"正规派"主张在取得海战全胜前应不惜代价保持队形，使指挥官随时掌握各舰的位置，以便随时撤出战斗。"混战派"主张接敌后军舰有权机动攻击易毁的敌船，主要依赖舰长的判断力和经验。进入蒸汽船时代后，航行技术和火炮功能都有了很大发展，抢占上风已不太重要，但阵法依然是取得胜利的保证。1873 年，江南机器制造局译书馆曾出版《轮船布阵》一书。1884 年，天津水师学堂译出《船阵图说》，以图说形式详细介绍了 118 种阵式变化。北洋海军主要据此为条令，进行阵法训练。

编队阵法训练，通过大操、会操、会哨等形式进行。《北洋海军章程》规定舰队每月大操一次，两个月全军会操一次，北洋各船每年须与南洋各船会哨一次。[100]

为了及时掌握训练状况，衡量训练成果，北洋海军建立了定期阅操制度。根据规定，舰队年度会哨，系于立冬后小雪前（11 月 7 日 ~ 23 日）由提督率铁、快各舰开赴南洋，会同南洋军舰巡阅江、浙、闽、广沿海各要隘，或巡历新加坡以南各岛屿，至次年春分（3 月 21 日）前后返回北洋。每日航行和操练情形，由提督报北洋大臣咨送海军衙门查考。每逾三年由海军衙门请旨特派王大臣会同北洋大臣出海校阅一次。[101] 北洋海军成军后，共举行了两次阅操。一次是 1891 年 5 月 23 日 ~ 6 月 9 日，李鸿章与海军衙门大臣、山东巡抚张曜巡阅舰队。前往旅顺途中，各舰分行布阵，声势浩荡。夜间以鱼雷艇演习袭营阵法，其他各舰整备御敌。又调集各舰鱼贯打靶，旋以铁甲舰、巡洋舰、鱼雷艇演放鱼雷。夜晚合操，水师全军万炮齐放，无稍参差。1894 年 5 月 7 日 ~ 27 日，李鸿章同帮办海军大臣定安最后一次巡阅了他的舰队。这次调集了南北洋 21 艘军舰，是近代海军史上规模最大的一次检阅。

大规模阅操，能锻炼舰队协同指挥、编队变阵、实弹射击、战术进攻和防御的能力。这对于弹药本有限制，平时操练不准多用的中国舰队，是弥足珍贵的大好时机，阅操对提高舰队训练素质起了一定作用。

北洋海军是中国历史上第一支用西方新式军舰大炮和训练方法建设起来并正式成军的海军舰队。它的出现，在当时的中国政界和知识阶层曾产生过一阵振奋，历次阅操，艨艟云集、舳舻相接，也给并不精通海军的朝廷权贵留下了深刻的印象。1886年醇亲王巡阅北洋海军后，向朝廷报告："各将弁讲求操习，持久不懈，可期渐成劲旅。""各将领文武等均能勤奋将事，官弁兵勇，步伐整齐，一律严整。枪炮雷电，施放灵捷。""布阵整齐，旗语灯号，如响斯应。"[102]连一向与北洋龃龉极深的湘系洋务派首领刘坤一，也承认南洋训练水平远不如北洋。他请李鸿章"转嘱禹亭军门（丁汝昌），于南船抵津后赐之教督，俟会操时，谕令南船一切进止，皆视北船为标准"[103]。李鸿章自己也有些陶醉。1891年巡阅海军后他说："综核海军战备，尚能日异月新，目前限于饷力，未能扩充，但就渤海门户而论，已有深固不摇之势。"[104]人们被北洋海军显赫的声势迷惑，不仅承认其训练、装备精良，甚至寄予超越实际的期望。甲午战争爆发后，以翁同龢为首的清流文士，依附皇帝，坚决主战，这种决心，显然同"北洋海军可恃一战"的判断有很大关系。

明朝抗倭名将戚继光曾批评明朝官军的训练说："其所习所学，通是一个虚套。与临阵的真法真令真营真艺原无一字相合。及其临阵，又出一番新令，却与平日耳目闻见无一相同。""如此操练一千年便有何用？且如各色器技营阵，杀人的勾当，岂是好看的？今之阅者，看武艺但要看周旋左右，满片花草；看营阵但要看周旋华彩，视为戏局套路。谁曾按图对士，一折一字考问操法以至于终？"[105]这是旧式军队的通病。

用甲午战争中北洋舰队的实际表现验证以往的阅操，可以发现阅操并不能真实反映训练的实际情况。十多年里，北洋的训练确实取得了成绩，但在封建腐朽空气的侵蚀下，内部逐渐变质，原先规定的训练条令、科目成为具文。各种弊端纷纷而生，最终在海战中真相大白。北洋舰队军官战后的总结呈文，揭露了训练中的隐私内幕，为准确评价训练提供了重要论据。"来远"帮带大副张哲溁指出："我军无事之秋，多尚虚文，未尝讲求战事。在防操练，不过故事虚行。故一旦军兴，同无把握。虽职事所司，未谙款窍，临敌贻误自多。"[106]可谓痛定思痛后悟出的教训。

北洋海军训练的最大弊端，是缺乏实战训练，每每虚应敷衍。军官们战后披露，舰队炮术训练的真相是："预量码数，设置浮标，遵标行驶。码数已知，放固易中。”[107]“徒求其演放整齐，所练仍属皮毛，毫无裨益”。[108]至于编队训练，“定远”枪炮大副沈寿堃总结说：“平日操演船阵，阵势总须临时应变，不可先期预定。预定则各管驾只须默记应操数式，其余皆可置之。临时随意挂旗，示演各阵，则管驾不得不全图考究。”[109]后来黄海之战失利，就同平时训练弄虚作假，缺乏战术背景有很大关系。

以上弊端与训练时缺乏严格号令直接相关。海战时阵法号令至关重要。如果平时操练精娴，临敌必无踉跄误失之弊。然而北洋舰队平时旗号灯号多有迟久答应，一令即出，须催促再三，方能应命，用之已惯。[110]及至战时，怎能不误事呢?

顺便指出，北洋舰队口令皆用英语，外国观察家将此作为衡量训练水平的标尺，其实徒具形式。新上舰的水手听不懂口令，便导致指挥失灵。甲午战前，郑观应即指出，口令“依照西音，徒劳无益，不若改习华音，易习得体”。[111]战后舰上军官更提出应当将各器械名目操演号令译成中文，既易学习，而且保密，临事亦不致舛错。[112]说明根据中国国情修改增补外国规章条令十分重要。

虚应敷衍，训练松疲，同海军日益腐败，纪律懈弛有关。中法战争之后，李鸿章重聘英籍顾问琅威理时，袁保龄认为或可助丁汝昌整顿海军一番。他说各管驾太纵恣，丁汝昌又太软弱，他和周馥为此深忧。[113]当琅威理离开舰队后，军纪涣散的情况更为明显。此外，考核擢升制度的废弛也直接影响训练质量。海军官弁士兵的训练，是同考核、晋升直接联系的。但在官场裙带作风和拉帮结伙恶习影响下，军官中形成闽人圈子，士兵则有北方人圈子，造成“在军中资格较深，才力较胜者，久任不得升。而投效之人，入军便膺其上”[114]，各种训练自然变成空话。这同李鸿章也有关系，他派丁汝昌主管海军，丁不习海军，威令不行。琅威理去职后，对于部下训练是否得法，全然无从考察。周馥回忆说：“余订《海军章程》，赏罚各有条例。而将官多不遵行。相国阅操亦示宽大，谓此武夫，难拘绳墨。”[115]

练勇训练日益腐化，使北洋海军丧失后备兵源。练勇是正规水兵的后备军，按章额定250人，后来却大大突破，1891年招募即达1400人。[116]沿海百姓，将其作为吃粮拿饷的所在。许多年龄不足的少年，也设法走门路投军。造成老少强弱，敏钝不齐，训练则流于形式。甲午战前经过两个月训练的练勇，皆仿绿营习气，不但船上部位不熟，大炮不曾看过，且看更规矩，工作号筒，丝毫不谙。舰上官兵斥其“只充死人之数”。[117]

由此可知，和平年代耀武扬威的北洋海军，骨髓里早已植入导致失败的基因。因此，薛福成在1893年发出警告：“今日海军，不在骤拓规模，而在简核名实；不在遽添船炮，而在增练材艺。”[118]郑观应也在1894年指出：“船既坚矣，图既精矣，而驾驶未习，仍与无船同也。火器利矣，而施放未习，仍与无火器同也。水军成矣，水营立矣，而士卒未习；士卒习矣，而将领未得其人，是以军与营资敌也。”[119]这话同美国外交官何天爵所说“中国有一天的钱，就可以买一天海陆军所需要的任何东西。整个文明世界都情愿把武器供给他。但是中国不能在任何市场上购买有训练的军官和有纪律的士兵”[120]的意思是相吻合的。

近代化战争，对将军和士兵都提出了高度的技术、训练要求。国防近代化不仅仅是装备更新。建立一支能征善战的军队，必须用爱国主义精神做指导思想，施之以严格的训练，认真吸收先进技术，才能保持其战斗力。李鸿章注重武器装备更新，对训练却放任自流，结果使得北洋海军成为沙滩建筑，这是历史留下的深刻教训。

五、北洋海军中的外籍雇员

北洋海军在引进装备的同时，还聘用了一批外籍雇员，当时叫作洋员。

外籍雇员按其工作性质，分为高级顾问、一般教官、舰艇战术技术军官、工程人员。此外还包括一些为临时任务聘请的人员。

外籍雇员按照其来源分，有经过与外国政府联系，正式由其国家推荐者，在战时须遵守局外中立原则，不得参战；有为执行某项商务合同，由外国公司派出者；也有经熟人推荐或自荐，以个人身份被聘用者。对第三种人，虽然在战时本国领事会向其发出撤退要求，但这些人往往以“国际公民”自居，不予理会，而且中方在聘用合同中，还会对其战时不得辞职离去，提出专门要求。

所谓高级顾问，是指李鸿章特聘协助海军最高负责人进行训练、作战以及舰队日常管理的外国顾问，是外籍雇员中地位最高者。有时还被指派执行某项特别任务，但其职位称呼并无明文规定。

1880年，李鸿章在筹备练习舰时，欲觅熟悉军舰规制的外国教习，赫德向他保荐了英国人葛雷森。葛雷森1841年3月3日出生于肯特郡坎特伯雷的利特尔本，早年做过英国商船军官并通晓中文，1869年6月入中国海关，曾任巡船“飞虎”管驾，又做过粤海关副税务司，1879年回国度假，旋随四“镇”回华，李鸿章命他兼管炮艇出洋操巡，但私下认为他在英国海军仅当过水兵，并未当过军官。

5月12日，四“镇”及“操江”轮在大连湾驶往海洋岛途中，邓世昌驾驶的“镇南”号误触暗礁，海水灌入，情势危急，天已入夜。葛雷森率水兵带水龙乘“飞虎”巡船赶往，指挥排水，并将“镇南”系于“飞虎”，拖带出险。丁汝昌感慨地说：“‘镇南’得以保全，全葛君一人之力。”李鸿章便命他协助督练炮船的丁汝昌，担任总教习。次年又派他与丁前往英国接带“超勇”“扬威”回华。“壬午之变”时，他也随舰赴朝，在营中布置一切。事后获赏总兵衔。由于他几次指出在英订购军舰的缺陷，赫德和金登干都对他产生不满，称他是“一个被事业上获得成功以及被放在一个他受的教育和训练程度不配担任的职位所宠坏了的人”[121]。于是他们改为推荐琅威理。1882年9月，李鸿章聘请琅威理担任北洋水师总查（The Chief Inspector）。年底，葛雷森请假探亲，准假两年。丁汝昌曾在烟台设宴饯别，称葛雷森“忠悬廉洁，心在中国”[122]。在1882年以后的两个财政年度里，葛雷森仍以六“镇”炮船总教习的名义支薪。后来又回海关，担任缉私船税务司。1884年10月，琅威理因中法战争回避归国，李鸿章又根据李凤苞的推荐，委托德国人式百龄统带“超勇”“扬威”舰南下援闽，但式百龄未获得“总教习”之类名号。1886年，北洋海军重聘琅威理担任总查。四年后，因“撤旗事件”，琅氏辞职回国。此后至甲午战争爆发前，北洋海军便再也没有聘请高级顾问。

一般教官和舰艇战术技术军官人数甚多。由于史料缺乏等原因，后人所知是不全面的。从各种奏折材料及其他资料中陆续提及的人物中篦梳，至1884年底大致包括：“龙骧”等四船洋教习富思德等11员，“镇北”等四船洋教习吉必勋、哥嘉、李福，“镇中”等二船洋教习必第、印都，六“镇”炮船总管轮巴尔伯、德伦，“超勇”快船洋员哈必登、拜列员，“扬威”快船洋员章士敦，“扬威”总医士鲍德，水师总教习倪乐顺，水师总管轮葛雷德，水师操练教习雷登，枪炮正教习鲍察，水师枪炮副教习立克路司，天津水陆各营洋号总教习毕格里，炮台教习额德茂，鱼雷总教习哈逊克、赖乏，监工福来舍，鱼雷轮船总教习区世泰，鱼雷轮船管炉教习卜里士刻，大沽口水雷营教习满粟士，旅顺口鱼雷营教习密勒克，水雷教习施密士，练船驾驶教习倪耳森，水师练船帆缆教习嘉格蒙，练船帮教习马吉芬，监造练船法乐，水师候差洋员丁龄，天津水师学堂管轮教习霍克尔、副教习希耳顺等。[123] 1885 ~ 1886年，有从驾驶“定远”等三舰来华的400位外国官兵中留用的管驾、管轮教习密拉等30员，“济远”三管轮卢察审，水师练船正教习伦察，练船驾驶教习倪耳森，水师枪炮副教习立克路司，练船帮教习马吉芬，水师操炮教习雷登，鱼雷总教习福来舍，帆缆教习嘉格蒙，管理挖海机器船勒威，天津水陆各营洋号总教习毕格里，大沽口水雷营教习满粟士，旅顺口鱼雷营教习密勒克，操炮教习额德茂，帮办旅顺口工程善威，旅顺口工程局派管浚澳潮标舒尔次，导海挖泥机器轮船教习丁格、温瓦而脱，操炮教习古柏尔、雷登、费纳宁、赖世、锡伦司、希勤司，水雷教习罗觉斯（罗哲士）、纪奢（即余锡尔），贝孙、海麦尔等。[124]1888年，北洋海军留用了运送“致远”等舰回华洋教习中的雷礼等13人。1889年，北洋海军雇用教习、洋员34人，其中包括“致远”等四舰酌留洋员9人。1890年，北洋海军共雇教习、洋员29人。至1894年甲午黄海之战中仍在北洋海军服务的8名外籍雇员是：汉纳根，帮办“定远”副管驾戴乐尔（戴理尔），“定远”管炮洋弁尼格路士，帮办“定远”总管轮阿壁成（又译亚伯烈希脱），帮办“镇远”管带马吉芬，总管“镇远”炮务哈卜们（又译赫克曼），“致远”管理轮机余锡尔（又译普菲士），“济远”管理轮机哈富门。[125]这些洋员主要承担舰队训练、军舰部门训练、技术兵种训练、练习舰训练和海军教育任务。有的直接负责某一部门的操作。此外，在修建海军基地和后勤保障设施时，也聘用了一些外国技术人员。

技术类官员中最著名者莫过于德国人汉纳根。汉纳根1854年12月1日出生在普鲁士特里尔城的普鲁士军官家庭。祖父和外祖父都官至少将，父亲在1866年的普奥战争中指挥步兵第8旅立下战功，晋升中将。退役后老汉纳根仍是活跃的军事作家。汉纳根10岁出头时，就按照当时普鲁士军事贵族家庭惯例，入军校学生团住读。19岁毕业，进入步兵45团，1874年10月被授予少尉军衔。汉纳根的性情明显和等级森严的普鲁士军队并不匹配，从1876年底到1877年初他先后受到三次处分，之后调到并不吃香的野战炮兵团。在那里情况也没有改观，上级评价他“既无技术，又无干劲”。1877年6月，汉纳根醉酒后和一个地产商人打架，

炮术教学瑞乃尔

“定远”炮术教习尼格路士

“致远”管轮余锡尔

虽然民事法庭裁定为自卫，宣布他无罪，但是维护军队风纪的军事法庭认为他的行为有伤军队风化，判他有罪。通过一份德皇签字的裁决书，汉纳根被责令免职，仅可保留少尉军官的名衔。汉纳根的父亲和德璀琳的父母是世交，德璀琳 1865 年前往中国，1877 年出任天津海关税务司，也成为李鸿章非正式的顾问。德璀琳有意帮助老友困境中的儿子，向李鸿章推荐他担任军事顾问，未获结果，而已在父母家赋闲两年的汉纳根却不愿再作等待，他以 4% 的利率向姐夫借了 3000 马克，又从汉纳根家族基金会申请到 390 马克无息贷款，自购船票来天津冒险一搏。1879 年 11 月 2 日，李鸿章在衙门里接见了这位 25 岁青年，询问基本情况后同意雇用他监造沿海炮台，与他签订了长达七年的雇用合同，他的起始月薪是 75 两银子，以后每年增加 12.5 两（以学习中文的程度为基础），直至 150 两后，增长将和业绩考核挂钩。

从汉纳根履历可知，他既不是以前中文史书所称的"陆军大尉"、工兵军官或要塞工程师，也不曾像学生团极少数优秀学员，升入军校学习过专业知识，更不是中国驻德使馆招募的成熟人才。他就是一个初出茅庐的"菜鸟"。他的军事工程能力，来源于学生团入门级培训，离开军队后自习的机械制图、土木建筑、军事工程设计等课程。他通过父兄邮寄的专业书籍和军事百科全书，在实践中边干边摸索，也与父亲在通信中进行讨论。他修葺天津大沽口炮台，修建一座连接大沽和北塘的浮桥，主持设计和建造了旅顺口的黄金山、老虎尾、老蛎嘴、蛮子营、馒头山、模珠礁、蟠桃山等 7 座炮台，以及威海卫、刘公岛防御的主要炮台。初到旅顺时，当地仅他一个洋人，没有社交和娱乐活动，白天指挥工人施工，晚上苦读中文和专业书籍，由此掌握了汉语和炮台工程两门专业知识，不能不说是个坚毅和聪明的人。[126]

汉纳根

19 世纪下半叶，随着欧美国家工业化的完成，国际劳动力市场流动活跃。大批具有技术专长的人士，包括下级军官、士官的收入菲薄，社会地位也不高，所以愿意背井离乡，在全球范围寻找发展机会。由于技术位差，也由于中国在一定规模上引进西方武器装备，外籍人员的薪酬大大高于其在本国收入。来东方求生活虽然不是这些人士的首选，仍然不失为富有吸引力的挑战。他们坦诚"是来赚钱的，并不对中国人负有义务"[127]。汉纳根的背景和经历就是这类外国

汉纳根设计建造的黄金山炮台

人的典型代表。中国军队招募的外籍顾问、教官、技术人员，乃至租界里云集的商人、工业家、代理中介、建筑师，大多是怀揣梦想、试试运气的冒险者，虽然素质上良莠不齐，技术上各有高低，但外籍雇员总体上对中国军事现代化起到了推动作用，有些人在工作中也有很高的责任意识。

海军作为国家机器的重要组成部分，无疑具有抵御侵略的功能。就国家层面而论，西方列强既要打开中国大门，又向中国提供军事顾问，以图扩大影响；清政府既要发挥外籍雇员的作用，又要维护中国主权。这里的关系微妙而复杂。从外籍雇员中最著名的人物、两次担任北洋海军总查的琅威理身上，我们可以集中地看到这种矛盾关系的详尽体现。

琅威理，1843 年 1 月 19 日出生于英国。14 岁进入皇家海军学校，16 岁入海军实习，以后一直在英国海军服役。1863 年随“李—阿舰队”首次来华。1877 年又为金登干所聘，护送炮艇前往中国，颇得郭嵩焘、丁日昌的赞赏。所以，当李鸿章在 1879 年委托曾纪泽向英国海军部访觅外国顾问时，曾纪泽便告诉他，根据金登干的推荐，琅威理新近又将送炮船来华，其人“诚实和平，堪以留用”。这年 9 月，英国海军上将古德路过天津时，李鸿章与他谈到择派兵船熟手，古德也说琅威理明练可靠。[128] 恰好 11 月，琅氏护送四“镇”抵津，李鸿章与他晤谈数次，又看他调阅操演，甚为满意，便当面延聘，月薪 600 两。

琅威理是和汉纳根不同的另一类型外籍顾问，是中英政府协调下中国向英国“借用”的，因此他的地位就更为强势。琅威理表示，来华任职，第一，须有调派弁勇之权；第二，他须向英国海军部请假并获得允准；第三，中国方面须与英国海军部商妥，将他在华服务年限作为海上服役年资，不能影响他在英国海军中的升迁。李鸿章请曾纪泽与英国海军部洽商，而英国海军部却犹豫不决。一则不愿其现役军官为中国训练军队，二则琅威理既为中国所聘，应该留职停薪，海上年资亦当暂停计算。此事遂陷入僵局。直到威妥玛、赫德、金登干等人出面多次活动，才使事件有了转机。

1882年秋天，琅威理来华任职，头衔是副提督（The Brevet Rank of Vice Admiral，名誉中将衔）、北洋海军总查（他此时在英国的军衔是海军中校），负责北洋海军的组织、操演、教育和训练。琅威理治军严格，办事勤快，认真按照英国海军的条令训练，为海军官佐所敬惮。他还根据国际惯例，为舰队制定了中外海军交往的礼节，扩大了中国海军的影响。[129]中法战争爆发后，琅威理因英国政府宣布局外中立而回避去职，请假回国。1886年1月应邀重返中国。此时他已升任英国海军上校，故月薪增至700两。

1886年5月，醇亲王巡阅北洋，以琅威理训练有功，授予二等第三宝星并赏给提督衔。以后李鸿章在发给琅威理的文电中，常用“提督衔琅威理”或“丁琅两提督”的称呼。在北洋海军的正式公文中，他的头衔全称是“会统北洋水师提督衔二等第三宝星琅威理”。[130]

1887年，琅威理带队前往英德两国接收“致远”等四舰。琅以“靖远”为旗舰，升提督旗指挥一切，直至厦门与丁汝昌会合前仍高悬提督旗。[131]

由于丁汝昌不熟悉海军事务，舰队训练任务多由琅威理主持。接触过他的人说：“琅威理终日料理船事，刻不自暇自逸。尝在厕中犹命打旗语传令。”[132]丁汝昌在琅威理第一次辞职后曾说：“洋员之在水师最得实益者，琅总查为第一，葛雷森次之。其人品亦以琅为最。平日认真训练，订定章程，与英国一例，曾无暇晷。即在吃饭之时，亦复手心互用，不肯稍懈。去秋退处烟台，已经禀辞薪水，尚手订舢板操章，阅两月成书寄旅。此等心肠，后来者万不能逮。……去冬濒离烟台时，贻示一书，略曰：水师已有一半功夫，未竟而去，耿耿此心有不能寝食者。若从此守住，则后来或可一线到底；若见异思迁，则前功尽弃。我深愿为中国出死力，奈国法不准。如中国能与我订立合同，常为中国水师之官弁，我所应得本国终身廉俸，中国亦能认给，则我亦不难舍英趋中，冲锋陷阵，惟命是听，盖我有妻子儿女，胥恃此也。”“琅亦深得各管驾、弁兵之心，于今尚有去后之思。”[133]他日夜操演，士卒欲求离船甚难。在他的作风影响下，无人敢出差错。军中流传着“不怕丁军门，就怕琅副将”[134]的说法。琅威理自己也回忆，某次“深夜与其中军官猝鸣警号以试之，诸将闻警无不披衣而起，各司所事，从容不迫，镇静无哗”。[135]在其任内，北洋海军的训练水平达到了很高水平。

1886年，琅威理重返北洋海军。在第二次签订的服务合同中，中方不仅要求琅威理承诺在五年内将中国海军的训练提升到国际水准，并且必须应允在战时帮助中国作战，除非作战对象是英国。对此项条件，英国外交部和海军部还有不同意见，[136]而琅威理与中方的关系似乎没有中法战争前那么融洽。当醇亲王检阅海军时，琅威理为了某种怠慢或其他的事而一直不悦。[137]不久，在秋天发生的“长崎事件”中，访问日本的北洋海军官兵遭到日本人的追杀，而琅威理却“一意袒倭”，使得丁汝昌对他大为不满。[138]但琅自己却认为在中国得不到足够的信任和授权。他以眼疾为理由，在《北洋海军章程》奏呈慈禧太后的第二天（1888年10月1日），向李鸿章请假回国治病。[139]同时，给金登干写了一封长信，表示如果明年3、4月份身体转好，而英国外交部又要求他返回中国，他自然会回去。但他本人很不愿意回去。[140]赫德对此批评说：“如果琅威理能坚守岗位，而不是每隔几个月中断工作回家一次，他会有所长进和少抱怨些。我对他已无能为力，他已实际掌权——能接触到合适的人物，因此完全应该由他自己来办。……如果他不能下决心留下干上五六年时间工作的话，那就干脆辞职，这样对大家——他本人、我、海军等，都有好处。他具备优秀的品质，但大自然没有赋予他某些最重要的品德。”[141]从赫德与金登干这阶段的通信中，我们已能预感到琅威理随时会挂冠而去。[142]

1889年初，琅威理在伦敦拜访了英国首相索尔兹伯里勋爵，谈及他在中国的令人不满的处境。他认为，如果发生战争，中国人不会信任他指挥舰队。如果为了英国的利益，他可以暂时放弃自己的国籍。在他看来，中国人迟早会因朝鲜问题与俄国开战，而日本会站在俄国一方。首相让他找海军大臣汉密尔顿勋爵谈谈。[143]琅威理于3月带着妻子和两个孩子返回中国。

1890年2月，北洋舰队南下避冻。25日，丁汝昌率“致远”“济远”“经远”“来远”四舰至海南岛一带操巡，预定3月10日左右返回。琅威理、林泰曾、刘步蟾督带“定远”“镇远”“超勇”“扬威”在香港维修。按照香港记者目击，此前“定远”一行进港时升着代表琅威理的提督将旗，“镇远”上飘扬着代表丁汝昌的提督将旗。[144]丁汝昌带队离去后，左翼总兵林泰曾在“镇远”舰上换升总兵将旗，表明自己是在港分舰队的最高长官。北洋海军提督旗图形为黄、白、黑、青、红五色，角上饰以团龙。而总兵旗为团龙黑、青、红三色（见书前彩图）。琅威理责问：“丁提督离职，有我副职在，为什么撤下提督旗？”刘步蟾答：“按海军惯例应当如此。”[145] 琅威理立即致电李鸿章，对自己的地位提出质问。李鸿章回电林泰曾：“五色团龙旗只为中国实授提督所用，告知琅威理不可用之，以免中外贻笑。”[146] 这就是著名的“撤旗事件”。

3 月 7 日，李鸿章再次致电林泰曾：“琅威理昨电请示应升何旗，《章程》内未载，似可酌制四色长方旗，与海军提督有别。”[147] 制四色旗自然是调和折中之语，但李鸿章的电报，明确表明了北洋海军只有一个提督。丁汝昌回香港后与琅威理谈话，同样指出，五色团龙旗是为北洋海军提督设立的，琅是老师，他们都是学生，听他的指令和教导，希望从他身上学到东西。他不必为中国官员的官阶比他高而烦恼。他被指派负责培训和操练航海阵法，获得提督百分之七十的权力。假如丁离任或战死，琅还是在现在位置上去协助林泰曾，而不会让他来领导舰队。丁汝昌的解释十分明确——琅威理是顾问，不是副提督，更不是北洋海军提督的候任者。为了安抚，他承诺以后他再次离队的话，会委任琅威理统领舰队，并让他升五色提督旗。5 月初，丁汝昌、琅威理率舰队北上，在马尾接收“龙威”，而后返回威海。丁、琅一同赴津，与李鸿章面谈。李鸿章不理解琅威理有何受辱，依然坚持原来的看法，琅威理当场提出辞职，李鸿章接受了他的请求。

琅威理与丁汝昌谈话后，曾给英国领事、英国海军部大臣哈密敦、赫德写信，并拜会英国海军中国舰队司令萨德蒙将军，诉说受到侮辱。8 月 18 日，驻英大臣薛福成电告李鸿章，英国外交部已致电驻华公使复查此事，并考虑撤退全体在华

琅威理接带“靖远”等舰回国时，在舰上升五色立锚提督旗

英籍人员。薛问“能否转圜，邦交有益”[148]，20日，英国公使华尔身向李鸿章询问琅威理辞职缘由。李鸿章否认与英国首相约定琅威理与丁汝昌平行，指出“中国海军称琅为提督，乃客气用语”。[149]22日，他又致电薛福成：“琅威理要请放实缺提督未允，即自辞退。向不能受此要挟。外部等或未深知，望转达。似与邦交无涉。”[150]

11月4日，英国拒绝了李鸿章另聘英人为北洋海军顾问，以代替琅威理的请求，并召回在旅顺港服务的英国人，宣布不再接纳中国海军留学生。[151]中英海军合作关系进入低潮。

探究琅威理在中国的贡献和结局，对于研究洋务运动时期西方国家对中国兴建海军的态度显然是有典型意义的。《海军大事记》的作者池仲祐认为：“北洋之用琅也，畀以提督衔，此在吾国不过虚号崇优，非实职也。而军中上下公牍，则时有丁、琅两提督之语。故自琅威理及诸西人言之，中国海军显有中英两提督，而自海军奏定章程言之，则海军只有一提督，两总兵也。”琅威理因撤旗事件“拂然告去，然至终不悟争执之理由”，把琅威理辞职，仅仅看作他本人没有弄清自己的地位。[152]事情显然没有这样简单。

积极推动向中国派遣海军顾问的，首先是英国在华外交官和中国海关中的英国人赫德，其目的是增强对中国海军的影响力，抵制其他国家在华势力的扩展。早在1880年，英国公使威妥玛便向国内报告，美国上届总统格兰特的一个亲戚正在被提名，“当然这是美国使馆的花样”，“美国人如果能干的话，非常可能颠覆这个国家”。他还提到德国公使巴兰德的一个舅爷也被提名。威妥玛说，改组中国军队之权必须只掌握在某一个国家手中。而如果我们不是这个国家，就将“极其有损于我们的利益”[153]。1881年10月，赫德在给金登干的信中提到，李鸿章可能任命美国海军提督薛斐尔担任北洋海军总司令，法国人则在推荐戈威因和努瓦康担任这一最高职，而英国领事馆和公使馆则阻挠他控制中国海军的活动。他愤愤地写道：“该死！该死！！该死！！！”但又透露“目前是哥嘉和葛雷森在掌权，海关的控制是牢靠的”[154]。1882年春，金登干密函英国外交部官员庞斯福德和海军上将凯古柏，要求英政府支持向中国派遣海军顾问的请求。外交部立即请海军部同意这个请求。然而海军大臣答复说：“中国如有强大海军，对我们是否有利，尚有疑问。”经过争论，海军部给了琅威理三年假期。赫德对英国政府的这种拖拉作风很不满意。他再次抱怨说：为使英国控制中国海军，他已奋斗了25年。

假若他是法国人或德国人，早就取得了惊人的成绩。他手中“一般都掌握有最长的一组同花牌和最后的王牌，应该打赢；但是我的搭档——英国官场——忘记已出了什么牌，记不得别人有什么牌，有牌不跟，不叫王牌等等，虽然我们第十三墩得分，对手还是能赢决胜局”。[155]

中法战争后，赫德更露骨地对金登干说：“法国、德国和美国都想抓到海军领导权，但我保持海军掌握在英国人手中。海军衙门的成立是向前迈出一大步，中国需要琅威理：那么好的开端！机不可失，时不再来，务必促他来华！”[156]琅威理重返中国是由中方通过外交途径直接向英国外交部和海军部提出来的。当琅威理到达上海后，赫德并不清楚清政府对琅的安排，但他极为关注。他说：“琅威理也许出任水师衙门的总查或总海军司。如果他谨慎从事，一定会前程无量。”他告诉金登干，丁汝昌“竭力要把琅威理掌握在自己之手，可是我已电告琅威理在事情未在天津妥善定局之前，不要同这位能说会道的老君子打成一片”[157]。他不厌其烦地强调：“现在领导权是在我们手中，但是为了我们两国的利益，特别是为了我国的利益，我们应当继续将它掌握在我们手中。”[158]

在赫德和金登干的活动下，英国政府对琅威理来华就聘开了绿灯。海军部1885年10月要求琅威理立即动身前往中国，琅威理对通知的“命令”口气感到不快，因为他妻子即将分娩。现在尚无证据证明琅威理本人直接参与了英国政府、英国在华外交官或赫德企图控制中国海军的计划。琅威理更像是维多利亚时代一个固执地注重个人名誉和待遇，同时对于工作也极端负责的职业军人。早在1884年琅威理第一次辞职的时候，时任英国驻华公使巴夏礼就“借阅”了琅威理的合同，发现当时由英国政府“慷慨借出”的优秀军官，写成是赫德推荐和保证的结果。巴夏礼告诉英国政府，他向总理衙门打听，发现中央官员根本不知道琅的存在，琅成了地方大员李鸿章手下的一名“雇佣兵”。巴夏礼建议，今后外借军官应当给予中国政府，从而保障英国政府的体面和人员的待遇。但前引威妥玛、赫德言论，露骨表述了英国政府以及赫德等人企图通过琅威理，对中国海军以及对中国政府产生更大影响的意图。并且在琅威理心中，就以为自己是得到清帝御赐，和丁汝昌平起平坐的另一提督。“撤旗事件”发生后，他表示：“世上有哪个英国海军军官，会接受担任一个从属于某个中国人的海军职位？”从这个意义上说，对撤旗事件的处理，表明中国官方的立场，在主权问题上决不退让。李鸿章努力保持舰队不受外籍雇员控制，在必要时不惜采取断然措施，以回答要挟。这一事件也充分表明，外籍雇员同清政府确实仅仅是雇佣关系，他们没有获得更多权力。但是，问题并不仅仅在此。中国作为落后国家，在近代化的道路上，如何得到传统海军国家的指导，又不放弃对军队的控制权，始终是一个更为重要又长期没有很好解决的课题。

林泰曾、刘步蟾与琅威理的矛盾，除了指挥权之争外，从某种程度上也曲折反映了北洋海军内部对于严格管理的厌烦情绪。事实上，早在1877年第一批进口炮艇来华后，北洋水师官兵已与外国雇员发生过类似冲突。李鸿章曾在给吴赞诚的信中提到，聘请的外国军官不愿前来，“问其何以不愿，据云仅令教练而不假以节制擢陟之权，弁兵必不听令，断难进益。即以‘龙’‘虎’两船原募各教习，皆以求退，因兵官以下，毫不虚心受教，炮船机器久恐废坏云云”。[159] 琅威理是个性强脾气躁的人，赫德说他“具备了海军军官的坦率，但缺少一个‘组织者’需要具备的宽宏大量”。他的管理风格使得一些中国军官难以接受。1889年8月，有谣传说丁汝昌即将退役，而丁本人认为他的继任者无法与琅共事。[160] 琅威理自己也说：“那两个总兵是丁职位的继承人，丁很大可能会在十八个月后引退，而指挥权就会落入他们当中。他们当然不想有一个欧洲人在他们头上。”刘步蟾、林泰曾等在英国多年，深悉交际和交涉的窥要，看琅威理不过是番将客卿，并不是上级领导。但琅威理在自己职务和军衔方面，确实有过分之处。1887年他去英国接带“致远”四舰，曾与邓世昌等官兵在舰上合影，穿着英国海军上校军服，在代表其军衔的袖口标识上，饰有双龙——这是当年洋员自己的发明，比如另一

左图为琅威理接舰时身穿海军上校军服，右图为其返程时拍摄的身穿海军上将军服照。

位美籍洋员马吉芬，也有穿着美式海军军装，在袖标上饰龙的照片。后来琅威理率舰返航，在"靖远"舰升提督旗，另为自己做了一身中西合璧的海军上将军服与将旗配套：全套英款，连腰带扣上也有维多利亚女王的王冠图案，但在袖标上饰以双龙。他在新加坡拍摄了海军提督（上将）照片。船至香港，依然飘扬着提督旗，使得英国皇家海军中国舰队司令哈密敦海军中将不悦，这涉及海军礼节，低军阶军官要先向高军阶军官行礼致敬并前往拜访。幸好琅威理先去拜访了哈密敦，才避免了尴尬。但哈密敦设晚宴招待琅威理时，估计琅穿了新礼服过去，这又涉及宴会座次。哈密敦为此致函海军部，表示从未收到中方关于琅为中国提督的官方文件。除非琅辞去他在英国海军的职务，否则在欧洲列强来看，他只是一个英军上校。英国首相索尔兹伯里勋爵对此明确表示不允许查问下去，绝对不可向中方提出。逼迫中方明示琅威理的地位，是对琅不利的。至于欧洲列强认不认，可由中国政府自己去处理[161]——这种连英国首相都明白的模糊战术，后来却被琅威理自己扯破，非要弄个明白，英国政府就不得不站在他的背后来力挺英国人的面子了。

琅威理接收"致远"四舰抵达厦门时，依然升提督旗，当时搭舰回国的驻英使馆随员余思诒注意到，"丁军门为北洋统领，凡在军门之次者，见督旗自应撤旗。瑯（琅）总理以恩赐提督衔总理出洋接船事宜，今虽至厦门，尚未交船，故仍悬挂督旗焉"。[162] 琅威理是否穿着那套行头与丁汝昌见面，以及他后来在北洋海军工作时穿什么服饰，均未见史料记载，但依其个性，既然穿上了上将官服，也是无法换下来的。《北洋海军章程》颁布后，琅威理岂会不知道舰队只有一个提督，丁汝昌是个好好先生，对琅的僭越采取忍让，其他高级军官却觉得很不舒服，所以林泰曾更换将旗，未尝不是事先的策划和计谋。琅威理的自尊心受到侮辱，事情才会转向责问李鸿章能否给他放一个实缺上来。当时人大多认为，"海军之建也，琅威理督操綦严，军官多闽人，颇恶之。右翼总兵刘步蟾与有违言，不相能，乃以计逐琅威理。""众将怀安，进谗于李傅相（鸿章）而去之。"[163]

琅威理面见李鸿章时，不仅当场提出各舰高级军官均由福建人控制和纪律松散问题，还提出实行行船公费按舰包干，造成补给品保障不足和不及时维修，"舰只永远不会处于高水平的状态"。他还反映了"致远"搁浅受损后迟迟不进坞修理，这些情况最终似乎未曾处理。尤为糟糕的是，琅威理走后，北洋海军的训练和军纪日益松懈，操练尽弛。自左右翼总兵以下，争挈眷陆居，军士去船以嬉。每当北洋封冻，海军例巡南洋，率淫赌于香港、上海，更显得撤旗事件像是一场悲剧的开端。赫德后来幸灾乐祸地对金登干说："琅威理走后，中国人自己把海军搞得一团糟。琅威理在中国的时候，中国人也没能好好利用他。"[164] 这不能不说是中国近代海军发展史上一个惨痛的教训。

作为对比，日本海军也是英国人一手训练起来的。皇家海军的英格斯上校受聘在日本海军大学执教，为日本海军建设做出了很大贡献。[165] 英格斯本人回忆说，他在日本服务时，日本政府曾封赠他以贵族，使他能有足够的权力和地位，以与日本的高级将领接触。[166] 日本海军从英国人的教育中得到极大的好处。当他们认为有理由独立行走时，欧洲军官便体面地告退。而日本人"坚持走着他们在英国的指导下踏上的道路，他们不仅使舰队保持着英格斯离开时的面貌，而且更趋完善了"[167]。对于几乎同时起步的中日两国海军，没有理由简单地认为，列强对中国就是要控制，对日本人就是要扶持。经历了一个世纪的风风雨雨，后人有必要对这段历史进行反思，并从中探寻有益的启迪。

六、跛足而行

自从朝廷做出了优先发展北洋海军的战略决策后，中国的海军事业便出现了跛足而行的不平衡现象。因为这一战略的基础，是建立在牺牲其他地区海防建设，来保证京师安宁的构想之上的。但是，即便对于北洋海军这朵娇纵独放的花朵而言，它的成长也是屡经风雨，渐成畸形，终究没有结出人们长久期待的果实。

"超武"管带叶富，船政学堂的外堂生，死于与金满作战之中。

朝廷把海军看作维系政权稳定的工具。1881 年，船政学堂第一届毕业生叶富管带"超武"舰，就参与了抓捕浙江台州农民造反者金满的军事行动。9 月 17 日，叶富亲自率军上岸作战，受到包围，被击中胸部，最后官军溃散，他被斩去首级。[168] 他是当年极为稀缺的海军舰长，也是邓世昌的儿女亲家，却在“官兵捉强盗”的任务中，执行了武装警察的角色而战死，令人十分惋惜。金满后来被浙江巡抚刘秉璋招安，竟由彭玉麟带往长江水师差委，和海军官兵成了同事。1888 年夏，台湾吕家望番社起事，清军镇压未能平服。在巡抚刘铭传的要求下，李鸿章派丁汝昌率“致远”“靖远”前去支援。两舰 8 月 28 日到达台湾卑南，除了担当送信、探事任务外，还将“致远”舰 4 门小型速射炮卸下，运至陆路，协助清军进攻。[169] 丁汝昌因此被赏予头品顶戴；邓世昌擢以总兵记名简放，并加提督衔。叶祖珪以参将尽先补用，并加副将衔。[170] 1889 年底，北洋海军南下避冻时，刘铭传再次请求“致远”“靖远”协助恒春“剿番”。[171] 1891 年秋，长沙哥老会起义，重庆、芜湖、镇江教案迭出。李鸿章又派“经远”“靖远”前往上海驻防镇慑。[172]

北洋海军成军以后，发展反而缓慢下来，只是在 1890 年新装备了一艘国产巡洋舰“平远”。1891 年，恰逢北洋海军成军之后三年校阅之期。5 月 23 日，李鸿章率直隶按察使周馥，从大沽乘“海晏”轮出发。同日，帮办海军事务大臣、山东巡抚张曜也在烟台登上“康济”舰。24 日，他们在旅顺会合。北洋海军提督丁汝昌统率“定远”“镇远”“济远”“致远”“靖远”“经远”“来远”“超勇”“扬威”“平远”“康济”“威远”及“广甲”诸舰，南洋兵轮船统领郭宝昌统领“寰泰”“南琛”“开济”“镜清”“南瑞”“保民”诸舰，参加校阅。他们查看了旅顺军港新建大石坞工程及各炮台情形。船坞旁新造厂房仓库 14 座，大小电灯 46 座。还兴建铁路，连接厂库，以便起卸转运料物。从此，北洋军舰可以随时入坞维修保养，无须远借异国，洵为一劳永逸。在船澳东侧，还建立小石坞，专门修理雷艇炮船。尔后，视察东西两岸炮台，看炮手演示打靶；考校鱼雷、水雷学堂学生，并演放水雷。28 日，李鸿章一行开赴大连湾，各舰随行，沿途布阵，不断变换队形。夜间，以六艘鱼雷艇试演袭营阵法。29 日，他们至三山岛，看舰队鱼贯打靶。北洋 7 舰和 6 艘鱼雷艇还相继施放鱼雷。又观看新修建的和尚岛、老龙头、黄山、徐家山等炮台。6 月 1 日，舰队开赴威海卫，李鸿章阅看戴宗骞所部绥巩军新筑南北两岸及日岛炮台。

6 月 11 日，李鸿章、张曜上奏，报告巡阅情况：“综核海军战备，尚能日异月新。目前限于饷力，未能扩充，但就渤海门户而论，已有深固不摇之势”[173]。奏请在胶州、烟台添筑炮台，获得皇帝允准。旋又接上谕转发户部奏疏，南北洋购买外洋枪炮、船只、机器暂停两年，将所省价银解部充饷。李鸿章大感失望，他向云贵总督王文韶抱怨说：“宋人有言，枢密方议增兵，三司已云节饷，军国大事岂真如此各行其是而不相谋！”[174]又在奏疏中说：“方蒙激励之恩，忽有汰除之命，惧非圣朝慎重海防作兴士气之至意也。”[175]

翁同龢

主持户部这一决策的，是户部尚书翁同龢。翁同龢是同治、光绪两任皇帝的师傅，中法战争后，又成为后清流的领袖。作为一个官僚，他在伺侯慈禧太后的种种非分财政开支方面，不像前任阎敬铭那样耿直不阿；作为正统士大夫的魁首，又有强烈的忧国忧民责任感，常常成为洋务派的掣肘。这次停购外洋枪炮的决策，给海军事业的发展带来了消极影响。台湾巡抚刘铭传在听到停购外洋兵舰的消息后，也顿足叹道：“人方基我，我乃自决其藩，亡无日矣！”

六年前，海军衙门成立时，醇亲王雄心勃勃。1886 年春天，他在李鸿章陪同下巡阅海军后，对于北洋海军建设，也是费心的。1887 年 12 月 9 日，因醇王病重，慈禧太后、光绪皇帝亲诣醇王府视疾。奕譞将其巡阅海军时慈禧所赐金如意交光绪，留言“无忘海军”。[176]他后来又多活了两年，在他主持下，1888 年正式颁布了《北洋海军章程》，从此北洋海军正式成军。在海军章程里，编写者特别指出：“参稽欧洲各国水师之制，战舰犹嫌其少，运船太单，测量探信各船皆未备，似尚未足云成军。目前库藏支绌，固难遽议添购……拟俟库款稍充，再添大快船。”然而天不假年，醇王体弱多病，他在 1891 年 1 月 1 日去世。奕譞死后，朝廷最高决策层中能真正理解并支持李鸿章建设海军的，竟是没有人了。

北洋海军停止进口军舰，却为颐和园建造游艇。9 月 15 日，天津机器局为颐和园建造“恒春”小轮船，经海军衙门验收，共用工料运费库平银 9038 两。三年之后，1894 年 4 月 7 日，李鸿章致函海军衙门帮总办章京傅云龙，提到前奉懿旨，新制小轮船，五月内可造成，届时由通州陆运至昆明湖。[177]

户部在甲午战争爆发后曾这样为自己辩护：

查光绪十七年四月间，臣等因部库空虚，海疆无事，奏明将南北洋购买枪炮船只机器暂停两年，藉资弥补。前此既未尝议停，后此亦未阻购办。况自限满，迄今业已一年有余，新疆、甘肃、福建、安徽、湖南等省皆有购办大批外洋枪械之案，湖北则有添购外洋炼铁机炉之案，而北洋独未购办，是必该省船械足用，无待外求，非因部章为之限制亦可知矣。且查北洋历次报部销案，多与例章未符，一经奏请，均系照案核销，臣部并未拘以常格。[178]

就事论事，户部的解释写得滴水不漏，李鸿章对光绪十九年下半年以后为何不要求购舰，却没有做过解释。可能在他看来，即使提出购舰也是白说。他明白，此时户部在财政上首先要保证的，是慈禧太后六十大寿的各项费用开支，他犯不上在这节骨眼上去争论购船经费问题。

周馥《自订年谱》中形象地概括了争斗中双方的心态：

部臣惜费，局外造谣，余益知时事难为矣。一日余密告相国曰："北洋用海军费已千余万，只购此数舰，军实不能再添。照外国海军例，不成一队也。倘一旦有事，安能与之敌？朝官皆书生出身，少见多怪，若请扩充海军，必谓劳费无功。迨至势穷力绌，必归过北洋。彼时有口难诉。不如趁此闲时，痛陈海军宜扩充，经费不可省，时事不可料，各国交谊不可恃。请饬部枢统筹速办。言之而行，此乃国家大计幸事也。万一不行，我亦可站地步。否则人反谓我误国事矣。"相国曰："此大政，须朝廷决行，我力止此。今奏上，必交部议。仍不能行，奈何？"余复力言之，相国嗟叹而已。后中日事起，我军屡败，兵舰尽毁，人皆谓北洋所误。逾数年，余起病召见，太后问及前败军之故。余将户部掯费、言者掣肘各事和盘托出。并将前密告李相国之言亦奏及。且谓李鸿章明知北洋一隅，不敌日本一国之力，且一切皆未预备，何能出师？第彼时非北洋所能主持。李鸿章若言不能战，则众唾交集矣。任事之难如此。太后、皇上长叹曰："不料某在户部竟如此！"[179]

他还作诗曰：

是谁持算盘盘错，相对拈棋著著难。
挽日回天宁有力，可怜筋骨已衰残。[180]

1890年前后，随着技术进步，各国军舰的航速与中口径舰载火炮的射速均得到了极大提升，这种提升，在后来的甲午海战中，深刻影响到作战双方的战术机动和火力发射。军备是一种需要不断投入和更新的烧钱竞赛，否则，曾经取得的领先优势就会被迅速取代，但这种态势和急迫性，并不被传统文官理解。

从李鸿章这方面言之，对于长年拨付给他的海军经费并没有用好。有个外国人揶揄说，有许许多多府台、道台以及诸如此类的官员栖息在中国海军的索具上。[181] 事实上，栖息在中国海军索具上的外国人也不少。另一位观察家注意到："常年有许多买卖的代理人，川流不息地从各地区和海洋上的各岛屿走向天津的总督衙门。其中有出卖枪炮的人；有出卖回轮手枪、军需品、剑、马兵装备、步兵装备、炮兵装备、药品、外科器具、膏药、裹伤纱布、绷带、病院设备、帐幕、旗子、火药与炸药的人。"为了达到推销商品的目的，他们和李鸿章的"部属及翻译结交朋友，他们贿赂李的幕客和门房。他们拜会李的厨师，奉承他的理发匠。他们寻求领事甚或外交官们的援助。他们花了钱。有时是斯文地送些贵重的礼品。有时是更直接更粗鲁地进行贿赂"。[182]

北洋海军官兵都受过正规的海军训练，然而在19世纪90年代头几年的歌舞升平气氛中，纪律明显松弛。根据《北洋海军章程》规定，除了海军提督以外，

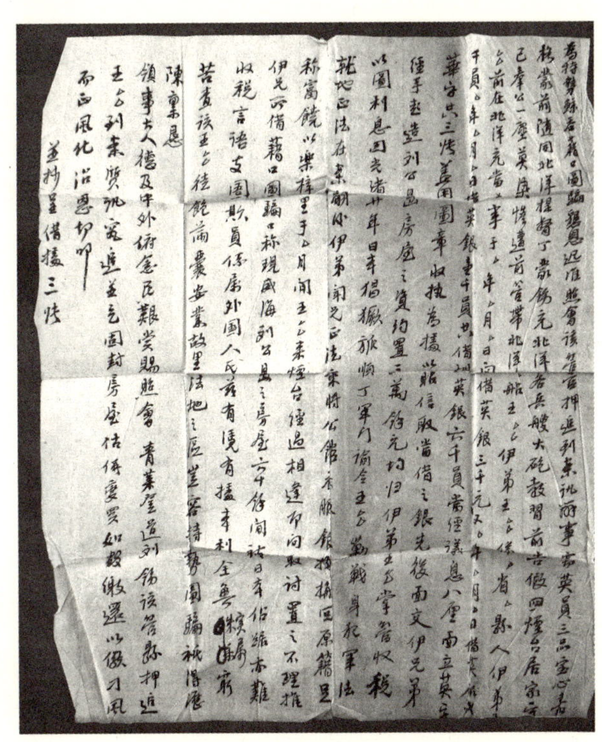

方伯谦曾向洋员嘉格蒙借英银6000元，购买刘公岛地产并出租。甲午战后，嘉格蒙向方伯谦之弟方仲恒追索欠款，此为请人代拟的诉状。

总兵以下各官，皆终年住船，不建衙，不建公馆。[183] 然而事实上却非如此。我们从方伯谦自订的《益堂年谱》中得知，他于光绪十一年在福州朱紫坊购下房屋，十三年五月盖威海屋，十四年四月又在威海盖“福州式屋”，八月盖烟台住屋，十一月落成，次年春“搬入住”。十七年二月，又记有“刘公岛寓”。[184] 从实际情况来说，不允许高级军官在岸上建立个人住宅显然是不人道也是不现实的，但造得如此之多，却显示出方伯谦确实有钱。同时，他娶有两房姨太太，在舰队常去之地，分别金屋藏娇。《北洋海军章程》颁布于光绪十四年八月二十八日，此时琅威理正在军中，说明就在北洋舰队管理得最为严格的时候，违规的行为依然比比皆是。琅威理离开舰队后，方伯谦更是花了 44000 两银子，在刘公岛上分五次购买了 38 亩土地，盖了 113 座房屋，用于自住和出租。他还牵头，和其他管带一起集资经营房产。资金不够，就向洋员嘉格蒙借钱（英洋 6000 元，利息 8 厘），由其二弟方仲恒（字立卿）出面建造和收租。[185] 此后，将士们纷纷移眷刘公岛，晚上上岸住宿的人，一船有半。[186] 丁汝昌本也是在岛上起盖铺屋出租，收取租金，并同方伯谦在出租房产之事上发生龃龉。甚至与方伯谦同溺一妓，妓以丁年老貌劣，不及方之壮伟，誓愿嫁方，丁百计经营无能如愿。[187] 丁汝昌还自蓄家伶演戏，生活骄奢淫逸。[188]

其实早在 1882 年，袁保龄私下就曾告诉张佩纶：“现在任事者，黄呆而坏，丁浮而贪，恐非徒无益而已。津中诸同人惟海关周玉山观察及章琴生太史尚关心此事，亦极言两人之不胜任。”[189] 此处黄指海防营务处道员黄瑞兰，当年办理旅顺工程局，因为“任性乖张”而被撤职。丁即指丁汝昌。在另一信中又说：“水师丁统领恐不胜任。”“丁死世上少一奸人，亦大快事。”[190] 此时袁保龄从京中调往北洋方才一年，就一针见血地指出丁汝昌不是合适的海军领导人选，但不知为何，作为主要幕僚，他和周馥的看法都未能影响李鸿章的决策。

毫无疑问，丁汝昌对于北洋海军建设起过重要作用，简单地说“丁陆军将领出身而任海军提督就是一大错误”并不公允。从现存的丁汝昌函稿中，可以看到他从军舰弹药、燃料保障、航道疏浚，到人事调动、薪水发放等海军日常管理事务，无不亲力亲为，倾注了大量精力。但丁汝昌不能以身作则、严格治军，导致舰队管理混乱，也是不争之事实。1888 年 6 月，北洋海军派舰参与镇压台湾吕家望番社起事，事定之后，各地要求在请功奏折中附带保荐各自子弟亲朋的开后门信件纷至沓来，如九秋落叶，扫却不尽，丁汝昌告诉台湾巡抚刘铭传：“故每有托函当即婉谢，怨怼之言所不敢计也。”然而他自己，也写条子给刘：“余中子年已及冠，虽经童试，难以成名。昨承友人顾念，为捐江苏县丞，拟恳宪台附入后山案内，赏保一阶。……第以晚年一线之延，得不代图地步，为日后生发之路。”[191] 虽是舐犊之情，但反映的是清朝军队立功奖励制度的失范，每次庆功请奖，必然滥用权力，夹杂进大批无关人员，与朝廷玩一场移花接木的游戏。当事人明知别人无耻，却轻易地原谅自己。奖惩制度被亵渎了，军人的荣誉和责任感也就一钱不值。

上有所好，下必甚焉。相习成风，视为故态。每当北洋封冻，海军例巡南洋时，官兵淫赌于香港。北洋海军还用军舰载客跑运输挣钱，甚至利用军舰的豁免权，从朝鲜走私人参。[192] 另外，军舰应发之饷，应备之物，例由各管驾官向支应所领银包办。弊端由此而生。各船每月包干的数百两行船公费，为购置灯油、机器房车油、棉纱绳，以及油船所用，管带常私扣归己，致使船舱机器擦抹不勤，零件损坏，大炮生锈。[193] 吴趼人在小说《二十年目睹之怪现状》中揭露，南洋兵船在上海一家专供兵船物料的铺家买煤，账上记一百吨煤价，实领二三十吨。给店里二成好处，管带就贪污那余下的煤款，所以“带上几年兵船，就都一个个的席丰履厚起来”。这种情况，北洋海军自然也不能避免。人们常说腐败源于收入太低，因此应当高薪养廉。但实际情况是，北洋海军将领，这些受过正规西式教育和训练的学生官们，毫无疑问是中国社会转型时期第一批受到最好的启蒙培养的先行者，他们中的多数人，并不缺乏忧国忧民之心。但在国家优渥的待遇下，他们在经济上却贪婪不止，出现的是结构性和共生性的腐败。究竟何等高薪才足以使他们束手呢？政治学研究表明，产生腐败的原因是复杂的，不能简单地以道德论或收入低来概括，究其实质，权力造成腐败才是不争的事实。越是有钱越是腐败的现象在现代社会中也是屡见不鲜，因此需要以制度和监督来限制。

我们进一步分析，不难发现，李鸿章早在创建淮军的时候，就不注重曾国藩建湘军时所倡导的“忠义血性”精神养成，只注重用粮饷来驱使官兵。创建北洋海军的时候，他注意了新装备的引进和开设新式院校，意识到未来的海军军官不可能从旧式水师将领中甄拔，只能在学堂毕业生中选用，并力主把学生送到国外留学。对于因生计原因进入海军院校的师生，他也能理解他们期望科举获得正途的苦心，特地奏请朝廷允许其参加乡试。在制定《北洋海军章程》时，努力为海军军官争取到很高的个人薪酬。他对船政学堂早期毕业的学生极为稔熟，视之如子弟，关注着他们一步一步地成长。1886 年，北洋海军访问日本长崎，因嫖妓与日方发生冲突。事后李鸿章说：“武人好色，乃其天性，但能贪慕功名，自然就我绳尺。”[194] 对违纪行为表现出一种宽大。但最终，由于没有进行必要的国家民族观念的教育和激励，养成视死如归的英雄主义传统和必胜信念，这支用新装备包裹起来的军队中的许多人，在旧式军队的酱缸里，迅速地被同化了。袁保龄在世的时候，曾批评“近时一般轮船管驾专以敢抗长官号令为能”[195]，担心“闽材辈出，学力不懈，几几争胜泰西。而‘忠义廉节’四字似未专力讲求，大本未立，恐盘根错节，心志不能不变。数年来辍戎事之末，窃以此事为忧，有心人当早计及之矣”。[196]此言真是不幸而言中了。

舰队内部人事关系也趋复杂，闽人小圈子排挤非闽系的矛盾已闹得公开化了。甲午战前，有人控告广东籍高级将领“致远”管带邓世昌鞭挞水兵致死。据说邓世昌平时“不饮博，不观剧，非时未尝登岸，众以其立异，益嫉视之”。刘步蟾力主追查，因找不到死者的尸体才被丁汝昌压了下去。[197]

总之，仔细观察北洋海军，便不难发现，这支新型舰队在封建毒素侵蚀下，正在日益腐朽。这样的军队，在和平年代，还算是一种摆设，而当风云突变，它能打胜仗吗？

北洋如此，南洋又如何呢？

中法战争后，两江总督曾国荃有过发展南洋海军的宏大计划。1885 年 7 月，他在“遵旨筹议海防折”中，开出了应购数十艘铁甲舰、巡洋舰、鱼雷艇的一揽子清单，请由安徽、江西、湖南、湖北、四川诸省分年协款。为了加速海军建设，还要求在两年内借洋款 240 万两以供购舰之需。[198]然而上谕却说，借洋债以购兵轮，究非长策。着另筹办法具奏。这样，购舰之事便被搁置起来。以后，朝廷决定先发展北洋海军一支，南洋海军的发展便更是遥遥无期了，除了将这年秋天江南机器局建造的“保民”舰编入现役外，十年里未添一艘作战舰艇。1886 年 3 月 17 日早晨 7 时半，“横海”舰又在澎湖古贝地方遇雾沉没，原来已粗具规模的南洋兵轮船，从此只能苟延残喘了。

按照规定，长江下游的新式兵轮船统归长江水师提督李成谋总统。但李成谋并不管事。1888 年奏定的《北洋海军章程》规定：

现时南洋兵船尚少，未定经制，亦未设有专管提督。每年节过春分以后，凡南洋兵轮船如“南琛”“南瑞”“开济”“镜清”“寰泰”“保民”等类能海战者，应由海军衙门调归北洋合操，即暂归北洋提督节制，逐日督同操练，视如北洋兵船一律办理，不得稍分畛域，并就近由北洋大臣随时阅操……节过秋分以后，南洋兵船仍回南省各岛巡练。[199]

南洋军舰每年中竟有一半时间归北洋节制。

1889年春，根据章程的要求，曾国荃派轮船营务处开复提督衔暂行革职总兵吴安康率领“南琛”等6舰赴北洋合操。南北洋军舰混合编队，在北洋、朝鲜沿海、海参崴一带进行操巡。次年5月24日，曾国荃正式奏请任命吴安康为六船统领。[200] 8月16日，曾国荃又奏，李成谋因有长江五省水师之责，自上年以来，商请另行派员总统南洋各号军舰，请派布政使衔前山西按察使陈湜暂行总统。[201] 陈湜是湘军老将，对于近代海军并不熟悉。中法战争时，曾国荃奏派他总统南洋水陆各军，兼理海防营务处。到沪后因日日沉湎妓楼而被会办南洋海防大臣陈宝琛弹劾革职。后经湖南巡抚王文韶再请录用，5月28日在京引见，开复原官，发江南交曾国荃差遣委用。10月12日，李鸿章、曾国荃又联名奏请开复吴安康暂行革职处分，[202] 硃批允准。南洋海军的领导，老是在这种旧式统领、海战败将和腐败官员中循环遴选。11月22日，曾国荃去世。他担任两江总督近七年，对南洋海军发展无甚建树。

1891年5月16日，署理江督沈秉成奏，以记名提督前安徽寿春镇总兵郭宝昌接任南洋兵轮船总统，裁撤前设统领名目。南洋可供海战6舰，分为左右翼。袁九皋任左翼翼长，统带“南琛”“镜清”“保民”并兼带“南琛”舰，吴安康任右营翼长，统带“寰泰”“开济”“南瑞”并兼带“寰泰”舰，均受总统节制调遣。[203]

曾国荃死后，刘坤一三下江南，出任两江总督。他注意到南洋兵轮岁支薪粮银40余万两，修理煤油之费10余万两，而“船多苦窳，徒涉虚糜”，便饬令郭宝昌同左右翼长及各管驾官认真检查，“何船亟须整修，何船可以改造，何船必应全换，以及炮位是否与船相称，可否彼此互易以期合宜，详细禀候核办，不得含糊迁就”。通过检查判定，“寰泰”“镜清”“开济”3舰工料坚致，“保民”次之，“南琛”“南瑞”又次之。“龙”“虎”“霆”“电”4炮艇，质本单薄，舰龄又长，估计在实战中难以应敌。将“威靖”“测海”2舰改作运输舰，“登瀛州”改为练习舰。[204] 设立练勇学堂，招募练勇120名，并着重提出训练问题，准备招募外国教官。刘坤一的这些主张，得到主持海军衙门的庆郡王奕劻的支持。这年7月，海军衙门大臣、山东巡抚张曜提出，南洋6船装备太差，遇有战事，断难得力。不如收停厂澳，每年节省50万两开支。期以10年，另建铁甲坚船。庆郡王复议指出：“南洋各船练习有年，历经北洋调阅合操，已著成效。现在北洋一支业已练成，南洋自当次第兴办。”故不同意将军舰全停的意见。事实上，从国防的观点看，将南洋全部军舰裁撤10年，显然也是不可能的。经过讨论，庆郡王提出仅将“龙”“虎”“霆”“电”4炮艇暂行裁减，所省开支专款存储，以供添置新舰。[205]此后，刘坤一又将“测海”舰及早已裁撤停泊在上海的“金瓯”舰调拨湖北使用，将南洋议裁之“福安”轮调拨安徽使用。[206]截至甲午战前，南洋兵轮船总吨位仅约14000吨。

9月4日，光绪皇帝命刘坤一帮办海军事务。[207]

年底，刘坤一给各舰高级军官发出通知，要求各营将弁认真整顿，协同训练，加强纪律。1892年1月17日，刘坤一又奏，南洋酌裁兵轮人数薪粮，轮船总统一差暂行停止。各军舰责成两翼长督率操防。[208]这一系列协调动作，都是为了强化他本人对南洋兵轮船的全面控制。

按刘坤一的设想，南洋应订类似“致远”级的巡洋舰2艘，配以鱼雷艇和原有兵船，分布长江中下游。他与李鸿章书信往返，讨论购舰事宜，李鸿章建议他吸取当年左宗棠订购“南琛”“南瑞”时完全交给外国代办的教训，仿效北洋委派李凤苞、曾纪泽、许景澄等外交官直接进行购舰谈判的经验，并从船政局借用监造人员。然苦于经费无着，延至1894年初，才决定向德国订购4艘鱼雷艇。其中在伏耳铿船厂订造2艘，后来命名为“辰”字、“宿”字号，艇排水量90吨，马力700匹，航速18节。配有鱼雷发射管3个，哈乞开司1磅炮4门，“宿”字艇另配12毫米口径炮2门。在什好船厂订造2艘，命名为“列”字、“张”字号。二艇排水量62吨，马力900匹，航速16节。配有鱼雷发射管3个，哈乞开司1磅炮4门，总计合银40余万两（含运费、保险）。[209]这4艘鱼雷艇第二年冬天运到中国时，中国已经历了甲午战争的大变局，原先艨艟如云的北洋海军早已灰飞烟灭，海军衙门也被解散。南洋次第兴办第二支海军，从此成为空话。

南洋如此，等而下之的广东又如何呢？

清流健将张之洞1884年由山西巡抚升署两广总督，因起用冯子材在广西边境击败法国军队，名噪一时。他悉心经世致用，逐渐成为洋务派的头面人物。督粤五年余，对广东地区的海军建设倾注了大量心血。

广东曾是清朝水师力量最强的地方，这里的水师如何向近代海军转化却无人问津。按说闽粤皆属南洋，但南洋大臣鞭长莫及。中法战争后，张之洞采用了自筹资金的方法，在夹缝中艰难地迈出了更新改造广东水师的步履。

福建船政建造的穹甲巡洋舰“广丙”

同曾国荃一样，张之洞在1885年10月也提出了海军发展的一揽子建议。他主张建设北洋、南洋、闽洋、粤洋四支舰队，而粤洋海军，拟配铁甲舰3艘，铁甲鱼雷舰6艘，分成三队，合为一军。他要求朝廷每年从洋药税厘中拨出专项经费80万两，期以五年，完成建军计划。[210] 正是在他拜发此疏的同一日，朝廷宣布了醇亲王总理海军事务，先从北洋精练水师一支的决定，张之洞的这个计划遂成画饼。

在李鸿章借着优先发展北洋海军的令箭，迅速膨胀他的舰队的同时，张之洞也开始了自己的行动。两广有种赌博，专猜闱场考试的士子中试的姓，称作“闱姓”。每逢试年，“闱姓”赌票不下千数百万。官方对此先为禁止，旋即开禁，从中抽税，收入甚丰。1885年，张之洞从闱姓捐款内提银20万元，交署理广东水师提督方耀，采用香港洋船厂图式，建造了“广元”“广亨”“广利”“广贞”4艘浅水炮艇。[211] 这些军舰的功率在65 ~ 78匹马力，性能也不先进，但适用于广东海口、内河使用，且造价低廉，制造容易，所以张之洞的兴趣十分浓厚。他还让署理广州协副将邓安邦、顺德协副将利辉等邀集文武官绅捐资造舰，自1886年至1888年，集资42万两。饬盐埠各商竭力襄助，三年内集银38万两，共计80万两。计划在福建船政建造8艘军舰，又在黄埔船厂自制2艘浅水炮艇。[212] 至1891年，先后制成“广甲”“广乙”“广丙”“广戊”“广己”“广庚”6舰。在此期间，黄埔船厂还制成“广金”、广玉”2艘550吨级炮艇。张之洞1889年9月调任湖广总督，他的后任李瀚章对于这种自筹资金实现旧式水师装备向近代海军转化的计划兴趣不大，其他军舰的建造便被停止了。

6年中，广东共制军舰12艘，总计排水量约7000吨，尚不及北洋“定远”一舰。1887年春，海军衙门曾令张之洞将所造“元”“亨”“利”“贞”4艇开赴天津试操察看，张之洞回电称，四船只能行驶内河及浅洋近岸。曾到汕头，因遇风，行驶已甚勉强。开往闽洋、北洋自更困难。对此，海军衙门十分惊讶，指出倘若遇事只可守不能战，虽多何益？不如裁小养大，“庶海战有资，不必专恃外援”[213]。张之洞解释说：广东现有大小兵轮共29艘，除分拨各营、县捕盗外，在省河仅14艘，“皆只能充缉捕转运供差之用，无一兵轮，虽守口亦不足。故上年创造四浅轮，聊备守御。现拟续造船只较大、能出海助战之兵轮，可赴北洋阅看”。字里行间，可见广东局面之狭促。张之洞又说：粤欲造舰而无款，“经费系零星捐凑，不动正款，并设法十分节省，始克凑办”[214]。这里说的确是实情，以致后来甲午之战，“广丙”舰在刘公岛投降，有人竟向日本提出，“广丙”不是北洋军舰，希望日军能予归还，遂成笑柄。这个故事从某种角度反映出广东地区海军所具有的特殊地位。在它发展过程中，全然未得海军衙门在财政上的帮助。

广东可供出洋作战的军舰仅“广甲”“广乙”“广丙”3舰。1891年，“广甲”开赴北洋，参加李鸿章校阅海军活动。1892年李瀚章又派副将余飞雄统率3舰赴北洋随同操练，以提高驾驶及作战水平。[215]广东新式军舰数量少，吨位小，没有集中统一指挥的机构，依附于旧式广东水师之中，将其称作“广东海军”是不确切的。

至于福建船政所属轮船，在中法战争中覆灭之后，始终没有恢复起来。战后所建军舰，留局的仅“福靖”一艘。距离建设一支独立舰队的要求更为遥远。

总之，朝廷1885年后开始奉行的先建北洋一军的方针，造成了畸轻畸重的局面。大量的金钱、舰只集中于北洋，使北洋海军后来居上，实力最为雄厚，但又进一步造成淮系尾大不掉，李鸿章拥兵自重的局面。跛足而行，也使海军发展呈现出明显的不平衡。显然，朝廷和洋务派首领对于近代海军这一具有高度机动性的战略打击、威慑和防御力量认识得很不充分，依然囿于旧式水师划疆而守、分地设防的特点，指望分战区逐步完成装备更新，使旧式水师变为新式海军。这在湘淮两系控制地方军权的情况下，必然引起争夺，并使新创建的海军成为地方势力的附属物。

注释

1 许景澄："验收济远钢舰片"（光绪十年十月二十四日），《许文肃公遗稿·奏疏》，卷一，页七。

2 许景澄："致朱亮生观察"，《许文肃公遗稿·书札》，卷二，页七。

3 "光绪十二年二月初八日出使德国大臣许景澄奏"，《洋务运动》丛刊，第3册，第22页。

4、6、9 王咏霓："与重黎论新购'镇远''济远'两兵舰利病书"，《于湖题襟录》，第3册，第168页。

5 《许文肃公遗稿·日记》，页十四、十五，乙酉十月十八日，丙戌二月二十一日条。

7 李鸿章："复总署 请辞退英厂快船兼论法事"（光绪九年五月十三日），《李鸿章全集》，第33册，第230页。

8 薛福成：《出使四国日记》，第129页。

10 《清德宗实录》，第54册，第1025页，光绪十一年九月庚子条。

11 李鸿章："致醇邸"（光绪十一年九月初七日），《李鸿章全集》，第33册，第550页。

12 奕譞："致军机处"（光绪十一年九月初八日），《醇亲王奕譞信函选》，《历史档案》，1982年，第2期，第33页。

13 "光绪十一年九月初九日懿旨"，《洋务运动》丛刊，第3册，第5页。

14 "光绪十一年十月初五日太仆寺少卿延茂片"，《洋务运动》丛刊，第3册，第6页。

15 "光绪十一年十一月初一日国子监祭酒盛昱片"，《洋务运动》丛刊，第3册，第12页。

16 徐兵、冯锡单：《李凤苞，清末著名外交官》，第53页。

17 李凤苞革职返籍，箧中存有在欧洲翻译的《陆战新义》《海战新义》《布国（普鲁士）兵船操练》《铁甲船程式》《美国兵枪法》《各国水雷鱼雷制》《雷艇图说》《城堡新义》等手稿，拟自行出版。旋因长期劳累，终于病倒，1887年8月6日（光绪十三年六月十七日）去世。见民国《崇明县志》，卷十二："人物·宦迹"，卷十六："艺文"；俞樾："三品卿记名海关道李君墓志铭"，《春在堂全书·杂文四编》，卷二，页三十一。

18 李鸿章："盛世丰李凤苞赏还原衔翎枝片"（光绪十四年三月十一日），《李鸿章全集》，第12册，第369页。

19 李鸿章："复出使德俄和奥大臣洪"（光绪十四年十一月十六日），《李鸿章全集》，第34册，第456页。

20 李鸿章："致总署 报验'济远'兼陈军舰避冻"（光绪十一年十月二十五日），《李鸿章全集》，第33册，第581页。

21 李鸿章与许景澄往返讨论的电报，《李鸿章全集》，第21册，第578～583页。

22 许景澄："译录与德国伏耳铿厂原订造船合同"，《许文肃公遗稿·附录》，卷十二，页二十六～二十七。

23 薛福成：《出使四国日记》，第128～131页。

24 奕譞："致军机处"（光绪十一年九月初八日），《清醇亲王信函选》，《历史档案》，1982年，第4期。

25 "曾纪泽电"（光绪十一年九月十一日到），《李鸿章全集》，第11册，第233页。

26 李鸿章："复曾劼刚袭侯"（光绪十一年十二月初九日），《李鸿章全集》，第33册，第603页。

27　张黎源：《泰恩河上的黄龙旗》，第 304 页。

28　李鸿章："定造快船报销折"（光绪十五年四月二十二日），《李鸿章全集》，第 13 册，第 86 ~ 87 页。

29　施丢克尔：《十九世纪的德国与中国》，第 269 页。

30　李鸿章："再保监造快船各员片"（光绪十五年五月二十三日），《李鸿章全集》，第 13 册，第 118 页。

31　李鸿章："寄柏林许使"（光绪十三年正月廿六日），《李鸿章全集》，第 1 册，第 791 页。

32　奕譞："致军机处"（光绪十一年九月初八日），《清醇亲王信函选》，《历史档案》，1982 年，第 4 期。

33　《清实录》，第 54 册，第 1035 页，光绪十一年九月甲寅条。

34　"海署致台湾刘省帅"（光绪十三年十一月二十一日），《李鸿章全集》，第 1 册，第 910 ~ 911 页。

35　《清实录》，第 55 册，第 448 页，光绪十四年六月甲辰条。

36　《北洋海军章程·考校》，十四款本。

37　李鸿章："操演水兵备用折"（光绪六年九月初四日），《李鸿章全集》，第 9 册，第 174 页。

38　王记华："北洋海军刘公岛练勇学堂探源"，《中国甲午战争博物馆馆刊》，2012 年第 3 期。

39、41、89　《北洋海军章程·升擢》，十四款本。

40、49　《北洋海军章程·船制》，十四款本。

42　《北洋海军章程稿·武备》，（上海图书馆藏）。关于北洋海军将旗，可参见姜鸣："北洋海军将旗研究"，《军事史林》，2019 年第 5 期。

43　《北洋海军章程·武备》，十四款本；《张荫桓日记》，下册，第 413 页；"使美张荫桓奏请定国旗形式片"（光绪十五年四月二十七日），《清季外交史料》，第 2 册，第 1450 页。张荫桓的奏折还表明，海外华商悬挂龙旗是一种自发的爱国行为，作为使臣，他"未便抑令更张"，但龙旗又是皇权标志，普通商民擅用并不被清政府认可。所以他将海外华商所悬之旗称作"商旗"，与正式国旗仍有区别。国内商民被许张挂国旗，是 1901 年以后的事了。

44　吉辰："晚清海军旗图样研究：基于图像资料的探讨"，《学术研究》，2020 年第 3 期，第 132 页所引"北洋海军章程并改用长方国旗卷"，中研院近代史研究所藏总理衙门档案，01-41-027-02。

45　李秉衡："奏陈管见折"（光绪二十一年九月十六日），《李秉衡集》，第 295 页。

46　《北洋海军章程·俸饷》，十四款本。

47　关于绿营贪污及当时社会阶层收入的比较研究，参见皮明勇：《关注与超越——中国近代军事变革论》，第 64 ~ 94 页。

48　《光绪朝东华录》，第 3 册，第 2536 页，光绪十四年十一月壬戌条。

50　李鸿章："海军要缺拣员补置折"（光绪十五年正月二十一日），《李鸿章全集》，第 13 册，第 4 ~ 8 页。

51　《北洋海军章程·水师后路各局》，十四款本。

52　李鸿章："致总署 论旅顺布置"（光绪十二年正月十八日），《李鸿章全集》，第 34 册，第 11 页。按，此信原载《李文忠公遗集·海军函稿》卷一，页十一，故标题应为"致海署 论旅顺布置"。

53　俞樾："三品卿记名海关道李君墓志铭"，《春在堂全书·杂文四编》，卷二，页三十一；民国《崇明县志》，卷十二，页四十七。

54　李鸿章："复总署 议造铁舰并留戈登"（光绪六年六月十五日），《李鸿章全集》，第 32 册，第 504 页。

55　李鸿章："复黎召民京卿"（光绪七年四月二十五日），六月二十日，《李鸿章全集》，第 33 册，第 29、51 页。

56 李鸿章:“订购快船来华折”(光绪七年十月十一日),《李鸿章全集》,第 9 册,第 507 页。

57 郑观应:“易言·论水师”,《郑观应集》,上册,第 129 页。

58 丁宝桢:“筹办海防折”(光绪元年十月初一日),《丁文诚公奏稿》,卷十二,页十二。

59 李鸿章:“出洋巡阅情形片”(光绪十年闰五月初七日),《李鸿章全集》,第 10 册,第 480 页。

60 “刘含芳查勘胶州湾条陈”,《李鸿章全集》,第 34 册,第 39 ~ 40 页。

61 “琅威理布置胶澳说帖”,《李鸿章全集》,第 34 册,第 35 ~ 36 页。

62 李鸿章:“致总署 筹议胶澳”(光绪十二年六月十五日),《李鸿章全集》,第 34 册,第 38 ~ 39 页。

63 李鸿章:“巡阅海军竣事折”“烟台胶州添筑炮台片”(光绪十七年五月初五日),《李鸿章全集》,第 14 册,第 94 ~ 96 页。

64 朱一新:“敬陈海军事宜疏”(光绪十二年六月),《佩弦斋文存》,卷首,页十九。

65 郑观应:“盛世危言·海防”,《郑观应集》,上册,第 757 ~ 758 页。

66 袁保龄:“上张香涛中丞”,《阁学公集·书札》卷二,页十二~十三。

67 王毓礼:“北洋水师大沽船坞历史沿革”,《清末海军史料》,第 156 ~ 158 页。

68 李鸿章:“验收旅顺各要工折”(光绪十六年十一月初五日),《李鸿章全集》,第 13 册,第 513 ~ 514 页。

69 关于黄瑞兰情况,参见李鸿章:“黄瑞兰不堪任用片”(光绪十年九月二十六日),《李鸿章全集》,第 10 册,第 611 ~ 612 页;“复张振轩制军”(光绪八年六月三十日),《李鸿章全集》,第 33 册,第 156 页。

70 袁保龄:“致吴仲怿同年”,《阁学公集·书札》,卷一,页三十九。

71 袁保龄:“致丰润”,《阁学公集·书札》,卷一,页四十二。

72 袁保龄:“致海关周观察”“致张筱石姊丈”,《阁学公集·书札》,卷一,页五十二;卷四,页十七。

73 袁保龄:“南坝陡蛰抢护补救情形禀”(光绪九年十月初七日);“旧坝塌卸堵闭合龙禀”(光绪九年十月二十日),《阁学公集·书札》,卷二,页三十六~四十,卷三,页二~四。

74 袁保龄:“致周玉山观察”,《阁学公集·书札》,卷二,页十七。

75 袁保龄:“复张中丞”,《阁学公集·书札》,卷四,页四十七。

76 袁保龄:“致高勉之”,《阁学公集·书札》,卷四,页四十九。

77 关于法国辛迪加承包工程的有关情况,见王家俭:“旅顺建港始末”,《中国近代海军史论集》,第 123 ~ 128 页。

78 李鸿章:“旅顺兴办船坞片”(光绪十四年十二月十九日);“验收旅顺各要工折”(光绪十六年十一月初五日),《李鸿章全集》,第 12 册,第 557 ~ 558 页;第 13 册,第 513 ~ 514 页。

79 薛福成:《出使四国日记》,第 179 页。

80 李鸿章:“请添威海大连湾水雷折”(光绪十七年七月初二日),《李鸿章全集》,第 14 册,第 119 页。

81 李鸿章:“刘含芳兼管营务片”(光绪十九年八月十六日),《李鸿章全集》,第 15 册,第 167 页。

82 李鸿章:“奏保刘含芳等片”(光绪十七年九月初八日),《李鸿章全集》第 14 册,第 191 页。

83 张士珩:“书从兄文宣死难事”,《中日战争》丛刊,第六册,第 325 ~ 327 页。

84 戴理尔:《我在中国海军三十年》,第 54 页。

85 林乐知、蔡尔康辑:《中东战纪本末·汉纳根军门语录》,卷七,页四十一。按,关于基地问题,见姜鸣:“北洋海军基地建设和晚清国防近代化”,《华东师范大学学报》,1987 年,第三期;《中国近代军事史论文集》,第 420 ~ 440 页。

86　马建忠:“上李傅相复议何学士如璋奏设水师事”,《适可斋纪言》，卷三，页一。

87　“会办北洋事宜吴大澂奏”（光绪十一年七月十二日）,《洋务运动》丛刊，第2册，第575页。

88、90　《北洋海军章程·考校》，十四款本。

91　李鸿章:“巡阅海军竣事折”（光绪十七年五月初五日）,《李鸿章全集》，第14册，第95页。

92　余思诒:《楼船日记》，卷上，页五～六。

93　杨根有:“北洋海军的教科书《电气水雷问答》”,《文物天地》，1990年第2期。

94　英国战船部原书，傅兰雅口译，徐建寅笔述:《水师操练》，卷首，各卷。

95　李玉生:“北洋海军的火炮射击训练”,《甲午战争研究》，2019年第1期。

96　周政纬:《前赴后继——北洋海军舰艇触礁事故研究序说（1880～1895）》，香港第四届中国海防国际学术研讨论文。

97、100、101　《北洋海军章程·简阅》，十四款本。

98　余思诒:《楼船日记》，卷上，页五～六。

99　英国战船部原书，傅兰雅口译，徐建寅笔述:《水师操练》，卷首，页十五。

102　《光绪朝东华录》，第2册，第2107页，光绪十二年五月癸巳。

103　刘坤一:“致李中堂”（光绪二十年二月）,《刘坤一遗集》，第五册，第2079页。

104　李鸿章:“巡阅海军竣事折”（光绪十七年五月初五日）,《李鸿章全集》，第14册，第95页。

105　戚继光:《纪效新书》，第17页。

106、110、114　“张哲溁呈文”,《甲午中日战争》，盛档之三，下册，第398～399页。

107、117　“高承锡呈文”,《甲午中日战争》，盛档之三，下册，第407页。

108　“沈寿堃呈文”,《甲午中日战争》，盛档之三，下册，第403页。

109　“沈寿堃呈文”,《甲午中日战争》，盛档之三，下册，第403页。

111　郑观应:《盛世危言》,《郑观应集》，上册，第880页。《盛世危言》是一部小册子，收录在《郑观应集》中。

112　“李鼎新呈文”,《甲午中日战争》，盛档之三，下册，第411页。

113　袁保龄:“致袁世凯”,《袁氏家书》，卷六，页二十五～二十六。

115　周馥:《周悫慎公全集·自订年谱》，卷上，页二十七。

116　“来远舰水手陈学海回忆”，载戚其章:《北洋舰队》附录，第212页。

118　薛福成:“强邻环伺谨陈愚计疏”,《庸盦全集·海外文编》，卷二，页十八。

119　郑观应:《盛世危言》,《郑观应集》，上册，第880、877页。

120　何天爵:“中国的海陆军”,《洋务运动》丛刊，第8册，第470页。按，关于海军训练，见姜鸣:“北洋海军训练述论”,《东岳论丛》，1986年第6期。

121　金登干:“致赫德”（1881年11月25日）,《中国海关密档》，第二卷，第663页。

122　葛雷森光绪八年底离开北洋水师，见“送英员葛雷森请假伦敦赠言”,《申报》，1883年3月11日。光绪十一年丁汝昌在给他的一封信中说:“自分手后，曾寄信四五次，当均收到。从去岁下半年未得来信。……昨奉一信，知阁下已到上海，……去冬中堂商总税司，电约阁下来华。中堂并有信来，云阁下到北洋水师，应办何事相宜，着昌议复，昌愿先与阁下面商再禀，方为妥善。”见丁汝昌:“致西友葛雷森”,《丁汝昌集》，第42页。从丁氏函稿存底的排序看，应在光绪十一年三月初二日之前，则葛雷森约在1885年初又返回中国，其后仍在海关工作，1890年10月6日病逝于英国。

123 李鸿章:“海防经费报销折”(光绪九年十二月十九日、光绪十二年十一月初四日、光绪十三年十一月二十六日),《李鸿章全集》,第10册,第364页;第11册,第556页;第12册,第269~271页;王家俭:“琅威理之借聘来华及其辞职风波”,《中国近代海军史论集》,第74页。

124 李鸿章:“海防收支清册”(光绪十五年一月二十一日),《李鸿章全集》,第13册,第16~18页;王家俭:“琅威理之借聘来华及其辞职风波”,《中国近代海军史论集》,第74页。

125 李鸿章:“海防报销折”(光绪十六年四月十六日),《李鸿章全集》,第13册,第353页;“光绪十八年五月十六日、十九年五月二十八日李鸿章奏片”,《洋务运动》丛刊,第3册,第159~166页、第178~187页;《中日战争》丛刊,第3册,第156页,第6册,第43页;The Naval War Between China and Japan.by W.Laird Clowes, *The Navel Annual,1895*. p.112

126 关于汉纳根早期生平,来源于德国汉堡大学王怡博士提供的资料,并参阅刘晋秋、刘悦:《李鸿章的军事顾问汉纳根传》,张畅、刘悦:《李鸿章的洋顾问德璀琳与汉纳根》诸章节。

127 张黎源译:《查利士·池舍(佘锡尔)北洋海军日记(二)》(1888年5月25日),微信公众号“船坚炮利”,2020年2月10日。

128 李鸿章:“复总署 条议海防”(光绪五年九月十一日),《李鸿章全集》,第32册,第489页。

129 池仲祐:“海军大事记”,《洋务运动》丛刊,第8册,第485页。

130 李鸿章:“寄沪局译交提督衔琅威理”(光绪十二年十二月十八日),“复丁琅两提督”(光绪十二年十二月二十三日),《李鸿章全集》,第22册,第152、154页;以及《海军衙门函稿》第1册(未刊本)所载“统领北洋水师记名提督天津镇总兵丁汝昌、会统北洋水师提督衔二等第三宝星琅威理为呈复事”。在1887年天津出版的英文版《中华帝国海军·海军名录》(Impersal Chinese Navy List)中,琅威理头衔为“会统北洋水师头品顶戴提督衔二等宝星”。

131 关于海军将旗的使用,余思诒记载:“凡同群水师必有督船。督船他往,次者代统之。两船同阵,亦必有一船统率。督船必悬主将旗。若小队一群见大队督船主,立即撤旗放舢板登船进谒,此水师之通礼也。丁军门为北洋统领,凡在军门之次者,见督船自应撤旗。琅总理以恩赐提督衔总理出洋接船事宜,今虽至厦门,尚未交船,故仍悬督旗也。”见《楼船日记》,卷下,页三十。

132 余思诒:《楼船日记》,卷下,页八。

133 丁汝昌:“致袁(子久)观察书”(光绪十年),《丁汝昌集》,第34页。

134 “北洋舰队水手谷玉霖的回忆”,戚其章:《北洋舰队》附录,第209页。

135 林乐知、蔡尔康辑:《中东战纪本末·英琅威理军门语录》,卷七,页二十九。

136 王家俭:“琅威理之借聘来华及其辞职风波”,《中国近代海军史论集》,第73页。

137 赫德:“致金登干”(1890年10月17日),《中国海关密档》,第5卷,第270页。

138 丁汝昌:“致周玉山观察”(光绪十二年八月十五日),《丁汝昌集》,第68页。

139 李鸿章:“台北交丁提督”(光绪十四年八月二十六日),《李鸿章全集》第22册,第384页。

140 金登干:“致赫德”(1888年12月14日),《中国海关密档》,第4卷,第822页。

141 赫德:“致金登干”(1889年2月10日),《中国海关密档》,第5卷,第20页。

142 比如1888年1月15日赫德致金登干的信中说:“琅威理也在谈辞职,海军的大权很有可能要从英国人手中失去。”10月19日金登干致赫德的信中,又提到:“要是琅威理辞职,您也许会来电告知,那我就可能去问庞斯福德爵士是否知道有任何合适的人选。”见《中国海关密档》,第4卷,第678、803页。

143 金登干："致赫德"（1889 年 11 月 11 日），《中国海关密档》，第五卷，第 4 ~ 5 页。

144 *Hong Kong Daily*,13th Jaunary 1890.p2. 转引自周政祎："从英国外交部档案揭开北洋海军提督衔琅威理辞职风波之'真相'"，《甲午战争与东亚近代历史进程》，下卷，第 1199 页。

145 李锡亭："清末海军见闻录"，戚其章：《北洋舰队》附录，第 230 页。

146 转引自周政祎："从英国外交部档案揭开北洋海军提督衔琅威理辞职风波之'真相'"，《甲午战争与东亚近代历史进程》，下卷，第 1223 页。

147 李鸿章："香港交水师总兵林泰曾等"（光绪十六年二月十七日），《李鸿章全集》，第 23 册，第 23 页。

148 "英京薛使来电"（光绪十六年七月初四日），《李鸿章全集》，第 23 册，第 85 页。

149 窦宪一：《李鸿章年（日）谱》，第 227 页。

150 李鸿章："复伦敦薛使"（光绪十六年七月初八日），《李鸿章全集》，第 23 册，第 85 页。

151 窦宪一：《李鸿章年（日）谱》，第 228 页。

152 池仲祐："海军大事记"，《洋务运动》丛刊，第 8 册，第 490 页。

153 季南：《英国对华外交》，第 218 页。

154 赫德："致金登干"（1881 年 10 月 16 日），《中国海关密档》，第 2 卷，第 639 页。

155 赫德："致金登干"（1884 年 4 月 7 日），《中国海关密档》，第 3 卷，第 511 页。

156 "赫致金第 289 号电报"（1885 年 10 月 17 日），《中国海关密档》，第 8 卷，第 503 页。

157 赫德："致金登干"（1886 年 1 月 24 日），《中国海关密档》，第 4 卷，第 280 页。

158 赫德："致金登干"（1886 年 11 月 15 日），《中国海关密档》，第 4 卷，第 422 页。

159 李鸿章："复吴春帆京卿"（光绪三年九月初三日），《李鸿章全集》，第 32 册，第 137 页。

160 赫德："致金登干"（1889 年 8 月 24 日），《中国海关密档》，第 5 卷，第 89 页。

161 转引自周政祎："从英国外交部档案揭开北洋海军提督衔琅威理辞职风波之'真相'"，《甲午战争与东亚近代历史进程》，下卷，第 1178 ~ 1224 页。

162 余思诒：《航海琐记》，卷四，页三十六 ~ 三十七。

163 林献炘："中国海军职业为何闽人独多"，《清末海军史料》，第 604 页；姚锡光："东方兵事纪略"，《中日战争》丛刊，第 1 册，第 63 页；卢毓英：《卢氏甲午前后杂记》（手稿影印件），第 3 页。

164 赫德："致金登干"（1894 年 9 月 2 日北京去函 Z 字第 630 号），《中国海关与中日战争》，第 55 页。

165 The Naval War Between China and Japan. by W. Laird Clowes, *The Navel Annual*,1895. p.99

166 金登干："致赫德"（1894 年 11 月 23 日伦敦来函 Z 字第 909 号），《中国海关与中日战争》，第 103 页。

167 The Naval War Between China and Japan.by W. Laird Clowes, *The Navel Annual*,1895. p.91.

168 "剿匪纪略"，《申报》（光绪七年八月初七日）；"光绪七年（1881 年）瓯海关报告"，赵肖为编译：《近代温州社会经济发展概况》，第 141 ~ 143 页。

169 "丁镇由基隆来电"（光绪十四年七月二十五日、八月初九日），《李鸿章全集》，第 22 册，第 369、375 页。

170 刘铭传："攻克后山叛番并北路获胜请奖官神折"（光绪十四年九月初二日），《刘铭传文集》，第 155 ~ 159 页。

171 李鸿章："寄译署"（光绪十五年十二月十七日戌刻），《李鸿章全集》，第 22 册，第 570 页。

172 池仲祐："海军大事记"，《洋务运动》丛刊，第 8 册，第 492 页。

173 李鸿章："巡阅海军竣事折"（光绪十七年五月初五日），《李鸿章全集》，第 14 卷，第 95 页。

174 李鸿章:“致王文韶函”(光绪十七年五月二十一日),《李鸿章全集》,第35卷,第211页。

175 李鸿章:“复奏停购船械裁减勇营折”(光绪十七年八月初八日),《李鸿章全集》,第14册,第155页。

176 《翁同龢日记》,第4册,第2155页。

177 李鸿章:“复海军衙门帮总办即补道傅”(光绪二十年三月初二日),《李鸿章全集》,第36卷,第15页。

178 “户部奏遵议李鸿章奏东征倭寇筹费为难各情请饬核实办理折”(光绪二十年十月初三日),《中日战争》丛刊,第3册,第177 ~ 178页。

179 周馥:《周悫慎公全集·自订年谱》,卷上,页二十七~二十八。

180 周馥:“过胶州澳”,《周悫慎公全集·诗集》,卷三,页三十九。

181 季南:《英国对华外交》,第233页。

182 何天爵:“中国的海陆军”,《洋务运动》丛刊,第8册,第468 ~ 470页。

183 《北洋海军章程·官制》,十四款本。

184 方伯谦:“益堂年谱”,《中日甲午海战中方伯谦问题研讨集》,第535 ~ 538页。

185 参与集资造房者还有林泰曾、林履中、林永升、黄建勋。甲午战后,方伯谦被杀,其在刘公岛房产,由其弟方立卿卖给烟台的广东客商顺泰号老板梁浩池等四人,售银仅4000元。方立卿因未归还嘉格蒙的借款,还被控告。见孙建军:“方伯谦的房地产——从两份新发现的材料说起”,《大连近代史研究》,第12卷,第277页;周德峰:“方伯谦在刘公岛有大量房产的证据”,《中国甲午战争博物馆馆刊》,2014年第3期。

186 “来远”舰帮带大副张哲溁说:“前琅威理在军中时,日夜操练,士卒欲求离船甚难。是琅之精神所及,人无敢差错者。自琅去后,渐放渐松,将士纷纷移眷,晚间住岸者,一船有半。日间虽照常操作,未必认真。至有事之秋,安耐劳苦?”见《甲午中日战争》,盛档之三,下册,第939页。

187 卢毓英:《卢氏甲午前后杂记》(手稿影印件),第21页。

188 “冤海述闻·大东沟海战纪实”,《普天忠愤集》,卷五,页二十五;又,费行简:《近代名人小传·丁汝昌》谓丁汝昌“自蓄家伶,费至三十万。犒优万盏灯,一夕至八千金,将士和之”,见第348页。

189 袁保龄:“致萸斋”,《阁学公集·书札录遗》,页五。

190 袁保龄:“致萸斋”,《阁学公集·书札录遗》,页二、八。

191 丁汝昌:“禀(刘)爵帅”(光绪十五年二月初七日);“禀刘爵帅”(光绪十四年十月廿日),《丁汝昌集》,第105、103页。

192 “墨贤理致赫德函”(第24号,1887年1月10日),《中国海关与中日战争》,第20页。

193 郑观应:《盛世危言》,《郑观应集》,上册,第880页。

194 李鸿章:“复宁绍道薛”(光绪十二年十月二十五日),《李鸿章全集》,第34册,第119页。

195 袁保龄:“致周玉山观察”,《阁学公集·书札》,卷二,页十六。

196 袁保龄:“致水师学堂吕庭芷观察”,《阁学公集·书札》,卷四,页四十一。

197 费行简:《近代名人小传》,第374页。

198 曾国荃:“遵旨筹议海防折”(光绪十一年六月初二日),《清末海军史料》,第42 ~ 45页。

199 《北洋海军章程·简阅》,十四款本。

200 《光绪朝东华录》,第3册,第2731 ~ 2732页,光绪十年四月丁未。

201 参见《清实录》,第54册,第798 ~ 799页,光绪十年十一月乙巳;《清代官员履历档案全编》,第5册,第 114 页，“陈湜履历”；曾国荃：“派委陈湜总统南洋兵轮片”（光绪十六年七月初二日），《曾忠襄公奏议》，卷三十二，页四十一。

202 “李鸿章曾国荃奏请开复吴安康暂革处分折”（光绪十六年八月二十九日），《清末海军史料》，第 565 ~ 566 页。

203 《光绪朝东华录》，第 3 册，第 2884 页，光绪十七年四月壬寅条。

204 刘坤一：“筹办南洋防务考核兵轮及变通学堂折”（光绪十七年六月初六日）；“酌改南洋兵轮片”（光绪十七年五月廿六日），《刘坤一遗集》，第 2 册，第 688、684 ~ 685 页。

205 “光绪十七年九月初十日总理海军事务奕劻等奏”，《洋务运动》丛刊，第 2 册，第 615 ~ 617 页。

206 “刘坤一片”（光绪十八年十月三十日），《光绪朝硃批奏折》，第 65 辑，第 208 页。按，该片中提及的“福安”轮难以查考，名称恐有笔误。

207 《清实录》，第 55 册，第 969 页，光绪十七年八月癸巳。

208 “刘坤一奏南洋兵轮暂停总统片”（光绪十七年十二月十八日），《清末海军史料》，第 569 ~ 570 页。

209 “刘坤一向德国两厂订购鱼雷炮艇及鱼雷炮位弹药片”（光绪二十年正月十九日），池仲祐：“海军实纪·购舰篇”，《清末海军史料》，第 122 ~ 123 页、第 170 ~ 171 页。

210 张之洞：“筹议大治水师事宜折”（光绪十一年九月初五日），《张文襄公全集·奏议》，卷十三，页一 ~ 十三。

211 张之洞：“试造浅水轮船工竣折”（光绪十二年五月二十七日），《张文襄公全集·奏议》，卷十七，页十八 ~ 二十。

212 张之洞：“续造兵轮折”（光绪十三年六月十四日），《张文襄公全集·奏议》，卷二十一，页二十八 ~ 三十二。

213 “海署来电”（光绪十三年闰四月初六未刻到），《李鸿章全集》，第 22 册，第 200 页。

214 李鸿章：“译署送海军衙门”（光绪十三年闰四月十三日辰刻），《李鸿章全集》，第 22 册，第 203 页。

215 “光绪十八年六月初六日两广总督李瀚章奏”，《洋务运动》丛刊，第 2 册，第 618 ~ 619 页。

龙旗飘扬的舰队

中国近代海军兴衰史 ㊦

插图典藏本

姜鸣 著

江苏凤凰文艺出版社
JIANGSU PHOENIX LITERATURE AND ART PUBLISHING

第 六 章

甲午海战及北洋海军的覆灭

1894～1895

我办了一辈子的事，练兵也，海军也，都是纸糊的老虎，何尝能实在放手办理？不过勉强涂饰，虚有其表，不揭破犹可敷衍一时。如一间破屋，由裱糊匠东补西贴，居然成一净室，虽明知为纸片糊裱，然究竟决不定里面是何等材料。即有小小风雨，打成几个窟窿，随时补葺，亦可支吾应付。乃必欲爽手扯破，又未预备何种修葺材料，何种改造方式，自然真相破露，不可收拾，但裱糊匠又何术能负其责？

——李鸿章

一、寂静战场的较量

日本是以所谓"富国强兵"的纲领，来摆脱沦为欧美列强殖民地的厄运的。具体说来，就是以军国主义的掠夺邻近弱小民族的形式，走向帝国主义的道路。不去抵御英、美、法、俄的压迫，而以侵略朝鲜和中国作为补偿。把人民要求与列强平等的愿望，转变为掠夺新领土的战争。

早在1855年，当德川幕府被迫与美国和俄国签订通商条约后，日本的改革派思想家吉田松阴就曾说过，日本与两国媾和既成定局，就不能由日方背约。今后应当征服易取的朝鲜、满洲和中国。他具体描绘说，一旦军舰大炮稍微充实，便可开拓虾夷，夺取堪察加、鄂霍次克海；晓谕琉球，使之会同朝觐；责难朝鲜，使之纳币进贡；割南满之地，收台湾、吕宋诸岛，甚至占领整个中国，君临印度。[1]这些主张，广泛影响了他主持下的松下村塾的弟子们——包括高杉晋作、木户孝允、伊藤博文、山县有朋，在明治维新之后，正式成为日本政治家奉行的最高国策。

中国购买"定远""镇远"两铁甲舰，对日本是一个巨大的震慑，也是极深的刺激。1886年，日本政府发行1700万元海军公债。根据上年河村海军卿提出的海军第六次扩张案，日本实施建造3艘二等海防舰的计划。他们特聘法国人白劳易主持设计，1889年7月至1891年3月，排水量为4278吨的"严岛""松岛""桥立"先后在法国和横须贺下水。这3艘军舰，各配有320毫米口径巨炮一门，以对付"定""镇"的305毫米口径主炮。航速也高出"定""镇"1.5节。由于设计时片面追求攻击能力，而忽视了防御能力，以致后来担任海军大臣的山本权兵卫海军大将将其称作"手持利刃之赤身裸体兵"。这3舰的服役，加上第五次扩张案中向英国订购的"浪速""高千穗"（排水量均为3709吨），使得日本海军实力得到充实。[2]顺便说一句，"浪速""高千穗"同中国军舰"致远""靖远"一样，都是怀特设计的作品，而白劳易则是怀特的学生。

日本参谋本部第二局局长小川又次大佐1887年制定了《清国征讨方略》，其中讨论了中日开战的时间。主张要在中国实现军队改革和欧美各国拥有远征东亚的实力之前，即在1892年前完成对华作战的准备。设想日本要吞并盖平（今盖州市）以南的辽东半岛、胶东半岛、舟山群岛、澎湖列岛、台湾以及长江两岸十里左右的地方。同年3月，天皇下令从内库拨款30万元，作为海防补助费。全国华族和富豪也竞相捐款。至9月底，捐款数达到103.8万元。这些资金全被用作扩充海军军备。1890 ~ 1893年四年间，日本军费占国家财政预算的平均比重为29.4%，其中1893年达到32%。[3]

1888年，日本提出第七次海军扩张案。海军大臣西乡从道以俄国修筑西伯利亚大铁路、中国发展海军为由，指出日本必须迅速发展海军，要求以中国舰队和在未来战争中可能支持中国的英国远东海军为假想敌。1890年，新任海军大臣桦山资纪进一步推算，认为中国军舰总吨位已达64702吨，在造的新军舰、鱼雷艇、通报舰总计约达2万吨；英国在远东的军舰吨位为33467吨，中英海军共计达12万吨。而日本海军仅5万吨，亟须弥补7万吨差距。据此又提出海军第八次扩张案。[4]在两次扩张案中，共购买或建造了2439吨的“千代田”、4160吨的“吉野”、3172吨的“秋津洲”号巡洋舰、1584吨的“八重山”号通报舰。其中“吉野”购自英国，时速23节，是当时世界上航速最快的巡洋舰。日本海军的总吨位，达到近6万吨。由于日舰舰龄较短，在设计时吸收了当时世界科技的最新成果，因此在许多性能上超过中国军舰，而日本海军的整体实力，也迅速赶上了中国海军。日本枢密院议长山县有朋大将，1893年提出《军备意见书》。他认为欧洲目前正保持着势力均衡，不会立即发生战乱。但列强正在计划对东方进行侵略。当十年后西伯利亚铁路全线通车时，这种侵略便会提上议事日程。如果不出十年将对俄国进行一场战争的话，事先确保战略要地朝鲜，并尽快寻找机会对华作战，夺取东亚盟主的地位，是绝对必要的前提。[5]《军备意见书》预见了1904年的日俄战争，也预言了1894年的中日战争。这些构想和判断，反映了日本在国家战略上的主动性、周密性和扩张进攻性；反映出日本领导人对世界形势的深入了解和独立思考。日本犹如一架制造精良的时钟，嘀嗒嘀嗒地前进着。它不依赖某个外国的庇护，却又巧妙地折冲于西方列强之间，按照本国的生存发展战略，利用一切可以利用的条件。一旦认为需要，便毫不犹豫地诉诸武力，动用它的军事机器，投入对外战争。这恐怕是日本在近代迅速崛起的原因之一。与之对比，清政府的国家战略就显得软弱、被动和漏洞百出。

尽管中日海军互为假想敌，但在战前，却还保持着正常的交往。其中北洋海军曾经有过两次引人注目的访日活动。

第一次访问是在1886年。这年7月，李鸿章接到袁世凯报告，朝鲜有人谋划联俄防英，俄国也在觊觎元山口外的永兴湾。他命令丁汝昌、琅威理前往朝鲜东海岸釜山、元山一带巡游，以作声势，并至海参崴，迎接参加中俄勘界谈判的中方代表吴大澂。21日，丁汝昌率"定远""镇远""济远""威远""超勇""扬威"6舰抵达元山。8月6日，北洋舰队将吴大澂送至摩阔崴，留下"超""扬"在海参崴待命，其余4舰驶往日本长崎大修。

长崎人对欧美军舰早已司空见惯，但来自中国的铁甲巨舰却是首次目睹。码头上挤满了看热闹的人群。望着龙旗高扬、威风凛凛的巨舰，市民中交杂着惊叹、羡慕、愤懑等复杂的情绪。这些情绪，伴随着日本朝野长期宣传的军国主义思想，最终酿成一场骚乱。

8月13日，中国水兵上岸休假，与日本警察发生冲突。事情的起因现在很难说清楚了。英文《长崎快报》报道："有一群带有醉意的水兵前往长崎一家妓馆寻乐，因为发生纠纷，馆主前往警察局报告。一日警至，已顺利将纠纷平静，但由于中国水兵不服，不久乃有六人前往派出所论理。非常激动，大吵大闹，引起冲突。日警一人旋被刺伤，而肇事的水兵也被拘捕，其他水兵则皆逃逸。"[6]

日方的说法是，13日晚，5名中国水兵在长崎丸山町贷座敷（妓院）看妥几名妓女，约定饭后再来找她们。后来又来了5名水兵，也要老板中村新三郎提供妓女。晚上8时，先来的水兵再次来到，发现妓女已被带入房间，遂与老板争执。

长崎事件（美术作品）

老板从楼上窗户跳出，告到丸山町派出所，值班警察黑川小四郎赶到现场制止，水兵对警察拳打脚踢。事后，又有一名中国士官率 15 名士兵到派出所闹事，有位叫王发的水兵用刀砍伤警察。随后王发被捕，先送长崎警察署，再移交中国领事馆。[7] 李鸿章承认："争杀肇自妓楼，约束之疏，万无可辞。" 又说："弁兵登岸为狭邪游生事，亦系恒情。即为统将约束不严，尚非不可当之重咎，自不必过为隐饰也。" [8] 在当时嫖妓引起的冲突，只能算是小事。但事态很快被扩大了。

15 日，舰队放假，数百水兵上街观光。鉴于前日的冲突，丁汝昌严饬水兵不许带械滋事。但在广马场外租界和华侨居住区一带，水兵又与日警发生冲突。中方记载数百名日本警察将各街道两头堵塞，看见中国水兵便挥刀砍杀。当地居民从楼上往下浇热水，掷石块。还有人手执刀棍，参与混战。中国水兵猝不及防，手无寸铁，又散布各街，结果吃了大亏。日方声称中国水兵为报复 13 日仇恨，在广马场町与日警发生冲突，打死巡查福本富三郎。警察增援，双方混战，又将巡警森利彦打成重伤，次日死亡。有更多的警察和居民加入混战。冲突结果，水兵被打死 5 名，重伤 6 名，轻伤 30 名，失踪 5 名。日本警察被打死 1 名，伤 30 名。此外多名市民负伤。李鸿章分析，"长崎之哄，发端甚微。初因小争，而倭遂潜谋报复，我兵不备，致陷机牙。观其未晚闭市，海岸藏艇，巡捕带刀，皆非向日所有，谓为挟嫌寻衅，彼复何辞？" [9]

旋即双方通过外交和司法途径开始谈判。延至次年 2 月，达成协议，称这次冲突是语言不通，彼此误会，没有追究责任和是非。对死伤者各给怃恤：军官、警官的恤金每人 6000 元，水兵、警察恤金每人 4500 元。水兵因伤残废者，每人 2500 元。由此核算，日方共付恤款 52500 元，中方共付恤款 15500 元。此外长崎医院的医疗救护费 2700 元，由日方支付。[10]

"长崎事件" 反映了日本民间的情绪。从此，"一定要打胜'定远'"，成为日本海军军人的一句流行语。甚至连小学儿童游戏，也把孩子分为两组，一组扮成中国舰队，另一组扮成日本舰队，进行捕捉 "定远" "镇远" 的战斗游戏。李鸿章把 "定" "镇" 送到日本修理，本来就含有威慑的意图，却没想到竟如此深深地刺激了日本人的民族心理。

1891 年夏，应日本邀请，丁汝昌率 "定远" "镇远" "致远" "靖远" "经远" "来远" 6 舰再次访问日本。

7 月 5 日下午 3 时，北洋海军 6 舰从神户抵达横滨。舰队随着 "定远" 发出的旗号，变换队形，驶入港口。"定远" 鸣 21 响礼炮，负责接待的 "高千穗" 舰亦

1891年，“定远”访问日本。

鸣21响礼炮作答。港中英、美军舰，皆鸣13响礼炮，向丁汝昌致敬。一时间，礼炮轰鸣，此起彼伏。

7月8日，《东京朝日新闻》以“清国水兵的现象”为题报道了观感：

> 登上军舰，首先令人注目的是舰上的情景。以前来的时候，甲板上放着关羽的像，乱七八糟的供香，其味难闻之极。甲板上散乱着吃剩的食物，水兵语言不整，不绝于耳。而今，不整齐的现象已荡然全无；关羽的像已撤去，烧香的味道也无影无踪。军纪大为改观。水兵的体格也一望而知其强壮武勇。惟有服装仍保留着支那的风格，稍稍有点异样之感。军官依然穿着绸缎的支那服装，只是袖口像洋人一样饰有金色条纹。裤子不见裤缝。裤裆处露出缝线。看上去不见精神。尤其水兵的服装，穿着浅蓝色的斜纹布装，几乎无异于普通的支那人。只是在草帽和上衣上缝有舰名，才看出他是一个水兵。[11]

日本记者的观察只停留在表面。因为舰队出发前，李鸿章鉴于“长崎事件”，电饬丁汝昌严加管束。

《大阪朝日新闻》记者还详细描绘了丁汝昌在“定远”上接受采访时的

个人形象：

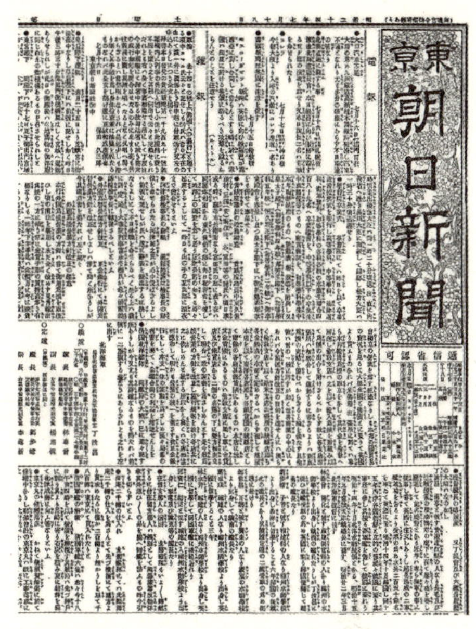
東京朝日新聞

日本报纸对北洋海军军舰访日所作报道

> 其人年岁当在四十有余，距知命之年尚有两三岁。身材高大，体格健壮，面部扁平，颧骨突出，目光锐利。鼻下蓄须半白，颊髯卷曲稀疏，随风而动。吐字虽不甚清楚，但颇为洪亮，哈哈大笑，声震一室。其服装，为青灰色唐草纹样长衣裳，外披藏青色花鸟浮纹布料无袖褂子。下穿灰色袴子。常服以外，左手腕戴槟榔子色粗碗圈儿一个，似为木制。拇指戴寸许长碧玉面纯金里指圈儿。右手携尺余长扇子一把。[12]

北洋舰队在神户、横滨、长崎等城市停留了一个多月，军官还前往东京、横须贺和吴港参观游览。天皇接见了丁汝昌和各舰管带。有一次，日本海军大臣桦山资纪在“红叶馆”设宴招待中国海军将领。觥觚酬酢之际，丁汝昌说：东洋兄弟之间如不团结，势必给外人以可乘之机。中日海军应当联合起来，共同对付西方列强。他说，何况我们拥有坚不可摧的舰只，它使我们拥有足够的力量来对付外来的威胁。[13] 真是豪情壮志，溢于言表。这对日本又是一次很深的刺激。

两国海军军官也对对方的军舰、人员训练做了观察，中方对日本海军效法西方、埋头发展的勃勃雄心有了更直接的感受，对日本海军基地、造船能力和后勤保障等方面的能力印象深刻。丁汝昌本人也与日本海军将领建立起私人联系，这些职业军官，很多人在三年后的甲午战争中，成为北洋海军生死相搏的直接对手。有位随同舰队出访的中国官员在日记中写道：

> 今夫与日本之海军力比较，当在伯仲之间，然日本年购大舰，月增强盛，其陆军亦如是，勉期熟练，随地配置兵士，其法甚为谨严不可犯。然我各省要处所设防御，尚未完备，兵士之训练亦未精，到底不可与日本同论。今若

观察日本之状况，事事皆可愧也。况其强盛，日本更胜；其研究，日本更精。而我若安于目前之海军，不讲进取之术，将来之事未易遽言。[14]

刘步蟾也报告丁汝昌，日本海军实力已迅速提高，北洋海军添船换炮刻不容缓。然而他们回国后获知，朝廷已同意户部意见，停购外洋船炮军火两年。在激烈的海军竞争中，中国方面失去了两年宝贵的时间。

1894年是慈禧太后六十大寿。她打算好好乐一乐。

年初，慈禧颁布懿旨，为文武官员晋封加赏。庆郡王、总理海军衙门大臣奕劻，晋封为庆亲王。大学士李鸿章，赏戴三眼花翎。正白旗汉军都统、帮办海军大臣定安，两江总督、帮办海军大臣刘坤一，均赏戴双眼花翎。江南水师提督谭碧理加太子少保衔，福建水师提督杨歧珍、广东水师提督郑绍忠、长江水师提督黄翼升、北洋海军提督丁汝昌均赏加尚书衔。北洋海军左右翼总兵林泰曾、刘步蟾均赏给宝寿字一方，大卷八丝缎二匹。[15]

京师里，从紫禁城、西苑三海到颐和园、万寿寺，各处均已修缮一新。银子花得如流水，仅慈禧太后由颐和园宫门至紫禁城西华门，所经道路两旁，要分六十

慈禧太后在颐和园排云门前

段点景，分别搭建龙棚、龙楼、经棚、戏台、牌楼、亭座等，共需耗银240万两。在歌舞升平、纸醉金迷的狂欢中，朝廷对朝鲜的一场农民起义将导致中日大战毫无思想准备。在穷奢极欲的挥霍中，国防开支却全面紧缩，拮据万分。北洋海军打算增添“镇远”“定远”120毫米口径快炮各6门，“济远”“经远”“来远”120毫米口径快炮各2门，共计18门，以及更换“威远”105毫米口径后膛炮3门并子药等件，共需用银613040两，都难以筹措。李鸿章只能建议，先购“镇”“定”二舰需用快炮，“济”“经”“来”“威”四舰应购各炮，俟前项炮款付清之后，如果备用款仍可腾挪，再行陆续添购。[16]

这年春天，北洋海军从香港南行，至新加坡、马六甲、槟榔屿各埠游弋训练，受到当地华人欢迎。4月底回到天津。5月，正逢北洋海军第二次三年大阅之期，朝廷派李鸿章、定安出海会校。7日至27日，李鸿章、定安从大沽口乘“海晏”轮出发，丁汝昌率北洋“定远”“镇远”“济远”“致远”“靖远”“经远”“来远”“超勇”“扬威”9舰，记名提督袁九皋、总兵徐传隆分带南洋的“南琛”“南瑞”“镜清”“寰泰”“保民”“开济”6舰，记名总兵徐雄飞率广东的“广甲”“广乙”“广丙”3舰，随同出海。“威远”“康济”“敏捷”3练习舰先赴旅顺口守候。21艘军舰编成的混合舰队声势浩荡，桅樯如云。先后视察检阅了旅顺口、大连湾、威海卫、胶州澳等地的舰艇部队、海岸炮台和军事学堂，观看军舰打靶，炮台打靶和鱼雷发射演习，还视察了防守旅顺、威海的宋庆部毅军、卫汝贵的盛字营、刘盛休的铭字营、戴宗骞的绥巩军、黄仕林和张光前的亲庆军、张文宣的护军、叶志超的正定联军，各军枪队打靶，命中都在九成六七以上。

这是北洋海军的第三次大阅，也是李鸿以北洋大臣分管北洋海防20年以来，第14次为海军事务前往大沽口，第8次乘舰船到达旅顺，第5次视察威海，第2次考察胶州湾。虽然只是在渤海范围之内，仅有两次绕过成山头进入黄海，但每一艘军舰入列前他都亲往验收。其中1881年11月“超勇”“扬威”试航时，东北风狂吼，雪雹并集，巨浪颠簸，坐立不稳，为当时罕有之飓风，参加验收的官员大都晕吐不已，李鸿章本人也“伏枕展转，幸可勉支”。1891年第二次大阅海军时，再次骤遇飓风，船身倾侧进水，危险殊常。[17]但他都坦然面对，显示出这位淮军和海军统帅的军人气概。北洋偏远荒芜的海角耸立起军港码头、炮台堡垒、铁路钢桥、院校医院，尤其是军港里的威武战舰，这些都是他呕心沥血、事必躬亲的经营成果。

然而李鸿章并不像以前几次那样乐观开朗，而是忧心忡忡。他在向朝廷汇报这次阅兵的报告中写道：

1894 年 5 月，李鸿章最后一次在大连湾观看北洋海军阅操。上图画面正中为“定远”级铁甲舰。

> 臣鸿章此次在烟台、大连湾亲诣英、法、俄各铁舰详加察看，规制均极精坚，而英尤胜。即日本蕞尔小邦，犹能节省经费，岁添巨舰。中国自十四年北洋海军开办以后，迄今未添一船，仅能就现有二十余艘勤加训练，窃虑后难为继。[18]

中国海军正是在这种后难为继的局势中，迎来中日甲午战争。

19 世纪最后 20 年，朝鲜一直是国际斗争中的一个热点。

甲申事变爆发后的第 10 天，李鸿章在给总理衙门的信中，指出事变与大院君一派无关。由于中国驻朝人员渐多，对其国内情况加深了了解，搞清楚了其国王孱弱，闵妃及其外戚专权的状况。大院君掌权期间，对内虽有贪暴，对外也持保守，毕竟是亲华的；而闵妃集团，则在中、日、俄三国间摇摆。所以袁保龄、袁世凯叔侄力主释放大院君回国，以便更好地控制朝鲜国内各种政治派别。日本方面，在签订了《天津条约》后，为调整对华关系，防止俄国渗透，也建议中国释放大院君。

此事的另一个背景，是醇王已在 1884 年参与朝政，其个人地位，与大院君一样，都是皇帝的本生父，故以为挫辱朝鲜国王、太上皇为非礼。在不久发生的另一次朝鲜与俄国勾结的外交事件中，醇王就明确地告诉李鸿章：“其他事我能参与讨论，唯独韩事牵涉李昰应，太后帘前面陈以及与同事集议实有难处。”[19] 袁保龄等人是否看透这一层利害关系，后人不得而知，但释放大院君，造成闵妃集团的恐惧和不满，更进一步加强了其对清政府的离心，对于朝鲜的政治稳定，其实是不利的，这为甲午战争中大院君成立亲日傀儡政府的事实所证明，当然这是后话。

李鸿章还看中了在处理“壬午事变”中崭露头角的袁世凯，通过总理衙门，委任他驻扎朝鲜，总理交涉通商事宜，伴同大院君一起返朝。袁世凯机敏能干，一方面积极劝谕朝鲜政府进行改革，同时又始终不渝地坚持朝鲜对中国的从属地位，苦心孤诣地挫败各个国家拉拢朝鲜投入其怀抱的政治企图。他是个枭雄，在朝鲜地位特殊，常采取横加干涉的做法，在一些方面也伤害了朝鲜的民族感情。

由于朝鲜所处的特殊地理位置和李鸿章对朝鲜事务的处置方式，明眼人早就看破，这个东北亚的火药桶，早晚必会出事。李鸿章的幕僚罗丰禄 1891 年在给兄嫂的家信中说：“当年日本侵略台湾，沈葆桢鉴于林则徐开启边衅之覆辙，不敢请申挞伐，转贿以五十万两银子，于是琉球、越南、缅甸先后沦亡。我本人光绪七年来天津时，朝鲜开海禁之议初起，李鸿章欲借通商诸国，以钳制俄人，不能不说是老谋硕画。起初朝廷不置可否，一任李鸿章所为。到了醇王主政，李鸿章议将朝鲜作为局外之邦，醇王奏称，琉球、越、缅诸国，皆洋人来取，我不与争而已。而朝鲜，人尚未取，我已先予，将来必不免人訾议之。其议遂寝。而国家对朝政策，遂不能前后贯注了。朝鲜于中国关系甚大，又介于俄罗斯、日本之间，其危特甚。”[20] 这个判断很有见地。信中提到 1875 年沈葆桢在处理日本侵台事件时的妥协，是基于林则徐在鸦片战争中力主抵抗反被道光帝革职的教训，透露出鸦片战争失败带给清朝官场的政治后遗症是极为深远的。罗丰禄，字稷臣，福建闽县人，是福建船政后学堂的第一期学生。1877 年首批海军留学生前往英法留学，罗丰禄作为随行官员参与管理兼留学，可见他在当时已是同辈中的佼佼者。他在 1880 年带领留学生回国后，经李鸿章奏调，在北洋水师营务处工作，兼任李鸿章的英文秘书，对李鸿章的外交思路应当是最为了解的。

1886 年 8 月，袁世凯迭电报告，朝鲜国王派人向俄使韦贝致送密函，请求俄国派军舰保护，以使朝鲜永远不受他国辖制。俄国久欲在亚洲寻觅海军军港，得此机会必然喜出望外，而英、日必不甘心。他建议李鸿章迅速采取外交和军事措施，他表示只要有五百兵，应可以废除朝鲜国王。李鸿章立即致电驻俄公使刘瑞芬，请其向俄国外交部表示朝鲜为中国属国，望俄国勿接受此函。同时，命正在日本处理“长崎事件”的丁汝昌，将对日交涉事宜交给中国驻日外交官员，速带军舰赶往仁川，配合袁世凯行动。在中国方面的强大压力下，朝鲜国王幽杀送信人蔡贤植，派大臣声明联俄之事为小人伪造，向袁世凯提供情报的闵泳翊逃往香港，俄国方面也否认此事，事情就无法追查下去了。[21]事后，反而有人责怪袁世凯多事。醇王也致函李鸿章，说："韩廷经此一震，或可潜消异志。袁守精于侦察，急于事功，却非通筹并济之道。较之老成硕画，相去太远。似宜预储通品，为他日替人之备。"[22]李鸿章接信后，为 27 岁的袁世凯辩护，称各国驻韩者颇怪袁世凯多事，是因为嫉忌朝鲜为我所属。袁世凯精明刚躁，我每每切谕，要他镇静勿忧。但因壬午、甲申两次定乱，他身在行间，颇有德于韩民，情形也较熟悉，权宜用之。唯其洋务素少历练，年资稍轻，诚如钧谕，宜预储通品，为他日替人，不过实在说来，通品也不易得。[23]袁世凯继续受到李鸿章的宠信，1893 年实授浙江温处道，仍留朝鲜办事。

1893 年 9 月 20 日，张佩纶同李鸿章的部下、道员刘含芳曾有如下一席对话：

> 刘芗林来。余在翰林屡论朝鲜君昏后谬，臣下朋党，军政不修，终为日本所吞并。而袁伟廷（袁世凯）狃于花房、竹添之役（按即日本驻朝公使花房义质、竹添近一郎及壬午之变），侈然自大，于朝鲜则操之过蹙，于日本则漠不加意。心以为危，以询芗林。芗林亦以日本甚贫不足虑立论。余终不谓然，语云"知己知彼，百战百胜"，徒知日本之贫而不知中国之苟安姑息，患更甚于日本也。北洋将骄卒怨，合肥老矣，左右又无良佐，徒恃一虚骄尚气之袁伟庭以支吾朝鲜，恐厝薪火上，自以为安耳。吾谋不用，尤愿吾言不验，则中国之福耳。芗林既去，为之太息久之，所谓曲突徙薪，无人领会也。[24]

他表述的，就是对朝鲜国内局势的担忧。

1894 年上半年，朝鲜发生了两件大事：金玉均被刺和东学党农民起义。

朝鲜开化党领袖金玉均，"甲申事变"后流亡日本，日本政府以对其加以保护为由，将他放逐到小笠原群岛和北海道，直至 1890 年才解除对他的看护。1892 年，朝鲜政府派李逸植到日本，主持暗杀开化党人。李在东京结识了曾在法国留学的朝鲜人洪钟宇。洪钟宇短发西装，能操各国语言，也与金玉均等人相识，同意参与暗杀金玉均。金玉均此时对日本政府的狡猾成性和背信弃义已有认识，也同清政府驻日公使，李鸿章之子李经方及汪凤藻建立了联系。据说他想会见李鸿章，讨论东亚的未来。1894 年 3 月 27 日，金、洪乔装成日本人，同中国使馆翻译吴静轩及一名日本仆从乘“西京丸”轮抵达上海，住在日本人吉岛德三所开的东和洋行。次日下午3时，洪钟宇在旅馆中枪杀了金玉均。29日，租界当局逮捕了洪钟宇。消息传到日本，引起舆论哗然。几乎就在同时，朝鲜刺客李逸植在日本企图暗杀开化党另一领袖朴泳孝未遂被捕。日警旋进入朝鲜驻日使馆，逮捕朝鲜人权东寿、权在寿。为抗议日方擅入使馆抓人的行动，朝鲜驻日使臣俞箕焕离开东京回国。朝日关系进入紧张状态。

应朝鲜政府的要求，李鸿章安排“威靖”舰，于4月12日将洪钟宇及金玉均尸体运抵朝鲜。朝鲜守旧派大臣对金玉均被刺欣喜若狂，趁夜戮尸。这时，日本则在东京举行大规模悼念活动，指称金玉均之死是中国政府策划的，要求对华宣战。外相陆奥宗光和参谋长川上操六都积极主张扩大对华和对朝的侵略，但认为仅为一个政治流亡者之死而宣战，理由尚不充分。正好东学党发动农民起义，清政府应朝鲜政府的请求前去镇压，于是日本政府找到了借口。

东学党又称东学道，是由崔济愚首创的一种民间宗教，它融合儒、释、道三教，排斥西学（基督教），以确立东国（朝鲜）之学为目标。参加者多为贫苦农民。朝鲜政府把东学党作为异端邪说来镇压，1864年将崔济愚处死。但东学党在第二世教主崔时亨领导下，继续活动，1893年，东学党势力大盛，他们进入汉城，聚讼咒法，要求为崔济愚申冤，同时在各国公使馆前张贴“驱逐倭洋”的标语，使得外国人十分恐慌。各国公使筹议调集军舰，以防不测。袁世凯表示中国有弹压之责，请各国静候。在他的请求下，李鸿章派“靖远”“来远”驶入仁川，以后又派“济远”“经远”前去替代。[25]

1894年初，全罗道古阜郡农民在当过东学道接主的全臻准率领下，举行了反抗郡守赵秉甲的起义。

日本一直密切注视事态发展。5月9日，驻防仁川的“平远”舰协助将朝鲜官军运往全罗道的群山，日本使馆立即派员询问朝鲜外务署，“平远”舰前去为何，华兵是否下船等等。袁世凯认为，朝鲜是中国的藩属，请求中

东学党起义首领全臻准被捕

国平息内乱，中国作为上国是难以推辞的。1885年《天津会议专条》规定中方派兵须行文知照日本，并没有中国派了日本也要派的文字。日本若要出兵，恐怕不过是保卫使馆，调兵百余名而已。[26]此时，李鸿章正在巡阅海军。25日，他在山海关视察直隶提督叶志超部队时，讨论了朝鲜局势。27日早晨，他从新落成的铁路线乘火车返回天津。29日，他在府中遇见女婿张佩纶，两人边走边谈。张佩纶建议命一大将，向朝鲜派出重兵，陆军至少七八千人，备以海军全队，以防日本介入，且不要提前知会日本。李鸿章不以为然，认为不会有大的冲突，两人聊至李鸿章签押房门口结束。[27]31日，朝廷以海军办理渐著成效，李鸿章督率有方，交部议叙，各将领着准择优保奏。[28]

6月1日，起义军占领了李氏王朝的老家全罗道首府全州。李鸿章电总署，候朝鲜政府求援文件转到，即派叶志超选带精队前往，并派海军4舰赴仁川、釜山各口援护。6月3日，朝鲜政府正式向中国发出乞援书。在此之前，日本使馆为了摸清中国态度，曾派翻译郑永邦会见袁世凯，劝诱中国出兵，表示“我政府必无他意”。接着，日本代理公使杉村濬又于3日亲自会见袁世凯，催促中国出兵。袁与杉村私交甚好，他再次错误地以为日本不会干预。其实在6月2日，日本政府已做出了出兵决定，陆奥宗光、川上操六和外务次官林董商定，出兵人数为六千至七千。5日，日本成立战时最高指挥机构大本营。日本驻朝公使大鸟圭介乘“八重山”舰返回任所。6日，李鸿章饬令海军“济远”“扬威”两舰赴牙山、仁川护商，调直隶总督叶志超、太原镇总兵聂士成率淮军一千五百人，分乘招商局轮船前往朝鲜。依照《天津会议专条》，中国驻日公使汪凤藻同日把这一消息照会日本。

日本看着中国落入预定的圈套。8日，派一户兵卫少佐率领步兵一大队从宇品港向朝鲜进发，在清军到达牙山的同时，从仁川登陆。10日，大鸟拒绝了朝鲜政府提出的不要带兵返回任所的要求，在四百名海军陆战队员护送下进入汉城。另有五十名陆战队员，乘“顺明”小轮从水路赴汉城。12日，清军一千二百人在牙山一线登陆完毕。16日，日军七千人在仁川全部登陆。

在中日两国向朝鲜出兵的同时，东学党起义军同政府签订了休战条款。11日，义军退出全州。中国军队并未与义军发生接触。13日，袁世凯与大鸟圭介会谈双方撤兵，日本政府本来已无理由继续向朝鲜增兵，为了达到侵略目的，竟荒谬地提出中日共同“改革”朝鲜内政的建议。清政府明确表示，日本无权干预朝鲜内政。但日本利用控制汉城的有利地位，逼迫朝鲜接受它设计的“改革”。到了这一步，中日两国的正面冲突就是不可避免的了。

日军在仁川登陆，准备向汉城进军。

日本政府准备发动战争，还须进行外交上的努力。

随着明治维新后资本主义的发展，日本人民要求社会变革、政治民主、废除治外法权和片面最惠国不平等条约的呼声日益高涨。在野的改进党提出对外强硬、彻底修改不平等条约和恢复国权的主张，激烈攻击伊藤博文内阁同英国进行的修约谈判方案，以致日本内阁在1893年底下令解散国会。陆奥宗光在写给驻英公使青木周藏的信中说：“国内形势日益紧迫，政府若不做出一个惊人事业，便不能稳定动荡不安的人心。”[29]

由于俄国开始修建西伯利亚大铁路，英国担心影响它所垄断的欧洲至远东海上交通线，英俄关系开始紧张。英国想利用日本作为对抗俄国的筹码，这为日英接近创造了条件。但是，日本政府既想要英国放弃它在日本已经取得的特权，又要英国默许它对朝鲜发起战争，外交谈判上难度极大。经过50余次正式谈判和私下蹉商，日本做了许多让步，又离间中英关系，终于在1894年7月16日订立了《日英通商航海条约》。英国外交大臣金伯利勋爵在签约后对青木说：“这个条约的性质，对日本来说，比打败中国的大军还远为有利。”青木报告说：“英人的意思，让日清两国把力量置于朝鲜的北端或全部，而自己不费劳力，以防止俄国南侵。”[30]日本看准了英国的基本立场，便放心大胆地在朝鲜进行了军事冒险。

为了阻止日军在朝鲜的军事行动，李鸿章也进行了大量的外交活动。早在6月20日，他便通过俄国公使喀西尼请求俄国干预。俄国政府先是对此事表示了很大兴趣，训令驻日公使希罗多渥劝告日本共同撤兵，日本拒绝了。李鸿章进一步建议由中、日、俄三国共同改革朝鲜内政。俄国政府在做了认真研究后，却决定退出旋涡。俄国认为，卷入朝鲜这场纠纷，可能导致卷入战争。在西伯利亚铁路修成之前，在远东打一场战争，俄国的军事力量尚不充分。此外，英国正在等待时机，当俄国表示援助中国时，英国就有可能站在日本一边，从而造成俄国外交上的孤立。

李鸿章在请求俄国出面调停的时候，也请求英国调停。英国担心日本进一步扩大事态，会把中国完全推入俄国怀抱，便由欧格讷出面，进行了几次斡旋，要中国同意“改革”朝鲜内政。总理衙门表示，先要日本退兵，然后再行商议。日本乘机诬指中国政府有意滋事，又宣布即使中国政府派出改革朝鲜内政的委员，对于日本在朝鲜独力进行之事项，亦不准置喙干涉。欧格讷为了阻止中日战争爆发，曾建议本国同俄国舰队联合进行武装示威，但英国首相罗斯伯里否定了这个建议。他说：“这是不合时宜的。我们不能削弱在东亚的海洋上具有能够成为防范俄国屏障的伟大力量的强国，不应该与之不合。”[31]7月23日，英国照会日本，“此后中日两国开战时，中国之上海为英国利益之中心。故欲日本政府承诺不在该港及其附近为战争的运动”。[32]这是向日本暗示，未来的战争只要不影响到英国在长江流域的势力范围，英国不会进行干预。

赫德在给金登干的信中曾这样评价俄国的调停：“俄国人在天津挑逗了一番，过了两星期忽然又推卸了。李鸿章讨了老大一场无趣。”这番话用来形容英国的行为也是完全合适的。赫德又说：“所有国家均向中国表示同情，并说日本这样破坏和平是不对的……它们所以同情中国，只是因为战争会使它们自己受到损失而已。”[33]这倒是说出了各国进行调停的本来面目。

此外，李鸿章自己还有独辟对日外交行动的惊人之举。

早在7月12日，李鸿章就秘密通过幕僚伍廷芳拜访日本驻天津领事荒川己次，告诉日方他对处理朝鲜问题的态度，使得日本人明显感到李鸿章和总理衙门坚持双方先从朝鲜撤兵再开谈判的立场有不一致。14日，荒川报告陆奥，伍廷芳和罗丰禄被李鸿章秘密授予了谈判的使命。15日，荒川再次报告陆奥，李鸿章好像倾向于同意陆奥的一些原则来解决朝鲜问题。伍廷芳告诉他：“李鸿章能解决朝鲜问题而无须考虑北京的态度。”16日，陆奥回电荒川，尽管李鸿章真的希望

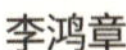

李鸿章

罗丰禄

伊藤博文

陆奥宗光

解决朝鲜问题，但除非此建议以最明确具体的形式，并通过适当公认的渠道传达给日方，否则日本政府将不予考虑。16 日，荒川再次报告陆奥，他已将陆奥的意见告诉了伍廷芳，李鸿章倾向于和平解决，但为如何方能开展谈判而焦虑。“他已非常果断地拒绝了你的建议。”[34] 22 日，李鸿章的英文秘书，总办北洋水师营务处道员罗丰禄奉命到日本领事馆，极秘密地通知日方，李鸿章决定派他作为秘密特使，到东京面见日本首相伊藤博文。李鸿章“忠诚希望和睦解决，并安排如何就朝鲜问题展开谈判”。李鸿章要求日本政府保证在秘密特使到达东京前，在朝鲜的日本军队不要采取敌对行动，并要求日方对这一提议立即答复。[35] 同日，荒川还在伍廷芳的安排下，于下午 3 时到盛宣怀的天津海关道衙门密谈。盛在会面中告诉荒川，中国军队派往朝鲜是为了做样子，而不是为了打仗。[36]

在李鸿章这方面想来，这一高级别谈判的建议必定会在第一时间传递给日本政府。但不知何故，荒川已次给日本外务省的电报却拖延到 23 日晚间 8 时 30 分才拍发，日本外务省 24 日上午 11 时 50 分收到。陆奥宗光倒没有耽误，当天他回电荒川：“尽管到目前为止，中国与日本的敌对行动还没有开始，日本政府也不能保证他们在朝鲜之军队放弃敌对行动。因为在朝鲜，目前仍不断发生政治事件。然而，日本政府也不特别反对罗来日本。”[37] 由于现在没有找到材料，说明这封电报到达东京后，日方究竟采取过什么具体的指令以暂缓侵朝日军在汉城，以及联合舰队在朝鲜海域的军事行动，于是人们将李鸿章如此重大直接的求和行动忽略了。

罗丰禄的这次外交试探是中国外交史上前所未有的极不寻常的事件，我们迄今不知是谁给李鸿章授过权。按说如此重大的事件，必须有最高当局的直接命令，即使是军机大臣，也只能是转述皇帝、皇太后的谕旨。然而，没有任何线索透露朝廷的这种立场。所有已经发表的军机处、总理衙门发给李鸿章的指令，都是要他做好开战准备。那么，就出现了另一种可能：是李鸿章自行决定与日本进行高层接触，他要不惜一切代价，把中日在朝鲜即将发生的军事对抗平息下去。这种越过皇帝、军机处和总理衙门，擅自开展的外交活动，有点类似中法战争前他与福禄诺谈判的重演。再联想到1900年北京爆发义和团运动，八国联军借口保护使馆侨民，从大沽口登陆，占领北京。南方督抚策划东南互保，拒绝执行朝廷排外的指令。这时，担任两广总督的李鸿章，居然同意幕僚刘学洵与英国驻香港总督卜力爵士的策划，同流亡国外的革命党人孙中山暗中联络，准备策划两广独立，自立为王或是总统，用孙中山来施行新政。这种骇人听闻几无可能的选择，作为政治家的李鸿章却考虑到并着手安排了。此事虽然后来由于朝廷起用他重返北京，与八国联军谈判城下之盟而作罢，但这提醒我们，李鸿章绝对不是一个普通的政治人物，他的内心世界极为复杂。在甲午7月，他之所以不择手段地寻求和平，显然是判定慈禧太后不愿在六旬大寿之年爆发战争；对于日本，他所统辖的海陆军也没有必胜的信心。但有一点，李鸿章似乎有把握，倘若他以外交手段将密布的战云消退，他就一定能找到办法说服朝廷。外国人曾说，中国有两个外交部，一个是北京的总理衙门，一个是天津的北洋大臣衙门。总理衙门是一个集体议事的官僚机构，每一个外交使节来访，所有大臣都要参加接见，大家坐在那里，大眼瞪小眼地看着总办大臣，却没有人负责。北洋大臣衙门则是李鸿章的单人外交部。李鸿章坐镇天津，对北京的外交方针一直产生着直接影响。这次求和行动，是他外交生涯中的一次极为特殊的冒险，一方面，他绕过正常渠道，通过罗丰禄直接提出访日要求；另一方面，则通过盛宣怀放出空气，表示中国对日的战争准备只不过是做做样子。22日罗、盛二人的行动，是李鸿章精心安排的双簧。由于日本方面没有积极配合，终于在日军进攻朝鲜王宫和挑起丰岛海战后作罢，就此湮没在浩瀚的外交文书和当事者的心底了。

外交和军事一样，都是国家政治行为中的重要手段。李鸿章看到了各国的矛盾和打算，他希望纵横捭阖，来消弭中日之间紧张的军事对峙，以阻止战争爆发，用心可谓良苦。但他显然对列强干预成功期望太高，对日本冒险发动战争估计过低。他指望用中国方面停止在朝鲜的军事行动来换取日本的让步，这就完全失算了。这个失算，贻误了中国军队在朝鲜的布置和增援时机，在战争准备上陷于被动，以致在7月23日日本军队挟持朝鲜国王，组织以大院君为首的亲日傀儡政权，25日，“新政权”宣布废除同中国的一切条约，授权日军驱逐中国军队时，就完全措手不及了。

日本方面也确实存在值得研究的问题。首先是荒川的电报延误一整天，使得整个议和行动失去了回旋的时间余地。这个延误是故意的还是简单的技术故障？其次，日方既已允诺罗丰禄密访日本，为什么没有做出相应的协调动作？是日本政治家与军方在和战问题上无法协调，军方不顾一切可能的政治运作，非要发动一场战争，还是由于时间和通信原因，无法进行联络，或是日本最高当局打定主意，就是要通过战争逼迫中国做出更大的让步？这些都是值得进一步考证分析的课题。

二、丰岛海战

战前，日本海军以“松岛”“高千穗”“千代田”“高雄”“大和”“筑紫”“赤城”“武藏”8舰作为常备舰队；“吉野”“八重山”“葛城”“大岛”“摩耶”“天城”6舰作为警备舰队；“金刚”“天龙”“筑波”“满珠”“千珠”“馆山”6舰为练习舰；“磐城”作为测量舰；“鸟海”作为预备舰；分属横须贺、吴、佐世保海军镇守府。“严岛”“桥立”“扶桑”“浪速”“秋津州”“比睿”“海门”“爱宕”“凤翔”9舰没有编入现役。

6月2日，日本内阁会议决定出兵朝鲜后，海军大臣西乡从道立即着手准备战争。他命令“吉野”“八重山”从横须贺驶往朝鲜西海岸，监视中国向朝鲜派兵的情况；急令率“松岛”“千代田”“高雄”在福州访问的常备舰队司令长官伊东祐亨海军中将，将三舰带回釜山，转赴仁川；命令前往中国观察北洋海军校阅后逗留在烟台的“赤城”，经威海转往仁川一带侦察。这样，加上原先停泊在仁川的“大和”和“筑紫”，朝鲜西海岸云集了多艘日舰。

7月10日和19日，日本海军进行了两次改编，将警备舰队改称西海舰队，并将常备舰队和西海舰队的主要军舰编成联合舰队，由常备舰队司令官伊东祐亨担任联合舰队司令长官。联合舰队的序列为：第一游击队：“吉野”“秋津洲”“浪速”；本队第一小队：“松岛”“千代田”“高千穗”；本队第二小队：“桥立”“筑紫”“严岛”。第二游击队：“葛城”“天龙”“高雄”“大和”；水雷舰队母舰：“比睿”；护卫舰：“爱宕”“摩耶”。[38] 由海军大学校长坪井航三担任第一游击队司令官。

17日，日本召开第一次大本营御前会议，决定发动战争。同日根据天皇的特别指令，恢复枢密顾问官预备役海军中将桦山资纪子爵的现役，接替中牟田仓之

日本海军军令部长桦山资纪

联合舰队司令官伊东祐亨

第一游击队司令官坪井航三

助出任海军军令部长。桦山是主战派的头目，作风强悍，主张将日本海军舰队的力量全部集中起来，组成庞大舰队，采取攻势方针，消灭中国海军有生力量，夺取制海权。这同中牟田海军中将所主张的“舰队守势运动”完全不同。且桦山出身萨摩藩，在长州藩阀和萨摩藩阀掌控的陆海军高层中的沟通能力，高出肥前藩出身的中牟田。所以日本《国民新闻报》写道：“谁人不谓桦山氏的就职意味着现内阁对于清韩问题的最后决心呢？”成立联合舰队正是桦山就职后采取的第一个行动。

大本营根据海军的胜负，决定了三种作战方针：

第一，若海战大胜，取得黄海制海权，陆军即长驱直入北京；

第二，若海战胜负未决，陆军则固守平壤，舰队维护朝鲜海峡的制海权，从事陆军增遣队的运输工作；

第三，若海战大败，则陆军全部从朝鲜撤退，海军守卫沿海。

19 日，陆奥外相向英国代理公使巴健特宣布，中国政府若在 5 天内不接受日本关于朝鲜问题的修正方案，日本政府将不再与中国进行会商。海军大臣西乡从道询问陆奥，如果过了这个期限，日本舰队发现中国舰队后立即开战，在外交上有无问题？陆奥回答：“作为外交上的顺序，没有什么问题。”[39]

7 月 23 日是个晴朗的星期一。早晨 7 时 50 分，伊东祐亨在“松岛”号上发出信号，通知各舰长来旗舰开会，布置联合舰队出航朝鲜的任务。11 时，第一游击队 3 舰由坪井航三海军少将率领，驶离佐世保港，前往牙山。下午 4 时，伊东率领联合舰队其余 12 艘军舰及 6 艘鱼雷艇、运输船“门司丸”，以单纵队离开军港，前往朝鲜。桦山资纪乘坐“高砂丸”号，为联合舰队送行，他在船桅上挂出信号：

“发扬帝国海军荣誉！”联合舰队艨艟相接，缓缓消失在晚霞夕照的天际。

袁世凯与大鸟圭介在6月12日会谈时约定双方不再增添军队，至17日更达成了日军撤退四分之三，留二百五十名驻扎仁川；清军撤退五分之四，留四百名驻扎仁川附近，俟肃清农民军后再行全撤的口头协议。因此李鸿章在13日、18日两次电告叶志超，命其暂驻牙山，不要引兵北上仁川、汉城，以免激化双方矛盾。[40]但鉴于日本仍在增兵，仁川日舰已达8艘，而中国军舰仅“操江”在仁川，“济远”“平远”“扬威”在牙山，因此又令丁汝昌在刘步蟾、林泰曾两人中委派一人，统带数舰，速往仁川。[41]21日，林泰曾统带“镇远”“超勇”“广丙”抵达仁川口外，次日入港。

24日，叶志超急电李鸿章，仁川至汉城扼要各处，均被日军控制，且时来牙山窥探。我愈坚忍，彼愈猖獗。请将彻底情况转告总署，速发大兵，以弭大患。又称牙山屯兵为无用之地，拟移军阳城。[42]丁汝昌也去电，打算将北洋军舰调回威海，厚集兵力再图大举，李鸿章此时因正托俄国调解，故于25日电嘱叶志超静待勿动。又电丁汝昌通知林泰曾静守，不可遽调回威示弱。[43]这天，李鸿章收到上谕，提出日本侵朝，口舌争辩已无济于事。命妥筹办法，不要待日本占了主动再图补救。

26日，林泰曾再电李鸿章，认为仁川泊船，战守皆不宜。拟以一二船驻仁探信，余船驻牙山备战。请速派三艘雷艇来牙。李鸿章转询丁汝昌意见。丁汝昌表示，林的布置是根据不得示弱的指示精神设计的。在他看来，水陆添兵必须大举。若零星调往，有损无益，仍主张将“镇远”等军舰调回，与在威海各舰齐做准备，以待主力决战。[44]李鸿章同意了。于是丁汝昌立即命令“康济”7月1日前往仁川，带饷接应“超勇”“扬威”“平远”，派“超”“扬”驻牙山，“平远”“操江”驻仁川，“康济”随同“镇远”“济远”“广丙”回威海。[45]接到通知后，林泰曾率“镇远”“平远”从牙山驶往仁川，日舰“大岛”尾随而行。在仁川港口，与东乡平八郎驾驶的“浪速”相遇，“浪速”按海军礼节向林泰曾致少将礼号，但双方均在炮位配置炮手，暗中准备，以防突发事端。到仁川后，林泰曾再向李鸿章发电，建议再派军舰，与在韩各军汇成大队。[46]

在此半月中，由于李鸿章对日本的意图未能判断准确，因此在海军使用上缺乏总体打算，仅仅作为一种象征性的威慑力量而做些临时调度。

迨至6月28日，日本在朝鲜的态势益发明显。李鸿章约张佩纶、盛宣怀和幕僚于式枚在签押房密商局势。张佩纶建议李鸿章除用电报方式报告朝鲜局势外，还应正式上奏筹饷募兵，遂由于式枚执笔，30日向朝廷递呈奏折，提出“北洋铁快各舰堪备海战者只有八艘，余船尽供练运之用。近数年来部议停购船械，未能续添。而日本每年必添铁快新船一二艘，海上交锋恐非胜算”。又称沿海各军将领均久经战阵，器械精利，操演纯熟，合计仅二万人，分布直、东、奉三省海口，兵力本不为厚，若令出境援韩击倭，一经抽调处处空虚，转虑为敌所乘，需添募二三十营。请饬下户部预备饷银二三百万，以备随时指拨。[47]

7月2日，皇帝密谕询问：李鸿章督练海军有年，究竟海军所练之兵若干，北洋沿海防军若干及直隶绿营兵丁可备战者若干，着详加奏复。李鸿章汇报说：海军就现有铁甲巡洋各舰，助以蚊船雷艇与炮台相依辅，似渤海门户坚固，敌未敢轻窥，即不增兵饷，亦断不致稍有疏虞。[48]

9日下午，俄国公使喀西尼接本国训令，派参赞巴福禄、领事来觉福往见李鸿章，告之刚刚接到俄廷复电，日韩事显然是日本无理，但俄国只能以友谊劝日撤兵，再与华会商善后。未便用兵力强勒日人，至于朝鲜内政应革与否，俄国不愿预闻。李鸿章至此方才意识到调停无望，决定对日作战，但又感到“陆军无帅，海军诸将无才，殊可虑”[49]。

11日，叶志超来电提出进退三策：速派水陆大军北来，叶部由牙山前进，择要扼扎为上策；撤回军队，迫日同撤，彼若不依，秋初再图大举为中策；守此不动，使韩人受困于日，绝望于我为下策。李鸿章表示他倾向中策。[50]然而光绪皇帝不同意，认为日军顿兵不动，我先行撤退，既先示弱，且将来进剿徒劳往复，殊属非计。如牙山地势不宜，即传谕叶志超移扎要退两便之地。[51]又谕李鸿章，速派水陆部队待进，加强旅、威防务。李鸿章把“要退两便之地”解释为平壤，计划派5艘轮船去牙山转运军队，命丁汝昌派5舰前去护航。[52]

在此期间，“经远”舰驾驶二副陈京莹给父亲写信，谈他对局势的看法：

> 日本觊觎高丽之心有年矣。兹值土匪作乱……高王请救兵于中国，中国兴兵靖难，日本乘此机会亦兴兵……要中国五款：一曰高丽不准属中国，二曰要斧（釜）山，三曰要巨文岛，四曰要兵费二十五万，五曰韩城准日本屯兵。如不照准所要，决定与战。且此番中堂奉上谕，亲临大阅海军，方奏北洋海军操练纯熟，大有成效，请奖等语，自应不能奏和，必请战。亦饬北洋海军及陆营预备军火水药候战，海军提督请战三次……但皇上以今年系皇太后六旬万寿，不欲动兵，屡谕以和为贵。故中堂先托俄国钦差调处，日本不听；后

又托英德钦差，亦不听，必要以上五款。然此五款，系中国万不能从，恐后必战。以儿愚见，陆战中国可操八成必胜之权，盖中国兵多，且陆路能通，可陆续接济；但海战只操三成之权，盖日本战舰较多，中国只有北洋数舰可供海战，而南洋及各省差船，不特无操练，且船如玻璃也。……北洋员弁人等，明知时势，且想马江前车，均战战兢兢，然素受爵禄，莫能退避，惟备死而已。[53]

陈京莹是中级军官，对外交和宫中政事并不了解，他转述的中日交涉，是他在军中听到的传言。细细琢磨和回味这些传言，其实是很有意思的。他说海战只有三成把握，是北洋海军内部战前对己方力量研判的一个基本共识，与前述李鸿章指出“窃虑后难为继”是一致的。他说军中员弁想到马江之战，均“战战兢兢”，揭示了海军内部的普遍心态。他自己，则做好了牺牲的准备。“兹际国家有事，理应尽忠，此固人臣之本分也，况大丈夫得死战场幸事尔！”

在布置朝鲜军务的日子里，后清流文官再次扮演主战派角色，侃侃高论，同十年前中法战争时他们的前辈如出一辙。其代表人物，侍读学士文廷式指责北洋海军靡费千万却不能一战，力主对日作战，并请给北洋海军以先发制人的便宜行事权。15日，庆亲王奕劻面奏，朝鲜之事，关系重大，亟须集思广益。请简派老成练达之大臣会商，皇帝指派户部尚书翁同龢、吏部尚书李鸿藻会同军机大臣、总署大臣详议处理朝鲜之策。此时距甲申易枢，翁、李被逐出军机处已有十年。16日，皇帝召见军机大臣，大力主战，并传懿旨亦主战。然而翁同龢等与军机大臣、总署大臣会商的结果，仍是一面备战，一面和商，同皇帝的主战决心大有区别。进入7月以来，北京的天气晴晴雨雨，令人难以捉摸，中枢对朝鲜局势的指导也是飘忽不定，缺乏明确统一的连续方针。19日，李鸿藻写信派专人送往天津，向张佩纶了解战事情况。张佩纶复信称，李鸿章检阅海军回津后，对朝鲜前敌情况，或和或战，有告有不告。其告者必进正论，不听亦不争，如此而已。他说自己是“废籍闲人，而又合肥至戚，亦宜引嫌。反复思维，不如一默，希知我者谅其苦衷也”[54]。从更深层次而论，这次李鸿藻借朝鲜战事重新进入核心圈，但排名落在帝师翁同龢之后。张佩纶觉得，自己在政治上与李鸿藻的默契，要超过与李鸿章。“蒉言之，高阳必纳”。今后此李提建议若为彼李支持，翁同龢和军机大臣孙毓汶就会猜想是张佩纶的主意；反之，在许多与北京的沟通协调中，李鸿章还会怀疑他暗通李鸿藻，“生出种种窒碍，自处甚难”[55]。

16日中午，李鸿章通知叶志超，将派轮船至牙山接运其部，并散布假消息，

淮军将领　左起：叶志超、郑国魁、吴育仁、潘万才

淮军将领　左起：左宝贵、刘盛休、徐邦道

声言撤退，至洋面大青岛一带再转驶大同江登陆，同马玉昆、卫汝贵、左宝贵的援军在平壤会合。[56]叶志超表示用商船渡兵十分危险，打算从陆路转移。李鸿章的一位幕僚建议，既然运兵去和运兵回同担风险，不如不撤叶军，另用轮船载运军队前去增援。李鸿章接受了这个建议。17日，他决定调北塘护军统领吴育仁部二千人，由记名提督衔总兵江自康统带赴朝。雇英国商船"爱仁""高升""飞鲸"运送。又因轮船行至牙山口外，需换驳船行70里抵岸，而叶志超手中仅有三十艘驳船，每船载30人，轮船齐至，万一日军袭击或阻挠，进退维谷，十分危险，遂决定21、23、24日分三次发船。[57]马玉昆、卫汝贵的部队，亦由跨黄海运至平壤改为沿海岸运至大东沟。

20日，大鸟圭介向朝鲜政府发出最后通牒，要求驱逐清军，限于22日答复。夜间，又照会朝鲜，要求废除中朝间一切条约章程。战争已是一触即发。李鸿章要叶志超保持冷静，"谁先开战即谁理诎"[58]，同时令丁汝昌派军舰至牙山巡护。21日下午6时，"爱仁"载江自康部离大沽前往牙山。22日上午9时，方伯谦率"济远""广乙""威远"离威海驶向牙山。这支分舰队的任务是守护运兵船完成登陆行动，留"威远"往来仁、牙，换"扬威"随队回航威海。[59]

22日上午，李鸿章收到从长崎发来的情报，获知佐世保的11艘日舰20日出港，去向不明。这个情报并不准确，但李鸿章是认真看待的。他立即命丁汝昌带海军大队前往牙山一带巡护，以保障运船安全。他说："如倭先开炮，我不得不应。祈相机酌办。"[60]丁汝昌通知"定""镇""致""靖""经""来""超""甲""丙"9舰及2艘鱼雷艇升火待发，并向李鸿章报告："船少力单，彼先开炮，必致吃亏。昌惟有相机而行。倘倭船来势凶猛，即行痛击而已。"又说："牙山在汉江内口，无可游巡。大队到彼，倭必开战。白日惟有力拼。倘夜间暗算，猝不及防，只听天意。”[61]

电报半夜到达天津。傍晚5时30分，“飞鲸”轮已载着七百名士兵和47匹战马离开大沽。本来决定“飞鲸”改往新城运送盛军赴平壤，它在大沽的载运任务，由次日启程的“高升”号完成。但命令下达时，已有大批粮饷、军械、帐篷和二百名士兵上了船。经过商量，这个航次还是开行。谁也没料到，这样竟使七百多名士兵避免了一场葬身大海的厄运。

但李鸿章仍未放弃最后的和平努力。22日下午，他在总督衙门接见了俄国驻华使馆参赞巴福禄。巴福禄谈及俄国对日本在朝鲜的行为十分不安。俄驻朝鲜代办韦贝屡次与大鸟圭介调处，均未有成效。日军在汉城筑炮台，作据城状。现已电请俄国，请求派兵驱逐。李鸿章问俄国海军现驻摩阔崴军舰几只，巴福禄说有大舰10艘，调往仁川甚便。李鸿章说，贵国如派军舰，我海军提督亦可派往会办。巴福禄表示，一旦接到本国回电即知会中方。当晚，李鸿章又接到驻英公使龚照瑗的电报，谓英国政府已电令其驻日公使警告日本要对战争爆发负责。[62]这些消息对李鸿章紧张焦虑的战前情绪无疑是一帖安慰剂。此外，也正是在这天，他安排罗丰禄向日本驻天津领事荒川表示了派罗做密使，到东京与伊藤博文直接谈判朝鲜问题的意向，他在等待东京的回话。他判断日本在此形势下不至于立即挑起战争，而丁汝昌貌似请战的言辞后面却掩盖着胆怯。所以李鸿章立即去电将其训斥一顿：

> 牙山并不在汉江内口，汝地图未看明。大队到彼，倭未必即开仗。夜间若不酣睡，彼未必即能暗算。所谓“人有七分怕鬼”也。叶号电，尚能自顾，暂用不着汝大队去。将来俄拟派兵船，届时或令汝随同观战，稍壮胆气。“扬威”可即调回。[63]

这样，北洋海军主力的出海计划取消了。这天，佐世保的联合舰队和大沽口的“高升”轮几乎同时出发，一场力量悬殊的海战即将爆发。李鸿章停止舰队出航的命令看来是个巧合，却反映出他对敌我形势完全失算。在7月上、中旬，中国军队有足够的时间进行兵力调动，以取得战场主动，可是时间白白浪费了。日本武士敲响了战争之门。

方伯谦率领“济远”等3舰23日抵达牙山。24日清晨4时，“爱仁”号运兵船来到。6时，驳船亦到。于是立即换乘。仅一个小时，1150人和116箱弹药全部移上驳船，8时，“爱仁”返航烟台。下午2时，“飞鲸”轮到达，“济远”“广乙”派各船随带汽船帮助装运士兵、马匹和军需。

5时半，前往仁川交送电报的“威远”舰回到牙山，带来了日军昨天攻入朝鲜王宫，劫持国王的消息。在仁川的英国“阿察”舰长罗哲士透露，大队日舰将于明天开到。方伯谦立即命令官兵抓紧帮助陆军卸船。又令“广乙”“威远”迅速升火开船回国，路上若遇“高升”等运兵船，可令其速返威海卫或天津。由于“广乙”随带的汽艇已进入白石浦江，“广乙”不能立即动身；“威远”是条木舰，行驶缓慢，不堪炮击，单独回国，若遇敌船袭击，只能徒失一船。遂于当晚11时，改令“威远”先赴大同江一带，等待“济远”“广乙”到齐后一同回国。[64]

25日拂晓4时，“济远”“广乙”起锚，鱼贯驶出牙山口。这时夜色清朗，繁星满天，微风拂熙，海不扬波。东方的天际尚未透曙，西面的夜幕更是一片不可名状的深邃。两舰向西疾驶，至5时半，南方的地平线上显现出几缕淡淡的黑烟。7时，看清是日本军舰“吉野”“秋津洲”“浪速”。7时15分，方伯谦下令，全体官兵进入岗位，准备迎敌。[65]

日本联合舰队驶离佐世保后，一直搜寻中国军舰未得。这天上午4时30分，第一游击队来到忠清道西岸浅水湾安眠岛附近，与“八重山”“武藏”等舰相遇后，又向丰岛一带搜寻。6时30分，遥见远方有2艘蒸汽船冒着黑烟疾驶。第一游击队司令官坪井航三海军少将立即下令各舰戒备，以15节航速向前逼近。当相距5000米时，辨认出是中国军舰“济远”和“广乙”号，按照出发前的训令，在牙山湾附近遇到中国舰队弱小时，不必发动攻击。只有在遇到强大的中国舰队时才发动攻击。显然，日本海军领导人把战机定在决定胜负的会战上。此时，舰队参谋釜谷忠道大尉却认为：“究竟是强是弱，都必须通过战争来判断。总之，无论如何也要攻击。”[66]这样就奠定了日本在丰岛对中国舰队开仗的军事行动。

日舰此时正处在丰岛附近狭窄水道，不利于作战机动，便向右偏转16度，向东驶去，然后再向左转舵16度，追击中国军舰。7时20分，日舰下达战斗命令。43分30秒，“吉野”放一空炮。45分，“吉野”首先向中国军舰开火。52分，“济远”发炮还击。55分“秋津洲”开炮。56分，“浪速”开炮。日本不宣而战，挑起了丰岛海战[67]——不宣而战的突然袭击从此成为日本海军的传统。

刹那间，宁静的海面响起了震耳欲聋的爆炸轰鸣。3艘日舰与2艘中国军舰展开了对射。虽然按双方实力相比，中国分舰队比日本少一舰，总排水量少7800

“济远”号（此照为该舰被日本俘获后所摄，故悬日本旗帜）

余吨，火炮少50余门，航速也较日舰慢，但中国军舰依然沉着回击。“浪速”未及开炮前，“济远”的炮弹已在其舰艄20余米处爆炸，弹片将其信号索截断，“济远”桅炮炮弹从空中扫向“吉野”。

日舰也猛烈轰击“济远”。不久，一颗炮弹落在指挥台附近，大副沈寿昌被弹片击中头部，当场牺牲。沈寿昌是19世纪70年代容闳带往美国留学的120名幼童之一，也是北洋海军高级军官中唯一的上海人。又有一颗炮弹在前炮台爆炸，枪炮二副柯建章被弹片打穿胸部。天津水师学堂毕业、上舰实习的练习生黄承勋奋然登上炮台，召集炮手装弹射击。这时又一块弹片将黄承勋的手臂炸断，两个水兵抬他去包扎。他摇摇头说：“你们各有自己的职责，不要管我了。”说毕气绝，时年21岁。坚持在前炮台发炮而牺牲的还有水勇正头目王锡山、管旗头目刘鹍以及其他一些水兵。前炮台边积尸累累，竟至无法转动。

战斗刚打响时，“广乙”趁日舰围攻“济远”，向“吉野”和“秋津洲”之间疾驶，企图切入。“吉野”害怕“广乙”发射鱼雷，向左紧急规避。7时58分，“广乙”又逼近“秋津洲”至600米处，正要发射鱼雷，忽被炮弹击中桅杆，桅炮炮手当即从空中坠落。此时战场上空浓烟笼罩，敌我军舰除了在偶尔的间隙里露一下面外，几乎难以分辨。蓦然，“浪速”发现“广乙”已逼近其三四百米处，立即向左转舵，并用前主炮、左舷炮及机关炮向“广乙”疾射。炮弹击中“广乙”舰桥。几乎同时，“广乙”的一发炮弹穿透“浪速”左舷，由内部钻过后部钢甲板，炸断备用锚并炸坏锚机。[68]“广乙”趁势向朝鲜西海岸方向撤退。

“广乙”号

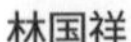

林国祥

沈寿昌

海战中引起争议最大的，莫过于“济远”管带方伯谦的表现。方伯谦，字展堂，福建侯官人。16年前，他在格林尼治皇家海军学院留学时，是个聪明伶俐的学生。回国后，担任过“威远”练习舰管带。中法战争时，他奉命带舰戍守旅顺，亲自督修了威远烟台，因用费低廉而颇得好评。朝鲜事起，他于6月6日至7月初，曾先期前来观察事态。他向李鸿章建议集中使用兵力，以威、旅基地为依托，不宜分防仁、牙。又谓海军当添新式快船和快炮，才足以威慑日本。[69] 在丰岛海战中，有说他躲进舱中装甲最厚处，也有说他与沈寿昌并立望台指挥，沈寿昌中弹时，脑血溅洒在他的身上。[70] 8时20分左右，“济远”后主炮的一颗炮弹穿入“吉野”右舷，打坏发电机，又穿过机舱防御装甲，落入轮机舱，可惜竟未爆炸。“济远”趁机向西撤退，日本3舰穷追不舍。这时，忽见西面有三道黑烟，不知何国舰船正向战区驶近。坪井航三下令各舰自由运动。于是“秋津洲”转换航向，前去追击东撤的“广乙”；“吉野”“浪速”仍然尾随“济远”。不久，日舰看清驶来的是中国军舰“操江”号和英国商船“高升”号。“浪速”接着超越“吉野”，继续对“济远”发炮。8时53分，“济远”升起一面白旗，但并不停轮。“浪速”紧追，两舰相距

3000 米时,"济远"桅杆上升起一面日本海军旗和一面白旗。"浪速"发出信号:"立即停轮,否则炮击!""济远"的火炮便停止发射。海面上忽然安静下来,只有军舰的蒸汽机在"呼呼"地呻吟喘息。"浪速"向旗舰"吉野"报告:敌舰已经降服,已发停轮信号,准备与它接近。[71]

"浪速"发现从右舷驶过的"高升"号上有中国官兵,便用旗语打出"立即停轮"的信号。"济远"利用机会加足马力西撤。"吉野"紧紧追击。到 12 时 38 分,两舰相距 2500 米,"吉野"右舷炮开始射击,连发 6 炮,皆在附近海中爆炸,溅起巨大的水柱。[72] 这时,"济远"水手王国成、李仕茂用后主炮仔细瞄准,急发 4 炮。首发命中"吉野"桅楼,第二发也命中。第三发打偏。第四发击中要害。"吉野"舰艏开始低俯,不敢再追,于 12 时 43 分转舵撤退。"济远"舰得以在 26 日清晨返抵威海。

趁着日舰围攻"济远",负伤的"广乙"向朝鲜西海岸踽踽而退,至十八岛附近搁浅。全舰 110 余人,在战斗中牺牲 30 余人。管带林国祥纵火焚舰,率残部 70 余人登岸。其中 9 人被朝鲜地方官雇小船送回国,8 月 4 日到达成山。大副率 54 人另行雇船,9 日亦回成山。林国祥带 18 人,前往牙山寻找叶志超部队。叶军已走,便辗转赴仁川,躲匿在白石浦一带。英舰长罗哲士闻讯,8 月 29 日率 3 位英国医生驾舢板冒雨接应,将他们乘夜渡上"阿察"舰,次日送回中国。英国公使欧格讷要求中国官兵签署不再参与兵事的声明,才能释放。李鸿章认为这批官兵经历战事,甚为宝贵。可按要求令弁兵自行出结,以后是否打仗,非外人所能追查。林国祥如需留营效力,可让他改个名字。并要刘含芳代表他向罗哲士舰长和英国海军提督致谢。[73] 罗哲士 1885 ~ 1890 年曾在北洋海军担任鱼雷教习,因琅威理事件被英方撤退回国,他与丁汝昌、刘含芳和北洋海军官兵有

"济远"在丰岛海战中所受到的炮伤。左 1 为甲板上的指挥塔,沈寿昌牺牲于此。

中国增援朝鲜部队登船出发

着很深的友谊。

德国退役军官汉纳根设计并督建的旅顺、威海海岸防御炮台竣工后，于1887年返回德国。上年底，他从欧洲再来天津，最近听说中日在朝鲜展开军事对峙，风声鹤唳，大有一触即发的气氛，便自告奋勇地要去朝鲜观察形势。李鸿章同意他搭"高升"轮前去牙山。他在"高升"号离大沽启锚前的最后一刻登上了轮船。

"高升"是英商怡和轮船公司所属的一艘1355吨货轮，它于7月20日从上海开抵大沽后，被清政府租用。23日，淮军仁字军帮办高继善及营官骆佩德、吴炳文率两营官兵共一千一百多人，乘该船前往牙山。

25日晨，"高升"驶近牙山湾，远远已能看到朝鲜的陆地了。大约8时，汉纳根和船长高惠悌注意到一艘日本军舰正迎面驶来。隔了10分钟，又发现有3艘日舰尾随其后，他们感到有些紧张。9时左右，第一艘军舰从"高升"左舷驶过。它的桅杆上挂着一面白旗和一面日本海军旗。其实这是"济远"，但"高升"船上的人并不明白。"济远"把它的旗降落又升起，这个举动使得汉纳根以为日舰正按和平时代的礼节，向"高升"表示问候。[74]

据"济远"舰军官说，他们在发现"高升"和在它后面护航（其实不是）的"操江"后，立即挂出"我已开仗，尔须速回"的旗号。[75]但汉纳根和高惠悌事后都没有提到这种信号。汉纳根只注意到右后方的"操江"正在减速并掉头回驶。日舰向"操江"驶去，有一艘已经介入"高升"和"操江"之间了。[76]

前出的日本军舰是"浪速"号。大约在9时15分，"浪速"向"高升"发出"立即停轮"的信号。"高升"停了下来。这时两船相隔四分之一英里。日舰对装有中国援兵的英国商船颇感棘手，"浪速"向"吉野""秋津洲"靠拢，似乎想商量对策。"高升"挂出信号，询问能否继续前进。"浪速"回答："抛锚，否则承担一

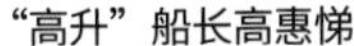

“高升”船长高惠悌

汉纳根

“浪速”舰长东乡平八郎

切后果！”[77] 并乘机追赶“济远”。这时，坪井航三从“吉野”上发出命令，呼唤“浪速”和追赶“广乙”的“秋津洲”归队。“吉野”通知要把捕获的舰船带回群山冲锚地，向联合舰队司令长官伊东祐亨汇报。[78]

“浪速”舰长东乡平八郎派海军大尉人见善五郎乘汽艇前往“高升”，船上的中国军官看到事态紧急，再次表示他们宁死不当俘虏。汉纳根把这个意思转告给高惠悌，并且约好，必须坚持让“高升”返回始发港大沽。因为轮船出发时，中日两国并未宣战。[79] 日本人登上“高升”轮。他们检查了有关文件。高惠悌船长提醒人见，这是一艘英国商船。人见充耳不闻，只是问道，“高升”是否跟着“浪速”走？高惠悌说：“如果你命令，我没有别的选择余地。但是我抗议。”[80] 人见返回“浪速”后，东乡平八郎向“高升”发出立即起锚的命令。[81]

“高升”上的官兵听到这一消息，立即激动起来，拒绝“高升”跟着“浪速”走。高善继说：“我辈自请杀敌而来，岂可贪生畏死？吾家身受国恩，今日之事，有死而已。”骆佩德、吴炳文也说：“公愿赴死，我辈岂可独生？”[82] 汉纳根劝高惠悌再与日舰联系谈判一次。于是“高升”再发信号，说有紧急事件，请日方再派小艇前去。

这次是汉纳根与人见善五郎谈判。他说：“船主已失去自由，不能服从你们的命令，船上的士兵不许他这么做。军官和士兵都坚持让他们回到原出发港口去。船长和我都认为，即使已经宣战，这也是一个公平合理的要求，因为我们出发时还处在和平的时期。”[83]

东乡得悉这一要求后，用信号通知“高升”号上的欧洲人立即乘小艇离船。但中国士兵控制住所有救生艇，高惠悌又发信号：“我们无法离船。”于是，“浪速”便向“高升”驶来。在相距 150 米处，它的船首悬起一面红旗，右舷鱼雷管发射

“浪速”攻击“高升”

“浪速”号

出一枚鱼雷。接着，右舷五炮同时轰鸣，进行了5次齐射。“高升”的锅炉被击中爆炸，蒸汽和煤屑弥漫在空气间，天昏地暗，白昼变为黑夜。“高升”激烈地震动着，开始迅速下沉。此时大约是下午1时。[84]

这是一个可怕的时刻，会水的人纷纷跳向大海。不会游泳的人，便在船的高处用步枪射击日舰，做垂死的抵抗。一艘日本小艇驶来。它只搭救落水的欧洲人，并向水中失去抵抗能力的中国士兵开枪射击。高惠悌和大副田泼林被救上“浪速”号，汉纳根靠游泳幸免于难。

这天上午10时，“飞鲸”离开牙山返航，它在丰岛海面上目睹了“高升”沉没的惨剧。当时船头先沉，船尾向上，忽然翻转45度，然后全船下沉。至1时半，没入水中，只有桅杆露出水面。事后法舰“利安门”号从桅杆上救出43人，又从水中捞起2人；汉纳根等112人游至海岛，被德舰“伊力达斯”号运回；英舰“播布斯”号运回87人。其余官兵全部殉难了。[85]

在“浪速”盘查和击沉“高升”的同时,“秋津洲”竭力追逐“操江”。“操江”于24日早晨3时离烟台前往威海,取得丁汝昌托带的文书后,又于下午2时前往牙山。舰上载有20万两饷银和一批军械。当它在丰岛海面看到日本袭击中国舰船时,立即转舵西驶。但由于航速仅9节,故至1时50分,被“秋津洲”追上。“操江”降下国旗投降。搭船而行的中国电报局洋匠弥伦斯原系奉派接管汉城的电报局,他见势不好,便将随身携带的密码本毁弃,并劝“操江”管带王永发销毁丁汝昌的文书,把饷银投入海中。文书销毁了,20万两饷银却未及投海。2时10分,“秋津洲”派人登上“操江”,驾驶该船于7月28日返回佐世保。被俘的中国官兵被押着游街,受尽屈辱和折磨。[86]

“高升”事件引起英国舆论大哗,认为日舰无故击沉中立国船只,是粗暴违反国际法的。英国驻日公使向日本外务省提出强烈抗议。李鸿章指望由此引起英国政府的干预。陆奥宗光则十分紧张,担心此事难以调解。日本法制局长末松谦澄解释说:“浪速”是在中日两国已经交火之后,向“高升”行使“交战者”权利的。“高升”虽属英籍船只,可在事变中,船长被夺去行使职权的自由,即“高升”号为清军军官所劫夺。“高升”号船主与清政府订有契约,一旦开战,该船即交清政府。这种解释,完全是强词夺理的狡辩。因为丰岛海战是日本采用突然袭击的手段挑起,中日两国要到8月1日才正式相互宣战。中国租用“高升”号,得到英国公使欧格讷的同意。当丰岛海战爆发后,船长要求退回出发港口是完全合理的。英国政府起初有意干涉,但随着中日战局的确定和日本在外交上的努力,使得英国政府不欲多事。英国外交部后来居然认可了日本的说法,认定“高升”号在遭到拦截前,中日双方已经开始交战,不必正式宣战即可开始战争。“高升”号当时受雇向朝鲜运送中国军队和军用物资,日本有权拒绝该船继续驶往目的地。为保持中立,高惠悌船长准备服从“浪速”舰长的命令,但中国军官奋力夺取了控制权,意欲交战,准备积极反抗日军,使“高升”号事实上成为交战一方。“浪速”舰长也就有权将其作为交战船对待。英国外交部说,法官找不到任何一条国际法原则来替船主向日本索赔,倒是中国政府应负赔偿责任。[87]英国国际法学家胡兰德也在《泰晤士报》上撰文,说击沉“高升”在国际法上是合法的。[88]这样就逐渐平息了英国国内的愤怒情绪。李鸿章对此无可奈何,指望英国干涉的如意算盘完全落空。最后只能由招商局出钱,向怡和轮船公司赔偿了“高升”轮的损失。[89]这是中国战时外交的又一次惨痛失败,在强权时代,国际法往往只是胜利者手中的武器。

三、黄海大海战

7 月 24 日是丰岛海战爆发的前一日，北京犹如处在台风眼中，一片平静。这天慈禧太后从颐和园回宫，准备参加四天后的皇帝生日大典。翁同龢晨起无事，兴致勃勃地出东便门，乘舟沿通惠河到二闸郊游。日记中记录说："徜徉野店看闸，水声如雷鼓。"[90]

这天，张謇给翁同龢写密信，为北洋海军的人事变更出谋划策。信中说："丁须即拔，以武毅军江提督代之，似亦可免淮人复据海军（丁常与将士共博，士卒习玩之，亦不能进退一士卒）。惟江非水师，恐与驾驶事不行，转为士卒所轻，则左翼之林泰曾、右翼之刘步蟾似可择一。若论者有词，可以策励，似林逾于刘。"此处丁指丁汝昌，"武毅军江提督"似指江仁康，江仁康属仁字营系统的记名提督衔总兵，而非武毅军，究竟何人，尚待考证。张謇在中日正式交战之前，就如此深入地与翁同龢讨论淮系的人事进退，值得关注。尤其张謇在 1882 年朝鲜壬午事变时曾随吴长庆入朝，在北洋海军中也有不少熟人，他所谈到丁汝昌等人的情况，应当说是有依据的。不过，张謇在密信中提到日本海军的情况，却不准确，尤其他说日本虽有"金刚""比睿""龙骧""东舰""扶桑"5 艘铁甲舰，"扶桑"最坚，但都已过时，"余二十九舰皆名巡海快船，无铁甲也，亦远不及我快练船"[91]，更是完全不知实际情况，严重误导了翁同龢，对翁的主战决心起了推波助澜的作用。几乎在同时，张佩纶私下也评论说："若仍用闽将，恣其嫖赌……朝鲜中不能保也。"[92] 二张是两路人，他们对海军内情的担忧却是一致的。

中国人不知道，7 月 26 日，英国驻华公使欧格讷在给外交大臣金伯利的报告中是这样评价中国海军的："中国军队虽然在数量上较日本有相当优势，但训练方面，尤其是装备方面远不及日本。自琅总兵离去后，中国舰队一直无有能力的首领，委托丁提督管理，这位军官与其说是位水兵，不如说是名陆军，未受过任何海军技术训练，他的习性和能力，远不足担任一名总指

翁同龢

张謇

挥。”欧格讷还提到“镇远”管带林泰曾三天前提出请求开缺，被丁汝昌拒绝，而实际上是李鸿章拒绝了林泰曾的离职要求。李鸿章表示，谁再提这类申请，就将其处斩。欧格讷说：“我深怕诸如日本目前似乎企图突然发动强有力的侵略所造成的可怕后果；害怕无远见和缺乏军事知识的中国当局，将面临海军舰队被彻底摧毁的危险，将遭到一次导致现行极不完整的体制彻底解体的打击。”[93] 无可否认，英国外交官的观察是细致和准确的。

中国人更不知道，19世纪初叶，德国开始进行具有世界影响的军事革命，从沙恩霍斯特、格奈泽瑙到毛奇，新型的总参谋部成为战争的指挥者、咨询者、命令制定者和传达者，而不具备军事天赋的皇帝和文臣，越来越放手依靠高级军官和受过严格训练的专业参谋人员来遂行作战指挥。明治维新之后，日本仿效西方，建立内阁体制，设有陆军省和海军省，负责军政管理。同时又设立陆军参谋本部和海军军令部，作为军事指挥机构。军令部长相当于海军参谋长。6月，为准备介入朝鲜和对华作战，日本设立战时指挥机构“大本营”，由天皇直接统率。幕僚长为有栖川宫炽仁亲王和小松宫彰大将（他是陆军参谋本部的参谋总长），陆军参谋为川上操六中将（参谋本部次长），海军参谋为中牟田仓之助海军中将（海军军令部长）和桦山资纪海军中将（海军大臣），此外还有兵站总监部统监、运输通信部长官、野战监督部长官、野战卫生部长官等人士。日本还统一海军指挥权，取消按区域划分舰队的方法，将全国海军重新划分为常备和警备两个舰队。军队进入战时状态，随时准备抓住机遇，与中国一搏国运。

而此时中国，决策者是光绪帝及协助其处理政务的军机大臣。慈禧太后已经归政，重大决策时皇帝会向她汇报请示。至1894年11月12日，又另设督办军务处，派恭亲王奕䜣督办，庆亲王奕劻帮办，翁同龢、李鸿藻、荣禄、长麟会办，节制各路统兵大员，有点类似日本的大本营。只是军机处、督办军务处行走的都是兼差文臣，并无军事知识，亦无参谋助手进行预案评估，更不能私养幕僚，全靠即兴讨论，或是各人周边往来密切的门生密友，七嘴八舌出些主意。外交和国际动向归总理衙门主管，决策流程亦是如此。此外，任何御史言官，皆可风闻上奏，对战事评说批判，甚至随时要求更迭军事首长。

军机处、督办军务处和总理衙门，每天将各种谕旨和有关指挥的要求建议，用电报发给驻扎天津的直隶总督、北洋大臣李鸿章。李鸿章既是文官，也是大帅。在平定太平天国的战争中，他创建淮军；前些年他又创建北洋海军，一直负责华北、东北方向的国土安全和朝鲜事务。他虽然很早就购买洋枪洋炮和军舰，派人出国留学军事，但军事现代化仅仅停留在武器层面，没有建立现代指挥体系为其统辖军队。用西式装备武装起来的北洋海军，军服却是中式对襟丝绸面料。按照《北洋海军章程》，丁汝昌作为提督，他的指挥班底，仅有提标中军参将兼理粮饷事宜一员，提标大副都司、二副守备各一员、提标总察全军轮机事务参将一员，提标总察全军军械事务游击、守备各一员，此外再加随员、文案、翻译、书识若干，没有舰队司令部，没有日军早已建立和西方更早通行的参谋作业。

按照湘、淮军传统，李鸿章是用自己手下的几个亲信来指挥协调整个军事行动的。头号亲信是盛宣怀。盛宣怀是李鸿章进士同年盛康之子，很早进入李鸿章手下，李鸿章视盛亦如子弟。此时盛身兼津海关道、轮船招商局督办、中国电报局总办，后来还兼任总理后路转运事宜。由于他与李鸿章走得近，手中又握有电报局和招商局，得以转发各类来往电报，传递各种信息，俨然扮演着“总参谋长”的部分角色。

此外，外交事务李鸿章用罗丰禄，前敌营务处用周馥，文秘用于式枚，加上他的儿子李经方，外甥、天津军械局总办张士珩。这些人马，构成直隶总督身边的军事指挥核心，去应对前方瞬息万变的战事。虽然他们手下还握有若干“营务处”，但都不是近代意义上的军事机构，不懂各种参谋业务。本质上，中方作战指挥尚停留在中世纪，而他们面对的，却是铁甲蒸汽时代第一场规模最大的跨国战争。

7月28日，朝鲜局势已完全恶化了，朝廷却仍未想好应对方略。这天是皇帝万寿圣节，紫禁城里依然庆贺如仪。清晨略有些薄雾，迷迷茫茫，在夏日实为罕见。5时刚过，大小臣工已从东华门进入皇宫，在太和殿前循班排列。朝鲜使臣穿着圆领大袖的礼服，手执牙笏，站在西边末尾。7时，刚满23岁的皇帝升殿，苍白的脸上，毫无喜悦之色。群臣按例庆贺跪拜。8时，赴宁寿宫畅音阁听戏。畅音阁是座三层崇楼的戏台，阁的两侧，悬着一副楹联：

动静叶清音，知水仁山随所会

春秋富佳日，凤歌鸾舞适其机

写的是海内晏和的升平景象，此时看来，尤为触目惊心。庆亲王、军机大臣翁同龢、李鸿藻等人奉旨筹措对策，他们在太和殿吃完御赐筵宴，又到会典馆去吃了真正果腹的午餐后，便云集军机处值庐商议。然而，一则前敌形势莫辨，消息极少；二则书生虽有心杀贼，却无策典兵。因此议而无决，依旧前去听戏，这时，天空中淅淅沥沥地飘洒起细雨来。[94] 畅音阁的专场文艺演出至晚上7时后才散，而在宫外焦虑等待的张謇，再一次写信给翁同龢，建议将丁汝昌革职：

> 丁须速拔，仍令效力前线，戴罪自赎。李本势利人，非鞭策亦（不）可，则调度乖方，接应失机之罪，薄科其罚。亦应照东捻北窜故事，拔翎褫褂。

张謇还建议使用湘军，“略分淮势”。[95]

8月1日中日两国宣战后，双方陆军在朝鲜排兵布阵，准备决战。两国海军奉命多次巡弋朝鲜海面，寻找战机。战场气氛日益紧张。11日，朝廷忽然发布上谕：“御史端良奏请将革员驱令回籍，以免贻误事机等语。革员张佩纶获咎甚重，乃于发遣释回后，又在李鸿章署中干预公事，屡招物议，实属不安本分。著李鸿章即行驱令回籍，毋许逗留。”[96] 张佩纶此前已决定对李鸿章处的谋划采取超脱态度，为何还会受到攻击？他认为“端疏出于贿参，其意止要鄙人不在合肥左右而已”。所谓“贿参”，即花钱买人参奏，这是晚清官场中经常发生的黑箱运作。张佩纶推断幕后指使者是盛宣怀。此前他对朝鲜局势的判断和用兵建议，颇得李鸿章赞许，邀其参与赞画。但他听闻李、盛谋划议和，遂坚辞不就。李鸿章要他辅佐前敌指挥卫汝贵，被张拒绝。张佩纶推荐宋庆、曹克忠主持军事，李鸿章也未采纳。这些讨论和谋划，引起盛宣怀的不悦。张佩纶在日记中写道：“杏孙来三次，盖欲窃取余论以迎合合肥，可厌之至。”[97] 他还告诉侄子张人骏：“盛为蒉（张佩纶字蒉斋）所不齿，且师（李鸿章）当蒉两（次）骂之，其贿参固宜。”[98] 御史安维峻曾为此弹劾盛宣怀，提及盛寄端良的亲笔信，被英人以二百金从其家丁手中购去，李鸿章复以四百金购自英人。还说盛宣怀承认，此事系李经方吩咐。[99] 另有一种观点认为，由于前方缺乏统帅，李鸿章长子李经方跃跃欲试，以为可以荣立军功，完全没有想过自己缺乏指挥能力，而为张佩纶所阻。[100] 8月27日，北洋电报总局督办佘昌宇就曾致函盛宣怀，提及平壤岌岌可危，该处乃三韩最要之地，鄙意此本傅相（李鸿章）重任，而李鸿章万无亲征之理。刘铭传又托病不出，“淮军有将无帅，断难用兵，非伯行（李经方）代相前往不可。但此举傅相不便陈奏，伯行又难自请，必须廷臣封章入告，望兄设法暗中托人陈奏，如能奉旨赏给三品卿衔，授为钦差大臣督办朝鲜事务，实于大局有益。吾兄智珠在握，当以其言可采否？”[101] 就道出拍马者的筹划。前线战事急迫，中方战时指挥能力落后，北洋核心团队还在窝里倾轧。最后，张佩纶被迫携妻从直隶总督衙门搬出，移居南京。

根据报告，丁汝昌 27 日率北洋海军 9 舰，开往汉江洋面巡游，寻找日本舰队。牙山叶志超部则音信杳然。皇帝和军机处不知道，李鸿章给丁汝昌的指令是“惟须相机进退，能保全坚船为妥”。[102] 因此丁汝昌只是虚晃一枪，未见日舰便折回威海。29 日，皇帝询问丰岛海战和朝鲜陆战场的情况，关于朝鲜，李鸿章一点准信也没有。他回奏说叶志超军在牙山一带打死一千多日军，平壤被日兵占领。其实平壤并未失陷，叶军也从未取得如此战绩，倒是在这天从成欢败退。中国最高当局，就是在一片混沌中指挥作战。

从丰岛海战战场回航后，方伯谦向李鸿章发出电报，称“午时，我船整理炮台损处，日船紧迫，我连开后炮，中伤其望台、船头、船腰，彼即转舵逃去”。又说“装运军械之‘操江’差船适抵牙口，被倭船击拿；英轮‘高升’装兵续至，在近牙小岛西南，亦被日船击中三炮，遂停查而沉”[103]。

丁汝昌也是两眼漆黑。他向李鸿章发出的丰岛海战正式报告称：“兹已分诘管带、员弁、水手，均称二十三四点，‘济’‘乙’由牙开，七点余遇敌，彼先开炮，三船聚攻‘济远’，密如雨点，望台、炮架、三舵机均受伤，阵亡弁勇，初甚失势。‘济’‘乙’炮力不及敌远，还炮不却，迨敌以一船横截‘广乙’，‘济’只剩十五生（厘米，centimetre 的音译）一炮，猛击命中，敌二船始折回，而‘吉野’督船尾后，连追不止，‘济’停炮诈敌，彼驶近拟擒我船，‘济’即猝发后炮，一弹飞其将台，二弹毁其船头，三弹中其船中，黑烟冒起，‘吉野’乃移逃，四弹炮力已不及矣。查却敌保船，全恃此炮，水手李仕茂、王国成为功魁，余帮带放送药送弹之人，亦称奋勇，昌已传令为首李、王赏一千两，余众共一千两，告谕全军，以为鼓励。风闻提督阵亡，‘吉野’伤重，途次已没，如果属实，查确后尚当照前定赏额划清补给，以昭信赏。”又说“广乙”毫无消息，“迄今莫视，必被击沉”[104]。

这两份报告均存在很大的漏洞和虚假消息，比如完全不提“高升”“操江”驶入战场与“济远”当时所处位置等细节，不提曾升白旗和日本海军旗，反而谎称“济远”以一门尾炮击退两艘日舰，还称日提督阵亡、“吉野”沉没。李鸿章得报后，通过驻日公使汪凤藻进行核实，得知没有提督死、“吉野”沉的消息，在电报中斥责丁汝昌：“如无确实证据，岂能滥赏？”又命北洋海军进入戒备状态。各船保持常火，官弁夜晚住船，不准回家。[105]

近年来，有人使用“广甲”管轮卢毓英《卢氏甲午前后杂记》来为方伯谦翻案。卢文写道：“‘济远’自雅（牙）山逃归，船中血肉狼藉，三军望之骇然。方管带禀报丁汝昌，陈明其如何遇敌，如何攻击，如何被围，如何悬挂白旗以诱敌，至敌临近下锚，而后出其不意击中敌舰要害，庶反败为胜，始得脱离虎口逃归各情节。丁概置若罔闻，仅问‘广乙’‘威远’何往？方答以‘威远’不堪御敌，故令其先行远避。‘广乙’遇敌与战数时之后，不知所之。丁曰：令尔保护载兵之船，竟被击沉，全军尽覆，五艘同出，一艘独归，保护之谓何不力可知矣。且悬挂白旗辱国甚，孰尔有何面目归来见我，独哓哓不休道功绩耶？方无言而退，丁乃电奉李相，请治方悬挂白旗辱国之罪，李相疑之，派员前来查办审明各情节，具实奉复，李相传谕探明‘广乙’确实情形再行审究。”[106]

卢毓英的记录存在问题：第一，从前引档案可知，方伯谦回威海后，有权直接向李鸿章上禀，丁汝昌不能阻止他报告战况；第二，方伯谦是否向丁汇报了升白旗的情节暂且不说，丁汝昌在给李鸿章的报告中不仅只字未提请治方伯谦悬挂白旗辱国之罪，还误传所谓“提督阵亡、‘吉野’沉没”的谎言；第三，更没有“李相疑之，派员前来查办审明各情节”之事。由此再看卢氏解释挂白旗是为“诱敌”的说法便觉勉强。反观《中倭战守始末记》记载，“倭奴击我‘高升’轮时，方望风而遁……海军提督丁禹廷军门调询‘济远’管旗头目，始悉溃逃各节，独以寡众不敌恕之。”[107] 以之比较对“济远”的实际处理，似乎后者的说法更近于事实。

8 月 1 日，中日两国同时向对方宣战之后，李鸿章传达总理衙门的意见，要海军往仁川截击日本运兵船。他再次强调“速去速回，保全坚船为要”。[108] 2 日，丁汝昌率 6 舰第二次巡弋朝鲜大同江的洋面。

这天，朝廷电诘李鸿章，前报丁汝昌往返汉江口，未遇倭船，折回威海，不知做何进止？[109] 李鸿章次日汇报：丁汝昌云，我无侦察船为前驱，若在大洋明战可冀取胜，若入汉江寻敌，则恐触敌水雷。我军精锐只“定”“镇”等七舰，“不可稍有疏失，轻于一掷，大局所关”。又说丁汝昌已赴朝鲜洋面，发现日本运兵船即行截击。[110] 皇帝对此并不满意，指出威海僻处山东，并非敌锋所指，究竟有何布置，抑或借此藏身？着查看丁汝昌有无畏葸纵寇情事。5 日又谕：“丁汝昌前称追倭船不遇，今又称带船巡洋。倘日久无功，安知不仍以未遇敌船为诿卸地步？近日奏劾该提督怯懦规避、偷生纵寇者，几乎异口同声。若众论属实，该大臣不行参办，则贻误军机，该大臣身当其咎矣！”[111] 龙颜震怒，锋芒显然已指向李鸿章。

李鸿章赶紧申辩说：“西人佥谓我军只八舰为可用，北洋千里全资屏蔽，实未敢轻于一掷，致近畿门户洞开……海军全仿西法，事理精奥，绝非未学者所可胜任。且临敌易将，古人所忌。似宜随时训励，责令丁汝昌振刷精神、竭力防剿。”[112]他给丁汝昌布置了战略意图，要他每月带队往返威海与大同江口两次，相机击逐日舰及运兵船，并就近前往鸭绿江口巡查，使日舰不敢肆行窜扰，以稳定局面。

6日，李鸿章再电丁汝昌，转告丁他已接获上谕，要查看丁“有无畏葸纵寇情事，不得有片词粉饰”。李鸿章告戒丁汝昌：“汝当振刷精神，训励将士，放胆出力。如林泰曾前在仁川畏日遁走，方伯谦牙山之役敌炮开时躲入舱内，仅大、二副在天桥上站立。请令开炮，尚迟不发，此间中西人传为笑谈，流言布满都下。汝一味颟顸袒庇，不加觉察，不肯纠参，祸将不测，吾为汝危之。”[113]显然，李鸿章对丰岛海战的实情已有所耳闻，对丁的呵斥十分严厉。

9日，丁汝昌率10舰第三次出洋。10日至大同江口，寄泊樵岛。11日继续梭巡。12日西驶海洋岛。13日清晨回到威海，依旧一艘日舰也未见。而在此期间，伊东祐亨率领联合舰队21舰，于10日直薄威海卫口外挑衅，与刘公岛炮台展开火炮对射。11、12日清晨，又派数舰至旅顺口、威海卫洋面巡游，弄得北洋全线紧张、草木皆兵，飞檄丁汝昌回航守御。

13日，皇帝责问丁汝昌巡洋数日，何以未遇一船。若再迟回观望，致令敌船肆扰畿疆，定当重治其罪。于是，丁汝昌只得在14日第四次匆匆率舰出巡渤海，经鹿岛、秦皇岛，回至大沽，掩护“图南”等运输船装运军火煤炭前往旅顺。

近一个月中，丁汝昌率舰队来去匆匆，奔波往返于威海、大同江、旅顺一线，不敢行驶出北纬37°线以南地区，更不敢前往日本舰队锚地隔音群岛，名为搜索日舰，实际竟像有意捉迷藏，以回避主力决战。这种行为，使得激进的士大夫大为不满。李鸿藻在给翁同龢的信中说：“海军船只一无所用，真可杀也。”[114]反映了当时人们的普遍情绪。礼部右侍郎志锐、御史安维峻和钟德祥、翰林院编修张百熙、侍读文廷式等纷纷弹劾，清议汹涌，力主撤换丁汝昌。这批人以翁同龢为领袖，松散地云集在皇帝周围，常被后人称作“帝党”或“抵抗派”。

无论皇帝，还是“抵抗派”中的激烈分子，对于如何正确使用海军，其实都无把握。8月21日，叶志超率牙山残部历尽周折，转战千里，撤至平壤，被朝廷委为“钦派总统诸军”，节制入朝的各支陆军部队。同日皇帝询问：“今又数日，未据电奏，丁汝昌现在何处？倭船自东去后，有无消息，著即日电复。嗣后海军各船巡至何口，即由该口电报……不得数日无电，致劳廑系。”[115]23日，军机处直接电令丁汝昌，称威海、大连湾、旅顺口为北洋要隘、大沽门户，海军各舰应在此处来往梭巡，严行扼守，不得远离。勿令一日船阑入。倘有疏虞，定治丁汝昌重罪。[116]这道训令表明，朝廷对于海军的使用，与李鸿章并无二致。同日，李鸿章派汉纳根前往襄助海军防剿事宜。汉纳根与丁汝昌相商，称因无快船可以飞驶查看敌舰动向，且敌舰不免还要前来窥伺，所以"水师现在不能甚做大事"。[117]

25日，庆王奕劻，军机大臣、总署大臣及翁同龢、李鸿藻在军机处讨论军情。在议论到御史高燮曾、易俊分别参奏丁汝昌贻误军情，请另派大员统领海军的两个折片时，翁同龢、李鸿藻坚决主张要将丁汝昌治罪，否则难乎公论。军机大臣额勒和布提出先请北洋保举替代之人，然后再降旨，孙毓汶主张以电旨传达而不要明发，翁同龢均不同意，两方展开激烈争论。最后写成一个意见，报皇帝定夺。[118]次日明发上谕，将丁汝昌即行革职，责令其戴罪自效。又命李鸿章在诸将领中遴选堪以胜任海军提督者，酌保数员，候旨简放。[119]27日，军机处再一次电寄谕旨："兹特严谕李鸿章，迅即于海军将领中遴选可胜统领之员，于日内复奏。丁汝昌庸懦至此，万不可用，该督不得再以临敌易将及接替无人等词曲为廻护，致误大局。懔之！"[120]显然，光绪帝对于丁汝昌的避战已经极为痛恨了。

28日，李鸿章指示丁汝昌：大东沟似有倭船在口外窥探，"东沟转运饷械只此一线，海路极关紧要，汝应酌带兵船速往梭巡，遇敌即击。威海仍留船协防，倘日船闻信西来，亦迎头痛剿。朝廷责备甚严，勿稍玩忽。"[121]丁汝昌当天回电：明早统"定""镇""致""靖""经""来""济""平'等船往海洋岛，由大鹿、三山各岛巡查，遇敌即击。如见倭船西来，迎头痛剿。9月2日，丁汝昌向李鸿章报告，第五次出巡，依然未见日舰。[122]

丁汝昌的避战，既有其自己的胆怯，也有李鸿章的掣肘。李鸿章的避战，既有保存实力的私心，也有对海军战略的错误认识。关于后者，人们历来极少论及。

中国近代海军是在西方列强坚船利炮的侵略蹂躏造成的民族危机中产生的。通过进口和自制军舰，至1889年，其规模冠亚洲之首，排在英、法、俄、德、荷兰、西班牙、意大利、土耳其之后，美国、日本之前。由于朝廷对建设海军的重要意义和国家防务重点由内陆向沿海转移缺乏心理准备和足够的认识，因此对海军战略以及海军发展中的一些基本构想，考虑极不充分。在战略防御总态势下，中国海军究竟应该采取内线与外线相结合的作战方法，通过控制沿海海域以取得制海权，还是放弃海上角逐，倚据海岸炮台和陆军进行陆基作战？对于这个涉及海军建设的基本战略方针，朝廷长期没有取得正确的认识。

军事学上的防御理论，包括积极防御和消极防御两类。积极防御又叫攻势防御、决战防御。消极防御又叫专守防御、单纯防御。由于海洋的特殊性，除了毗邻海岸的近海地区外，在本国和敌国领海之间，往往隔着辽阔的公海。海军外线作战具有广阔的舞台，积极防御的纵深地带，有很大的弹性。在战争状态下，能否利用这种弹性，将海军的作战前沿尽量前伸，创造机会进行主力会战，从而消灭敌方主力，夺取一定时间内对一定海区的控制权，确保己方海上行动自由和安全，同时剥夺敌方的海上行动自由和沿海安全，是衡量各国海军战略和作战能力的重要标尺。这里的关键，是争夺制海权。

明朝抗倭战争中，文臣武将对此已有深刻的认识。胡宗宪认为："防海之制，谓之海防，则必宜防之于海。"杨溥说："鏖战于海岸，不如邀击于海外。"归有光云："所谓必于海中截杀者，贼在海中，舟船火器皆不能敌我，又多饥乏。惟是上岸则不可解矣。不御之外海而御之内河，不御之海而御之于海口，不御之海口而御之于陆，不御之陆则婴城而已，此其所出愈下也。"俞大猷也指出，要以有效的战船和火炮灭倭寇于海上，根本不让其有登陆的机会，并从战术原则上提出："海上之战无他术，大船胜小船，大铳胜小铳，多船胜寡船，多铳胜寡铳而已。"[123] 在这种积极防御的战略理论中，已经孕育了制海权的思想。对倭作战，中国拥有强大的海上力量和发达的造船技术，也是主张海权论者的重要依托。

到了鸦片战争时，由于英国舰队在武器舰只的性能上优于中国，广东水师无法在正面海域同侵略者进行大规模的主力决战，致使中国海战理论发生了根本的变化。魏源在《海国图志》第一页上提出了"守外洋不如守海口，守海口不如守内河"的观点。这一针对清军水师装备落后，从破敌战术出发提出的专守防御理论，对于当时人们确定海军战略，起了消极作用。在魏源的同时代人中，林则徐的海防思想产生过从重陆防到重海军的变迁，但人们把它忽视了。

1873 年，傅兰雅、华蘅芳联合译出了曾经参加过美国南北战争的普鲁士军官希理哈的著作《防海新论》。书中介绍了海军防御的两种样式。一种是抵岸封锁的积极防御，"将本国所有兵船径往守住敌国之各海口，而不容其船出入"，从而使本国的防御线一直前出至敌国的领海线，这被称为"防守本国海岸之上策"。一种是保卫本国海港要冲的消极防御，即在本国沿海要塞屯扎重兵，实行专守防御。[124] 这种说法，本来并不全面，因为它忽视了抵岸封锁和海口防御之间，还有广泛的海域可供角逐。可是李鸿章居然奉为圭臬。本来他就认为："我之造船，本无驰骋域外之意，不过以守疆土，保和局而已。"[125] 此时读了《防海新论》，更评论说：“中国兵船甚少，岂能往堵敌国海口？上策固办不到，欲求自守，亦非易言。自奉天至广东，沿海延袤万里，口岸林立，若必处处宿以重兵，所费浩繁，力既不给，势必大溃。惟有分别缓急，择尤为紧要之处，如直隶之大沽、北塘、山海关一带，系京畿门户，是为最要；江苏吴淞至江阴一带，系长江门户，是为次要。盖京畿为天下根本，长江为财赋奥区，但能守此最要、次要地方，其余各省海口边境，略为布置，即有挫失，于大局尚无甚碍。”[126] 说到底，便是主张放弃海上决战，放弃争夺制海权。这恐怕正是 20 年后北洋海军穿梭于威、旅基地之间，回避与日军主力相遇的奥秘所在。此后，尽管李鸿章给友人的信中也说过“海上如练成大枝水军，益以铁舰、快船数艘，南略西贡、印度，东临日本、朝鲜，声威及远，自然觊觎潜消，鄙人窃有志焉”[127] 之类豪言壮语，但基本属于幕僚执笔的应酬文字，算不得他自己真正的海防战略思想。

1885 年，天津机器局刊印了李凤苞节译的奥国海军官军学校教习阿达尔美阿所著《海战新义》。书中归纳了五种最主要的海战样式：一是舰队出海寻求对敌国舰队的进攻；二是舰队在本国海岸防御击敌；三是派遣舰队攻击敌国海口或本土，牵制敌国舰队的行动；四是当敌国舰队将集中于我海岸时，我舰队出他处机动，以吸引和分散敌方兵力；五是将我海军分编成数队，分别行动，在机动中创造战机，适时集中各队击敌一部。书中提到：“凡海权最强者，能逼令弱国之兵

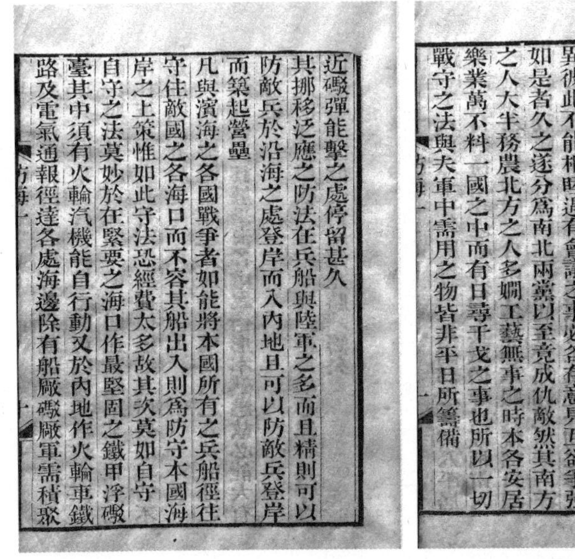
防海新論卷一
布國希理哈撰　英國 傅蘭雅 口譯
金匱 華蘅芳 筆述
紀花旗國南北交兵緣起
近三十年以來美國南北兩方之人因風俗不同政令互異彼此不能相睦遇有會議之事必各存意見互欲爭强如是者久之遂分為南北兩黨以至竟成仇敵然其南方之人大半務農北方之人多嫻工藝無事之時本各安居樂業萬不料一國之中而有日尋干戈之事也所以一切戰守之法與夫軍中需用之物皆非平日所籌備

近礮彈能擊之處停留甚久
其挪移泛應之防法在兵船與陸軍之多而且精則可以防敵兵於沿海之處登岸而入內地且可以防敵兵登岸而築起營壘
凡與濱海之各國戰爭者如能將本國所有之兵船徑往守住敵國之各海口而不容其船出入則為防守本國海岸之上策惟如此守法恐經費太多故其次莫如自守自守之法莫妙於在緊要之海口作最堅固之鐵甲浮礮臺其中須有火輪汽機能自行動又於內地作火輪車鐵路及電氣通報徑達各處海邊除有船廠礮廠軍需積聚

对晚清官员产生很大影响的《防海新论》，其中介绍了抵岸封锁和守口防御

船出战，而弱国须守候机会，以伺候强国一分股之船。”这是在中国海军学术词汇中首次使用“海权”这一名词。[128] 但我们尚未见到中国海军人士当时就寻求海上主力决战，创造机会聚歼敌国舰队的任何讨论文章。即便将海军的作用局限在海岸要塞防御上，对于海陆联合作战的指导理论和合成训练，也没有认真研究和演练，从而建立自己的海军战略战役理论体系，以指导战争实践。

几乎没有中国人知道，进入 19 世纪 90 年代之后，制海权已不仅仅只是海军战略的概念了。美国海军军事学院院长马汉连续发表了《制海权对 1660 ~ 1783 年历史的影响》和《制海权对法国革命和法帝国 1660 ~ 1783 年历史的影响》两部著作，从而震动了世界。制海权被提到国家战略的高度来认识，海洋同国家的生存与发展产生了直接联系。马汉风靡世界。英国人为他倾倒，法国人把马汉著作印发给海军每一艘舰艇。日本也很快出了译本，用作军事院校的教科书。唯有中国依然故我，虽然濒临大海，仍是大陆国家的胸怀。

日本在华间谍宗方小太郎 8 月上旬在他的报告书中写道：

> 今日之急务，为以我之舰队突入渤海海口，以试北洋舰队之勇怯。彼若有勇气，则出威海、旅顺作战。彼若不出，则可知其怯。我若进而攻击威海、旅顺，则甚为不利，应将其诱出洋面，一决雌雄。……根据鄙见，我日本人多数对于中国过于重视，徒然在兵器、军舰、财力、兵数等之统计比较上断定胜败，而不知在精神上早已制其全胜矣。噫！今日之事，唯有突击之一法，“突击”二字，虽颇似无谋之言，然不可不知无谋即有望也。[129]

由此可见，连一个日本间谍都已清楚地看到海上决胜的重要意义，看透了决定双方国运的，不仅是简单的军力对比，还有力争胜利的精神状态。

北洋海军不去主动寻找战机，争夺黄海制海权，日本就抓紧时间往朝鲜运兵。从 7 月 25 日到 9 月 12 日，在联合舰队护航下，日本分四次向朝鲜运送了 2800 余名官兵，并在 8 月 12 日把临时锚地从隔音群岛改为长直路。8 月 16 日，联合舰队再次改编。新的编队序列为：本队，“松岛”“严岛”“桥立”“千代田”“扶桑”“比睿”；第一游击队，“吉野”“秋津洲”“高千穗”“浪速”；第二游击队，“金刚”“葛城”“大和”“武藏”“高雄”“天龙”；第三游击队：“筑紫”“爱宕”“摩耶”“鸟海”“大岛”；本队附属舰，“八重山”“盘城”“天城”“近江丸”；鱼雷舰母舰“山城丸”。

9 月 13 日，当日本舰队护送陆军登陆的任务完成后，桦山资纪命令其北驶大同江口，寻找北洋海军主力决战。14 日至 16 日，日本军舰在渤海及朝鲜西海岸游弋，寻找战机。桦山乘坐由商船改装为军舰的“西京丸”同行观战。按照“聚歼清国舰队于黄海”的作战方针，日本舰队主动出击，志在必得，不管中国舰队如何回避，一场海上决战必将发生。

9 月 7 日，协助李鸿章办理军务的周馥、盛宣怀联名给丁汝昌去电，告之有人建议北洋海军乘日本国内空虚，直捣长崎，得胜即回扰仁川。建议者认为，此时日军在朝鲜元山、仁川登陆，船已分散，我以整攻散，以实击虚，是难得的好机会。李鸿章的意见是，现日军进逼平壤，海军能否助叶志超战，或直接进袭日本本土，请丁即与汉纳根妥筹径报李鸿章。[130] 此一甲午战争中最为重大的进攻性战略构想，后来未见丁汝昌回复而夭折。

9 月 12 日，日军兵临平壤城下。驻守平壤的清军既不听从统一指挥，又观望而无战意，两万大军，一夕数惊，月余未前进一步，坐待敌围。15 日，日军开始对平壤发起总攻。为了接济在朝部队，李鸿章派招商局“新裕”“图南”“镇东”“海定”及北洋海军“利运”等 5 艘轮船，以及美商的“哥伦比亚”轮，运送刘盛休部 12 营 5500 人，从大连湾至中朝边界大东沟登陆，再辗转前线。15 日，北洋海军奉命到大连湾，担任船队的护航任务。这期间，丁汝昌曾打算让“超勇”“扬威”“平远”“广丙”“镇中”“镇边”及两艘鱼雷艇护送运兵船在大东沟登陆，自己带主

“经远”号水兵在洋员指挥下装填鱼雷。

力军舰前往大同江一带巡阅。但盛宣怀提醒说:“东沟过船不易,必须海军留护。”还请求海军在运兵完成后将商船护送回旅顺。[131] 这样,丁汝昌就将巡海计划取消了。16 日凌晨,运输船装卸完毕。丁汝昌先率“定远”“镇远”“济远”“致远”“靖远”“经远”“来远”“平远”“超勇”“扬威”“广甲”“广丙”“镇南”“镇中”14 舰及“福龙”“左队一”“右队二”“右队三”4 雷艇,起锚出发。命运输船于一小时后启程,循护航舰队航迹前进。

月光倾洒在万顷碧涛上,也给军舰披上银白色的寒光。秋夜的海风微微吹来,使人心旷神怡。然而,丁汝昌的心绪却不平静。经过十几年海上颠沛,他对于如何驾驭这支全国最新式的舰队算是懂点皮毛了,但能否指挥舰队进行海上决战却毫无把握。李鸿章对他指挥舰艇作战的能力也表怀疑,特派汉纳根担任北洋海军总教习兼副提督。可是汉纳根这个前陆军少尉又有多少海军知识?战前有位英国人戴理尔(亦译泰莱、戴乐尔)愿意加入北洋海军,就被派作汉纳根的秘书,后来又做帮办“定远”副管驾。戴理尔曾在英国练习舰“伍斯特”号上学过两年航海,自称海军后备队中尉,1888 年加入大清海关巡船当三副,显然也不是正规军。汉纳根多次呼吁更新炮械,到中日宣战后总算运来 20 门格鲁申 1.79 英寸口径速射炮。但与日舰装备的速射炮数量相衡量,还是难成比例。

16 日午后,舰队和运输船队平安抵达大东沟。丁汝昌命“平远”“广丙”两舰泊于口外,“镇中”“镇南”及鱼雷艇护送运输船进入江口,上溯 15 海里,将增援平壤的军队运至远离战区的大东沟。此时舰队中无人知道,这天平壤已经陷落,而日本舰队正向海洋岛方向驶来。

17 日早晨,天气晴朗。7 时左右,运输船队接到指令,可以自行返回港口。[132] 舰队则在锚地停泊。9 时,各舰按例进行了一小时的常操。10 时,“镇远”的瞭望哨发现南方天际出现了一抹淡淡的轻烟。他加强了警戒,不时用望远镜严密地注视着这个方向。不久,已能看清 8 艘日本军舰正向这个方向驶来,于是发出战斗警报。此时正值午饭之际,官兵们纷纷涌出餐厅,奔向战斗岗位。丁汝昌、汉纳根、刘步蟾在“定远”舰桥上发出“立即起锚”的信号,各舰烟囱吐出浓浓黑烟,北洋海军 10 舰以 5 节航速向南迎击。

鉴于敌舰距离尚远,旗舰发出抓紧午餐的命令。瞭望哨这时准确地报告说,前方日舰共 12 艘。丁汝昌下令舰队把航速提高至 7 节。

北洋海军在迎敌时,最初排出的是五叠小队双纵队行进。“定远”“镇远”为第一小队，“致远”“靖远”为第二小队，“来远”“经远”为第三小队，“济远”“广甲”为第四小队，“超勇”“扬威”为第五小队。每小队的两艘军舰前后错开，呈梯队状。因此，远远望去，模样上有点像夹缝鱼贯阵。[133]

自从丰岛海战后，北洋海军已做好了海战准备，各舰除留一艘六桨小艇外，将其余救生艇全部卸除。一来显示全体官兵与军舰共存亡的决心，二来也是清除容易被敌击中的目标。为了第二个需要，各舰还把与战斗无关的索具、木器、玻璃窗乃至“定”“镇”两舰主炮塔的钢炮罩皆留在岸上，以减少火灾燃延和炮弹造成的空气震荡。军舰涂上深灰保护色。速射炮之间用沙袋或煤包堆置起来，以作防护。当战斗命令下达后，水兵们迅速关闭所有无关舱门，从弹药舱提取炮弹。所有的炮口，都森森地指向远远而来的敌舰。

日本舰队这天上午6时30分抵达海洋岛附近。他们没有找到中国舰队，便向大洋河口附近的大鹿岛海域进发。按照7月23日内部规定的战术规则，联合舰队采用单纵列战斗队形。航行中侦察单位位于本队之前，保持5海里间距航行。如发现敌方单舰或力量较日方弱时，可以立即攻击。如发现敌方主力舰队，应立即向本队报告，并在合适位置等待本队前来，一同作战。[134]此刻，“吉野”“高千穗”“秋津洲”“浪速”4舰组成第一游击队，担任侦察任务。“松岛”“千代田”“严岛”“桥立”“比睿”“扶桑”6舰组成本队，行驶在后。10时23分，在右舷方向极远处的海平线上，观察到一缕黑烟，接着又出现几缕。至11时30分，日方判定迎面驶来的正是北洋舰队。坪井航三海军少将率领的第一游击队没有停驶等待大队，而是迅速前出。海军编队的航速，类似水桶的“短板原理”，是以编队内航速最低军舰的最高航速来确定的。第一游击队中的“吉野”，航速23节，是当时世界上航速最高的巡洋舰，但本队的“赤城”仅10节，大大低于其他战舰速度。伊东祐亨下令，本队紧紧跟上，以单纵队向东北方向迎击。为保护乘坐“西京丸”观战的海军军令部长桦山资纪的安全，命令“西京丸”“赤城”两舰转移到本队的左舷。[135]

丁汝昌见日舰以单纵队向己方驶来，便根据战前预案，命令舰队在行进中变阵为双横队（Line Abreast，夹缝雁行阵）迎敌。第二列的军舰与第一列夹缝排列，而前后交错的各对姊妹舰彼此结为小队。[136]他下达的训令规定：

1. 战斗中，各姊妹舰或编为一个小队的军舰，尽可能留在一起，协同动作，互相援助；

北洋海军提督丁汝昌

“定远”管带刘步蟾

“镇远”管带林泰曾

“致远”管带邓世昌

“经远”管带林永升

“靖远”管带叶祖珪

“来远”管带邱宝仁

“济远”管带方伯谦

“扬威”管带林履中

“广甲”管带吴敬荣

“定远”副管驾，洋员戴理尔

“镇远”帮办管带，洋员马吉芬

2. 主导原则是保持舰艏向敌；

3. 所有军舰必须遵守一个基本规定：随同旗舰运动。[137]

以双横队迎战单纵队，显然是受1866年利萨海战战例的影响。[138]当时奥地利海军就打破一般的单纵队侧舷交战常例，用三列楔形横队去冲击意大利海军的单纵队。这种战法来自琅威理对欧洲海军战术的传授，战前日本海军大学的战术教材《海军战术一般》中也做过重点介绍，体现的是“战斗主义，冲锋至上”的战术思想，对各舰官兵的勇气和航海技能要求极高。可怕的是，由于北洋舰队在行进变阵中航速没有保持好，侧翼诸舰开始落到后面。结果当舰队逼近敌舰时，呈现的竟是一个散漫的单横编队，中间突出，像个楔形。其序列为“济远”“广甲”“致远”“靖远”“定远”“镇远”“来远”“经远”“超勇”“扬威”。[139]战线拉得很开，弱舰散在两翼，缺乏保护。单横队不是丁汝昌的本意，但已无能为力。

大约在12时18分，联合舰队观察到前方的北洋海军有两组目标：大鹿岛右侧的主力舰队和从大东沟出发，正在追赶大队的“平远”“广丙”等舰。伊东在旗舰“松岛”上挂出旗语：“攻击右翼之敌。”而坪井将其理解为“攻击敌之右翼”，日本第一游击队迅速提速，驶过北洋舰队主力正面，企图包抄其薄弱的右翼。丁汝昌在刘步蟾、戴理尔建议下，命令全队同时向右转移4个罗经点，即全体军舰向右旋转45度，企图在临战前改变为右翼单梯队阵形，同在“定远”上的汉纳根战后给李鸿章的报告中也说，我队“终至采用后翼单梯阵”[140]，但是，已经来不及了（亦有说法称这个变阵因刘步蟾未予执行而未被实施）。[141]

12时50分，中日舰队相距5300米。这时，“定远”右主炮塔305毫米口径巨炮首先发出了震耳欲聋的第一炮，揭开了黄海海战的序幕。

在火炮技术尚不发达的年代，一般采用三发试射、修正定位的方法。中国舰队利用重炮射程远的特点，先发制人，力争战场主动。5分钟后，“松岛”325毫米口径炮塔被“定远”150毫米口径舰炮击中，两名炮手负伤。接着，“定远”又连连击中“松岛”。中国其他各舰，也以主炮猛轰日本联合舰队本队6舰。

日本舰队冒着弹雨向前追近。12时52分，“松岛”在中国军舰3500米处，首先开炮迎击。55分，“严岛”开炮。同时，第一游击队的“吉野”开炮射击右翼最弱的“超勇”“扬威”。58分，“桥立”开炮。1时，“千代田”开炮。整个海面被浓烈的硝烟笼罩。[142]

开战未久，日舰炮弹击中“定远”舰桥，正在观敌的丁汝昌从舰桥上跌落负伤。[143]同时摧毁了“定远”的信号装置，破坏了中国旗舰同其他军舰的联络手段。丁汝昌在战前又没有明确自己的代理人，因此中国舰队从一开始便失去了统一指挥。

战斗开始时，中国舰队的楔形编队顶部正好楔入了日本舰队之间，将第一游击队和本队一截为二。中国舰队集中攻击日舰本队。“严岛”右舷被一发210毫米的炮弹击中，11名水兵被杀伤。接着，又一炮弹穿过右舷，在汽罐室爆炸，6名水兵伤亡。1时10分，“桥立”主炮炮塔被击中，分队长高桥义笃大尉、炮术

黄海海战

长濑之口觉四郎大尉和二等兵曹广重源槌被炸死，7 名水兵负伤。“比睿”在猛烈炮火的轰击下与本队拉开距离，慌不择路，突入北洋舰队阵中，从“定远”和“经远”中间通过。[144]中国军舰集中向其攻击，顿时将它的舰体、帆樯、索具打得体无完肤。“经远”在“比睿”右舷正横方向近距离驶来，最近时逼近至 400 米，并组织登船队，欲在撞击“比睿”号后进行跳帮夺船。“比睿”以机关炮进行急速射击，使暴露的登船队伤亡惨重。“定远”一发 305 毫米炮弹贯入“比睿”侧舷，在后桅处爆炸。大军医三宅贞造、大主计石塚铸太、少军医村越千代吉等 17 人当场毙命，分队长高岛万太郎大尉等 32 人负伤，整个后甲板被彻底破坏了。“比睿”拖着浓烟烈火，逃出重围。

第一游击队利用舰速优势，迅速通过中国舰队正面后，包抄中国舰队右翼薄弱的“超勇”“扬威”。“超”“扬”顽强抵抗，击中“吉野”后甲板，引起堆积在那里的炮弹、火药的连续爆炸，浅尾重行少尉和一名水兵被炸死。又炮击“高千穗”和“秋津洲”。“高千穗”右舷后部被炮弹撕裂了一道大口子。“秋津洲”的永田廉平大尉等 5 名官兵被炸死。又一发炮弹击穿“浪速”一号炮台下的水线部分，引起海水灌入。但“超”“扬”毕竟是旧式巡洋舰，航速慢、火力弱，在第一游击队的猛烈攻击下，终于燃起熊熊大火。“超勇”舰体渐渐向右舷倾斜，依然发炮不止，至 1 时 30 分沉没。[145]管带黄建勋落水后，有人抛长绳相救，他不就而亡，时年 42 岁。黄建勋是福建永福人，15 岁考入船政学堂第一期驾驶班，十年后被

“镇远”

“致远”

“经远”

日舰“松岛”

日舰“吉野”

派赴英国留学，担任过“镇西”管带，1887年任“超勇”管带。他为人慷慨，尚侠义、性沉默，出言憨直，不喜作世俗周旋之态。[146]及至战时，临危不惧，从容赴死，有古烈士之遗风。

“扬威”情况与“超勇”相似。由于内部隔舱俱为木结构，因此难以扼制火

日舰“赤城”

日舰“西京丸”

日舰“千代田”

日舰“比睿”

日舰“高千穗”

势的蔓延。接着军舰开始下沉，舱面进水，首尾两炮间不能通行，弹药也无法提取。无奈之中，向北面大鹿岛方向撤退，后来搁浅在近岸海边，水兵纷纷跳水逃生，管带林履中，愤然蹈海成仁。[147]

左翼的战斗仍在继续。中国舰队猛攻另一艘弱舰“赤城”号，双方距离仅800米。中方炮火先是击伤“赤城”分队长佐佐木广胜大尉，击毙海军少尉候补生桥口广次郎等。1时25分，又将正在舰桥上观看海图的舰长坂元八郎太少佐当场炸毙，鲜血和脑浆溅满海图桌。蒸汽管被炸裂后，使得航速下降，弹药供应也被断绝。“赤城”只能一面抢救、一面撤退。“来远”乘胜追击，2时15分，再次击中舰桥，炸伤代理舰长指挥作战的航海长佐藤铁太郎大尉。“赤城”急放尾炮，击中“来远”前甲板，造成“来远”起火撤离。

乘坐“西京丸”观战的军令部长桦山资纪看到“比睿”在2时挂出“本舰火灾，退出战列”的旗号，又看到“赤城”陷于合围之中，便于2时15分挂出“‘比睿’‘赤城’危险”的旗号，召唤第一游击队回援左翼。“定远”“镇远”及其他2艘中国军舰立即集中火力攻击“西京丸”。四发305毫米炮弹、一发210毫米炮弹、两发150毫米炮弹、四发120毫米炮弹相继从200米处飞来，在两舷、上甲板、轮机房爆炸，使得蒸汽管破裂，蒸汽舵无法转动。“西京丸”挂出“我舵故障”的信号。接着，一发150毫米炮弹和数发速射炮弹横扫后甲板，将舵及信号机装置破坏。另一发炮弹洞穿下甲板，摧毁五个舱室，引起大火燃烧。“西京丸”只能用手工操舵，艰难地掉转航向。这时，正遇上前来助战的“平远”“广丙”和鱼雷艇“福龙”。“福龙”向“西京丸”连续发射3枚鱼雷，其中有一次攻击双方距离仅40米，可惜都

黄海海战中“扬威”舰残骸

未命中。“西京丸”得以逸去，单独返回日军锚地。

战斗极为惨烈。丁汝昌本来不能指挥海战，负伤后便坐在甲板上，鼓舞官兵杀敌。中国官兵在战斗中表现英勇。“镇远”主炮在发射中忽然中弹，一名炮手的头骨当场被炸碎，血迹飞溅。其余炮手毫无惊惧，将尸体搬开后继续射击。炮术长的弟弟战前来舰访兄，因故未能离舰，此时也在炮台上协助作战，哥哥负重伤后，他略作安慰，仍回岗位。为了防止通气管把甲板上的火焰引入机舱，水手们把风斗卸除。这样，舱内人员冒着超热的高温工作不息。“来远”水手王福清在搬炮弹中，脚跟被弹片削去，竟毫无察觉，依然奔跑如飞。

至下午2时40分左右，战场上的中国舰队损失“超”“扬”两舰，但“平远”“广丙”及诸雷艇前来参战，大中型军舰仍有10艘。日舰“比睿”“赤城”“西京丸”退出战场，仅剩9艘。中国军舰虽然顽强作战，但缺乏统一指挥，只是以两铁甲舰为核心，相邻诸舰自行协调，各自为战，处于内线防御态势，加上弹药储备不足，大口径火炮减少发射，用小炮抵御攻击。而日舰减去了弱舰，反而丢掉包袱，便于机动，以第一游击队和本队两个单纵队，前后环击，并以速射炮的优势，向中国军舰倾泻弹雨。

第一游击队在看到“西京丸”发出的信号后迅速左转，回驶北洋舰队正面。本队则驶过中国舰队右翼，继续右驶，企图包抄后路。2时34分（一说2时45分），“平远”的一颗炮弹击中“松岛”左舷。炮弹从士官次室穿入，水雷长事务室、左舷鱼雷发射管、油槽及主炮机件均被炸坏。3时10分，“平远”炮弹击中“松岛”左舷中央鱼雷室上部，炸死鱼雷发射员2人。日本舰队也拼命回击，致使“来远”“平远”“广丙”相继起火。“定”“镇”两舰临危不惧，依凭坚固装甲与敌周旋激战。3时30分，两发305毫米口径巨弹命中“松岛”4号炮位，引起堆积在甲板上的弹药大爆炸，顿时发出惊天动地的巨响。[148]死者的头、手、足、肠到处散乱着，脸和脊背被炸得难以分辨。那些断骨上，肌肉早被烧毁，就像火化后的白骨。黏糊糊的鲜血沿着船体倾斜方向汩汩流去。滴着鲜血而微微颤动的肉片贴在炮身上，尚未冷却。[149]爆炸使大部分火炮被击坏，指挥塔内的舵机受损，各种电缆被炸得乱七八糟。“松岛”失去了作战能力。伊东祐亨只得调集军乐队员充当炮手和参与灭火。至4时，“松岛”悬起不管旗，命令各舰自由行动，伊东率幕僚将旗舰移至“桥立”。

北洋舰队中航速最高的巡洋舰“致远”此时受到重伤，水线下有10英寸和13英寸炮弹击出的大洞。而水密门隔舱的橡皮，因年久破烂，难以起到防堵海水贯通全舰的作用。海水汹涌地灌入，使军舰向右倾斜，随时有沉没的危险。管带邓世昌知道军舰已到最后关头，猛然驾舰驶出队列，冲向敌阵。全舰官兵同仇敌忾，鼓足马力，一面用抽水机不停地抽去舱中海水。日舰见状，紧急发炮，一发 320 毫米炮弹击中水线，炮弹从舰体的一侧打穿到另一侧，终于将“致远”击沉。[150]“致远”的头部首先扎入水中，船尾在海面上高高翘起，露出它仍在旋转的螺旋桨。接着，整艘军舰渐渐在海上消失，留下一个巨大的旋涡。

邓世昌，字正卿。广东番禺人，生于道光二十九年八月十八日（1849 年 10 月 4 日），死于光绪二十年八月十八日，按农历推算，恰好 45 岁。[151]

“致远”沉没是北洋海军的一个重大损失。“济远”管带方伯谦见“致远”沉没，大惊失色，便驾舰退出战场，向旅顺口方向逸去。“广甲”管带吴敬荣见状仿效。这时，“靖远”“经远”“来远”也负弹累累，火势蔓延，便随之而去。4 时 16 分，“靖远”发出信号，同“来远”先后朝大、小鹿岛驶去，而“经远”位置，适在“广甲”后方，接近庄河县黑河镇海域，距离“致远”沉没位置，直线距离约 26 公里。日本第一游击队尾随追击。坪井航三命令“吉野”测定位置，4 时 30 分取航向西北西、航速 14 节逼近。“经远”发炮反击，炮弹从日舰顶上掠过。4 时 48 分，相距 3300 ~ 2500 米距离，“吉野”用右舷炮和桅盘机关炮开火，日舰继续逼近至 1800 米的距离。此时“经远”向左舷倾斜，舰内冒出黑烟，航向不定，无法取舵。下午 5 时 5 分，日舰确认“经远”前部的机关炮破坏，但“经远”又掉头向东。“吉野”遂将航速减至 10 节，左转 16 点。后续日舰也接近而来，集中攻击“经远”。“吉野”加速接近，准备发射鱼雷，“经远”火势益炽，中部及后部烟焰冲天，但仍然坚持抵抗。其舰体渐次向左舷倾斜，蒸汽机仍没有止歇，故“吉野”中止鱼雷发射。下午 5 时 25 分，“经远”倾斜益甚，右侧螺旋桨露出水面，接着前部起火。5 时 29 分在老人石附近舰首向左渐沉水中，最终翻转沉没。原先烈火翻腾的海域上空，一下被漆黑的浓烟笼罩。日方确认“经远”没有搭载救生舢板。[152]“经远”管带林永升，字钟卿，福建侯官人，性情和易，从不在众人面前训斥部下，与部曲感情深厚。海战时被弹片击中头部，当场牺牲。他死之后，帮带大副陈策、二副陈京莹接替指挥，也先后殉国。[153]

由于“经远”与敌相持，使得“靖远”“来远”得以扑灭火焰，堵塞漏洞，施行各种损管措施。当日舰见“经远”即将沉没，掉头前来攻击时，二舰背倚浅滩，沉着应战，直到战斗尾声。

坚持在海战场上的中国军舰，此时只剩“定”“镇”两舰。日本舰队本队五舰环绕着“定”“镇”继续猛攻。两舰巍然屹立在茫茫大海中，鏖战不息。日本设计“松岛”“严岛”“桥立”，专为对付“定远”“镇远”。舰上装备了320毫米口径巨炮，认为可以贯穿30英寸厚的装甲。在“定”“镇”的装甲及炮塔护甲上，

“致远”舰向日军发起攻击（美术作品）

“致远”舰被击沉（美术作品）

被日舰炮弹击出的弹坑密如蜂巢，但深度没有超过 4 英寸以上的，以致日本水兵三浦虎次郎惊叹地叫道：“‘定远’号怎么还不沉呢？”[154]

下午 5 时 45 分，太阳西垂，暮色将临。伊东感到单凭“严岛”“桥立”“千代田”及负伤的“松岛”“扶桑”，要击沉“定”“镇”几无可能。于是下令升信号旗召唤第一游击队归队，一起驶回临时锚地。

“靖远”“来远”见日舰退去，便往“定”“镇”两舰方向驶去。“靖远”管带叶祖珪，知道“定远”桅楼被毁，主动升旗，召集其他军舰集中。“定远”“镇远”“靖远”“来远”“平远”“广丙”6 舰尾随日本联合舰队撤退方向追击了一阵，便转舵退回旅顺口。

持续了 5 个小时的黄海大海战至此结束。

18 日凌晨，“济远”首先驶抵旅顺。管带方伯谦称，“济远”舰首漏水，火炮均坏，不能发射，所以退出战场。余船仍在交战，胜负不明。旅顺的人们才知道，昨天下午中日海军已进行了一场惊心动魄的海上会战。营务处道员龚照玙立即把情况电告李鸿章。

天亮后，北洋海军诸舰到达旅顺口。“广甲”因天黑和慌不择路，在大连湾外三山岛搁浅。丁汝昌右面头部及颈项至右臂，被火烧伤，左臂和左脚也有撞击伤和挤压伤，被人抬下“定远”。他布置各舰入坞修理后，便考虑如何向李鸿章汇报战况了。

电文颇费斟酌。评功摆好，推诿责任，保奖参劾，都是官场的大学问。然而时间紧迫，不及核实，上午便把第一通电报发往天津。这份电报讲了中方的损失

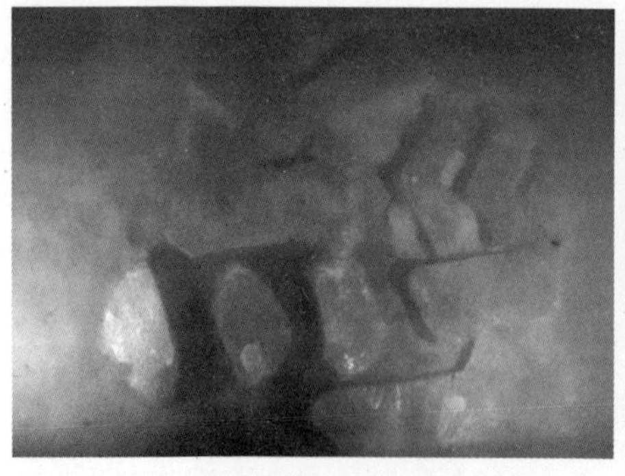

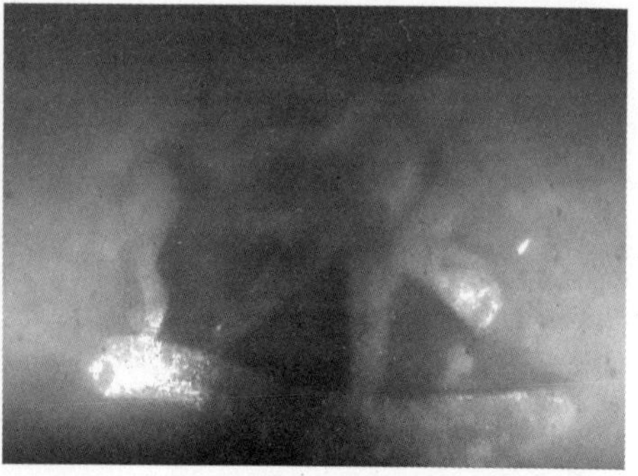

2018 年 9 月，国家文物局水下文化遗产保护中心在辽宁庄河附近水域发现“经远”残骸，图为“经远”舰名牌。

后，声称击沉3艘日舰。[155]

以今天的眼光细核黄海海战的失利原因，至少包括以下五条：

一是丁汝昌指挥无能，对舰队掌握也存在问题。丁汝昌下令用横阵迎击联合舰队的纵队，一直是后世争论不休的问题，至今尚无定论。但人们往往忽视了另外两个重要问题，即丁汝昌不懂海战指挥，以及在海战开始后中断了对舰队的控制，使得舰队失去统一协调，完全处于各自为战的状态，最后陷入一片混乱。丁汝昌为人随和，不拘形迹，虽行伍出身，却晓畅文墨，能起草文翰。唯领兵15年，始终未能认真学习海军业务。近代海军是个技术性很高的专业军种，指挥军官需要多年的专门培训。丁汝昌以陆军将领来统率这样一支新式舰队，主要凭资历治军。他从不觉得自己需要有精深的海军知识，这是他的悲剧，也是世界海军史上的怪事。他曾这样坦率地批评一个弄坏了昂贵鱼雷的外国雇员："损失一枚鱼雷不是什么大事，但我不满意你装成专家。我是海军提督，我能够假装知道关于军舰和航海的一切事吗？"[156]他敢于承认自己不是一个懂行的海军军人，这份勇气固然可爱，但到作战时就一筹莫展了。负伤真是他解脱自己的最好理由。丁汝昌本人或许并不怕死，裹伤后仍坐在甲板上，用微笑和鼓励的话语激励官兵作战，但舰队最高指挥官仅能做此动作，海战结果也就可想而知了。

二是编队变阵的错误。以散漫的单横编队迎战日本单纵队进攻，是丁汝昌始料未及的，说明北洋海军的军事素质存在很大问题，造成了后来交战中的一系列被动。"定远"大副沈寿堃战后写道："大东沟之役，初见阵时，敌以鱼贯来，我以雁行御之，是也。嗣敌左右包抄，我未尝开队分击，致遭其所困。此皆平时操演未经讲求，所以临时胸无把握耳。"北洋海军由五叠小队鱼贯前进的纵队变为夹缝雁行的双横队，并不是旗舰的临时措置，而是早有预案的。那么，这一战术动作怎么又会失败呢？沈寿堃认为，关键在于将领之勇怯不同："勇者过勇，不待号令而争先；怯者过怯，不守号令而退后。此阵之所以不齐，队之所以不振也。"他问道："致败之由，能勿咎此乎？"[157]这个责问是切中要害的。

三是"济远""广甲"等舰的临阵脱离。在下午3时30分以前，中国舰队以2艘铁甲舰、8艘巡洋舰及若干鱼雷艇与日本舰队9艘军舰鏖战，双方在舰艇数量和吨位总数上略有出入，但很接近。3时30分，"致远"沉没，"济远""广甲"相继逃离战场。接着"靖远""经远""来远""平远""广丙"也陆续退出，使得正面海战场上仅剩"定""镇"两舰，顶住5艘日舰的轮番进攻。丁汝昌在第一份战报中，其实没有详述海战情况和各舰责任，但李鸿章几乎同步发来的电报却直接询问："何以方伯谦先回？"[158]次日，远在辽阳负责前敌转运事务的直隶按察使周馥也向盛宣怀发出疑问："必仍是'济远'先遁，七艘继之，倭得以全力攻围四船，致沉一失三耳。"[159]以周馥对北洋海军的了解，他一眼就看出了方伯谦的蹊跷。丁汝昌在给李鸿章的第二份战报中先写道："自'致远'冲锋击沉后，'济远'倡首先逃，各船随之西去。"后来又把"随之西去"改为"观望星散"，其实就是婉转地表达除"定""镇"之外，其他军舰一度都脱离主战场的实情。中国巡洋舰此时都已遭到不同程度的损伤，难以继续坚持作战。退出战场修理和逃离战场回基地，对于战争结局已无很大区别。当"经远"遭到日本第一游击队4舰进攻时，"靖""来""平""丙"也没能给予必要的援助，等于是坐视"经远"遭劫而沉没。但是"济远"和"广甲"的退出毕竟造成军心动摇，也使舰队左翼完全瓦解，责任十分重大。北洋军舰的逃跑，反映出部分官兵的胆怯、缺乏牺牲精神和求生意识。

四是军舰航速落后和弹药供应不足。前已指出，至中日战争爆发，日本军舰在总吨位与航速上，都已接近和赶上中国。而在黄海大战中，日舰在航速和速射炮方面的优势更为明显。北洋舰队航速最快的巡洋舰为"致远"和"靖远"，时速为18节，其余各舰皆在14 ~ 15节之间。日本除了航速高达23节的"吉野"外，第一游击队其他各舰的航速亦在18 ~ 19节，从而取得机动灵活的有利条件。此外，日舰装备了大量先进的速射炮。如"松岛""严岛""桥立"各装有11 ~ 12门4.7英寸口径速射炮，"吉野"装有4门6英寸口径速射炮、8门4.7英寸口径速射炮，而中国舰队速射炮却极少。[160]根据报道，4.7英寸口径速射炮每分钟发射8 ~ 10发炮弹，6英寸口径速射炮每分钟发射5 ~ 6发炮弹，而同样口径的旧式火炮，其发射速度为50秒钟1发。这样，日舰在速射炮上占有压倒优势，它们能把炮弹雨点般倾泻到中国军舰上来。此外，日本虽然拥有320毫米口径的巨炮，其规模仅次于英国和意大利海军所拥有的两种巨炮，但在海战中并没有发挥原先期待的作用。整个战斗中仅发射13次（"严岛"5发，"松岛""桥立"各4发）。相比之下，"定远""镇远"两舰上的8门305毫米口径主炮却大显威力。可是，中国舰队的弹药准备却有问题。海战前半个月，赫德在一封信中透露："当前的难题是军火。南洋舰队每一门炮只有二十五发炮弹。北洋舰队呢，克虏伯炮有药无弹，阿姆斯特朗炮有弹无药！汉纳根已受命办理北洋防务催办弹药，天津兵工厂于十日前就已收到他所发的赶造子弹命令，但迄今一无举动！他想凑集够打几个钟头的炮弹，以备作一次海战，在海上拼一下，迄今无法到手。最糟的是恐怕他永远没有到手的希望了！”[161]这个问题到海战爆发时仍未解决。“镇远”帮办管带，美籍洋员马吉芬毕业于安纳波利斯海军学院，毕业后因名额原因，无法加入美国海军，24岁时来华闯荡，此时已在北洋海军服务9年。他战后回忆，弹药供应极为不足。到战斗结束前半小时，“镇远”舰305毫米口径主炮的爆破弹全部打光，仅剩15发穿甲弹。150毫米口径炮的148发炮弹也全部打完。“定远”的情况也是如此。他说：“如果再过30分钟，我们的弹药将全部用尽，只好被敌人制于死命。”“敌方炮弹则绰绰有余，直到最后还一直猛烈射击。”他把弹药供应的责任归咎于天津当局者的贪污腐化。外国记者肯宁咸也说，这是“军需局的坏蛋官吏的罪恶”。[162]此时担任天津军械局总办的，是李鸿章的外甥张士珩，张士珩自然成了千夫所指的罪魁祸首。但近年来从档案中保存的北洋海军弹药统计资料发现，情况远非如此。当年二月到八月，天津军械局共向北洋海军提供了182发305毫米口径爆破弹（开花弹），740发210毫米口径爆破弹。海战中，“定”“镇”二舰8门305毫米主炮分别发射了120发和94发炮弹，到海战结束，剩余的爆破弹连同陆上库存数量为243发，剩余穿甲弹（钢弹）244发；“靖”“来”“济”舰7门210毫米主炮分别发射103发、30发、53发炮弹，剩余的爆破弹连同陆上库存数量为852发，剩余穿甲弹163发。显然，要么军舰上其实并不缺乏炮弹，要么相当一部分炮弹没有运上军舰，被堆放在旅顺、威海的基地中。假如是后一原因造成弹药供应不足的话，只能说明北洋海军在黄海海战前的作战准备极不充分，丁汝昌对此难辞其咎。[163]

五是训练水平和装备保养水平低下。在这场海上大决战中，中国舰队没能击沉一艘敌舰是无论如何说不过去的。“福龙”鱼雷艇抵近向“西京丸”发射3发鱼雷，居然都无法命中目标，暴露出北洋海军训练水平差劲，前述编队变换队形失败，也显示出同样的问题。管带们在费用包干的情况下，军舰维修不力，备件也不充分，“致远”因水密门橡胶封条失修，导致军舰中弹后迅速沉没，都使人们对这支舰队的许多过去不太触及的深层次问题产生联想和思索。为了应付上级的检查，在演习时做一些诸如预定靶位的“手脚”，以及克扣军饷和维修费用，在军队中是历来存在的，假如在战时能够击败敌人，倒也一俊遮百丑。然而没有和平年代的刻苦训练和上下同心的英雄主义精神，平日军纪涣散，军官腐败，到了战场上能指望发生克敌制胜的奇迹？答案显然是否定的。北洋海军在黄海海战中的失利，是这支军队必然要付出的沉重代价。以往在讨论海战失败的原因时，一些论者仅从装备上寻找原因，其实，倘若将日本舰队的装备与北洋海军交换一下，谁能获胜呢？如果我们进一步注意到“吉野”是1893年9月底在英国竣工，次年3月方驶回日本，“桥立”于1894年6月26日在日本竣工，能够那么快地将其编入现役并形成作战能力，日本海军的训练和管理能力不值得引人深思吗？

19日，丁汝昌派“济远”前往三山岛牵引“广甲”出险，未获成功。方伯谦见远处有日舰驶来，而本舰炮械全坏，失去作战能力，便避入大连湾。后来又派“金龙”拖船去拖，也未成功，于是就地把军舰炸毁了。

20日，丁汝昌因伤势恶化，头脚皆肿，两耳流血水，眼不能睁，日流黄水，脚也发肿，皮肉发黑，疼痛异常，言语稍多，便感心悸，不能自持，请李鸿章在林泰曾、刘步蟾中择人暂代职务。李鸿章选择了刘步蟾。接着，丁汝昌向李鸿章发出战况的第二份战况汇报：

> 当酣战时，自“致远”冲锋击沉后，“济远”管带方伯谦首先逃回，各舰观望星散。倭船分队追赶“济远”不及，折回将“经远”拦截击沉。余船复回归队，“超勇”舱内被敌炮击入火起，驶至浅处焚没。“扬威”舱内火起，又为“济远”拦腰碰坏，亦驶至浅处焚没。查战时，“定远”“镇远”舱内亦为敌弹炸烧，一面救火，一面抵敌，皆无失事。“超”“扬”若不驶至浅处，火即可救。“经远”同“致远”一样奋勇摧敌，闻自该管带等中炮阵亡，船方离队，如仍紧随不散，火亦可救。“广甲”管带吴敬荣随“济远”逃至三山岛东搁礁。……窃自日寇起衅以来，昌屡次传令，谆谆告诫，谓日人船炮皆快，我军必须整队攻击，万不可离，免被敌人所算。此次“来远”“靖远”如不归队，“定”“镇”亦难保全，乃“济远”首先退避，将队伍牵乱，“广甲”随逃，若不严行参办，将来无以警效尤而期振作。余船请暂免参，“定远”“镇远”异常苦战，自昌受伤后，刘镇步蟾尤为出力……查十九丑刻“济远”先回旅，据称船头轰裂漏水，炮均不能施放，情有可疑。兹据丁汝昌查明，“致远”击沉后，该管带方伯谦即先逃走，实属临阵退缩，应请旨将该副将即行正法，以肃军纪。[164]

这份报告，有意打乱时间顺序，虚虚实实，把整个海战失败的原因全推到方伯谦一人身上。甚至造成“超”“扬”沉没在“济远”逃跑之后的印象。又为丁汝昌整队集中的战术摆好，似乎“超勇”“扬威”“经远”只要不离旗舰，火灾便能扑灭，而船不致沉没。报告末尾，还为刘步蟾单独添上“尤为出力”的考语，而整场战斗究竟如何进行，却没有实事求是地说明。但方伯谦临阵脱逃，罪无可逭，从执行战场军纪以儆效尤的角度看，是一个必要措施。

李鸿章接电后十分震怒，奏准将方伯谦以临阵逃脱罪名即行正法，吴敬荣虽随同逃跑，因丁汝昌称其“惟人尚明白可造”，革职留营，以观后效。[165]24 日清晨，方伯谦被押到黄金山下大船坞西面的刑场斩首。

方伯谦临阵脱逃，罪无可逭，成了祭祀死难将士的一具牺牲。[166]但仅此远不能弥补黄海大战所带来的巨大损失和消极影响。尤其是到了这个时候，朝廷仍为部下蒙蔽，不知丰岛、黄海两战真相。所有管带和北洋海军提标本部，都没有如日舰那样，按时间线写下书面的作战报告和绘制交战状态的图示，由此也无法进行作战总结和反省。龚照玙在给李鸿章报告中竟说：“此次日舰伤重先退，可谓小捷，若后队不散，当获全胜。”[167]翰林院侍读文廷式上奏说，丰岛海战时，“广乙”管带林国祥独与日本三船鏖战，及船身受伤将沉，犹开足马力，突撞“松岛”，与之俱没。[168]这种纯属胡诌的表彰，使得林国祥被破格提拔为“济远”管带，接替方伯谦的遗缺，实在是个莫大的讽刺。制造假信息，并以假信息自欺欺人，这是王朝末日吏治腐败的典型表现。

10 月 5 日，李鸿章根据丁汝昌海战报告，为死难的邓世昌、林永升、陈金揆、

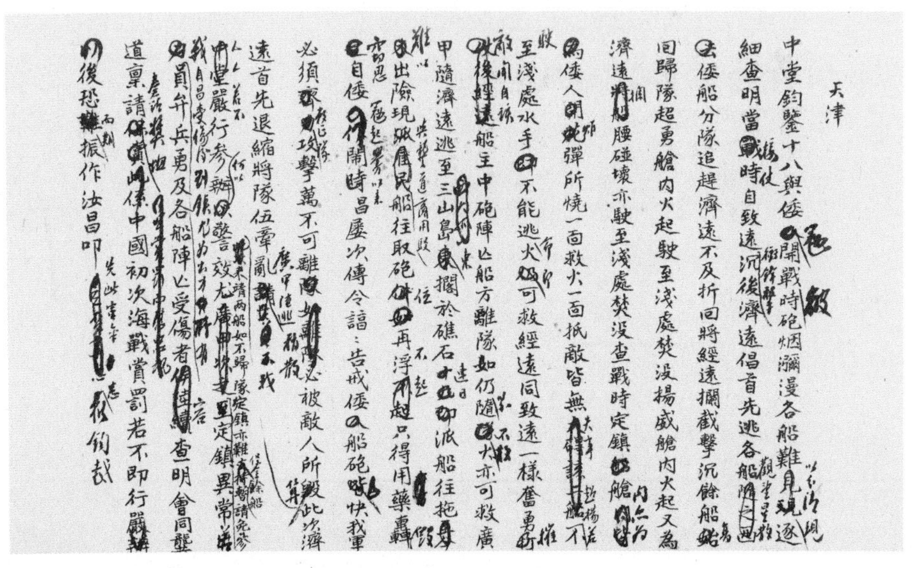
天津
中堂鈞鑒十八與倭[illegible]開戰時砲烟瀰漫各船難見[illegible]
細查明當[illegible]時自致遠沉後濟遠倡首先逃各船[illegible]
[illegible]倭船分隊追趕濟遠不及折回將經遠攔截擊沉餘船
回歸隊超勇艙内火起駛至淺處焚没揚威艙内火起又為
濟遠[illegible]腰碰壞亦駛至淺處焚没查戰時定鎮[illegible]艙内
為倭人[illegible]彈所燒一面救火一面抵敵皆無[illegible]
至淺處水手[illegible]不能逃火[illegible]可救經遠同致遠一樣奮勇
[illegible]船主中砲陣亡船方離隊如仍隨[illegible]火亦可救廣
甲隨濟遠逃至三山島[illegible]擱於礁石[illegible]派船往拖
[illegible]出險現[illegible]民船往取砲[illegible]再浮[illegible]只得用藥轟
[illegible]自倭[illegible]開時昌屢次傳令諭告戒倭[illegible]船砲[illegible]快我軍
必須[illegible]攻擊萬不可離隊[illegible]必被敵人所毁此次濟
遠首先退縮將隊伍牽亂[illegible]
[illegible]中堂嚴行參[illegible]
[illegible]員弁兵勇及各船陣亡受傷者[illegible]查明會同[illegible]
道稟請[illegible]中國初次海戰賞罰若不即行嚴[illegible]
[illegible]後恐難振作汝昌叩[illegible]

黄海海战后，丁汝昌提交给李鸿章的报告草稿

黄建勋、林履中请恤。邓世昌的事迹早已传遍都下，所以除同林永升一样，按提督例从优议恤外，还被赐予“壮节”谥号。同日，李鸿章还转呈丁汝昌所撰《海军劝惩章程》，援引邓世昌船沉不愿独存之例，建议今后各舰凡前敌冲锋尽力攻击而致船沉，或机器损坏，或子弹罄尽，或伤焚太甚者，准免治罪，仍予论功，以为海军保存人才。[169]这个建议被允准了。

23 日，朝廷颁谕，刘步蟾以记名提督简放，并赏换格洪毅巴图鲁名号，林泰曾赏换霍伽助巴图鲁名号，丁汝昌着交部议叙。其他得到奖励和提升的，也都是“定”“镇”两舰军官。此外，赏洋员汉纳根二等第一宝星和提督衔。[170]

四、亡羊未能补牢

黄海大战，北洋海军损失惨重。羊既已亡，当务之急是补牢。战争尚在进行之中，下一步的态势，谁也不能逆料，清政府迫切谋求从国外购买军舰军火。

其实，尚在战争爆发之前，清政府已经这么做了，可惜收效等于零。

购舰活动分为两条途径进行。一条是赫德通过金登干进行联系，一条是李鸿章通过驻外使节展开谈判。事情一开始很顺利。7 月 5 日，金登干报告，阿姆斯特朗公司能制最快速的巡洋舰，10 个月交货；小型捕雷驱逐舰，5 周内交货。第二天又补充说，如果中国急需军舰，英方还可将为别国订制的军舰优先供应。[171]16 日，李鸿章密电驻英公使龚照瑗，嘱其在中日开战前，购置船速 23、24 节的巡洋舰赶运回国。[172]26 日，金登干证实，英国尚有一艘与“吉野”同类型，但较大，速度、火力亦较高的巡洋舰，索价 34 万镑，若送到中国交货，另加 28000 镑（内有 15000 镑为保险费）。他在另一份电报中提到还有一艘捕雷舰可卖。[173]

以后便开始繁文缛节的公文旅行。直至 8 月 2 日，上谕才明确表示，拨银 200 万两购舰。然而中日已经宣战，英国宣布中立，在英国已不能直接购置军舰了。

战争期间倒卖军火是一本万利的大买卖，南美各国都有兴趣。李鸿章的老朋友，怡和洋行老板克锡透露，智利在英国建造的 3 艘巡洋舰，式样先进，愿照原价出售，李鸿章立嘱龚照瑗予以订购。21 日，龚照瑗报告，已同智利议妥购买两舰，即“恩卡拉达”号和“普拉脱”号，由智利包运，签订合同 10 天后便可成行。另外一艘大型巡洋舰“布兰可”号，航速 22.5 节，在欧洲也是精良的奇货。有人议论说，中日海战，谁得此舰谁能取胜。该船造价 35 万英镑，日本出价 40 万英镑，智利不卖。克锡透露，需要 50 万镑才能成交。智利又抛出一舰，马力 6500 匹，航速 18.5 节，索价 26.5 万镑。李鸿章认为“布兰可”十分精美，唯索价太昂。后面那舰价低但行驶稍缓。如打算购买，连同运费杂款，共需 30 万英镑，即 210 万两银子。[174] 正在筹划之际，又闻智利翻悔，说是保持中立。实际上可能是日本暗中阻挠。

接着又有消息。阿根廷本年在英国订造一艘巡洋舰，时速 18 节，愿用该国国旗运送来华，开价 9 万英镑。此事刚开始谈判，价格已扶摇直上至 15 万英镑。此时又得悉日本在英国订购的一舰，因挂日本旗，行驶至亚丁，被英国方面扣留。这样就更增添了军火市场的紧张气氛。在此期间，龚照瑗受命打听，能否购英国商船来华，然后再改装成军舰。

9 月 1 日，龚照瑗报告，购买阿根廷订造军舰一事已经谈妥。商船则不易改作军舰。又报秘鲁有 2 艘 1881 年建造的军舰，因一艘未曾付价，便一直停在英国。李鸿章因嫌其航速仅 16 节，兴趣不大。到了 16 日，伦敦又来电报，英国严禁军舰出口，并追究送船出保人和借旗国。[175] 阿根廷军舰交易搁浅。

与此同时，李鸿章转托北洋海军鱼雷教习福来舍及德国泰来洋行商人德尔赓，企图从德国进口 4 艘鱼雷猎船。他还请驻德公使许景澄打听行情，并安排运船回华计划。但迄至战争结束，中国没能从德国购得一舰。

一切努力都归于无效，谋求军舰的秘密交易已到山穷水尽的境地。但李鸿章仍不死心，决心把做过的事再做一遍。

10月4日，赫德从北京给金登干去电，要他想办法到巴西、智利等国觅购军舰。11 日，克锡通知李鸿章，智利准备抛售 7 艘巡洋舰。其中“爱斯米拉达”建于 10 年之前，是“致远”“靖远”的设计母型。“康德尔”“林则”号两艘虽小，航速达 21 节。李鸿章怦然心动，认为至少应立即买下 4 舰。[176] 谁知智利与阿根廷关系忽然紧张，不愿出售军舰，这事又成泡影。龚照瑗只得掉过头来，重新谋求另一桩巴西在德国订购军舰的转售贸易。同样，新的努力依然劳而无功。

11 月上旬，西方报纸透露了“爱斯米拉达”被日本购去的消息。克锡立即急电询问，回讯是卖给了厄瓜多尔。无疑这是为日本代买的。智利的军火代理人表示，中国只要把 15 万英镑存入某一银行，并愿意把船价出到 25 万英镑，他就可保证军舰不落入日本人手中。但北京又不要“爱斯米拉达”，而要其他军舰。这些朝三暮四的变化和外国掮客的两面手法，加上日本人的活动，终于使购买智利军舰的计划完全落空。

旅顺军港内的北洋军舰，左起："靖远""镇远""定远""来远"

11月22日，金登干从伦敦向北京发出如下电报：

> "爱斯米拉达"号巡洋舰已售与日本，由法尔巴来索至日本港口仅保险四十万镑。其他各舰除"布兰可"以外，料均将为日本抢购。我们认为购舰的谈判业已结束。[177]

这天是旅顺失守的日子，中国人在世界军火市场上与日本的竞争也归于失败。中国人此时深切地感受到自己国家没有基础军事工业的苦涩和被动。12月4日，"爱斯米拉达"悬厄瓜多尔国旗，离开法尔巴来索前往日本，军官和水手都假充旅客。这舰军舰，后来改名"和泉"号。

黄海大战后，汉纳根声名大振。他要求派他以提督衔任海军副提督，赏穿黄马褂，才肯继续留在北洋海军服务。这种要求，中国方面难以接受。尤其他刚得双龙宝星，再赏穿黄马褂更无可能。于是汉纳根离开了海军，到北京活动，他给翁同龢写了《谨拟整顿水师刍言》，建议今后海军衙门要直接管理海军船只、船坞、制造局、人事和经费。海军衙门现时应派一精明公正的洋员为海军司，驻天津总理各事，以期大战大胜。水师提督应派一洋员帮同督理操练打仗事。这里提到的

“镇远”在旅顺进行维修

海军司，似乎就有他本人的影子。10月28日，他又建议朝廷另建一支10万人的新式陆军，这是袁世凯组建北洋新军之肇始，但也受到上层的各种掣肘，认为他要控制中国军权。次年3月5日，汉纳根同天津税务司德璀琳的大女儿埃尔莎小姐结婚，不再过问军事。埃尔莎比汉纳根小近20岁，他1879年初到天津的时候，她还是个5岁女孩。一直到甲午海战前后，她在通信中提到汉纳根还称叔叔。战争使汉纳根在天津外侨界成为令人瞩目的英雄，也使埃尔莎坠入爱河。后来汉纳根投资开发山西井陉煤矿，成为一个富翁。

李鸿章开始为北洋海军重新寻找一位外籍顾问。人们自然而然地想起了琅威理。早在10月21日赫德写给金登干的信中，最先透露出这个意图。11月4日，赫德前往英国公使馆，向欧格讷转述了皇帝的圣旨。9日，他又正式通知了金登干。经历了当年撤旗事件，要重新聘请琅威理，这对极要面子的中国人来说，是件难堪的事，只能把话说成是“自该员请假回国”云云。13日发布的上谕宣称：

> 琅威理前在北洋训练海军，颇著成效。自该员请假回国后，渐就废弛，以致在本年战事未能得力，亟应力加整顿。着总税务司赫德传谕琅威理迅即来华，以备任使。[178]

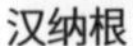
汉纳根

汉纳根所获御赐双龙宝星

琅威理此时在英国得封港担任后备舰队指挥官兼“毁灭”号军舰舰长，统率着皇家海军后备队的38艘军舰。他对邀请自己重返中国大摆架子。公开的理由是英国宣布中立，他不能以现役军人身份前往中国，又不愿辞去现任的海军职务，只有在战后当英国政府许可时才可能前往。私下却提出了中国政府难以接受的苛刻条件，如必须由皇帝以玺书形式颁给他海军最高职衔等等。[179] 他始终不忘撤旗事件之辱。

于是赫德指示金登干另外寻找一个海军顾问。

两个人选提出来了：一个是前海军上校敦乐伯（亦译邓禄普），他是阿姆斯特朗公司派驻中国的代表。另一个是前日本海军顾问，现任英国皇家海军炮厂监督的英格斯。对于敦乐伯，垂赛海军上将认为，他比琅威理高明得多，但是对付中国人时可能不够耐心。[180]

英格斯便成了热门人选。英格斯1887年10月因日本筹建海军高等士官学堂（海军大学）被聘请为教官，至1893年10月，在校任职六年。他是日本海军大臣西乡从道在欧美考察时确定的人选，在日期间隶属海军事务局，却直接受海军大臣领导。待遇是敕任官，即由天皇任命，规格甚高。英格斯在校开设战术课，从1889年9月到1893年9月，每期一年，学员均为有十年左右工作经历的海军大尉至少佐级军官。英格斯强调风帆时代已经结束，海军应该更加关注新的战术。他推崇单纵阵和速射炮的结合，将单纵队战术思想进行了深入讲授，并针对英国海军其他战术理论进行了辩驳——包括诺埃尔上校的“群队攻击法”、英国海军战术泰斗某氏的“舰队运动”、海军战术大家弗莱蒙特尔德的“鳞次状二列横阵”。英格斯的这些观点，1894 年 3 月在日本结集出版，名为《海军战术讲义录》，在英国海军内部并非主流，但不久在黄海海战中被联合舰队使用和印证。有意思的是，与他任教同时期担任海大的三任校长，是伊东祐亨（1889.5 ~ 1890.9）、中牟田仓之助（1892.12 ~ 1893.5）和坪井航三（1893.12 ~ 1896.3），其中伊东和坪井在黄海海战中分别担任联合舰队司令官和第一游击队司令，中牟田则由海军军令部长转任大本营海军参谋。[181] 可以想象一下，从 1890 年琅威理离开北洋海军至 1894 年甲午战争爆发，四年多的时间内，北洋海军的上层外国顾问处于空窗期，日本海军却在英格斯引导下进行编队战术研讨。更有意思的是，英格斯竟是金登干的表兄。11 月 20 日，金登干约他和垂赛上将在军人联合俱乐部会面，进行了长时间的密谈。英格斯表示，他并不想做中国海军统帅，把全部的舰队掌握在手。他的目的只是教练，有需要时，偶尔统率全军，以使中国的统帅和舰长们能够学习怎样指挥。英格斯说，他和日本的官方关系早已断了。他强调愿意“割断旧日的情缘，在中国另结新欢”。[182]

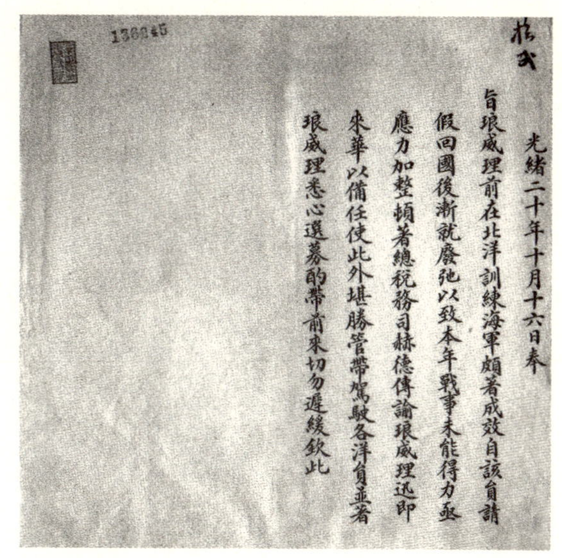
光緒二十年十月十六日奉
旨琅威理前在北洋訓練海軍頗著成效自該員請
假回國後漸就廢弛以致本年戰事未能得力亟
應力加整頓著總稅務司赫德傳諭琅威理迅即
來華以備任使此外堪勝管帶駕駛各洋員並著
琅威理悉心選募酌帶前來切勿遲緩欽此

请琅威理回华任职的上谕

他们的谈判真有些一厢情愿，以致赫德不得不给金登干浇一兜冷水。他回复说：“英格斯一定不行。曾经在日本充过教练的人，在此间不会受到欢迎。”[183] 他算是摸准了中国人脾气。天朝的自大、虚骄和偏见，绝不会接受英格斯这样的人。

还在金登干往返于伦敦和得封港之间，为琅威理重返中国进行斡旋交涉的时候，李鸿章已经迫不及待了。11 月 15 日，他任命英国人马格禄为帮办北洋海军提督，月薪 300 两。通过丁汝昌传谕各管驾以下员弁，谨受指挥。[184]

马格禄 1837 年出生于英国苏格兰西南海边小镇柯尔库布里，1883 年驾驶怡

马格禄

马格禄墓碑上刻着“中华帝国海军上将”字样

和轮船公司从英国订购的“高升”轮来华，后来在天津大沽驳船公司任职，也是公司股东。及至战前，他担任“北河”拖船的船主，并无海军背景。战争爆发后，公司派出“北河”协助北洋海军通信文报，还赴仁川侦察战况。该公司亦承担北洋海军的装煤、换船上岸服务。[185] 马格禄还驾“金龙”拖船前往三山岛拖拽搁浅的“广甲”出礁未成。在当时参战的外国人中，他颇有些年岁，却实在不像是海军将领。《字林西报》说，马格禄被任命是当日最奇怪的消息。英国驻华外交人员，对他是何方神圣，更是闻所未闻。海军洋员戴理尔评价道：“他已人过中年，而且还曾有酗酒的名声。这个老冒险家一定会全力以赴地向这个千载难逢的机会奋力一跳。但把他置于这样一个地位，实在是一件残酷且愚蠢的事情，特别是对于丁来说。”[186] 自他上任后，并未为海军做出什么积极贡献。聘他任职，实是多此一举。他后来为自己补制过蟒袍礼服，1920 年去世后，墓碑上注明是中国海军上将。

这又要分析中国人的心理了。李鸿章为什么非要给北洋海军找一个外国顾问，甚至完全不顾他是否精通海军呢？当时的情况确实很艰难，丁汝昌的人头随时可能不保。李鸿章指望马格禄来指挥来管理，还是仅仅需要一个洋人来说话或装点一下？起码，马格禄的发声求情，就使丁汝昌免除了被解往京师问罪的厄运。

黄海大战的同一天，清军在朝鲜陆战场的防线完全崩溃。叶志超率队从平壤撤退，狂奔五百里，直过鸭绿江，退入中国境内。平壤失守使得朝野震动。

这天，军机处决定给李鸿章处分，拟了两条：一是严议；一是拔去三眼花翎，褫去黄马褂。请皇帝定夺。皇帝选择了后一个处分。

9月19日，黄海大战后的第三天，皇帝下旨着赶紧修复各舰，以备再战。23日早晨8时，日舰“浪速”“秋津洲”驶至威海附近挑衅，炮台开炮后才退去。24日，烟台、旅顺、大连湾附近洋面，均发现日舰行踪。皇帝命海军加强防御。李鸿章同日命令丁汝昌、龚照玙，务必于十日内修好“平”“丙”“济”“靖”4舰，在威、旅附近游弋。又命四“镇”同大雷艇在口外巡探，以壮声势。[187]“定”“镇”等舰，则需一个月方能修竣。

28日，李鸿章给丁汝昌、刘步蟾去电，对北洋海军今后的指挥权做了安排。电报说：

> 禹亭伤痕渐愈，前虽据情奏令刘镇代理，不过代拆代行之式，旨令伤愈仍行接统。有此恶战，中外咸知，前此谤议顿消。望仍勉力视事，督催修理各船早竣。以后专在北洋各要口巡击，倭犹有忌惮也。[188]

这份温词慰勉的电报，表现出李鸿章对北洋海军的极大关注。虽然他深知丁汝昌不通海军，但对北洋海军其他将领更不放心。按照海军的排名序列，林泰曾位居第二。但林泰曾为人柔弱，故在丁汝昌负伤后，李鸿章超擢了刘步蟾。刘步蟾性格刚烈，锋芒毕露，能否协调全军，李鸿章没有把握。权衡之下，他希望丁汝昌早日重返岗位。

28日，李鸿章通知丁汝昌和旅顺守将，根据情报，日本将派大队北犯，尤其注意金州各岛左右，欲窜犯旅顺后路，毁我船坞。命令各炮台加强守备。海军加强修舰，并择可用者常出口外，靠山寻查，略张声势。10月2日，李鸿章再次电告，日本将派2万陆军，乘船在旅顺附近或山海关一带登陆。“定”“镇”必须加紧修理，数日内出海，往来威、旅之间，使得日本运兵船不敢深入。他警告说，此事关系北洋全局甚大，若刘步蟾等借修理为延宕，误我大计，定行严参！丁汝昌虽病，但必须认真督催，不得被人把持摇惑。4日，李鸿章第三次发出指令，日本26艘运兵船即将内犯，不日直奉必有大警。“定”“镇”“济”“靖”“平”“丙”6舰必须漏夜修竣，早日出海游弋。在电报中，李鸿章意味深长地说：“不必与彼寻战，彼亦虑我蹑其后。现船全数伏匿，将欲何为？用兵虚虚实实，汝等当善体此意。”[189]

可是丁汝昌仍不理会。不知出于胆怯，还是伤势未愈，或者军舰确实难于修复，北洋海军依然毫无动静。及至9日，终于引来一道严厉的上谕：丁汝昌"臂受板伤，因流黄水，并非伤重难期速痊者比。而请假调理，竟可置身事外。……着吴大澂确切查明"。[190] 在强大的压力下，丁汝昌宣布回舰视事，订期出海。10月16日诸舰修理竣工。18日下午5时，北洋舰队从旅顺开拔，前往威海。这时距黄海大战，已有整整一个月了。

局势如此紧张，北洋海军却按兵不动，李鸿章固然想保存军舰实力，指示丁汝昌不必与日舰寻战，但并没有允许其伏匿军港，避战不出。从这点上研究黄海海战的得失，不难看出，北洋海军损失的不仅是5艘军舰，更重要的是丧失了作战的信心，从而自动地放弃了制海权，再也不敢与日本海军角逐，为日本进攻中国本土敞开了大门。北洋海军作为一支战略机动力量，拱卫渤海海湾的使命，就此不复存在。

据原"广甲"管轮，此时留在"定远"舰差遣的卢毓英记载，北洋海军"诸君皆以虎口余生，每以公余驰日逐于酒阵歌场，红飞绿舞，虽陶情荡魂，亦触目惊心。谁无父母，孰无妻子，寄生炮弹之中，判生死于呼吸，人孰无情，谁能遣此，所以作醉生梦死之态者，亦知身非金石，何可日困愁城？不得不假借外物，庶有以遏制此方寸地也"[191]。这便是"定""镇"二舰在旅顺基地修理期间北洋海军的内幕真相。

9月27日，皇太后和皇帝在西苑颐年殿东暖阁召见翁同龢与李鸿藻。太后命翁同龢密往天津，询问俄国公使喀西尼调停之事。并命翁同龢"责李某何以殆误至此？朝廷不治以罪，此后作何收束，且退衄者淮军也，李某能不问乎"？翁同龢表示此行只代朝廷传述："不敢以和局为举世唾骂也。"次日清晨，翁同龢微服出京，在通州乘一种叫作"卫膀子"的小船，航程40余小时，30日上午到达天津。关于此行，翁同龢在日记中说，他"见李鸿章传皇太后、皇上谕慰勉，即严责之。鸿章惶恐，引咎曰：'缓不济急，寡不敌众，此八字无可辞。'"[192] 但在野史里，人们记录的是另外一番内容：

> 同龢见鸿章，即询北洋兵舰。鸿章怒目相视，半晌无一语，徐掉头曰："师傅总理度支，平时请款辄驳诘，临时而问兵舰，兵舰果可恃乎？"同龢曰："计臣以撙节为尽职，事诚急，何不复请？"鸿章曰："政府疑我跋扈，台谏参我贪婪，我再哓哓不已，今日尚有李鸿章乎？"同龢语塞，归乃不敢言战。[193]

此话因系亲李派人士所记录，倒也不能全信，比如翁同龢回京后就没有“不敢言战”，但在很大程度上反映了李鸿章阵营对前些年户部停止购买军舰的不满，也有推卸战败责任的意思。

9月29日，朝廷起用罢黜十年的恭亲王奕䜣，命在内廷行走，管理总理衙门和海军衙门事务，会同办理军务。恭亲王龙钟老态，已经毫无办事魄力，也没法力挽狂澜了。

黄海大战的号外使日本举国上下欣喜若狂。天皇颁布敕令，嘉奖有功官兵，还亲自谱写军歌《黄海的大捷》。歌中唱道：“忠勇义烈之战，击破敌之气势，使我日旗高照黄海之波涛。”

军方却在加紧休整，准备发动新的战争。

海战之后，日舰“松岛”“比睿”“赤城”“西京丸”回国修理，余舰在仁川进行整编和抢修。至9月22日深夜，各舰抢修基本完工。这天下午，伊东祐亨命“浪速”“秋津洲”前往威海、烟台、大连湾、旅顺口一带侦察。本队和第二游击队23日下午5时出港，分作两起，向海洋岛方向巡弋。24日午前，在大洋河口同“浪”“秋”会合。派“磐城”“小鹰”及23号鱼雷艇前往鸭绿江口测量航道，为侵入辽东半岛做好准备。

9月21日，日本大本营决定，将陆军第一、第二师团及第二十二混成旅，编成第二军，以陆军大将大山岩为司令官，与入朝作战的山县有朋大将指挥的第一军协同作战，分左右翼侵入中国东北地区。从9月22日至10月22日，日舰一直在渤海湾及西朝鲜湾地区大肆活动，侦察军情，补充弹药，运送军需。10月19日，大山岩和伊东祐亨在朝鲜大同江口的渔隐洞海军锚地会晤，协商日军在辽东半岛登陆的地点问题。根据海军的建议，登陆点选在花园口。同日，19艘运兵船抵达渔隐洞，20日又来6艘，22日又来11艘，装载第一师团的部队，集结待命。

10月下旬，秋高气爽，天气晴朗，正是登陆作战的良好季节。23日上午8时，新编组的第一游击队“吉野”“高千穗”“秋津洲”3舰起锚出航。接着，本队“桥立”“严岛”“浪速”，第二游击队“扶桑”“葛城”“金刚”“高雄”诸舰，护送16艘运兵船，驶出大同江口。24日早晨6时30分，抵达登陆地点花园口。先期于22日出发的“八重山”“千代田”“筑紫”“鸟海”“大岛”5舰已于23日黄昏时占领了登陆地带。[194]

花园口是辽东半岛南岸的一个不太引人注目的登陆点，散散落落地住着四十来户居民。西南距金州80余公里，距大连湾100公里，距貔子窝约37公里。从这里登陆，东可进攻岫岩州、九连城、安东，西可进攻金州，袭击大连湾、旅顺口的后路。由于海岸较浅，大船不能抵达，清军没有设防。日军在此登陆，可谓出其不意。但是花园口锚地距海岸约 4 海里，登陆部队需换乘汽艇牵引的舢板，还得在满潮时行驶运送。且海湾内礁岸环立，地势复杂，确实不是一个理想的地点。日军分三起在此登陆，整个行动延续至 11 月 7 日方才结束，前后共达半个月。[195]共运送登陆人员 24049 名，马 2740 匹。

按说登陆和抗登陆作战是最为惨烈的作战样式，在没有空军配合从而构成海陆空立体作战，以及没有大型登陆舰船和两栖车辆的情况下，防守方依靠防御火炮体系和以逸待劳的纵深配置、灵活快速的增援速度占据主动，使得登陆方的进攻及上岸后有效地控制登陆场并压制防守火力都极为困难。在近代抗登陆作战中，清军曾取得过 1859 年第二次大沽口之战和 1885 年淡水之战的胜利。从世界范围看，直至第一次世界大战中所进行的登陆作战，大多数都失败了。然而令人费解的是，在甲午战争中，无论是辽东花园口的抗登陆，还是后来山东荣成的抗登陆，清军都没有有效地组织实施，日军几乎是在平静安逸的状态下实施了登陆行动。

24 日上午 8 时，驻守貔子窝的捷胜营马队营官荣安，已经得悉日军在花园口登陆的消息。可是到 26 日晚间，李鸿章才获得两份不相一致的报告。一是驻守大连湾的总兵赵怀业来电，称有倭兵 2000 人在貔子窝登陆；一是庆军提督黄仕林来电，报告有倭船 36 艘，带民船百余艘在花园口登陆。李鸿章感到困惑，命令防守旅顺诸将速探严访，并于来路要口，多埋地雷，散队埋伏，不得轻易接仗。[196]

情况不久便明了，清军却毫无动静。因为也在 24 日，日本第一军从朝鲜水口镇渡过鸭绿江。25 日，全面突破鸭绿江防线，形势一片紧张。此时旅顺、大连、金州地区的守军，包括姜桂题、程允和、黄仕林、张光前、卫汝成、徐邦道、赵怀业部约 30 营。29 日，津海关道盛宣怀曾给驻守金州、旅顺口诸将去电，称与其坐待敌人来攻，何不乘其未定而攻击之？其实这不过是纸上谈兵而已。因为 28 日大连湾守将赵怀业、徐邦道给李鸿章去电，称部队不敷分布，请从旅顺口拨兵增援，李鸿章就明确电复说，他们只要各守营盘，来路多埋地雷，并无守城之责。拒绝增派部队。[197]李的意图，是扼守旅顺后路南关岭，以逸待劳。其实这完全是错误的消极防御战略，为日军在花园口顺利登陆，最后攻占旅顺口创造了条件。

11 月 3 日，日军第一师团由貔子窝出发，西攻金州，6 日占领金州。7 日，日军进攻大连湾。赵怀业望风披靡，将北洋经营多年，筑有大批坚固炮台、储备充裕的大连诸炮台拱手留给日军。这样，旅顺口后路防御俱失，旅顺基地暴露在敌人的兵锋之下。

日本部队在花园口登陆时，北洋海军诸舰停泊在威海军港，毫不知情。25日晨，2艘日舰至威海口外，故作疑兵。丁汝昌率“定”“镇”“济”“靖”“平”“丙”及2艘鱼雷艇出击，日舰遁去。28日，李鸿章电令丁汝昌带舰前往大连湾大孤山一带游巡，探明日舰登陆情况。当晚，丁汝昌率六舰二艇启航，次日上午抵达旅顺，下午前往大连湾。行至东北河，以军舰过于单薄，前去吃亏无益为理由，又说要修理“定”“镇”的锚机，便折回旅顺了。[198]

皇帝对海军在黄海之战后毫无动作，十分不满。11月2日，撤销丁汝昌所有前次议叙之案。3日又谕，倭氛现已迫近金州，旅顺后路危急，着李鸿章速调就近海防兵勇往援，不得以金州非直隶辖境而稍存诿卸。6日再谕海军前往貔子窝截击日军各舰，阻其后路。[199]然而到了此时，丁汝昌考虑的已不是如何进击，而是如何撤退了。

11月5日，日本军舰来旅顺口窥伺，被海岸炮台击退。这个消息没有激起军民的斗志，反而更使旅顺口陷于混乱。老百姓早已开始逃难，市面上十室九徙，食物无处可买，衙门机关里的官员也纷纷走避。旅顺船坞的工匠仅剩寥寥数人，马上连工也要开不出了。丁汝昌向李鸿章拍电，请求返回威海。他陈述了三条理由：

一、大连湾倘若失守，敌人必扑旅顺口后路。我方军舰停泊口内，不能施展，无以为力；

二、敌舰来攻，旅顺口口门窄小，我舰不能整队出击，且“定远”“镇远”出口，还得等待涨潮。倘若过急，冲出反而不易；

三、旅顺口外敌人快艇过多，夜间偷袭，我舰缺少快炮，实难防备。[200]

李鸿章考虑再三，回电表示：“旅本水师口岸，若船坞有失，船断不可全毁，口外有无敌船，须探明再定进止，汝自妥酌。勿得张皇胆怯，致干大戾。”[201]这封电报，实质是要丁汝昌在保持镇定，不要惊慌的前提下便宜行事。在李鸿章心目中，北洋海军是他惨淡经营多年的私产和政治筹码，因此，军舰绝不能毁弃。

前线吃紧，慈禧太后六十寿辰的庆贺日期却来临了。封建君主不仅是“朕即天下”的专制者，同时也是臣民百姓的道德楷模。对于这两条，慈禧太后从来都是运用精熟的。10月29日，她下旨停止原定11月2、3日（十月初五、初六）由皇帝率王公百官和皇后率妃嫔、公主、福晋、命妇举行的筵宴，[202]仅在生日那天（11月7日，十月初十）前往皇极殿，接受皇帝和王公百官的庆贺。[203]这场筹备多年，耗银近1000万两的六旬大庆，在日军的炮火下，草草收场了，这不能不使老太后愤愤不平。当她乘舆抵达锡庆门外，再迈步进入皇极门前那片开阔的前庭时，正好目睹九条蟠龙在海浪中腾跃的著名照壁。那一瞬间，不知她良心是否萌动，反思过自己的肆意挥霍给海防建设带来的损失，抑或仅仅怨恨日本人坏了她的大庆，抑或诅咒前方作战不力的将士？

即使庆典缩小了规模，民众还是把祝寿同前线败绩联系起来。有人将庆寿贺词中的“一人有庆，万寿无疆”改为“一人庆有，万寿疆无”，表达对这场带来灾难的庆典的愤懑。

正是在11月7日，大连失守了。

这天晚上，丁汝昌见局势紧张，便带舰匆匆离开旅顺，返回威海。但局势并没有像他估计的那样严重。日本占领大连湾后，休整十天，所以李鸿章立即给丁汝昌去电，称：“昨电旨方令汝与刘步蟾带船往皮（貔）子窝设法雕剿，断其后路接济，力固不能，然如此仓皇出走，恐干重咎！”并责问他为何不带尚未修竣、但能勉强行驶的“来远”一同返威。[204]

由于旅顺告急，朝旨严催派兵往援。金州、大连湾失守，已使旅顺后路接济切断，海军撤离旅顺，更使旅顺的海上交通断绝。8日深夜，李鸿章电召丁汝昌立即来津面谈机宜。电报说：“寇在门庭，汝岂能避处威海，坐视溃裂？速带六船来沽，面商往旅拼战、渡兵运粮械接济。成败利钝，姑不暇计，尽力为之而已。刻即起碇，勿迟误。”[205]

10日，丁汝昌率舰队到达天津，与李鸿章、汉纳根商讨军事行动。汉纳根认为，军舰护送兵船去旅顺，会给海军机动带来牵制，运船也难保护。丁汝昌不愿护航，宁愿带六舰赴旅顺口巡游，遇敌即击，相机进退。[206]这时，他接到总理衙门转来的措词严厉的上谕：

前于初三日因旅顺防务紧要，电饬李鸿章身亲巡历，激励守御，迄今旬日，不见一字复奏。此外电询饬查之件，亦多无复电。当此军情万紧之时，岂容如此玩误。现在旅防日危，该督更无筹画，但付之“焦急”两字。“定远”各船，前奏三十五日修好，嗣又称起碇机器未全，已久逾前限，不意今日来电，仍云尚未配妥，“来远”亦只修一半。不知两月以来，丁汝昌所司何事，

崂嵂嘴炮台三门 120 毫米大炮

> 殊堪痛恨！“定远”为该军制胜利器，今据称水道狭隘，不能展动，似与“来远”均尚在坞中未出。倘被贼堵口，直不啻拱手赍盗矣！着丁汝昌即日前往旅坞，将两船带出。倘两船有失，即将丁汝昌军前正法！李鸿章当懔遵谕旨办理，谅亦无从再为捏饰。旅顺援兵仍着设法运送，不得因来往冒险，漠视不救也。[207]

天津会商决定，丁汝昌率舰回防旅顺，原定由海军护航运往旅顺口的嵩武军章高元部八营，改用商轮运往营口登陆。13 日下午 3 时，丁汝昌率领舰队离沽，翌日上午 9 时到达旅顺口。他登岸拜访陆军诸将领。谁知到了下午 6 时，又忽然以日军已到达距旅顺 30 余里的三间铺，崂嵂嘴炮台附近的小平岛也出现数百日兵和 2 艘鱼雷艇为由，仓促撤离旅顺。[208] 这次撤退，显然是违反天津会商精神的。

战争爆发后，威海守军封锁了刘公岛东西两侧进入海湾的航道，仅在东口留下一个 600 码宽的通道，用浮鼓做出标志。由于连日风大水溜，浮鼓向东飘流，又逢枯水季节，“镇远”舰在 14 日凌晨进入威海军港时，不慎触礁。弹药舱下，撞出三条口子，分别长 6.5 尺、3.5 尺和 9 尺。帆舱下撞出一条口子，长 17 尺。煤舱锅炉舱下，也撞出三条口子，最长的一条达 11 尺。此外在水力机舱下，有一道宽 2.6 尺，长 3.9 尺的裂缝。[209] 海水顿时涌进“镇远”底舱。管带林泰曾是个性格内向的人，他感到事故后果严重，又担心别人认为他畏战，故意制造事故，因此在采取了一系列紧急损管措施后，于11月16日（十月十九日）一早服毒自杀，时年43岁。林泰曾祖父林霈霖是林则徐胞弟，林泰曾去世日子和伯祖忌日按农历算恰在同一天。

“镇远”的触礁事故，使得原先力量已很单薄的北洋海军，再也不敢出海作战了。14日夜间，李鸿章给丁汝昌拍电说：“内意视旅极重，章镇已令由营口去，此外无援，仍赖汝率船时往游弋也。”[210] 20日又去电询问：“兵船何时始能赴旅游巡？”[211] 仅是催促而已，李鸿章自己也无可奈何了。

16日，皇帝颁谕，以旅顺告急，丁汝昌统带师船不能得力为由，革去尚书衔，摘去顶戴，戴罪立功，以观后效。同日召见直隶候补道徐建寅，派他前往北洋察看。[212] 次日，徐建寅又接军机处转来的谕旨，命他详细察看“定远”“镇远”等舰炮位情形，并赴机器局查验炮弹现存若干，是否敷用，据实上奏。[213] 又命李鸿章，将海军各舰开赴大沽口，让徐建寅详查。[214]

17日，日军开始向旅顺口进攻。18日，徐邦道率部在旅顺北面土城子一带阻击日军。因后援不济，退回旅顺。21日，日军攻占旅顺后路的椅子山、松树山、二龙山、鸡冠山诸炮台，并占领旅顺东南的黄金山炮台。帮办北洋军务宋庆在金州组织反击战没有成功。北洋沿海水陆营务处会办龚照玙不顾李鸿章的死守训令，

日军占领旅顺海军公所

乘小舟从旅顺逃往烟台。22日，旅顺陷落。北洋海军惨淡经营了十余年的远东第一流海军基地就此落入敌人的手中。

根据旅顺口的战略位置和防御配系，只要有旺盛的士气和充足的给养，坚守数月是不成问题的，十年后的日俄战争也证明了这点。然而清军仅守六天就告失守，这支军队实在是不堪一击。

日军占领旅顺后，从11月21日至24日，对平民进行了震惊世界的大屠杀。杀戮无辜非战斗人员和妇女儿童两万余人。连在“高升”号事件中袒护日本的英国国际法专家胡兰德也记录：“在这次屠杀中，能够幸免于难的中国人，全市中只剩下三十六人，这三十六个中国人，完全是为驱使他们掩埋其同胞的尸体而被留下的。他们的帽子上粘有‘勿杀此人’的标记，才得免死。”[215]

事后有人传说，李鸿章闻日军战胜则喜，闻旅顺口陷落则面无戚容。他的老朋友吴汝纶为他辩诬，说李鸿章听到平壤之败，痛哭流涕，彻夜不寐。“及旅顺失守，愤不欲生，未闻其无戚容也”。[216]其实此时，李鸿章的心中一定比任何人都苦涩，又岂是一个“戚容”所能概括的？

五、威海卫保卫战

朝鲜事件初起时，朝廷中大多数人对于日本的实力都是估计不足的，将日本看成“蕞尔小邦”，以为只要天朝震怒，便可一举荡平，因此主战的观点一直占据上风。开战之后，随着中国海陆军的节节败退，慈禧太后及其恭亲王、庆亲王、军机大臣孙毓汶、徐用仪等，开始试探妥协的途径。根据恭亲王建议，太后命总理衙门大臣户部左侍郎张荫桓前往天津，与李鸿章协商邀请各国调停。翁同龢等帝党人物，虽然提不出挽救时局的良策，但坚决反对议和。在他们看来，妥协就是卖国。他们保持高亢的抗敌论调，某种程度上也是明哲保身的一种策略。

战争爆发后，北京的粮价开始飞涨，从最初的3两4钱购140斤攀升至12两购100斤。京官们开始安排眷属还乡。北京至津沽的车价涨至七八两乃至十余两也往往不可得。京师绿营兵奉调出征山海关，有“爷娘妻子走相送，哭声直上干云霄”之惨。目击者记载：“调绿营兵日，余见其人黧黑而瘠，马瘦而小，未出南城，人马之汗如雨。有囊洋药具（指鸦片烟枪）于鞍，累累然；有执鸟雀笼于手，嚼粒而饲，恰恰然；有如饥渴蹙额，戚戚然。”[217]与成千上万日本男女挥舞太阳旗，唱着军国主义歌曲，欢送亲人上前线的情景，形成鲜明对照。

11 月 24 日，旅顺失守的消息传到北京。恭亲王、庆亲王、翁同龢、李鸿藻等枢臣默坐哀叹。最后决定起草诏书，将李鸿章革职留任，摘去顶戴，着迅赴大沽、北塘等处巡阅布置。这不过是例行公事而已。封疆大吏丢失疆域城池，本该深究查办，但此时撤去李鸿章，就无人收拾局面，统领将士。翁同龢日记曾载，慈禧太后在指斥李鸿章贻误军机后，也深感淮军难驭，只能表示暂不可动。

26 日，慈禧太后在仪銮殿单独召见枢臣。在讨论完旅顺局势后，她突然宣布，将瑾妃、珍妃降为贵人。前方形势紧迫，内廷却闹家务，不由使得枢臣大吃一惊。

瑾妃和珍妃是宫廷政治的牺牲品。这对姊妹花刚进宫时，一个 14 岁，一个 12 岁，都是养在深闺中的千金小姐，并不懂得什么政治。进宫之后，恰逢皇帝和隆裕皇后不睦，她们便利用女人的本能和智慧，努力博得皇帝的宠爱。尤其是聪明伶俐的珍妃，不仅参与协助皇帝料理政务，连慈禧太后披阅奏章时，也从旁窥伺，体察懿旨。她还恃宠在皇帝面前举荐私人。一个是她的兄弟志锐，一个是她的蒙师文廷式。皇帝虽然亲政，却缺乏羽翼，难以同太后形如密网的控制相抗衡，极想亲擢一二通才以资驰驱，又苦于难觅亲信。不管这二人是否牵扯两妃的裙带，都不失为当朝名士，思之再三，决定提拔志锐为礼部侍郎，文廷式为翰林院侍读学士。珍妃甚至还效仿慈禧卖官鬻爵，河南巡抚裕宽为谋福州将军一职，通过太监高万枝去走她的门路，被李连英发觉告密于慈禧太后。

在老于世故的皇太后看来，年方十八的珍妃不正是自己青年时代的影子吗？这是她断断不能容忍的。且看朝中，志锐公然参劾她的心腹孙毓汶、徐用仪，御史安维峻、张仲炘、侍读文廷式、侍郎长麟也点名指斥李鸿章，其势汹汹，宛然形成一股势力。连皇帝也大有主张，不大遵从她的控制。而在后宫波澜中，她又偏向娘家侄女隆裕皇后，于是便迅速做出罢黜两妃的决定。并授志锐任乌里雅苏台参赞大臣，远远地放逐出京。又命内务府处死高万枝，将河南巡抚裕宽开缺。太后外战外行，内战却有泼辣手腕。皇帝虽然主战，内外战场均是不堪一击，以致次日翁同龢到瀛台看望他时，发现皇帝居然“意极坦坦”。

在两妃遭贬的同日，皇帝以丁汝昌救援旅顺不力，厥咎尤重，将他革职留任，命其严防各海口，以观后效。又促李鸿章即日前往大沽、北塘巡阅布置。次日一早，李鸿章出巡沽、塘。他给威海守将丁汝昌、戴宗骞、刘超佩、张文宣发电：

> 旅失威益吃紧，湾、旅敌船必来窥扑，诸将领等各有守台之责，若人逃台

失，无论逃至何处，定即奏拿正法。若保台却敌，定请破格奖赏。闻酋首向西船主言，甚畏“定”“镇”两舰及威台大炮利害。有警时，丁提督应率船出傍台炮线内合击，不得出大洋浪战，致有损失。戴道欲率行队往岸远处迎剿，若不能截其半渡，势必败逃，将效湾、旅覆辙耶？汝等但各固守大小炮台，效死勿去。且新炮能击四面，敌虽满山谷，断不敢近。多储粮药、多埋地雷、多掘地沟为要。半载以来，淮将守台守营者，毫无布置，遇敌即败，败即逃走，实天下后世大耻辱事。汝等稍有天良，须争一口气，舍一条命，于死中求生，荣莫大焉！”[218]

这是李鸿章对威海保卫战下达的指令。其要点是：第一，不许放弃炮台逃跑；第二，敌舰来攻，丁汝昌应率舰出港，依辅炮台火力，在近海作战，不得前往大洋决战。

27日，御史安维峻等京官60余人，联名上奏请诛丁汝昌。他们称前方将士孤军捍垒，血肉横飞，而丁汝昌却晏坐于蓬莱阁重帷密室之中，姬妾满前，纵酒呼卢，视如无事。又称丁汝昌诞妄性成，自谓内有奥援，纵白简盈廷，绝不能伤其毫发。而军中舆论，则谓其外通强敌，万一事机危急，不难逃亡海外。安维峻们预计，若日军“直扑威海，丁汝昌非逃即降，我之铁甲等船，窃恐尽为倭贼所得”，故建议将丁汝昌即行开缺，授署理长江水师提督彭楚汉为海军提督，或即擢汉纳根为海军提督。命新提督将丁汝昌锁拿解京，交刑部治罪。[219] 显然，这些高谈阔论不着边际的北京言官们是很富有想象力的。但这种风闻启奏的监察制度，同样不也是中国人的悲哀吗？

28日，新任山东巡抚李秉衡奏称：“海军主将率兵舰望风先逃，以回顾威海为名，去之惟恐不速……非立诛一二退缩主将统领，使人知不死于敌必死于法，不足以慑将弁畏葸之心，作士卒敢死之气。”[220]12月12日，他更指名请将丁汝昌、龚照玙以贻误军机将领明正典刑。李秉衡，字鉴堂，奉天海城人。他以捐资正八品的县丞出身，竟然做到从二品的巡抚，这在当时堪称凤毛麟角，全凭“忠直”出名。这一系列的参奏，引出17日皇帝发布上谕，将丁汝昌交刑部治罪。[221]18日，皇帝又命李鸿章详细遴选，奏保海军统帅，并提出李和、杨用霖、徐建寅三个人选供李鸿章考虑。20日，李鸿章回奏，以为三人均不合适。21日，皇帝进一步通知李鸿章，丁汝昌既经拿问，海军提督即着刘步蟾暂署，着李鸿章遴员保奏。丁汝昌俟经手事件交替清楚，迅速起解。[222]

消息传来，东海关道刘含芳、威海统将戴宗骞、张文宣、刘超佩，海军刘步蟾及各舰管带纷纷致电总理衙门和督办军务处，恳吁挽留丁汝昌。理由是临阵易将，不独水师失所秉承，即陆营亦乏人联络，军民不免失望。23 日，皇帝再谕："丁汝昌着仍遵前旨，候经手事件完竣，即行起解，不得再行渎请！"李鸿章在向威海传寄这一谕旨时，附作说明："查经手事件所包甚广，防务亦在其内，应令丁提督照常尽心办理，勿急交卸。"[223] 他的这一解释，恐怕是某种幕后活动的结果，但到此时，也确实难以挑出合适的海军提督人选了。

此外，还须对舰队其他人事问题做出安排。林泰曾死后，"镇远"管带暂由副管驾游击杨用霖护理。杨用霖，字雨臣，福建闽县人。17 岁投入"艺新"炮舰，随管带许寿山学习英语、枪炮之学，靠苦心钻研、掌握业务而得晋升，英语和驾驶技术均极出色。琅威理誉他将来可成为亚洲的纳尔逊，严复称他日后必为海军名将。按照《北洋海军章程》规定，"镇远"管带为左翼总兵，循例当由此时军阶最高的中军右营副将、"靖远"管带叶祖珪升任。而上谕却指名"平远"管带李和，说闻他"练达出色，且赋性忠勇，如果属实，即可调充'镇远'管带，以期得力"。[224] 李和是广州人，船政学堂驾驶班第一届学生，在同学中不算出色。1889 年授后军前营都司，管带"镇南"炮艇，旋任"平远"管带。在黄海大战中表现还属勇敢。但是，且不说从都司擢至总兵是连跳四级，就凭他朝中有人保奏，

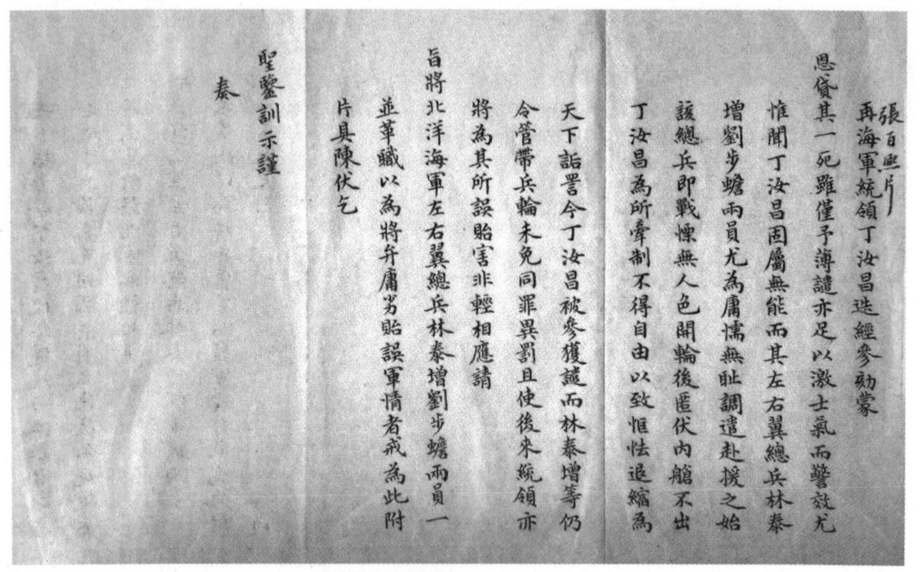
張百熙片
再海軍統領丁汝昌迭經參劾蒙
恩貸其一死雖僅予薄譴亦足以激士氣而警效尤
惟聞丁汝昌固屬無能而其左右翼總兵林泰
增劉步蟾兩員尤為庸懦無恥調遣赴援之始
該總兵即戰慄無人色聞輪後匿伏內艙不出
丁汝昌為所牽制不得自由以致恇怯退縮為
天下詬詈今丁汝昌被參獲譴而林泰增等仍
令管帶兵輪未免同罪異罰且使後來統領亦
將為其所誤貽害非輕相應請
旨將北洋海軍左右翼總兵林泰增劉步蟾兩員一
並革職以為將弁庸劣貽誤軍情者戒為此附
片具陳伏乞
聖鑒訓示謹
奏

翰林院侍讲张百熙弹劾丁汝昌、刘步蟾、林泰曾的奏片

已使李鸿章十分不悦。因此，最后仍定杨用霖暂时护理，俟事机稍定，再择人简放。这样，既显示破格使用，鼓励士气之深意，又把对李和的任命撇在一边。

12 月 8 日，徐建寅奉旨抵达威海，9 日往刘公岛查验北洋海军，10 日返回烟台。他本是参与订购“定”“镇”诸舰的当事人，又翻译过《水师操练》《轮船布阵》等海军著作，所以同丁汝昌讨论战守机宜，舰艇机窥，皆深知要领。丁汝昌请求将徐建寅调派威海，或派留船，或为提督帮办，或为监战大员，这个建议没有得到批准。徐建寅又被皇帝召回北京，担任督办军务章京。他回京后，对所考察的北洋海军主要军官写出了如下的评语：

“定远”管带刘步蟾：“言过其实，不可用”；
代理“济远”管带林国祥：“人尚可用，操守难信”；
“来远”管带邱宝仁：“奸猾不可用”；
“靖远”管带叶祖珪：“朴诚可用”；
“平远”管带李和：“朴诚可用”；
代理“镇远”管带杨用霖：“朴诚可用”；
“广丙”管带程壁光：“尚可用”；
“康济”管带萨镇冰：“朴诚可用”；
“威远”管带林颖启：“尚可用”。[225]

我们不知道徐建寅这些评价的依据，却从他的评语中，打开了观察北洋海军将领的一扇窗户。在这番紧锣密鼓的人事考核和调整中，威海卫保卫战拉开了序幕。

占领旅顺后，日本决策层对新的作战方向产生了分歧。第一军司令官山县有朋主张在辽东扩大战果，派兵在山海关登陆，威胁北京，逼使清政府投降。首相伊藤博文则认为，如果直隶作战取得成功，中国必定满朝震惊，暴民四起，土崩瓦解并陷入无政府状态，从而引起列强干预。其次冬季在直隶作战，交通不便，即使经此辛苦占领北京，而清政府瓦解，日本失去和谈对手，在政治策略上反而不利。据此他向大本营提出，在辽东半岛坚持冬季宿营，以陆军之一部及整个舰队进攻威海卫和台湾，从而消灭北洋海军主力，控制台湾。

12 月 4 日，桦山资纪正式通知伊东祐亨，大本营决定由第二军第二师团和国内的第六师团，合编成“山东作战军”，在联合舰队配合下，进攻威海，消灭北洋海军。[226]

23日，“高千穗”前往山东半岛东端的荣成湾、爱伦湾、桑沟湾一带侦察，并把情况向伊东做了汇报。早在1889年，日本海军大尉关文炳已到荣成湾进行间谍活动，发现荣成湾口宽约4海里，水深4～5哼。海底为泥质，便于舰船抛锚，距威海30海里，是袭击威海后路的最佳路线。伊东迅速做出决定，将荣成湾选作日军的登陆地点。

甲午战争前，山东全省陆军的三分之一分布在山东半岛最东端登州府地区，拱卫威海卫海军基地。道员戴宗骞统率绥字军4营10哨共二千一百人，驻威海北帮；总兵刘超佩统率巩字军4营共二千人，驻威海南帮；总兵张文宣统率北洋护军2营共一千人，驻刘公岛；总兵孙金彪统率嵩武军3营、烟台练军1营共二千人，驻烟台；道员李荣光统率嵩武军、登州练军、荣字练军各1营，共一千五百人，驻登州。总计兵力八千六百人。中日宣战后，清政府迅速扩充增补山东半岛军队，以对付日本的觊觎。李秉衡认为，日军可能从宁海、酒馆、威海后路、荣成四个方向来犯。他在宁海的上庄、城关、龙门布置了12营3哨共六千三百人；调遣集中在烟台附近的济字右营、精健前营、泰靖左营、河成左营共二千人前往荣成县城附近，并在俚岛附近增派河定左营，均归副将阎德胜节制。戴宗骞也调派巩字中营3哨三百人，由哨官戴金镕统辖，驻扎荣成湾的龙须岛。荣成地区的清军兵力达到二千八百人，整个军队分布在成山头、荣成至宁海、烟台的三百里防线上。

在当时，海军基地防御体系的指挥权属于海军还是陆军，各国做法不同。清军规定由陆军管辖，但没有统一协调基地管理和防务的机构。此外，海军基地内的局、坞负责人，皆由北洋大臣通过海军营务处管理，不向海军提督负责。从设计者的初衷看，显然是为了防止军人专权，企图让各军种、各部门相互制约，但结果造成指挥系统的多元化。战争爆发后，戴宗骞和张文宣皆要求扩充军队，直接守卫威海基地的陆军部队达到一万余人，均不受海军提督节制。丁汝昌只能以海军提督的身份和前淮军将领的资历，同戴宗骞协调。戴宗骞待部下刻薄，克扣士兵军饷以肥私，造成士兵的不满。丁汝昌出于对威海防御的考虑，曾劝说戴宗骞发给欠饷，并从海军经费中挪款为刘超佩的巩军垫饷。这不仅没有使戴宗骞回心转意，反而加剧了两人的矛盾，[227]对于保卫威海基地是十分不利的。

12月中旬，李鸿章的英文秘书，美国人毕德格向李鸿章推荐的两个美国人晏汝德、郝威到达烟台。据刘含芳接见后向李鸿章汇报，他们声称自己挟有奇术：建造的炮台，敌人海军无法攻入；不使用水雷就能在 48 小时内使炮台口岸布置严密；运兵登陆，经过敌炮台，鱼雷艇接近敌舰，都能使敌人看不见；无论敌舰开行停泊，都能将其击沉，亦能将其活捉；经过敌方布雷区无危险，接近敌人炮台舰队无声响；能将商船改制成精强战舰。美国人还宣称，倘若试验见效，中国当付给他们 1 万美元。若用此法杀敌建功，应酬给 100 万美元；若用此法擒敌军舰和运输船，付给该船价值 15% 的报酬。[228]

晏汝德和郝威其实是由中国驻美公使馆翻译莫镇藩策划来华的。晏汝德据说发明过烈性液体炸药。[229] 郝威是他邀请的助手，1893 年底在巴西内战时，曾在“尼泰罗伊”巡洋舰上管过枪炮鱼雷。他们 10 月 14 或 16 日从旧金山乘“盖尔人”轮出发，其行踪被日本驻美外交官发现，11 月 4 日抵达横滨，换乘法国邮轮“悉尼”前往上海，但于 5 日在神户被“筑波”舰截获逮捕。莫镇藩被转往广岛关押达 11 个月，晏汝德和郝威立誓不参与中日战争后，于 11 日获释，二人旋继续前往中国。[230]

刘含芳信疑参半。但想到如果真能试有成效，击沉日舰，倒是转危为安的良机。决定 18 日派“左队一”号鱼雷艇将他们送往威海，又通知北洋海军中的留美学生，对他俩进行考验。丁汝昌与这两人交谈后，仍不敢决定，请示李鸿章，李鸿章又请示北京。神秘的美国人竟使皇帝也着了迷，22 日下谕，同意在试验有效的前提下，付给定银。

从京津到威海，人们都把希望寄托在两个美国人身上。丁汝昌特地把探听来的消息详细报给朝廷。关于所称敌舰无法攻入口岸，是用药水装管，埋于口门，似沉雷法，价省功倍。关于运兵登陆和舰船行驶不被看见，是用药水装管，用机器喷发出烟，使敌闻烟退却。关于击沉、活捉敌船以及改制商舰为军舰，均是在舰上装备药水管。而“水师无响声”云云，是翻译错误，亦是用药水毁敌舰队炮台。两人言之凿凿，把中国官员都弄糊涂了。战争如同化学实验，谁也不知应当如何辩驳论证。而美国人开列的实验器材，烟台、上海均无货色，需要转询香港。最后李鸿章表态：“所言情形，是必精于化学者，中国苦无此种教师，无论其办法有无把握，不妨试验，留之必有用处。”[231] 这样，又等了一个月。直到次年 1 月中旬，好容易通过怡和洋行把药料买齐，又从烟台购油四种，存在民船，准备运往威海，不料 19 日竟被火烧去。晏汝德至此不愿再干，打道回国。郝威自告奋勇，愿意留下，这场临战前的插曲才告收场。当然可以猜测，药料油料被烧，里面恐怕也有蹊跷。

到了年底，朝野对军事局势绝望，御史安维峻上奏，公开抨击当政者。他说李鸿章有私财寄顿倭国，故不欲战，倒行逆施、接济倭贼煤料军火，日夜望倭贼东来，而于我军前敌粮饷火器，则有意勒扣。有言战者，动遭呵责。还迷信美国人有雾气者，以此怪诞不经之说，竟敢陈于君父之前，是以朝廷为儿戏，而枢臣中竟无人敢与其争论。他又批评正在秘密商议的议和计划，说市井流传和议出自皇太后、李连英，皇太后既已归政皇上，若仍遇事牵制，将何以上对祖宗，下对臣民？李连英何等人物，岂敢干政？如果属实，当律之祖宗法制。最后他要求明正李鸿章跋扈之罪，布告天下，以振士气。[232]

安维峻在思想观念上属于正统派士大夫，攻击李鸿章的罪责，也有很多不实之辞。但他的奏疏，代表了相当一部分人对李鸿章误国的愤怒不满。尤其是锋芒直指慈禧太后，说出了政界最为忌讳的内幕，真是极有胆略的。这番高论，使得怯懦的皇帝感到震骇，被踩住了痛脚。出于无奈，决定将安交刑部治罪。经翁同龢极力圆说，改为革职发军台效力。顿时，安维峻名满天下，访问者萃于门，饯送者塞于道，大名鼎鼎的北京源顺镖局掌柜大刀王五决定亲自护送他前往戍所，成为轰动一时的新闻。

就在处置安维峻的同日，朝廷命刘坤一为钦差大臣，节制关内外防剿各军。[233] 这个决定，实际上是将前线的最高指挥权，从淮系转到湘系手中，是对李鸿章的一种惩罚。接着，便对北洋海军的指挥权开刀。

徐建寅从威海返京后，曾访晤翁同龢等京中大老，细言丁汝昌不能整顿海军，闽籍军官结成帮派等情况，保举候补道马复恒取而代之。[234]1895 年 1 月 7 日，刘坤一给李鸿章的电报指出："海军提督缺悬已久，此间公论，均以马道复恒力能胜任。事难再缓，似可径行保奏。"[235] 接着又有上谕，饬马复恒来京引见。

李鸿章对这种攘夺海军指挥大权的做法显然不能接受，他立即给丁汝昌去电，询问马复恒才具魄力，是否尚堪造就？黄海之战，是否在船驾驶？中外各员，能否妥协？望即日筹度，据实密复。[236]

马复恒是三品衔候补道，差使为办理北洋海军营务处，以前曾管带"操江""康济""海镜"等舰。他算不上杰出的海军领导人，之所以被提名，只是权力斗争所致。丁汝昌对这份充满暗示的电报心领神会，复电说马复恒未曾参加黄海大战，现在他已知道提名，表示才力不具，万难胜任，中外各员亦未能协调，恳切力辞。李鸿章据此答复刘坤一，强调马之才具不长战船，阅历亦少，难以驾驭洋弁，因此不宜出任提督。建议令刘步蟾署理提督，马复恒与徐建寅会办海军营务处。[237]这样便将刘坤一的提名顶了回去。1月13日，李鸿章又向总理衙门转发海军帮办马格禄称颂丁汝昌的电报，说其“才能出众，忠勇性成，素为海军各将领所服”，“如果必行拿问，诚恐海军中外各员均以赏罚未能出于至公，海军局势必至万分艰难”。[238]此外，马格禄还通过德璀琳给恭亲王奕䜣去电，更加直率地指出：“丁提督如拿问进京，水师各洋人全行散去，即本帮办亦不服，当同丁提督进京。因各洋人佥言，奏参丁提督之人似欠公允，且少良心。丁提督去后，军民大乱，万一倭均到此，水师要隘，必至无人拒敌，甘心退让。”[239]进一步借外国人的话堵朝廷的口。这种坚决的态度，也使北京暂时束手。时局已坏到极点，朝中大员仍在明争暗斗，有些出招完全不着边际。中国人的大量智慧谋略和时间，就是这样销蚀在官场的角逐折冲之中。

在此期间，通过美国斡旋，1月5日，朝廷派总署大臣、户部左侍郎张荫桓、署湖南巡抚邵友濂为议和全权代表前往日本。抵达广岛后，伊藤博文又认为双方媾和时机尚未成熟，便借口中方全权不足，拒绝接受，要中国另派位高望重，携有正式全权委任状的代表前往，这次和谈失败了。

日军计划从1895年1月19日开始，从大连分批运送陆军前往山东半岛东端的荣成湾登陆。这一情报，在1月12日之前已为清政府得悉。皇帝命李鸿章、李秉衡飞饬各防军昼夜梭巡，实力严防，不得稍有疏虞。关于海军，上谕说：“若遇敌船逼近，株守口内，转致进退不得自由。应如何设法调度，相机迎击，以免坐困，着李鸿章悉心筹酌，饬令海军诸将，妥慎办理，并先行复奏。”[240]

14日，刘含芳报告，英国海军提督斐利曼特尔率领8艘军舰，离开烟台，前往成山头，等待观看日军登陆。显然军情已很紧迫。16日，皇帝再谕李鸿章、李秉衡分饬各将领，昼夜侦探，务当遇贼即击，勿蹈貔子窝覆辙。可是前敌采取的措施却很无力。除了戴宗骞下令禁止威海、成山头附近民船下海，并命防队轮流巡守外，别无其他布置。

18日上午6时，日本联合舰队司令长官伊东祐亨命令“吉野”“浪速”“秋津洲”3舰驶往登州（今蓬莱）海面游弋，转移清军视线，牵制防御力量，以掩护日军在成山头登陆的真实企图。下午4时50分，派遣“高千穗”驶往威海港外侦察，监视北洋海军行动。19日上午9时15分，代用巡洋舰“相模丸”“西京丸”，通信船“江户丸”驶离大连湾，接着，担任护航先遣舰的“八重山”“爱宕”“摩耶”及联合舰队本队、第二游击队相继起锚出航。午后，装载着陆军第二师团一万五千人的运兵船也逐次出发。

20日凌晨，残月朦胧，东方未晓。山东半岛最东端的成山头灯塔熠熠生辉，遥然在望。公元前219年，秦始皇派方士徐福入海求不死之药。相传徐福东渡扶桑，成为第一个到达日本的中国人，给当时的日本带去了华夏文化。过了九年，秦始皇不见徐福回返，御驾亲征，来到成山头，期望与仙人会面而终不可得，只得命李斯在此立下“天尽头”的碑石。方士骗他说：“蓬莱药可得，然常为大鲛鱼所苦，故不得至。”始皇备下连弩，欲与大鱼搏战一番。可是从琅邪至荣成，均不见大鱼，唯有望洋兴叹。岁月流逝，江山依旧。成山头那一堆堆峥嵘嶙峋的红礁巨石，日夜经受着惊涛巨浪的拍打。成山之巅，好事者筑起秦始皇庙，以让这位雄才大略的君主眺望沧海，等待徐福归来。始皇泉台有知，也绝不会料到，如今登岸的，竟是一支来自日本的侵略大军。

凌晨4时，“八重山”等3舰抵达成山头南侧的荣成湾龙须岛。5时30分，侦察队换乘小驳船驶向岸边。担任防御任务的巩字军戴金镕部，调集二门2磅小炮和枪队，埋伏在岸边渔船后，发炮阻击。日舰用舰炮对岸轰炸。巩军寡不敌众，向荣成方向撤退。日舰继续炮击。至9时，再派登陆队上岸，控制成山头灯塔，切断电信局同威海的联系。下午3时，攻占荣成县城。担任防御的河防营部队，早已全行退去。

这天上午，联合舰队护送19艘运兵船先后抵达荣成湾。第一游击队诸舰也从登州、威海驶来会合。伊东祐亨派鱼雷艇部队前往威海监视北洋海军。登陆部队迅速搭建舟桥。至21日登陆完毕。接着第二批12艘运兵船，第三批19艘运兵船在23日驶到。全部登陆部队共计34600人，3800匹马。

李鸿章在20日一早收到丁汝昌报告日军40余艘舰船驶抵荣成湾开炮的消息。对于这个迟早会发生的事实的突然来到，他似乎束手无策，急匆匆地给威海守将拍电说：“荣距威尚百里，山谷丛杂，(山)东兵能否设法埋伏邀截，以牵制之。威防只能守炮台长墙，曷任焦系。”[241] 刘超佩回电表示，他将亲督绥巩军1200人及大炮，前往成山与日寇拼战。但李鸿章又来电说，敌众我寡，若有伤损，徒挫锐气，应令相机退守，现日军趋重南路，北岸稍松，命戴宗骞拨二三营速赴南岸。其北岸空虚，调孙金彪部前来协守。

根据这一训令，刘超佩部退回威海，坐待敌军到来。似乎在威海东南采取抗登陆行动，只是山东巡抚李秉衡的事。日军在荣成湾的登陆和休整持续了5天，中国军队居然没有任何动作，门户派系的隔阂给日军提供了极大便利。

就威海卫保卫战中海军使用问题，丁汝昌经与马格禄商量，决定采取依辅炮台，港口抵御的方针。他说：

> 若远出接战，我力太单，彼船艇快而多，顾此失彼，即伤敌数船，彼倘以大队急驶，封阻威口，则我船在外，进退无路，不免全失，威口亦危。若在口内株守，如两岸炮台有失，我船亦束手待毙，均未妥慎。窃谓水师力强，无难远近迎剿；今则战舰无多，惟有依辅炮台，以收夹击之效……倘倭只令数船犯威，我军船艇可出口迎击；若彼船大队全来，则我军船艇均令起锚出港，分布东西两口，在炮台炮线水雷之界，与炮台合力抵御，相机雕剿，俾免敌船闯进口内。即使陆路包抄南北两岸，师船尚可支撑攻击彼船。若两岸全失，台上之炮为敌用，则我军师船与刘公岛陆军，惟有誓死拼战，船沉人尽而已。[242]

这一防御计划，本质上仍是单纯海口防御思想的产物。丁汝昌因此在日军登陆时，不闻不问，置身事外。伊东祐亨后来承认："如丁亲率舰队前来，遣数只鱼雷艇对我进行袭击，我军岂能安全上陆！"

李鸿章并不主张海军躲在基地内死守。他惦记着铁甲舰，所以向朝廷请示：

日军在荣成湾登陆

“如事到万难，计惟保全‘定’‘镇’。乞俯察。”当天得旨：“海军战舰，必须设法保全。”[243]

22日，张文宣给李鸿章去电，称丁汝昌要出口浪战，岛船皆不保。李鸿章立即回电申斥：“口外如有敌船窥窜，丁军门自应开出口门，与炮台夹击，汝未经战阵，胆怯恐无长进。”同日丁汝昌向李鸿章报告，戴宗骞派兵前往南岸拦截日军，北路托他相机照顾。“昌自顾不暇，何能兼顾北岸？”李鸿章看出丁汝昌的胆怯，回电训斥：“口外有无敌船？若敌船少，应出击。多则开往口门，与炮台夹击，即是兼顾北岸，何谓自顾不暇耶？”[244]这天收到上谕：“闻敌人载兵皆系商船，而以兵船护之。若将‘定远’等船齐出冲击，必可毁其多船，断其退路，此亦救急之策。”[245]但李鸿章没有下令北洋海军前去袭击在成山登陆的日军。23日，他又指示丁汝昌：“若水师至力不能支时，不如出海拼战，即战不胜，或能留铁舰等退往烟台。希与中外将弁，相机酌办为要。”[246]这封电报，给丁汝昌留下了最后的退路。

这天，钦差大臣刘坤一抵达天津，同自请带兵北上督战的湖南巡抚吴大澂同去拜访李鸿章。他们讨论了威海局势，对继续留用丁汝昌督率海军达成谅解，由刘坤一出面挽留丁汝昌。

同日，罗丰禄在家信中很私密地评论说：

> 方今世变日亟，威妥玛谓：倭患不已，俄必吞北省，法必并南省，而英、德、美三国亦不能晏然坐视，而不思因利索价也。余细味其语，竟是南逐虎，北逐狮，分南分北分东西之注脚，言之不胜浩叹。倭兵万余人，已从山东荣成县龙须岛上岸，戴孝侯小队，闻已望风逃遁。“定”“镇”各舰恐亦不免。沈文肃所练之将才，李肃毅所设之海部，行将尽付东流矣。[247]

作为李鸿章的核心幕僚之一，他此时已把结局看得很明白了。

24日，丁汝昌又电李鸿章：“海军如败，万无退烟之理。惟有船没人尽而已。旨屡催出口决战，惟出则陆军将士心寒，大局更难设想。”[248]丁汝昌此时正处在戴罪拿问，等待起解的境地，情绪低落。用他自己的话说：“目前军情有顷刻之变，言官逞论，列曲直如一，身际艰危，尤多莫测。迫事吃紧，不出要击，固罪；即出而防或有危，不足回顾，尤罪。”[249]因此不敢采取在海岸炮火掩护下，寻机袭击日军登陆部队的作战方针。在进退皆难的绝境中，选择了株守军港、坐待援兵的下策。李鸿章对此已无可奈何，只能回电说：“汝既定见，只有相机妥办。廷旨与岘帅（刘坤一）均望保全铁舰，能设法保全尤妙。”[250]

25 日，日本山东作战军司令官大山岩大将抵达荣成。日军兵分两路，开始向威海进犯。第六师团由黑木为桢中将指挥，称右纵队，沿荣成至威海大道，进犯威海南帮炮台。第二师团由佐久间左马太中将指挥，称左纵队，沿荣成至烟台大道，从虎山北上，进攻杨家滩，切断南帮烟台清军后路，以与右纵队会师。

李秉衡得悉日军登陆，急调嵩武军左营营官孙万龄驰往荣成迎敌。21 日，孙万龄在羊亭以东遇到阎得胜率河防营从荣成败退，于是合军返回羊亭。22 日，孙部抵达白马河西岸的桥头。戴宗骞亦派管带刘树德率 3 营与孙配合作战。同日，李秉衡致电总理衙门，指出“此番贼势太重，威（海）太危。烟（台）亦岌岌，兵太单”[251]，乞求增援。23 日，北京同意将奉旨北上的贵州古州镇总兵丁槐部 5 营留于山东调遣。[252]24 日，刘坤一到天津与李鸿章晤商，决定命从徐州起程的徐州镇总兵陈凤楼马队 5 营及皖南镇总兵李占椿等步队 15 营，皆迅赴烟台，以援威海。李秉衡估计，这些援兵可在 20 天内赶到。[253]

25 日，清军在白马河阻击日军，激战 2 小时，取得小胜。但由于阎得胜、刘树德部没有配合，使得孙万龄部不得不撤退。威海门户就此洞开。

威海南帮，为逶迤的丘陵地带。防御炮台群，包括环海的皂埠嘴、鹿角嘴、龙庙嘴三座海岸炮台和所城北、杨枫岭、摩天岭、莲子顶等陆路炮台。皂埠嘴炮台位于南帮炮台群的最东端，与海中的日岛炮台遥遥相望。从这里俯瞰威海湾，碧波粼粼，景色如画。清军在此装有 2 门 280 毫米口径大炮， 3 门 240 毫米口径大炮和 1 门 150 毫米口径大炮，是威海诸炮台中火力最为强大者，有力地封锁住东口航道。鹿角嘴炮台有 4 门 240 毫米口径大炮，龙庙嘴炮台有 210 毫米、150 毫米口径大炮各 2 门。陆路炮台的火炮亦很强大。所城北炮台有 2 门 150 毫米口径大炮，1 门 120 毫米口径大炮。杨枫岭炮台有 150 毫米、120 毫米口径大炮各 2 门，75 毫米口径行营炮 16 门。摩天岭炮台有 8 门 80 毫米口径行营炮。莲子顶炮台有 2 门 150 毫米口径曲射炮， 2 门 75 毫米口径速射炮。在陆路炮台以南，沿皂埠村至海埠修筑了一道 15 里的长墙。墙外挖有深 5 尺、宽 1 丈的堑壕，壕外埋设地雷。李鸿章命令担任防守任务的刘超佩堵守长墙，以逸待劳。敌若越墙而入，则专守炮台。他强调“只有死守一着，无退步，外省必有援兵大队前来”。又密令丁汝昌察看刘超佩是否死守：“彼若不支，密令台上各炮拔去横闩，弃入海旁。”[254]

由于龙庙嘴炮台距离其他炮台过远，被划出长墙之外，守兵仅 40 余人。12

月2日，丁汝昌到南帮视察后，向李鸿章提出此台实难守住，倘万不得已，请求拆卸炮栓、钢圈底，以免为敌占领之后用来轰击海湾中的北洋军舰。1月24日，丁汝昌接到李鸿章电报后，约张文宣到南帮会晤刘超佩，决定将各炮台备用火炮零件先运至刘公岛。在炮台中安排敢死队员，待形势紧张时破坏大炮。对龙庙嘴炮台，则决定放弃不守。

丁汝昌的决定受到戴宗骞的反对。他将这一行动称之为胆怯，还添油加醋地夸大白马河小胜的战绩，由此引起李鸿章对丁汝昌的不悦。丁汝昌不服，揭发说南北帮炮台只有一班士兵，倘若受伤，无从添配。除了皂埠嘴、北山嘴炮台设有营官外，其余炮台只设哨官、哨长，日岛上连军官都没有。各炮台均无后墙，也无小炮洋枪，没法防守。李鸿章得悉后，又对戴宗骞、刘超佩不满，去电训斥说："看此情形，该统领营哨官皆不以守台为重。试问不守台，不靠炮，将守何处？"[255] 刘超佩则申辩说："威海南口各炮台均在海边，后面依山，较炮台高。东西长墙十五里，靠山而筑，敌人拉快炮上山，各台受敌，万不能守。佩坚守长墙，联络炮台，果如守住，万无一失。"又说丁汝昌称龙庙嘴不守为妙。李鸿章被弄糊涂了，他只得命令戴宗骞："究竟龙庙嘴应守与否，应令戴道迅速亲往察酌形势，与丁面商定夺，勿得固执己见，聚讼误事。"[256]

当威海守将进行口舌之争时，日军继续向威海逼近。29日，左纵队占领温泉汤，右纵队占领九家疃，形成对南帮后路的包围态势。30日清晨，右纵队分成左右翼，以左翼队大部分兵力进攻摩天岭。摩天岭是威海南岸的制高点，对控制整个战场形势关系极大。这里的炮台是临时构筑的。营官周家恩率数百士兵抵御敌军的轮番进攻。北洋海军也派出"定""镇""来"驶至南岸发炮助战。经过几个回合，守军官兵牺牲殆尽。日军夺取摩天岭大炮，掩护右纵队进攻杨枫岭。11时，杨枫岭守将陈万清下令撤退。南帮海岸炮台失去了后路屏御。

在此同时，日军左纵队向位于南帮炮台之南的虎山地区发动进攻。指挥防御虎山阵地的刘树德，指挥防御南北虎口的戴宗骞皆弃军退却，虎山失守。

在杨枫岭得手后，右纵队又向南帮海岸炮台发起攻击。龙庙嘴炮台果然最先陷落。日军用龙庙嘴岸炮轰击鹿角嘴炮台和长墙。鹿角嘴的守兵逃散。另一支日军同时还攻占了杨枫岭东北的百尺崖所和所城北炮台。

南帮仅剩下皂埠嘴一处炮台了。倘若这一炮台落入日军手中，将被用来轰击刘公岛、日岛和海湾中的北洋舰队。在日军总攻前，丁汝昌曾派人前往，准备在情况危急时毁台。但刘超佩拒绝他们进入炮台。此时丁汝昌再遣敢死队员乘鱼

威海卫鹿角嘴炮台被日军占领。

雷艇，冒着弹雨登上皂埠嘴，抢在日军登上炮台前点燃地雷引线。中午12时10分，当占领炮台的日军正往旗杆上悬挂日本旗时，地雷引爆了。

仅仅一个上午，整个南帮炮台的防御便全盘崩溃。清军以逸待劳、以长墙为掩蔽的战略完全破产。战斗中，日军死伤将卒228人，清军死亡二千余人。李鸿章对南帮败局十分震怒，他打电报给丁汝昌等，命将刘超佩及各台守卫营官就地正法。他再次训示说："万一刘岛不保，能挟数舰冲出，或烟台、或吴淞，勿被倭全灭，稍赎重愆。否则事急时将船凿沉，亦不贻后患。务相机办理。"[257]

如同今天许多人对困守刘公岛战略不满一样，当时天津核心圈子内的人物其实也看明白了这一点。这天，罗丰禄就在给其爱妾的私信中批评说："倭人在山东荣成湾上岸，我军水陆皆不往阻，与貔子窝之局何异？今将至威海，而陆军将领或守营盘，或守炮台，无一愿出队而扼险要者，与旅顺之局又何异？……倭人常谓中国如死猪卧地，任人宰割，实是现在景象。"[258]然而，他们远在后方，事实上已无法控制前线的军情。

兵败如山倒。2月1日，日军经过激战，渡过双岛河，控制威海以西、以北一线，完成了对威海卫城和北帮炮台的战略迂回。威海卫城内守军丢盔卸甲，纷纷溃散。金钱顶电报局的电报生也逃避一空，威海与外界的电信联系断绝。2日，日军兵不血刃地占领威海卫，分兵进攻北帮炮台。

北帮海岸炮台中，北山嘴炮台位于最外侧，正对西口航道要冲。装有260毫米口径平射炮6门，90毫米口径平射炮2门。祭祀台拥有240毫米、210毫米、

威海保卫战，“镇远”和“济远”正在激战中。

150毫米口径平射炮各2门。黄泥沟炮台略弱，装有210毫米口径平射炮2门。此外，合庆滩陆路炮台，装有150毫米口径平射炮2门，老母顶陆路炮台，装有80毫米口径行营炮2门，战争中又临时建立东里夼、棉花山、佛顶山、柴烽顶、遥了墩、远望墩等6座临时炮台。戴宗骞的绥军，原先在北帮共有6营，但在南帮炮台保卫战中溃散了5营，剩下的1营，在2月1日也哗变溃散。整个北帮炮台仅剩19个人。丁汝昌为了防止北帮炮台被敌军用来攻击刘公岛，亲自前往北岸，强劝戴宗骞移驻刘公岛，并挑选卫士杨发、炮弁施辉藩、炮手戚金藻等组成敢死队，炸毁炮台和弹药库。戴宗骞在到达刘公岛的第二天，吞金自尽。

至此，威海沿岸全为日军占领，刘公岛成为危如累卵的孤岛。

丁汝昌定下“倚台守岛”战略的时候，实际上已经下定以死报国的决心。在威海尚未被围之前，他派员将海军的有关文件送往烟台。

1月30日，当日军进攻南帮炮台时，联合舰队也从海上对刘公岛发动攻击。31日下午，天气忽然转坏，北风骤起，大雪纷飞，气温急剧下降。次日上午，联合舰队撤离威海海口，前去荣成湾避风。天寒地冻，虽给日军进攻造成障碍，但给困守孤岛的北洋海军官兵也带来很大困难。

丁汝昌、牛昶昞、张文宣派人去烟台，通过刘含芳向朝廷发出最后的告

日军攻陷南帮制高点摩天岭炮台。

威海南帮的皂埠嘴炮台

紧文书：

> 昌等现惟力筹死守。粮食虽可敷衍一月，惟子药未充，断难持久。求速将以上情形飞电各帅，切恳速饬各路援兵，星夜前来解此危困，以救水陆百姓千万人生命，匪特昌等感大德云。[259]

2月1日，罗丰禄在天津“兀坐一室，无可告语，因复弄笔墨而书家信”。他向爱妾评论：“威海军务既紧，丁禹廷、刘子香、戴孝侯皆有电来禀相，誓以身殉。然殉节者虽多，于军务、国家仍无补也。敌在貔子窝、荣成湾上岸之时，海军早当决一死战，以谢天下，今乃蠖屈于威海，以俟敌至，不亦为天下所目笑乎？”[260]

威海北山嘴炮台

显然，他身任北洋海军营务处，其实也是束手无策。3 日他又说："余所管之水师营务处，原为海军而设，如海军覆没，则皮之不存，毛将安傅乎？虽撤之可也，然中国不能从此不设海军，且许竹筼（许景澄）、龚仰蘧（龚照瑗）方在购船，则水师营务处又有不能遽撤之势矣。"[261]

本日，天气转晴。上午 9 时 45 分，日本舰队驶至日岛外 4500 米，皂埠嘴炮台 1000 米处，向守军发动进攻。刘公岛、日岛炮台开炮猛烈还击。中午 12 时 57 分，刘公岛炮台发射的炮弹击穿"筑紫"左舷，穿透中甲板，并使舰体也受到很大破坏，迫其退出战场。下午 2 时 39 分，又有一弹击中"葛城"大樯上部。直至 3 时 45 分，战斗方告结束。这天攻防双方炮战之激烈，不下于黄海之战时的程度。

威海东西两口，此时早用防材和水雷堵塞起来。西口由黄岛至北山嘴，设置防材 2 层，水雷 7 层；东口从东泓至日岛，设防材 2 层，水雷 5 层；日岛至鹿角嘴，设防材 1 层，水雷 5 层；防材用 1.5 尺径、长约 12 尺的木材相并横置，环以 3 条一寸三分粗的铁索而成。防材下端系以巨绳，并将铁锚抛于海底固定。东口防材的最南端，留有狭窄通道，但无航标，夜间航行极为困难。要攻入海口，必须切断铁索。3 日夜间，伊东祐亨派两艘鱼雷艇企图偷入港中，没有成功，仅切断了一条铁索。

4 日下午，英国远东舰队司令斐利曼特尔求见丁汝昌。由"镇北"炮艇领航，乘英舰进入港内。他同丁汝昌进行了会谈，递交了伊东祐亨请他转交的劝降信，[262] 丁汝昌对于伊东劝降未予理会。

同日，伊东接到报告，得悉东口防材在鹿角嘴山脚附近有少量空隙，涨潮时小船能勉强通过。于是决定再作偷袭。5 日凌晨 2 时，日军 10 艘鱼雷艇，乘着残月清辉，悄悄从阴山口出发。3 时 20 分，驶抵龙庙嘴，月亮已完全隐没。进港时，14 号艇搁浅，18 号艇未能通过防材，其余 8 艇皆潜入港内。

3 时 50 分，北洋海军警戒舰发现偷袭的日军鱼雷艇，立即发出报警火箭。北洋海军诸舰纷纷向日舰开火。22 号艇在退却时慌忙触礁，舵机被损，后搁浅于龙庙嘴附近礁石，靠帆布救生艇分批撤退。其他五艇的攻击也被击退。

唯有 9 号艇得手。它被北洋军舰发现后，仍冒险突进，蓦然发现前面有一艘两桅大舰，立即发射鱼雷。此舰正是“定远”。几乎在 9 号艇发射鱼雷的同时，“定远”的炮弹打中了它的锅炉，造成大汽管爆炸。然而“定远”的左舷舯部也被鱼雷击中，随着猛烈的爆炸，舰体开始倾斜。水兵们立即关闭水密门。丁汝昌下令军舰向东口行驶，赶在尚未沉没之前，在刘公岛南岸浅滩搁浅，以利用舰炮，增强东口的防御。9 号艇被日军放弃，其乘员换乘 19 号艇退出龙庙嘴。

铃木贯太郎

偷袭时担任先导的 6 号艇，艇长铃木贯太郎大尉后来还参加日俄战争，并担任海军兵学校校长、联合舰队司令长官、海军军令部长，1923 年晋升为海军大将。“二战”期间担任枢密院议长，1945 年 4 月 7 日组阁担任第 42 任首相。8 月 15 日，敦促天皇下决心接受《波茨坦宣言》，结束战争，他率领全体内阁成员在裕仁天皇终战广播后宣布投降，集体下野。他的传奇一生，见证了旧日本海军的崛起和灭亡。

5 日的偷袭，对北洋海军待援计划是一个巨大的打击。“定远”陷在泥淖之中，海水汩汩涌入，至当天下午，锅炉熄灭。丁汝昌被迫离开这艘旗舰，移驻“镇远”。刘步蟾大哭，欲自杀，为众人劝阻。“定远”官兵遂搬往海军公所居住。但是，清军对龙庙嘴一带的空隙，没有采取有效的补救措施。

6 日凌晨，日军重施故技。伊东命令第三鱼雷艇队至西口发出灯光信号，以迷惑中国人。第一鱼雷艇队 5 艘鱼雷艇则从东口偷袭，其中 4 艇先后混入港内。北洋海军为了加强防范，不断地用探照灯四处照射，这反倒使日本人能看清港中军舰的位置，鱼雷攻击再次奏效。“来远”被击中后几分钟便底朝天，上层建筑朝下地倾覆了。乘员仅二三十人得救。“威远”“宝筏”中雷后沉没，仅烟囱和桅杆露出水面，一片凄凉景象。3 舰伤亡官兵 200 余人，唯“来远”管带邱宝仁、“威远”管带林颖启上岸嫖妓未回，幸免于难。[263]

伊东祐亨决定在 7 日向刘公岛发起总攻。天刚启明，他率领本队“松岛”“千代田”“桥立”“严岛”，第一游击队“吉野”“高千穗”“秋津洲”“浪速”8 舰驶

日舰攻击刘公岛

往刘公岛西口，西海舰队司令长官相浦纪道海军少将率领第二游击队“扶桑”“比睿”“金刚”“高雄”，第三游击队“大和”“葛城”“武藏”“海门”“天龙”，第四游击队“筑紫”“爱宕”“摩耶”“大岛”“鸟海”“赤城”15舰驶往刘公岛东口。7时23分，本队和第一游击队以单纵队阵形向刘公岛逼近。12分钟后，距刘公岛5800米，刘公岛守军首先开炮。7时38分，日本旗舰“松岛”开炮。一场空前激

“定远”被日军鱼雷击中

烈的海陆攻防战开始了。

7 时 40 分，一发清军炮弹掠过“松岛”舰桥，贯穿烟囱，炸伤舰队航海长高木英次郎海军少佐等 3 人。7 时 50 分，“桥立”舰被击中。8 时零 5 分，“吉野”左舷中弹，第六号速射炮的炮盾、第二号舢板及上甲板和传令管被击碎。接着“秋津洲”“浪速”也先后中弹。

前一天，丁汝昌曾布置鱼雷艇出击日舰。未料“左队一”管带王平、“福龙”管带蔡廷干、“济远”鱼雷大副穆晋书等人却密谋趁机向烟台逃跑。此时，当双方炮战正酣际，北口木筏门忽然打开。“左队一”“左队二”“左队三”“右队一”“右队二”“右队三”“福龙”“定一”“定二”“镇一”“镇二”“中队甲”“中队乙”等 13 艘鱼雷艇及“飞霆”“利顺”汽艇向外冲出。伊东以为是北洋舰队准备最后决战，派出鱼雷艇来冲乱日舰队形。谁知这些鱼雷艇却向西面逃跑。于是第一游击队立即实施追击。鱼雷艇毫无斗志，大多数在一出港便被击毁或搁浅，“福龙”“右队一”“右队三”逃得较快，在金山寨口至养马岛一带被日舰追上俘虏。“左队一”“左队三”航速最快，在驶过烟台芝罘山之后，仍被追逐而来的“吉野”“高千穗”击沉，仅有王平、穆晋书等人逃生。“福龙”管带蔡廷干被俘后，关押在日本大阪的一座寺院里。丁汝昌、张文宣、牛昶昞为此致函刘含芳转告李鸿章：“自雷艇逃后，水陆兵心皆形散乱。……务请各帅严拿正法。”李鸿章在向朝廷转发这一信件的电报中说：“鸿查小雷艇管驾如有来津，应即拿获正法！”[264] 蔡廷干是容闳 1873 年第二批选派到美国留学的幼童之一（时年 12 岁），1881 年回国后，曾在天津水雷电报学堂学习鱼雷技术。甲午战后，他担心遣返回国会受到清政府的处罚，还委托其美国老师，此时正在日本访问的诺斯罗普博士出面，要求归化日本。诺斯罗普为此事专门拜访了日本文部大臣兼临时外务大臣西园寺公望及陆军大臣大山岩，因为大山岩的夫人山川舍松，是明治维新后日本第一批（1871 年，时年 11 岁）公派留美的五名女生之一，也是诺斯罗普的学生。[265] 两个国家为了现代化而储备的早期人才，此时竟以这样的方式相聚相助。蔡廷干战后转去美国，十年后返抵香港，经北洋大臣袁世凯向朝廷呈请：“查甲午之役，所有被掳人员，均未置之重典。蔡廷干视同一律，自应量予开除。”[266] 此后蔡投入袁世凯门下，成为其处理国际事务的幕僚。1912 年 2 月 12 日清帝溥仪退位当日，袁世凯的辫子就是蔡廷干为他剪掉的。北洋政府期间，他长期担任税务处会办、督办，署理过外交总长。

日本第二、三、四游击队此时在占领南帮炮台制高点的日军配合下，向日岛

蔡廷干

“福龙”鱼雷艇

发起攻击，日岛原是露出海面的岩礁，配置有2座200毫米口径地阱炮和6门其他火炮，原先由3名外国人、40名步兵和25名水兵防守。因为那些步兵没用，改派萨镇冰带着30名水兵接守。这天日岛受到猛烈的炮击。据香港《孖剌新闻》战地记者肯宁咸报道，地阱炮由于没有反射镜，所以要有人在炮台外面引导射击方向，这是十分危险的任务，但年轻的水兵毫无畏惧。受了伤的，裹伤再战，多次击中“扶桑”和“筑紫”。后来，敌炮击毁了一门地阱炮和厨房及军官营房，倒下来的炮又妨碍其他炮的使用。丁汝昌见日岛无法再守，下令守军撤回。[267]

战斗空前激烈。海军和刘公岛护军死伤三百多人，尸首粉碎，血肉横飞。但中国军队以顽强的毅力顶住了日军攻击。

8日夜，日军派汽艇偷入东口，用炸药爆破防材，用斧锯切断铁索。南口防材被坏达400米，门户洞开。9日上午，趁着漫天大北风，日舰再次发动攻击。丁汝昌亲乘“靖远”，带领“平远”，驶至日岛附近，以炮火支援刘公岛守军。搁浅的“定远”也开炮助战。不幸“靖远”被皂埠嘴炮台日军炮弹炸穿左舷，逐渐下沉，丁汝昌、叶祖珪原打算与舰共沉，后被水兵拥上汽艇转移。

刘公岛的陷落迫在眉睫了。10日下午，丁汝昌、刘步蟾下令用水雷将搁浅的“定远”炸毁。又派“广丙”向搁浅的“靖远”发射鱼雷。这天午后，刘步蟾来到卢毓英的住处，适见“定远”枪炮大副沈寿堃无意中用笔写下“千古艰难惟一死”之句。刘步蟾推案一笑，朗声吟道：“伤心岂独息夫人？”念毕，飘然而出。这里，他们吟诵的是清代诗人邓汉仪的诗句，讲的是春秋时楚文王灭息国，虏息国国君的夫人而归，生二子，但息夫人始终不同文王讲话，以表自己的志节。当晚，刘步蟾服鸦片自杀。[268]

六、龙旗飘零

李秉衡

坐镇天津的李鸿章焦虑万分，无可奈何。由于各部队存在着错综复杂的派系矛盾，烟台以东清军归李秉衡节制，威海守御由李鸿章的淮军负责，彼此互不相干，而南方调来“勤王”之师又不听李秉衡调遣，这样就出现了威海孤军奋战，得不到援兵支援的奇怪景象。

自从威海电报局被日军占领后，李鸿章失去了对前方情况的系统了解。7日晚，他收到刘含芳电报，根据王平等人抵烟台带去的消息，刘公岛、日岛尚在，而大部分舰艇已丧失。9日，又听说“定远”搁浅在浅水处，“威远”“来远”沉没，丁汝昌将提督将旗挂在“镇远”上，突围的鱼雷艇全军覆没。眼看自己苦心经营20年的北洋海军毁于一旦，其痛苦心情可想而知。当日夜间，收到总署发来光绪皇帝电旨：

> 李鸿章电奏海军各舰被击覆没情形，览奏何胜愤懑。北洋创建海军，殚竭十年财力，一旦悉毁于敌，疏防纵寇，震动畿疆。李鸿章专任此事，自问当得何罪？惟念现在海防益急，若立予罢斥，转得置身事外，兹特剀切申谕，李鸿章当自念获咎之重，朝廷曲宥之恩，激发天良，力图补救。瞬届各海口水泮，敌船猛扑，处处可危。设彼乘间登岸，必须齐力合剿。[269]

而在早上，李鸿章已经预判日军在东北和山东的登陆部队，有可能将战火烧向京畿，华北沿海地势平阔，须有得力骑兵，预备勤王。他主动向朝廷建议，前来应援的陈凤楼马队系铭军旧部，素称劲悍，现丁槐部已准留山东调遣，请旨将陈部调往直隶布防，获得允准。上谕还说：“刘公岛兵舰尚存，有无可以救援之处，仍着李鸿章设法筹办。”10日，他将电旨转发李秉衡。[270] 同时他收到刘含芳转来丁汝昌的最后一份告急文书：“自雷艇逃后，水陆兵心散乱。如十六七日（2月10、11日）援军不到，则船岛万难保全。”[271] 李鸿章踌躇一日，无所措置，次日晚间，将电报转发总理衙门了事。

“忍泪失声询使者，几时真有六军来？”11日夜，丁汝昌得到消息，李秉衡已由烟台移师莱州，陆援绝望。同时，他又收到刘含芳派人转送的李鸿章命其突围的电报。他召集各舰管带和洋员商议对策。早在5天前，当日本鱼雷艇进港击沉“来远”那会儿起，岛上已出现崩溃的危险征象。数千名岛上居民聚集铁码头，哀求生路，一部分士兵也参与其间。经好言劝慰，方才散去。7日晚，护军各营士兵鼓噪，云集码头或挤上“镇远”，要求乘舰离岛。他们担心海军的大舰也会像鱼雷艇一样开走，剩下的人，会像旅顺口那儿发生的一样遭到屠杀。洋员们在军官俱乐部开会，讨论在士兵普遍缺乏勇气的情况下的投降问题。他们邀来牛昶昞、马复恒商议，又派戴理尔、克尔克、瑞乃尔前去访问丁汝昌和马格禄，劝他们投降。丁汝昌断然拒绝，认定决不投降，否则他将自杀。[272]瑞乃尔曾是德国炮兵士官，参加过1866年普奥战争。1870年作为克虏伯公司代理商派立洋行派出的炮手，曾为山东巡抚丁宝桢的登州水师做炮术教官。1880年，李鸿章接管了登州水师官弁，调往“超勇”“扬威”服役，此时派立洋行已经破产，瑞乃尔就留在北洋做炮兵教官，也教过武备学堂学生段祺瑞。[273]他是岛上洋员中在华服务时间最长者，与海军诸多官员有着很深交谊。对这些洋员来说，有认真的职业操守即算可以，谈不上对大清的荣誉忠诚和家国情怀。也在这天的上午（巳刻），李鸿章密电刘含芳：“水师苦战无援，昼夜焦系，前拟觅人往探，有回报否？如能通密信，令丁同马格禄等带船乘黑夜冲出，向南往吴淞，但可保铁舰，余船或损或沉，不致赍盗，正合上意，必不致干咎。望速图之。”[274]接着，朝廷又一次密谕李鸿章通知丁汝昌设法突围。刘含芳接电后，回报说前已分三路发信未回，现派人将密谕抄作密码再送。[275]

8日，各舰水兵跪求丁汝昌放其生路，丁汝昌晓以大义，慰勉固守，并承诺11日援兵若还不到，届时自有生路。10日，一部分士兵挟持张文宣至丁汝昌的住所，胁迫他投降。不久，牛昶昞和各舰管带亦来。丁汝昌慨然道：“你们想杀我可速杀之，我岂会吝惜这条生命？”众人嘘唏不语。丁汝昌命瑞乃尔出外安抚士兵，外面依然喧噪不已。瑞乃尔回来说：“兵心已变，势不可为，不若沉船毁台，徒手降敌较为得计。”丁汝昌沉思良久，命令诸将领候令，同时炸舰。诸将不应，因为怕沉舰投降，会触怒日本人。至此，丁汝昌明白，军心大势已去，无可挽回了。在11日晚间的会议上，丁汝昌提议突围烟台，无人答应，几次派人用鱼雷轰沉“镇远”，也无人动手。[276]

刘公岛如同一个垂死挣扎的晚期病人，肌体一面调集起最后的白细胞抵抗外敌的入侵，另一面，病灶也在迅速地蔓延到全身。官兵中弥漫着失败绝望的颓丧情绪。卢毓英承认，他同沈寿堃怕日军占领后受辱，决定买点鸦片烟以做服毒自尽的准备。他们在街上花一枚洋钱买回二钱烟土，旋又决定把大烟抽了先尽一乐，临到自杀时另想办法，并称此谓“今朝有酒今朝醉，明日无钱明日愁”。于是点起烟灯，吞云吐雾，置外间事不闻不问。[277]

北京的官僚得不到刘公岛的确切信息，却也处在极度焦虑之中。翰林院侍读学士文廷式上奏，要求对海军官员分别予以严惩。他说：丁汝昌向来驻“定远”，而“定远”被轰之时适在“镇远”，其先知预避，情节显然。自去岁以来，盈廷弹劾，严旨拿问，而李鸿章护庇益悍，使国家利器殉于凶人之手，此实天神同愤。刘步蟾是个巧言谄媚、行为卑鄙的人，加之怯懦，素无一战之绩。朝廷误信北洋，委之重寄。今日之事，谁任其咎？海军营务处道员罗丰禄，阴险狡诈，唯利是图，闻与日本海军将领皆相狎习，海军不战，该员实是主谋。他故意使海军军械缺乏，人心涣散，其罪不在丁、刘之下，应请旨分别正法拿问，以泄天下之愤。此外，会办北洋水师营务处道员张翼、总办北洋水师学堂道员严复，亦有应得之咎。严复性尤狡猾，主持闽党，煽惑人心，似应从重查办。[278]锋芒所指，已从前线波及天津了。

丁汝昌安排好了自己的后事。不管任何理由，到了这一步，他决不奢望还有活下去的可能。他已经走到自己生命的尽头了。

12 日上午，“广丙”管带程璧光持丁汝昌署名的投降文书，乘“镇北”号炮艇出，悬白旗至日舰阴山锚地，向日军接洽投降事宜。丁汝昌本人在凌晨 2 时服鸦片自杀，终年 59 岁。[279]中国近代海军史上第一位舰队司令，在为海军服务了 17 年后，这样结束了自己的军人生涯。他所说的官兵“届时自有生路”“吾誓以身殉，救此岛民尔”，就是任其乞降。反正再后来的事，他不管了，也管不了了。当时中外人士称赞丁汝昌保存了中国传统的道德精神，以他的死，使部下得到了解脱。但对于这支他亲身参与创建的近代化舰队的覆灭，他有着不可宽恕的责任。

丁汝昌

同日自杀的，还有“镇远”护理管带杨用霖、北洋护军统领张文宣。杨用霖是北洋海军中唯一一个未经学堂正规培养，从基层奋斗，一步步成长起来的高级军官。在刘公岛一片乞降逃生的凄凉气氛里，他口诵文天祥的诗句“人生自古谁无死，留取丹心照汗青”，用手枪自戕。当部下听到枪声冲入他的住舱时，只见他端坐椅上，头垂胸前，鲜血从鼻孔汩汩地流向胸襟，而枪依然握在手中。杨用霖是真汉子，即使自杀，他也比选择服食鸦片的三位上级更壮烈更为军人化。他发出的，是北洋海军的最后一枪。

程璧光，字恒启，号玉堂，广东香山人，船政后学堂第五届学生。毕业后在粤舰任职，随“广丙”参加甲午战争。他将投降书送至日本旗舰“松岛”号上。投降书全文如下：

革职留任北洋水师提督军门丁为咨会事：

照得本军门前奉贵提督来函，只因两国交争，未便具覆。本军门始意必战至船没人尽而后已，今为保全生灵起见，愿停战事。所有刘公岛现存船只及炮台军械，委交贵营。但冀不伤中西水陆官弁兵勇民人之命，并许其离岛还乡。如荷允许，则请英国水师提督为证。为此具文咨会贵军门，请烦查照，即日见覆施行。须至咨者。

右咨日本海军提督军门伊东。

光绪二十一年正月十八日。[280]

伊东祐亨接书后，召集主要军官幕僚开会，商议受降事项。并复书丁汝昌，表示接受投降，日方将在明日受降和接缴军用物品之后，用船护送中方人员至双方认为妥善之地，并建议丁前往日本，以待战争结束。并称可用他的军人荣誉担保，而无须英国舰队司令官做保证人。要求中方在次日 10 时前对该信做出确答。[281]

同日，李秉衡在莱州致电陈凤楼：

潍县陈修五军门鉴：……盼公正切，忽奉朝命调公赴津，畿疆重要，又不敢强留。东省失此劲旅，怅怅！……顷接烟电抄来丁（禹）庭寄公函云：“修五仁兄大人阁下：此间被困，望贵军极切。如能赶于十七日（11 日）到威，则船、岛尚可保全。日来水陆军心大乱，迟到弟恐难相见。乞速援救。如弟汝昌叩”云云。如公能即日拔队往救岛舰，弟当电奏乞留。请赐电复。衡。巧。[282]

陈凤楼是丁汝昌的淮军同乡袍泽，同治年间就曾在铭军马队一起作战。当陈读到这封泣血呼唤的乞援信，丁汝昌已然不在人间。

程璧光，1911 年访美时所摄

13 日上午 9 时 30 分，程璧光乘坐“镇边”炮艇，再次来到“松岛”，递交伪造的丁汝昌复信。他称丁汝昌昨晚写完复信后自杀了，复信称兵勇卸缴军装、收拾行李稍需时日，要求将投降日展限至 16 日。[283] 伊东同意展期，条件是必须在当日下午 6 时前，由一负责的中国官员去“松岛”，就军舰炮台及其他军器的交缴以及释放在威海的中外人员事项订立确实条项。伊东强调，前来协商的官员应为中国人，不得为外国人。

下午 5 时 30 分，牛昶昞作为威海卫守军代表，与程璧光乘“镇边”，来到“松岛”舰。日方参与谈判的是：联合舰队司令官伊东祐亨、参谋长出羽重远、第二军参谋副长伊地知信介、顾问官有贺长雄。双方谈判持续了 5 个小时，牛昶昞接受了日方提出的清军投降条件。[284] 14 日下午，牛、程再登日舰，商讨投降细节。牛昶昞以威海卫水陆营务处提调的身份，同伊东祐亨一起在投降书上签字。双方议定的投降条约共计 11 款，其要点是：

> 开列岛中中外文武各员名单，以上人员须立誓现时不再预闻战事。日方许于 16 日正午后乘“康济”舰遣返。
>
> 中国海军指定军官负责承办移交兵舰炮位之任。于 15 日正午前提交其所负责的舰船、炮台以及现存大炮、步枪等武器清单。日方同意“康济”舰不在收降之列，拆去炮械后，供遣返中外军官及丁汝昌等人灵柩所用。
>
> 日军从 16 日午前九时开始登陆刘公岛，接收炮台、军用品及各军舰。
>
> 中国海陆军不得抵抗日本海陆军。若发生抵抗，此规约就归于无效，日本海陆军可立即重开战斗。[285]

15 日拂晓起，狂风怒吼，海浪汹涌。中国军舰无法出海。日舰除“松岛”仍

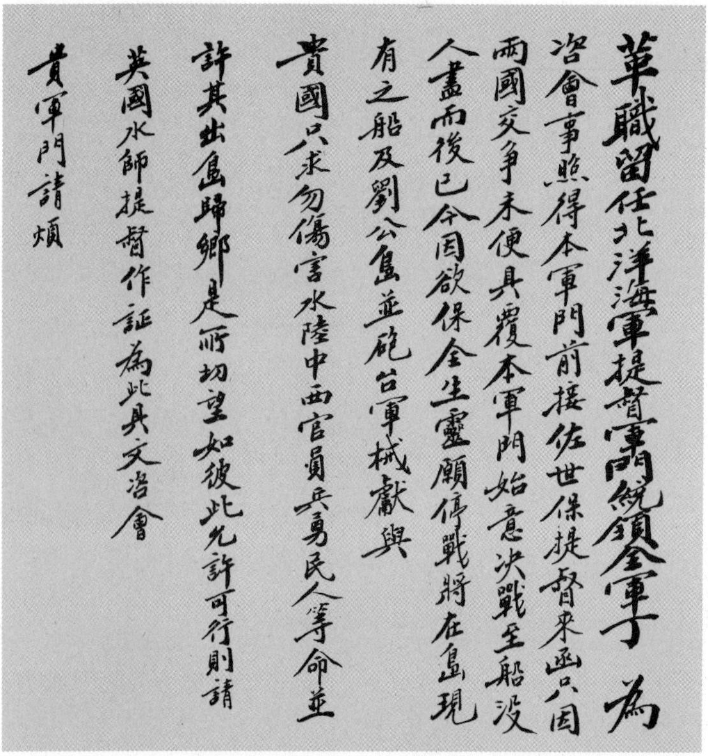

華職留任北洋海軍提督兼統領全軍丁 為
咨會事照得本軍門前接佐世保提督來函只因
兩國交爭未便具覆本軍門始意決戰至船沒
人盡而後已今因欲保全生靈願停戰將在島現
有之船及劉公島並砲台軍械獻與
貴國只求勿傷害水陸中西官員兵勇民人等命並
許其出島歸鄉是所切望如彼此允許可行則請
英國水師提督作証為此具文咨會
貴軍門請煩

以丁汝昌名义致伊东祐亨第一信

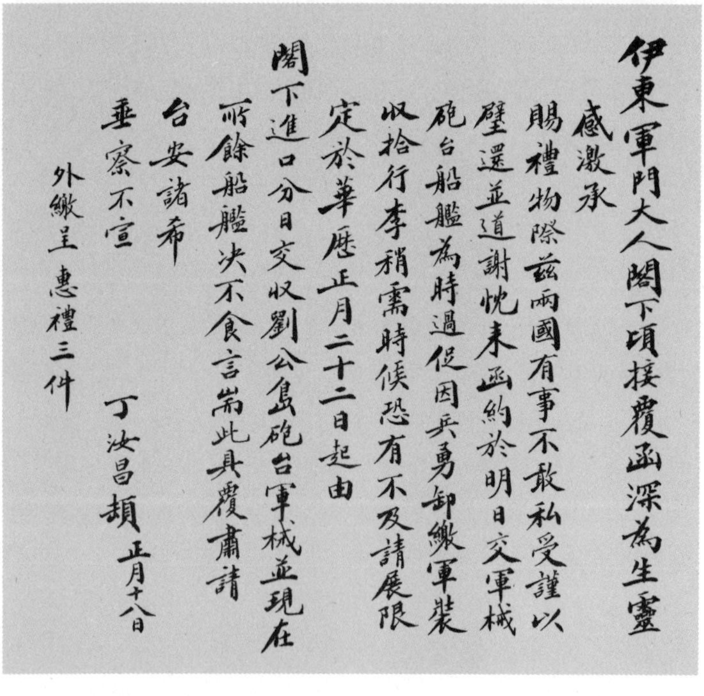

伊東軍門大人閣下頃接覆函深為生靈
感激承
賜禮物際茲兩國有事不敢私受謹以
壁還並道謝忱來函約於明日交軍械
砲台船艦為時過促因兵勇卸繳軍裝
收拾行李稍需時候恐有不及請展限
定於華歷正月二十二日起由
閣下進口分日交收劉公島砲台軍械並現在
所餘船艦決不食言耑此具覆肅請
台安諸希
垂察不宣
丁汝昌頓 正月十八日
外繳呈惠禮三件

以丁汝昌名义致伊东祐亨第二信

程璧光前往日舰谈判

在阴山口抛下双锚外，其余皆撤至荣成湾避风。16日上午9时，程璧光乘“康济”来到“松岛”，缴出威海卫海陆投降军官及洋员名册和兵勇军属统计表，以及不再参与对日作战的宣誓书。共计投降5124人，其中陆军2040人，海军3014人。[286]

程璧光又向伊东祐亨提出，他是“广丙”管带，隶属于广东水师，现作为北洋海军军使与日军交涉，纵使朝廷不苛责，仅是失去“广丙”，他返回广东后，广东方面必会严罚，因此请求返还“广丙”。他还带来牛昶昞的书信，亦做同样请求。伊东给牛昶昞回信称：“广丙”名单已上奏天皇陛下，今日已无法变动。但程氏以身当难局，尽力于公务。此次为送致丁提督灵柩，日方让予“康济”，可任命他为舰长，程氏也会感阁下厚意，岂不一举两得？[287]

17日上午10时，日本联合舰队正式占领威海卫港，俘获北洋海军的“镇远”“济远”“平远”“广丙”“镇东”“镇西”“镇南”“镇北”“镇中”“镇边”等10艘军舰。下午1时，“松岛”军乐队奏起《君之代》，日军全体人员齐集甲板，雀跃狂欢。

下午4时，被卸去大炮的“康济”号练习舰，载运丁汝昌、刘步蟾、杨用霖、戴宗骞及“济远”大副沈寿昌、“广丙”大副黄祖莲的灵柩及1000余军民及洋员，黯然离开威海卫基地，前往烟台。郝威因违反不参战誓约被押回日本，送交

牛昶昞代表威海卫陆海军，前往松岛舰与伊东祐亨谈判。（美术作品）

军事法庭，关押三个月后获释。他转赴上海，不久居然成为“康济”舰的炮术和鱼雷教习。[288]张文宣的灵柩，护军差弁不允用“康济”载运，另用民船，单独启行。此时汽笛低回，春雨潇潇。北洋海军烟消云散了。

乘“康济”到达烟台的海军军官，包括“靖远”管带叶祖珪、“来远”管带邱宝仁、“济远”管带林国祥、“威远”管带林颖启、“康济”管带萨镇冰、“广丙”管带程璧光；以及六“镇”管带蓝建枢、吕文经、黄鸣球、陈镇培、林文彬、潘兆培及大二副、正副管轮；精练后营（练勇学堂）营官刘学礼，学堂委员李继纲，机器厂委员张尔梅、杨作宾，护军营官袁雨春、李春庭、余发恩。

2月25日，刘含芳给李鸿章去电，汇报来烟台海军官兵的处置情况。已将“镇远”、六“镇”兵勇发饷遣散，其余军舰兵勇亦陆续遣行。拟将海军军官在开河之后送往天津，听候发落。李鸿章当即回电：“海军有缺大小官，本随船支薪俸。今船失则官亦虚悬，均应斥革，令其各回原籍”，不准他们去天津。[289]他同意了刘含芳的另一请求，由程璧光替代萨镇冰，担任“康济”管带。次日他再次向刘含芳重申：“船失人存，有何用处？况吾已交卸他往。应饬同陆军营哨官一并南归。”[290]这无疑反映了李鸿章失落和颓唐的悲观心理。

3月初，朝中有人上奏，称刘公岛失陷后，日人将丁汝昌等灵柩并军民四千余人送至烟台，军舰均为倭掳。情节支离，未敢深议，请旨深查。6日，皇帝下旨，着李秉衡详细查明奏复。李秉衡向牛昶昞、马复恒核查，他们坚持说投降决定是丁汝昌做出的，称丁言“只得一身报国，未能拖累万人”，在派程璧光送降书去倭船开船之后，仰药自杀，至晚而死。他们回避程璧光曾经分两次携带伪造

威海卫陷落后的港内情形

丁汝昌信件前去接洽投降的细节和丁汝昌死亡的确切时间。[291] 李秉衡据此上奏提出，若死事属实，对丁汝昌只可宽其既往之愆，此外无庸深论。同时还表彰了戴宗骞、刘步蟾、杨用霖的英勇气节，沈寿昌、黄祖莲的作战表现。[292] 其实刘公岛投降可能另有隐情，除了洋员顾问之外，北洋海军存续的管带们忽然全无声息，接洽投降的竟是广东水师的程璧光。他们私下达成了什么默契，还能使萨镇冰接受伊东建议（这是放不上桌面的羞耻和赏赐），以身体原因辞职，把军舰和职务统统让给程璧光。

丁汝昌的灵柩停厝在烟台广仁堂，3 月 20 日午刻发引南归，由海防营嵩武军簇拥而行，前导有衔牌仪仗，至海关码头，上“康济”舰，刘含芳前往送行。22 日，“康济”载丁汝昌及其他 12 具灵柩出发，在鸡鸣岛附近再被日本“天龙”舰拦截，带往刘公岛。经管带程璧光说明情况，次日放行。28 日经过上海，再从长江入安徽庐江老家。[293] 丁的继配魏夫人年底殉夫而死。[294]

4 月 9 日，朝廷颁谕，刘步蟾、张文宣、杨用霖、黄祖莲照军官阵亡例从优议恤。业已革职的丁汝昌无庸置议。[295] 丁汝昌为北洋海军的投降背起了沉重的十字架，也使他的部下免除了处分。直至 1910 年 4 月 25 日，朝廷方以“力竭捐躯、情节可怜”，开复了丁汝昌的原官原衔。[296]

甲午战败，人人痛诋海军误国。一时间，似乎拨银数千万两营建海军本身也成了错误。且海军衙门系中法战争后醇亲王创办，素为恭亲王不喜，趁机釜底抽薪，将该衙门撤除。3 月 12 日上谕称：

总理海军事务衙门奏，岛舰失陷，时局艰危，遵议更定海军章程，非广购战舰巨炮不足以备战守，非合南洋统筹不足以资控驭，非特派总管海军大臣不足以专责成。目前各事未齐，衙门暂无待办要件，拟请将当差人员及应用款项暂行停撤，以节经费。其每年应解海军正款，亦请统解户部收存，专为购办船械之用。又奏，海军内外学堂亦请暂行裁撤。均依议行。[297]

门户派系之见，竟使朝廷在中日战争尚未结束时，先将海军衙门撤销，毫无振兴复仇之志。

接着，4 月 28 日，皇帝又颁上谕，将林国祥、叶祖珪、邱宝仁、李和、林颖启、林文彬、黄鸣球、陈镇培、潘兆培、蓝建枢、吕文经、何品璋、李鼎新、马复恒、牛昶昞、严道洪等人一并革职，听候查办。三个月后，署理直隶总督王文韶奏："北洋海军武职实缺，自提督、总兵至千、把、外委，总计三百十五员名。现在舰艇全失，各缺自应全裁，以昭核实；并将关防印信钤记一律缴销。仅存之'康济'一船，不能成军，拟请改缺为差。"[298] 从此，北洋海军的各级职务，从建制上被正式取消了。

从 1874 年讨论南北洋海防，到 1895 年北洋海军覆灭，前后历时 21 年。曾几何时，这支舰队无比显赫，成为洋务运动中的一颗璀璨明珠，中国军事近代化事业的象征。然而好景不长，很快，海军便从它的巅峰状态跌落下来，直至全军覆灭。对此人们有过许多评论，其中两位当事人的话是值得咀嚼体味的。

李鸿章说：

十年以来，文娱武嬉，酿成此变。平日讲求武备，辄以铺张糜费为疑，至以购械购船悬为厉禁。一旦有事，明知兵力不敌而淆于群哄，轻于一掷，遂至一发不可复收。……知我罪我，付之千载。[299]

李鸿章又说：

我办了一辈子的事，练兵也，海军也，都是纸糊的老虎，何尝能实在放手办理？不过勉强涂饰，虚有其表，不揭破犹可敷衍一时。如一间破屋，由裱糊匠东补西贴，居然成一净室，虽明知为纸片糊裱，然究竟决不定里面是何等材料。即有小小风雨，打成几个窟窿，随时补葺，亦可支吾应付。乃必欲爽手扯破，又未预备何种修葺材料，何种改造方式，自然真相破露，不可收拾。[300]

赫德则说：

恐怕中国今日离真正的改革还很远。这个硕大无朋的巨人，有时忽然跳起，呵欠伸腰，我们以为他醒了，准备看他作一番伟大事业。但是过了一阵，却看见他又坐了下来，喝一口茶，燃起烟袋，打个呵欠，又朦胧地睡着了。[301]

他们的话，从不同程度涉及国家政治制度对海军事业的影响。面对垂死的封建帝国，既不想触动本质，又要起死回生，任何人都力不从心。李鸿章的话，虽有替自己洗刷辩白的成分，但异常坦率，也说出了这个位极人臣的显赫人物实际所处的可怜地位。赫德的话，从较为旁观的角度揭示了中国近代化道路的反复曲折。倘若从更为长远的历史范围讨论这个问题，人们岂不感觉到这位英国人早已十分精明地看到了阻碍中国社会进步的那种慢性病态？

甲午战败后，周馥赋《感愤五首》，其三曰：

十年经营瞥眼空，敢言掣肘怨诸公。
独支大厦谈何易，未和阳春曲已终。
好固藩篱留北道，深防雀鼠启西戎。
贤王远略心如见，雪涕陪陵墓木风。[302]

他借怀念醇亲王，说出自己的怨恨。周馥参与了1888年颁布的《北洋海军章程》的起草和海军建设的诸多运作，目击了海军的勃兴和覆灭。

另有一位剑华道人，在甲午战败后回忆起数年前的往事：中国在中法战争之后创设海军衙门，宏辞伟议，纲目条举，引起日本方面的恐惧，议院中议论纷纷。这时，著名政治家和汉学家副岛种臣伛偻而起，微笑陈词：

谓中国海军之可虑，则实不足以知中国也。盖中国之积习，往往有可行之法，而绝无行法之人；有绝妙之言，而绝无践言之事。先是以法人之变，水军一旦灰烬，故自视怀惭，以为中国特海战未如人耳……于是张皇其词，奏设海军衙门，脱胎西法，订立海军官名及一切章程，条分缕析，无微不至，无善不备。如是，而中国海军之事亦即毕矣。彼止贪虚有其名，岂必实证其效哉？又何曾有欲与我日本争衡于东海之志哉？[303]

副岛种臣早已看透清政府办海军"止贪虚有其名，岂必实证其效"的本质。他的议论，也为我们探究北洋海军的覆亡提供了注脚。

在国事艰难的关头，2 月 22 日，李鸿章应召抵京，当天召见于乾清宫。早在 13 日，皇帝已发出上谕，派他出任议和大臣，赏还翎服、黄马褂，开复处分。李鸿章是个久历官场的政治家，当然知道这是他政治生涯的关键时刻。日本政府指名要他前去谈判，并要赋予赔偿军费、确认朝鲜脱离中国及割让领土的全权。把这些列入接受和谈的前提，无论谁去签约，必被千古唾骂，指为汉奸。而拒绝使臣之命，显然又不可能。

根据常识，在形势不利的情况下，通过继续战争以扭转危局，或是进行妥协以谋求和平，都是主权政府保护其根本利益的不同手段。但在中国人的道德观中，即便在劣势下的和谈和妥协，都是不可饶恕的卖国行为。皇帝召见时，李鸿章首先声明，割地之说，不敢承担。假如日本占地勒索赔款，户部恐也无钱。翁同龢表示，只要不割地，即使多赔款，亦当努力筹措。孙毓汶、徐用仪着急了，认为这样闪烁其词地兜圈子无济于事，因为不答应割地，便不能为和谈铺平道路，而继续战争，国家已无此力量。李鸿章说，请翁师傅一同去日本议和。翁同龢赶紧推托：若我以前办过洋务，此行必不辞。今以生手办重事，怎么行呢？李鸿章又表示，割地是不可行的，议不成我就回来。众人相对默然。

此后几天，李鸿章和枢臣不断地在御前讨论议和对策，不断地奔走于各国使馆。28 日，慈禧太后说肝气发作，臂痛腹泻，拒绝见人，表示"一切遵上旨可也"。但皇帝也不同意割地。[304] 3 月 2 日，太后密召李鸿章，授权"以辽东或台湾予之，如不肯，则两地均予"[305]。4 日，光绪单独召见李鸿章密谈。6 日，李鸿章出京。

与此同时，日本继续发动对中国东北的战争。牛庄、营口、田庄台相继失守，新调的湘军一败涂地。日军完成了"作战大方针"的第一期计划，准备在华北与清军进行主力决战，并派舰队南下，3 月 23 日在澎湖强行登陆。26 日，在马公成立“澎湖列岛行政厅”。

日军虽然在军事上节节胜利，但持续八个月的战斗，已使它在人力、财力和物力上感到难以支撑下去了。日本在中国连连得手，也触犯了西方列强在华利益，受到列强很大压力。在诸多因素作用下，日本政府同意议和。14日，李鸿章和他的儿子李经方及随员共计32名官员和92名仆从，分乘“公义”“礼裕”二轮从天津前往日本，19日到达马关。24日下午4时，李鸿章在双方会谈结束返回旅馆途中，受到日本人小山六之助的刺杀。凶手从路边用手枪击中李鸿章左眼下颧骨处，双方谈判一度中断。4月17日，李鸿章和日本首相伊藤博文在马关春帆楼签订了《讲和条约》十一款，即著名的《马关条约》。

条约规定：一、中国承认朝鲜独立，废除中国对朝鲜的宗主权；二、割让辽东半岛、台湾及澎湖列岛；三、中国赔款库平银2亿两；四、增开沙市、重庆、苏州、杭州为通商口岸；五、日本人得以在中国通商口岸从事工艺制造；六，在订约后一年内中国分两次交清1亿两赔款，并重新签订通商行船章程前，日本派兵占领威海卫。

在所属的另约中具体规定，驻守威海卫的日本军队不超过一旅团。在驻守期间，中国政府每年贴交库平银50万两。日军驻守范围，包括刘公岛、威海卫沿岸40华里以内。[306]

在马关谈判的第一次见面时，伊藤博文向李鸿章谈起了中国的情况。伊藤说：“十年前我在津时，已与中堂论及，何至今一无变更？本大臣深抱歉。”李鸿章答：“维时闻贵大臣纵论及此，不胜佩服，且感佩贵大臣力为变革俗尚……我国之事，囿于习俗，未能如愿以偿。……今转瞬十年，依然如故，本大臣更为抱歉，自惭心有余力不足而已。贵国兵将，悉照西法，训练甚精；各项政治，日新月异。此次本大臣进京，与士大夫相论，亦有深知我国必宜改变方能自立者。”[307]回想十年前两人在天津会谈后彼此的观感，历史竟是如此难堪和无情。

李鸿章当然知道甲午战争的失败，乃至签订《马关条约》，必定是他自己个人声誉的完全毁灭。他的女婿张佩纶也作2000余字长信表示反对。作为政治上的失意者，张佩纶熟悉官场的世态炎凉；作为女婿，他更关注李鸿章的身后评价。故借讨论李鸿章归国后是否应借枪伤请假休息一事，引曾国藩处理天津教案之例进行比较：

曾文正于丰大业一案所云：内疚神明，外惭清议。今之倭约，视法约何

马关谈判

如？蒉恐续假哗然，销假哗然，回任更哗然，将终其身为天下哗然之一人耳。此数纸，蒉中夜推枕濡泪写之，非惟有泪，亦恐有血；非惟蒉之血，亦有鞠耦之血；非惟蒉夫妇之血，亦恐有普天下志士仁人之血，希公审察之，毋自误也。[308]

这几句血泪交加的话语，写得极为沉痛，为我们展示了李鸿章家族内部对《马关条约》的强烈反对态度。文中“蒉”即张佩纶的自称（张字蒉斋），鞠耦为张的夫人，李鸿章的女儿李经璹。

早在李鸿章马关议和期间，英国驻华公使欧格讷就注意到，北京的“大臣们不准备承担给李鸿章指示的责任，而是坚持必须让李鸿章特使采取主动，而大臣们将批准他所做出的任何决定”。[309] 到了向日本割让台湾的时候，朝廷又命李经方前去办理。据议和使团顾问，美国前国务卿科士达披露，李鸿章“对此非常生气和吃惊，这表明北京感兴趣的是把人们对条约的全部憎恨都加在他和他的亲属身上”。[310] 他给儿子去电，说“我父子独为其难，无可推诿，汝宜妥筹办法”，又给总署去电，说李经方回国后忧劳成病，牵发旧疾，症忡日剧，神志不清，断难胜此巨任。[311] 并要求科士达也给北京的政要拍电报以取消成命。然而朝廷不允，诏命“李经方迅速前往，毋许畏难辞避。倘因迟延贻误，惟李经方是问，李鸿章也不能辞其咎”。[312] 在翁同龢的日记中，我们读到“面奉谕旨，总署致李鸿章电信一件，为李经方事也”，淡淡的语气背后，又隐含着多少政海波澜呢？

4 月 23 日，俄、德、法三国照会日本，要求其放弃对辽东半岛的占领。这便是“三国干涉还辽”事件。三国认为日本割占辽东半岛，妨碍了他们的在华利益，尤其是影响到俄国在中国东北的利益。日本被迫向列强让步，但要求中国增加 3000 万两赔款。这或许是李鸿章“以夷制夷”外交所取得的唯一成果。

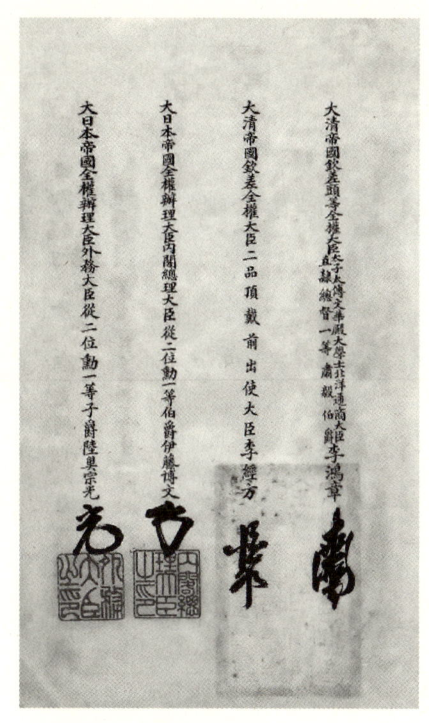
大清帝國欽差頭等全權大臣太子太傅文華殿大學士北洋通商大臣直隸總督一等肅毅伯爵李鴻章
大清帝國欽差全權大臣二品頂戴前出使大臣李經方
大日本帝國全權辦理大臣內閣總理大臣從二位勳一等伯爵伊藤博文
大日本帝國全權辦理大臣外務大臣從二位勳一等子爵陸奧宗光

《马关条约》签字页

注释

1　井上清:《日本军国主义》,第2册,第7页。

2、4　日本海軍省编:《山本権兵衛と海軍》,第274～334页。

3　外山三郎:《日本海军史》,第27页;林子候:"甲午战争前日本之内政与备战",载《甲午战争与近代中国和世界》,第290页。

5　藤村道生:《日清战争》,第45～46页。

6　王家俭:"中日长崎事件交涉",《中国近代海军史论集》,第149～159页。

7　张铁:"日本史料中的'长崎事件'",《甲午战争研究》,2015年第4期,第20～21页。安冈昭男:《明治前期日中关系史研究》,第7章:"明治十九年长崎清国水兵争斗事件",第135～136页。

8　李鸿章:"复宁绍道薛"(光绪十二年十月二十五日);"复钦差出使日本大使臣徐"(光绪十三年正月二十二日),《李鸿章全集》,第34册,第119、177页。

9　池仲祐:"海军大事记",《洋务运动》丛刊,第8册,第489页;李鸿章:"寄日本徐使"(光绪十二年七月十九日酉刻);"徐使来电"(光绪十二年七月二十一日戌刻),《李鸿章全集》,第22册,第84、87页。

10　李鸿章:"寄译署"(光绪十三年正月十三日酉刻),《李鸿章全集》,第22册,第167～168页。

11、13　実松譲:《わフ日本海軍》,上卷,第99～101页。

12　王超译,贾浩注:"大阪朝日新闻《清舰定远号访问记》与《北洋舰队之实相》",《甲午战争研究》,2019年第1期。丁汝昌时年55岁。

14　"东巡日记",载《龙的航程:北洋海军航海日记四种》,第229页。

15　《清实录》,第56册,第262～265页,光绪二十年正月辛卯。

16　李鸿章:"海军拟购新式快炮折"(光绪二十年二月二十五日),《李鸿章全集》,第15册,第304～305页。

17　李鸿章:"订购快舰来华折"(光绪七年四月十一日);"致张佩纶"(光绪七年四月二十六日);"巡阅海军竣事折"(光绪十七年五月初五日),《李鸿章全集》,第9册,第507页;第33册,第89页;第14册,第95页。又见张佩纶光绪十七年五月初三日记:"晚,合肥回津。初二在海上遇大风,甚危险。"《涧于日记》辛卯上,页七十四。

18　李鸿章:"校阅海军事竣折"(光绪二十年四月二十五日),《李鸿章全集》,第15册,第333～335页。

19　"醇亲王致李鸿章函"(光绪十二年八月初六日),《海军衙门函稿》,第二册(未刊稿)。

20　"罗丰禄致大哥函"(光绪十七年正月初一日),《罗丰禄信稿》,礼字第九十二号。

21　关于朝鲜联俄事件袁世凯的情报及李鸿章的处置往来文报,参见《李鸿章全集》,第34册,第57～101页所载诸信;第22册,第80～105页有关电报。又据朝鲜海关税务司墨贤理的说法,朝鲜联俄文件系英国驻朝总领事贝克伪造。袁世凯在事件中"并不是诡计多端的阴谋家,反而变成人家戏弄的傀儡"。见"1886年12月26日墨贤理致赫德函第二十三号",《中国海关与中日战争》,第18页。

22　"醇亲王致李鸿章函"(光绪十二年八月初八日),《海军衙门函稿》,第二册(未刊稿)。

23 李鸿章:“复醇邸 论朝鲜局势”(光绪十二年八月十二日),《李鸿章全集》,第34册,第75页。

24 张佩纶:《涧于日记》,光绪十九年八月十一日,癸巳下,页十。

25 李鸿章:“寄译署”(光绪十九年二月二十日辰刻);“寄朝鲜袁道”(光绪十九年三月二十九日辰刻),《李鸿章全集》,第23册,第345、358页。

26 李鸿章:“寄译署”(光绪二十年四月二十八日酉刻),《李鸿章全集》,第24册,第41页。

27 张佩纶:“致张人骏”(光绪二十年八月二十二日),《张佩纶家藏信札》,第5册,第2741页。

28《光绪宣统两朝上谕档》,第20册,第247页,光绪二十年四月二十七日上谕。

29 井上清:《日本军国主义》,第2册,第141页。

30 王芸生:《六十年来中国与日本》,第2册,第59页。

31 藤村道生:《日清战争》,第81页注①。

32 陆奥宗光:“蹇蹇录”,《中日战争》丛刊,第7册,第153页。

33 “赫德致金登干”(1894年7月8日北京去函Z字第621号),《中国海关与中日战争》,第49页。

34 关于李鸿章派伍廷芳与荒川的接触及荒川7月12～16日间同陆奥宗光间的电报联系,见陆奥外务大臣致驻天津荒川领事电:“调查李鸿章与总理衙门态度不同之训令”(1894年7月13日发);驻天津荒川领事致陆奥外务大臣电:“报告李鸿章和总理衙门态度不同之情报出处”(1894年7月14日下午3时发);驻天津荒川领事致陆奥外务大臣电:“李鸿章希望解决朝鲜问题之报告”(1894年7月15日下午6时50分发);陆奥外务大臣致驻天津荒川领事电:“李鸿章渴望朝鲜问题之解决应拒绝正式交涉之通知”(1894年7月16日发);载《中日战争》丛刊续编,第9册,第269、270、272页。但16～23日之间陆奥与荒川的电报(双方的第四到第六号),日本外交文书却没有披露,有待进一步发掘材料。

35 “伍廷芳致盛宣怀函”(光绪二十年六月十九日),《甲午中日战争》,盛档之三,上册,第59页。

36 驻天津荒川领事致陆奥外务大臣电:“李鸿章计划派遣密使去日本之报告”(1894年7月23日晚8时30分发),《中日战争》丛刊续编,第9册,第281～282页。

37 陆奥外务大臣致驻天津荒川领事电:“不特别反对李鸿章派遣密使之通告”(1894年7月24日发),《中日战争》丛刊续编,第9册,第282页。

38 日本海軍军令部编:《廿七八年海戰史》,上卷,第63～75页,第89～90页。

39 藤村道生:《日清战争》,第78～80页。

40 李鸿章:“寄朝鲜袁道”(光绪二十年五月初十日午刻);“复叶军门”(光绪二十年五月十五日午刻),《李鸿章全集》,第24册,第57、65页。

41 李鸿章:“寄刘公岛丁军门”(光绪二十年五月十五日午刻),《李鸿章全集》,第24册,第66页。

42 “叶军门来电”(光绪二十年五月二十二日申刻),《李鸿章全集》,第24册,第82页。

43 李鸿章:“复朝鲜袁道”(光绪二十年五月二十二日酉刻);“复刘公岛丁军门”(同日戌刻),《李鸿章全集》,第24册,第84页。

44 李鸿章:“寄刘公岛丁军门”(光绪二十年五月二十六日酉刻);“丁军门来电”(光绪二十年五月二十七日辰刻到),《李鸿章全集》,第24册,第90、92页。

45 “丁提督来电”(光绪二十年五月二十七日申刻到),《李鸿章全集》,第24册,第93页。

46 孙建军:“《‘镇远’舰长林泰曾在韩观察复命书》笺注”,《北洋海军研究探微》,第100、103页。

47 张佩纶："致张人骏"（光绪二十年八月二十二日），《张佩纶家藏信札》，第 5 册，第 2740 ~ 2741 页；李鸿章："酌度倭韩情势预筹办理折"（光绪二十年五月二十七日），《李鸿章全集》，第 15 册，第 371 页。

48 "李鸿章复陈海陆兵数折"（光绪二十年六月初二日），《清光绪朝中日交涉史料》，卷十四，页五。

49 李鸿章："寄译署"（光绪二十年六月初七日酉刻），《李鸿章全集》，第 24 册，第 118 ~ 119 页；张佩纶：《涧于日记》，光绪二十年六月初七日。

50 李鸿章："寄译署"（光绪二十年六月初十日午刻），《李鸿章全集》，第 24 册，第 123 页。

51 李鸿章："寄朝鲜成欢交叶提督"（光绪二十年六月十二日申刻、六月十三日辰刻），《李鸿章全集》，第 24 册，第 128、1304 页。

52 李鸿章："寄刘公岛丁提督"（光绪二十年六月十三日巳刻），《李鸿章全集》，第 24 册，第 130 页。

53 王记华："甲午英烈，家国情长——北洋海军'经远'舰驾驶二副陈京莹及其遗书所见"，《中国甲午战争博物馆馆刊》，2002 年第 1 期，第 27 页。

54 张佩纶："致李鸿藻"（光绪二十年六月二十一日），《张佩纶家藏信札》，第 5 册，第 3927 ~ 3928 页。

55 张佩纶："致张人骏"（光绪二十年八月二十二日），《张佩纶家藏信札》，第 5 册，第 2744 ~ 2745 页。

56 李鸿章："递朝鲜成欢交叶军门"（光绪二十年六月十四日午刻），《李鸿章全集》，第 24 册，第 135 页。

57 "盛宣怀致叶志超函"（光绪二十年六月十八日），《甲午中日战争》，盛档之三，下册，第 56 ~ 57 页。

58 李鸿章："复叶提督"（光绪二十年六月十八日巳刻），《李鸿章全集》，第 24 册，第 148 页。

59 "盛宣怀致叶志超电"（光绪二十年六月二十日），《甲午中日战争》，盛档之三，上册，第 14 页；"满德上李鸿章禀"（光绪二十年六月二十六日），《甲午中日战争》，盛档之三，下册，第 80 ~ 81 页；"丁军门来电"（光绪二十年六月十八日巳刻到），《李鸿章全集》，第 2 册，第 794 ~ 795 页。

60 李鸿章："寄刘公岛丁军门"（光绪二十年六月二十日午刻），《李鸿章全集》，第 24 册，第 153 页。

61 "丁提督来电"（光绪二十年六月二十日亥刻到），《李鸿章全集》，第 24 册，第 157 页。

62 李鸿章："寄译署"（光绪二十年六月二十日酉刻、亥刻），《李鸿章全集》，第 24 册，第 155、157 页。

63 李鸿章："复丁军门"（光绪二十年六月二十一日巳刻），《李鸿章全集》，第 24 册，第 158 页。又据《冤海述闻》称："廿二日下午三点钟，大队在威海已升火将启行矣。丁提督电爵相，告以行期。右翼总兵刘步蟾惮行，惴时方议和，当轴必不轻衅，竟将丁电私加'遇倭必战'四字，爵相得电，果为所悚。复电令缓行。是以船已起锚，忽然不开。后爵相电丁，有云吾用汝不着，候日俄启衅，令汝观战以长胆识等语。盖旋觉其怯也。丁不知刘私添电文，接电竟不解其何意。"此说系孤证。丁致李电报中没有"遇倭必战"四字，但有"倘倭船来势凶猛，即行痛击"的说法，有悖于李鸿章"如倭先开炮，我不得不应"的后发制人的训令。在这一时期，李鸿章对丁汝昌似乎十分不满，去电中每每申斥。如 7 月 4 日丁汝昌电李鸿章，拟于初十（12 日）带舰探巡汉江、外冰洋、大同江一带，五六日回威。李回电称："汝拟初十内带八船操巡汉江、大同江一带，五六日即回。此不过摆架子耳。诸船派仁、牙两旬，竟不敢分一船往大同……大同江是我将来进兵要口，既往巡，即须在彼妥酌布置，备护陆军。同去同回，有何益处？人皆谓我海军弱，汝自问不弱否？"见《李鸿章全集》，第 24 册，第 105 页。16 日，在布置为叶志超军转运平壤时，李鸿章又对丁汝昌说："商轮现已备齐，但汝必须统海军大队，在牙山海口护叶军出口，一路同行，送入大同江口，担保必无他虞，我与叶始敢放胆为之。若但以游弋护迎为词，致有意外疏失，定惟水师是问！"见《李鸿章全集》，第 24 册，第 137 页。这类语气在给他人的电报中未见。又，1905 年刊行的《李文忠公全集》未收丁汝昌致李鸿章的上述电报及李的回电，但在战后刊行的《中东战纪本末》中的“甲午战事电报录”却收录了李的回电。民间多以此作为讽刺丁汝昌的素材。如曾朴《孽海花》第二十四回中闻韵高说：“这必是威毅伯檄调海军赴朝鲜海面，为牙山接应。丁雨汀不敢出头，反饰词慎防日军暗袭，电商北洋。所以威毅伯有这复电，也算是善戏谑兮的了。传之千古，倒是一则绝好笑史。”文中闻韵高、威毅伯、丁雨汀暗指文廷式、李鸿章、丁汝昌。

64 “瓦连日记摘抄”，《甲午中日战争》，盛档之三，下册，第 81 ～ 83 页；《冤海述闻・牙山战事记实》，载《普天忠愤集》，卷五，页二十一～二十三。

65 “濟遠號の航泊日誌”，《日清戰争實記》，第 25 编，第 81 ～ 82 页。

66 藤村道生：《日清战争》，第 89 页。

67 关于丰岛海战的开始时间，此处取“濟遠號の航泊日誌”说法。见《日清戰争實記》，第 25 编，第 81 页。

68 日本海军军令部编：《廿七八年海戰史》，上卷，第 89 ～ 90 页。

69 “冤海述闻・方管带驻韩日记并条陈防倭事略”，《普天忠愤集》，卷五，页二十七。

70 关于方伯谦匿避舱内之说，流传甚广。如李鸿章说：“方伯谦牙山之役敌炮开时躲入舱内，仅大二副在天桥上站立，请令开炮，尚迟不发。此间中西人传为笑谈，流言布满都下。”见《李鸿章全集》，第24册，第 207 页。《东方兵事纪略》记载：“‘济远’之奔，‘吉野’追甚急。‘吉野’为新式快船，每四刻能行二十三海里，势将及，管带方伯谦先树白旗，继而树日本旗，倭追如故。时有水手王姓者，甚怒而素甚弱，问何人助我运子？又有一水手挺身愿助，乃将十五生特尾炮连发四击，……伯谦既度生还，归威海，遂称击毙倭海军总统以捷闻。”而说方伯谦挺身指挥的史料，为《冤海述闻・牙山战事纪实》所载。据戚其章考证，大副沈寿昌、枪炮二副柯建章皆在 7 时 56 分左右阵亡，而“济远”与日舰周旋交战历一个多小时。见《中日甲午战争史论丛》，第 31 ～ 32 页。有史料说，沈寿昌牺牲后，柯建章继之，柯死，黄承勋“奋然登台，召集炮手装弹”。按柯系枪炮二副，黄系实习生，都谈不上指挥军舰。所谓登台，当指登炮塔，能否据此即断定方伯谦在望台指挥，笔者因缺乏第一手史料，只能存疑。至于《冤海述闻》关于丰岛之战的描述，诸如“吉野”升白旗龙旗而遁，“济远”因舵机受伤，转动不灵，追之不及云云，则是欲盖弥彰的假话，使人有越描越黑的感觉。近年来，史学界出现了许多为方伯谦翻案的文章。一些研究者投入了很大精力，深入探讨了许多细微的技术环节，但也存在着似是而非的推论和假设。比如台湾海军退休中将林濂藩，为史料记载方伯谦在海战中畏葸怕死、不敢在驾驶台上指挥作战，而蔽匿在甲板下船舱中有重甲保护之处的行为辩护，认为当时海军造舰，皆在甲板下特造一间有厚甲环绕保持之小舱间，称为指挥塔，战时管带必须进入指挥塔指挥，此规定与指挥官怕死与否无关。他批评指责者“无知与不求甚解，令人为之气短”。然而我们遍寻北洋海军的各种舰图，只能发现设在甲板之上的指挥塔。何况“济远”是老式的穹甲防护巡洋舰，它不在侧舷敷设装甲，而是在舰体中层的水平方向铺设弧形装甲，其中央拱起，两侧斜至水线下，像个龟壳覆盖住主机舱，敌弹即使穿透侧舷，也无法穿透这层装甲，在其之下，根本没有专设的厚甲环绕保护的指挥塔。所以，另一位台湾海军退休中将刘达材批评说：“以当时装备的条件，一个庞大舰队海上运动部位的保持，航船的操纵，炮火的指挥和弹著的修正等等，一位船长如何能在甲板与水线下指挥作战？这是最普通的海军常识。”见刘达材：“雪甲午耻”，载《尖端科技》1998 年第 9 期。又如，林濂藩指史料记载方伯谦丰岛海战时不敢开炮迎敌，幸赖水手李仕茂、王国成攘臂而起自动开炮退敌为“不可能与莫须有之事”，理由是军舰炮火配有 4 ~ 6 名炮手组成炮班，专司平日之保养和战时之运用射击，其他舰上水手，未经训练，例均不预焉。而王、李二人“既称为水手，自非炮手，可见并非炮班中人，未曾接收枪炮专业训练，且其力素弱，又只有两人，一人运炮，一人装弹，如果能够达成射击任务，则炮班之六人编组岂非多余？”参见林濂藩：“论方伯谦被杀冤案问题”，《中日甲午战争方伯谦问题研讨集》，第 334 ~ 361 页；林濂藩：“中日甲午海战百年祭”，第 35 ~ 36 页。其实丁汝昌报告中早已指明“水手李仕茂、王国成为功魁，余帮放送药送弹之人，亦称奋勇”。此外，按照《北洋海军章程》，“济远”舰设正炮弁一员，副炮弁三员，此外并无“炮手”编制。倒是规定，各舰从练勇（见习水手）到三、二、一等水手，都必须会操炮，一等水手必须深明大炮操法，无论派充第几炮手，均能称职无误。在敌军直追的非常情况下，水手怒方不争，自行奋起还击，又何尝不可？因此，对丰岛海战中方伯谦表现的这类考证，虽然在同样并不了解北洋海军的其他论者看来，以为取得了专业知识上的突破，但对真正解决方伯谦的评价之争，其实并无推动。

71、72 《廿七八年海戰史》，上册，第 91 ～ 95、94、97 页。

73 李鸿章：“寄译署”（光绪二十年八月初一卯刻、八月十一日酉刻）；“复烟台刘道”（光绪二十年八月初四巳刻、初五卯刻），《李鸿章全集》，第 24 册，第 291、299、300、320 页。

74 Mr.von Hanneken’s Report.See Vladimir:*The China Japan War*.p.354 ~ 355. 按，《中日战争》丛刊第 6 册发表的孙瑞芹译《日舰击沉“高升”号实况文件三种》，系译自 *The China Japan War* 一书的附录，但在翻译时有删节，以致文件所表述的含义有些不清。本书直接参照原文。

75 见《冤海述闻 · 牙山战事纪实》。又，《廿七八年海戰史》上册第 92 页也说“操江”接到“济远”信号开始西撤，唯“高升”继续前驶。但在“操江”号上的丹麦人弥伦斯说，“济远”未悬旗通知。见《甲午中日战争》，盛档之三，下册，第 146 页。

76 通常认为“操江”和“高升”在途中相遇，然后结伴而行。也有人认为“操江”系为“高升”护航。而汉纳根的证词明确说，他是在看到日舰（包括“济远”）迎面驶来后，才发现后面的“操江”的。参见 Mr.von Hanneken’s Report，*The China Japan War*.P.355.

77 Captain Galsworthy’s Report. *The China Japan War*.p.366.

78、81 《廿七八年海戰史》，上册，第 94 页。

79 Mr.von Hanneken’s Report. *The China Japan War*.p.355 ~ 357.

80 Captain Galsworthy’s Report. *The China Japan War*.p.366.

82 池仲祐：《海军实纪 · 高大令次浦事略》，《清末海军史料》，第 367 页。

83 Mr.von Hanneken’s Report. *The China Japan War*.pp.355 —357.

84 “高升”究竟是被鱼雷还是炮火击沉的，汉纳根和“高升”号船长高惠悌、大副田泼林的说法不一。前者认为是鱼雷命中船舯部，后者认为没有命中。参见 *The China Japan War*.p.357，p.368；“高惠悌声明”（1894 年 8 月 4 日），“田泼林陈述”，《英国外交文件》，载《中日战争》丛刊续编，第 11 册，第 351、339 页。此外，“东乡平八郎击‘高升’号日记”称系以两次发射右舷炮将“高升”击沉，见《中日战争》丛刊，第 6 册，第 33 页。而《廿七八年海戰史》上册第 98 页则说发射了鱼雷和舷炮，没有说明鱼雷是否击中。

85 季平子：“丰岛海战”，《历史研究》，1980 年第 4 期。

86 “弥伦斯致博来函”(1894年8月14日),《甲午中日战争》，盛档之三，下册，第145 ~ 149页。又,《廿七八年海戰史》上册，第95页称，“操江”系上午11时40分投降。

87 关于英国海军部对“高升”号的赔偿意见，参见《英国外交文件》中的“备忘录”:“外交部致印度支那轮船公司”,1895年2月5日，载《中日战争》丛刊续编，第11册，第10 ~ 12页、第544 ~ 545页等。

88 藤村道生:《日清战争》，第91页。

89 关于赔偿金额，参见“高升号索赔备忘录”，“欧格讷外交报告”，载《中日战争》丛刊续篇，第6册，第649 ~ 650页。“欧格讷致金伯利函”(第125号);“印度支那轮船公司致欧格讷函”(1895年3月12日、6月14日等)，载《中日战争》丛刊续编，第11册，第916 ~ 917、985页。

90 《翁同龢日记》，第5册，第2711页，光绪二十年六月廿二日。

91 “张謇致翁同龢密信”(光绪二十年六月二十二日),《中日战争》丛刊续编，第6册，第449 ~ 450页。

92 “张佩纶致张人骏函”(光绪二十年八月二十二日),《张佩纶家藏信札》，第5册，第2740页。

93 “欧格讷致金伯利函”(第220号,1894年7月26日),《英国外交文件》，载《中日战争》丛刊续编，第11册，第287 ~ 289页。关于林泰曾要求“开缺”，在另一份英国外交文件中被译作“请求休假”，见“宝士德致欧格讷函”(1894年7月25日)，载《中日战争》丛刊续编，第11册，第308页。

94 本书中关于天气的描述俱依历史记载，如本日气象，参见《李鸿藻先生年谱》，下册，第697页所引李氏日记及《翁同龢日记》，第五册，第2713页。

95 “张謇致翁同龢密信”(光绪二十年六月二十六日),《中日战争》丛刊续编，第6册，第451页。

96 《光绪宣统两朝上谕档》,第20册，第418页，光绪二十年八月十一日上谕。

97 张佩纶:《涧于日记》，甲午上，页九十，光绪二十年五月二十八日。

98 张佩纶:“致张人骏”(光绪二十年八月二十二日),《张佩纶家藏信札》，第5册，第2750页。

99 “福建道监察御史安维峻奏参贻误军机之津海关道盛宣怀折”(光绪二十年九月二十九日),《中日战争》丛刊，第3册，第163页。

100 “张佩纶阻李经方为帅”，刘体智《异辞录》，第129 ~ 130页。

101 “佘昌宇致盛宣怀函”(光绪二十年七月二十七日),《甲午中日战争》，盛档之三，下册，第172页。

102 李鸿章:“寄丁提督”(光绪二十年六月二十四日申刻),《李鸿章全集》，第24册，第166页。

103 李鸿章:“寄译署”(光绪二十年六月二十五日辰刻),《李鸿章全集》，第24册，第168页。

104 “丁提督来电”(光绪二十年六月二十八日午刻到),《李鸿章全集》，第24册，第179页。

105 李鸿章:“复丁提督”(光绪二十年六月二十八日酉刻),《李鸿章全集》，第24册，第182页。

106 卢毓英:《卢氏甲午前后杂记》，第22 ~ 23页。

107 转引自戚其章:《中日甲午海战史论丛》，第162页。

108 李鸿章:“寄刘公岛丁军门”(光绪二十年七月初一日午刻),《李鸿章全集》，第24册，第190页。

109 “译署来电”(光绪二十年七月初二日亥刻),《李鸿章全集》，第24册，第195页。

110 李鸿章:“复译署”(光绪二十年七月初三日辰刻),《李鸿章全集》，第24册，第196页。

111 “译署来电”(光绪二十年七月初五日酉刻到),《李鸿章全集》，第24册，第205页。

112 李鸿章:“寄译署”(光绪二十年七月初五日酉刻),《李鸿章全集》，第24册，第206页。

113 李鸿章:“寄丁提督”(光绪二十年七月初六日巳刻),《李鸿章全集》，第24册，第207页。

114 “李鸿藻致翁同龢函”（光绪二十年八月十四日），《中日战争》丛刊续编，第6册，第442页。

115 李鸿章：“寄旅顺交丁提督”（光绪二十年七月二十一日酉刻），《李鸿章全集》，第24册，第256页。

116 “军机处电寄丁汝昌谕旨”（光绪二十年七月二十三日），《清光绪朝中日交涉史料》，卷十七，页二十七。又，在北洋海军服务的美国军官马吉芬战后回忆说：“当八月十日威海卫被敌舰队袭击后，北京总理衙门即一再严令丁提督曰：‘无论事件如何，理由如何，北洋舰队勿得再行出航于山东高角与鸭绿江口线以外’。”参见归与：“中日海战评撮要（续），美国海军少校马格奋躬历是役之述评”，《海事》，第10卷，第3期。

117 李鸿章：“寄译署”（光绪二十年七月二十四日戌刻），《李鸿章全集》，第24册，第267页。

118 《翁同龢日记》，第5册，第2722页，光绪二十年七月二十五日；“军机处奏商阅发下折片电报等件拟缮电旨送呈片”（光绪二十年七月二十五日），《中日战争》丛刊，第三册，第58页。

119 “上谕”（光绪二十年七月二十六日）；“军机处电寄李鸿章谕旨”（光绪二十年七月二十六日），《中日战争》丛刊，第3册，第65～66页。

120 “军机处电寄李鸿章谕旨”（光绪二十年七月二十七日），《中日战争》丛刊，第3册，第67页。同日翁同龢记述“昨丁汝昌革职之旨呈诸东朝，以为此时未可科以退避，姑令北洋保替人来再论，事格不行矣”，《翁同龢日记》，第5册，第2723页，则慈禧太后似乎并不主张立即处分丁汝昌。此中可见光绪与慈禧的不同态度。

121 李鸿章：“寄旅顺交丁提督”（光绪二十年七月二十八日酉刻），《李鸿章全集》，第24册，第281～282页。

122 李鸿章：“寄译署”（光绪二十年七月二十八日酉刻），《李鸿章全集》，第24册，第283页；“前敌紧要军情各电清单”（光绪二十年八月初一日），《甲午战争》丛刊，第3册，第103页。

123 王在晋辑：《皇明海防纂要》，卷七，页十五；包遵彭：《中国海军史》，下册，第458页；归有光：“御倭议”，《明经世文编》，第4册，第3099页；俞大猷：“呈浙福军门思质王公揭十二首议福建楼船击倭”，《正气堂集》，卷七，页二。

124 希理哈：《防海新论》，卷一，页十。

125 李鸿章：“筹议造轮船未可裁撤折”（同治十一年五月十五日），《李鸿章全集》，第5册，第108页。

126 李鸿章：“筹议海防折”（同治十三年十一月初二日），《李鸿章全集》，第6册，第162页。

127 李鸿章：“复黎召民京卿”（光绪八年九月二十八日），《李鸿章全集》，第33册，第175页。

128 阿达尔美阿：《海战新义》，卷二，页十六。

129 《宗方小太郎日记》，《中日战争》丛刊续编，第6册，第115页。

130 “威海去电”（光绪二十年八月初八日），《甲午中日战争》，盛档之三，上册，第134～135页。该书编辑者认为，提出此项建议的“德公”为赫德。此时，赫德人在北京，且他与李鸿章之间交换意见，不需用“密禀”的方式，故推测“德公”似为德璀琳。

131 “丁汝昌文电”（光绪二十年八月十三日巳刻），“前敌紧要军情各电清单”，《甲午战争》丛刊，第3册，第104页。

132 詹姆士·艾伦：“在龙旗下——甲午战争亲历记”，《近代史资料》，总57号，第51页。

133 戴理尔：《我在中国海军三十年》，《冤海述闻·大东沟故事纪实》；姚锡光：《东方兵事纪略·海军篇》。考证见姜鸣：“关于黄海海战中国舰队接战队形问题”，《华东师范大学报》，1989年第5期。

134 日本海军军令部《极密征清海战史》卷五，第 13 ~ 14 页。转引自陈悦《中日甲午黄海大决战》，第 187 ~ 188 页。

135 《联合舰队司令长官伊东祐亨报告》，明治二十七年九月二十一日，《廿七八年海戰史》，上册，第 231 页。

136 丁汝昌下令变换的接敌队形，是史学界长期争论的一个细节。丁汝昌在海战后写给李鸿章的报告中称："我军以夹缝雁行阵向前急驶。" 见《中日战争》丛刊，第三册，第 134 页。"镇远" 舰洋员马吉芬战后回忆说："我舰队形实为鳞次横阵，以两铁甲舰为中心线，顺次排列于鳞状也。" 见《海事》，第 10 卷，第 8 期。前去观战的英国远东舰队司令斐利曼特尔也报告说："华阵初定，本作 '二' 字形者。" 见《中东战纪本末》，卷七，页四十九。"定远" 洋员戴理尔（泰莱）回忆说：" The signal was for Line Abreast with leader in the middle……"（W.F.Tyler:*Pulling Strings in China*,p.48），张荫麟译为 "时指挥舰队排布之信旗已发出……为诸舰相并横列（line abreast），以主舰居中"。见《泰莱甲午中日海战见闻录》，《中日战争》丛刊，第 6 册，第 54 页。许多学者在理解阵形上发生分歧。我以为，Line Areast 所指的仍是双横队，并以 W. 莱尔德・克洛斯在英国《1895 年海军年鉴》上所撰《中日海战》一文中对 Line Abreast 的解释为证据进行考证，见姜鸣《关于黄海海战中国舰队接战队形问题》，《华东师范大学学报》，1989 年第 5 期。

137 W. L. Clowes:The Naval War Between China and Japan,*The Naval Annual,1895*,p.110 .

138 据说以双横队迎战单纵队，系根据琅威理在舰队时所推荐。英国远东舰队司令斐利曼特尔说："传闻似此阵法，系受自我英琅军门，固属其妙，然非实谙海战者，不能成此阵。" 见《中东战纪本末》卷七，页四十九。美国军事历史学家 T.N. 杜普伊指出："丁将军似乎也受到利萨海战中特洛特霍夫的影响，或者无意识地追随了影响特洛特霍夫的某种战术理论。" 见杜普伊：《武器和战争的演变》，第 253 页。丁汝昌的海军知识，主要来自琅威理的传授。1866 年后的 23 年间，世界上未曾发生大的海上冲突，利萨战役创造的铁甲舰队作战模式，对于尚无海战经验的北洋海军，显然提供了借鉴。有的研究者难以接受预定阵式的说法，他们认为北洋海军知道 100 多种阵式变化，决不会在没有见到敌人前就预定迎敌队形。其实，对北洋海军编队作战的水平不能估计太高。甲午战后，海军守备高承锡在总结呈文中指出："水师迎敌阵式，当于平日议定交锋变化阵图，常常操练。或以两队船只，一作敌船，一作我船，在洋作交锋变化之式，操作烂熟，不致临敌之时有阵乱致败之患。" 说明平日训练中存在问题很多。见《甲午中日战争》，盛档之三，下册，第 409 页。其次，战前拟定队形的可能性不能排除。"定远" 枪炮大副沈寿堃说："平日操练船阵，阵势总须临时应变，不可先期预定。预定则各管驾只须默记应操数式，其余则可置之。临时随意挂旗，示演各阵，则各管驾不得不全图考究，临时既无生疏舛错之患，亦能出奇制胜。大东沟之役，初见阵时，敌以鱼贯来，我以雁行御之，是也。嗣敌左右包抄，我未尝开队分击，致遭其所困。皆平时操演未经讲求，所以临时胸无把握耳。" 见《甲午中日战争》，盛档之三，下册，第 403 页。话中包含着对预定阵式的批评。

139 中国舰队展开迎敌队形的排列，有不同说法。若依五叠小队双纵队变阵为双横队，其所形成的拟定迎敌队形序列，为 "济远" "广甲" "致远" "靖远" "定远" "镇远" "来远" "经远" "超勇" "扬威"，孙克复、关捷：《甲午中日海战史》（1981）、戚其章等："甲午黄海海战队形考"（《辽宁大学学报》，1983 年第 1 期）、张玉田：《中国近代军事史》（1983）、许华：《再见甲午》（2014）等均持此说。但这一说法未见当时参战者或观战者的记录。第二种说法认为序列从左到右为 "济远" "广甲" "致远" "来远" "定远”“镇远”“经远”“靖远”“超勇”“扬威”，系根据伊东祐亨1894年9月21日战况报告的附图（载《廿七八年海戰史》）确定的，亦见于外山三郎:《日本海军史》（1980）、军事科学院:《中国近代战争史》（1985）。第三种说法认为从左到右的排序为“济远”“广甲”“致远”“经远”“定远”“镇远”“来远”“靖远”“超勇”“扬威”。莱尔德文章（载《1895年海军年鉴》）、浅野正恭:《近世海军史》（1903）等书用此说。此外，伏拉底米尔:《中日战争》（1896）所附图示，除将“广甲”误作“威远”是个明显错误外，其余九舰排列也用第三种说法。第二、三种说法的区别，在于“经远”“来远”位置的更换。鉴于它们是一对外形相同的姊妹舰，在海战中被对方混淆是有可能的，故推测这两种说法是同一种史料的衍化或修正。此外，“镇远”洋员马吉芬战后回忆说:“当时我舰由十舰编成:‘定远’（旗舰）、‘致远’‘济远’‘广甲’四舰张于左翼，‘镇远’‘来远’‘靖远’‘超勇’‘扬威’六舰张于右翼。”见《廿七八年海戰史》，别卷，第573页。原文中漏脱了“经远”。马吉芬的回忆还附有一幅午后12时30分的交战图，“经远”被画在“来远”之右，“靖远”之左。其序列是:“济远”“广甲”“致远”“定远”“镇远”“来远”“经远”“广丙”“靖远”“超勇”“扬威”“平远”，若将后来参战的“广丙”“平远”剔除，则其排列为第四种说法。马吉芬是中方参战者中唯一具体讲述过军舰排序者，他说“来远”在“镇远”右侧当为可靠。这还不是孤证。根据另一位现场目击者斐利曼特尔的回忆录所附的开战之际中国舰队的排列队形，其排序分为“初期计划形成队列”:“济远”“广甲”“靖远”“致远”“定远”“镇远”“来远”“经远”“超勇”“扬威”（这里和第一种说法的区别是“致远”“靖远”的位置交换），而开战时实际的队列为“济远”“广甲”“致远”“定远”“镇远”“来远”“经远”“靖远”“超勇”“扬威”（载《廿七八年海戰史》，别卷，第42～43页）。四种说法究竟哪种准确，以及在第二、三、四种说法（皆为海战目击者的报告）中，“靖远”为何违

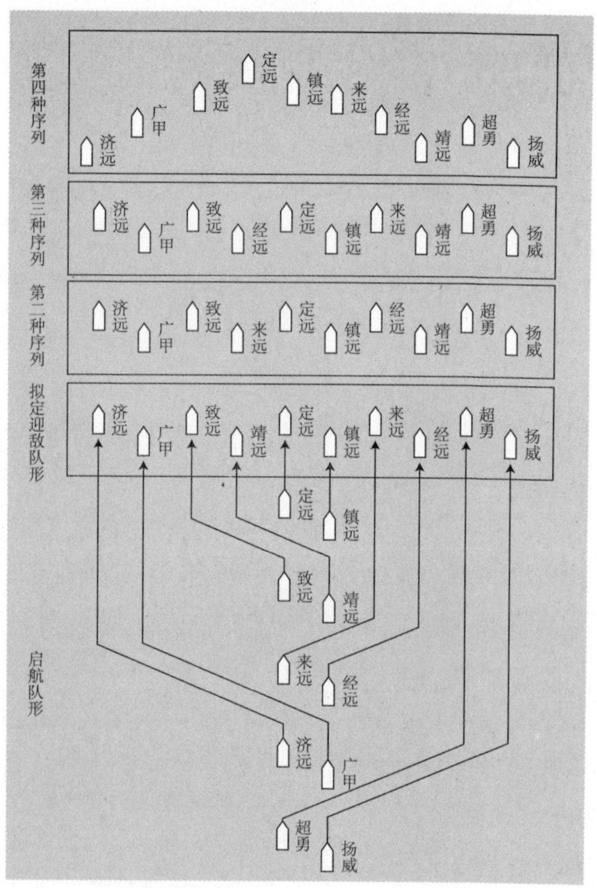

北洋海军的迎敌队形序列的四种说法

反战斗中姊妹舰在一起的训令，跑到右翼去，目前尚难解释清楚，存疑待考。但初始队列的排序不同，使得整个交战的航迹图难以考订，也使后来的研究论著各说各话。

140 “汉纳根向北洋大臣报告公文”，《海事》，第 8 卷，第 5 期；“北洋海军总查洋员汉纳根海战补充报告”，《中日甲午黄海大决战》，第 382 页。

141 戴理尔：《我在中国海军三十年》，第 42 页。戴理尔所称建议全队同时向右转移 4 个罗经点，即全体军舰向右旋转 45 度，如图所示：

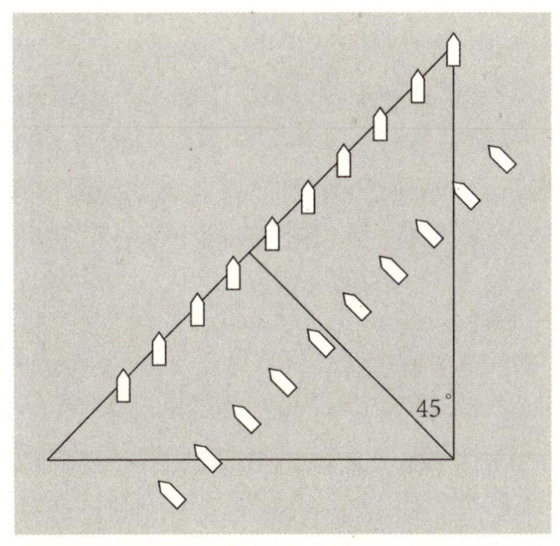

将涣散的单横编队右转 45 度，变为右翼单梯队示意

142 《廿七八年海戰史》，上册，第 177 ~ 179 页。

143 关于丁汝昌负伤，参见李鸿章：“寄译署”（光绪二十年八月二十一日戌刻）所转丁汝昌本人报告，《李鸿章全集》，第 24 册，第 352 页。又有说丁汝昌系舰炮发炮致舰桥震坍，抛坠负伤，见《我在中国海军三十年》，第 43 ~ 45 页；《冤海述闻·大东沟战事记实》；王炳耀：《中日战辑》。卢毓英称丁汝昌系“立于‘定远’将台之上，为炮震落台下，伤足不能起立”，参见《卢氏甲午前后杂记》，第 26 页。学术界对主炮发炮震塌舰桥的说法持审慎态度。可参考孙建军：“丁汝昌大东沟海战伤情考”，《中国甲午战争博物馆馆刊》，2010 年第 1 期，第 22 ~ 27 页。

144 各种史料和研究著作，根据各自对北洋海军编队序列的认识，来描写“比睿”在中国军舰中穿越的位置。如《廿七八年海戰史》称从“定远”和“来远”间穿过（上卷，第 179 页），Vladimir: *The China Japan War* 称从“定远”和“经远”（King yuen）间穿过（p.172）。孙克复、关捷：《甲午中日海战史》称从“定远”和“靖远”间穿过（第 121 页）。唯孙、关书系引证 Vladimir 著作为依据，在翻译中把“经远”译为“靖远”，“靖远”英译作 Ching yuen，有误。

145 “超勇”沉没时间，见《廿七八年海戰史》，上卷，第 188 页。

146 池仲祐：“海军实纪·黄镇军菊人事略”，《清末海军史料》，第 357 ~ 358 页。

147 关于“扬威”沉没原因，有诸种说法：一、丁汝昌在战后给李鸿章的报告中称：“致远”沉后，“扬威”舱内火起，又为“济远”拦腰碰坏，亦驶至浅处焚灭。见《李鸿章全集》，第 24 册，第 360 页。丁汝昌在给李鸿章的另一份报告中说："扬威"行驶太迟，致离大队，及受敌炮弹炸焚之时，又未能极力灌救扑灭，虽为"济远"碰伤，究因离队而起，咎有应得。参见"直隶总督李鸿章奏请将守备郑文超革职留营效力片"（光绪二十年十二月初六日），《中日战争》丛刊，第3册，第29页。二、池仲祐在"海军实纪·林镇军少谷事略"中说，"扬威"起火后，"济远"横驶，碰及"扬威"，"扬威"益受伤，渐不能支……敌炮纷至，舰渐沉没。公登台一望。奋然蹈海。见《清末海军史料》，第358页。池仲祐在"海军实纪·甲午战事纪"中又把黄建勋、林履中说成同时落海。见《清末海军史料》，第320～321页。三、《东方兵事纪略》曰："'济远'见'致远'沉，大惧。转舵逃跑。撞'扬威'舵叶。'扬威'行愈滞。敌弹入舱，立沉于海。"卷七，页十。四、《中东战纪本末》曰，"济远"见"致远"沉，慌忙逃走，误至浅水处撞上"扬威"。"'扬威'先已搁浅，不能转动，'济远'撞之，裂一大穴，水渐汩汩而入。"卷四，页十一。我以为，第一，以上四项，除丁汝昌报告外，都不是第一手材料。而丁的报告，对海战描述并不确切。这份报告要为海战失败寻找理由，将方伯谦定为导致战斗失败的罪魁，因此对其所称"济远"拦腰碰坏"扬威"一说，当持慎重态度。第二，海战初期，"济""扬"分别位于舰队两翼，在各种海战图示中，都没标出过两舰相遇轨迹。因此，丁、池所称在"超勇"沉没（1时30分）前后，"济远"撞坏"扬威"之说难以成立，日本及其他现场观察报告也都未提到这点。第三，倘说"济远"撞沉"扬威"系在"致远"沉没之后，亦即3时30分以后，则"扬威"早已不在场。第四，称"济远"将已搁浅的"扬威"撞沉则更不对。若"扬威"此时真搁浅的话，地点当在战场北方大鹿岛一带，而"济远"逃跑路线是往西回旅顺，南辕北辙，全不相干。第五，按照清制，海军管带在战斗中当与军舰共存亡。这是北洋海军管带在座舰被敌摧毁后纷纷自裁的原因所在。倘若"扬威"沉没的原因主要是"济远"撞击所致，则林履中便可不自杀。由于没有更多史料，以上问题只能存疑，以待进一步考证。

148 关于"松岛"中弹，有不同记载。李鸿章的"大东沟战况折"（《李鸿章全集》，第15册，第449页）、伊东祐亨向大本营的报告（《廿七八年海戰史》，上册，第235页）、姚锡光《东方兵事纪略》均称系"定远"击中。马吉芬的回忆（《廿七八年海戰史》，别卷，第583页）称系"镇远"击中。日本联合舰队航海长高木英次郎少佐则称"定""镇"主炮同时发射，其中一弹击中"松岛"。见《廿七八年海戰史》，上卷，第207页。录此存考。

149 平田胜马：《黄海大海战》，第204页。转引自孙克复、关捷：《甲午中日海战史》，第134～135页。

150 以往中文史料和研究论著都称"致远"突出队列是为了撞沉"吉野"，从日方战后公布的各种作战航迹图看，"致远"此时交战的对手是联合舰队本队，第一游击队诸舰不在"致远"作战范围内。此外，所有日方参战军舰的战后报告中，对于"致远"沉没均一笔带过，没有舰长提及本舰击沉"致远"。在中方记录中，史学界长期采用"东方兵事本末"所称中鱼雷说，而日本记载中未提到鱼雷。参战的洋员马吉芬称中炮弹。汉纳根称被日舰320毫米加农炮炮弹击中水线，炮弹从舰体的一侧打穿到另一侧。见《中日战争》丛刊续编，第7册，第288页。英国海战评论员克洛斯认为，可能是日方的一枚大口径炮弹击中"致远"鱼雷发射管，引爆舰上鱼雷所致。见 W. Laird Clowes:The Naval War Between Chinese and Japan,*The Naval Annual 1895*,p.114. 北洋海军军官曹嘉祥、饶鸣衢称系"致远"水密门橡皮年久破烂，中炮不多时即遭沉没。见《甲午中日战争》，盛档之三，下册，第401页。今从炮弹击沉说。根据海军惯例，水密门橡皮保养属军舰日常维护范畴，应从"行船公费"中开支费用，这个问题显示出"致远"舰的日常维修保养显然存在问题。

151 《番禺县续志》卷二十三上记载:“世昌堕水，义仆刘忠同堕，以浮水木梃与世昌，使援以济，拒弗纳。复经他舰救出，世昌环视全舰荡没，慷慨言曰:‘事已至此，义不独生！’奋身投海而歿。”见《中日战争》丛刊续编，第十二册，第396页。按这一说法，邓世昌是被救一次后，自己又投海的。此外，戚其章于20世纪五六十年代从山东访谈的北洋水师水手的回忆中，听到邓世昌落水后，其豢养的爱犬太阳犬来救他的故事，如“来远”水手谷玉霖说:“邓管带见致远行将沉没，不肯独生，愤然投入海中。他平日所养的爱犬名叫太阳犬，急跳入海中救主人。转瞬间衔住邓管带的发辫将他拖出水面。这时，搭救落水官兵的鱼雷艇也赶来了，……邓管带用手示意，不肯独生，跟狗一起没入海中。”另一位“来远”水手陈学海说:“邓船主是自己投海的。他养的一条狗叫太阳犬，想救主人，跳进水里咬住邓船主的发辫，邓船主看船沉了，就按住太阳犬一起沉到水里来。据我所知，‘致远’上只活了两个人，一个水手头，一个炮手，是朝鲜船救上来送回威海的。”见戚其章:《北洋舰队》，第210、216页。又据参加甲午海战的美籍雇员马吉芬战后回忆:“‘致远’舰内幸存者只有七名海军士兵，他们依靠舰桥上的救生圈，被海潮冲向岸边，被一只帆船救出。他们所说，各不相同，难以置信。但惟有一点说法一致。据说，邓舰长平时饲养一头大狗，性极凶猛，常常不听主人之命。‘致远’沉没后，不会游泳的邓舰长抓住一块船桨木板，借以逃生。不幸狂犬游来，将其攀倒，手与桨脱离，惨遭溺死。狂犬亦为主人而殉死。想来义犬救主之说，自古以来屡有所闻，但为犬舍命者，恐邓舰长首创先例，实乃不幸之人。”见《廿七八年海戰史》别卷，第582页。各种说法，录之待考。

152 日本海军军令部编撰:《廿七八年海戰史·黄海役》，备考文书第109、113页。由于战时硝烟弥漫，日方将外形相似的“经远”“来远”姊妹舰搞混淆了。所有报告和海图上，均将“经远”作“来远”，而“来远”在海战中并未沉没。本书叙述将其调整。又见《田所广海勤务日志》，第446～447页。

153 “经远”管带、大副、二副阵亡情况，见池仲祐:“海军实纪·林少保钟卿事略，陈镇军玉书事略，陈都戎则友事略”，《清末海军史料》，第356～363页。此外，1921年出版的《庄河县志》则有另一种记录称:“我海军军舰自鸭绿江之败，退至县属海中獐鹿岛前共有四艘，而沉者二，一舰为方伯谦统帅，沿海西逃，余一为‘靖远’舰林仲卿所统帅。是时舰在虾老石东八里许，士卒皆请林就岸，林不肯，躬亲炮弹督战，未几左臂中弹，舰突亦被击碎。林知事去，反身入内，扁锁舱门，危坐以殉，封镇海侯。”由于此前日方记载“经远”沉没于东经123度33分，北纬39度32分（见《廿七八年海戰史》，上册，第232页），与庄河相距甚远，故该县志的记录不被采信。然而2018年9月国家文物局水下文化遗产保护中心、辽宁省文物考古研究所、大连市文物考古研究所联合组队，在大连庄河海域开展水下考古调查工作，发现并确认了“经远”遗骸，与县志记录一致，则“经远”究竟是在林永升战死后才退出战场，还是林永升驾舰撤至庄河被日舰击沉，就引起研究者的关注。战后初拟的丁汝昌致李鸿章海战报告中说:“‘经远’同‘致远’一样奋勇打仗，后‘经远’船主中炮阵亡，船方离队。如仍紧随不散，火亦可救。”丁汝昌斟酌改成“闻自该船主中炮阵亡，船方离队”，显示出对林永升阵亡情况来自传闻。而说“如仍随队不散，火亦可救”，也隐有婉转含蓄的批评。见姜鸣:“对丁汝昌、李鸿章黄海海战奏报的研读”，《甲午战争与东亚近代历史进程》，下册，第1178～1189页。

154 藤村道生:《日清战争》，第104页。

155 李鸿章:“寄译署”（光绪二十年八月十九日申刻），《李鸿章全集》，第24册，第344页。

156 J. L. Rawlinson: *China's Struggle for the Naval Development.1839 — 1895*.p.165.

157 “沈寿堃呈文”,《甲午中日战争》,盛档之三,下册,第403页。

158 李鸿章:“寄旅顺丁提督”(光绪二十年八月十九日申刻),《李鸿章全集》,第24册,第344页。

159 “周馥致盛宣怀电”(光绪二十年八月二十日),《清季外交因应函电资料》,第135～136页。

160 *The Naval Annual*,1895.第六章“东方战争的教训”(第130页)称中国没有一门速射炮。但第五章《中日海战》中,称中国战前收到20门1.97英寸格鲁申(Gruson)式速射炮,它们被平均地分配给“定远”“镇远”“济远”“致远”“靖远”“经远”“来远”“超勇”“扬威”“广甲”等10舰。此外,“经”“来”原各有3门3磅速射炮,“致”“靖”原各有2门3磅速射炮。“广甲”原有1门4.7英寸口径速射炮,“平远”原有8门3磅和1磅速射炮(第109页及102页表)。

161 “赫德致金登干”(1894年北京去函Z字第630号),《中国海关与中日战争》,第55页。

162 “美国海军少校马格奋躬历是役之述评”,《海事》,第10卷,第3期;“肯宁咸乙未威海战事外纪”,《中日战争》丛刊,第6册,第319页。

163 黄海海战后,总理衙门奉旨调查天津军械局弹药供应情况。光绪二十年十月初四日,李鸿章向总署呈交天津军械局光绪十九年底至二十年九月二十日存发枪炮清册。其中提到本年二月至九月共发放北洋海军各舰305毫米炮弹342颗,210毫米炮弹840颗,150毫米炮弹927颗。见《中日战争》丛刊续编,第5册,第137页。盛宣怀档案中九月初四、初十向北洋海军提供305毫米开花子炮弹(爆破弹)160颗,210毫米炮弹、150毫米炮弹各100颗,总计360发。见《甲午中日战争》,盛档之三,下册,第565、570页。十一月十二日,徐建寅奉旨到威海调查北洋海军弹药情况,他的报告说,九月初以后,天津机器局、军械局已造炮弹300余颗运送威海(上述360发)。目前在军舰上和在北洋海军存库的305毫米开花弹(爆破弹)403发,钢弹244发;210毫米开花弹952发,钢弹163发;150毫米各种炮弹1548发。见《徐建寅上督办军务处查验北洋海军禀》,复印件。扣除九月份运到之数,黄海海战前北洋海军弹药应是不匮乏的。北洋海军黄海海战发射炮弹数,见日本海军军令部:《廿七八年海戰史·黄海役》,第162页。

164、165 李鸿章:“寄译署”(光绪二十年八月二十三日酉刻),《李鸿章全集》,第24册,第360页。

166 笔者对丰岛海战的指挥问题和方伯谦在黄海海战后被处死的问题一直持谨慎态度。关于方伯谦在丰岛、黄海两次海战中的表现,100多年来,海军界、史学界皆有不同的评论,尤以20世纪80年代末以来,方伯谦的侄孙女(方仲恒孙女)、美籍华人方俪祥女士回国,为方伯谦“平反”而四处奔走呼号,掀起一波热潮。她投书有关部门,致函有关学者,请求他们改变学术观点。1991年9月,福建师范大学历史系、福建省社科院历史研究所等单位在福州举行了“甲午海战中的方伯谦问题研讨会”,并于会后出版了《中日甲午战争中方伯谦问题研讨集》。值得注意的是,会议主办者明知这个问题并未取得实质性进展,却过于急迫地做出超越学术评判的政治结论,提出“讨论问题的标准是一致的,这就是爱国主义精神”,甚至在开幕式上就宣称“大量中外史料证实方伯谦是中国近代海军杰出的人才,在捍卫祖国抗击外侮的甲午海战中,是英勇善战的指挥员,绝非逃兵,他蒙冤被害是清政府腐败没落所致。国内外的观点已基本取得一致,这也是学术研讨上之一大新闻”(见《中日甲午海战中方伯谦问题研讨集》,第579页)。这自然是学术界前所未闻的大新闻,若此则连讨论会也无须举办了。事实上,学术界对于方伯谦的研究远非达到一致。1994年参加山东威海“甲午战争一百周年国际学术讨论会”的台湾学者吕实强先生,就曾谈到了当时的情况:“方氏家属和若干故旧,多年来一直有人出来为其鸣冤。近年来，因鸣冤者之努力与同情者之日增，1991 年 9 月，福建省社会科学院历史研究所、福建师大历史系、福建地方志编纂委员会等八个单位联合发起举办一次‘甲午海战中之方伯谦问题研讨会’，与会者几乎一致地认为或偏向方氏被杀死系冤杀。虽然如此，一般学者并不以为然。这次举办甲午战争一百周年国际学术会议，方俪祥女士以七十余高龄、健康情况并非甚佳的情况下，不远万里迢迢，从美国赶来参加。一篇文章《甲午战争中的海战》还不够（因为那是在分组会议中发表，她希望在全体会议中再表示），大会又安排她在闭幕前专题报告一场中，让她说几句话。当她发言时，不惜反复重叠，申诉她伯公的冤枉，坚持要大家接受她的意见，对此事加以平反。对于如此高龄的一位老太太，如此恳切的呼吁，大家自然深受感动。唯历史是历史，个人感情是个人感情，在没有证据之前，是无能为力的。与会后，我曾向好几位对此问题深具研究的学者询问过，包括对甲午战争研究极有成就的戚其章教授在内，咸以为以现有的史料，尚不足以翻案。不过几乎所有由福建来的学者，都支持方俪祥女士的呼吁。”见吕实强:《甲午战争一百周年学术研究会》，载《近代中国史研究通讯》，第 19 期。吕实强先生作为这场讨论的旁观者，一言中的，指出了问题的症结。显然，其他学者也有同样的看法，所以大家对这场翻案，保持了严肃的冷静态度。方女士本来追求的目标，是想说明方伯谦之死是一场冤案，但当此种要求变成谋求“宏扬民族魂，继承爱国精神”，“树立方伯谦的爱国将领形象”的时候，事情就走得太远了一些。由她出资，出版了王宜林所著的《甲午海将方伯谦》一书，再由方女士广泛送人，以扩大影响，为方伯谦翻案造势。该书于 1997 年 8 月 8 日在福州市举行首发式，书中称撰写此书是为了确立方伯谦的“英烈地位和不朽荣誉”。同日，福州市有关部门在朱紫坊举行了“方伯谦故居”“海军世家”的揭匾仪式，媒体报道称“甲午海战沉冤今日昭雪”，为方翻案至此达到高潮。出于学术良心和道义感，笔者与刘申宁在是年 11 月 22 日上海《文汇读书周报》上撰文《方伯谦是民族英雄吗？》，指出将方伯谦打扮成民族英雄，不仅是嘲讽历史，也是愚弄当世。我们认为“‘民族魂’是对代表着中华民族精神的英雄和先驱人物的具有极高褒奖性评价的尊称。仅凭现有的材料和研究成果，把方伯谦树成‘英烈’，将其弘扬为‘民族魂’，不仅不可以，而且是极不严肃的”。接着，12 月 3 日北京《中华读书报》刊载危兆盖的长篇专论《冤乎？不冤乎？方伯谦研究又起波澜》，12 月 5 日广州《南方周末》发表瞿明磊的长篇采访《方伯谦是民族英雄？》，研究甲午战争的学者对方伯谦评价问题纷纷发表看法。1998 年 1 月 17 日合肥《新安晚报》刊载陈开仁文章《方伯谦如何成了民族英雄》，更指出福州方伯谦讨论会是方俪祥赞助的。1998 年初，王宜林向上海市第二中级人民法院起诉《文汇报》，指控该报所属的《文汇读书周报》发表书评，造成该书滞销和退货，侵犯了他的“著作使用权、获得稿酬权、作者名誉权”三方面的损失，要求判处被告赔礼道歉，赔偿经济损失、精神损失。王宜林当庭出示的证据表明，《甲午海将方伯谦》是由方俪祥出资购买书号出版的，这自然会使人考虑该书立论上的公允性，也理解了为什么书中对传主会出现超乎常规的谀美。在法庭辩论中，王宜林得悉《甲午海将方伯谦》属于非法出版物，自己的诉求不仅得不到法律支持，还会受到法律追究之后，即在判决前撤诉。近年来，孙建军对方伯谦在丰岛、黄海海战表现问题做了深入研究，可参见《北洋海军研究探微》（2010 年苏州大学出版社）所录诸文章。

167 李鸿章:“寄译署”（光绪二十年八月二十八日午刻），《李鸿章全集》，第 24 册，第 383 页。

168 文廷式:“奏请擢用林国祥片”（光绪二十年八月二十日），《清光绪朝中日交涉史料》，卷二十，页十四。

169 李鸿章："海军惩劝章程片"（光绪二十年九月初七日），《李鸿章全集》，第15册，第451页。

170 《光绪朝东华录》，第3册，第3478～3480页，光绪二十年九月戊戌。

171 "金登干致赫德，1894年7月5日伦敦来电第798号""7月6日伦敦来函Z字第878号"，《中国海关与中日战争》，第88页。

172 李鸿章："寄伦敦龚使"（光绪二十年六月十四日午刻），《李鸿章全集》，第24册，第135页。

173 "金登干致赫德，1897年7月24日伦敦来电新字第822号""7月26日伦敦来电新字第821号"，《中国海关与中日战争》，第88、89页。关于前一份电报，《中国海关密档》第8册第749页的译文作"四个月后提供巡洋舰，售价34万镑，扫雷艇28000镑，保险费在内"。这个扫雷舰报价云云，显然是误译，也引起研究者的困惑和误解。参阅同年7月27日"金登干致赫德Z字881号函"，译文分别见《中国海关与中日战争》第89页，《中国海关密档》第6册，第96～97页，均指明28000镑为运费。

174 李鸿章："寄译署"（光绪二十年七月二十二日酉刻、二十三日亥刻），《李鸿章全集》，第24册，第261、264～265页。

175 李鸿章："寄译署"（光绪二十年七月二十六日酉刻、二十九日酉刻、三十日卯刻，八月初二戌刻、亥刻，八月十八日申刻）；"寄伦敦龚使"（七月二十五日卯刻，三十日酉刻）。《李鸿章全集》，第24册，第275～342页。

176 李鸿章："寄译署"（光绪二十年九月十三日亥刻），《李鸿章全集》，第25册，第39页。

177 "金登干致赫德，1894年11月22日伦敦来电第832号"，《中国海关与中日战争》，第102页。

178 《清实录》，第56册，第542页，光绪二十年十月己未。

179 "金登干致赫德，1894年11月17日伦敦来电新字第779号""11月17日伦敦来函Z字第907号""11月18日伦敦来电新字第778号"，《中国海关与中日战争》，第98～100页。

180 "金登干致赫德，1894年11月20日伦敦来电新字第776号"，《中国海关与中日战争》，第101页。

181 郝如庆："英国海军教官对日海军的战术教育及其对黄海海战的影响"，《甲午战争研究》，2017年第1期。

182 "金登干致赫德，1894年11月23日伦敦来电Z字第909号"，《中国海关与中日战争》，第103页。

183 "赫德致金登干，1894年11月25日北京去函Z字第641号"，《中国海关与中日战争》，第106页。

184 李鸿章："寄丁提督"（光绪二十年十月十八日未刻），《李鸿章全集》，第25册，第156页。

185 周政祎：《拖船提督：北洋海军帮办提督马格禄生平补白》，香港第三届近代中国海防国际学术研讨会论文，2012年。

186 戴理尔：《我在中国海军三十年》，第51页。

187 李鸿章："寄旅顺丁提督并龚道"（光绪二十年八月二十五日巳刻），《李鸿章全集》，第24册，第370页。

188 李鸿章："寄旅顺丁提督并刘镇"（光绪二十年八月二十九日辰刻），《李鸿章全集》，第24册，第387页。

189 李鸿章："寄旅顺黄张姜程各统领并丁提督"（光绪二十年九月初一日巳刻），"寄旅顺丁提督龚道"（九月初四日午刻、九月初六日巳刻），《李鸿章全集》，第25册，第3、11、17页。

190 《清实录》，第56册，第484页，光绪二十年九月甲申。

191 卢毓英：《卢氏甲午前后杂记》，第32页。

192 《翁同龢日记》，第5册，第2733～2734页，光绪二十年八月廿八日、九月初三日。

193 胡思敬："国闻备乘"，《近代稗海》，第一辑，第231页。

194　《廿七八年海戰史》，上册，第 307 ~ 317 页。

195　《廿七八年海戰史》，上册，第 325 页。

196　李鸿章："寄旅顺姜程黄张各统领"（光绪二十年九月二十八日戌刻），《李鸿章全集》，第 25 册，第 74 页。

197　李鸿章："寄大连湾赵统领等"（光绪二十年十月初一日酉刻），《李鸿章全集》，第 25 册，第 89 页。

198　"丁提督来电"（光绪二十年九月三十日戌刻到、十月初二日戌刻到），《李鸿章全集》，第 25 册，第 84、95 页。

199　《清实录》，第 56 册，第 525、526、531 页，光绪二十年十月戊申、己酉、壬子。

200　"丁提台来电"（光绪二十年十月初九日丑刻到），《李鸿章全集》，第 25 册，第 120 页。

201　李鸿章："复丁提督"（光绪二十年十月初九日辰刻），《李鸿章全集》，第 25 册，第 121 页。

202　"皇太后六旬庆典"，档案三十七、三十九。转引自李鹏年："慈禧六十寿庆"，《清宫史事》，第 106 页。

203　《清实录》，第 56 册，卷三五一，页十九，光绪二十年十月癸丑 。按，不少史书称慈禧在军情紧迫的情况下，依然大肆祝寿，这种指责缺乏依据。应当说，慈禧太后做了克制和让步，取消了原已缩小规模的一些庆祝活动。

204　李鸿章："复丁提督"（光绪二十年十月十一日未刻），《李鸿章全集》，第 25 册，第 128 页。

205　李鸿章："寄丁提督"（光绪二十年十月十一日亥刻），《李鸿章全集》，第 25 册，第 130 页。

206　李鸿章："寄译署督办军务处"（光绪二十年十月十三日巳刻）；"寄译署"（光绪二十年十月十四日亥刻），《李鸿章全集》，第 25 册，第 135、142 页。

207　《清实录》，第 56 册，第 536 ~ 537 页，光绪二十年十月丙辰。

208　李鸿章："寄译署督办军务处"（光绪二十年十月十七日申刻），《李鸿章全集》，第 24 册，第 151 页。又，姚锡光在《东方兵事纪略》中称："中旬以后，旅顺日益危逼。汝昌知旅顺堕则北洋门户失，大局震惊，罪且不测。自赴天津，请以海军全力援旅顺，决死战。鸿章置之，谓'汝善在威海守汝数只船勿失，余非汝事也'。"卷四，页十二 ~ 十三。这一记载，曾被广泛引用，其实不合历史。

209　李鸿章："寄译署"（光绪二十年十月二十六日巳刻），《李鸿章全集》，第 24 册，第 206 ~ 207 页。

210　李鸿章："复丁提督"（光绪二十年十月十七日酉刻），《李鸿章全集》，第 24 册，第 152 页。

211　李鸿章："复丁提督"（光绪二十年十月二十三日申刻），《李鸿章全集》，第 24 册，第 178 页。

212　《清实录》，第 56 册，第 547 页，光绪二十年十月壬戌。

213、225　徐建寅：《上督办军务处查验北洋海军禀》。

214　《清实录》，第 56 册，第 549 页，光绪二十年十月癸亥。

215　陆奥宗光：《蹇蹇录》，第 63 ~ 64 页。

216　吴汝纶："答陈右铭"（光绪二十一年闰六月十二日），《吴汝纶尺牍》，第 71 页。

217　蒿目生：《龟赪徧言》，《中日战争》丛刊续编，第 6 册，第 558 ~ 559 页。

218　李鸿章："寄威海丁提督戴道刘镇张镇"（光绪二十年十一月初一日酉刻），《李鸿章全集》，第 25 册，第 203 页。

219　安维峻："请诛海军提督丁汝昌疏"（光绪二十年十一月初一日），《中日战争》丛刊续编，第 6 册，第 533 ~ 534 页。

220　李秉衡："奏旅顺失守如何惩办将士请训示片"（光绪二十年十一月初二日），《李秉衡集》，第

167 ~ 168 页。

221 《清实录》，第 56 册，第 600 页，光绪二十年十一月癸巳。

222 《清实录》，第 56 册，第 606 页，光绪二十年十一月丁酉。

223 李鸿章："寄威海戴道张镇刘镇"（光绪二十年十一月二十七日戌刻），《李鸿章全集》，第 25 册，第 275 页。

224 李鸿章："寄丁提督"（光绪二十年十月二十四日巳刻），《李鸿章全集》，第 25 册，第 180 ~ 181 页。

226 《廿七八年海戰史》，下册，第 1 ~ 4 页。

227 戚其章："试谈甲午战争期间威海守将不和的原委"，《中日甲午战争史论丛》，第 221 ~ 223 页。

228 李鸿章："寄督办军务处"（光绪二十年十一月二十一日巳刻、二十二日巳刻），《李鸿章全集》，第 25 册，第第 252 ~ 253、278 页。

229 W.Laird Clowes:The Naval War Between China and Japan,*The Naval Annual*, 1895, p124.

230 贾浩："甲午战争期间莫镇藩、晏汝德、郝威来华事迹再探"，《中国甲午战争博物馆馆刊》，2010 年，第 2 期。

231 李鸿章："寄译署督办军务处"（十一月二十八日巳刻），《李鸿章全集》，第 25 册，第 276 页。

232、233 《光绪朝东华录》，第 3 册，第 3515 ~ 3516 页，光绪二十年十二月甲辰。

234 《翁同龢日记》，第 5 册，第 2762 页，光绪二十年十一月二十五日。

235 "刘钦差来电"（光绪二十年十二月十二日未刻到），《李鸿章全集》，第 25 册，第 307 页。

236 李鸿章："寄丁提督"（光绪二十年十二月十二日申刻），《李鸿章全集》，第 25 册，第 307 页。

237 李鸿章："寄刘砚帅"（光绪二十年十二月十三日辰刻），《李鸿章全集》，第 25 册，第 309 页。

238 李鸿章："寄译署"（光绪二十年十二月十八日午刻），《李鸿章全集》，第 25 册，第 317 页。

239 FO233 / 120, pp.4-5，转引自周政祎：《北洋海军帮办提督马格禄通电支持丁汝昌一事之两个版本》（未刊稿）。

240 李鸿章："寄刘公岛丁提督刘镇"（光绪二十年十二月十八日戌刻），《李鸿章全集》，第 25 册，第 318 页。

241 李鸿章："寄威海丁提督戴统领等电"（光绪二十年十二月二十五日午刻），《李鸿章全集》，第 25 册，第 328 页。

242 李鸿章："寄译署"（光绪二十年十二月二十日亥刻），《李鸿章全集》，第 25 册，第 320 ~ 321 页。

243 李鸿章："寄译署"（光绪二十年十二月二十六日申刻）；"寄东抚李丁提督戴道等"（光绪二十年十二月二十六日亥刻），《李鸿章全集》，第 25 册，第 333、334 ~ 335 页。

244 李鸿章："复张镇"（光绪二十年十二月二十七日巳刻）；"复丁提督"（十二月二十七日戌刻），《李鸿章全集》，第 25 册，第 336、338 页。

245 李鸿章："寄东抚李威海将领"（光绪二十年十二月二十七日亥刻），《李鸿章全集》，第 25 册，第 339 页。

246 李鸿章："寄刘公岛丁提督"（光绪二十年十二月二十八日午刻），《李鸿章全集》，第 25 册，第 341 页。

247 "罗丰禄致六妹函"（光绪二十年十二月廿六日），《罗丰禄信稿》，内字第九号。

248 "丁提督来电"（光绪二十年十二月二十九日申刻到），《李鸿章全集》，第 25 册，第 345 页。

249 丁汝昌："致戴宗骞书"（光绪二十年十月初二日），《丁汝昌集》，第 224 页。

250 李鸿章："复丁提督"（光绪二十年十二月二十九日酉刻），《李鸿章全集》，第 25 册，第 346 页。按，一些史书皆引《时事新编》初集第四卷《论丁军门掣肘恨事》记载，称丁汝昌在日军荣成登陆后，请求率舰出击，被李鸿章阻止云云。根据对当时电报的分析，丁、李皆无主动出击荣成湾的打算。但李鸿章要求北洋海军保持机动，若有少量日舰至威海卫口外骚扰，就驶出口门，与炮台夹击日舰。必要时突围至烟台，以保存军舰。而丁汝昌连驶出口门的计划也没有，抱定了在威海与船共存亡的主意。因此，抑李扬丁的说法是不正确的。

251 李秉衡："致总理衙门电"（光绪二十年十二月二十七日），《李秉衡集》，第612页。

252 李鸿章："寄东抚李威海将领"（光绪二十年十二月二十七日亥刻），《李鸿章全集》，第25册，第338页。

253 李鸿章："寄东抚李"（光绪二十年十二月二十八日申刻），《李鸿章全集》，第24册，第342页；李秉衡："致浙江廖谷帅电"（光绪二十年十二月二十九日），《李秉衡集》，第618页。

254 李鸿章："复刘镇"（光绪二十年十二月二十八日辰刻）；"寄刘公岛丁提督"（光绪二十年十二月二十八日午刻）。《李鸿章全集》，第25册，第340、341页。

255 李鸿章："寄威海戴道刘统领"（光绪二十年十二月三十日申刻），《李鸿章全集》，第25册，第351页。

256 李鸿章："寄戴道"（光绪二十年十二月三十日申刻），《李鸿章全集》，第25册，第352页。

257 李鸿章："复丁提督张镇"（光绪二十一年正月初五日酉刻），《李鸿章全集》，第26册，第397页。

258 "罗丰禄致六妹函"（光绪乙未正月初四日），《罗丰禄信稿》，内字第十五号。

259 李鸿章："寄译署"（光绪二十一年正月十二日午刻），《李鸿章全集》，第26册，第32页。

260 "罗丰禄致六妹函"（光绪乙未正月初七日），《罗丰禄信稿》，内字第十九号。

261 "罗丰禄致六妹函"（光绪乙未正月初九日），《罗丰禄信稿》，内字第二十一号。

262 伊东祐亨致丁汝昌的劝降信，英文和日文版均见《日清战争实纪》，第二十二编，第79～83页，中文版见"中东战纪本末"，载《中日战争》丛刊，第1册，第195～197页。落款日期为明治二十八年正月二十三日（1895年1月23日）。1月24日，英国"中国舰队"司令斐利曼特尔致英国驻烟台领事阿林格函称："兹附上日军司令官给丁提督的一封信，他迫切希望此信能够尽快转交。"（《英国外交文件》，载《中日战争》丛刊续编，第11册，第653页），说明该信托英方转交，具体时间尚不清楚。鉴于北洋海军水兵陈学海、苗秀山均回忆光绪二十一年正月初十（1895年2月4日），斐利曼特尔进入被日军包围的威海湾（见"北洋舰队水手陈学海、苗秀山的回忆"，《北洋舰队》，附录，第220、223页），故将转交信件暂置此日。

263 姚锡光："东方兵事纪略"，《中日战争》丛刊，第1册，第70页，又据卢毓英记载："来远管带邱彪臣及其将弁水手计五十余人均遇救，威远管带适有事登岸，其所有员弁皆溺亡。"见《卢氏甲午前后杂记》第44页，则邱宝仁是晚在舰上。

264 李鸿章："寄译署"（光绪二十一年正月十七日酉刻），《李鸿章全集》，第26册，第48页。

265 "诺斯罗普氏和蔡廷干"，《日清战争实纪》第39编，第83～85页，译文见《日清战争实纪选译》，《中日战争》丛刊续编，第8册，第251～255页。关于蔡廷干在美国留学事，见高宗鲁：《中国幼童留美史》，第85页。

266 "北洋大臣袁世凯为已革北洋海军都司蔡廷干才尚可用请销罪留用事奏片"（光绪三十一年六月二十一日），中国第一历史档案馆："甲午战后清政府对北洋海军将弁议恤档案"，《历史档案》，2014年第4期，第64～65页。

267 "肯宁咸乙未威海战事外纪"，《中日战争》丛刊，第6册，第321页。

268 卢毓英:《卢氏甲午前后杂记》,第47页。刘步蟾自杀之日及自杀方式,据"牛刘马三道会陈海军覆亡禀"(《清末海军史料》,第338页)及卢毓英记载。卢毓英说刘步蟾是在正月十六日(2月10日)晚服毒,十七日(11日)午后始绝。见《卢氏甲午前后杂记》第47页。又据"东方兵事纪略",刘系正月十五日(2月9日)用手枪自杀。见《中日战争》丛刊,第1册,第71页。

269 "译署来电"(光绪二十一年正月十五日戌刻到),《李鸿章全集》,第26册,第44页。

270 李鸿章:"寄译署"(光绪二十一年正月十五日巳刻);"寄东抚李"(光绪二十一年正月十六日酉刻),《李鸿章全集》,第26册,第42、47页。

271 李鸿章:"寄译署"(光绪二十一年正月十七日酉刻),《李鸿章全集》,第26册,第48页。

272 张黎源译:"瑞乃尔关于威海卫投降的报告",《中国甲午战争博物馆馆刊》,2012年第3期。

273 瑞乃尔:"拟请中国严整武备说序目",《拟请中国严整武备说》,页一;白沙(Elisabeth Kaske):"晚清在华的德国军事教官",《北大史学》,第13辑,第313页。

274 李鸿章:"寄烟台刘道"(光绪二十一年正月十三日巳刻),《李鸿章全集》,第26册,第34页。

275 李鸿章:"寄译署"(光绪二十一年正月十三日申刻);"译署来电"(光绪二十一年正月十三日戌刻到),《李鸿章全集》,第26册,第35页。

276 《东方兵事纪略》,卷四,页十六。

277 《卢氏甲午前后杂记》,第46页。

278 "翰林院侍读学士文廷式奏请将海军失律在事人员罗丰禄等分别惩处折"(光绪二十一年正月十七日),《中日战争》丛刊,第3册,第412页。

279 丁汝昌于12日在刘公岛服鸦片自杀。但究竟在这天什么时间段,史学界存在不同的看法。争论的焦点,是以丁汝昌名义向日军发出的投降书,究竟是丁生前所拟就,还是在他死后为别人所冒名?考证这个问题,必须以慎重的态度,引证不带偏见的直接证据。北洋海军投降后,主持投降活动的威海营务处道员牛昶昞、办理北洋海军营务处道员马复恒等向清廷报告海军覆亡的禀报中说:"丁提督见事无转机,对职道昶昞等言,只得一身报国,未能拖累万人。……不得已函告倭水师提督伊东云,本意决以死战,至船尽人没而后止。因不忍贻害军民万人之性命。贵军入岛后,中外官兵民人等,不得伤害,应放回乡里等语。派'广丙'管驾程璧光等送往倭提督船。程璧光开船之时,丁提督已与张镇文宣先仰药,至晚而死。"参见"牛刘马三道会陈海军覆亡禀",《清末海军史料》,第338 ~ 339页。这一说法在王文韶奉旨调查海军投降原因时被认可并转奏,也被清政府接受。见"署理北洋大臣王文韶复奏查明丁汝昌等死事情形折"(光绪二十一年二月十三日),《清光绪朝中日交涉史料》,卷三十五,页二十七。此后,北京官场中有人提出此事件"情节支离,未敢深信,请旨饬查",清廷派李秉衡再次调查。李秉衡依旧认定丁汝昌是在安排了乞降活动后才自杀的。见李秉衡:"奏遵旨详查丁汝昌等死事情形折"(光绪二十一年三月初三日),《李秉衡集》,第219页。所以朝廷三月十五日发布上谕:"已革海军提督丁汝昌,总统海军始终偾事,前经降旨拿问,获咎甚重,虽此次战败死绥,仍著毋庸议恤。"见《中日战争》丛刊,第3册,第584页。由于牛昶昞、马复恒是本案的利害关系人,为了推卸对海军投降的责任,他们的证词尽管是直接证据,但存在着作伪的可能性,探索此案尚须寻找新的史料依据。以往史学界引证较多的另一个论据,是蔡尔康编著《中东战纪本末》中的记载:丁汝昌"再召中西各员会议,佥称实已束手无策,不如设法降日以救生灵。乃于十八日遣'广丙'管驾程璧光乘坐'镇北'

小舰，高揭白徽……投递降书。……十九日，'镇北'又入日营，而下半旗。……及接见程差弁……则曰：昨带贵提督公牍及私函呈丁公，观其容色，似甚感动，即入座作函毕，起而言曰：'我事毕矣！'遂入卧室，服生鸦片一大剂。刘总兵、张总兵各如法服之。今提督及左右二总兵皆已殉节，我辈无所措手，惟有照昨日所议勉强办理而已。"见《中日战争》丛刊，第1册，第192～193页。蔡之材料，因属第二手，其真实性仍可怀疑。"广甲"管轮卢毓英回忆："十八日（2月12日），丁统领命候补直隶州借补游击海军军械委员陈恩焘作英文情愿输服之书，并请释海军士卒，命'广丙'管带都司程璧光乘'镇北'蚊船悬白旗献于倭舰统领陆奥。先是海军仅剩'镇''平''济'及'康济''广丙'五艘并蚊船六艘，盖以军伙已罄，军粮已绝，无可如何，乃问计于陈恩焘。陈曰，外国兵败有情愿输服之例，遂引某国某人有行之者，丁意遂决，命陈书而献之。"卢毓英还写道，"元月十八日夜，北洋水师统领丁汝昌及黄岛陆军统领张得三（张文宣）服毒而亡。"见《卢氏甲午前后杂记》，第47～48页。在卢氏回忆中，明确指出了参与起草降书的中方人员为陈恩焘。陈恩焘是船政后学堂驾驶班第五期毕业，也是第三批赴英国留学生，光绪十八年八月十八日由李鸿章提名担任北洋海军提标游击总管全军军械，属于丁汝昌直接管理的军官。在刘公岛上的美国人马吉芬也说：丁汝昌"为了麾下将士的生命而与敌签约，这是他自己的决定"。见《廿七八年海戰史》别卷，第596页。主张北洋海军投降文书是在丁汝昌自杀后由别人伪托丁氏名义撰写的学者，他们依据的史料，主要是姚锡光《东方兵事纪略》中的说法："勇丁、水手露刃摄汝昌，汝昌稍慰之，入舱仰药，张文宣继之，十八日晓夜四更许，相继死。牛昶昞召诸将并洋员议降，瑞乃尔请如汝昌前议，沉船毁台乃议降事，诸将及英员皆不许。于是英员浩威作降草，仍托诸汝昌语，管带闽人某译华文，牛昶昞署以海军提督印。黎明，'广丙'管带程璧光乘'镇边'艇，悬白旗，诣倭军乞降。"见《中日战争》丛刊，第1册，第72页。当时同在岛上的外籍雇员戴理尔回忆："十二日的凌晨时分，丁提督自尽了。我对这件事情没有直接的见证——只是通过各种传言和后来发表的瑞乃尔的经历取得了一些印象。当丁自杀时，马格禄、郝威以及一些中国军官好像曾经登岸来到牛道台的寓所，瑞乃尔已先于他们在那里了。郝威牵头起草了一份以丁提督名义拟就的投降书。文书被翻译成中文，并盖上了丁提督的印信。"戴理尔又说，"我相信瑞乃尔的故事，因为它看上去比较可信。然而我的日记上却记载了另一种情况，但二者不一定矛盾，因为郝威可能不愿告诉我实情。我有一次与郝威闲谈（注：在降书送去以后），他反对任何形式的投降，希望陆军与水兵们在把舰队毁掉之后突围去烟台。这从理论上来讲当然是个非常不错的点子，但是很难实现。"见《我在中国海军三十年》，第72页。唯戴理尔已事先声明"我对这件事情没有直接的见证——只是通过各种传言和后来发表的瑞乃尔的经历取得了一些印象"，这就是说，以他的回忆来定论本身是不可靠的。又，姚锡光当时并不在刘公岛上，他的看法，法律上属于传来证据，本质上同蔡尔康编著的《中东战纪本末》属于同一档次的材料，难以作为直接证据立论。也有学者以《丁氏宗谱》记载丁汝昌"卒于光绪二十一年正月十八日辰时初"为据，该宗谱因与当事人丁汝昌有重大利害关系，同样不足以此立论。或有以《庐江文献初编·丁汝昌传》为论据，且不说方志人物传也属传来证据，其中说丁汝昌"召营务处牛昶昞而谓之曰：'吾誓以身殉，救此岛民耳。可速将提督印截角作废！'牛诺之。汝昌遂仰药殉。……时〈正月〉[二]十一日也"。见《中日战争》丛刊续编，第12册，第383～384页。该丛刊续编第1册所载"凡例"称，衍字上加[ ]，增补脱漏字上加〈 〉，本身在时间问题上就存在错误。即使按照编者的主观意愿，将二十一日的"二"字定为衍字，又人工补上"正月"二字作为脱漏字，则正月十一日为2月5日，日期完全错误，又岂能拿这样的方志记载来作论据，否定《清史稿·丁汝昌传》所载"遂以船降，而自仰药死"的记录呢？此外，池仲祐《海军大事记》说："军民闻丁已死，聚集千人至水陆营务处，迫总办道员牛昶昞用德人瑞乃尔前策。牛亦以为不可，然百端劝谕，众仍不从，乃用丁汝昌名致书日将。"见《洋务运动》丛刊，第8册，第495页。将策划投降说成是有"千人"参与的大活动。刘声木认为，"当时所以投降者，实各舰管带与军门幕府无为张鹤楼孝廉尔梅，熟商定计。孝廉本属书生，身临危地，首先畏死，与闽人同意，是以定计投降。军门原未知之也，及知之，已仰药死矣。此无为常嘱东茂才师必森所告之余者，茂才师即闻之于孝廉自谓，当不诬也。"见刘声木：《苌楚斋随笔续笔三笔四笔五笔》，第1095页。以上因均系第二手孤证，难以作为可信材料使用。近年又有新史料被发掘，其中洋员瑞乃尔在战后致书《京津泰晤士报》(Peking and Tientsin Times,1896年2月29日)说：丁汝昌和张文宣在2月12日凌晨2点服毒自杀，投降书系郝威起草，被译成中文，盖上丁提督的印信，送往日本旗舰。见张黎源译《瑞乃尔关于威海卫投降的报告》，《中国甲午战争博物馆馆刊》，2012年第3期。这个说法与戴理尔回忆相一致，且为直接证据，值得引起重视。又据孙建军研究，投降书系牛昶昞用中文誊抄，因为是用丁的名义，却是在丁自杀后所写，因此是伪造的降书。关于丁汝昌自杀的细节，至此可做结论。见孙建军："'丁汝昌降书'鉴定报告"，《中国甲午战争博物馆馆刊》，2013年第2期。

280 投降书手稿影印件，八田公忠：《丁汝昌遗墨》。

281 "日清战争实纪提要"，《中日战争》丛刊，第1册，第273、274页。

282 李秉衡："致潍县陈军门"(光绪二十一年正月十八日)，《李秉衡集》，第665～666页。

283 以丁汝昌名义所写乞降信共有两件，战后日本以《丁汝昌遗墨》之名影印发行。据考证，皆为牛昶昞伪造，见孙建军："'丁汝昌降书'鉴定报告"，《中国甲午战争博物馆馆刊》，2013年第2期。

284 "北洋艦队降服始末"，《日清戰争實記》，第貳拾壹编，第9～23页。

285、288 《廿七八年海戰史》，下册，第236～240页；第240～244页。

286 《甲午中日海战史》，第213页。

287 The Feiying, *The North China Herald and Supreme Court & Consular Gazette*, 24 January,1896.

289 "烟台刘道来电"(光绪二十一年二月初一辰刻到)；李鸿章："复烟台刘道"(二月初一日午刻)，《李鸿章全集》，第36册，第68、69页。

290 李鸿章："复烟台刘道"(光绪二十一年二月初二酉刻)，《李鸿章全集》，第26册，第73页。

291 "牛刘马三道会陈海军覆亡禀"，《北洋海军史料》，第338～339页。

292 李秉衡："奏遵旨详查丁汝昌等死事情形折"(光绪二十一年三月初三日)，《李秉衡集》，第219～220页。

293 "东海纪闻"，《申报》，1895年4月3日；"大节懔然"，《申报》，1895年5月6日；"康濟號再捕獲の顛末"，《日清戰争實紀》，第貳拾柒编，第32～36页。

294 孙建军："丁汝昌的身后事"，《中国甲午战争博物馆馆刊》，2009年第4期。

295 《清实录》，第56册，第751页，光绪二十一年三月丙戌。

296 《清宣统政纪》，卷三十三，页二十八，宣统二年三月庚申条。

297 《清实录》，第56册，第718页，光绪二十一年二月戊午。

298 《清实录》，第56册，第842页，光绪二十一年六月庚午。

299 李鸿章:“复新疆抚台陶”(光绪二十一年九月二十二日),《李鸿章全集》,第36册,第85页。

300 吴永:《庚子西狩丛谈》,第107页。

301 “赫德致金登干,1895年2月3日北京去函Z字第651号”,《中国海关与中日战争》,第82页。

302 周馥:“感愤五首”,《玉山诗集》,卷二,第26页。

303 剑华道人:“记日本议院论中国创设海军事”,《郑观应集》,上册,第761页。

304 《翁同龢日记》,第5册,第2780 ~ 2783页,光绪二十一年正月二十八日至二月初八日。

305 “汪委员来电”(光绪二十一年二月初九日申刻到),《张之洞全集》,第8册,第6127 ~ 6128。

306 “马关新约”(1895年4月17日),《中外旧约章汇编》,第1册,第614 ~ 619页。

307 《六十年来中国与日本》,第2卷,第225页。

308 张佩纶:“致合肥”,《李鸿章张佩纶往来信札》,第616页。

309 “欧格讷外交报告”第138号(1895年4月12日),《中日战争》丛刊续编,第6册,第661页。

310 “科士达日记”(1895年5月18日),《中日战争》丛刊续编,第6册,第628页。

311 李鸿章:“寄上海交李经方”(光绪二十一年四月二十四日申刻);“寄译署”(光绪二十一年四月二十五日巳刻),《李鸿章全集》,第26册,第151 ~ 152页。

312 李鸿章:“寄李经方”(光绪二十一年四月二十六日酉刻),《李鸿章全集》,第26册,第153页。

第 七 章

海军发展的第二个浪峰

1895～1911

翁同龢问我是否还有时间去做我曾经建议的加强中国国力的措施（改革、陆军、海军、财政、吏治）……我告诉他们，一切取决于他们将来能实实在在地做些什么：如果他们决心明天开始就正经地着手改革，今天的损失是无关紧要的；然而若是根本无意推动改革，今天的损失就毫无意义，只是向狼群投掷一片片的肉，使它们暂时不追上来，直到把马累死为止。

——R.赫德

一、瓜分军港的狂潮

李鸿章4月18日从马关登轮回国。到达天津后，称病不入京，派随员杨福同携条约文本送至总理衙门。接着弹章纷纷，斥其卖国误国。在舆论压力下，朝廷于6月5日和16日，先后把主张对日议和的孙毓汶和徐用仪开缺出军机处，命翁同龢、李鸿藻任总理衙门大臣，清议更为热烈了。8月28日，上谕命李鸿章入阁办事，调王文韶任直隶总督兼北洋大臣。[1]从此李鸿章失去军权，赋闲京师贤良寺。有人劝其退隐，他说："于国实有不能恝然之谊，今事败求退，更赖谁乎？"[2]于是次年又有出使俄、德、法、英、美的外事活动。

朝廷开始讨论善后。7月19日，张之洞上奏：时事日急，万难姑安。此次和约，其割地驻兵之害，如猛虎在门，动思吞噬；赔款之害，如人受重伤，气血大损；通商之害，如饮酒止渴，毒在脏腑。及今力图补救，夜以继日，犹恐失之。若再因循游移，以后大局何堪设想。提出亟练陆军、亟治海军、亟照铁路、分设枪炮厂、广开学堂、速讲商务等九策。他认为"今日御敌大端，唯以海军为第一要务"，建议以南、北、闽、粤洋各设一支海军，每军有铁甲舰两三艘为老营，以穹甲快船（防护巡洋舰）四五艘为战兵，鱼雷炮艇七八艘为奇兵，每军约需费1000余万至2000万两白银，分向英、德大厂订造，亦请洋厂垫办经费，分20年归还，年息6%。若限于物力大巨，则南北洋两支断不可少。将领必用洋将，请旨饬琅威理等迅速来华，并带精熟水师将弁迅速同来，统筹全局，并派遣海军留学生赴英国学习；另外还提出整顿船政局、在各地建造船坞等等。[3]同日光绪帝颁布谕旨，命各直省将军、督抚将修铁路、铸钞币、造机器、开矿产、折南漕、减兵额、创邮政、练陆军、整海军、立学堂等诸条"就本省情形……悉心筹画，酌度办法"。[4]8月17日，张之洞致电总署、督办军务处，称南洋必需海军，而现在各船皆木质，难御敌。请调琅威理来华，先到南洋，察看情形，筹备购舰及教练人才。[5]

8月21日，清廷命许景澄查明在德厂订造最坚利铁甲舰需费若干，几时可成，有无现成上等船出售，一并查奏。[6] 与甲午战前主要由李鸿章通过赫德—金登干与外方厂商，或者李鸿章通过驻外使节与外方厂商联系购买军舰的模式不同，此后购舰的主导者变成了总理衙门。

8月25日，王文韶上奏，根据李鸿章上年奏定《海军交战赏恤章程》所定抚恤金数额，编制名册，合计北洋海军殉难101人，应给付恤银13150两；受伤304人，应给养伤银8990两，总计22140两。[7] 北洋海军的各项善后工作至此告一段落。对于是否要重建海军，他避而不谈，只说："请朝廷以振兴商务为目前要中之要、急中之急，而以开银行、修铁路两大端为振兴商务之始基。"[8]

朝中其他大臣对振兴海军的兴趣不大。9月，在讨论时务时，刘坤一就说，目前巨款难筹，将领难得，不必遽复海军名目，不必遽办铁甲舰，暂就各海口修理炮台，添造木壳兵轮，或购制巡洋舰、鱼雷艇以资防御，并派水师学堂子弟出国游历，总期先有人后有船，俟款项充盈，不难从容购办。[9] 2.3亿两的巨额赔款，使清政府的财政近于崩溃，难以再拨款重兴海军，这是事实。但可悲的是，自从北洋海军覆灭之后，中国这个濒海大国仅有的那么一点征服海洋捍卫海权的自信心也被全然打消了。张之洞的建言，只当是一场空谈。此后相当长的一个历史时期内，只把海军发展的战略目标局限在近海的极小范围之内。

1895年底，日军将退出辽东半岛。朝廷从南方调集军舰北上布防。12月2日，南洋的"开济""寰泰"舰抵达旅顺。中国接收湾旅委员、候补直隶知州顾元勋和龙殿扬同舰到达。10日，"镜清""南瑞"和福建的"福靖"3舰亦达。18日，顾元勋代表清政府从日军手中收回旅顺船坞公所各处台、坞、厂、库。根据顾元勋的报告，船坞幸未损坏，材料扫数被日军运走，仅剩铁船门、大起重架、汲水机器等。机器厂的设备被拆去七成，余下的既无皮带，又无手具，难以开动，[10] 满目疮痍的凄凉景象。20日，黄金山炮台重新升起中国龙旗。

京中言官没有放过李鸿章和他的僚属。12月4日，御史王鹏远上奏请严谕疆臣痛除因循积习。他说当年李鸿章在任时，凡各营统领及营哨官每次谒见，例收门包48两8钱及33两3钱不等。是以钻营成习，无一有耻之将。又说天津水师学堂为将来复修海军之枢纽，而总办伍廷芳，犹是李鸿章私党。更有道员闽人罗丰禄，禀性阴狡，暗中把持，现尽引闽厂学生凡曾在刘公岛投降者，相率来学堂中，希图复用。将来海军重整，必仍此溃军降虏充塞其中。[11] 7日，文廷式又奏，罗丰禄佥壬阴诈，前者设法倾轧琅威理而去之，后又主持闽党立意不战，举十数船以降敌。近闻王文韶又受其蒙蔽，收罗数百降将溃卒，皆罗丰禄巧为说辞。他日再购铁甲，又将归其驾驶。文廷式指控说，罗丰禄在烟台等处广开店铺，经营闽人产业。大东沟一战，欲救方伯谦，私改汉纳根电报，后经汉纳根查出，且欲控之朝廷，始由北洋奏准正法。总之，罗丰禄实为汉奸，海军复设，断不可再用闽人旧党。[12]

次年1月18日，王文韶复奏，指出所参罗丰禄私改电报，因李鸿章办理军务电报皆未移交，汉纳根本人则早已回国，故无从根究。又称方伯谦被正法后，罗丰禄唆使其家属鸣冤亦无其事——实际上，直到今天，从公布的李鸿章、盛宣怀电报档案中，人们也没有找到过汉纳根指控方伯谦的电报。王文韶说，罗丰禄办理水师营务处最久，其人亦颇读书，因熟悉外语与往来交际，遂以洋务著称。罗丰禄在王文韶初到天津时，已随李鸿章出使日本，回京后，仍随李鸿章办理议约事，至今在京未回，实无“相信不疑，惟言是听”之事。[13]罗丰禄次年随李鸿章出访欧美，11月23日奉命出使英国，出京过津，与王文韶有匆匆一晤，从此去国万里。

1896年1月21日，王文韶奏，拟调道员黄遵宪总办北洋水师营务处，奉朱批允准。但黄并未到任。3月，王文韶在汇报北洋海防的奏折中说，旅顺东西南岸的11座炮台，大连湾的6座炮台，台身被毁甚多。药库兵房均遭拆毁。各台70余尊大炮全数毁失无存。修复需银20万两，添置各项炮位，需银200万两，一时实难筹划。又说海军需重具规模，非二三千万两不可。“从来时事多艰之会，镇静者从容坐理，而或失之因循；任事者慷慨图功，而或患于虚矫。微臣……既不敢愒日玩时，以蹈苟安之咎；亦不敢揠苗助长，以重欲速之愆。窃据北洋现在情况，详加筹度，惟有就已成之规模，用现有之财力，需以岁月，逐渐经营，不事铺张，不求速效，无论得尺得寸，总期实事求是。”[14]王文韶早年在两湖做官，后以镇压少数民族起义出名，担任过云贵总督。他在官场以圆滑著称，奉“多磕头、少说话”六字为圭臬，有“油浸枇杷核子”的绰号。这道奏折写得不温不火，什么实际问题也没解决，正是王文韶风格的典型写照。

话又说回来，北洋海军覆灭后，整个渤海门户洞开，毫无防御能力的局面毕竟使人尴尬。幸好战时在英、德两国订购的驱逐舰“飞霆”“飞鹰”号在1895年底驶回国内。驱逐舰是19世纪末叶新出现的一个舰种，从鱼雷艇、雷击舰发展而来，当时亦称“鱼雷猎舰”，主要用于护航警戒。“飞霆”为英国阿姆斯特朗公司制造，排水量720吨，马力800匹；“飞鹰”为德国伏耳铿船厂制造，排水量850吨，马力5500匹，航速24节。[15]朝廷又批准王文韶的请求，将福建船政1894年制成的“靖远”运船改为练习舰，更名“通济”。这样，加上“康济”号练习舰、“湄云”

“飞霆”驱逐舰

号运兵船，北洋仅有5艘军舰。

1896年春，“开济”“镜清”“南琛”等舰返回南洋。上年末，南洋在德国订制的“辰”“宿”“列”“张”鱼雷艇已驶至中国。但两江总督刘坤一显然无意趁此机会发展海军，壮大声势。加上南洋诸舰舰龄较老，舰型较落后，到了1897年6月，刘坤一干脆上奏，将“开济”“镜清”“南琛”“南瑞”“保民”5舰，“龙骧”“虎威”“飞霆”“策电”4艇酌减人数经费，“登瀛洲”“威靖”仍改运船，“寰泰”改为练习舰，每年节省经费16万两，专款存储，以备将来购舰之用。整个南洋兵轮船，仅维持在勉敷巡操的状态。[16]

“三国干涉还辽”事件，看起来阻止了日本霸占辽东半岛的狂妄计划，其实正是瓜分中国的前奏曲。俄国因太平洋舰队基地海参崴冬季结冰，一直企图南下寻找不冻港。1895年11月，沙俄政府以“还辽事件”后俄日关系紧张，俄国军舰不能再去日本海港过冬为由，向清政府要求借泊胶州湾。清政府难以拒绝这一请求。27日，驻俄公使许景澄向俄国外交部声明：“朝廷重顾邦交，允令暂泊。”“一俟春融，务即开去。”这样，俄国海军实现了南下计划的第一步。

1896年2月，沙皇尼古拉二世在莫斯科举行加冕典礼，朝廷派李鸿章作为钦差大臣，前去祝贺。李鸿章在俄国时，代表中国同俄国签订了《中俄御敌互相援助条约》（简称《中俄密约》）。清廷签订此约的目的，是联络俄国，共同防御日本。俄国则企图通过谈判，达到西伯利亚铁路从赤塔进入中国境内，连接海参崴，

“飞霆”发射药鱼雷

“飞鹰”驱逐舰

从而避开西伯利亚东部的冻土带，大大缩短工程周期的目的，并且全面渗透中国东北。在谈判中，俄国财政大臣维特向李鸿章劝诱说：俄国既然宣布了中国领土完整的原则，将来就要遵守这一原则。为此，俄国必须在发生紧急情况时能够给中国以军事援助。俄国的兵力目前集中在欧洲部分，为了维护中国的领土完整，必须有一条路线尽可能短的铁路。李鸿章在俄国的谈判，是朝廷在甲午战争后出现亲俄联俄热潮的产物。当时李鸿章与国内的往来密电，均由总理衙门大臣翁同龢与张荫桓用二人亲自轮流保管的密码本翻译、抄写后分递两宫和军机处，并由翁同龢等人多次组织军机大臣、总署大臣会商。李鸿章对条约内容的所有修订细节，均及时请示国内，取得批准，并未发现有擅权或者忽略细节的地方，因而是一种国家行为。清政府的联俄决策，目的是想结一强援制衡日本，为扭转战败后的外交弱势局面寻找出路。

俄国的目的达到了。6月3日签订的《中俄密约》规定："今俄国为将来转运俄兵御敌并接济军火、粮食，以期妥速起见，中国国家允于中国黑龙江、吉林地方接造铁路，以达海参崴。"并规定"平常无事，俄国亦可在此铁路运过境之兵粮"。[17]

清政府却被玩弄了。5月13日，在李鸿章同俄国外交大臣洛巴诺夫 - 罗斯托夫斯基公爵及财政大臣维特初次会谈密约时，俄方出示他们起草的约文草稿，第一条是："日本国或与日本同盟之国如侵夺俄国属地，或中国土地，或朝鲜土地，即牵碍此约，立即照约办理。"[18] 19日，罗斯托夫斯基建议删去"或与日本同盟之国"8字，以使俄国对于中国的允诺和共同防御义务大大缩小，这点也得到中方决策层的认可。[19]李鸿章在签约之后，曾沾沾自喜地说，从此可保二十年无事。其实俄国除了攫取在中国的筑路权外，非但没有履行保卫中国的责任，还进一步参与了对中国的瓜分活动。

由于中俄之间的签约是绝密的，外间一直猜测纷纷。不久，上海的《字林西报》《万国公报》披露了包括十二条款的"密约"文本，引起世界各国的瞩目。按照这一文本，中国除了允诺俄国在东北修筑铁路外，还有三条涉及海军基地方面的内容：

> 九、俄国向来在亚西亚洲无周年不冻之海口。一时该洲若有军务，俄国东海以及太平洋水师诸多不便，不得随时驶行。今中国因鉴于此，是以情愿将山东省之胶州地方暂行租与俄国，以十五年为限……
>
> 十、辽东之旅顺以及大连湾等处地方，原系险要之处，中国极应速为整顿各事，以及修理各炮台等诸要务，以备不虞。既立此约，则俄国允准将此二处相为保护，不准他国侵犯。中国亦允准将来永不能让与他国占踞。惟日后如俄国忽有军务，中国准将旅顺口及大连湾等处地方，暂行让与俄国水陆军营泊屯于此，以期俄军攻守之便。
>
> 十一、旅顺口、大连湾等处地方，若俄国无军务之危，则中国自行管理，与俄国无涉……[20]

四分之一世纪后，出席1921年华盛顿会议的中国代表团首次公布了中俄密约，证明上述内容并不存在。同年，维特在他的回忆录中也说："1895 年中国政府同意开放胶州湾供我们使用。但因为我们发现这个港口不方便，我们事实上并没有利用这项特权。"[21] 这也就否认了 1896 年中俄密约中所谓租让胶州 15 年的说法。但在当时，人们都确信中俄密约允诺俄国人租借胶州湾，从而引起远东国际形势的进一步复杂化，也诱发出列强在华瓜分势力范围的狂潮。

李鸿章访欧期间，1896 年 8 月 5 日，从朴茨茅斯乘"阿尔伯特"号皇家游艇前往怀特岛阿思本宫觐见女王，英国皇太子威尔士亲王、皇孙约克公爵陪同接见。下午回程时，英方安排他检阅海峡舰队。根据当时报纸报道，受阅军舰包括 27 艘战列舰和巡洋舰，20 艘鱼雷艇和驱逐舰。还有一种说法是，皇家海军每年回国会操，主力舰只达到 100 多艘。该年年度会操完毕，各舰陆续回返全球驻防地区。李鸿章检阅时，尚余 27 艘铁甲舰、20 艘巡洋舰、一批鱼雷艇和驱逐舰，恰好向女王的客人展示了英国的肌肉。参阅各舰排列四行，官兵在舰上站坡站桅，军乐队演奏乐曲。"阿尔伯特"号从中绕行穿越，各舰均先降旗再升旗以作致敬，场面十分壮观。威尔士亲王乘坐"阿思本"座船尾随而至，各舰为皇太子鸣放礼炮，此起彼伏，整个海面艨艟如林，帆樯相接，让李鸿章真正领略了"坚船利炮"的威力。[22] 他先后参观了自己十余年来多次购买军舰的德国伏耳铿造船厂、克虏伯兵工厂和英国阿姆斯特朗公司，甚至专程去了纽卡斯尔的埃尔斯维克船厂，还会晤

1896 年 8 月 5 日，李鸿章乘"阿尔伯特"号皇家游艇检阅英国海军。游艇主桅升大清黄龙国旗。

李鸿章访问德国期间的合影。前排左起：李经述、李经方、李鸿章、罗丰禄、德国驻华武官李裒德、总理衙门官员联芳，后排左起：德璀琳、汉纳根。

李鸿章参观伏耳铿船厂。

了军火大佬克虏伯和阿姆斯特朗勋爵。

德国是个后起的资本主义强国。当它在19世纪70年代初完成全国统一后，就开始积极向外扩张，投入到列强在华的一系列争夺和角逐中。它加入竞争虽然为时较晚，但劲头十足，手段也更蛮横霸道。到了90年代末，它不再满足于军火和一般商品的输出，还要到中国攫取据点，以作为扩大在远东影响的桥头堡。

从1860年到1872年，德国最负盛名的地质学家兼地貌学家李希霍芬8次来中国考察。1868年，他首先建议德国并吞舟山岛，认为“这座岛是易于设防的，并且由一个舰队可以控制和华北与日本的交通”。而到次年，他通过对山东的全面调查，就建议占领胶州湾了。他分析说，第一，胶州交通方便，有广阔的发展余地；第二，山东有位置优越而质量良好的煤田；第三，中国有无穷伟大、非常便宜和智慧的劳动力。这些，对于德国最后确定占领胶州湾作为侵华根据地，并把山东划为它的势力范围，起了很大的作用。

1895 年 3 月 11 日，德国外交大臣马沙耳男爵在致海军大臣何尔门海军中将的极密件中提出，如果中国继续失败，德国有权参加干涉，并向中国要求土地，作为帝国海军的一个或几个储煤站和军港。4 月 17 日，何尔门开出了在华建立军港的三组地点：甲、舟山群岛和厦门（包括鼓浪屿）；乙、胶州湾和大鹏湾；丙、莞岛（朝鲜南端）和澎湖列岛。[23] 这一密谋正是在德国参与干涉还辽事件的前一个星期。德国人明白地表示，他们参与还辽事件，目的就在于向中国要求土地作为补偿。这年年底，德国公使绅珂和马沙耳分别在北京和柏林正式向中国政府和外交官提出让与一个军港的要求，均遭婉拒。

次年 6 月，李鸿章参加完沙皇的加冕典礼后来到柏林，马沙耳再次向他要求割让一块海军基地，被拒绝。11 月 3 日，德国海军司令克诺尔海军上将与协助李鸿章访德后在德国休假的德璀琳进行了谈话。德璀琳这个清政府的德籍高级雇员对克诺尔说，胶州湾极值得德国争取，他列举了该湾的七大优点。同时，德国政府又收到巡洋舰队长提尔皮茨海军上将报告，认定胶州湾冬季不冻。

15 日，德国驻俄国大使拉杜林公爵致德国首相何伦洛熙公爵的公文中，透露了一个惊人事件：昨天，“经常对我表示很尊重德国，并愿德国势力在中国发展的中国公使”许景澄，派使馆参赞美国人金楷理极秘密地暗示德方，要在中国取得一个巩固的、受人尊敬的地位，只有干脆攘夺一个港口据为己有，否则中国人不会因此而感激。金楷理说：

> 中国人绝对不会懂得这种思想方法，道义取得的观念对于他们是绝对陌生的，只有武力才是他们唯一能懂的语言。如果德国不干脆地取它所希望或需要的，华人只会把它当作是一种软弱的表示，而决不会认为是崇高的大公无私的证据。[24]

威廉二世在报告上批注：“正确！这正是我两年来对外交部所谆谆劝说而没有成功的！”“都是我多年来拥护的思想！”“必须由一位中国公使来对我们愚笨的德人说明我们应在中国怎样行动，才对我们有利，实在是可耻。”[25]

许景澄

德皇威廉二世

棣立斯海军上将

章高元

后人一直难以理解许景澄此举的动机和目的。其实早在大半年前，拉杜林公爵还有一次报告："我的中国同僚极机密地告诉我，据他的意见，如果不运用'一点武力'，割让一个海岛的问题是不易得到解决的。关于这个问题，如仅靠中国公使向中国报告，结果只会不痛不痒地处理，而不会发生作用。他本人怕热心主张这件事，因为他不愿被妄言者目之为汉奸。"[26]

许景澄此举是一个费猜的谜。推测起来，大致有两种可能：一是在长期的外交生涯中，在德国人思想的影响下逐渐成为亲德派，不愿俄国在华谋取更多的利益；二是不满李鸿章对俄外交的大量失误，企图利用德国力量抗衡、抵消俄国在华势力，因此玩起"以夷治夷"的外交游戏。不管是哪种指导思想，其后果都是十分严重的。作为外交官做出此类举动，是极其错误的叛国行为。[27]

德国驻华公使海靖自 1896 年就职以来，一直谋求在中国获得海军基地而未获成果，这使威廉二世十分恼火。5 月 5 日，海靖报告首相，根据海军部顾问福兰西斯等人考察，中国海湾中只有胶州湾一处值得考虑。三门湾、厦门皆不适宜。并指出俄国对胶州湾并没有提出要求。8 月 7 日 ~ 11 日，威廉二世访问俄国，密谈胶州湾问题。沙皇尼古拉二世表示，俄国在没有取得一个心目中已经决定的更北的海口前，还有意保证在该港的进出，但允许德国人共同使用。在它撤出时，不反对把该港交给德国占领。两国君主对于使用胶州湾达成了私下谅解。9 月 21 日，德国正式通知俄国，德国舰队将在胶州湾过冬。10 月 1 日，海靖把这个决定通告总理衙门。总理衙门立予拒绝。但此时德国的准备已经就绪，只要寻找一个机会便可发动了。

正巧机会来了。11 月 1 日深夜，两个德国传教士韩・理加略和能方济在山东巨野磨盘张庄教堂被当地大刀会成员杀死，本堂神父薛田资仅以身免。事后，地方官没有及时将此事报告朝廷。6 日，威廉二世谕令德国外交部，如果中国政府不对巨野教案以巨额赔款并立即缉凶，就派舰队占领胶州湾并采取严重报复手段。同日草拟了发给驻扎在吴淞口的棣立斯海军上将的谕令，要他率领全部军舰驶往胶州湾，占领合适地点，用任何方式勒索（此电于次日深夜发出）。7 日，德皇以此事征求沙皇意见。沙皇表示，对于德军开入胶州湾，既不能赞成，也不能说不赞成。因为他近来才知道胶州湾仅在 1895 ~ 1896 年才暂时属于俄国。[28] 同时，海靖从汉口向总理衙门发出电报照会，清廷至此方知巨野教案。

朝廷饬令山东巡抚李秉衡迅速捕捉凶手，以扼制事态恶化。李派臬司毓贤处理。毓贤胡乱捕捉了惠二哑巴等9名无辜群众，称此事是盗窃钱财引起的谋杀案，企图缩小事态，然而无济于事。10 日，棣立斯海军上将率领“德皇”“威廉王妃”“鸬鹚”号巡洋舰从吴淞口前往胶州湾。

13 日，德国舰队抵达胶州湾。为了掩盖德军的军事行动，棣立斯先派几名军官携翻译登陆，拜访清军守将章高元，诡称此行是进行军事演习。章不知其诈，还准备当晚设宴招待德国军官。

14 日上午 7 时，海面风平浪静，崂山上弥漫着晨雾。由 500 人组成的陆战队，乘快艇登上青岛栈桥。章高元的守军 3 营 1500 人，毫无戒备地看着德军从总兵衙门前穿过，还说参观演习后，守备部队将大有所得。德军顺利地占领了军械库、弹药库、俯瞰炮台的高地和可以炮轰总兵衙门的地点后，向清军发出限 3 小时内退到女姑口、崂山之外，48 小时内全部退清的最后通牒。[29] 章高元这才大吃一惊，经与棣立斯进行了一场毫无结果的交涉后，被迫率部队撤出青岛，移驻青岛山后的四方村一带。德军对兵力是自己三倍的中国守备部队如此懦弱无能也感到惊讶。“威廉亲王”号鸣炮 21 响以示庆贺，棣立斯召集陆战队员，宣布占领胶州湾

德军占领胶州湾

及附近一切海岛与属地。

章高元当天即向山东巡抚李秉衡两次电报德军入侵的情况。但奇怪的是，李秉衡和北洋大臣王文韶两处均到15日才向总理衙门发电汇报。[30]这天下午3时，德使馆参赞贝威士拜访总理衙门，总理衙门大臣李鸿章、敬信、崇礼、许应骙、张荫桓5人参与接见，贝威士一字不提德国海军在胶州湾的军事行动。[31]待他走后，总理衙门大臣才看到王文韶、李秉衡的电报，于是一方面回电，要李秉衡抓紧拿办凶手；另一方面致电出使德国公使许景澄，要他向德国外交部询问，为何因教士为盗戕害，而影响数十年的睦谊？这种做法，究竟是德使海靖专擅的行为，还是接到了国内的训令？[32]本日中午，军机大臣兼总理衙门大臣翁同龢在颐和园值班，由于没有任何特殊情况，他好整以暇地设宴，邀礼亲王餐叙，作陪的是刚毅和钱应溥。他们"剧饮纵谈甚畅"，到下午四点方散。

4位军机全然不知道德国出兵青岛。总署没有向他们通报胶州湾的消息。[33]当日晚间，李鸿章紧急赶往俄国使馆，约见俄国代办巴布罗福，向他出示了山东拍来的电报，要求俄国政府立即派舰队到胶州湾，对德国的侵略表示抗议，并促使德国人撤离。[34]

16日，翁同龢看到了李秉衡和王文韶发来的电报。他与恭王商量后，立即起草了两道电旨，一饬李秉衡："德国图占海口，蓄谋已久，此时将藉巨野一案而起。度其情势，万无遽行开仗之理，惟有镇静严扎，任其恫吓，不为之动，断不可先行开炮，致衅自我开"，并命迅速审讯凶手。[35]一命许景澄与德国外交部交涉。同日，王文韶在给总署的电报中承认，此案甚难收拾。李秉衡素不喜欢谈洋务，深恐办理未能妥协。朝廷既已发表他升迁四川总督，由陕西布政使张汝梅担任山东巡抚，请饬张速赴新任，速结教案。[36]然而德军得寸进尺，继续逼迫章高元退兵。并在各山口挖沟架炮，声称16日下午3时进攻。章高元无奈，再次退兵沧口。李秉衡急电总署请战，次日朝旨予以驳回。

在清政府的心目中，德军是一支兵精械利冠甲欧洲的部队。淮军的新式操练，便采取德国陆军操典。北洋海军的主力舰也主要购自德国。在以往的中德交往中，从未发生武力冲突。所以对德国在胶州湾事件中的霸道行径，既震惊，也害怕。翁同龢日记17日记载："上意力持不战，述慈圣言，甚忧劳也。"[37]同日，军机处向李秉衡转寄电旨：

敌情虽横，朝廷决不动兵，此时办法，总以杜后患为主，若轻言决战，立启兵端，必致震动海疆，贻误大局，试问将来如何收拾耶？[38]

20 日，军机处再传电旨：

电奏所陈各节，朝廷所稔知。其应争处在此，其难办处亦在此。洋人举动，全在势力。力不能胜，必受大亏，此战事所以当慎也。[39]

这便是当时朝廷和枢臣的真实心态，一种打破了天朝大国迷梦后，反过来形成的自卑恐惧心态。

朝廷本想借助外国的力量迫使德国撤退，但一切努力都徒劳无益，只能谋求妥协。德国则继续显示强硬立场，20 日，威廉二世在给沙皇的信中宣称："不论是什么原因，德国对中国的关系目下显然是处在屈辱的地位，皇帝将用所能用的一切方法，一劳永逸地将它纠正过来。"[40] 威廉二世决定派皇弟亨利亲王率领第二舰队前往中国。第二舰队包括一级装甲巡洋舰"德意志"号（7320 吨）、二级巡洋舰"格希翁"号（4200 吨）、"开泽林·奥古斯塔"号（6056 吨）3 艘。12 月 15 日，威廉二世亲临基尔军港，检阅第二舰队。当晚，他在行宫为亨利亲王送行的晚宴上，发表了轰动世界的"铁拳"演说，表示出德意志帝国企图在全世界扩张强权的野心。他说：

在我德意志军旗保护下的我德意志的贸易，我德意志的商人以及我德意志的船舶，要享有与其他列强在这方面的同等权利，并受到保护。德意志的贸易因有能受到德意志国权的安全保障的自觉，才能发展起来。国权即是海上权，海上权与国权犹如车之双轮、鸟之双翼，两两相辅而促进国运之发展。若缺其一，则不能期望国家强盛……朕选派帝国舰队去中国海设防，不外是为遇有要求保护时，能进行勇猛的进击。无论何人，若有欲试牵累或妨碍我正当权利者，卿即应挥举"武装的铁拳"征讨之！[41]

次年 3 月 6 日，李鸿章、翁同龢同海靖签订了《中德胶澳租借条约》。条约规定，中国将胶州湾及南北两岸租与德国，租期 99 年。租期之内，中国不得治理。如果德国在租期未满之前，自愿将胶州湾归还中国，则由中国偿还在此所用费项，并另将较此相宜之处，让与德国。[42] 德国随后设立"胶州湾保护领"，归海军部管青岛信号山勒石该石上部飞鹰是德国国徽。1898 年 11 月 14 日，在德国占领胶州一周年之际，由亨利亲王主持落成仪式。碑文上刻着："他为皇帝、为帝国赢得了这片土地，这块岩石以他的名字命名为棣立斯石"。1899 年 10 月 12 日，德国宣布"将胶州湾保护地的新市区命名为青岛"。

辖。最高长官为胶州总督，由德国远东舰队司令充任。又将租界地分为青岛、李村两个行政区。此后，青岛逐渐发展成为一个独立的城市。

从此胶州湾沦入德国之手，直至 1914 年第一次世界大战爆发，日本借口对德宣战而强行占领，前后共达 17 年。

清廷曾指望俄国成为自己的战略同盟者。18 日，俄国代办巴布罗福通知总理衙门，俄国舰队已接到驶往胶州湾的命令，这使李鸿章产生了一阵喜悦和欣慰。19 日，他亲自致电俄国的乌赫托姆斯基公爵，希望他转请沙皇出面调停。到了 20 日，巴布罗福再次通知清廷，俄国已改变决定，撤销俄舰驶往胶州湾的命令。李鸿章和其他大臣大为失望。

李鸿章及同僚始终不知道俄德之间和俄廷内部的大量活动。其实早在 11 月 8 日和 9 日，俄国外交大臣穆拉维约夫伯爵已给俄国驻柏林代办巴伦连发两份电报，要他通知德国，在巨野教案中，俄国支持德国派舰队前往胶州的步骤，同时宣布俄国也将派舰前往。俄国强调，俄舰不是为了参加敌对行动，而是为了表明他们自 1895 年以来就有"投锚优先权"。这就把他们介入胶州湾事件的动机说得十分明白了。但是，俄国人心目中的中国海港并不是胶州湾，其不断强调所谓对胶州湾的投锚优先权，实质上是为了换取德国对俄国占领中国其他军港的承认。11 日，穆拉维约夫向沙皇建议，鉴于山东的既成事实，俄国应当不失时机地占领大连湾或海军部指定的其他港口。接着，俄德两国之间达成谅解，德国承认中国北部和朝鲜属于俄国势力范围。

12 月 1 日，中国驻俄国公使杨儒在给总理衙门的电报中说：

《法国画报》漫画：为了不让各国嫉妒，李鸿章拿起自己的辫子一截截切下，送给英国女王、德国皇帝、法国总统。

> （俄）外部云：德事愿效力，而难于措词，或请于中国指定港口，俾泊俄舰，示各国中俄联盟之证，俄较易藉口，德或稍敛迹。已电署使，仍嘱转陈。窃以为德果因此就范，亦无把握。胶事俄先知情，貌似交好，恐不足恃。[43]

这份电报，传递了两个重要的信息：一是俄国已正式提出要一个港口停泊军舰，二是胶事俄国事先知情。此后俄国果然向中国索要军港，16日，三艘俄国军舰驶入旅顺口。[44]

财政大臣维特回忆说，在11月24日沙皇召集的讨论远东局势的会议上，穆拉维约夫宣称，俄国在远东需要一个太平洋的港口。目前正是占领或夺取旅顺口、大连湾的时机。这两个港口在战略上具有极大的重要性。不久，俄国外交官在北京的谈判陷入僵局，维特发电报指示他们去拜会李鸿章和张荫桓，允诺给他俩各50万两银子的贿赂。可见清廷大吏的无耻与俄国外交官的不择手段。[45]

与此同时，俄国军舰陈兵旅顺，二千名陆战队员也在旅顺登陆。俄国还协调外交政策，取得德国对其远东战略的支持，并宣布不再积极过问朝鲜事务，撤回在朝俄员，以换取日本不反对其租借旅大。在当时情况下，清军确实无力与俄国发动正面军事冲突，朝廷内亲俄派势力颇盛。一些官员还自欺欺人地相信，俄国

1897 年 12 月，沙俄军舰强占旅顺口。

占领旅顺，是为了保护中国免受德国的侵略，因此向俄国军舰提供燃煤。在国际上，清政府也没有取得其他国家的外交同情，最后被迫让步。1898 年 3 月 28 日，两国在北京签订《中俄旅大租借条约》，订明“为保全俄国水师在中国北方海岸得有足为可恃之地”，将旅顺口、大连湾及附近水面租与俄国，租期 25 年。[46] 这样，中国北方最大最重要的军港便沦于俄国人之手了。

《中俄旅大租借条约》签订的当天，德皇威廉二世给沙皇尼古拉二世写信说：“我必须衷心地祝贺你在旅顺口采取行动所获得的胜利结果，我们二人将在渤海湾的入口处组成为一队优秀的哨兵，受到人们适当的尊敬，特别是黄种人的尊敬！”[47]

德、俄两国的得手引起英国极大的不安。《北华捷报》报道说，当俄国占领旅顺口的消息传到伦敦时，对于中俄密约“是否确有其事尚抱有怀疑的人，尽除疑云”。[48] 历来在对华侵略中居于主导地位的英国，此时觉得落后了，几乎丧失了对一切事务的支配权。英国象征性地向旅顺口派出一艘军舰，以表明“英国船舶有充分权利访问旅顺口和其他中国口岸”。[49] 同时竭力在中国南方的封疆大吏中活动，胁迫和引诱他们提出联英主张。1898 年 3 月 7 日，英国首相索尔兹伯里勋爵在给驻北京公使窦纳乐爵士的训令中说：“如果俄国有了旅顺口和大连湾的租借地，那么俄国对北京政府的影响力将增加到损害英国利益的程度。”[50] 不久他又说，“由于北直隶湾的势力均衡已经因旅顺口的租让给俄国而实质上有了变更，所以在日本人离去之后，按照旅顺口租借的同样条件，取得威海卫的租借是有必要的。”[51] 英国外交官立即展开活动。在与日本取得默契之后，强迫清政府允诺将威海租借给英国。

5月9日，清政府将《马关条约》规定的最后一笔赔款付清之后，日军开始从威海卫撤退。王文韶派前山东候补道严道洪、前“威远”练习舰管带林颖启前往接收威海，英国人也参与了接收。5月23日中午，日本指挥官冈崎生三举行告别酒会，中英两国代表共同出席。24日，英军在刘公岛上举行占领仪式。先升中国国旗后，并悬英国国旗。7月1日，清政府与英国签订了《中英订租威海卫专条》，规定将刘公岛、威海卫湾中的群岛及威海全湾沿岸10英里地方，租给英国，租期与俄国驻守旅顺之期相同。[52]条约虽然规定中国军舰可以使用威海卫湾水面，但事实上，威海卫刘公岛，已不能作为海军基地为中国军舰提供各种服务和后勤保障了。22岁的青年军官张伯苓（后为南开中学、南开大学的创建者）回忆：

> 苓适毕业于北洋水师学堂，在“通济”轮上服务，亲身参与其事，目睹国帜三易（按接收时，先下日旗，后升国旗，隔一日，改悬英旗）。悲愤填胸，深受刺戟！念国家积弱至此，苟不自强，奚以图存。而自强之道，端在教育。创办新教育，造就新人才，苓将终身从事教育之救国志愿，即肇始于此时。[53]

瓜分中国沿海军事基地之风迅速蔓延。这年4月，在法国胁迫下，中法交换照会，将广州湾租给法国作为停船趸煤之所，租期99年。接着法军便占领了广州湾。同月，中日两国交换照会，宣布中国政府不将福建省内地方让给或租给别国。也就是说，清政府承认福建成为日本的势力范围。

从此以后，中国沿海的重要军事港口，都先后落入外国殖民主义者的手中，这对中国近代海军的发展造成了巨大障碍。

赫德记载说，在胶州湾危机最严重的日子里，翁同龢曾来访问他，问他是否还有时间去做曾经建议的加强中国国力的措施——改革、陆军、海军、财政、吏治。“我告诉他们，一切取决于他们将来能实实在在地做些什么：如果他们决心明天开始就正经地着手改革，今天的损失是无关紧要的；然而若是根本无意于推动改革，今天的损失就毫无意义，只是向狼群投掷一片片的肉，使它们暂时不追上来，直到把马累死为止。”[54]险恶的国际形势，再一次把中国人逼迫到改革变法的大门口。

列强的瓜分狂潮唤醒了中国人。从1898年初起，北京讲求变法维新之风大盛。康有为迭次上书皇帝，力求大集群臣，明定国是。已经担任天津水师学堂总

1898 年 5 月 23 日，日军退出威海。24 日，英国强租刘公岛，在占领仪式上升起英国国旗。

告别酒会上，冈崎生三向中方代表严道洪、林颖启及英国代表敬酒。

次日的占领仪式上，英军代表金·霍尔上校宣读占领声明。

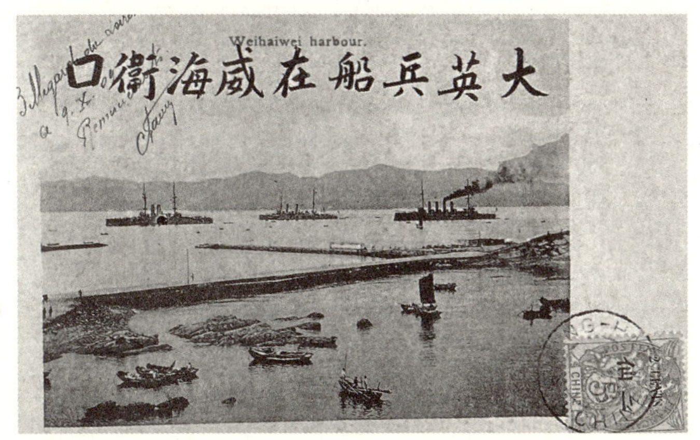

英军占据刘公岛的明信片

办的严复，出版了他译述的英国科学家赫胥黎的名著《天演论》，以“物竞天择，适者生存”的进化论观点，唤起国人救亡图存。改良与保守两股力量展开了激烈的斗争。6月11日，皇帝下诏更定国是，变法自强。15日，慈禧太后以光绪皇帝名义将翁同龢开缺回籍。16日，光绪皇帝召见康有为，命他为总理衙门章京。9月21日，慈禧太后发动政变，幽禁皇帝于瀛台，“百日维新”失败。

也在这年5月29日，65岁的恭亲王奕䜣在他位于前海西街的府第中溘然长逝。至此，除了李鸿章以外，早年参与镇压太平天国，发动洋务运动的“同光中兴名臣”，皆已谢世而去。李鸿章本人，则在次年被逐出北京，远远地放到岭南去做两广总督。清王朝最后一批杰出的政治家，本想挽回大厦倾覆的危机，至此世纪之末，谁也无力回天了。9月28日下午4时，当维新党人谭嗣同等“戊戌六君子”在菜市口被砍下脑袋的时候，大清朝也就斩断了它自己最后一次被拯救的希望。

二、再造海军的初步措施

1898年9月21日，是中国近代史上的黑暗日子。这天慈禧太后发动“戊戌政变”，下诏革去“结党营私，莠言乱政”的工部主事康有为的职务。康在英国人的帮助下，当天从天津乘轮船南下上海。

就在这天，中国在伏耳铿船厂订购的“海琛”号军舰北上驶抵大沽。康有为匆匆亡命途中，不知是否留意这艘新舰。“海琛”是1896年5月总理衙门指定许景澄向德国伏耳铿公司订购的三艘防护巡洋舰中的最后一艘。另外两艘“海容”“海筹”，已分别于本年7月27日、8月24日先期驶抵大沽。军舰排水量2950吨，航速大于20节，功率7500匹马力。火力系统包括克虏伯式150毫米口径炮3门，105毫米口径炮8门，60毫米口径炮2门，鱼雷发射管1个。单价16.3万英镑。[55]

政变之后，北洋海陆军权落入慈禧宠臣荣禄手中。在讨论重兴海军战略时，他重复当年李鸿章观点，主张向洋厂订造，反对“专恃闽厂为海军之大计”的主张。而购舰运作，改为总理衙门直接操盘。

早在1894年11月，应中国驻英公使馆之邀，阿姆斯特朗公司向中国派出敦乐伯作为全权代表。敦乐伯长期在英国海军服役，曾担任“利安德”“大胆”“澳大利亚”等舰舰长。10月，他以上校军衔退役，次年晋升为退役少将。英国人估计，中日战争和战后，定会增加出许多新订单。1896年春天，赫德告诉金登干：敦乐伯“走了。请告诉伦道尔，他在此地确实无事可做。中国政府此刻分文无有，既不能造也不能买军舰”[56]。然而在9月17日，总理衙门大臣奕䜣等上奏，就向阿姆斯特朗公司订购2艘巡洋舰，向伏耳铿公司订购3艘巡洋舰，向德国希肖公司订购4艘驱逐舰作了请示，认为以上军舰联成一队，足为海军重立之基。[57]在获取订单的过程中，除了敦乐伯，阿姆斯特朗公司指定的对华业务代理公司——瑞生洋行经理补海师岱也起了重要作用。10月中旬，相关合同在北京签订。[58]

1899年夏天，在英国订购的“海天”“海圻”号巡洋舰到达大沽。从外形看，它们很像阿根廷巡洋舰“布宜诺斯艾利斯”号，排水量4300吨，功率17000匹马力，航速24节。配有阿姆斯特朗式8英寸口径炮2门，4.7英寸口径炮10门，阿式47毫米口径炮12门，阿式37毫米口径炮4门，450毫米刷次考甫鱼雷发射管5个。每艘计328242英镑。[59]同期到华的，还有德国实硕船厂制造的“海龙”“海青”“海华”“海犀”号鱼雷艇。

5艘巡洋舰、4艘鱼雷艇，使北洋海军的实力猛增了18000余吨，尤其“海天”“海圻”，属于二等巡洋舰，是中国近代海军史上，仅次于“定远”“镇远”的大吨位军舰，对于复兴海军，能够起到核心力量的作用。可惜从此以后，清政府向西方购舰的

“海圻”下水典礼上，左一左二：设计师菲利普·瓦茨夫妇，左五：安德鲁·诺布尔夫人，左六：林国祥，左八至十二：罗丰禄，陈恩焘，程璧光，陈镇培，吕文经。

活动又停滞下来了。

1903年2月，署理两江总督张之洞提出，南洋兵船购造多年，机老钢薄式陈行缓。奏请将陈旧各船悉数裁停，节存经费，岁可得20万两，10年合计200万两。即以另购外洋新式浅水快船六七艘，驻于长江一带，以资巡防。[60]建议被采纳了。于是将“南琛”“南瑞”“保民”“龙骧”“虎威”“飞霆”“策电”等7舰艇及不得力的小差轮一并裁停。四个月后，新任江督魏光焘援引张之洞前奏之案，请以节存之款另购浅水快船，旋向日本川崎船厂订购550吨浅水炮舰“江元”号。约定如果制造合适，再行续造3艘。这样就开了两个先例：一是南洋从此专注适用于长江航行的浅水军舰；二是清政府向外购舰的对象，转向近邻日本。

次年，湖广总督张之洞向川崎船厂订购“湖鹏”“湖鹗”“湖鹰”“湖隼”4艘雷艇和“楚泰”“楚同”“楚豫”“楚有”“楚观”“楚谦”6艘浅水炮舰。鱼雷艇每艘合38万日元，炮舰每艘合45.5万日元。

1905年7月15日，“江元”号驶抵上海。从各种性能参数看，国内船厂是完全能够自造的。[61]但南洋仍向日本续订了3艘同型舰，即“江亨”“江利”“江贞”。

1907年春，“楚同”“楚泰”“楚有”三舰到华。这种军舰，排水量780吨，功率1350匹马力，时速13节。配有阿式120毫米口径炮两门。[62]夏季，“湖鹗”“湖鹏”两雷艇到华。雷艇排水量仅96吨，发动机功率却有1200匹，时速27节。[63]

至1909年，在日本订购的14艘舰艇全数到华，总计排水量5700吨。这批军舰，构成了未来长江舰队的主力。

威海战败之后，北洋海军军官全部被裁汰，士兵被遣散。高级军官中，叶祖珪待罪天津，邱宝仁不知所向，以后未见复出。萨镇冰回原籍福州。不久，萨夫人陈氏去世，萨本人处境十分悲惨，只能就城内缙绅之聘，教授各子弟西学。[64]

水兵的情况流传后世的更少。那位在丰岛海战中出名的“济远”炮手王国成，返回故乡文登后，拿丁汝昌给他的500两赏银，购地40亩，原想务农为生。但天灾人祸接踵而至。先是妻子姚氏患病而死，王国成为生计所迫，又去旅顺谋事，不久也因生活无着，归乡不得，客死旅顺，死时年仅33岁。[65]

1898年9月，总理衙门章京郑孝胥上奏，保举萨镇冰“练海军兼习陆战，历年管驾兵轮，痛除积习，操行尤属可信”。在此之前，萨已被起用为吴淞炮台总台官，旋任“通济”练习舰管带。上谕着荣禄详细察看，据实具奏。

“海圻”巡洋舰

“海琛”巡洋舰

在实硕船厂的“海龙”等四条鱼雷艇

“江元”炮舰

“楚泰”炮舰

次年4月17日，光绪皇帝召见前北洋海军副将叶祖珪、副将衔补用参将萨镇冰，均开复革职处分，分别赏加提督衔、总兵衔，统领和帮统北洋“海天”“海圻”“海容”“海筹”“海琛”各舰及鱼雷艇，仍归北洋节制。“选择朴实勇敢熟悉驾驶之员，督同认真操练，以为整顿海军始基”。[66]旋任命刘冠雄任“海天”管带，萨镇冰兼任“海圻”管带。

同一时期，1898年1月3日，两江总督刘坤一奏准派崇明镇总兵陈旭统带南洋兵轮。[67]至1901年11月，又将南洋兵轮改归江南提督李占椿接统，以使水陆各军联为一气。[68]

1902年，经直隶总督、北洋大臣袁世凯奏保，开复原北洋海军军官林颖启（原

“威远”管带)、李鼎新(原“定远”副管驾)、李和(原“平远”管带)的官职。1903年,袁世凯奏保萨镇冰才堪破格擢用,奉旨以水师总兵记名简放。又将原北洋海军军官蓝建枢、何品璋、林文彬、蔡廷干及广东程璧光开复原官。[69] 这干人马,成为清末重建海军和民国前期海军的骨干。

进入20世纪之后,朝廷对海防建设又趋重视,海军将领也迭获加官。由于北洋海军武职实缺均已裁汰,新授北洋军舰将领的官缺只能向南洋、广东旧式水师借用。1903年,实授叶祖珪为温州镇总兵、萨镇冰为南澳镇总兵。两人均留在北洋统带海军。1904年又授叶祖珪为广东水师提督,仍留北洋差遣。[70]

1904年深秋,李鸿章的老助手周馥开府两江。他在考察了南洋舰艇设置及其他有关情况后,于次年1月18日提出南北洋海军联合派员统率的重要奏折:

> 臣此次南来,察看各兵船,亟应分别裁留,认真整理。非重定章程,不能革除旧习;非专派大员督率,不能造就将才。查有现统北洋海军广东水师提督叶祖珪,本船政学堂出身,心精力果,资劳最深。拟将南洋各兵舰归并该提督统领。凡选派驾驶、管轮各官,修复各船,操练学生、水勇,皆归其一手调度。南北洋兵舰官弁,均准互相调用。现在兵舰虽不足一军之数,而统率巡防,须略仿一军两镇之制。即南洋水师学堂、上海船坞、兵舰饷械支应

严复(二排左3)、叶祖珪(三排左4)、萨镇冰(三排左6)在“海圻”上

一切事宜有与海军相关者，并准该提督考核，会商各局总办道员，切实整顿。前委管驾各官，有于海军尚欠练习者，酌量撤换……近日屡与北洋大臣袁世凯往复电商，意见相同……理合会同北洋大臣袁世凯合词恭折具陈。[71]

这一主张形成了南北洋海军合并的局面，从而改变了过去分战区建设近代海军的传统方针。南北洋海军合并，不仅使得中国海军在力量薄弱的情况下集中了机动兵力和实力，也为后来按海军战略使命划分舰队功能奠定了基础。

海军合并后，叶祖珪在上海高昌庙江南制造局中，暂借房屋，设立海军办事机关。未几，他因病去世于上海军次，年仅 53 岁。5 月 16 日，朝廷发表萨镇冰为广东水师提督，其实就是由萨镇冰统领南北洋海军，所以他未去广东履任。两天之后，又派李准署理广东水师提督，实授南澳镇总兵。[72] 从船政学堂早期学生的能力才干来看，无论叶祖珪还是萨镇冰，都算不上最为出众的人才。但那些杰出的同学不是死于甲申、甲午之役，就是受挫于其他种种事件，历史便把他们推到了前台。

李准，字直绳，四川邻水人。1889 ~ 1894 年三次参加乡试，没有考上举人。1895 年捐同知，在湖北办赈捐，次年得张之洞保举，以知府补用。至 1899 年，以劝捐劳绩，获保道员。李鸿章任两广总督时，派李准为广东厘金局总办，兼充海防善后局提调。李准建水军十营以护商船，保厘金征收。1905 年，因“剿匪捕盗”有功，经总督岑春煊、巡抚张人骏保举送部引见，慈禧太后和他谈话之后，以总兵记名简放，署理广东水师提督。李准生于 1871 年。叶祖珪、萨镇冰在船政学堂读书时，他还没有出生，甲午战后被撤职时，他刚捐得小官。他们属于两代人，到 1905 年却平起平坐，他年仅 34 岁。李准非正途非海军出身，能够火箭般逆袭擢升，当然和他的办事才干有关系，也得到两广总督岑春煊的大力扶持。岑在八国联军进攻北京时率兵勤王救驾，深得慈禧太后信任。当初镇压太平天国，清廷不拘一格地提拔作战骁勇的读书人，但到光绪中期，官场重归沉寂，此时新政初起，李准就成为破格用人的案例。当然也有人认为，清末官制已完全陷入紊乱。岑春煊做官气势凌厉，有“屠官”之称谓，李准并不愿意留在广东任职，但上任之后，叶、萨之外的诸多老海军，就都成了他的部下。

李准

1906 年 7 月 5 日，直隶总督袁世凯将广东水师提督萨镇冰等部分海军旧属和威海当地绅民 300 多人联名上书，要求为丁汝昌开复原官的请求上奏朝廷。提出丁汝昌“械尽援绝，慷慨捐躯，其败绩固不必讳，忠勇要自可嘉，其实中艰难委屈之情形，亦为天下中外所能共谅”[73]。但这个奏折被留中，没有下文。直到 1910 年 4 月 25 日，筹办海军大臣载洵再次上奏，请求为丁汝昌开复原官原衔，他说：

> 臣自入海军处以来，所有旧日海军人员，无论在臣处供差或由外省因公晋谒者，论及当日海军，靡不称颂丁汝昌勇敢可钦、所见远到。甲午一役，实由船械迟钝以致失机。上年臣奉命巡阅各省，所历通商口岸，绅宿商耆来见者，率以丁汝昌孤忠未白，为之太息，如烟、沪等埠，则更感念有加，叙述北洋舰队成军以后，其巡练之勤，保卫之笃，皆口碑载道；又所历外洋各国，多谓丁汝昌所率舰队速率不均，炮械尤为迟钝，而鏖战至半日之久，实属难能可贵。凡此皆誉丁汝昌者之所言也。其毁之者，则曰丁汝昌并非由海军出身，畏葸无能，并因此归咎于李鸿章用人之不当。臣愚以为，巡练之勤，保卫之笃，乃海军统领分内应为之事，虽曰能之，亦无庸过为嘉许。然谓其畏葸无能，则未免太刻。……丁汝昌曩随铭军转战各省，既有叠克名城之功，嗣统海军十余年，亦不无微劳足录。甲午一役，论成败无能辞咎，论情节尚有可原，当时战局未解，褫夺诚难宽假，然事后论定，似可上邀旷典。合无仰恳天恩，明降谕旨，将已故提督丁汝昌开复原官原衔，俾死者得以释眚而明心，生者益观感而知奋，似于鼓励戎行不无裨益。[74]

奏上，奉硃批允准，此时，距丁汝昌自杀殉国，已过去了整整 15 年。

为了重新培养造就海军人才，海军教育的问题又被提上议事日程。1896 年，闽浙总督边宝泉在整顿福建船政的奏折中令人心酸地指出：

> 日本现在执政大臣，多与我第一届出洋学生同堂肄业，岂中国学生资质尽出人下哉？盖用之则奋发有为，人人有自靖自献之思；不用则日就颓落，人人有自暴自弃之心。闻船政学生学成回华后，皆散处无事，饥寒所迫，甘为人役。上焉者或被外国聘往办事，其次亦多在各国领事署及各洋行充当翻译，我才弃为彼用，我用转需彼才，揆诸养才用才之初心，似相刺谬。[75]

接任的裕禄，具体提出了船政学堂和艺圃重新招生的问题。1897年4月开始，不仅规定一般平民子弟可以报名，还允许20岁左右举贡生员参加考试。由于船政学堂和船政近40年来的影响和社会思潮的转变，因此投考者甚多。经过逐个遴选，最后挑选前学堂学生80名、艺圃艺徒60名。以后，后学堂也恢复了招生。

接着，裕禄又开始选派第四批海军留学生。本着“宜精不宜多”的原则，计划从前后学堂学生中挑选10名，分送英法两国，学习驾驶和轮船制造。可是英国外交部通知中国公使罗丰禄，格林尼治皇家海军学院名额已满，无法接收中国留学生，结果只能向法国派出前学堂第四届制造班学生施恩孚、丁平澜、卢学孟、郑守钦、黄德椿、林福贞6人，鉴于人数较少，不设洋监督，仅派吴德章担任监督。[76]他们1898年出国，原定学习6年。可是留学经费无着，最后在1900年撤回国内。

经历了甲午之战后，威海水师学堂解散，天津水师学堂也奄奄一息。1894年招入的第六届驾驶班学生，正逢1898年毕业。管轮班学生，1897、1899年毕业了两届，按四年学制推算，当属1893、1895年进校的。1898年之后的招生情况，由于资料缺乏，不得而知。到了1900年，天津水师学堂毁于八国联军的炮火，学生们四处星散，这所学校便停办了。

江南水师学堂还维持着，但也弄得乌七八糟。该校学生中后来出了两位著名的文学家——周树人（鲁迅）、周作人。从他们的妙笔下，人们窥见了许多正史上未曾记载的内幕。

如同大多数海军学堂的学生一样，周氏兄弟也是因家道中落，想找个无须交纳学费的学校而进入江南水师学堂的。鲁迅是1898年报考该校管轮班的，入学考试的试题是“武有七德论”。周作人入校晚三年。他的初试题目是“云从龙风从虎论”，复试题目是“虽百世可知也论”，都是酸腐不堪的八股题。周作人回忆说，入学一个月后，学校进行汉文分班考试，策论的题目更加要命：“问孟子曰，我四十不动心。又曰我善养我浩然之气。平时用功，此心此气究如何分别、如何相通？试详言之。”考得大家一败涂地。

江南水师学堂原分驾驶、管轮、鱼雷三班。到1901年时，鱼雷班已经停办。驾驶、管轮班原设头、二、三班，每期三年。此时将三班也裁去。但又不能招收新生直接进入二班，便增设一种“副额”，来替代三班，称作额外生。每星期五天上洋文课，一天上汉文课。洋文课包括英语、数学、物理、化学等中学课程，以及驾驶管轮等专门知识。因为都用英语讲解，所以总名如此。

学生每天的日程是，早晨6时起床，然后吃早饭，练习打靶，8时上课至12时，

江南水师学堂学生在进行爬桅杆训练。

中间休息10分钟。午饭后练习体操。下午1时30分至4时继续上课。吃饭后队列训练。每周还要练习爬桅杆一次。

据周作人记载，该校不少教习都是极迂阔极无知的。譬如有位教汉文的老夫子说，地球有两个，一个自动，一个被动；一个叫东半球，一个叫西半球。又如体操教习乃是本校的老毕业生，年纪并不大，因为吸鸦片，人弄得很是黑瘦，只会喊几句英文口令，挥舞几下酒瓶似的木制棍棒。至于教学内容，也颇古怪。英语念的是印度教材，只发到第四集为止，学生们无从理解那些“太阳去休息、蜜蜂离花丛”的诗句。[77] 鲁迅回忆说，那会儿他“几乎四整天是英文：‘It is a cat.’‘Is it a rat？’一整天是读汉文：‘君子曰，颖考叔可谓纯孝也已矣。爱其母，施及庄公。’一整天是做汉文：《知己知彼百战百胜论》《颖考叔论》《云从龙风从虎论》《咬得菜根则百事可做论》”。鲁迅还写道：

学校原先还有一个池，给学生学游泳的，这里面却淹死了两个年幼的学生。当我进去时，早填平了。不但填平，上面还造了一所小小的关帝庙。庙旁是一座焚化字纸的砖炉。炉口上方横写着四个大字道："敬惜字纸。"只可惜那两个淹死鬼失了池子，难讨替代，总在左近徘徊，虽然已有"伏魔大帝关圣帝君"镇压着。办学的人大概是好心肠的，所以每年七月十五，总请一群和尚到雨天操场来放焰口。一个红鼻而胖的大和尚戴上毗卢帽，捏诀，念咒："回资罗，普弥耶吽！唵耶吽！唵！耶！吽！"[78]

如此弥漫着封建霉味的地方，却是讲授西学的学堂，着实令人惊讶。学生纪律更是涣散。老班学生，对于学堂规章制度熟视无睹。早饭号响过，他们还在高卧。厨房按时自会有人托着长方的木盘，把稀饭和一碟腌萝卜或酱莴苣送上门来，他们是熟悉了哪几位老爷（虽然法定的称号是少爷）需要送的。由各该听差收下，等起床后慢慢地吃。[79] 鲁迅对该学堂的评价是："总觉得不大合适，可是无法形容出这不合适来。现在是发见了大致相近的字眼了，'乌烟瘴气'。庶几乎其可也。只得走开。"[80]

不要以为这是文人事后故作渲染。1905 年 2 月，襄办练兵事务大臣铁良在奉旨密查江南防务的密折中说："查该堂立法甚善，规模已极宏敞，学生敏捷英武者居多。惟教法太旧，堂规松懈，以致学生入学数年，尚未登舟演习。且查堂内小机器厂，屋内尘垢积满，不似逐日操作气象。所存鱼雷多碰伤者，办理殊欠认真。"[81] 足以证明周氏兄弟记载不诬。何况铁良作为练兵大臣，高高在上，走马观花，有许多底层的情况还看不到呢。

1905 年春，江南水师学堂第四届驾驶班和管轮班学生毕业，适值整顿海军，经叶祖珪派人考试合格后，分拨南北洋各军舰练用。并派第三届管轮班毕业生朱天奎赴奥地利学习制造。又派船政学堂许建廷、李国堂，黄埔水师学堂毛仲芳、林国赓赴英国留学。同年，南洋在日本订购"江亨""江利""江贞"3 舰，除派饶怀文前去监造外，又选第三届管轮班封燮臣，第四届管轮班王孝慕、李承曾、胡恩诰、萨君谦等 5 人随往学习新式机炉制造。[82]

进入 20 世纪以来，前往日本留学成为知识界的一种风尚，海军留学的重点也转向日本。起先，是从海军学堂的毕业生中选拔，如 1906 年江南水师学堂第五届驾驶班 17 名毕业生中，有 12 名被派往日本。后来去日本者日见广泛，有的是国内海军学堂尚未毕业就去了，有的甚至连国内学堂都未必读过。根据记载，1906 年赴日留学海军的，除上述江南水师学堂 12 人外，各省还选派 36 人。1908 年派

烟台海军学堂教职员

了50人。[83]

谢葆璋

1909年，护理两江总督樊增祥奏请将江南水师学堂改名“南洋海军学堂”。[84]这所学校，在民国时更名为“海军军官学校”。

为了加强对北洋地区海军人才的培养，清政府1902年在烟台东山设立海军练营，训练水兵，由天津水师学堂第一期毕业生谢葆璋任管带。谢葆璋，字镜如，福建长乐人，他的女儿谢冰心，后来成为著名的女作家。1903年，谢葆璋在练营内草创烟台海军学堂并兼任监督，招收学生20名，次年春又招20名。这两班学生后来并作一届，于1906年毕业，不少人被派往日本，其中陈石英、叶芳哲还被送往美国学习造舰工程。由于学堂办有成效，1906年经袁世凯批准，将嵩武军右营旧房拆除，改建新式校舍。1908年新校舍落成，烟台海军学堂宣告正式成立。[85]

此外，广东黄埔水师学堂还在继续招生，南洋在1909年又设立湖北海军学校。

官办的福建船政，如同其他官办企业一样，一直受到人浮于事、管理混乱、效率低下、拨款不足、资金靡费、订单鲜微等弊端和困难的扰惑。加上船政大臣更换频繁，多由满人担任，也引起不满。有关方面曾打算变更所有制，招商承办，由于需费浩繁，华商无力承揽，洋商又未便招致，最后只得作罢。1896 年，闽浙总督兼船政大臣边宝泉另提改革计划，指出船政之设，经营 30 年，靡帑至千百万。纲举目张，规模毕具，只以财力短绌，因陋就简，积习日深，必须及时整顿，设法扩充。他建议重新聘请精于工作的洋员领导管理和指导技术，"督率在事员匠认真讲求，所造新式巨舰，务使坚固迅捷，成一船即得一船之用，庶不致有名无实"。原材料则宜内地采办。尤其炼钢熔铁设备，必须依法仿造，自成机杼，以摆脱对国外的依赖；要加强对学生的培养造就；请沿江沿海各省通筹合作，拨解经费；并提出简派廉干精核大员，担任船政大臣。[86] 这些建议本无新鲜内容，核心是船厂管理。同日本造船工业相比，中国人仍旧停留在建局初期所遇到的困难中，30 年光阴竟像白过了一般。但朝廷别无选择，唯有照例批准，并任命福州将军裕禄兼充船政大臣。[87] 而法国也注意到了中国筹划重振船政的计划，希图加强对华东影响力。7 月 28 日，法国海军提督德博孟专程拜访总理衙门，向恭亲王奕䜣提出，福建船厂为法人所创，将来必仍用法人，恭王同意了。[88]

裕禄兼充船政大臣前后共 17 个月。他上任后，立即抓紧聘请外国管理人员。经与法国驻华公使代表、海军"阿尔及尔"舰长卜玳的数次谈判，签订了《福州船政局订请法国造船监督合同简明约章》。1897 年 3 月下旬，由法国海军部选派的 5 个法国人——正监督杜业尔（原法国水师制造学堂帮办教习、二等监工），监工达韦德（原勘矿炼钢监工）、毕尔第（原水师制造监工），绘图官李嘉尔，书记官伯乐抵达福州。[89]

杜业尔 1858 年 4 月 16 日出生在法国西北部的滨海小城博讷博斯克，1878 年进入巴黎综合理工大学学习舰船工程，三年后以三等工程师毕业，此后在瑟堡和布莱斯特的海军士官学校教授造船技术。1892 年，进入巴黎海军工程学院担任副校长，并教授舰船理论、机械、流体力学等课程，曾编著《造船技术课程》。当时担任该校校长的，正是曾受聘于日本政府并设计"松岛""严岛""桥立"的法国著名舰船设计师白劳易。杜业尔的专业能力是以往任职福建船政的洋员中最高的（也远高于首任洋监督日意格），当时也是法国舰船设计界的新星。

裕禄和杜业尔商定，在三年内建造两艘鱼雷快舰（驱逐舰）。这种军舰排水量 850 吨，功率 6500 匹马力，时速 23 节。船体为钢胁钢壳，配有 100 毫米口径快

裕禄

杜业尔

炮 1 门，65 毫米口径快炮 1 门，并装有鱼雷发射管。[90] 这两艘军舰，后来命名为“建威”“建安”。

“建威”“建安”的船体和蒸汽机系船政自制，所需钢材从法国地中海钢铁厂进口。锅炉也是从法国订购的。就其船型设计和航速看，皆为船政历史上最为先进的。而在此之前，4 月下旬，船政还下水了一艘“福安”号运船，排水量 1700 吨，功率 750 匹马力，航速 12 节，属于中法战争前下水的“威远”“超武”等舰的水平。这说明，引进西方技术专家，对于提高船政产品的技术水平，有着十分明显的效果。

杜业尔在船政担任正监督期间，曾提出过宏大的造舰计划，主张建造包括 5600 吨头等岸防战列舰、2900 吨二等岸防战列舰、装甲巡洋舰在内的 34 艘军舰，并设计了图纸，准备在“建威”“建安”完工后上马，但均未实施。为了摆脱船政经费拮据乃至欠薪的困境，他未经与船政大臣商量，即与上海的法商立兴洋行签订了建造 3 艘长江货轮商轮的合同。杜业尔自称是船政的代表，又规定制造责任由他独担，一切工料归他包办，认为可以盈利支付欠薪。军机处得悉后，致电船政总办沈翊清，要杜业尔中止合同，立即停工。杜业尔声称已与对方画押付款办料，万难作废，坚不允从，与中方发生冲突。在船政内部，法国技术团队和中国曾经留法的技术人员也有很多矛盾。朝廷决定起用学过造船工程的魏瀚为四品卿衔会办船政大臣，进行遣退杜业尔的交涉。几经周折后，杜业尔被召回国，立兴洋行的合同亦被废除。已建成的轮船，被以更便宜的价格卖给了华资的宁绍轮船公司。

船政洋员办公所

“建威”在船坞中

出席“建威”下水仪式的官员。前排左起：船政总稽查魏瀚、提调沈翊清、船政大臣增祺、陈宝琛、陈璧。二排左 5:“海天”管带刘冠雄；左 7：叶祖珪；左 9：“海天”轮机陈兆翱；左 11：“海筹”管带李鼎新。

魏瀚会办船政后，主张建造鱼雷艇加强海防，船政大臣崇善对此并无兴趣，他热衷于用鱼雷厂来铸造铜元。魏瀚向他指出，现在铸造铜元固有余利，但当铜价上涨，盈利就很困难了。两人意见相左，崇善就借端参魏。魏瀚离开船政，被两广总督岑春煊聘去，总办黄埔造船所并所属学校及石井兵工厂。[91]

1903年杜业尔离任回国后，又在瑟堡和土伦担任造舰副总监。1912年升任海军部造舰技术总监，主持设计法国海军的新型主力战列舰，还担任过海军工程学院院长、海军造舰总监、法国舰船技术学会会长。崇善另聘法国人柏奥镗出任总监工。柏奥镗在职期间，主要完成前定为立兴洋行制造，已经开工的长江货轮“宁绍”号。“宁绍”排水量2160吨，功率5000匹马力，时速15节。船体结构为钢肋钢壳，是清季福建船政所制的最后一条轮船。[92]

1907年夏，陆军部奉旨筹议船政事宜，主张关闭船政。其奏折称：

> 查船厂为海军根本，闽厂积弊既深，亟应整顿。前经南北洋大臣派员前往详查，嗣据复称，该厂机器多系旧式，又无专门工师，加以基址不宜，款项支绌，似宜另图改建等情。是该厂窳败情形既经南北洋大臣查勘明确，自应暂行停办……现已电调海军提督萨镇冰来京面询一切机要，细酌妥善办法。该船厂既议停办，则所雇之洋员自应照该将军（崇善）所请，由外部查照合同办理，并由该将军遴员将该厂船坞机器等项妥为看守保存，以备应用。[93]

这样，创办了41年的福建船政就此关闭。

随着海军的重新振兴，对舰艇的维修和新舰的建造任务显得十分迫切，船政又经营不善。于是人们想起了停止造船20年的江南制造局。

1904年冬，两江总督周馥途经上海时，专程前往制造局察看，发现这里船坞也是管理混乱，工缓价昂，以致“商船裹足不前，兵轮反入洋坞修理”。回江宁后，他提出将船坞从制造局单独划出，交广东水师提督、总理南北洋水师叶祖珪督察，由前留美幼童、总兵衔副将吴应科总办船坞事宜，仿照商坞办法，扫除官场旧习，妥筹改良。聘请原任北洋海军总管轮机的德国人巴斯任总稽查，其余委员、司事、机匠、工匠人等，概由总办自行遴选，予以充分的用人权。将来南北洋兵轮如需修理，只要船能入坞，皆可归该坞包修。按照实用工料收回工价，其他商轮亦许该坞承揽修造。开办伊始，由粮道库款中挪借20万两，随后以修船余利分年归还。

此后常年经费即由船坞修船收入自行周转，不再另行拨款。若有盈利，除酌提花红以作奖励外，其余作为扩大再生产的资金。[94] 这一主张得到朝廷的允准，从而开始了封建官办大型企业经营体制的重大改革。

1905年4月，局坞正式分立，船坞从制造总局划分出来，称作“江南船坞”。凡与船坞相应之轮船、机器、锅炉、熟铁、木工、铸铁等厂和江岸码头，均归船坞接收。总计分得地基60亩，泥船坞1座；轮机厂1所，连样板楼、锯木房、木工房、抽水房、物料房以及员司住房、大小厂屋共98间；岸坞（即修理小轮船舢板的船槽）2座，挖泥船2艘，运泥驳船3艘；锅炉厂1所，连办公房、木料栈、大小厂房共48间，内有60匹马力总汽炉2座，40匹马力、30匹马力蒸汽机各1台，剪、钻、冲、刨机床18台；炮弹厂1所，划分后改为机器厂，连同打铜厂、翻砂厂等新旧厂房、大小披屋共百余间，内有30匹马力、25匹马力蒸汽机各1台，车床64台；水雷厂1所，连住房共90间，改作储料栈房；栈房5所，华洋式往房14所。[95]

江南船坞的成立引起外资船厂的紧张，清政府只能妥协，增聘耶松船厂所属和丰船厂经理毛根为总工程师。后来巴斯被排挤，仍回北洋海军任职，毛根就升任总稽查。

江南船坞开办后，将泥船坞改为长375英尺，面宽75英尺，底宽60英尺，深24英尺5英寸的木质干船坞，可容四五千吨舰船进出。还增添了不少新设备。船坞规定，将盈余分十二成，提六成还本，五成公积，留一成作为花红，分给华洋员司。由于采取了面向市场、自负盈亏的经营方式，产值、利润不断增加。据统计，自局坞分开至1911年的6年中，江南船坞共造船136艘，排水总吨位21040吨，修船254艘。这同江南机器制造局在1865～1905年40年间，仅造船15艘，修船11艘对比十分悬殊。[96] 同福建船政冷冷清清，打烊关厂的状况相比，也成鲜明对照。曾几何时，人们批评说：“上海制造局之在今日已为大而无用之废物。以之糜费公帑则有余，欲其制造有用之枪炮则不足。”[97] 然而仅用6年时间，船坞便还清原定10年归还的20万两开办费，经济状况空前好转，说明采用资本主义市场经济的经营方式，是扭转官办洋务企业连年亏损的唯一有效途径。

江南船坞这一时期所制船舶中，军舰不多，规模也不大。吨位最大的是海军大臣载洵的座船“联鲸”号，不过500吨，在性能上也落后于船政的产品。但民用船的建造有了突破。1911年为招商局制造的钢质长江轮，排水量达4130吨，算是清末自制舰船中的老大了。

三、三个事件

在世纪交替时期中外关系的激烈动荡中，有三个事件与海军发生直接联系，即意大利索借三门湾、八国联军之役和日俄战争。

受到列强瓜分中国势力范围狂潮的鼓舞，1899 年初，意大利驻北京公使、代理牧师马迪讷向总理衙门提出索借浙江三门湾的请求，使世人为之一惊。意大利自 1861 年完成统一后，资本主义工业有了相当发展，但在欧洲列强中，它的经济还较落后，国内市场狭小，资金和资源都很缺乏。它的海军，排在英、法、俄、德之后，大约比美西战争时期的美国海军略强些，算是个二等强国。朝廷觉得连意大利也欺侮到头上来，自恃还有些力量与之抗衡，决定采取强硬措施。而意大利，则拿出炮舰外交的腔势，派出 3 艘军舰到中国东南沿海游弋示威。于是，本来几乎洞开的海防线，忽然被动员起来了。

3 月 17 日，朝廷谕两江总督刘坤一：意国索租三门湾未允，诚恐向隙生衅，着密饬沿海防军侦探踪迹，妥为防范。[98] 接着便重新起用叶祖珪、萨镇冰等前海军将领。5 月 15 日，朝廷又向江督电询意大利舰队的数量和停泊地点，并告诫浙江巡抚刘树棠，意船如系大队，未便以寻常兵轮尝试，只应设法试探，相机制敌，妥善调度。[99] 次日，刘坤一报告说，意舰现到 3 艘，2 泊淞，1 泊沪。据闻其海军提督即日内到，并另有 3 舰调遣东来。已饬陈旭调集兵轮数号，会同陆军相守御。以长江水师提督黄少春所部驻扎镇江之江胜军 3000 人，为预备策应之师。[100]

17 日，朝廷谕刘坤一，水师固难争雄，陆防不可不筹先着。万一有事，一切相度策应之事，朝廷不为遥制。意大利无端索地，衅自彼开，与其动辄忍让，不如力与争持。而刘坤一有些胆怯，他报告说，南洋现有 6 艘军舰，皆系木壳旧式，钢板不过数分。而意大利军舰，钢板厚六寸者 1 艘，厚三寸者 2 艘，利钝悬殊。只能依附炮台，不敢轻于尝试。现令陈旭率 2 舰驻扎吴淞，默察动静，1 舰赴镇江，余 3 舰并雷艇蚊船，驻扎江阴。[101]

5 月 30 日，朝廷训令北洋大臣裕禄，北洋所有兵轮应饬令出海，常川巡哨。次日，意大利宣布放弃对三门湾的要求，表示它“无意要在中国推行侵略政策，而只要推行一种扩展商业的政策”。朝廷仍不敢松懈。10 月底，朝廷得到消息，说风闻意大利暗调军舰，欲截三门湾。又说欲占登州、庙岛。于是立即饬令裕禄和山东巡抚毓贤等早为部勒，毋使意舰乘隙而来。

11月20日，朝廷还专门就海军训练和联络发布上谕，指出南洋各炮台对旗号灯号不甚谙晓，必致呼应不灵。又说，北洋所购新舰各炮台未经认识，辨别不真，为害匪细。至于炮台攻船之法，各炮台恐怕也未精此义，需要加强训练，还须谨防抄袭后路。命叶祖珪率北洋诸舰南下，并着南洋闽浙督抚接见该统带，面商一切机宜，不得稍存畛域。[102] 接着，12月18日，刘坤一在江宁乘军舰出发，巡阅南洋诸炮台。抵沪后，与江苏巡抚鹿传霖及叶祖珪会面，商量防守和训练的有关计划。刘坤一后来在汇报中说，南洋各处炮台的防务都已抓紧。南洋兵轮、炮台所用的旗语、灯语，均按北洋所颁章程办理。叶祖珪此次率舰南下，各舰均已被辨认，不致有误。打靶放炮有准，成绩可观。[103]

意大利索租三门湾事件，沸沸扬扬地折腾了一年，总算平安地过去了。这是中国人在近代对外交涉中所取得的罕有胜利。究其原因，一是意大利本身毕竟较弱，它在中国的扩张要求，仅仅得到英、法、德的外交上的支持，且以避免使用武力为前提。俄国没有表态。日本则认为三门湾地区属于中日协定不得割让给任何其他国家的范围。中国利用这一形势，采取强硬态度，迫使意大利退让。二是中国在国外新购的“海容”“海琛”“海筹”“海天”“海圻”“飞霆”“飞鹰”诸舰及鱼雷艇已经先后到华，海军复兴初步有了点规模，并在实力上超过意大利在远东的舰队，这在战略态势和心理上都起了威慑作用。三是戊戌政变之后，朝廷中的满族亲贵保守势力占了上风，军机处由荣禄、刚毅等人控制，王文韶、钱应溥都是光磕头不说话的角色，原先对外交事务有很大发言权的李鸿章，上年已被逐出总理衙门，以75岁高龄奉派履勘山东黄河工程。保守势力在对外政策上主张强硬，恰好碰上并不中用的意大利，歪打正着，意大利妥协了。朝野上下，不禁兴高采烈。

当甲午那年，日军越过鸭绿江，中国守军向凤凰城撤退的时候，赫德在北京的书房里给金登干写信说：“两千年的经验，虽把中国人磨练得非常冷静，但如果照现在这样下去，我想很可能有一天绝望情绪以最激怒的方式爆发出来，我们在北京的外国人也许会通被杀光，每个中国人将说：‘如果没有这帮番鬼，我们怎会闹到今天这样，在我们自己被毁灭以前，且让他们先尝尝滋味！’”[104] 这番咒语般的预言，犹如达摩克利斯之剑，一直悬在旅京的外国人头上。6年之后，剑真的落了下来，震惊中外的义和团运动爆发了。

义和团运动是一场以农民为主体，包括手工业者、其他劳动群众、无业游民参加的反帝运动。义和团源自义和拳、梅花拳、大刀会等民间秘密社团，可以追溯到18世纪初白莲教的反清活动，最初流行在山东、直隶等地。它之所以在19世纪末20世纪初的中国北方四处勃兴，同甲午战争后中国日益加深的民族危机有着直接的关系。尤其是德国占领胶州湾并开始修筑胶济铁路，开发沿线矿产，以及大批外国商品的涌入，破坏了农村的自然经济，造成农民和手工业者生活日益艰难；海运业发展后，运河中的船工、搬运工大量失业；传教士在山东广为传教，庇护教民为非作歹……这些都引发了尖锐的社会矛盾。相当多的人认为，外国人筑路、开矿、架设电报线，伤了“风水”，坏了“龙脉”，泄了“宝气”，这同他们生计迅速恶化有着直接的联系。不满情绪如同春天里的野草，到处蔓延。人们便利用义和拳的形式进行各种反洋教和排外活动。可以说，在地主阶级洋务派的“自强”措施没能顶住帝国主义扩张侵略，而资产阶级维新派的新政也被顽固守旧势力扼杀之后，中国农民便重返历史前台，用愚昧落后的宗教迷信和盲目排外的极端手段，来进行反对帝国主义侵略的悲壮搏斗。60年来东西方文化的反复较量，天朝大国屡屡败绩，气息奄奄。到了1899年，更带有世纪末的凄凉。社会的躁动，便通过最底层的农民做载体，以义和团为形式，轰轰烈烈地表现出来。

义和团的传播方式是设立拳厂坛场。他们用念咒、请神、画符等法术吸引群众，依着戏文和神话小说，搬请孙悟空、关云长、鸿钧老祖、骊山老母等神仙传奇人物附体，声称法力无边。从1900年4月下旬北京出现义和团起，短短一个月，星星之火便在京师燃成燎原之焰。上自王公卿相，下至娼优隶卒，几乎无人不团，无地不团。街头巷尾到处是舞拳弄棍的坛场。在朝中守旧大臣的策划和怂恿下，人们开始袭击教堂、教会学校、外商机构，乃至公使馆和一切与“洋”字沾边的东西。

列强看到清政府难以控制京津形势，决定直接出兵，以“保卫使馆”的名义进行武装干预和镇压。各国还派出30余艘军舰云集大沽口外洋面。6月10日，驻扎天津的英德俄法美日意奥联军二千人，由英国海军上将西摩尔率领，向北京进发。因为铁路被破坏，至杨村受阻。接着，联军不断受到义和团的袭击。5天以后，只得撤回天津。

13日，朝廷谕令裕禄迅速将聂士成军全数调回天津附近扼要驻扎。大沽口防务，着天津镇总兵罗荣光一体戒严，以防不测。[105]大沽口是京津的海上门户，自1860年英法联军突破僧格林沁的防线，直薄北京、火烧圆明园后，40多年来，经过数次兴工修造和改建，共筑有四座炮台群，分扼白河口两岸，把守着150丈宽的海口通道。河南岸有南炮台和新炮台，前者安装火炮56门，后者安装火炮20门。河北岸有北炮台和西北炮台，分别装有大炮74门和20门，由罗荣光所部淮军六营和水雷营担任防御任务。[106]根据形势，罗于16日下令在大沽口布设水雷。

6月15日，俄、英、法、德四国海军上将和意、奥匈、日本3国的高级舰长在俄国军舰上开会，决定占领塘沽火车站并保护天津外侨。16日，各国海军将领再次会议，发出最后通牒，要求罗荣光在17日上午2时前，把大沽炮台移交给他们。当天下午，由6个国家935名士兵组成的陆战队在大沽登陆。原先已在白河之内的9艘外国军舰也分别调整位置。其中日舰"爱宕"号，驶靠塘沽火车站附近的白河左岸。英国驱逐舰"惠钦古""弗爱摩"号，驶靠清军水雷营附近，监视北洋海军的4艘鱼雷艇；法国炮舰"利夭"号、德国炮舰"伊尔契斯"号驶靠位于塘沽和大沽之间的海关附近；俄国炮舰"基里亚克"号、"朝鲜人"号、"海狸"号驶靠白河右岸东沽附近；英国巡洋舰"阿尔舍林"号则停在俄舰稍后的于家堡对岸区域。[107]当晚，俄国海军副提督海尔布德朗把通牒送交罗荣光，接着，各国侨民便纷纷登上泊在车站附近保持中立的美国军舰"莫诺开西"号。

深夜，炮台与外国军舰间的激烈炮战开始了。黑天之中，难于说清究竟是谁在什么时候首先开炮。[108]在探照灯拉出的光柱中，只见炮弹如雨，爆炸轰鸣，波涛翻滚，水花四溅。罗荣光督率炮台弁勇发炮还击。双方鏖战6个多小时。至次日黎明，炮台的弹药库被击中，引起猛烈爆炸。接着，联军的陆战队分别占领了四座炮台，清军残部向新城方向撤退。

大沽口之战时，叶祖珪因乘"海容"去天津商量机要，将军舰停泊大沽口。"飞鹰""飞霆"两艘驱逐舰和"海龙""海犀""海青""海华"四艘鱼雷艇在大沽修配。海军舰艇均未参加对联军作战。有的史书说：这些舰艇"即未开战时停泊于口内者，以未知开战，故均未预备"[109]。其实不然。裕禄事后向朝廷报告说，罗荣光"差人密约鱼雷艇开炮协击，讵该鱼雷船始终并不援应"[110]。当时海军主力在山东登州、庙岛群岛一带操巡，这批受过西方教育的海军军官，显然对于义和团的排外行动不以为然。叶祖珪到沽后，称将有战争爆发，命"龙""犀""青""华"四雷艇去山东归队，就是想将海军置身事外，由于未及成行，战事已开，结果鱼雷艇均为联军所夺，驱逐舰的机件被俄军折卸运走。"海容"停泊在联军舰队处，叶祖珪同意与联军舰队一起熄火抛锚，放弃与联军作战。[111]10月被押解至威海卫，直至1901年8月才被释放。

6月21日，慈禧太后下令对各国开战。山东巡抚袁世凯却劝海军各舰南下

联军攻占大沽炮台。

以避联军。海军“海天”“海琛”“海筹”“飞鹰”“复济”“通济”等6舰，由“海天”管带刘冠雄、“海琛”管带林颖启率领，抵泊上海。接着又参与了盛宣怀、余联沅和刘坤一、张之洞、李鸿章等发起的“东南互保”活动，宣称海军南来，系奉命保护中外人士生命财产。为避免停泊在黄浦江面引起外侨紧张和各种谣传，候补道沈瑜庆（沈葆桢之子，时督办吴淞清丈工程局）向刘坤一、张之洞建言，将北洋军舰移驻江阴。此外，萨镇冰率“海圻”留守山东，将蓬莱一带教士侨民保护上舰。美舰“俄勒冈”号在庙岛附近触礁，萨镇冰又驾“海圻”营救其出险，使得萨在美国获得很高知名度。7月4日，在“俄勒冈”舰长劝说下，萨镇冰也率舰南下，开往江阴，加入“东南互保”行列。

“海龙”鱼雷艇在八国联军攻打大沽口后被缴获。

义和团运动期间，“东南互保”这种公然与北京分庭抗礼的做法能够出台，除了西方外交官的策动和南方汉人督抚对守旧派枢臣借用义和团盲目排外、慈禧太后想趁机废黜光绪皇帝的做法不以为然外，也显示了中央政府对地方的控制能力大为下降。外重内轻局面已经形成。就海军而言，这是它第一次不执行朝廷命令，在某些实力人物支持下，擅自行动。到了后来，作为一个独立军种，它更日益受到各种力量的重视和争取。

7月14日，八国联军占领天津，北京的义和团却久攻使馆不下。23日，总理衙门大臣许景澄、袁昶奏劾大臣信崇邪术，误国殃民，旋于29日在菜市口被杀头。8月14日，联军攻入北京，到处烧杀掠抢，慈禧挈光绪帝西逃，北京陷入一片混乱。接着，朝廷命庆亲王奕劻和两广总督李鸿章为全权大臣，便宜行事，办理议和事项。77岁的李鸿章从广东起程北上，最后一次为大清王朝拯救危局。经过近一年的谈判，1901年9月7日，庆亲王、李鸿章同德、奥、比、西、美、法、英、意、日、荷、俄11国代表签订了《辛丑条约》。中国以空前屈辱的条件，换取同各国重新恢复和平状态。

李鸿章精殚力竭了。这个饱经半个世纪政坛风云沧桑，领导洋务运动并亲手创建中国近代海陆军的老人，走到了生命的尽头。10月30日夜，李鸿章的胃部血管破裂，咳血半盂。在静养的日子里，他很达观地给盛宣怀写了遗书，中有“愿诸君努力共济时艰，鸿章虽死尤生”的句子。[112] 此后健康更趋恶化。11月6日，直隶布政司周馥赶至北京总布胡同李鸿章寓所时，李已身着殓衣，处在呼之犹应、口不能语的弥留状态。延至7日中午，目犹瞠视不瞑。周馥哭喊着：

“老夫子有何心思放不下，不忍去耶？公所经手未了事，我辈可以办了。请放心去吧！”

1900年6月27日，由威海籍华勇军组成的“中国军团”随英军北上，炮击天津机器局。

李鸿章忽然嘴唇喃喃颤动，欲语泪流。周馥一面哭号，一面用手抚其眼睑。李鸿章的双眼方才阖上，须臾气绝。[113]

据说李鸿章在临终前眷念时局，老泪纵横，吟诗一首：

李鸿章晚年。拍摄于 1901 年，北京

> 劳劳车马未离鞍，
> 临事方知一死难。
> 三百年来伤国步，
> 八千里外吊民残。
> 秋风宝剑孤臣泪，
> 落日旌旗大将坛。
> 海外尘氛犹未息，
> 诸君莫作等闲看。[114]

李鸿章的老相识赫德，曾对李鸿章做过这样一段尖刻的评价：

> 他像我一样，年轻时交上好运，就此扶摇直上，位极人臣，其实我再说一遍，他像我一样，不过是一个普通人，只是因为身居高位使他声名显赫而已。当他接待外国人时仿佛应付裕如，但揭去他的这张皮，他还是中国佬，同其他官僚同样是无能之辈。[115]

李鸿章，这位与中国近代海军有着最密切联系的老人终于撒手西去了。他的一生，伴随着中国走向近代化的曲折坎坷之路。关于他身前的是是非非，从此留待后人评说。

义和团运动爆发后，俄国以保护侨民和中东铁路为由，向中国东北派出 16 万大军。《辛丑条约》签订后，俄军仍盘踞东北，并力图胁迫清政府再次签订密约，以实现“黄色俄罗斯”的梦想。为了抗衡俄国在远东的扩张，1902 年 1 月 30 日，英国和日本订立同盟条约，声称英国利益主要在中国，日本利益除在中国外，还在朝鲜有政治、商务、经济上的利益。因此如果此等利益受到侵害时，两国将采取必要措置。在此背景下，4月8日，中俄签订《交收东三省条约》，规定俄军以半年为一期，在未来的一年半中，分3批全部撤出中国。

然而沙俄毫无履约的诚意，正如俄国陆军大臣库罗巴特金在日记中所说："我们皇上的脑袋中有宏大的计划：为俄国夺取满洲，把朝鲜并入俄国，还想把西藏并入本国。"[116]到1903年4月第二次撤兵期限时，俄国向清政府提出新的条件，包括不得在满洲新辟通商口岸驻扎外国领事；在东北的公职中，除俄国人外，不得雇用其他外国人；俄国保留旅顺口—营口—奉天电报线的管理权；满洲领土不得割让给其他国家等等，以作为撤军的前提。这些要求，显然把中国东北视为俄国的独占区域。

7月，中东铁路及其支线全部建成。8月，俄国在旅顺设立远东总督府，非法将旅大租借地和中东铁路沿线纳入俄国版图。至10月第三次撤兵期限时，沙俄军队非但不撤，还增兵重占奉天。此外，俄国还想插足朝鲜。

英日条约签订后，日本同俄国展开外交谈判。他们都想把中国东北纳入自己的势力范围。争执不下，双方便开始准备战争。

俄国拥有当时世界上最庞大的陆军，在远东布置了两个军。至1903年底，它的兵力增至24万人。太平洋舰队在旅顺口驻有7艘战列舰、1艘装甲巡洋舰和5艘防护巡洋舰，以及2艘装甲炮艇、4艘小型护航舰、25艘240～350吨位的驱逐舰和21艘鱼雷快艇。在海参崴，驻有4艘装甲巡洋舰和1艘防护巡洋舰。在朝鲜仁川也驻有2艘军舰。总计排水量约达19.1万吨。[117]

在甲午战争之后的10年中，日本军事力量也发生了令人惊讶的巨大变化，在海军大臣山本权兵卫大将的筹划下，魔术般地完成了"六六舰队"配置，即由6艘战列舰和6艘装甲巡洋舰组成常备舰队。"朝日"（15200吨）、"三笠"（15200吨）、"初濑"（15000吨）、"敷岛"（14850吨）、"富士"（12500吨）、"八岛"（12500吨）等万吨级的战列舰，一下子把甲午战争中俘获的当时远东最大战舰"镇远"（7335吨）撤入二线舰艇行列。甚至6艘装甲巡洋舰"浅间""出云""磐手""常磐""八云""吾妻"的排水量，也都在9000吨以上。1903年底，又从意大利买到2艘装甲舰，命名为"日进""春日"。在这10年中，日本还增加了8艘防护巡洋舰，海军舰艇总吨位达到20万吨。[118]日本在海军上的巨大投入，显然同甲午战争后从中国获得巨额赔款有关。

1904年2月6日，日本同俄国断绝外交关系。8日下午，日本海军击沉了停泊在仁川的俄舰"瓦兰人"和"朝鲜人"号。次日凌晨，又袭击旅顺口的俄国舰队，

日军对旅顺口俄军进行闭塞封锁作战，在航道上自沉军舰。

日军在攻下 203 高地后，炮击旅顺军港。

日俄战争爆发。这场战争持续了一年多，其中包括旅顺口突围和对马海战等几场震惊世界的大规模海战。战争以日本大获全胜而告结束。

清政府企图用置身事外的方法，不卷入这场自己无力阻止的武力冲突。2 月 12 日，朝廷发布上谕，宣布中立。同日外务部通电声明，划出了两国在中国东北的作战范围。这种静待战争结束，再来确定谁有力量获得支配中国东北控制权的做法，说明清政府的怯懦无能已到了无以复加的地步。

所谓“中立”，是一个国际法概念。清政府在国门被列强强行打开之后，知道了欧洲国家在处理彼此关系时，有一个《万国公法》。可是，当它企图用《万国公法》来保护自己权益的时候，却依然手足无措，受尽欺侮。十年前，清政府租用的英国商船“高升”号被日本军舰击沉，甚至连日本领导人也感到将引起很大的国际交涉。可是最后居然被英国法学家解释说，日本的攻击是合法行为，弄得清政府莫名其妙。同年8月7日，荷兰公使费果荪告诉总理衙门，按《万国公法》，交战国对外国船只驶近时有盘查、辨别的权利。李鸿章立即把这一要求转告各国，并提出各国军舰到达设防口岸，也应停轮检查，方准进口。这些合法要求遭到英国公使欧格讷的拒绝，[119] 总理衙门也无可奈何。这次在日俄战争中，中国对自己的“中立国”地位，一开始就战战兢兢，毫无把握，后来则不断受到交战国双方的破坏。

8月10日，俄国舰队从旅顺口突围，企图绕过朝鲜，驶往海参崴。在渤海湾口，与日本舰队相遇。午后1时，双方开始炮战。至傍晚6点半，俄军失利。俄国旗舰“策萨列维奇”号负伤，驶往胶州，被德国人扣留。俄国驱逐舰“刚毅”号驶入烟台，在这里，日本悍然破坏国际法，制造了“刚毅”号事件。

那天，萨镇冰率领3艘中国巡洋舰，正泊在烟台港中。当“刚毅”号来到时，中国海军便按照国际惯例，将其拘禁并解除了它的武装。俄国舰长和官兵宣誓不再作战，军舰由中国海军控制。傍晚前，2艘日本驱逐舰驶入港口，做了一番侦察后离去。晚间，这两舰又驶回来，在中国舰队和“刚毅”号附近抛锚。萨镇冰亲自前去拜访日本军官，宣布“刚毅”已向中国海军投降，现在中国保护之下。日本人回答说，他们也许当晚就会离去。

次日凌晨3时，一位日本军官登上“刚毅”，要这艘军舰驶入外海作战，不然就向他投降。俄国舰长拒绝说，他已立誓不再参加战争，而且事实上他也被解除武装，不能作战。中国军官也向日本人重申这点，并向“海容”舰报告。“海容”立即派一位高级军官乘汽艇赶来。但在他赶到前，日舰已经驶靠“刚毅”，日俄双方展开射击和肉博。而“刚毅”号则被日舰拖着向外驶。萨镇冰再次要求日本人不应在中国海面掳去一艘在他保护下的船。然而无效。[120]

在此事件中，日本滥用了交战国进入中立国港口的权利，并在中立港口演出了一幕武装暴行。反过来，也显示出中国中立地位的虚弱。从中国海军方面而言，3艘巡洋舰居然没能阻止2艘日本驱逐舰在自己眼皮底下的海盗行为，实在也很无能。最后，清政府向海牙国际法庭提出了一项没有结果的控告。

8月10日海战后，还有2艘俄国军舰“亚斯柯德”“暴风雨”号逃到上海。这里的清朝官员更加无能。他们不去执行国际法规定的行政警察职能，却同日俄两国领事进行商谈，并在北京同这两国公使进行冗长的外交谈判，然后才将这两艘军舰解除武装和拘禁。事后，清政府决定聘请曾在北洋海军“定远”舰供职，参加过黄海海战，此时在中国海关担任巡工司的戴里尔作为海军的中立事务顾问官。

11月16日早晨，俄国驱逐舰“特拉斯罗尼”号驶入烟台港。当天它通过俄国领事馆通知中国当局，愿意投降并接受拘留。可是在中国军官登舰执管前，俄国官兵已全副武装离舰登陆。不久，又将“特拉斯罗尼”炸沉在港中。这是俄国对中国中立国地位的挑衅，表示怀疑中国的保护能力，不愿重蹈“刚毅”号的覆辙。萨镇冰对这一事件依然无能为力，直到日本领事馆向俄国人传话说，他们必须被遣送到“海筹”号中，否则日军将登陆占领俄国领事馆，而中国人又对俄国官兵多次恳切劝说，他们才来到中国军舰接受拘留。

1905年1月2日，又有4艘俄国驱逐舰和1艘汽艇驶入烟台，向中国当局投降。当时港内没有中国军舰。当局就派英籍海关税务司监督解除武装的有关事宜。为了防止“刚毅”号事件重演，俄国官兵被迁到岸上居住，军舰由中国官员控制。

后来，中国海军对处理这类事较有经验了。1905年5月下旬，几艘为俄国第二太平洋舰队执行补给的运输舰进入吴淞，叶祖珪立即宣布它们是军舰，让它们在离境和接受拘禁两者间作出选择。叶祖珪拒绝和领事讨论这个问题，也不让中国地方官介入。船只被拘后，拒绝宣誓的俄国人被禁锢起来。[121]

中国海军在日俄战争中还付出了其他代价。1904年4月25日，4300吨的“海天”舰奉命从烟台赴江阴领取军火，以济辽西“中立”之需。因浓雾错过进入长江口航道，早晨5时30分在外嵊泗北鼎星外皇坟岛西北附近，遇附近民船驶过，为避免相撞，“海天”转舵，撞上了乌纱帽礁，舰首高高地架在礁石上。[122]管带刘冠雄因袁世凯联合两广总督岑春煊奏保，仅被革职。“海天”是当时中国最大的军舰之一，它的损失，对于海军复兴的影响是很大的。

1905年9月5日，日俄双方在美国新罕布什尔的朴次茅斯签订了和约。朴次茅斯会议前，清政府向日俄两国致送照会，指出“现在议和条款内，倘有牵涉中国事件，凡此次未经与中国商定者，一概不能承认”。但日俄两国对此毫不在意。和约规定，俄国将旅顺口、大连湾及附近领土领水内的权利及租界内的一切公共营造物和财产，全部移让给日本。从此旅顺军港便沦入日本人的控制中了。

“海天”巡洋舰

“海天”触礁

四、收复东沙，巡阅西沙

在近代海军史上，广东水师一直是支不起眼的边缘部队，装备落后，经费有限。但在清末捍卫南海诸岛时，做过两件重要事情。

一是在1909年3月派“飞鹰”驱逐舰去东沙岛巡阅，协同清政府对日本交涉，最终收回被日本人非法占据的东沙岛。

东沙岛是我国南海四大群岛中最靠近大陆的一组岛礁，位于广东省汕尾市以南约260公里，香港东南方约300公里，面积约1.8平方公里。广东、福建渔民历史上一直在这里捕鱼、采集海产品，并囤放食品，还建立了海神庙，是南海诸岛中最早被开发的岛屿。

1907年8月，日本商人西泽吉次率120余名工人，乘“四国丸”轮登陆东沙岛，在岛上竖旗、建屋、装运货物，并开采鸟粪作磷肥。同年9月20日，上海《申报》第5版以《日本太平洋发现新岛》为题，介绍了西泽在太平洋中发现了无人岛屿的故事，称西泽是亚洲的哥伦布、麦哲伦，还提供了这个小岛位于北纬十四度四十二分二秒，东经一百十六度四十二分十四秒的地理坐标。这个消息引起中国官员的关注。10月11日，清廷外务部致电两广总督张人骏，要他调查“是否确有其事”。[123]

张人骏，字健庵，号安圃，直隶丰润人。他是张佩纶的侄子，早年一起在北京当翰林，是个办事审慎的官员。由于外务部不知道日本人占领海岛的确切名称，发来的经纬度在海图上找不到对应岛屿，张人骏认为该岛可能不在广东境内。且广东缺乏大吨位舰只，建议外务部转询南洋总督端方。端方，字午桥，号匋斋，满洲正白旗人，为清末满族大员中精明强干者。他经向日本驻南京领事询问，搞清原报纬度有误，应当在北纬二十度四十二分三秒，并查广雅书局出版陈寿彭新译英人所著《中国江海险要图说》[该书译自英国海军部1894年出版的《中国海指南》(*China Sea Directory*)，为英国海军部测绘局1845～1894年在中国沿海测绘之海图，并采辑海军人员、领事及商人旅行者的各种记载]，获知英译称作蒲拉他士岛(Pratas Island)，确在广东海域之内。书中提到，岛内浅滩及澳，“足供中国渔人以避风，中国至此围渔已有年所”。11月14日，端方致电张人骏指出，此岛“确是中国之地，不可置之不问。但日人已踞此地，若贸然派船往查，中外言语不通，恐生枝节，不可不慎重”。他认为仅凭英国图说，尚难向日人证明此岛为中国所有，建议“于广东省府县各志书、各舆图及公署案卷、私家著述内遍加搜讨，再能举出数例，为此案铁据”。19日，张人骏复电，称遍考粤省志书舆图，均无此岛确据，建议询问福建细查。端方旋即致电闽浙总督松寿，依然没有找到相关资料。

转眼到了次年9月，英国驻广州总领事傅夏礼致函广东省洋务委员温宗尧，询问蒲拉他士岛究竟是否属于中国，究竟应由何国在岛上竖立灯塔，中国政府有无宣布明文。温宗尧答复：“查蒲拉他士岛系在台湾之西南，香港之东南，沙质无泥，形似马蹄，靠西有一港口，历年中国渔船均以该处为避风之港，确系中国属岛。”1909年5月12日，端方又致电张人骏，告知从雍正八年(1730)陈伦炯所著《海国闻见录》中找到载有是岛，与英人金约翰1813年出版的《海道图说》

所载形势相合而时间更早，“有此足为我属之确据”。又说王之春《国朝柔远记》所附“沿海舆图”，就是“剿袭陈图”。[124] 由此可见端方、张人骏等人在找寻史籍、查找过硬证据上，持之以恒，花费了大量的精力。

经端方协调萨镇冰，1909 年 3 月 2 日夜，海军“飞鹰”号驱逐舰由管带黄钟瑛驾驶，从香港赴东沙岛巡阅，3 日到达。他们发现岛上有百余日本男女，盖屋居住，并雇有 50 余名小工。日本人在岛上设有小铁路、电话、木码头、小火轮及舢板，并竖立标有“西泽岛”的一根木柱。中国渔民原先建设的天后庙已被拆毁。中国渔船到此作业和停泊也被驱逐。黄钟瑛在岛上考察后按照端方事先布置，前往广州，向张人骏汇报情况，张人骏旋即再向外务部报告，并把搜集到的英国海军部所绘制中国海总图、蒲拉他士岛专图暨《中国江海险要图志》一书，以及岛上日人布置各情形的八张照片呈送外务部：

> 查潮洲、汕头口东南海面，相距约五百华里，有东沙一岛，向为闽粤各港渔船捕鱼聚集之处，并经渔户鸠资建立天后庙，随时寄顿糇粮，为避风之用。案英国海部海图，亦列入中国海，而名曰蒲拉他士岛。陈译《江海险要图志》所载，仍英语译音，在我国向名东沙。

端方和张人骏还联名致电外务部，指出：

> 现经派舰实地查勘，该日商已在该岛修盖房屋，并已建设铁路、电话、码头等项，是其私占有据，若不设法争回，则各国必援均沾之例，争思攘占，所

西泽吉次

张人骏

端方

西泽吉次在东沙岛上修建的厂房宿舍

中方在东沙岛上拍摄的标有“西泽岛”的木柱

关非细，拟请钧部迅与日使交涉，饬将该国商民一律撤回．由我派员收管，另筹布置，以申主权。[125]

3 月 9 日晚六点，第二批海军考察人员乘“飞鹰”及海关巡轮赴东沙调查，10 日上午 11 点到东沙岛附近。其中包括福建烽火门营参将尽先副将李田（原南洋“南琛”舰管带）、赤溪协副将吴敬荣（原广东“广甲”舰管带）、水师提标右营游击林国祥（原广东“广乙”舰管带）、试用通判王仁棠、日文翻译委员廖维勋。他们除盘问岛上日本人了解情况外，也找中国渔商梁应元取证，查知“此岛向隶我国版图，渔民等均历代在此捕鱼为业，安常习故，数百余年。今日人反客为主，商等骤失常业，血本无归，固难隐忍，而海权失落，国体攸关，以故未肯轻意离去。本月二十日（3 月 11 日）适遇我国‘飞鹰’兵轮并海关‘开办’巡轮两只前来查勘该岛，商等即将一切情形缮禀，恳请代为转详各大宪，力求保护”。[126] 这是中国百姓在南海岛屿争端中提出“海权失落”的疾呼，也是近代海军最早介入南海诸岛主权保护的行动。

此后，张人骏与日本驻广州领事展开多轮交涉，并派“江大”舰第三次赴东沙调查，搜集渔户供词和目击西泽等人拆毁庙宇的各种证据，至新任总督袁树勋任内，终于迫使日方承认东沙岛为中国领土，中方收买西泽在岛上所建物业共付广东毫银 16 万元，西泽赔付所拆庙宇、交回渔船、税款等 3 万元。张人骏、端方还提出了收回东沙岛后的经营规划。1909 年 11 月 14 日，中国代表王仁棠、水师总管张斌元，委派驻岛的负责人蔡康，偕同日本副领事掘义贵乘“广海”舰再登东沙岛，与西泽代表富成小十盘点岛上物产设施，列册清收。19 日中午，“广海”舰鸣放 21 响礼炮，庆祝收回东沙岛，并在岛上升起龙旗。次日，王仁棠等中日代表乘“广海”返航。

中国近代虽然在西方列强的海上侵略中意识到海军在海防建设中的重要性，但对本国的海洋权益依然较为忽视。从收复东沙岛的交涉中，广东水师提督李准意识到，“粤中海岛之类于东沙者必不少”。广东水师左翼分统林国祥告诉他，海南岛榆林港迤西 200 海里，有一群岛，西人称作“怕拉西尔挨伦”（帕拉塞尔群岛，Paracel Islands，西方人对西沙群岛的称呼），凡从新加坡来华，必经此线。该处暗礁极多，行船者多远避之。“虑及长任荒废，亦将为东沙岛之续”。李准将这一情况向张人骏汇报，表示愿意带舰去探访此岛，并将其收入海图。张人骏支持这个想法，广东方面于 1909 年 5 月 7 日成立了西沙岛筹办处，筹备前往西沙岛事宜，制订了《复勘西沙岛入手办法大纲》十条。[127]

西沙群岛为南海诸岛四大群岛之一，是中国南海陆地面积最大的群岛，位于中国大陆、东沙群岛与海南岛及中沙、南沙群岛之间的中心环节，是中国领土不可分割的组成部分。

5 月 19 日，李准率领“伏波”“琛航”从广州启程，经海南去西沙群岛巡航。林国祥任编队航海指挥，王仁棠任随行参赞，吴敬荣管带“伏波”，刘义宽管带“琛航”。“伏波”是 1870 年福建船政建造的第四号舰，“琛航”1873 年下水，都是服役多年的旧式木壳舰船，舰龄和李准年龄相仿，李准却亲率老船，甘冒风险。30 日下午 4 时，编队驶离榆林港，前往西沙群岛巡弋。

李准将登临的第一座岛屿命名为“伏波岛”，在珊瑚石上刻字曰“某年大清广东水师提督李准巡阅至此”，并竖立旗杆，悬挂黄龙国旗。岛上无猛禽虫蛇，却有大量禽鸟和海龟。此后，他们在其他珊瑚岛礁亦一一刻碑升旗，测绘海图，并为岛屿命名，这样严格按照国际通行方式进行的宣示南海主权和科学考察活动，为中国历史上首创。在此之前，西沙诸岛有渔民百姓自行命名的俗称，李准一共重新命名了 15 个岛名，时至今日还在使用的，有琛航岛、甘泉岛和珊瑚岛。他还将西沙群岛主岛以自己的家乡命名为"邻水岛"，就是今天的永兴岛。以两广总督张人骏家乡命名的"丰润岛"，就是今天的东岛。[128] 伏波岛，现在称作"晋卿岛"。为了纪念他的历史功绩，中国政府 1947 年和 1983 年将南沙群岛西部的一处珊瑚礁命名为李准滩。

李准曾用五言诗形式记录了这次活动：

> 又有西沙岛，距琼二百程，中有洲十四，版图无主名。
> 余带两舰至，并带测绘生，各种匠人齐，小工百余人。[129]

东沙岛、西沙群岛的案例显示，历史上官方文牍、史志舆图的记录，往往与本国民众实际了解和使用海洋岛屿的实践存在着时间差。近代中国海道测绘技术落后，英国海军部测绘还对南海诸岛的岛屿擅自命名，并编制海图，却没有提出改变这些岛屿属于中国的认知和权属。显然在当时，英国对南海岛屿属于中国并无异议。同时也要看到，即便中国渔民很早就在南海岛屿登临歇息，并开发利用，主权政府若没有及时宣示、开展外交行动甚至动用海军力量去保护，这些岛屿和海洋权益依然有丧失风险。所以清末官员和海军对海洋权益的关注，他们在东沙、西沙岛屿归属上的积极交涉和巡弋，显示出 20 世纪初期中国人海洋意识的觉醒，对保障南海诸岛的权益具有重要意义。他们在国势衰微的王朝末年所做的不懈努力，取得了宝贵成果，也体现出位居权力岗位的领导人，他们的责任意识和主动进取，对捍卫国家利益的历史价值。

1910 年，李准在广东主持编纂出版《广东水师国防要塞图说》，全书配 27 幅地图，从广东沿海总图，到广东、海南岛、香港各口岸、海湾、水道、炮台分布，以及东沙、西沙岛屿情况，详细介绍这些国防要地。书中有《东沙岛图说》和《西沙岛图说》，详细记载了两个岛屿（群岛）的位置、面积、形状等情况，指出"现拟招徕华商承办岛务，官为保护维持，以重领土而保权利"，也再次向全世界宣示了中国对南海诸岛的主权。

林国祥、吴敬荣、王仁棠前往东沙岛合影

“飞鹰”舰

五、海军复兴

1905 年中国政治生活中还发生了一件很引人注目的事件：五大臣出洋考察宪政。革命党人认为，清廷用假立宪欺骗人民。9 月 24 日，27 岁的安徽青年吴樾身怀炸弹，潜入北京正阳门车站实施暗杀，轰动全国。12 月，朝廷重组使团，由镇国公载泽领衔，成员包括户部侍郎戴鸿慈、湖南巡抚端方、顺天府丞李盛铎、山东布政使尚其亨。

次年 7 月，五大臣回国，提出了预备立宪的 10 件奏折。在《请改定官制以为立宪预备折》中，他们提出设立军部，以兵部练兵处改并，管理全国海陆军事务，分设陆军、海军两局。在《军政重要请取法各国以图进步折》中，提出军事大权谨请皇上亲御戎服，以振士气。皇帝实统海陆军权。海军制度宜次第筹划规复，宜指定一款为分年筹划之需，先以5年为期，造就军官若干人、兵舰若干只、军港若干处、工厂衙署若干所，逐款预计，决一定数，分年而筹。不准挪借，循序渐进。[130] 朝廷派醇亲王载沣、军机大臣、政务大臣、大学士及北洋大臣会议。海军复兴问题在预备立宪的过程中受到了重视。

11月6日，朝廷厘定官制，兵部改为陆军部，以练兵处、太仆寺并入。应行设立的海军部及军咨府，未设之前，暂归陆军部办理。

1907年6月7日，陆军部奏定官制，建立海军处，设正使（相当于协都统，格同巡抚、布政使，从二品）、副使（相当于正参领，格同按察使，正三品）各1人，承发官2人，录事4人。设机要、船政、运筹三司，置司长、副官、录发官各1人。科长7人（机要司四科：制度、筹械、驾驶、轮机；运筹司三科：谋略、报务、测海；船政司不设科），一、二、三等科员18人，考工官5人，艺师3人，股长股员视事闲剧设置，录事18人。正使未任命，副使以谭学衡充任。郑汝成任机要司长，程璧光任船政司长，林葆纶任运筹司长。[131] 中旬，召北洋海军统领萨镇冰来京，"面询一切机宜，妥定善法"。[132]

海军发展战略主要在练兵处一批人马中筹划，由练兵处提调姚锡光主持，确定拿出急就、分年两套方案，形成了《拟就现有兵轮暂编江海经制舰队说帖》《拟兴办海军经费五千万两作十年计划说帖》《拟兴办海军经费一万二千万两作十二年计划说帖》等几个文件。在第一个说帖里，提出将现有舰艇"海圻""海筹""海琛""海容""镜清""南琛""保民""康济""琛航""伏波"，练习舰"通济""威远"，鱼雷艇"辰""宿""列""张"等堪用外海的16艘军舰，编成巡洋舰队。再将广东所有"广"字号军舰，福建所有"福"字号军舰一体并入。将来陆续添置一、二等装甲巡洋舰6艘，更换原有三等巡洋舰、巡洋炮舰、报知舰，增添鱼雷艇8艘，以形成一支完全巡洋舰队。将现有长江"楚"字号6舰，江南"江"字号3舰及驱逐舰"飞鹰""建威""建安"等12舰，编成巡江舰队。设立海军提督1员，统领巡洋、巡江两支舰队。设立海军总兵1员，任巡洋舰队翼长；海军副将1员，为巡江舰队翼长，并根据各国海军舰长皆官至上校的惯例，建议以参将为管带的最高品秩。

在第二个说帖里，计划10年筹款5000万两，添置三等战列舰（7000吨上下）2艘，一等装甲巡洋舰2艘，二等装甲巡洋舰（4300吨，类似"海圻"）1艘，三等装甲巡洋舰（2950吨，类似"海筹"）1艘，一等鱼雷艇12艘。计增总吨位35000吨。

并兴建海军基地厂坞，创办海军兵官学堂、海军机轮学堂、海军大学堂、海军研究所、海军工科学堂、海军学兵营、海军水雷学兵营，派遣学生出洋留学。

在第三个说帖里，计划12年中筹款1.2亿两，添置一等战列舰（12000吨以上）2艘，二等战列舰（8000吨以上）2艘，三等战列舰2艘，一等装甲巡洋舰4艘，二等装甲巡洋舰3艘，三等装甲巡洋舰1艘。计增总吨位94000吨。并购鱼雷艇16艘。合之原有军舰，可望达到平时海军为两队，战时海军一大队的构想。

同年夏天，萨镇冰到京。姚锡光与他数次会晤。有关方面要姚另拟前三年计划，于是又提出了《拟暂行海军章程》，主张在最近3年中，增置二等、三等巡洋舰3艘，与原有"海圻""海容""海筹""海琛"4舰组成装甲巡洋舰分队。另制600吨以上800吨以下的浅水炮舰17艘，与原有"广玉""广金""安澜""镇涛"4艘，合成21艘，配作7个守口炮舰分队。以上各分队合编成海疆巡防舰队。在沿海七省分设巡防舰队和各海军军区。设立海军最高指挥机关海军总司令部。[133]

姚锡光的海军发展战略中，组建集中统一的巡洋舰队的思想很值得回味，不能简单看作是由于海军力量单薄，无力再按"三洋"构想组建区域舰队，而应该看到这是对分区域完成海军近代化思路的一种否定和超越。从历史教训来看，"三洋"舰队的构想容易在地方实力派系争夺的背景下造成有限实力的进一步分散和隔断，造成部分区域海军的片面发展和整个海军发展被忽视的局面。而按巡洋和巡江的使命编成舰队，就能使舰队的使命更加明确，协同能力和适应不同海区作战的能力更为提高，真正使有限的力量集中发挥更大的作用。

在姚锡光的海军战略中，制海权思想也有了较为清晰的表述。姚锡光说：

> 方今天下，一海权争竞剧烈之场耳。古称有海防而无海战，今寰球既达，不能长驱远海，即无能控扼近洋……然而远人之来抵掌而作说客者，恒劝我多购浅水兵舰，以图近海之治安；而我当道及海军诸将恒乐闻其说者何哉？盖海权者，我所固有之物也。彼虽巷我，焉能禁我之治海军？遂乃巧为其辞，勖我购浅水兵船为海军根本，使我财力潜销于无用之地，而远洋可无中国只轮。[134]

姚锡光还明确指出："夫天下安有不能外战而能守内者哉！"这是对从魏源开始，在中国海防理论上一直争论不休的守外洋还是守海口问题所做的一个很好的总结。

应当说，20世纪初年，马汉的海权论在中国海军学术界引起了较大的关注。

1900 年 3 月，由日本乙未会主办，在上海出版的中文月刊《亚东时报》以“海上权力要素论”为题，连载了马汉《海权对历史的影响》一书第一章的有关内容。1909 年，吴振南翻译出版了马汉的另一部著作《海军政艺通论》。1910 年前后，中国留日海军学生主办的《海军》杂志，刊载了许多论文，研究海权的内容、海权产生的历史条件、影响各国海权盛衰的主要因素、海权对国家盛衰的关系，指出“吾国民之不知有海上权力”，主张“当鼓我不拔不挠之精神，活跃海上，为不凡之民而后可”。并运用海权理论，研究中国海军建设问题，批评洋务运动时期中国海军缺乏争夺制海权的意识，“数万吨之舰队，分布沿海诸岸，待敌之来，不得已而与之一战”[135]。这些研究表明，即便重建海军还有相当长的路要走，但在海权理论上，中国人的观念已较前几十年，有了相对的进步。

9 月 8 日，军机大臣、管理陆军部事务庆亲王奕劻、陆军部尚书铁良等上奏《筹议兴复海军酌拟次第办法》，称：“中国海疆袤延七省，相距七千余里，门户洞开，今日海权，几非我有。……当此竞争剧烈之时，不得不力图兴复。况俄、法、日本协约已成，势将协而谋我，时机所迫，间不容发，若非急起直追，恐将来欲图布置且有起而干涉者。臣等言念及此，椎心衡虑，寝馈难安。”经与萨镇冰再筹商，提出两套海军重建方案：一为短期计划（姚锡光所拟三年计划），约需费用 1500 万两，常年经费 150 万两；一为长期计划，添置大铁甲舰 10 余艘，巡洋舰 20 余艘，炮艇、驱逐舰、鱼雷艇各数十艘，约需银 3 亿两，而设立军港、厂坞等款尚不在内，期以十年观成。在人员配置上，从前隶属海军官弁及水师学堂毕业生均应广为搜罗，以供各舰任使。现在海军官制未定，请暂设海军提督一员，总兵二员，炮船练船合设统带官一员，均归陆军部节制。在浙江象山设立军港，并添设海军学堂。原有江宁、广州、烟台水师学堂设法增加学额，以广造就。[136] 这是甲午战争失败 12 年之后，清廷中枢又一次兴起重建海军的全局性筹议。当然对于后一个十年规划，在当时是完全不具备可行性的。

1908 年 11 月 14、15 日，光绪皇帝和慈禧太后相继驾崩。根据太后生前的安排，由第二代醇亲王载沣之子溥仪入承皇位，年号宣统。嗣皇帝年方 3 岁，太后遗命醇亲王监国摄政。摄政王出生在中法战争前一年，是老醇亲王奕譞第五个儿子，这年才 25 岁。1901 年曾被派充头等专使大臣，赴德国为其公使克林德被义和团杀死“谢罪”，这算是他最重要的政治经历了。摄政王处事优柔寡断，缺乏主见。在他身边，云集了一批同他一样没有经验的皇族贵胄，他们一心想把国家大权全部收归到满族贵族手中。

次年2月19日，朝廷派肃亲王善耆、度支部尚书镇国公载泽、陆军部尚书铁良、海军提督萨镇冰妥慎筹划海军事宜，先立海军基础。并着庆亲王奕劻随时综核稽查。[137] 7月，肃亲王等依照姚锡光海军发展规划为蓝本，提出划一海军教育、统编舰艇、开办军港、整顿厂坞台垒的奏折。15日，摄政王以宪政编查馆奏定宪法大纲内载统率陆海军之权操之皇上等语，发布上谕，宣布皇帝为大清国陆海军大元帅。所有一切权任事宜，于未亲政前由监国摄政王代理。并命摄政王六弟，郡王衔贝勒载洵和提督萨镇冰担任筹划海军大臣。[138] 这样，海军的最高指挥权便都掌握在了满蒙人的手中。这年夏天，朝廷正式将南北洋舰队归为统一，再分巡洋、长江两舰队。由萨镇冰任海军提督，程璧光统领洋舰队，沈寿堃统领长江舰队。

载洵这年才二十来岁。从他那张滚圆的脸和眯缝着的眼睛中，看不出多少睿智和才气。他因出继给瑞郡王奕誌为嗣，袭了贝勒，住在从前醇亲王府西单甘石桥槐里胡同和背阴胡同间修建的富丽堂皇的适园里，人称洵贝勒府。他哥哥做了摄政王后，给他和七弟载涛都加了郡王衔，于是益发不可一世。他吵吵嚷嚷要管海军，说是子承父志。摄政王明知他完全外行，但禁不住他声色俱厉的争闹，只能授他做了筹办海军大臣。[139]

据说摄政王同意载洵当海军大臣时有一个条件，要他出国考察海军。旅行对纨绔子弟来说，是件很有吸引力的事。从8月下旬，先国内后国外，载洵和萨镇冰开始了一系列的巡视和考察。

8月25日，两人出京，南下巡阅海防。29日抵达上海。次日阅看江南制造局和江南船坞。9月2日，到达浙江象山。3日上午，会同闽浙总督松涛、浙江巡抚增韫举行象山军港的辟港典礼。象山属于宁波府治，在南田之北、镇海之南，面对舟山群岛。港湾深入县境66里，口宽12里，水深21 ~ 115尺。群山环绕，随处可以避风。港内另有一支港，叫西湖港，地势平缓，可做船坞。在20世纪初重辟海军基地的各种建议中，象山是最受重视之地。几经周折后，终于确定将这里作为未来的海军基地。

9月4日，载洵到达福州，视察船政。接着又往香港、广州、厦门、杭州、江阴、镇江、江宁、田家镇、汉阳，沿途考察军舰、港口和工厂设施。至24日返回北京。[140]

清王室家法甚严，王室成员未经特许，不得轻易离京。反之，因公出巡，则所到之处，典礼隆重。清末老醇王和洵贝勒的出巡，都被海军界和当地督抚视为一大盛事。但同乃父相比，载洵个人的地位要低得多，海军的状况也差很多。因此，巡阅的场面就大为逊色。可是载洵又没有老醇王的那份谨慎，一路收受各地特产和贵重物品，于是名声坏得多了。

10 月 16 日，载洵和萨镇冰出访欧洲。他们从上海乘德国邮轮“吕佐夫”号穿越苏伊士运河，在意大利热那亚上岸，转乘火车经都灵、巴黎、加莱前往英吉利海峡，经多佛再坐火车，11 月 19 日到达伦敦。次日在温莎城堡觐见英王爱德华七世，此后拜会英国海军部，参观格林尼治皇家海军学院。还去朴次茅斯、达特茅斯、普利茅斯等重要军港和阿姆斯特朗公司、帕默尔造船厂、阿尔弗雷德·亚罗公司、维克斯父子·马克西姆公司等重要军工企业参观，在驻英公使、李鸿章的儿子李经方陪同下，专门拜访了退休回国的前总税务司赫德。中国海军从 1863 年购买英国军舰引发“阿斯本舰队事件”，至此已有 45 年。12 月 16 日他们离开英国前往法国，18 日在爱丽舍宫觐见总统和总理，接着在圣纳泽尔和土伦考察法国海军。24 日抵达意大利，先后参观特尔尼钢铁厂和拉斯佩奇亚军港。旋前往奥匈帝国和德国。在柏林觐见德皇威廉二世、总理和海军部长提尔皮茨，还参观伏耳铿、克虏伯等军火企业。最后取道俄国西伯利亚大铁路回国，1910 年 1 月 19 日回到北京。[141]

近代中国和德国的交往尚属频繁，但高级官员出访十分罕见。1887 年，钦差大臣崇厚前往俄国交涉索还伊犁，途经柏林时，驻德公使李凤苞在旅馆大厅迎接，

载洵（中）、萨镇冰（右三）赴欧洲考察海军

并跪请圣安之事，曾被当地报纸哗传一时。1896年李鸿章访问德国，也引起哄动，被称作“东方俾斯麦”。这次载洵等来访，再次引起德国人的兴趣。下榻的凯旋门前菩提树大街阿德龙旅馆外围观者塞途。当载洵等身穿黄绫马褂，佩戴大绶勋章，拖着长长的辫子从马车上走下来进入旅馆时，引起一阵发笑。萨镇冰对前来迎接的留学生林献炘、常朝干说：“你们看看，这个时代我们还拖着根尾巴，可笑不可笑？”[142]但这次考察英、法、意大利、奥匈、德、俄六国，受到各国君主、元首的高规格接待，拜访了各国海军机构，考察了海军舰队、基地、院校和主要军工企业，基本了解了世界海军发展动向，对载洵和萨镇冰而言，都开阔了视野，增添了阅历，对于规划主管海军建设具有直接借鉴作用。

载洵在回国途经哈尔滨时，革命党人熊成基布置对他进行暗杀，事泄被捕。在受审时，熊成基历数清廷罪恶，第一条便是海陆军权不与汉人。他质问说：近年来创设海陆军，关系何等重要，清廷若真有改革军事之意，中国之大，岂无人才，偏要选载洵、载涛、铁良之辈？由此可以看出清政府居心何在。[143]

回京不久，载洵奏请开去海军要差，没有得到允许。3月，筹办海军处开始与各外国厂家就采购军舰展开商务谈判。3月23日，与英国维克斯公司签署合同，订购练习巡洋舰“应瑞”（2400吨）。8月1日，与阿姆斯特朗公司签订合同，订购练习巡洋舰“肇和”（2725吨）。同时还筹划向德国订购一艘驱逐舰（后增为三艘，即“长风”“伏波”“飞云”，民国年间制成回国，分别改名“豫章”“建康”“同安”）。8月16日，向日本三菱和川崎造船所订购了两艘780吨的炮舰“永丰”“永翔”。“永丰”舰就是后来鼎鼎大名的“中山”舰。[144]

8月下旬，载洵和萨镇冰再度出访美、日两国。在纽约，他们订购了2600吨级巡洋舰“飞鸿”（后因民国初年船款纠葛，未交中国）。美国驻华公使嘉乐恒认为载洵不仅腐化，而且易受欺骗，他说：“我们造船厂的工人也许能够向他展示令人一饱眼福的展品，并且用大量的烟火使之闪闪发光，这样就能使他对我们高超的造船技术留下深刻的印象。”嘉乐恒所说的深刻印象，是指维克尔和马西姆工厂在焰火中突然显示出载洵身着将军服的肖像。这究竟是怎样一种把戏，我们今天搞不清楚。但公使先生认为诱使载洵耗尽他的国家拥有的很少一点钱，将使美国成为中国的罪人。[145]

从1895年4月《马关条约》签订，至1911年10月辛亥革命爆发，共计16年半，这16年半中，清政府外购军舰39艘，排水量34728吨（均不含未能来华之军舰），平均每年增加2105吨。国产军舰4艘，排水量10564吨，平均每年增加640吨。

两项合计，平均每年增加2745吨。就晚清末年承担着甲午赔款和庚子赔款巨额财政负担的清政府来说，取得这样的成绩，已可说是勉为其难了。[146]

朝廷宣布载洵、萨镇冰为筹备海军大臣后，旋将陆军部海军处的事务和档案文卷统统移交给新成立的“钦命筹办海军事务处”。陆军部并将长江水师、江南水师、广东水师、福建水师、浙江水师有关事宜及建造旧式师船的金陵船厂、湖口船厂、汉阳船厂均划交筹办海军处管理。[147]

海军大臣根据1905年练兵处奏定的《陆军军官军佐任职等级暨陆军人员补官体制摘要章程》所规定的三等九级军衔制，拟定海军人员军衔。在正都统、副都统、正参领、副参领、协参领、正军校、副军校、协军校前，皆冠以“海军”二字，以示区别，又据此拟定海军长官旗及各级军官章服标志。还同陆军部会商，正式提出了筹办海军的7年规划。与度支部商定，为海军筹集1800万两开办费和200万两常年经费。其中开辟军港经费150万两，购舰经费1650万两。前者2年内拨出，后者分4年匀拨。至1909年10月，共从全国18省和度支部筹得开办费1134万两，常年经费168万两。[148]

1910年2月19日，朝廷命海军元老，船政学堂第一届毕业生严复、魏瀚、郑

载洵、萨镇冰在美国考察海军造船厂

载洵、萨镇冰访问日本

清廉和天津水师学堂第一届毕业生伍光建为筹办海军事务处顾问。

4 月 8 日，载洵提出请拨地建造海军衙署。请仿英国海军警备队之制，在北京城外昌运宫旧址，设立海军警备队总营。[149] 又重新厘定海军处各司职常：军制司掌海军规制、考绩、驾驶、器械、轮机等事宜；军政司掌修造战舰、建筑工程等事宜；军学司掌海军教育、训练、谋略等事宜；军防司掌铨衡各省水师将弁并侦测等事宜；军医司掌海军卫生、疗伤、医药及军医教育等事宜；军枢司掌全体人员升迁、调补、差缺、机密公牍、函电及承发文件等事宜；军储司掌海军经费及服装、军粮等事宜；军法司掌海军军事裁判、风纪、法律等事宜。共计八司。此外还设有参赞厅，设参赞一员及一、二、三等参谋官，为海军大臣赞助佐理各种事务。[150]

这年年底，筹办海军处制定《海军部暂行官制大纲》，又在原有八司基础上，增设主计处。并建议裁去原设筹备海军处大臣和参赞，另设海军部正副大臣各一员。12 月 4 日，朝廷授载洵为海军大臣，原海军处参赞谭学衡为副大臣。海军大臣品秩视尚书、副大臣视侍郎。[151] 又于次日命萨镇冰统制巡洋、长江舰队。[152] 谭学衡是广东黄埔水师学堂第一届驾驶班毕业，在此之前，做过军学司司长。他在海军界本不出名，资历也不老。现在擢升得如此之快，是朝廷想借此平抑福建籍军官的势力。

1911年初，开始对海军军官授衔。海军大臣载洵，简授海军正都统，即海军上将，格同总督，正一品；副大臣谭学衡，简授海军副都统，即海军中将，格同巡抚，正二品；巡洋长江舰队统制萨镇冰，简授海军副都统加正都统衔；巡洋舰队统领程璧光、长江舰队统领沈寿堃，简授海军协都统，即海军少将，格同布政使，从二品；署理巡洋舰队统领吴应科，海军部一等参谋官严复，驻沪一等参谋官徐振鹏、烟台海军学堂监督兼海军部一等参谋官郑汝成，赏海军协都统衔。

此外，军学司司长曹汝英、军枢司司长伍光建、署理军法司司长李鼎新、军制司司长蔡廷干、署理军政司司长郑清濂、驻英国威克斯船厂监造员李和、驻英国阿姆斯特朗公司监造员林葆怿、“海圻”管带汤廷光、巡洋舰队总管轮孙辉垣，皆授海军正参领，即海军上校，格同按察使，正三品。军储司司长林葆纶、舰队统制官一等参谋官郑祖彝、“海筹”管带黄钟瑛、“海琛”管带杨敬修、“海容”管带喜昌、“南琛”管带曾兆麟、“镜清”管带荣续、“通济”管带葛保炎、“保民”管带甘联璈、“江元”管带宋文翙、“江利”管带郑纶、“楚同”管带何广成、“楚泰”管带马煩钰、“楚有”管带朱声冈、“江贞”管带饶怀文，皆授海军副参领，

清末军制改革后海陆军主要领导人。左1为陆军大臣荫昌，左3为海军大臣载洵，左4为贵胄学堂和陆军学堂总理载润，左5为禁卫军统领载涛，右1为海军副大臣谭学衡。

海军大臣载洵与海军部官员便装合影

即海军中校，格同盐运使，从三品。“飞鹰”管带林颂庄、“建威”管带程耀垣、“江亨”管带沈继芳、“建安”管带沈樑、“楚谦”管带王光熊、“楚豫”管带方佑生、“联鲸”管带许建廷、“楚观”管带吴振南、“舞风”管带王传炯，皆授海军协参领，即海军少校，格同道员，正四品。[153]

从世纪初开始的重兴中国海军工作，至此达到了顶点。由于有了李鸿章创建北洋海军的经验和近40年培养的海军人才的积累，这次从谷底走向重兴，仅用了十来年时间。但是，就世界范围而言，各国海军力量也在迅速发展。1906年，英国建造了“无畏”号战列舰，使得各国海军坚船利炮竞赛达到了前所未有的高度。更值得引起人们重视的，是美国的莱特兄弟在1903年成功地制造了飞机。到了1910年11月14日，尤金·伊利驾机从停泊在切萨皮克湾的“伯明翰”号巡洋舰甲板上起飞成功；次年1月18日，他更驾机在“宾夕法尼亚”号巡洋舰上安全降落。从此海军增添了一种强有力的兵器，使海战走向立体化，并最终注定战列舰这个舰种退出历史舞台。这都使得中国在发展海上力量时，必须不断地增加新的考虑因素。就中国国内范围而言，这次海军重兴，是在封建统治者不断加强统治力度，同人民大众的矛盾日益尖锐的背景下进行的。朝廷通过建设海军来强化皇权，镇压资产阶级革命派。而这个国家的掌权者和军队的统帅，又远比上一代人更无能、更近视。结果就在1911年，爆发了推翻满清王朝的辛亥革命。

六、辛亥革命海军易帜

中国近代海军是洋务运动的产物。海军官兵，受西方教育程度最高，绝大多数军官受到正规院校培养，相当一部分人留学欧美日本。然而海军中投身革命的人极少，仅程璧光之弟程奎光，原广东水师“镇涛”舰管带，为兴中会早期会员，因参与1895年广州起义被捕，瘐死狱中。究其原因，一则舰艇部门繁多，仅靠一二人振臂高呼，难以控制全舰，在未得确切把握前，只能偾事；二则待遇优渥，大大高于陆军，也使海军军官政治上倾向保守持重；三则革命党人的工作重点，主要集中在新军和会党，没有着力在海军中开拓。因此，在统治者看来，海军一直是他们依恃镇压人民反抗的重要工具。

广东是孙中山多次发动武装起义的地方。广东水师提督李准，多次镇压起义，一直被革命党人视为头号暗杀对象。1907年，刘思复谋用炸弹刺李准未成。

1911 年 8 月，林冠慈、陈敬岳再次策划暗杀，终于将李准炸伤。

1911 年的中国，危机四伏，已经成为巨大的火药库，随时都有爆炸的可能。黄花岗起义、“皇族内阁”、保路风潮，都是通往火药库的导火索，革命形势日益高涨。直至 10 月 10 日，驻守武汉的新军第八镇工程第八营革命党总代表熊秉坤，带领 40 多名士兵，打响了武昌起义的第一枪。

武昌起义爆发后，湖广总督瑞澂匆匆逃上停泊在武昌江面的“楚豫”号炮舰避难。12 日，清廷发布上谕，命陆军大臣荫昌督率两镇陆军，前赴湖北镇压。着海军部加派兵轮，饬萨镇冰督率前进，并饬长江水师提督程允和率长江水师即日

湖广总督瑞澂所逃到的“楚豫”舰

“楚有”“江亨”舰

赴援。[154]次日，萨镇冰从上海乘"楚有"号炮舰全速西驶武汉，并从各地调集军舰增援。15日，萨镇冰抵达汉口江面。[155]他通告各国领事，待海军军舰到齐，便开炮轰城。

至17日，集结在汉口江面的军舰，已有"楚豫""楚有""楚同""楚泰""建安""建威"，其他军舰也在调集之中。海军对武昌起义者构成严重威胁。被起义者簇拥为鄂军大都督的黎元洪，原是天津水师学堂第一届管轮班毕业生。甲午战争时，担任"广甲"二管轮。战后改投张之洞门下，从两江到湖广，协助训练新军，官至第二十一协统领。他与曾担任天津水师学堂教习和"康济"练习舰管带的萨镇冰有师生之谊，决定写信劝萨反正。他派已经投向革命军的原"建威"帮带朱孝先充当信使。朱身着西装，以商会犒军的名义前往"楚有"，致送信函。信称：

> 洪当武昌变起之时，所部各军，均已出防。空营独守，束手无策。党军驱逐瑞都[督]出城后，即率队来洪营，合围搜索。洪换便衣避匿室后，当被索执责以大义。其时枪炮环列，万一不从，立即身首异处。洪只得权为应允。吾师素知洪最谨厚，何敢仓促出此。虽任事数日，未敢轻动，盖不知究竟同志若何，团体若何，事机若何……今已视师八日，万众一心，同仇敌忾……而连日各省纷纷之士，大都留学东西各国各种专门学校及世代簪缨，学有专长，阅历极富；并本省官绅人等，故外交着手，各国已认为交战团体，确守中立。军亦并无侵外人及一私人财产之事，不但在中国历史上视为创见，即各国革命史，亦难有文明若此。可知清国气运既衰，不能任用贤俊，至使聪明才智之士，四方毕集，岂又洪一人之力所能致哉！……洪有鉴于此，识事机大有可为，乃誓师宣言，矢志恢复汉土，改革专制政体，建立中华共和民国……洪受业于师，学识浅陋，不能担负重任，已向同志宣告，将以党军之所要挟者，倩诸先生，登轮要求师宪。昔人谓谢安云：斯人不出，如苍生何？同胞万声一气，谓吾师不出，如四万万同胞何？刻下局势，只要吾师肯出，拯救四万万同胞，则义旗所至，山色改观……洪非为私事干求函丈，实为四万万同胞请命。满汉存亡，系于师台一身。齐王反手，洪计之已熟。否则各同胞视为

黎元洪

反对此志之人，即以满奴相待，虽洪亦不能禁止其不邀击也。[156]

萨镇冰阅信后默无一言，没有回信。几天之后，一个名叫轲斯的瑞典人，乘坐悬有红十字旗的小火轮登“楚有”，鼓动萨镇冰反正，并送呈黎元洪的又一信，萨镇冰依然没有答复。

萨镇冰是个老成的人，遇事并不走极端。到汉以后，他没有积极布置进攻革命军。10月18日，海军在江岸停车场附近江面与相距3500米的革命军炮队对射。彼此炮弹都落在水面，没有造成损失。28日，汉口清军与革命军激战，海军前往助战。据目击者说，双方的命中率都很差劲。[157]就革命军这边而言，显然在继续采取争取海军的战略。[158]而海军官兵，则已萌发同情起义的思想。

革命形势风起云涌。22日，湖南革命党人焦达峰、陈作新发动会党和新军起义，攻占长沙，宣告独立。西安新军张凤翙等也举行起义，宣布陕西独立。23日，革命党人蒋群、林森策动九江新军起义。24日，广东同盟会员策动化州新军起义，成立临时政府。25日，湖南岳州新军起义。29日，山西新军起义，成立军政府。30日，昆明和南昌新军分别起义，成立军政府。

四处风声鹤唳，清廷命令海军部加紧布置。巡洋、长江舰队全部被调动起来。除“海圻”舰由程璧光率领前往英国，参加英王乔治五世的加冕典礼等外方活动，“江亨”舰拨归长江水师提督程允和遣用外，“海琛”“海容”“海筹”“江贞”“楚同”“楚泰”“楚有”“楚豫”“辰”“宿”“湖隼”“湖鹰”“湖鹗”等13艘舰艇被派往武汉；“建安”“江利”“列”3舰艇被派往江西；“飞鹰”“建威”“江元”被派往安徽；“镜清”“南琛”“楚谦”“联鲸”“登瀛洲”“策电”“楚观”“张”“湖鹏”9舰艇被派往江宁；“通济”练习舰向武汉海军运送油米，“保民”舰从烟台装运巡洋舰弹药接济安徽。以至后来谣传革命党人在新加坡制造军舰，并已驶至澳门，闽浙总督松寿电请海军分拨舰艇驻泊福州、厦门，载洵和谭学衡答复完全无舰可派。[159]

随着形势的发展，海军内部出现了分化。中下级青年军官开始活动，某些高级军官也逐渐转向革命。

11月2日，驻泊在吴淞的“策电”炮舰率先响应中部同盟会的号召，用桌布制面白旗，参加起义。接着，上海商团在李英石、李燮和等人领导下，进攻江南制造局。制造局总办张士珩在四面楚歌中，乘小轮船逃往法租界德商洋行，原先观望的“建安”等舰便相继反正。[160]

停泊在南京的“镜清”“楚观”“楚谦”“江元”“联鲸”等10余舰，由“镜清”管带宋文翙担任队长。宋文翙是留美幼童出身，时年50余岁。虽然军衔才至副参领，但官场生涯使他十分谨慎，其他管带也莫不如此。“镜清”舰教练官、留日学生陈复和同盟会有联系，将苏州都督程德全的招纳文告面交宋文翙。宋接受了，翌日又召集官兵，表示不能负义背清，当场撕毁文告，但他没有追究陈复。各舰新近从烟台、黄埔海校毕业的实习生，受到革命形势的影响，决定采取行动。他们秘密将炸弹运上军舰，又与革命党人、镇江都督林述庆取得联系。11月10日，他们向各舰官兵宣布起义，并维持本军秩序，即保留军官地位。若有拒绝者，将施放炸弹，同归于尽。晚间，舰队下驶镇江，次日宣布易帜起义。[161]

甚至广东水师提督李准也与革命党人胡汉民暗通款曲，说服广东陆路提督龙济光共同反正，并促成广州官军放弃抵抗，和平交接政权。11月9日，广东宣布独立，胡汉民出任大都督，就住在李准的水师行台。李准本人，婉拒了胡汉民欢迎他参加新政权的邀请，23日乘军舰离开广州，经澳门前往香港，从此做起寓公。[162]

11月12日，山东烟台革命党人起义，攻占道署，次日成立军政府。推举停泊在港的“舞凤”舰管带王传炯为总司令。

在武汉的海军主力也开始分化。舰队停泊武昌期间，官兵亲眼目睹起义情景，又先后收到黎元洪和武汉军政府政事部长汤化龙给其弟弟、萨镇冰的参谋官汤芗铭的劝降密信，部分军官开始同情起义者。他们不愿与民军继续作战。但他们没能说服萨镇冰起义，亦没有立即反戈一击、向清朝陆军开火的思想准备，只能以深秋季节，长江进入枯水期，水位下降很快，大舰容易搁浅，军舰远离上海基地，煤弹日罄，无处修理等理由，要求驶回上海。11月12日早晨，“海容”“海筹”“海琛”3舰从七里沟锚地起碇，向下游驶去。下午2时悬白旗通过大冶。[163]他们的行动，估计是得到萨镇冰默许的。“楚豫”“江贞”“江利”“湖鹏”“湖鹰”“湖鹗”6舰艇则在阳逻一带悬着龙旗，继续观望。

13日中午，三“海”驶抵九江码头，九江军政分府都督马毓宝、参谋龚少甫、九江要塞司令戈克安等人上舰交谈。当天马毓宝向武汉报告此事：

本日午刻，有“海琛”“海筹”“海容”三舰到浔。据各船主云，因水涸，奉萨统制谕，命驶东下。该船通竖白旗，并向浔军政分府请领国旗。惟窥其意，尚欲下驶。现在南京尚未克复，该舰仍想东下，不可不防。现已由浔将三舰扣留，暂时不准下驶。[164]

武昌军政府接电也觉意外。他们以为萨镇冰在舰上，复电指示“优待萨镇冰，满籍人员，可遣送往沪。至军舰如何处置，即派员前来接洽”。[165] 两天后，武汉派徐明达、李作栋乘轮船到达九江，同汤芗铭及各舰军官会商，并接济军饷煤粮。决定舰队回驶武汉，协助进攻清军。至此，这支分舰队正式跨入起义者的行列。

“海容”舰管带喜昌、帮带吉升，“海琛”舰管带荣续是昆明湖水师学堂的毕业生，因是满人而受青睐，擢升重任。当三“海”离汉东驶时，他们附和形势，表示同情民军。喜昌甚至对部下说：“我本来也是汉人，老姓姓何。”刚到九江时，马毓宝曾对喜昌说：“我们此次革命是政治革命，不是种族革命。你虽是满族，也希望你好好为革命服务。”舰上官兵对他们也很客气。14 日上午，喜昌下令“海容”换锚位。军舰移动引起九江要塞注意。司令戈克安指称“海容”逃跑，下令开炮射击。戈原是江南水师学堂管轮班毕业生，曾任“海容”轮机员。因与喜昌发生冲突而离开军舰，跑到湖北。又将差船开得搁浅，当道将他下狱待审。等到武昌起义释放政治犯时，戈冒充是搞地下工作而被捕的。被释放后出任九江要塞司令。此次炮击，是“海容”真想逃跑，还是戈克安挟报私仇，很难说清。但九江方面就此对满族海军军官产生怀疑，决定将其遣散。喜昌拿到遣散费后，提出按薪俸多寡的比例来分配，使得帮带吉升所得无几。吉升在舰负债累累，债主大都是同舰军官，在其债务未清前不让他离舰。吉升计无所出，便在晚间从右舷梯

“海容”舰

盘投江自杀。[166]

萨镇冰率“江贞”“江利”“楚豫”等舰在江浔间继续观望。他从当时的政治局势中看出人心的向背，对于黎元洪的劝降信也有感触。再加上各国领事因承认武汉军政府为交战团体，宣布局外中立，又要求海军炮击武昌时，不得波及租界，这都使萨镇冰进退维谷。现在三“海”离去，大局无可挽回，他又不愿参加起义的行列，便于11月12日，或以后的某一个夜晚，在武汉—九江之间换乘英国轮船，至九江英国领事馆过夜。再化装成商人，前往上海。[167]

萨镇冰离舰后，武汉诸舰决定各自行动。“江贞”“湖鹗”“湖鹰”前往九江，加入三“海”队伍。“江利”“楚豫”等舰则径驶上海。途经镇江时，经“楚观”管带吴振南挽留，参加镇江起义。

九江舰群公举“江贞”管带杜锡珪升为“海容”管带。“海琛”帮带林永谟升为管带，“海容”鱼雷大副饶涵昌升为帮带，“江贞”大副周兆瑞升任本舰管带。又举汤芗铭为临时海军司令。15日下午，九江军民向各舰分赠慰劳品。16日清晨，各舰挂满旗饰，欢庆起义。中午12时，下午4时，分别鸣放了礼炮。

18日，九江军政分府参谋长李烈钧率兵400名，分乘“海琛”“江贞”两舰前往安庆。“海容”“海筹”“湖鹗”等舰则上溯武汉，协助民军攻击清军。至次日清晨，重返阳逻一带江面，并炮击江岸车站一带清军。

这天是星期日，天气晴朗，初冬的江风吹来，并不很冷。下午3点多钟，沿江的行人发现一艘悬挂革命军旗号的巡洋舰稳稳地驶过江岸车站前清军炮兵阵地，至武昌黄鹤楼畔停靠。原来清军不识此旗，以为是外国军舰。待到某外国人提醒，军舰已经驶出射程之外了。这是“海容”号。不久，“湖鹗”号鱼雷艇也溯江而上。清军炮兵便一齐猛射。“湖鹗”被击中，大量蒸汽迸出。武昌革命军的炮兵开炮援救，“海容”也重新启航，向清军阵地轰击。顿时火光闪烁、爆炸连绵，清军阵地不久便归于沉默，江岸车站后方燃起大火，“海容”胜利返航。[168]

在后来几天里，“海容”“海筹”等舰还配合革命军，炮击二道桥和三道桥，但效果似不很明显。进入12月后，长江水位进一步下降，“海”字巡洋舰活动受到搁浅的威胁。遂于7日以后，返航上海基地。

上海是海军的大本营。12月6日，上海都督陈其美电告武汉军政府：海军各处代表，公举“海圻”管带程璧光为总司令，“海筹”管带黄钟瑛为副司令，黄裳治为参谋长，毛仲芳为参谋次长。总副司令未到之前，暂由参谋长代理一切。鄂方回电同意。又建议由汤芗铭担任巡洋舰队司令长。[169]清政府重建的海

1912 年，黄钟瑛（孙中山右侧）担任民国临时政府海军部长

军，在清廷尚未彻底垮台之前，已经完全起义，成为革命党人掌握的一支重要军事力量了。革命党人过去不曾重视在海军中展开活动，海军官兵也一向以保守持重著称，是清军中较为稳定的部分。但在波澜壮阔的历史洪流面前，他们迅速转向，选择了民主共和，显示了时代的潮流和人心的向背。大清王朝确实走到了末日。此时，巡洋舰队统领程璧光正率领“海圻”舰外访。4 月 24 日离开上海，6 月 21 日在伦敦参加英王乔治五世加冕的庆祝仪式，24 日在朴次茅斯参加国际阅舰式，8 月 31 日离开英国，进行中国海军历史上的第一次横跨大西洋航行。9 月 10 日抵达纽约访问，而后又前往古巴。11 月初返回英国。此时获悉国内起义的消息，“海圻”官兵也表达了参加革命的决心，延至次年春天归国。

当武汉上空枪炮响声不息时，载洵在北京与美国贝里咸钢铁公司订立了借款造船合同，总额合银 2500 万两，期望由美国政府帮助中国发展海军。[170] 这是清廷发展海军的最后一个行动。合同由于革命未能实施，中国的舰队已经驶入 1912 年的新港湾了。令人遗憾的是，后来的新政权是以北洋陆军为核心的军阀政府，他们对海军的重视甚至还不如清王朝。在连年的军阀混战中，中国海军与世界海军的距离越来越大，这个军种被长期冷落了。

1 《清实录》，第 56 册，第 870 页，光绪二十一年七月丁未。

2 《清史稿·李鸿章传》，第 39 册，第 12021 页。

3 张之洞："吁请修备储才折"（光绪二十一年闰五月二十七日），《张之洞全集》，第 2 册，第 989 ~ 1001 页。

4 《清实录》，第 56 册，第 837 ~ 838 页，光绪二十一年闰五月二十七日丁卯。

5 张之洞："致总署督办军务处"（光绪二十一年六月二十七日未刻发），《张之洞全集》，第 3 册，第 2079 页。

6 《清实录》，第 56 册，第 865 页，光绪二十一年七月庚子。

7 "署直隶总督王文韶奏北洋海军阵亡员弁拟请照章发给赏恤养伤银两折"（光绪二一年七月初六日），《中日战争》丛刊续编，第 3 册，第 540 ~ 542 页。

8 王文韶："遵旨复奏时政请以开银行修铁路振兴商务为首要事"（光绪二十一年七月十二日），中国第一历史档案馆藏军机处录副奏折，03-5612-007。

9 刘坤一："遵议廷臣条议时务折"（光绪二十一年八月初七日），《刘坤一遗集》，第 2 册，第 895 ~ 896 页。

10 "顾元勋致盛宣怀函"（光绪二十一年十二月初一日），《中日甲午战争》，盛档之三，下册，第 481 页。又据刘含芳电报称："接收后，坞、局、厂、库各房屋毁损尚不甚多，惟各厂机器合计仅存十之一二，非购配安设不能工作。"见《清末海军史料》，第 88 页。

11 "御史王鹏运奏请严谕疆臣痛除因循旧习折"（光绪二十一年十月十八日），《中日战争》丛刊续编，第 3 册，第 622 ~ 623 页。按：伍廷芳不是天津水师学堂总办。

12 文廷式："请饬南北洋大臣认真整顿海军慎重用人片"（光绪二十一年十月二十一日），《文廷式集》，上册，第 75 页。

13 "北洋大臣王文韶奏为遵旨查复道员罗丰禄被参各款折"（光绪二十一年十二月初四日），《中日战争》丛刊续编，第 3 册，第 635 ~ 637 页。

14 王文韶："统筹北洋海防冀渐扩充片"（光绪二十二年正月十九日），《清末海军史料》，第 87 ~ 89 页。

15 池仲祐："海军实纪·购舰篇"，《清末海军史料》，第 171 页。

16 刘坤一："南洋兵轮酌减人数薪费片"（光绪二十三年五月二十九日），《刘坤一遗集》，第 3 册，第 987 页。

17 "中俄御敌互相援助条约"（1896 年 6 月 3 日），《中外旧约章汇编》，第 1 册，第 650 ~ 651 页。

18 李鸿章："寄译署"（光绪二十二年四月初一日亥刻），《李鸿章全集》，第 26 册，第 244 页。

19 李鸿章："寄译署"（光绪二十二年四月初七日戌刻），《李鸿章全集》，第 26 册，第 246 ~ 247 页。按：俄国财政大臣维特在其回忆录中讽刺外交大臣洛巴诺夫 - 罗斯托夫斯基不谙远东事务。他说密约中规定"如果中国领土或俄国远东滨海各省被日本进攻，两国有互相保卫的义务"一条，草约文本中遗漏了"被日本"三字，从而使得这一防守同盟针对所有国家。经他向沙皇汇报后，沙皇亲自要求洛巴诺夫修改这一条款。到签约时，维特发现条约文本依然如旧。原来洛巴诺夫忘记把沙皇的意旨通知秘书了。洛巴诺夫便玩弄花招，把签字仪式改在午餐之后。而在午餐时，他让秘书重抄了条约的两份文本

（见《维特伯爵回忆录》，第 70 ~ 72 页）。这一插曲似不可信。因为从李鸿章同国内往来电报中看出，洛巴诺夫在签字前半个月，已通知中方删去“或与日本同盟之国”字句。而总理衙门 5 月 29 日向李鸿章发出的上谕（李 6 月 1 日收到），也已确认了改订的条约内容。此外，俄国外交秘书在午餐时间居然能重抄条约中文本而不使中方觉察，这个说法本身也是很难让人相信的。

20 蔡尔康、林乐知编译:《李鸿章历聘欧美记》，第 259 ~ 260 页;《光绪朝东华录》，第 4 册，第 3875 ~ 3876 页。

21 《维特伯爵回忆录》，第 76 页。

22 “李鸿章在斯皮特黑德港外检阅海军舰队”，《西洋镜：海外史料看李鸿章》，下册，第 280 页;《李傅相历聘欧美记》，第 22 页。

23 “海军大臣何尔门海军副提督致外交大臣马沙尔男爵公文”（1895 年 4 月 14 日），《德国外交文件有关中国交涉史料选译》，第 1 卷，第 92 页。

24 “驻圣彼得堡大使拉杜林公爵上帝国首相何伦洛熙公爵文”（1896 年 11 月 19 日），《德国外交文件有关中国交涉史料选译》，第 1 卷，第 121 页。

25 “威廉二世在驻圣彼得堡大使拉杜林公爵上帝国首相何伦洛熙公爵文上的边注”（1896 年 11 月 19 日）；“威廉二世谕帝国首相何伦洛熙公爵电”（1896 年 11 月 27 日），《德国外交文件有关中国交涉史料选译》，第 1 卷，第 123 ～ 125 页。

26 “驻圣彼得堡大使拉杜林公爵上帝国首相何伦洛熙公爵电”（1896 年 2 月 15 日），《德国外交文件有关中国交涉史料选译》，第 1 卷，第 106 页。

27 现有论者试图重新解读这一事件，见贾菁菁：“胶州湾事件前的中德交涉与许景澄‘卖国’考（1895—1897）”，《史学月刊》，2020 年第 1 期。作者质疑拙著对许景澄的批评，怀疑金楷理的转述，怀疑德国外交官借许景澄之口为武力主张做注脚，声称“拉杜林等利用自己一线交涉者的身份优势，在向德国政府报告的文书中，为强调武力占领的必要，存在扭曲和夸大事实的可能性”。拉杜林公爵是德国驻圣彼得堡大使，并非主导对华外交，他两次报告中国外交官的谈话，若要质疑其内容是否真实，必须用史料来证明，而不是推测。此课题尚待进一步研究。

28 “外交副大臣罗登汉男爵致圣彼得堡代办齐尔绪基电”（1897 年 11 月 8 日），《德国外交文件有关中国交涉史料选译》，第 1 卷，第 149 页。

29 “登州镇总兵章高元致山东巡抚李秉衡电”（光绪二十三年十月二十日），《德国侵占胶州湾史料选编》，第 246 页。

30 “北洋大臣王文韶致总署电”（光绪二十三年十月二十一日）；“山东巡抚李秉衡致总署电”（光绪二十三年十月二十一日），《德国侵占胶州湾史料选编》，第 247 ~ 248 页。

31 “德使馆参赞贝威士等至总署与李鸿章问答节略”（光绪二十三年十月二十一日），《德国侵占胶州湾史料选编》，第 130 ~ 131 页。

32 “总署致出使德国大臣许景澄电”（光绪二十三年十月二十一日），《德国侵占胶州湾史料选编》，第 248 ~ 249 页。

33 《翁同龢日记》第 6 册，第 3058 页，光绪二十三年十月廿一日。

34 “驻北京代办巴布罗福致外交大臣穆拉维夫急件”（1897 年 11 月 24 日），《红档杂志有关中俄交涉史料选译》，第 111 ~ 112 页。又，高阳在《翁同龢传》中据郭廷以《近代中国史事日志》和《翁同龢日记》排比，以为翁同龢在十月二十二日（11 月 16 日）始知德舰进占胶州湾，而李鸿章早一日即先知情，并连夜拜访俄国使馆，是“私通外国”“做了俄国的走狗”。他断言二十一日总署绝无一人知道胶州有警，“则李鸿章的消息是从哪里来的呢？是来自俄国公使馆”，见 259 ~ 260 页。这些议论，皆系其未见到当时的档案材料而做出的猜测。

35 “军机处寄山东巡抚李秉衡电旨”（光绪二十三年十月二十二日），《德国侵占胶州湾史料选编》，第 250 页。

36 “北洋大臣王文韶致总署电”（光绪二十三年十月二十二日），《德国侵占胶州湾史料选编》，第 252 页。

37 《翁同龢日记》，第 6 册，第 3059 页，光绪二十三年十月廿三日。

38 “军机处寄山东巡抚李秉衡电旨”（光绪二十三年十月二十三日），《德国侵占胶州湾史料选编》，第 253 页。

39 “军机处寄山东巡抚李秉衡电旨”（光绪二十三年十月二十六日），《德国侵占胶州湾史料选编》，第 259 页。按：这条电旨，《清季外交史料》，卷一二七，页二十二作十月二十四日。

40 “威廉二世的宣言”（1897 年 11 月 20 日），《红档杂志有关中俄交涉史料选译》，第 106 页。

41 田原天南：“胶州湾”，《德国侵占胶州湾史料选编》，第 1 册，第 397 页。

42 “中德胶澳租借条约”（1898 年 3 月 6 日），《中外旧约章汇编》，第 1 册，第 738 ~ 740 页。

43 “使俄杨儒致总署俄外部云德事愿效力但俄貌示交好恐不足恃电”（光绪二十三年十一月初八日），《清季外交史料》，卷一二七，页二十八。

44 俄舰进入旅顺口日期，据宋庆光绪二十三年十一月二十四日致李鸿章电报内容确定，见《李鸿章全集》，第 3 册，第 805 页。

45 《维特伯爵回忆录》第 76 ~ 80 页。关于向李鸿章、张荫桓行贿事，1898 年 3 月 21 日俄国外交官璞科第致维特的密电中说：“今天我得到代办的同意，和李鸿章及张荫桓作机密谈话。允许他们，假如旅顺口及大连湾问题在我们指定期间办妥，并不需要我方的非常措施时，当各酌给他们银五十万两。”28 日又称，“今天我付给李鸿章五十万两（按北京习惯所用市平银重量），计值四十八万六千五百两（按银行所用公砝两重量折算）；李鸿章甚为满意，嘱我对您深致谢意……我没有机会将款交给张荫桓，因为他非常小心。”参见《红档杂志有关中国交涉史料选译》，第 207 ~ 210 页。

46 “中俄旅大租借条约”（1898 年 3 月 27 日），《中外旧约章汇编》，第 1 册，第 741 ~ 742 页。

47 “德皇威廉二世致沙皇尼古拉二世的信”（1898 年 3 月 28 日），《“黄祸论”历史资料选辑》，第 116 页。

48 “胶州及其他”，《北华捷报》，1897 年 12 月 24 日。

49 “萨里贝利勋爵致欧格讷爵士函”（1898 年 1 月 23 日），《中华帝国对外关系史》，第 3 卷，第 124 页。

50 “萨里贝利勋爵致窦纳乐函”（1898 年 3 月 7 日），《中华帝国对外关系史》，第 3 卷，第 126 页。

51 “萨里贝利勋爵致窦纳乐函”（1898 年 3 月 25 日），《中华帝国对外关系史》，第 3 卷，第 126 页。

52 “中英订租威海卫专条”（1898 年 7 月 1 日），《中外旧约章汇编》，第 1 册，第 782 ~ 783 页。

53 张伯苓：“四十年南开学校之回顾”，《中国近代教育史资料汇编·普通教育》，第 371 页。

54 “赫德致金登干”（1897 年 11 月 28 日），《中国海关密档》，第 6 册，第 770 页。

55 “海军实纪·购舰篇”，《清末海军史料》，第 172 页。又，三舰航速，“购舰篇”称 19.5 节，而裕谦验船奏折称:"'海容'……试洋，每半时行二十海里零四分之一……现查'海筹'一船速率与原订合同尚符，'海琛'速率与原订合同加增；惟'海容'一船速率稍减。因船行四万里，苔锈所致。"见《光绪朝东华录》，第4册，第4260页。故推定三舰速率大于20节。

56 "赫德致金登干"(1896年3月15日),《中国海关密档》，第6册，第439页。

57 奕䜣等:"筹办战船情形由"(光绪二十二年八月十四日)，中国第一历史档案馆藏录副奏折，档号03-6140-057。

58 "赫德致金登干第782号电"(1896年10月19日),《中国海关密档》，第9册，第59页。

59、61、62、63 "海军实纪·购舰篇",《清末海军史料》，第171 ~ 173页。

60 《清实录》，第58册，第739页，光绪二十九年正月甲子。

64 陈贞寿:"萨镇冰生平及其轶事",《福建文史资料》，第五辑，第9页。

65 《甲午中日战争人物传》，第184页。

66、67、68 《清实录》，第57册，第796页，光绪二十五年三月乙卯。第413页，光绪二十四年正月甲午。第58册，第452页，光绪二十七年十月戊戌。

69 "北洋大臣袁世凯奏蓝建枢等开复原官片""袁世凯奏萨镇冰请破格擢用折"(光绪二十九年二月二十五日),《清末海军史料》，第585 ~ 586页;"北洋大臣袁世凯为已革北洋海军都司蔡廷干才尚可用请销罪留用事奏片"(光绪三十一年六月二十一日)，中国第一历史档案馆:"甲午战后清政府对北洋海军将弁议恤档案",《历史档案》，2014年第4期，第64 ~ 65页。

70 "袁世凯奏萨镇冰暂缓赴任片"(光绪二十九年六月二十六日);"袁世凯奏叶祖珪请留直差遣片"(光绪三十年六月初十日),《清末海军史料》，第586 ~ 587页。

71 周馥:"南北洋海军联合派员统率折"(光绪三十年十二月十三日),《周悫慎公全集·奏稿》，卷三，页三。

72 《光绪朝东华录》，第5册，第5342页，光绪三十一年四月乙卯、丁巳。

73 "袁世凯等奏为已故大员丁汝昌请开复原官由"(光绪三十二年五月十四日)，孙建军整理:《丁汝昌集》，下册，第510 ~ 513页。

74 "载洵请将已故提督丁汝昌开复原官衔折"(宣统二年三月十六日)，孙建军整理:《丁汝昌集》，下册，第514 ~ 516页。

75 《光绪朝东华录》，第4册，第3824页，光绪二十二年六月壬午。

76 裕禄:"选派第四届出洋肄业学生核估用款并派监督带往折"(光绪二十三年五月初三日),《船政奏议汇编》，卷四十九，页一～四。又据《海军大事记》称，卢学孟后调赴比利时，改派魏子京充任。

77、79 周作人:《知堂回想录》，第89 ~ 110页。

78、80 鲁迅:《朝花夕拾》，第56 ~ 57页。

81 《光绪朝东华录》，第5册，第5303 ~ 5304页，光绪三十一年正月癸巳。

82、83 "海军大事记",《洋务运动》丛刊，第8册，第501 ～ 502页。又据《清末海军史料》第446页《海军各学校历届毕业生名册》载，王孝慕作王孝藩。

84 《清朝续文献通考》，第2册，第8697页。

85 许秉贤:"烟台海军学校始末"，杨志本主编:《中华民国海军史料》，第916 ~ 918页。

86、87 《光绪朝东华录》，第4册，第3823 ~ 3825页，光绪二十二年六月壬午。

88 《翁同龢日记》，第5册，第2919页。光绪二十二年六月十八日。

89 裕禄："船政延订法国洋员到闽日期折"（光绪二十三年三月初二日），《船政奏议汇编》，卷四十八，页十一～十二。

90 裕禄："筹造新式快舰现与洋员议定办理情形折"（光绪二十三年六月二十四日），《船政奏议汇编》，卷四十九，页二十一～二十四。又，两舰参数，参考南洋劝业会编："福州船政成绩概略·船政厂建造鱼雷快舰木模说明书"，载《清末海军史料》，第153～154页。

91 沈渭滨主编:《近代中国科学家》，第195～197页。

92 韩玉衡："福建船政始末记"，《福州马尾港图志》，附表二，第70页。

93 "陆军部奏议停办船厂片"（1907年8月6日），《时报》，陈真编:《中国近代工业史资料》，第三辑，第170页。

94 周馥："上海官坞改照商务办理折"（光绪三十一年三月二十四日），《周悫慎公全集·奏稿》，卷三，页十五～十六。

95 刘冠雄："江南造船所纪要"，陈真编:《中国近代工业史资料》，第三辑，第94页。

96 刘大钧："江南制造总局从成立到'局坞分立'的演变"，《船史研究》，第8期。

97 "论制造局"，《中外日报》，1904年5月30日～6月10日，陈真编:《中国近代工业史资料》，第三辑，第74页。

98 《清实录》，第57册，第773页，光绪二十五年二月甲申。

99 《清实录》，第57册，第820页，光绪二十五年四月癸未。

100 刘坤一："复总署"（光绪二十五年四月初七日），《刘坤一遗集》，第3册，第1422页。

101 刘坤一："寄总署"（光绪二十五年四月十九日），《刘坤一遗集》，第3册，第1424～1425页。

102 《清实录》，第56册，第974页，光绪二十五年十月壬辰。

103 刘坤一："遵旨妥筹南洋防务折"（光绪二十五年十二月十六日），《刘坤一遗集》，第3册，第1194～1196页。

104 "赫德致金登干"（1894年10月28日北京去函Z字第637号），《中国海关与中日战争》，第71页。

105 "直隶总督裕禄奏"（光绪二十六年五月十九日），《义和团档案史料》，上册，第142页。

106、107 军事科学院:《中国近代战争史》，第2册，第245～246页。

108 关于大沽口保卫战的开始时间和谁首先开炮，各种说法记载不一。《中华帝国对外关系史》第3卷第221页中说："中国防军在上午零时四十五分——在最后通牒的限期前一小时又一刻钟——开了防御性质的攻势炮火，他们受到还击。""庚子中外战纪"说，攻势起于零时五十分，见《义和团》丛刊，第3册，第288页。裕禄则奏报说16日夜"十一时，各国停泊余家埠之兵船十余艘，一齐开炮。用电灯照定南北岸各台轰击"，见《义和团档案史料》，上册，第165页。

109 佚名："西巡回銮始末记"，《庚子国变记》，第139页。

110 "直隶总督裕禄奏"（光绪二十六年五月二十五日），《义和团档案史料》，上册，第165页。

111 佛甫爱加来等："庚子中外战纪"，《义和团》丛刊，第3册，第290页。

112 "李鸿章致盛宣怀遗书"（光绪二十七年九月下旬），《义和团运动》，盛档之七，第657页。

113 周馥:《周悫慎公全集·自订年谱》，下卷，页三。

114 雷禄庆:《李鸿章新传》，第 902 ~ 903 页。近有学人考证，此诗非李鸿章所写。

115 "赫德致金登干"（1895 年 2 月 24 日北京去函 Z 字第六五三号），《中国海关与中日战争》，第 84 页。

116 "库罗巴特金日记"（1903 年 3 月 16 日），《红档杂志有关中国交涉史料选译》，第 303 页。

117 唐纳德 · W . 米切尔:《俄国与苏联海上力量史》，第 232 ~ 234 页。

118 《日本海军史》，第 60 页。

119 "各外交照会文件"，《清季中日韩关系史料》，第 6 卷，第 3419、3433、3441、3448、3466 ~ 3468 页。

120 "关于日俄战争时期中国中立问题的备忘录摘要"，《中华帝国对外关系史》，第 3 卷，第 523 ~ 525 页。

121 马士:《中华帝国对外关系史》，第 3 卷，第 456 ~ 457、525 ~ 552 页。

122 林献炘:《1904 年"海天"军舰触礁沉没记》（未刊稿）。

123 陈天锡："西沙岛东沙岛成案汇编"，载《近代以来南海诸岛稀见档案文献资料汇编》，第 2 册，第 798 页。又，关于是谁最早发现日本人占据"西泽岛"，以往有两种说法，一说是两江总督端方，据《西沙岛东沙岛成案汇编》之《外部电》："午访闻港澳附近与美属小吕宋群岛连界之间，有中国管辖之荒岛一区……"。此电"午访闻"云云，被解释成端方访闻此事（端，字午桥）。一说是广东水师提督李准，他在《李准巡海记》中称：光绪三十三年春，"余乘'伏波'舰巡洋至其地，远望有旭日之旗高飘，不胜惊讶，以为此吾国之领海，何来日本之国旗，即下令定碇，乘舢板登岸"。张建斌在"端方与东沙岛交涉——兼补《西沙岛东沙岛成案汇编》之不足"（载《中国边疆史地研究》，2017 年第 2 期）一文中进行了考证，对端、李二说均提出质疑。他查证清宫电报档所存光绪三十三年九月初五日外务部致张人骏电报《为日商西泽据我港澳附近之荒岛为己有事》原文，确认报文中没有"午"字，由此判断"午"字为《西沙岛东沙岛成案汇编》作者所加。又认为李准回忆所提到诸细节，也都与李准无关。张建斌推测是海军在巡阅南洋过程中发现此事，但他论文似乎没有注意到 20 天前《申报》的报道。

124 关于端方、张人骏查找史籍的往来电报，可参见陈天锡："西沙岛东沙岛成案汇编"，载《近代以来南海诸岛稀见档案文献资料汇编》，第 2 册，第 797 ~ 803 页；张建斌："端方与东沙岛交涉——兼补《西沙岛东沙岛成案汇编》之不足"，载《中国边疆史地研究》，2017 年第 2 期。

125 "张督致外部函""端张两督会致外部咿电"，见"西沙岛东沙岛成案汇编"，载《近代以来南海诸岛稀见档案文献资料汇编》，第 2 册，第 804 ~ 805 页。

126 "渔商梁应元禀词"，见"西沙岛东沙岛成案汇编"，载《近代以来南海诸岛稀见档案文献资料汇编》，第 2 册，第 810 ~ 811 页。

127 据"李准巡海记"，载《近代以来南海诸岛稀见档案文献资料汇编》，第 6 册，第 3133 页。又据陈天锡的说法，在李准巡阅西沙之前，张人骏已派吴敬荣"前往查勘"，吴敬荣回来后，成立西沙岛筹办处，命道员王秉恩、李哲浚会同筹办西沙岛事宜。李准之行，称作"复勘"。见"西沙岛东沙岛成案汇编"，载《近代以来南海诸岛稀见档案文献资料汇编》，第 2 册，第 680 ~ 681 页。

128 参见"李准巡海记"，载《近代以来南海诸岛稀见档案文献资料汇编》，第 6 册，第 3133 ~ 3142 页。原文称刻石作"光绪三十三年大清广东水师提督李准巡阅至此"，光绪三十三年为 1907 年，时间有误。

129 李准："任庵六十自述"，载《南海何曾隐风流：清末广东水师提督李准纪事》，第 249 页。

130 端方："请改定官制以为立宪预备折""军政重要请取法各国以图进步折"，《端忠愍公奏稿》，卷六，页四十八、八十八。

131 《清史稿》，第 12 册，第 3461 页。

132 《清实录》，第 59 册，第 581 页，光绪三十三年五月辛卯。

133、134 姚锡光："筹海军刍议"，《清末海军史料》，第 797 ~ 846 页。

135 皮明勇：《关注与超越》，第 375 ~ 385 页。

136 "奕劻等奏"（光绪三十三年八月初一日），《光绪朝硃批奏折》，第 65 辑，第 387 ~ 389 页。

137 《清宣统政纪》，卷七，页三十四，宣统元年正月庚戌。

138 《清宣统政纪》，卷十四，页二十一 ~ 二十二，宣统元年五月丙子。

139 恽宝惠："清末贵族之明争暗斗"，《晚清宫廷生活见闻》，第 65 页。

140 "筹办海军大臣南下日记"，《东方杂志》第 6 年，第 9、10 期。

141 张黎源："林献炘《载洵、萨镇冰出国考察海军》辨误"，《国家航海》，第 22 辑，第 187 ~ 196 页。

142 林献炘："载洵、萨镇冰出国考察海军"，《文史资料选辑》，第 23 辑，第 187 ~ 191 页。

143 邹鲁：《中国国民党史稿》，第 3 册，第 763 页。

144 张黎源：《泰恩河上的黄龙旗》，第 7 章相关内容。

145 斯蒂芬·豪沃思：《驰向阳光灿烂的大海—美国海军史，1775—1991》，第 347 页。

146 进口及国产军舰的吨位数，见马幼垣："甲午战争以后清廷革新海军的尝试"，载《岭南学报》新第 1 期，第 533 页。马幼垣此文对甲午战后清廷的购舰、造舰情况做了详尽的分析，唯使人不明白者，他将这 16 年半算作 17 年半，故各年平均数字均有出入。

147 《清朝续文献通考》，第 3 卷，第 9734 页。

148 "度支部奏拨海军开办及常年经费折"（宣统元年八月二十一日），《清末海军史料》，第 671 ~ 676 页。具体经费分派见下表：

各省及度支部	开办费（万两）	常年经费（万两）	各省及度支部	开办费（万两）	常年经费（万两）
直隶	120	20	四川	80	10
奉天		6	河南	64	8
吉林		3	山西	60	5
黑龙江		1	灌西	56	10
江苏	120	20	广西	50	6
广东	120	20	安徽	48	8
湖北	80	10	陕西	40	2
浙江	100	15	湖南	36	4
山东	80	15	度支部	500	
福建	80	5	合计	1634	168

149 《清宣统政纪》，卷三十二，页三十五 ~ 三十六，宣统二年二月庚子。

150 "筹办海军大臣奏重订各司职掌折"（宣统二年二月二十九日），《清末海军史料》，第 518 ~ 519 页。

151 "筹办海军处奏拟海军部暂行官制大纲"，《清末海军史料》，第 520 ~ 522 页；《清宣统政纪》，卷四十四，页十，宣统二年十一月癸卯条；卷四十五，页四，宣统二年十一月戊午条。

152 《清宣统政纪》，卷四十四，页十，宣统二年十一月甲辰条。

153 “载洵等奏请将现充海军要职各员分别除授折”，《清末海军史料》，第 590 ~ 592 页。

154 “宣统三年八月二十一日上谕”，《辛亥革命》丛刊，第 5 册，第 291 页。

155 萨镇冰到汉时间，邹鲁：《中国国民党史稿》，第 4 册，第 997 页；李春萱：《辛亥革命纪事本末，武昌首义回忆录》，第二辑，第 216 页；汤芗铭：“辛亥海军起义的前前后后”，《辛亥革命回忆录》，第六册，第 88 页；郭廷以：《近代中国史事日志》均称为 17 日，不确。日本驻沪总领事有吉朋 10 月 22 日致外务大臣内田康哉电报中，转引驻汉总领事松村兼雄的报告，称“萨提督已本月十五日乘炮舰赶到”，载《日本外交文书选译——关于辛亥革命》，第 10 页。1911 年 11 月 17 日《民立报》也报道萨镇冰 15 日到汉。当时的外交文件和报刊报道，当比事后的回忆更可靠。

156 “黎元洪致萨镇冰书”，《清末海军史料》，第 691 ~ 693 页。

157 内田顾一：“湖北革命战见日记”，《辛亥革命史丛刊》，第二辑。

158 黎元洪在致“楚同”“楚有”“楚泰”“建威”“建安”“江利”各船主书中说：“今日本军政府作战计划，意在扑灭满奴。故炮弹专注‘楚豫’，籍表本军政府对诸船主之微忱。诸船主并未还击一弹，具见诸船主深明大义，共表同情。”载《民立报》，375 号，1911 年 10 月 27 日。

159 “宣统三年九月初九日海军大臣载洵等奏”，《辛亥革命》丛刊，第 54 册，第 300 页。

160 林舜藩：“回忆辛亥革命海军‘策电’炮舰起义”；王时泽：“驻沪海军反正和陆战队会攻南京经过”，《清末海军史料》，第 712 ~ 715、717 ~ 719 页。

161 杨廷纲：“驻宁海军各舰参加辛亥革命记”；陈弘毅：“北洋海军光复记”，《清末海军史料》，第 715 ~ 717、734 ~ 736 页。

162 《南海何曾隐风流：清末广东水师提督李准纪事》，第 63 ～ 70 页。

163 一些军官在辛亥后若干年撰写回忆录，均称自己是起义者的组织者。由于他们的回忆相互矛盾，又与许多史实出入甚大，故当慎重使用。如“海琛”舰中尉正电官张怿伯写的《辛亥海军起义记》和《海军辛亥革命纪实》，将自己说成是组织起义的核心人物，并把起义的各项细节写得栩栩如生，且《起义记》一文被收进《辛亥革命》丛刊第七册，因此被广为引用。唯张文有许多基本事实错误。如说辛亥革命爆发，“海琛”从上海驶往武汉，“同行上驶者，有‘楚豫’‘楚同’‘江贞’三炮艇”。其实“楚豫”在起义前已泊武汉，瑞澂从武昌逃出即上该舰，而“楚同”则是从沙市下驶武昌的（见《日本驻沙市领事桥口贡 1911 年 10 月 13 日致外务大臣林董电》，《日本外交文书——关于辛亥革命》，第 10 页）。又如《起义记》和《纪实》记载同三“海”前往九江的军舰是互相矛盾的，与日本领事馆的目击报告也不一致。张怿伯回忆中提到“海琛”副驾驶杨庆贞曾在起义的圆形签名单上签字，而杨庆贞的回忆录《“海容”“海筹”“海琛”三舰参与光复经过》（载《辛亥革命回忆录》，第六册，第 99 ~ 103 页）一文根本未提此事，也未提张怿伯其人。杨文称三“海”系萨镇冰离开舰队两天后驶武汉，显然也是错误的，“海容”煤饷副严寿华回忆说，他与“海容”大副饶涵昌、陈季良等军官发起，与“海筹”舰员联系，说服“容”“琛”管带起义，又联络汤芗铭说服萨镇冰自动离舰（见《清末海军史料》，第 705 ~ 711 页），汤芗铭的回忆录则说他是与“江贞”管带杜锡珪一起活动，发动“海容”“海琛”官兵，并劝说萨起义。在他说服下，萨允许把全部舰队开往九江。事实上，萨镇冰并没有允许把舰队开往九江。如此等等。故研究这一时期海军动向，还应参证其他档案和目击者报告。

164、165 蔡寄鸥：《鄂州血史》，第 143 页。

166 严寿华:“‘海容’等舰在辛亥革命中的经历”,《清末海军史料》,第 704 ~ 711 页。

167 关于萨镇冰离舰返沪,也有多种说法。一、邹鲁说:“九月下旬,因秋深水涸,萨镇冰统率三舰及‘湖鹰’‘湖鹗’等鱼雷艇离武汉下驶。原思驶往上海。嗣金鸡坡炮台有备,且马当三台,尤难飞越。乃萨镇冰匿于渔船,过浔先遁。”见《中国国民党史稿》,第 4 册,第 998 页。二、李春萱援引汤芗铭说:“萨乘江贞轮至黄石港,改搭渔船到九江英领事署借宿了一宵,第二天即装成商人模样,转赴上海。”见《武昌首义回忆录》,第二辑,第 218 页。三、汤芗铭又说:“全部舰队开到九江以后……萨先生自以年老,不能担任非常举动,亦乘英国太古公司的商船赴沪。”见《辛亥革命回忆录》,第六册,第 91 页。四、“海琛”副驾驶杨庆贞说:“阴历九月下旬某日,萨镇冰邀各舰舰长至海容谈话。略谓:‘本人有病,必须赴沪就医,统领沈寿堃亦同去沪,此间各舰舰长以海筹舰长黄钟瑛资格最深,堪为队长。从明日起即将我之提督旗落下,由海筹升队长旗行之。’次日即由海筹升队长旗,并预备小火轮一艘恭送萨、沈离舰赴沪。”见《辛亥革命回忆录》,第六册,第 101 页。五、“江利”管带朱天森说:“海军员兵……毅然有反正之心。萨统制在此情形下乃决然辞职,用灯语示知停泊在阳逻的江贞、楚豫、江利、湖鹏等各兵船及雷艇云:‘我去矣,以后军事,尔等各船好自为之。’江贞又用灯语告知正在航行的太古轮船,暂泊候令,即派该轮的舢板接萨统制上太古轮,萨即去上海。”见《辛亥革命回忆录》,第六册,第 121 页。六、英国驻华领事朱尔典向外交大臣格雷报告说:“萨镇冰提督率领的全部舰队现已明确地拥护革命事业。提督本人仍继续忠于清朝,因此他的地位颇有危险。他被允许在英王陛下的一艘军舰上避难,并在英王陛下驻九江领事馆过夜。他化装成商人离开九江,已平安抵达上海。”见《英国蓝皮书有关辛亥革命资料选译》,上册,第 174 页。诸说之中,当以朱尔典的报告较为可信。又从汤芗铭的记述看,他也是知道萨的行踪安排的。

168 “日本驻汉口总领事馆情报”(第 39 报,1911 年 11 月 19 日下午 10 时),《近代史资料》,总 25 期,第 575 页。

169 陈春生:“辛亥革命海军反正纪实”,《清末海军史料》,第 702 页。

170 《近代中国史事日志》,下册,第 1411 页。

附录一
光绪前期张佩纶与李鸿章谋划海军之研究

从1875到1885年，是清末海军建设的重要准备时期。针对海防建设，以李鸿章为代表的洋务派，多次发起讨论。对此，近年来学术界予以了较多的关注和研究。

这一时期，清朝政坛经历了由恭亲王奕䜣主政到醇亲王奕譞主政的交替，而在此期间极为活跃的政治力量"清流"，也经历了由盛到衰的转变。

"清流"与海军建设，有着十分密切的关系，但未见研究成果。以往史学界谈论"清流"，大多使用《花随人圣盦摭忆》《梦蕉亭杂记》等笔记，谈论的都是军机处内"南北派"的斗争。这些材料，虽然不乏精彩之处，但仅是当时政治生活的一个局部，尚不足以反映多维复杂的历史真相。比如说，"清流"代表人物张佩纶、陈宝琛与军机大臣李鸿藻、北洋大臣李鸿章的真实关系，就一直没有清晰的揭示；对于张佩纶等"清流"重要人物参与中国近代海军的创建，很多人几乎毫不知情，自然也就无法探究晚清政局中的许多秘密。

许多年前，台湾学者高阳曾在《同光大老》之《杀贼书生纸上兵》一节中说："有一点铁样的事实，似乎研究近代史的人，尚未谈过（不敢肯定，读者中倘知有人谈过，千乞见告）；此即李鸿章早就选定了张佩纶为衣钵传人。这一个念头，甚至在张佩纶获严谴后，亦未放弃。"[1] 近年来，笔者致力于李鸿章、张佩纶关系研究，从两人通信中发现了大量新鲜而重要的内容。其中为学术界从未关注和研究的，在2002年修订版的《龙旗飘扬的舰队——中国近代海军兴衰史》中，笔者曾做了部分披露。这里，进一步介绍李鸿章、张佩纶在建设近代海军时的交流、探索和付诸的行动。[2]

一、张佩纶与李鸿章关系的渊源

"清流"是晚清一支重要的政治力量。一般认为，这是1884年以前，一批在翰林院、詹事府供职的京官，以儒家传统观念为基础，以国家利益为诉求，以奏疏为工具，奉直隶籍军机大臣李鸿藻为领袖，议论时政、搏击权要，类似东汉末年的“清流党人”，对光绪朝前期的政局，产生了很大的影响力。

传统观点认为，“清流”政治观点趋向保守，不熟悉国际事务，这个观点其实是片面的。“清流”中坚分子，比如张佩纶、张之洞、陈宝琛等人，在治国理念上并不迂腐，在策略应用上甚至更加生猛和不择手段。他们既追随李鸿藻，也与封疆大吏李鸿章、左宗棠有广泛接触，建立起深厚的人脉关系，在许多重大事件中互通信息，协同行动。但在这些活动中，各人之间，并无“清流”派系的约束。这批言官，因尚未掌握国家机器运作实权，对于老派官僚的颟顸、庸碌、腐败，极为不满，他们采用的主要武器是撰写奏章。但在实际操作中，他们还运用自己掌握的上层信息，周旋于各种政治力量中，为实权人物出主意，搭关系，做斡旋，以图介入政治和军事谋划，从中实现人生抱负，同时寻找自己未来的出路。这部分作用，往往为后世研究者忽视。作为“清流”代表人物，张佩纶就是晚清政治舞台上的一位写弹章和做策划相结合的青年精英，通过对他与李鸿章之间关系的研究，可以加深对“清流”的了解。

张佩纶，字幼樵，号篑斋、绳庵，直隶丰润县人。其祖父张灼有二子：印塘、印坦。张印坦，字信斋，曾任江苏丹阳知县。印坦子张钧，字泽仁，江苏华亭知县。张钧有二子，即张寿曾和张人骏，张人骏在清末官至两江总督。

张印塘，字雨樵，嘉庆己卯科举人，曾任浙江各地县官。道光二十九年题补温州府知府，旋补授安徽宁池太广道。咸丰元年五月，因盐务督缉出力，奉旨交部从优议叙，兼署安徽按察使。二年任云南按察使，三年改任安徽按察使，同年被革职，四年病逝于徽州。[3]

张印塘人生的最后几年，一直在安徽与太平军作战。《大清畿辅先哲传》谓：“江忠源抚安徽，沙河师溃，贼犯庐，檄四出征援兵。印塘军先至，合寿春镇总兵玉山师攻贼，夺十余垒。玉山没于阵，印塘收残卒，与编修李鸿章乡兵往来击贼，时它援师多不至，至亦无一言战者。更二十余日，围益合，舒兴阿、和春犹争权相倾，印塘力言战，大忤和春意。城破，忠源死之。既殓，印塘即坐次责和春，骂之。和春怒，欲收其军，印塘曰：若谓我恋此官耶？不谢，投劾而去。道出徽州，浙江军方防徽，浙抚强留之，终以忧愤致疾，卒。”[4]他在征战中与刚从北京回乡办团练的李鸿章结下了交情。后来，李鸿章在为张印塘撰写的墓表中说：

方江淮鼎沸，独君与鸿章率千百羸卒，崎岖于忧攘之际，君每自东关往来庐州，辙过予里舍，或分道转战，卒相遇矢石间，往往并马论兵，意气投合，相互激厉劳苦。余谓古所传坚忍负重者，君殆其人。[5]

张印塘死时，张佩纶年仅6岁。其后，张家流寓浙江。同治九年，张佩纶22岁，赴京参加秋闱，中举人。次年连捷进士，授庶吉士。光绪元年，升翰林院侍讲，次年以原衔充署日讲起居注官。年底开始上奏言事。主张广开言路，肃清贪腐，加强防务。张佩纶后来还弹劾钦差大臣崇厚、工部尚书贺寿慈、户部尚书董恂、左都御史童华、江西巡抚李文敏，直至军机大臣王文韶，成为名震朝野的"直谏"人物。

张佩纶堂侄张人骏，同治七年进士，张佩纶通过人骏，结交其多位同年，不少人成为张佩纶一生的挚友。他说：

佩纶兄子人骏以同治戊辰先佩纶入翰林，故戊辰诸前辈多昵就佩纶。佩纶初识吴县吴君清卿，与讲求民间疾苦，所见辄同。……清卿之弟亦官翰林，……又识闽县陈君伯潜，朝夕以文章道义相切。……最后识长沙陈君伯平，每讨论政治得失，意气相许。……三君皆戊辰翰林，有道君子也。[6]

张佩纶与陈宝琛（伯潜）、吴大澂（清卿）、陈启泰（伯平）等人友善。这批人，加上张之洞、宝廷、黄体方、邓承修，正是晚清"清流"的中坚。

张佩纶与李鸿章接上关系的确切时间尚不清楚，他本人在李鸿章去世时回忆："不肖以翰林上谒，"鸿章"喜故交之有后，乃深责其来迟。立谈之下，示以为学之次第，曰此湘乡（曾国藩）授受之精微。上疏则屡称其直，归葬则更助其赀"。[7]新版《李鸿章全集》中收录致张佩纶的第一封信，写于同治十三年六月十三日，信中提到"月前沥贺一缄，计邀青照。辰维玉堂清秘，文宴雍容"。[8]前信原文迄今未见，但"沥贺"云云，当是恭贺佩纶翰林院庶吉士散馆，授予编修之事。[9]由此可知，两人在同治末年已经建立起直接的联系。

光绪五年，张佩纶的名声已经很大了。三月初九日，李鸿章入京料理同治帝安葬陵差事，亲自登门拜访张佩纶。[10]此后，从四月至七月，张佩纶生母毛太恭人及妻、女相继去世，张佩纶丁忧。七月，他出京去苏州迁庶母李太恭人及先妣田淑人之灵柩，落葬丰润老家。途经天津，亦去拜李。其日记称："相国初有书与张霭青，欲邀余入幕，至是面订，辞之。与论事，颇承实可，而忧谗畏讥之心正复不免。闻高阳师以余南下，嘱合肥加意相待，可感也。”[11] 又记李鸿章承假白金千两为营葬之需，“先世交情之耐久如是，孤儿真感德衔悲也。”[12]

光绪前十年，军机大臣虽由恭亲王奕䜣领衔，但主持日常事务的，先是沈桂芬。光绪六年底，沈桂芬去世，李鸿藻隐执权柄，扶持“清流”，成为朝中一支强大的政治力量。李鸿章曾对丁日昌说过：

> 政府周公，久不自专，前唯沈文定之言是听，近则专任高阳，吾宗素假理学为名，奉持正论。如执事与筠仙，皆所不好，谓以权术用事者。尊意前此不出，胸中有文定鬼胎．不知文定尚以执事熟悉洋务，不肯弃瑕。高阳则颇恶谈洋务，鬼胎当视文定为大也。近日建言升官，大半高阳汲引。[13]

李鸿章虽对李鸿藻的政见不以为然，但仍要保持联系。此时，张佩纶兼具故人之子、翰苑新贵、李鸿藻爱将的多重身份，李鸿章自然刻意笼络。京津道上过往的官员天天都有，李鸿章自称阅人无数，[14] 他对张佩纶的特殊礼遇，显然不是无的放矢。张佩纶崖岸甚高，对各级高官都敢直言弹劾，但对李鸿章始终怀有尊敬之心，对于军事、外交也有参与意见的兴致。他愿意通过与李的接近，来熟悉洋务，这是两人订交的基础。从此，两人频繁通信，广泛探讨政治、军事、外交等问题，交流宫廷和官场情报。张佩纶对于不是私交密切人士的金钱馈赠，历来都是璧还的，但他接受李鸿章的银子。李鸿藻以“理学”著称，却为手下头号大将向李鸿章作书引见，“清流”首领李鸿藻与洋务首领李鸿章之间沟通密切，远超旁人想象。以往学术界认为，同光年间，李鸿藻、张佩纶是清流代表，李鸿章是浊流代表，清流不谙地方实情和国际形势，务为高论，虽较清廉然无才实；浊流士大夫略具才实，然甚贪污。[15] 这种观点，显然过于概念化了。

二、张佩纶对于李鸿章发展海军的支持

光绪六年初春，张佩纶再次出京营葬。张之洞为他送行时建议，此行可至大沽北塘各海口一览形势，蚊子船、碰船式样亦宜留意。[16] 二月初五日，张佩纶甫抵天津，李鸿章立即约他午后面谈。张向李广泛询问了海防及东北两路情形。[17] 三月初六日，张佩纶从丰润返津，李鸿章邀其入住北洋大臣官署二十余天，亲自陪他观看收发电报，安排他访问大沽炮台，游览天津机器局，甚至让他亲手试放水

雷，还与他讨论水师将才。根据张佩纶记载，李鸿章对他点评了新购蚊子炮艇“镇东”“镇西”“镇南”“镇北”的管带邱宝仁、邓世昌、刘步蟾、林泰曾，说刘步蟾最优。张佩纶还记录，陈宝琛向李鸿章推荐严复器宇闳通，天资高朗，鸿章已往闽调之来津，[18] 透露出另一位“清流”骁将陈宝琛，也与李鸿章走动密切。这些情况表明，“清流”主要人物，一直高度关注海防事务。就是从这次天津之行起，张佩纶私下对李鸿章执弟子礼，以“师”相称。[19]

在津期间，张佩纶还向李鸿章索要资料：

北洋有无详细图？直奉及山东各海口，有，乞见示。无，宜设法绘图，以备将来设立水师及料敌应变之用。

《西人近事》：黄寿翁云系由上海道呈送者，督辕有十分，望将来见给一分（份），在此阅之，不至隔膜。到京亦可与有志者谈论。都人之迂陋者多，亦由少见故也。[20]

显然，张佩纶对于海军的研究是认真的。他博闻强记，善于学习，进入角色极快。据其日记记载：三月二十六日还京前，“夜请合肥定北洋水师规模，以阻浮议、戒因循。合肥遂以相属。谈次及进退人才事，余以此本朝强弱之机，未可委诸天数。合肥瞿然。”[21] 此处“相属”，显然是委托张佩纶为其考虑海军发展规划。

在津期间，张佩纶看到李鸿章安排道员许钤身督操蚊子船，坚决反对。指出当年曾国藩创建长江水师，文用彭玉麟，武用杨岳斌，现在李鸿章创建北洋水师，“欲以许当彭，以丁汝昌当杨，虽在妇孺必不谓然”。他说李鸿章“以巨饷购洋船，以孤忠排众议，以群策植将材，而付之少年躁妄、热中不学、中藏叵测之小人，甚为吾师不取也”。[22] 次年秋天，张佩纶再至天津时，获悉“镇北”各船均归提督丁汝昌管带，“阴夺许钤身之权”，认为李鸿章采纳了他的意见。[23]

回京之后，张佩纶致函李鸿章：

海防闻购置铁甲四艘，此为日后计，目前尚缓不济急。然藉此邀允，实为得乘时。佩纶窃思中国海战，断不能与泰西争长。铁甲四艘即尽归北洋，亦只能牵缀贼势，若欲狎浪乘风，与之搏击，殊未可恃。证之西事，法国水师雄视欧洲，而布人蹂其国都，实由陆路。花旗战事，船入内河，亦往往覆舟折将。……有明中叶备倭，唐荆川诸公均以战海中为上策，扼海上为中策，战陆地为下策。卒之谭(纶)、戚(继光)诸将,实以陆师成功。今西人船炮百倍于倭,即陆军亦非倭之抄掠可比。然主客劳逸,理似相同。自林文忠公、僧忠亲王创议防海,均以扼之海上为得策。然船炮大而台炮小,又舟多台少、舟活台呆,均犯兵家之忌。我以炮台为孤注,前敌一摧,全军溃散,非特强弱之殊,抑亦自蹈于阱耳。妄意中外如有战事,似宜加意陆战,而不可孤守炮台,俟有铁船之后,则以水军为牵制后路之计。[24]

张佩纶对于海战与陆防问题开始了思考。

此后,李鸿章安排张佩纶到天津问津书院讲学,以提供其丁忧期间的经济收入,张佩纶也积极为李谋划海防诸事,起始之作,是对琉球问题的建言。

琉球是位于西太平洋的岛国,明清两朝均向中国朝贡。光绪元年(1875年),日本逼迫琉球放弃对中国的臣属,后将其改为冲绳县。琉球国王派人向中国求救,李鸿章和清政府均认为没有能力帮助琉球国王复国,但对日本并吞琉球,也拒绝承认。光绪五年(1879年),美国前总统格兰特来远东游历,允诺为中国调处琉球问题,据中国驻日公使何如璋报告,格拟方案,将琉球北岛归日本,中岛还琉球,南岛归中国。[25]六年(1880年),中俄因收回伊犁问题,两国关系急剧紧张。俄方宣称要派军舰袭击中国海岸和港口。同时,日本趁火打劫,再次建议中日两国分割琉球。七月二十三日,李鸿章函总署:"查竹添(进一郎)三月十一日函内详言琉球北部诸岛久经割隶日本,兹其所并者乃中、南二部,若议将南部宫古、八重山二岛改属中国,已居琉球全部之半。其书曾抄呈台览,谅非杜撰。此事中国原非因以为利,如准所请,似应由中国仍将南部交还球王驻守,借存宗祀,庶两国体面稍得保全。"[26]

正是在此背景下,总理衙门同日本驻华公使宍户玑开始谈判琉球问题。九月二十五日,恭亲王向朝廷报告,拟在修改《中日通商条约》时,准日本人入中国内地通商,加入"一体均沾"条款。同时签订条约,自光绪七年正月起,将琉球冲绳岛以北归日本,南部宫古、八重山诸岛归中国,中国如何存球,日本无从置喙。[27]消息传出,清议立即反对。二十六日,陈宝琛奏《论球案不宜遽结倭约不宜轻改折》[28],如何解决球案,成为朝廷争议的焦点。

十月初一日,张佩纶致函李鸿章,把延缓谈判琉球案,作为发展海军的政治策略:

佩纶之见，欲留日本生一波折，使内外不即解严，以开自强之基，而我公得因间以行其志。闻公近有致译署书，深以与日本结案改约为非。译署惮更成议，仍以入告，置公书罔闻。……自粤捻削平，曾胡继逝，而吴江入柄大权，为阳极阴生之象。津案起而文正损望，台案结而文肃亦少损威。滇案因不善维持，几成巨衅，致我公冒单骑见虏之险。使当日无懦相，何致如此！十年以来，外侮纷起，无岁无之。自今以往，其有极乎？佩纶每私忧窃愤，谓中国大局，虽云中原无事，宵旰勤劳，而中外人才消乏，风气颓靡，已复尽道光季年之习。其流极或且过之，所恃者，公及恪靖二人，湘淮各营，支柱于外耳。倘再不藉攘外以为修内计，宴安粉饰，如厝薪火上，自以为安，一星终后，不堪设想矣。如倭事不结，彼不足为边患，而我得藉之以理边防，因时制器，破格用人，凡所设施，或免掣肘。今年因俄事危迫，购铁舰、设电音，久不得请者一旦如愿以偿，是其明证。北洋防军散而无纪，谅难持久，公但慨然以倭事自任，则朝命必将以北洋全防付公，然后及是闲暇，立水师、储战舰，汰冗弱之防兵，罢无用之将吏，蒐军简器，与倭相持，……以公之才，左提右挈，效可立睹也。……故佩纶妄意欲公全力经营，一当倭以取威定霸，可为海防洋务作一转捩，作一结束，地球上下，万国会同，开千古未有之局。[29]

这是张佩纶出手做的大谋划。信中他说，留日本来生一波折，将来朝廷“必将以北洋全防付公”。信中他还直斥沈桂芬误国。此后，张佩纶初三、初四、初九日连续致函李鸿章，继续出谋划策，而另一位著名“清流”宝廷，也上奏反对对日让步。清廷旋命李鸿章统筹全局，详议球案应否照总署所奏办理。[30]李鸿章于十月初九日上《妥筹球案折》，提出：“今则俄事方殷，中国之力暂难兼顾。且日人多所要求。允之则大受其损，拒之则多树一敌。惟有用延宕之一法，最为相宜。”[31]主张速购铁甲，船械齐集，水师练成，纵不跨海远征，日本嚣张之气当为之稍平。至于琉球案，原定御笔批准，三月内换约，可探俄事消息。若俄事三月内已议结，则不予批准。在中外矛盾交集、朝廷内部“清流”与沈桂芬一系激烈争论的复杂环境下，李、张联手，将争论焦点转移到发展海军的话题之上。

按照传统宗藩关系的理念，清廷并不打算乘人之危，瓜分琉球的土地。其关于琉球案的争议，集中在能否保存琉球王位和是否允许日本进入中国内地通商两点。直至光绪七年正月十一日，各方意见还是莫衷一是，而日使宍户玑已经拒绝谈判，返回日本，原定划分琉球的方案不了了之。[32]此种结局，正是李鸿章、张佩纶所期待的。事定之后，代李鸿章起草《妥筹球案折》的薛福成自谓："伯兄抚屏云：骏迈闳通，爽朗缜密，最为奏疏中出色之作。此文与前编《论赫德不宜总司海防书》《论援护朝鲜机宜书》，均能斡旋时务，裨补大局，功用非浅。有志之士，勿谓经济与文章可歧为二也。"[33] 而张佩纶则在给友人的信中潇洒地说：

> 弟北游塞上，略抒闷怀，秋杪欲归里一行，适合肥以书见招，到津小住数日，略陈药石，乃极为然。会译署与倭定约，结中山案，倭以南岛归我，我许其内地通商。（伯）潜、（孝）达上言极论，合肥亦龂龂称其不便。要津颇疑。弟从中主持，可谓不虞之誉。经济素未讲求，洋务尤未涉历，而世忽以此归之，不得已则日日写黄山谷，混充名士。人则曰，此闭门种菜也。[34]

这是李鸿章与"清流"在官场中默契配合的第一个案例。丁忧在籍的张佩纶，"闭门种菜"，"日日写黄山谷，混充名士"，居然能将总署高官如此调动，玩弄于股掌之中，心中不禁怡然。后人从中也可感受到张佩纶的霸气和自矜，感受到"清流"势力的不可一世。唯张、李虽设计用"延宕之法"，作为发展北洋水师的借口，而李鸿章内心深处，并不主张为了琉球对日用兵，他认为"南岛枯瘠，不足自存，不数年必仍归日本耳。若由中国另行设官置防，徒增后累，而以内地通商均沾之实惠，易一瓯脱无用之荒岛，于义奚取"。[35] 随着时间流逝，清政府竟失去了与日本继续讨论琉球归属的机会。

三、张佩纶三次策划的海军发展方案

张佩纶在介入海军建设的过程中，高度关注海军的区域编成和管理机构设置，多次策划海军发展方案。其中包括：

1. 策划起用刘铭传主持北洋水师

同治十三年（1874 年），因日本侵略台湾，引发清廷海防大筹议，在籍守制的前江苏巡抚丁日昌，向朝廷转呈其在 1868 年所拟《海洋水师章程》。早在 1867 年，丁日昌担任江苏布政使时，便考虑改革水师旧制。他认为，鸦片战争证明中国水师不能御敌，建议制造中等炮艇 30 艘，分别由北洋提督、中洋提督、南洋提督统率。北洋提督驻大沽，下属直隶、盛京、山东各海口；中洋提督驻吴淞口，下属江苏、浙江各海口；南洋提督驻厦门，下属福建、广东各海口。无事出洋梭巡，习劳苦、娴港汊、捕海盗；有事则一路为正兵，两路为奇兵，飞驰援应。这是最早提出的三洋水师构想。在《海洋水师章程》中，日昌又建言将“三洋水师”构想做出调整。主张北洋以山东益直隶建阃天津，东洋以浙江益江苏建阃吴淞，南洋以广东益福建建阃南澳。每洋各设大兵轮船六艘，炮艇十艘。三洋提督，半年会哨一次。[36]丁日昌的构想，引发了清廷内部关于海军区域部署的广泛讨论。后来，恭亲王奕䜣综合各方意见，奏请先就北洋创设水师一军，俟力渐充，就一化三，择要分布。而上谕则表示，南北洋地面过宽，界连数省，必须分段督办，以专责成。着派李鸿章督办北洋海防事宜，沈葆桢督办南洋海防事宜。[37]也就是说，北洋并没有如同恭亲王所要求的，获得优先发展的特权，所谓三洋海军的设想，未被采纳实行。而是采用了南北洋分洋分任，齐头并进的格局。此后，由于海防经费常年不到位，关于海军区域建设的讨论，被搁置了起来。

光绪六年十一月初二日，内阁学士梅启照提出整顿船厂十条建议，其中有设立“外海水师提督”一节，梅启照认为，从前采用募勇平定太平军和捻军，事平之后即予裁撤。“若海防则终年累月不可弛防，总以经制之师为正办。”建议“将现在轮船统领照添长江提督之例，改为外海水师提督，节制沿海各镇。按照旧例，四季巡洋会哨，则畛域不分，可收师克在和之效”。奏上，诏命李鸿章和两江总督刘坤一悉心筹商，妥议具奏。[38]

此时，因中俄伊犁交涉，北京充满紧张的备战气氛。十一月初八日，奉召入京的淮军宿将刘铭传拜会张佩纶。刘铭传途经天津时，李鸿章嘱其将吴汝纶、陈宝琛策划撰写的《筹造铁路以图自强折》带往北京，以刘的名义上奏，引发清廷关于兴建铁路的第一次讨论。张佩纶则认为，在当时条件下，铁路计划难以被朝廷接受，建议李鸿章坚持海防话题。他告诉李：刘铭传“老于兵事，多审时务之言，可云智将。惟于铁路，矜为创获，志在为将作大匠，而不愿为度辽将军，殆非吾党相期之意”。[39]所谓“吾党相期”，是指任用刘主持北洋水师。

十五日，张佩纶再函李鸿章，建议他借遵旨议复梅启照奏折的机会，正式提出设立北洋水师，由刘铭传担任提督：

> 闻圣谕文中论及水师，佩纶之愚，欲请公先将此事酌复，奏设北洋水师提督，令其巡阅三口，勘定炮台形势，参定水师额缺天津本有满洲水师，乾隆间裁，嘉庆间复设绿营水师，总兵驻新城，旋亦裁并。登莱旅顺忽分忽合，忽裁忽设，似三省各宜设水

师总兵一员，归提督节制，而提督归北洋大臣节制。沿海炮台兵弁，必提督可以钤辖，方能一气。提督驻扎当在旅顺，可以安顿省公，且与春间原议相合。海防定为经制，则买铁舰、设炮台、裁营汛、立舟师皆有主者，不至中止。省公得之，亦隐然如湘军之彭侍郎，九万培风、中流击楫，何必自局于轮人小技哉？提督初设，必得勋望卓著者。省公于外洋水师未尽谙习，而中兴诸将年为最少，见事敏捷，可学而能。此举在我公为本谋，在海防为急务，实不专为省公计也。至铁路大兴，与军国岂云无裨？佩纶虽至迂愚，久亲绪论，当不至诧为异闻，惟以二千年创举，强二千里愚氓以必从规划转移，知难率尔。[40]

从张佩纶提及的"春间原议"看，他与李在海军建设上早有策划。十七日，张佩纶又函李鸿章："省公上疏（铁路）过急，……惟是俄事垂结，倭约不改，入春后纷纷为撤防节饷之举，何时再议自强？故妄意欲公及时奏设水师提督，立不拔之基，为久大之业，不然省公即暂管辽防，要亦不能暖席也。"[41]

十九日，李鸿章复函张佩纶：

省三回津，日趣覆奏铁路事。此乃鄙意所欲言而久未敢言，幸于吾党发其端，闻都人士今日讲求洋务者多亦不甚以为纰缪，殆国运中兴之几耶？惟事体重大，非独棉力不能胜，即省三慨然自任，亦恐穷年毕世不易卒业。……北洋水师提督终当议设，宿将竟无谙习此道之人。省三亦尚隔膜，即资其威望，其如性不耐官，何如？

在李鸿章看来，刘铭传并非水师提督的合适人选。不仅刘铭传，前湘军水师首领彭玉麟，也不是统领新式海军的人才。彭此时奉旨每年巡阅长江水师，李鸿章反问："雪老之巡视舢板师船，耄不倦侵，固自可敬，究于大局何裨哉？"[42]

二十五日，张佩纶再次致函李鸿章，传递内线情报，嘱其勿谈铁路，转谈水师：

清议知边防难恃，均有适可而止之心，得寸思尺，乃由吴江独断。……铁路亦廑数人不以为谬，佩纶知省公非其人，今日非其时，即属蔼卿劝阻，比闻子腾学士以三大弊驳之，内廷作此，必有授之者。来教谓议论人心皆难画一，以是徘徊审顾，诚大臣之心而老成之见也。不然，佩纶固不畏事，不逢时者胡独龂龂于此乎？变法当有次第，愿公姑于水师、矿务加意，勿遽言铁路耳。[43]

信中“子腾学士”，指内阁学士张家骧。四天前，张家骧在保守势力的策划下，上奏铁路不可修建。张佩纶指出，张家骧的背后，是醇亲王奕譞在指使。[44]这一情报非常重要，帮助李了解朝廷内幕，转圜收势，并调整与醇王的关系。

十二月十一日，李鸿章上奏议复梅启照条陈。关于梅奏请设立外海水师提督，李鸿章说：

> 从前丁日昌有设立北洋、中洋、南洋水师提督之议，与前督臣曾国藩所陈沿海七省、沿江三省归并设防之说大旨略同。北洋俟铁甲二船购到，海上可自成一军。拟请添设水师提督额缺，其体制应照长江水师提督之例，节制北洋沿海各镇，按期巡洋会哨，以专责成。[45]

后来，李鸿章告诉张佩纶：“前承示北洋水师提督须早议设，极中机要，业于覆梅阁学疏内详及，钞稿附呈，又奉留中，想待南洋交卷。”[46]

此事所议，与前述暂缓分割琉球，借机发展海军的谋划恰好同时。以往史学界看到了梅启照条议海防和李鸿章奏复，却不知张佩纶参与其中，从十条建议中，抓住设立北洋水师提督这一重点，与李鸿章多次书信往返，认真讨论。从战略上看，张佩纶独具慧眼，点中要害。唯此奏及南洋大臣刘坤一的《复陈海防事宜折》上奏后，清廷未见回应，张佩纶的谋划被搁置了。这种状况，似与光绪六年底军机大臣沈桂芬去世及慈禧太后健康不佳有直接关系。[47]

2. 提出海军发展战略构想

面对日益紧迫的民族危机，张佩纶一直在思考海防问题。光绪八年正月初八日，他上呈著名奏折《保小捍边当谋自强折》，标志其对于海军发展的思路开始形成。

在奏折中，张佩纶首先把应对日本未来的挑战，作为发展海军的主要目标。提出“借琉球为名以罢日本，即借日本为名以固海防”。“驭倭之策，虽无伐之之力，当有伐之之心；虽无伐之之心，当有伐之之势。欲集其势，则莫如大设水师。”“我有楼船横海经制之师，可以靖边，亦可以及远，泰西各国庶存忌惮，亦绸缪牖户之谋，声东击西之策也。”

在海军区域发展规划上，张佩纶认为：“论者谓水师当以北洋为一军，江浙为一军，闽粤为一军。臣以为北洋三口可自为一军，江南可自为一军，浙与闽可合为一军，而粤似宜异军特起者也。”

关于北洋，他建言：“宜参用前制，设北海水师提督一员，以直隶天津、通永，山东登莱，奉天金州为四镇属之。提镇师船当分驻旅顺、烟台、大连湾以控天险。”

关于江苏防御，他认为“上海为洋商窟穴，南北喉衿，一隅实委天下之重，故论今日江南形势，当先海而后江”，建议“改长江水师提督为江海水师提督，驻上海吴淞口外，狼山、福山、崇明三镇均隶之，专领兵轮出洋聚操。淮扬水师与瓜州镇亦宜改用西式江船，演习棉药水雷以为后拒，责大臣以巡江兼顾五省，责提督以巡海专顾一省，移江南提督治淮徐、辖陆路，以为裁汰漕标之地”。

关于浙江防御，他认为“定海为夷人始事之地，与瓯海皆毗连闽中，闽浙又同一总督辖境”，“故以浙隶江，不如以浙隶闽”，“改福建水师提督为闽浙水师提督，割浙江之定海、海门两镇并隶之。浙江提督仍治宁波，专辖陆路。三军立，而南北两洋之势振矣”。

此外，张佩纶还对船制、军律、训练等海军发展中的具体问题提出看法。奏上，奉上谕：“该侍讲所陈各节，即著李鸿章、左宗棠、何璟、张树声、彭玉麟等将海防事宜通盘筹画，会同妥议具奏。其滇粤边防即著张树声、刘长佑等各就地方情形实力妥筹办理，以期绥边弭衅，永固疆圉。”[48]

一月二十四日，张佩纶将《保小捍边当谋自强折》寄李鸿章参考。二月初三日，李鸿章复函说：

> 前读寄谕，抄示大著，精鹜八极，目营四海，卓然可行，佩服无既。北洋本有创设水师提督之议，惟津、通、登三镇、金州副都统虽各有陆兵，与无兵同。节制兼辖，似只空文，而无实际，此须稍加斟酌者。南洋改并各处，精凿不磨。恪靖情形既生，意见各别，恐未能降心相从。旨令会商具奏，彼不欲会，则亦无从相商耳。……振帅有志整备师船，而财力不足以副之，终成画饼。[49]

这个阶段，张、李沟通频繁，李鸿章不断给张佩纶提供各种最新资料，比如徐建寅翻译的德国《海部述略》，驻长崎理事余㑺设立海军衙门的建言，这些都有助张佩纶扩大视野，逐步形成全局视角。张佩纶告诉李鸿章，他们之间“行迹过密，已几几上达天听矣”。[50]

3. 创设总理衙门海防股

光绪九年十一月初四日，清廷诏命署都察院左副都御史张佩纶在总理各国事务衙门行走。[51] 35岁的张佩纶，进入外交决策中枢。他是总理衙门历史上最年轻的大臣。

进入总署后，张佩纶迅速阅读历年交涉资料，对外交事务提出多项建议。在现存张氏书信中，有两封是在总署工作期间致恭亲王的，一封谈论海防，一封建议总署内设海防股。以往史料中，对光绪元年海防筹议之后总署或恭亲王谈论海防的内容公布较少，对总理衙门设立海防股的具体情况更是语焉不详。这两封信正可弥补缺陷，亦可看出张佩纶对近代海防建设所做出的积极贡献。

张佩纶第一封"上恭亲王"函，写于其进入总署半月之内，要点是谈论中法战争即将爆发前的沿海防务。关于北洋，张佩纶认为山东登莱一线尚虚，建议任命淮军将领郭宝昌、曹克忠募集军队，驻扎烟台，与沽塘、旅顺互成掎角。关于长江防线，左宗棠原主张以白茅沙为扼要，张佩纶认为设防至白茅沙，即已到常熟一线，崇明被孤悬海外，"兵力单薄，一旦有警，征调难赴事机，必须预筹备御"。他还指出，浙江"定海岛屿孤悬，乍浦口门深阔，并应与宁波、镇海设法筹防，使苏浙首尾衔接，以期巩固"。有意思的是，张佩纶在信中特别提到他对福建防务的严重关注：

> 闽省远连粤海，近蔽浙洋，尤宜镇辖得人，以杜日本乘间窥伺。现在总督何璟、巡抚张兆栋，治务安静，不甚知兵，而亦不讲求兵事。台湾镇道不和，防务一切阁置。一旦海波偶扬，恐台、澎、厦、澳尤不足恃。虽易置疆臣非本署所敢妄议，而事关切近之害，理难茹默不言。应请随时入告，或别简贤臣以为更代，或起用宿将以建军屯，均宜从速施行，俾得从容展布。

张佩纶没有料到，数月之后，他将与何璟、张兆栋为同事，共同防御福州和马尾，他原先的担心，全部变为现实，而他本人的政治生命，也将在马江之战后断送。

在信中，张佩纶专门谈到总理衙门在海防方面的职责：

> 海防之说，创自十年以前，中外纷如聚讼矣。然购船购炮，所费不下数千万，而临事仍无甚把握；防倭防俄所费亦不下千余万，而沿海仍无甚规模。疆臣以部臣惜费为解，部臣以疆臣浪费为词，终之迁就因循，则本署实执其

咎；即众论不咎本署，而本署于筹海之责，问心亦难以自安。窃谓本署职掌，商、防为两大端，防务不能日强，商务必且日困。拟自今伊始，亟图海防，以规久远，由殿下酌定后，或奏明开办，或通咨开办，为今日防法之虚声，即为他日防海之实用。本署应将海防条议提归总办章京管理，遇事讲求，一面查核沿海要隘，博考外洋船式，与户部议经费，与兵部议营制，与疆吏议将材，务期变通尽利，切实能行。虽遽难立可大可久之规，亦当使成能战能和之局，庶几建威销萌，有备无患乎。[52]

十一月十八日，总理衙门以张佩纶致恭亲王函为底本，略加增删，形成《筹办海防折》上奏。[53]次日奉上谕："总理各国事务衙门奏海防紧要，宜毖近患而豫远谋一折览奏均悉。法人侵占越南，外患日亟。沿海设防，必须综览形势、统筹全局，为未雨绸缪之计。"上谕提到，"台湾久为外人所觊觎，镇将是否得力，兵勇是否足恃，何璟履任多年，责无旁贷。张兆栋曾经渡台，于该处情形，亦应周悉。务当同心筹画，备豫不虞"。[54]

张佩纶任总署大臣时，法国扩大在越南的军事行动。前线糜烂，朝廷却一筹莫展。十一月二十六日，他奉慈禧之命前往天津，与李鸿章商量越事。翁同龢记载："友樵呼余，告以将赴天津与李相商事。匆匆入，慈谕：张某自请与李某谈论，鼓舞其气，此人奋勇能办事，汝等有所见，不妨告之，令与李鸿章商酌也。"[55]显然，张佩纶是在找机会与李鸿章当面交换对政局的看法。趁此次会面，他们讨论了海军问题，是以不久就有海防股之创设和海防衙门之筹划。

张佩纶第二封"上恭亲王"函，是建议在总理衙门设立海防股。总理衙门自1860年设立之后，共设英、法、俄、美四股，海防事务附设在俄国股内。张佩纶建议专设海防股，他对恭王说：

自同治十三年筹办海防一疏起，至近日法越事宜积牍纷繁，非专设海防一股不可。海防之事，分门别类，一曰海防经费，船政局及机器局经费附焉，一曰沿海要隘，各属国海岸付焉，沿海炮台若干、式样如何亦付焉。一曰外海师船，一曰各省局厂，一曰各种枪炮，外国枪炮有我军所未用者亦付焉，一曰沿海防营。此外中外臣工条奏，分省分军，已布置者备查，未施行者备采，务令条分件系，了如指掌，庶各省阨塞各军情形，不至隔膜。叙录既详，考究始切，其议论前后不符，见解彼此迥别者，即不难参考互订，据理折衷。惟纂辑之始，头绪较繁，拟请酌定，添传记名汉章京四员，以两员分派各股，于股中替出两员，以两旧两新，办理海防事宜，而于总办中，派定一员专司其勤惰。每日除例行海防文牍外，分查档案，旁采图志，咨核户兵两部饷数及兵数勇数，与各省军营营制军火一切详章细目，应增者增，应改者改，汇辑成编，删繁就简，以便观览，不独译署办理海防醒心豁目，并可录副以备枢廷赞画机宜，指挥诸将之一助。佩纶初意颇以额缺有定，思于各股中抽调数员办理此事，但每股中当差勤而用心细者，不过一二人，势难兼顾。再四斟酌，此添传四员，作为学习，并不占额外之缺，量予津贴薪水，所费无多，以岁均拟传汉员者，满员兼司行走，不日即管要差，恐未能专心致志耳。四员不占额缺，保举并不得与于，章程并不更改，在通署并不偏枯，该员等本已记名先行学习，若其有志上进，藉岁详求掌故、博究时宜，亦复有益身心，似此海防设立专股，于署中要务颇觉有裨，是否可行，伏祈裁夺。[56]

第二函写作日期不详，但十二月十七日，张佩纶在致李鸿章函中提到“海防已设专股”，[57] 此时距其进入总署，不过区区一个半月。显然，张佩纶获得恭王和李鸿藻的大力支持，在成立海防股一事上，办事效率极高。《大清畿辅先哲传·张佩纶传》说“恭王相知恨晚，署中事悉倚办”，[58] 看来并不夸张。研究总理衙门的学者，对于张佩纶这一贡献，是不能忽略的。

四、张佩纶坚定追随李鸿章的例证

张佩纶虽为“清流”，但他与李鸿章订交后，关系极为密切。除了世交原因外，这也是他自己做出的政治选择。其中光绪八年（1882 年）李鸿章丁忧，返回合肥处理母亲丧事，他拒绝了继任者张树声父子邀请其帮办海军，明确追随李鸿章，就是一个明证。

张树声，字振轩，安徽合肥人。早年参加淮军，时任两广总督，是淮系中仅次于李鸿章的第二号人物。他此前与张佩纶的交往，见于光绪五年初入京，经大理寺卿朱智安排，二月十七日与张佩纶一起吃饭。[59] 他的儿子张华奎，字霭卿，一直交游于“清流”圈子，与张佩纶关系友善。刘体智在《异辞录》中说，“清流”负敢谏之名，为朝廷所重。一疏上闻，四方传诵。平时谏草，辄于嵩云草堂，为文酒之宴，商榷字句。有张某为之奔走，传观者呼为“清流腿”。[60] 文中“张某”，即华奎，可见他当时在朝野人士心目中的地位。

是年三月初二日，李鸿章母亲病故于李鸿章之兄湖广总督李瀚章武汉寓所。清廷调两广总督张树声署理直隶总督。同时，以李鸿章久任疆畿，筹办一切事宜甚为繁重，“近复添练北洋水师，规模创始，未可遽易生手”，要李鸿章在穿孝百日之后，回任署理直隶总督。十四日，朝旨援用雍正、乾隆间大臣孙家淦，近今如曾国藩、胡林翼夺情特例，再予挽留，并令李鸿章“毋得再行固辞”。[61]

按传统做法，官员逢父母去世，必须“丁忧”守制，对于个别高级官员，如果朝廷不同意开缺，可以“夺情”，安排其以“署理”方式继续工作。作为官员，以侍奉朝廷为先，作为子女，又必须孝敬父母，所以，无论朝廷如何慰留，官员本人必须苦辞。如果坚不出山，会得到社会舆论的尊敬。丁忧是官员职业生涯的暂时中断，涉及本人的官位、升迁节奏以及经济收入。由于高层官员的变动，还会牵动全国重要职务的结构调整，手下亲信、幕僚的前程，所以相关各方必然产生复杂的遐想和推演。

二十日，李鸿章函告张佩纶其母亲去世事，交代丁忧期间各项事务，提及“北洋水师，振公自应接办，条绪太繁，一时未易就理”。[62]

二十八日，李鸿章又函张佩纶：“顷奉二十四、五日手书，娓娓数千言，所以为鄙人谋者，不啻其自谋。非相爱之深，何能肫切至此？”信中提到：

> 二张恐琅琊之来夺据此席，劝鄙许任通商，我躬不阅，遑恤其后，仍持初议，坚请婉谢，与尊恉正同。在京备访问一节，某老矣，不能再从诸大夫后俯仰洟涊，以自取咎辱。居乡久处固难，然葬事未毕，亦断不能出山。万不得已，似仍以丧葬毕后，察度时势，再行复奏为是。目前即求星使代为覆命，承允拟稿寄交，祈速藻赐下，以便酌办，署督未必肯代陈也。[63]

上述引文中，张佩纶二十四、五日致李鸿章信内容不详，但透露出张树声父子恐怕王文韶觊觎直隶总督、北洋大臣职务，要李同意署理北洋通商事务大臣。李鸿章表示将再次陈情守制，请张佩纶代拟文稿。

二十九日，军机大臣王文韶奉旨到天津慰问李鸿章，并传达慈禧太后旨意，要求李办完丧事后复出。具体方案，枢廷希望李鸿章赴粤督师，太后意见是悬粤督以待树声回任，悬直督以待李服阕。[64]李鸿章由此获知了最高当局对其居丧安排的底牌。

李鸿章旋即函告张佩纶，已请王文韶代奏陈情。这封代奏，采用张佩纶所拟文稿为底稿，称“如百日假满后，海上或有警报，畿疆亟须保卫，鸿章累叨殊遇，具有天良，何忍以居丧守礼为名，遂其偷生避难之计，定即遵旨赴津，筹办一切。若托圣主洪福，海波不扬，中外无事，届期如营葬需时，再行续求赏假，稍遂乌私”。[65]李鸿章对张佩纶坦言：“好在‘海上有警、中外无事’等虚活之笔尚在，届时或尚有词可展。惟直、粤两席虚悬，朝廷与鄙人实皆放心不下耳。”[66]李鸿章在进退问题上忸怩作态，其实内心并不想离任，他与张佩纶避开幕僚，倾心谋划。

十一日，李鸿章在给张佩纶的信中，还询问了他与张树声父子的关系：

> 蔼青（张华奎）、琴生（章洪钧）自春初屡请执事帮办海防，鄙人久在军中，阅历较多，踌躇未敢遽发，恐致它日进退两难。顷渠等又似怂恿振帅，颇为所动，又就鄙虑略陈一一，未知果行与否？若于事有济而于公出处大计有裨，则鄙早乐赞其成矣。蔼青独谓尊处并无不愿，何也？[67]

张佩纶随即答复，表示早在辛巳年（1881年）就与李鸿章约定“从公练习”，不会转随张树声，张华奎“未免视署督太重，而视吾辈太轻”：

> 畿甸逼近辇下，事事听命要津，何以自立，振向荆公言，因言路汹汹，不得不劾一微员塞责，此是何言，不值齿冷。恐此席难以久处。商务、防务必须与地方联为一手，方能骨节通灵。近贵宗人检录湘北相公传，意欲呈览，留揆席相待，恐百日后并疆符一并奉还，亦未可定。企秘之，勿泄于乡人，展转达振公耳。但今年未能复土，处置殊难。姑俟六七月间，再行酌度可也。鄙初恐振公资望尚新，遇事太少担当，未尝不欲出而自任。然言路太觉无人，深虑无益于津，有损于内，是以密属寿丈代辞。且微疑我公向日推诚，此事不应反由蔼青申意，故始终未一白之于公。嗣闻武昌之耗，知公必沥辞恩命，拟留孝侯以填淮部，起越石以助振公，实委曲维持，欲公忠孝两全，而商局淮军相安如故。其时，汝南致书宗人，忽有欲鄙出襄北防之说。幸鄙平日憺定，为人所信，否则于津事竟不能开口矣。既力向宗人陈其不可，复向霭青申誓，乃日内尤呶呶不已，岂非欲败乃公事呼？言之恨恨。我公于鄙人相爱至深，彼此无不吐露肝鬲，尤记辛巳四月舟中纵谈，公意颇以相属，鄙且不愿以无事随防，从公练习，而转愿为振公署纸尾耶？霭青未免视署督太重，

而视吾辈太轻矣。晴生不知鄙人性格，随声附和，其意甚诚，殊不知在内转于海防有益也。[68]

这是张佩纶仔细盘算了李鸿章必将“夺情”复出，决心与张树声父子反目的第一封信，信中“贵宗人”指李鸿藻，“湘北相公”指康熙年间武英殿大学士李天馥，康熙三十二年，李天馥以母忧回籍，帝谓：“天馥侍朕三十余年，未尝有失。三年易过，命悬缺以待。”此信透露，李鸿藻打算仿效李天馥故事，留大学士（揆席）和直隶总督（疆符）以待李鸿章，这显然是张佩纶最终决定紧紧追随李鸿章的主要原因。

我从上海图书馆保存的《箦斋函牍稿》中，又发现六月初十日张佩纶致李鸿章的另一封密信，提到：

高君已援湘北传，商之间平。《实录》及史传均无之，惟《先正事略》有此一节，不知所本。初不允，后闻之长信，似有允意。……高君苦心经营如此，不审公意如何耳。[69]

信中高君即高阳，代指李鸿藻，间平指恭亲王，“长”指居住长春宫的慈禧太后。这封密信证明，是李鸿藻找出李天馥夺情的故事来说服恭亲王的。李天馥之事，《实录》和官方史书上均无记载，典出李元度同治年间修撰的《国朝先正事略》，作为典籍使用，有点不够靠谱。恭王本来对鸿章夺情并不允许，因慈禧太后也有此意，才同意了。

过去学术界一直以为，军机大臣中，代表南派的沈桂芬比较开放，而代表北派的李鸿藻较为保守。沈是恭王处理洋务的主要助手，与李鸿章关系密切。光绪三年九月，李鸿藻因生母去世丁忧，朝局为南派控制。李鸿章评论军机大臣说：“佩公（宝鋆）专说浮话，不管实事。景公（景廉）颟顸人……。政柄乃沈（桂芬）、王（文韶）主之，农部则王之专政也。”[70] 光绪六年正月，李鸿藻服阕重回军机处后，双方借崇厚在收回伊犁谈判中擅签《里瓦几亚条约》，发生直接冲突。李鸿章函告曾纪泽：“沈相因保荐崇公使俄，致丛众谤，懊恼成疾，已请假一月。枢府只高阳秉笔，洋务甚为隔膜，时局亦大可虑。”[71] 是年除夕，沈桂芬去世，李鸿藻进一步扩大对朝政的话语权。本文的研究揭示，李鸿藻借机向李鸿章主动示好，张佩纶则不断向李鸿章泄露底细，帮助拉近二李关系，以图整合出内外呼应的大格局。种种秘辛，此前完全不为研究晚清历史的学者知晓，李鸿藻的气度和手腕，也让人惊叹不已。

四月十三日，张佩纶又给李鸿章去信，解释他与张树声父子的关系：

蔼青与佩纶初无深交，嗣见其人颇直爽，在贵游中不可多得，又以公处事宜时闻机密，亦遂与倾肝鬲。渠去年保定归来，述公言亲老多疾，欲以替人属振轩，以襄助属佩纶。时鄂事扰扰，佩纶于公不能无感恩知己之私，即答以如朝命相属，却亦难辞，时有舍侄在坐，渠云其尊人亦不敢担当，故答语云耳，但北人究非所宜等语。春正，念及此举实可不必，因托寿丈婉辞，并兼属蔼青请缓，亦冀太夫人可臻康复。而我公爱之至深，必不至草草从事，使其进退维谷也。嗣蔼青得其尊人署督之信，复行商及，佩纶即峻词复绝，并累函拒之，誓以皦日，不料复以并无不愿之说，轻溷公听。渠致鄙书则以我公属其补荐为言，特将原书奉览，并将此次致蔼书奉览。腐鼠之吓鹓雏，已属可鄙，不且厚诬佩纶乎？幸佩纶昨已有书详复，否则大谬矣。彼盖以平日倾心我公，纵论国事，断非无所为而为也。已再致书蔼青，止尼其事，并详陈颠末，以释公疑。公处之事无不宣泄，昨属秉星廖榖士书来，均知之，不知何故。此书幸阅即付之祝融，勿示一人也。示一人则青蝇传语矣。总之以此为利耶？终南别有捷径；以此为事业耶？大海初不扬波，乡党自好者亦不为也。[72]

张佩纶还将他给张华奎的两封答书抄录给李鸿章看：

致蔼青第一书（摘）

北洋欲某襄助，排难解纷，原无不可，上书乞外，殆非夙心，前者面谈已倾肝鬲。嗣后累函峻拒，然非皦日讽诗。犹复例诸般誓，此自阁下相信不深，引为疚愧。若再披陈肺腑，度亦不足以入尊听。然鄙人自爱其鼎，决不令津门志中与丁雨生作前赵后王也。

第二书（全）

昨布一函，力辞襄助之议，当已察入。佩纶以阁下平日爽直，遇事竭诚相告，此举初因合肥亲老，亦颇游移，迨经详细推求，委曲维持，实不待以身入局，于台从赴津之日，促膝深谈，属勿再理前说。此情此景，依依如昨。其后，子久致书要津，仆函力辟其议，晴公屡谑复书，欲与绝交，并与阁下申皦日之誓，既其人足重，其言当不可轻，若云小让如伪，何以合肥前。又托寿丈代陈。朋友五伦之一，岂有诈虞倾阴者乎？在尊见或以佩纶辞色和平，于淮部北防，仍相关注，故辄以并无不愿之说，陈之合肥，告之尊甫，亦知仲连排难解纷，天下固有无所为而为之人，殆非六舟、菊圃诸君可比也。方今畿辅安谧，初无军事。佩纶不才，忝直起居，似守疆大臣，未宜奏调。北洋一席仍属合肥，即直督亦仅署任，主峰未定，点缀他山，恐亦未谙画格。愿趋庭时勿轻参大议，佩纶谲行万端，即临以朝命，亦必不入彀笼耳。因合肥书来，再行函致，无轻渎我。[73]

李鸿章在老母去世，即将返乡奔丧之前，还向张佩纶查证他与张树声的关系，显然是高度看重此事。而张佩纶复信所作表白，也说明他对李的询问丝毫不敢怠慢。同时表明，他已将不加盟张树声团队的意思，明确告知了张华奎。拉近二李关系是一码事，插足淮系内部派系是另一码事，张佩纶对分寸的把握，是清楚的。正所谓“主峰未定，点缀他山，恐亦未谙画格”，何况他已知道，北洋的主峰依然仍是李鸿章呢。

四月十四日，李鸿章自天津起程回籍奔丧。十五日，朝中爆发了张树声奏调张佩纶帮办北洋水师受到处罚的风波。该日有上谕曰：

张树声奏请派员帮办水师事宜并请加卿衔以示优异一折，帮办大员及赏加卿衔向系出自特旨，非臣下所得擅请。张树声所请派翰林院侍讲张佩纶赴津帮办北洋水师事宜仿照吴大澂赏加卿衔之处，著毋庸议。钦此。

上谕档中，还有一份军机大臣的奏折：

蒙发下折报，臣等公同商阅，张树声奏北洋创设水师，请派侍讲张佩纶来津襄理并请照吴大澂吉林成例，将该员赏加卿衔折，查帮办大员及赏加卿衔向系出自特旨，非臣下所得擅请。拟请旨将所请均毋庸议。如蒙俞允，遵缮明发，谕旨呈进，其余折片单拟批呈进，是否有当，伏候圣裁。谨奏。[74]

四月十六日，陈宝琛奏《论疆臣擅调近臣宜予议处折》：称张树声擅调近臣，实属冒昧，请照例议处。次日上谕：张树声著交部议处。寻奏，罚俸九个月。得旨,准其抵消。[75]

十七日,张佩纶又致函李鸿章:

振公不待佩纶复书,遽拜疏请诸朝廷,想暂摄畿疆,自谓眷注已隆,即可挟贵慢士矣。佩纶以蔼青书振公无书也致高阳邮以振公署任起居近臣佩纶北人立说,高阳大不以为然,以为鹘突,商定命下必辞,能驳尤妙。初尚恐间平之是之也。十五日章下,间平亦拂然,谓此举若出自吾师尚可,否则侍从近臣何得听外吏品题擅调?想张某闻之亦必大怒。本拟寄信驳斥,后竟改为明发,振公疏未发抄。其中虽有公意见相同一语,人皆不信。其赞语有"讲求时事,学识日进,并云责某以坐言起行之效,俾臣收集思广益之功"等语,是俨然如老成之奖借后进,并非贵人之敬礼贤才,集思广益,乃武侯与群下教。振轩固非诸葛,如佩纶者亦岂刘表坐谈客哉?引喻不伦,知其举趾,高心不固矣。振公学浅才短,承乏畿郊,当裹极盛难继之惧,惟当一切守旧,方为萧规曹随。乃到任未及十日,便思罗致清流,眩惑观听在粤年余,于水师全不措意,到直十日,便急不能待,如此可笑也。此乃吞刀吐火,左道旁门,并非真实本领。津防至重,似此屋大柱小,令人寒心也。降旨之日,适考差之日,劻贝勒监试,绕殿大呼鄗字,告以此事。适并未入试,于是众皆愕然,颇滋口实。佩纶付之一笑,窃恐恨佩纶者不免借端生事。潜公有书,略劾振公意在戢争止沸,不知能定浮言否。此所谓天下本无事也。然振公一唯贤郎之言是听,如此举,蔼青不当大杖三百耶?[76]

研判调人事件,有个问题需要解答:即张树声奏调张佩纶,毕竟是种善意举动,张佩纶何必发大发脾气,用如此决绝的方式来处理与树声父子的关系?尤其是在发布了"著毋庸议"的上谕之后,为何还要安排陈宝琛上奏弹劾呢?

从张佩纶向李鸿章所写诸信看出,在邀请佩纶加盟帮办北洋水师的过程中,只向张华奎写信,张树声本人没有书信;张佩纶在李鸿章离津前,已向张华奎表示拒绝帮办,但张树声依然上奏调用;张树声奏折用词不当,"非贵人之敬礼贤才,集思广益",而是"俨然如老成之奖借后进"等等,这些均被张佩纶认作冒犯。但真正激怒佩纶的,是上奏那天,张佩纶适遇考差而未去。所谓考差,即对各省乡试正副主考官的选拔考试,考试地点在保和殿。本次考差,参加者有282人。贝勒奕劻在考场大呼幼樵,想告诉他此事。由此发现张佩纶没有到场。当时不知底细的人，比如李慈铭，就猜想“张佩纶与树声之子赀郎某交甚狎，故有此请。佩纶遂不与考差以待旨，而不意其不行也”。[77]

张佩纶当年在朝廷中叱咤风云、风头健旺，又是自视极高的人物。对于淮系，他只认李鸿章，未必将张树声放在眼中。调人事件产生的流言使他成了利欲熏心的小人，张佩纶才勃然大怒，作出强烈反弹。只是他未曾料到，陈宝琛上奏使他与张树声结下的仇恨，会在两年后发酵，引发张华奎策动盛昱对他弹劾，由此造成甲申易枢的重大变局，导致李鸿藻下野，也导致张佩纶被直接派往福建会办海疆事宜，从此走向人生的重大挫折。

调人事件也真正确定了李鸿章对张佩纶的信任。这种信任，超越了“清流”拉拢李鸿章的层面，对张佩纶后半生的影响甚巨。进一步推测，这种信任，可能就是高阳先生猜测的所谓李鸿章以张佩纶为“衣钵传人”的基础。

五、张佩纶密定东征之策

在张李交往中，张佩纶为李鸿章出了许多主意，为其平息了诸多“麻烦”。但由于两人均个性鲜明，自有主见，彼此间也常发生尖锐冲突。

光绪八年，李鸿章丁忧离开天津未久，六月初九日，朝鲜汉城驻军因俸米事件发生兵变。暴动群众冲入王宫，刺杀大臣，袭击日本公使馆，杀死日本人，国王生父大院君李昰应被迎入王宫，掌握政权，王妃闵氏逃走，日本向朝鲜派出军队。这一事件，史称“壬午之变”。壬午之变为李鸿章夺情复出创造了条件，但李鸿章并未按照“清流”的策划，发起对日军事行动，从而与张佩纶产生冲突。

六月二十二日，张佩纶连写两封密信，报告军机大臣李鸿藻，其中一份提到：

> 日本高丽构兵，译署已得探报十九日报，昨日吾师何尚未知？……以通商维持朝鲜，本合肥之议，在洋务家以为秘诀，而实则蹈越南之覆辙，此事本在意中。不知中朝何以处之，恐非函胡可能了矣。平日不修战备，到此各证全出，沈文定可杀也！

从此信看，张佩纶对李鸿章“以通商维持朝鲜”的策略并不以为然。但张随即又函：

我军水路究未训练，丁提督将略无闻。中外不战久矣，并非言战即得法，正须战而能胜耳。清卿一军已成劲旅，宜令分数营，出陆路，较有把握。南洋以蚊船数艘，奇兵欲出袭流求，似此虚张声势，可以和解作结也。日本非夙谋朝鲜，亦失礼，此事易了，难了仍是越事耳。……

合肥如此可出矣。[78]

上文提到李鸿章夺情复出问题，现在百日未到，即有事变发生，张佩纶毫无掩饰地对李鸿藻说出“合肥如此可出矣”，显示当初李鸿章“夺情”种种，就是他和二李的共同谋划。

果然，六月二十四日，清廷命张树声派军迅赴朝鲜。并以朝鲜事急，著李鸿章克日起程驰赴天津。接着，张树声派吴长庆、丁汝昌率海陆军前往朝鲜，平定事变。而朝鲜大臣李裕元、金宏集与日本公使花房义质签订《济物浦条约》，允诺赔款五十万日元，并派使谢罪。在赔款未付清前，由日军千人留守使馆。日本声称与中国有同样出兵权利。七月二十二日，李鸿章抵津，会晤张树声，并在当晚会见了回籍葬兄，恰好也在天津的张佩纶。[79]

张佩纶对于壬午之变的最后处置不满，认为“存朝鲜当自折服日本始，折服日本当自改仁川五十万之约始”。他与李鸿章发生争执，坚决要求责成朝鲜改约，或派军舰与日本交涉，修改朝日条约。[80]

八月上旬，张佩纶应李鸿章之邀请，再次前往天津密商，十二日回京之后，给李写了一封重要密信：

朝鲜之役，清议深以为诈力为非，众口一词，询其所以，当由辟疆铺张过盛使然。幸内意得视为奇功，赏必不薄耳。暂缓之说可以急矣，邺侯关念，甚至询眠食丰采，详挚殷勤，答以忧居以来，面目憔悴，壮心颓唐，以受恩深重，不得已而出，恐治葬后仍拟终制，邺侯瞿然。大约宣麻之命，渠必力让，而征南一役，仍当属之振公。……邺侯云，当此众论纷纭，深恐浮论一起，公且愤而去位，惟经营日本，则合于金革无避之义，可以内副众论，外张国威，鄙人拟即建言，幸即因鄙言覆上，此事敦厚者意亦相同，足徵鄙人推许，并非少年气盛耳。三数日内，邓君文字上，勿即驳，亦勿即复，稍候鄙作。二三知己均极力为国，亦极力为公，幸勿游移。盖朝鲜之亟亟献俘，内亦赏其功而疑其心。邺侯云，非公创设水师，张某亦望洋而叹耳。然吾辈所以期朝之者，故不在朝鲜也。总之，日本之役，宸谟已定，众议亦平，公以夺情视事之元，臣主兼弱，攻昧之上策，亦与移孝作忠之意为合。[81]

信中邺侯为唐朝宰相李泌，此处指李鸿藻。张佩纶透露，张树声将被安排南下，李鸿章以经营日本之名重新出山，周围几位朋友极力为他着想，连李鸿藻都说，若不是李鸿章创建北洋水师，张树声只能望洋兴叹。又说近日有邓君文字上，请李勿驳勿复，等待佩纶另上奏疏。邓文似为邓承修《朝鲜乱党已平请乘机完结琉球案折》[82]，邓建议派大臣驻扎烟台，厚集南北洋战舰，责日本擅灭琉球、肆行要挟之罪。

八月十六日，李鸿章未按佩纶嘱咐，上奏议复邓奏，称中国海军实力，惟"超勇"、"扬威"较为得力，其余军舰难以战大洋。又说华船今驻数省，号令不一，不若日本兵船，统归海军卿节制，可以呼应一气。万一中东有事，与我争一旦之命，胜负之数，尚难逆料，非策之上者。若向德定购之铁甲舰来华，再添购新式快船以为辅助，朝臣、枢臣、部臣、疆臣合谋一气，使水师成局，不战屈人，自为最善。否则移驻烟台，并非自强之实。[83]

也在同日，张佩纶上《请密定东征之策折》，请南北洋大臣简练水师，广造战船；山东、台湾疆吏宜治精兵，蓄斗舰，与南北洋成犄角；分军巡海，绝关绝市，召使回国；责问琉球之案，驳正朝鲜之约，使日本增防耗帑，再大举乘之，一战定之。上谕称所奏颇为切要。著李鸿章先行通盘筹画，迅速复奏。[84]

清流竟是在谋划对日打仗！十七日，张佩纶致函李鸿章：告知已将《请密定东征之策》寄去。"上意以鄙言似尚切要，而公于前覆流求两岛疏中，慨然以攘倭自任，故舍左（宗棠）彭（玉麟）而专问公。……窃惟设水师、图日本皆公夙志，佩纶之为是言，譬诸幼常攻心之言，偶符诸葛茂先平吴之策，密叩羊公耳。今圣母环顾勋臣，独叩公以至计，投袂而起，此其时乎。"张佩纶提出要达到三个目标：一是请寄谕驻日公使黎庶昌改正朝鲜之约；二是日使榎本武扬到津后，要峻词责问琉球事；三是请将已购之两艘铁甲船奏归北洋训练，并饬部臣及沿海疆吏大购师船，倡立水师。他强调：

于此则上可副斧钺专征之命，下亦协金革无辟之文，为公为私皆合于义。如有创和戎之说，主自守之谋者，非庸懦即奸佞，愿公塞耳而拒之也。内意检李文定、胡文忠故事，留揆席、返疆符以示恩礼，固由高阳之让贤逊位，亦由朝廷之笃旧褒功。惟圣人恐时论纷纭，公转激而去位，故覆瓯相推毂，命将德音须同日涣颁，殆候此次覆奏，东征定议，是不独措置日本，藉我公以奉天威，即倚注我公，且藉日本镇浮论也。截肝掬腑，特贡此言，实非说士谲辞，少年盛气，幸秘之审之。[85]

他再次提醒李鸿章，其丁忧期间，文华殿大学士的位置（揆席）保留着。协办大学士李鸿藻没有依缺递补，是李鸿藻"让贤逊位"，也是朝廷"笃旧褒功"的意思，李鸿章必须记住这份交情。

十八日，张佩纶得悉李鸿章未按他去信的嘱咐保持沉默，反而上疏议驳邓承修折，十分气愤。他著信质问：朝鲜之事，此间清议均以诱获大院君为非。然论功论过，并未涉及公一字。唯政府、言路均希望公来改约。鄙见欲大举东征，须先设水师，设水师又须先购船械，是则以金革为名。张佩纶指出，你此次复出，是以打仗为名，其实现在并无金革之事，难道要把这个说法翻掉吗？最后，又说"年来交谊已固，所以为公代筹者，并非尽执古义，而颇参以时宜，若遂不见纳，鄙亦敬谢不敏矣"。语气凌厉，对李鸿章极不满意。

张佩纶随即又函：

黄寿丈书来，谓我公以金革起，必须大有为乃足自解。属鄙力规并以远道所论难惬事情，令再同来津面启一切。再同一幼子将殇，置之不顾，拟日内水道到津上谒，止之不可。见时乞屏去左右，俾竟其说。寿翁及门下所以拳拳于公者，恐非徒执迂拘，实亦古道时宜，兼权并审。且高阳大让无名，诸事从中调护，夫岂私交，亦欲结平勃之欢以利国耳。公若以大故之后，凡事颓唐，西洋主和，东洋亦不主战，则人人能之，一生勋望，亦不可为政府所窥测也。一二知己于公善则扬之，过则隐之，……恐天下之人爱公者，不尽如吾辈二三人耳。[86]

信中黄寿丈指黄彭年，字子寿，道光丁未进士，为李鸿章同年，此时为湖北安襄荆郧道。再同，为彭年子黄国瑾。翰林院编修，为张佩纶密友。张佩纶强调，他们拉李鸿章入伙，胁迫他准备对日作战，全是出于对李的爱护。这里值得探讨的，是李鸿藻是否也被张佩纶归入"一二知己""吾辈二三人"中了？

当晚，张佩纶又函："贵宗人云宣麻之事，夔不谓然，以小人之心度君子，亦又自为。今拟仍以授公。俟辞表上，改援湘北故事，三年悬缺，却自情理兼尽。”[87]古人以宣麻代指拜相，张佩纶再次告知李鸿章，李鸿藻欲保留其大学士位置，王文韶不以为然，但最终仍拟仿李天馥旧事，虚位三年，以待鸿章。

十九日，张佩纶又致函李鸿章：“创水师、攘日本，乃公夙志，比圣心专任，朝野深期，元老壮猷，当孚物望。”告知黄国瑾受父命将来天津，请与其密坐，俾参大议。[88]

二十一日，张佩纶第五次致函李鸿章：

> 累书不得手答，令人怅惘，若有所失。近想道体静适为颂。再同到津，当已晤悉。高阳处前已代达意，不知近已通问否？渠每见颇关切也。恭邸小愈，销假尚未定，或云朝鲜事大定方出，有避嫌畏祸之意。今日盛伯希以疆臣措置失当论奏，系由掌院代递，故外间颇有传闻。大约内城议论于此事尤致不满。蔼青闻已赴津，当得其详矣。妖星又见，或以为蚩尤旗。周少詹有封事，所论兼内外而言，不知其详也。[89]

从书信内容看，张佩纶见对李鸿章多次胁迫未成之后，不再央求，改致问候，兼带通报京中政治动静。前面所拟发动的军事行动不再提起。

八月二十二日，李鸿章上“议复张佩纶靖藩服折”云：“日本步趋西法，虽仅得形似，而所有船炮略足与我相敌，若必跨海数千里与角胜负，制其死命，臣未敢谓确有把握。第东征之事不必有，东征之志不可无，中国添练水师实不容一日稍缓，……张佩纶谓中国措置洋务，患在谋不定而任不专，洵系确论。”

李鸿章还说：

> 练兵莫急于饷源，昔年户部指拨南北洋海防经费，每岁共四百万两，设令各省关措解无缺，则七八年来，水师早已练成，铁舰尚可多购。无如指拨之时非尽有著之款，各省厘金入不敷解，均形竭蹶，闽、粤等省复将厘金截留，虽经臣叠次奏请严催，统计各省关所解南北洋防费约仅及原拨四分之一，岁款不敷，岂能购备大宗船械。今欲将此事切实筹办，可否请旨敕下户部、总理衙门，将南北洋每年所收防费核明实数，并闽省截留台防经费由南洋划抵外，再拨的实之岁款，务足原拨四百万两之数，如此则五年之后，南北洋水师两枝当可有成。[90]

这场“密定东征之策”的讨论，张佩纶呼风唤雨，李鸿章却抱定宗旨，不为所动。平心而论，张佩纶等人以民族和道德正义为底线，夹袋里藏有无数方案，随时可以取出法宝，在谋划方案之时，完全不受一般规则束缚，常有出人意料之举，此为其之长处；但思维偏激，有时忽略操作的可行性，则是其短处。本节所举事例，即为“清流”风格的经典案例，在对朝鲜—日本战略关系的判断中，张佩纶豪情澎湃，且时时搬出李鸿藻，有拉大旗之嫌疑，李鸿藻本人是否知情，则可怀疑。起码，李鸿章就不吃这一套。最重要的是，张佩纶手无实权，用悲情做武器去搏击腐败尚能取得成效，用悲情做武器去策划战争，则难以被决策层所采纳。

张佩纶心情大坏而无奈。这个烦闷的八月，他一面谋划军国大计，一面“葬先兄于先大夫墓侧，南中尚有一兄一弟一姊三柩并同时葬之。……伤心惨目，踽踽凉凉之况，无人可告。且债负亦因之日增，所以一一料理，草草毕事者，伤逝亦且自念耳”。回京以后，“月有一疏，大抵修内攘外，均切于时，不近名故，亦不愿人知”。他愤愤然地说：

此种世界，即隐逸，亦须乞怜，不如倔强，世间作一碍物矣。[91]

切莫以为张佩纶的谋划没有成功，他就把心中怨气咽了下去，其时张在北京政治舞台上，是位只手遮天的厉害角色。敢招惹他的人实在凤毛麟角。就在八月二十四日，因御史洪良品奏，云南报销一案，户部索贿八万，军机大臣景廉、王文韶均受贿巨万，余皆按股朋分，朝廷著派惇亲王奕誴、翁同龢确查。无处出气的张佩纶随之连上三折，将沈桂芬在军机处的盟友兼自己的姻亲王文韶[92]硬生生地赶下台去。

事后，张佩纶给黄体芳写信说：

中外事变日纷，非大设水师，不足为建威销萌之计，春间极言。此事一误于振老之荐疏，而鄙人不得不引嫌；再误于左、彭之驳疏，而枢府生疑；三误于合肥之此疏，而圣人不怿。岂天之弱中国夫，先自弱之也？硕言蛇蛇，诚为吾道之厄。……归来又值滇案，荆公（王文韶）不去，未免昧于进退之义，即鄙人亦竟诺默之间，难于自处。盖间平（恭王）患疾甚剧，朝局乏人主持耳。阁下留视吴学，吴人得一人师，朝列少一直谏。重以伯潜（陈宝琛）又去，竹坡（宝廷）未来，鄙人实有孤立之感。[93]

这里，张佩纶提出“三误论”，将湘淮系洋务大佬一概斥为影响海军发展的责任人，同时又透露出自己的孤立感。自光绪七年底张之洞出任山西巡抚，接着，宝廷出典福建乡试，陈宝琛出任江西学政，加上黄体芳早在六年出任江苏学政，“清流”势力此时已经星散，京中健者，仅存张佩纶、邓承修，而邓张私交并不密切，这恐怕就是他前面所说“一二知己”，竟是黄彭年、黄国瑾父子的原因吧。

八月二十六日，李鸿章致书张佩纶，将他前半月收到的五封函件一次回清：

> 连奉十二、十七、八、九、二十一等日手书，所以期勖而调护之者甚厚，感佩奚涯。伯道疏须会覆商定，即应缮发。适大文同日上陈，廷寄已即抄示，故敝疏至而留中以待，嗣又遵旨速覆，而再同乃于次日至津，出示两稿，谓于尊旨不甚纰缪，比当上澈青览矣。……旋阅二十四日邸抄，洪侍御劾景、王受贿遗巨万，语近荒唐，而拙疏同日见面，知诸公昭雪私忿，不暇致详于军国大计也。练水师，图倭人，此执事与仆夙志，正可因此发明，所少异同，不过迟速之间。若必如此，乃为全革毋违，藉塞悠悠之口。则鄙人此行，本为朝廷所迫，实非得已。若稍有厌弃，不待葬期即先请假归，进退固绰有余裕耳。朝倭之约，他人无从改正，虽百黎使何益？……高阳昨曾通问，恳于来春企假时，曲全其志，不及他事。大院（君）处置颇当，内城尚不免疑议甚矣，今日任事之难也。[94]

从李鸿章的口气中，显然流露出对“清流”的不以为然。以往军机处南北党争，李鸿章作为老练政客，从不明确站在某个方面。但此次复函，用语坦率明快，亦可算是古人所谓“君子之交”的诤言。在李、张多年通信中，此类龃龉，还有数次，双方观点鲜明，但都审慎地保留出空间，不给对方造成实质伤害，过后依然书翰密切。张佩纶认为要告知鸿章的，照样讲述；李鸿章不愿理会的，依然一概不理。但张绝不寻找事茬弹劾李鸿章，这是张李关系中极为微妙的部分。此种“各自表述”的高潮，是李在马江备战中，对张的呼救置若罔闻，完全是坐视其败。张佩纶曾对李鸿章说：“师门父执而知我者，仅公一人。”[95] 李鸿章在马江败后则对张说：“此次声名之裂，鄙所痛惜，……公会办实系贬谪，只合浮湛，乃如此勇于任事，又任必不可任之事。为中外众射之的，能毋痛惜耶？天下知公者无如鄙人，惟知之深故责之备。”[96] 而在张佩纶流放归来后，竟将爱女嫁之，将其收为东床，两人关系，包含着信任、欣赏，也包含着各自独立的政治判断和对立。

六、张佩纶筹划设立海防衙门

光绪九年，张佩纶进入总署，他在行政部门的话语权大为扩展，成为沟通李鸿章与中枢，尤其是同李鸿藻之间的重要桥梁，开始与李鸿章谋划，设立酝酿已久的全国海军统一指挥机关。光绪十年正月，李鸿章幕僚袁保龄密函张佩纶，提到了这个计划：

> 岁除日展奉赐教敬聆……海防事权归一，乃克有济，公与合肥、高阳搘危局，探本源，在此一举。合肥欲会中外之通，亦老于世变之言，朝右以为何若？……此间同心者，章琴生、周玉山耳。他人颇河汉之，亦不值一哂。合肥志力未颓，而夹辅亦赖众贤，倘得若章、周者数辈布满北洋，当可日起有功。

袁保龄函中提到的章琴生、周玉山，即章洪钧和周馥，均为李鸿章亲信幕僚，亦为张佩纶密友。李鸿章在给朋友的通信中，常说不愿统领海军，理由是缺钱缺人。从袁保龄信中可以看到，真实的情况未必如此。而袁保龄提供给张佩纶阅看的，即为他“与参末议”，已交卷而未誊录，“勿遗外人知”[97] 的“建海军衙门议”草稿。这个草稿，可以视作李鸿章对未来海军管理机构大致构想。

“建海防衙门议”提出六条方案，曰重事权、定经制、建军府、简船械、筹用费、广储人才。其核心是“重事权”和“定经制”。关于“重事权”，方案建议设海防衙门大臣一人，节制沿海七省水陆马步防军、旗绿制兵及海口二百里以内司道以下文官和都统提督以下武官。关于“定经制”，方案认为海防衙门体制皆同六部。内设参赞官一员，秩视四五品卿，海防大臣驻北洋，参赞驻南洋。凡海防大事皆赞画之。或暂置左右翼长，一驻渤海，一驻南洋，二员赞画戎机，稽查防务，加之卿衔，崇之体制。别设南洋水师统领一员，畀以整理南四省师船之任。海防衙门内设军政、船政、度支、考艺四司。每司额设总办、郎中二员，员外郎、主事各数员，仪制均同六部。

与此同时，张佩纶在给朋友的信中透露：“近议定专立海防衙门，欲将师船、机局全归一人经画，专任而责成功。”[98] 显然，李、张之间，正在反复酝酿探讨设立海防衙门的构想。

二月初六日，李鸿章向张佩纶表示不愿主持海军事务：

北洋虽负虚名，数年来就款筹办洋枪炮，铁舰，蚊、快各船，鱼雷小艇，水师、电报各学堂，旅顺、威海水师，口岸虽多，未竟之绪，实缘仅有二三中材奔走其间，万分吃力，鄙人心血、头发已耗枯矣。若不自揣量，好为大言，以七省水师自任，必致颠蹶，而为众射之的。平生不善取巧，然亦不敢不度势量力，力所不足，岂可妄应。明知执事可为同调倡和，第恐权力亦有弗及，且无贝之才、有贝之才均少，而无贝者尤要，阁下其奈之何邪？今欲大办水师，必须事事以西洋为法。船政二十年，而无一船可战，恪靖、文肃师心自用，误之也。日本兵船无华船之多，规制却甚闳远，由于肯学西洋也。海部必应在京添设，而京员习气离道太远，乃欲改设天津，以外僭内，谤争蜂起，必不得已，仍由总署兼理，敝处会办，仿照日本东京建海部衙门，横滨、横须贺分建东西两镇衙门之意，或稍经久耳。[99]

十三日，李鸿章函总署，答复征询沿海七省专设海防衙门事。主张由总署兼辖，暂不另建衙门。他本人可仿外省督抚兼京衔故事，在海部兼衔，随时随事商権。推荐张佩纶在海部任事。[100]这是李鸿章提议张佩纶管理海军之始。联想到前文所引佩纶曾记“夜请合肥定北洋水师规模……，合肥遂以相属”，这个“相嘱”，经过四年酝酿，此时终于变成公开的推荐。

三月初一日，李鸿章函张佩纶：建议缓设海防衙门，理由是中法交战在即，德国不同意帮助中国铁甲舰驶回，“无铁船则水师何必专设耶？”[101]初二日，李鸿章因接到张佩纶二月二十八日去函，见其中提及因广西巡抚徐延旭对法作战失利，作为推荐人的张佩纶准备上奏自劾。“惟鄙人所不甘者，火器水师两事，龂龂极论，舌敝唇焦，枢府疆臣终不我纳，此为憾耳！”[102]旋即复函张氏：指出徐延旭确实不是军事人才，“以关系洋务、军务大局之事轻相委任，在执事为失言，在朝廷为失人，不独鄙人不谓然，天下皆不谓然也。……识者早知其必败，当轴漫不加察，由于不知兵又不小心也。仆与高阳及执事皆至交关切，不得不深痛惜之。”但是，“自劾万不必也。火器、水师两事，关系日后自强远计，在位一日当争论一日，仆必引为同声，但不可求速效耳”[103]。初四日，张佩纶回复李鸿章：水师疏已拟出，只等恭亲王去东陵主持慈安太后去世三周年祭奠归来即可上奏。谁也未曾料到，三月初八日，左庶子盛昱在张华奎策动下，以张佩纶“滥保匪人”唐炯、徐延旭，上疏弹劾军机大臣，由此引发“甲申易枢”的朝局重大变故。

十一日，慈禧太后尚未将盛折发下，谣言已在上层政治圈中流传，张佩纶将流言密告李鸿章：

> 此间自徐、唐逮问后，言者纷纷。可庄之介弟旭庄，遍诣其相识之人，力诋鄙人。其意以论者多咎振轩，而张王之交方睦，故归狱鄙人以为振轩解纷。日来盛庶子、赵侍御均有封事，盛文并及香老，至今不下。盛自云历诋中外有名人为一网打尽之计，公及清卿均不免……。朝局一纷，越事更无结煞。鄙人安往而不得贫贱，以白简相诒，所谓班门弄斧耳。[104]

张佩纶还表示："海防衙门改为水师衙门如奏准，似可以新城一署当之，此事须乐道归定局。鄙人幸而得罢，则此举亦即中缀。"[105]他已做好海防衙门方案流产的准备。

十三日，慈禧太后懿旨发下，恭王为首的全班军机大臣被开缺，但对张佩纶没有给予处罚。十四日又颁上谕，派吴大澂会办北洋事宜，陈宝琛会办南洋事宜，张佩纶会办福建海疆事宜。二十五日，出京前夕的张佩纶，上《请设沿海七省兵轮水师折》。他声明："此折本系译署与李鸿章反复函商拟稿待奏之件，现在面奉懿旨，改为微臣条奏"，总署关于统一沿海水师的方案，依然还在推进中。

《请设沿海七省兵轮水师折》指出："则欲求制敌之法，非创设外海兵船水师不可，欲收横海之功，非设立水师衙门不可。"其本质，不再是分洋设立海军，而是"以水师一军，应七省之防，即以七省供水师一军之饷"，"著应请特派大臣将沿海七省水师改用兵轮，垂为经制，俾各省船厂、机局均归调度，以专责成。""应如何筹定饷项、建立衙门、请派大员之处，伏恳饬下军机大臣、总理各国事务衙门大臣会同户部妥议具奏。"这个新的提法，与袁保龄《建海防衙门议》中的观点十分接近。

同日，李鸿章给张佩纶写信提到："海防前议，无论属之何人，虑皆画饼。"[106]

五月初九日，李鸿章致函曾国荃说：张佩纶奏设水师衙门，特请派重臣经画一事，先是张佩纶在总署创发此议，恭邸、李鸿藻多韪之，遂欲以兹事委之，鄙人实苦才力不及，曾于二月十三日详复总署，请仿东西各国之例，在京添设海部，我襄助商榷，嗣闻枢意不以为然，仍拟奏请在外设水师衙门。正缮奏间，朝局忽更，因而中止。张佩纶赴闽召对时又奏，奉懿旨乃下南北洋先行会议，俟复奏后，饬枢、译会同户部妥议。李鸿章特别提到：

两张（张之洞、张佩纶）及吴（大澂）、陈（宝琛）两会办心精力果，当愿分赞斯役，应否由执事及鄙人合力肩承，……乞详晰指示。[107]

五月十八日，易枢后主持朝政的醇亲王致函翁同龢，提及“幼樵濒行，条陈创立水军，局面甚大，已由南北洋妥议。而旁观之论，又谓徒费无益，仍以陆路置伏为宜，海口听其浮沉，说各有理，究竟当如何耶？”[108] 同日，李鸿章询问军机大臣阎敬铭：“幼樵整练水师之议，实为自强要务，第饷需竭蹶，取精用宏，非克期所能集事，似须时局大定，各省新募不得力之勇营酌量裁遣，腾出饷额，分年筹出有著之款，逐渐经营。即不能遽与英、法兵船抗衡，当可驾日本而上之，称东海劲敌，公其有意提倡乎？”[109]

张佩纶五月下旬出京，会办福州海疆事宜。在天津，与李鸿章、刘铭传、吴大澂、张之洞等人相汇，并乘船赴旅顺察阅炮台军舰。此为中法战争之前，淮系高层与“清流”健将的大会聚。在天津，张佩纶上奏，将闽局轮船抽调聚操。[110] 这是一幅李鸿章、张佩纶指挥七省水师宏伟蓝图的预演，张佩纶谋划的海军计划至此达到高潮，这也是张佩纶一生事功的顶点。随即，张佩纶乘舰前往福州。七月初三日，马江之战爆发，从此张佩纶身败名裂，退出政坛。

一年过后，光绪十一年六月初九日，李鸿章致函到达流放地张家口的张佩纶：“公是有心人，惟矜气过重，视事太易，致此蹉跌，海内先后进求如执事之敏果有志略者，戛戛难之。”“附上《海战新义》一书，望悉心参详，较胜于故纸堆中寻生活。以水师败者，必以水师求胜，非空言大话所能济事也。”[111]

七月初二日，李鸿章遵旨筹议海防各条。主张建立北洋、南洋、闽台、广东四支海军；请设立海部。[112] 不久，李鸿章入都陛见。与慈禧太后、奕譞、奕劻及军机大臣商讨海防，决定设立海军衙门。九月初五日，懿旨派醇亲王奕譞总理海军事务，所有沿海水师，悉归节制。调派庆郡王奕劻、大学士直隶总督李鸿章会同办理，都统善庆、兵部侍郎曾纪泽帮同办理。先从北洋精练水师一支以为之倡，此外分年次第兴办。北洋练军伊始，责成李鸿章专司其事。其应行创设筹议各事，统由该王大臣筹画拟立章程，奏明办理。[113] 这个方案，其实回到了光绪元年恭亲王主持海防筹议时的观点。经过十多年风风雨雨，物是人非，恭亲王、张佩纶，均不再参与其事，而对海军发展一直迟疑不定的醇亲王，却来主持海军事务。李鸿章需要重新打点精神，来做各种说服沟通工作，这真是造化弄人。

十二月十六日，“清流”中另一健将，兵部左侍郎黄体芳，刚从江苏学政任上返京，即上《请开去李鸿章兼职折》，称上年“超勇”、“扬威”两兵轮久驻北洋，朝旨饬援南疆。李鸿章留不遣发。“今既奉命会办，设遇海氛，仍踵故智，拥兵自卫，不权缓急，专以保护畿辅为名，虑朝廷亦无以夺之，则是水师者非中国沿海之水师，乃直隶天津之水师；非海军事务衙门之水师，乃李鸿章之水师！李鸿章会办海军，恐多贻误，请开去会办差使。”[114] 奏上，朝廷震怒，懿旨称，黄体芳妄议更张，迹近乱政，著交部议处。上谕称，本年创办海军，以李鸿章老于兵事，熟悉北洋防务，特派会办。该大臣务将认真经理，不可掉以轻心，仰体朝廷格外成全，优加倚畀之意。[115] 最后将黄体芳降二级调用。[116] 黄体芳虽然没有参与张佩纶前期与李鸿章筹划海军的密谋，但他是张的朋友，知道张、李沟通的若干内情，也目击李鸿章在马江之战前对张佩纶见死不救的情景。他挺身而出，抨击李鸿章，这是“清流”在中法战争之后对于海军事务的最后绝唱。[117]

李鸿章自然大不高兴，他向张佩纶抱怨说：海军本无办法，亟欲卸肩。黄体芳大放厥词，他日曾纪泽回华，或可徐谋交替，庶翕众望。“漱兰自负清议，鄙人甘投浊流，尚何言哉？”[118] 张佩纶的反应是苦涩的，日记记载，他初七日在戍所看到《邸报》刊载黄体芳降职消息，次日即写信问候，[119] 十一日，张佩纶回函李鸿章：“漱兰欲论海军，而不深考海军之底里，坐此去官，疑其为人所愚也。”[120] 十八日又函：“漱兰诗评，屏斥（李）太白，瓣香（曾）南丰，论者均以为谬。佩纶因其已罣吏议，不复深言。而灰我公任事之心，……鄙人久在陶镕，略知海军甘苦，赐书纵论。于忧谗畏讥之中，蓄独居深念之意，救时孤抱，流溢行间。殆非自鸣其不平者，乃犹以涵养未至自嗛，则名世勋庸更进以大儒雅量，设漱兰见此，当益自悔失言。”[121] 他夹在李、黄之间，大抵也只能说些含混调和的话了。

七、结语

张佩纶是光绪前期政治舞台上的闪烁明星，是“清流”的主要代表人物。他正直、敏锐、富有才华、视野广阔、文笔雄健、疾恶如仇，又善于政治运作。除了史学界以往熟悉的弹劾贪腐官员之外，他因缘际会，行走于李鸿藻、李鸿章两大政治力量之间，努力推动海防事业，主张加强战备，防御日本和法国入侵。他倡导并推动设立总理衙门海防股和海防衙门，对中国军事近代化做出重要贡献。

张佩纶有明显缺点。他浮躁、自傲、有时偏激，缺乏实际操作经验。过于凌厉的锋芒使他在官场中结怨甚多。少年得志，“爬得高，跌得惨”，是他一生的浓缩写照。在晚清中国面临着深刻变局的历史转折期，他是一个失败的理想主义者，理想主义的青年才俊在官场的失败最令人惋惜，也最值得总结。

“清流”是晚清政治舞台上的一股重要的政治力量。从张佩纶与李鸿章的大量通信来看，他们相交极深。张佩纶获得李鸿章的青睐，李鸿章推荐他主持海军，在经历了马江惨败和军台流放之后，两人最终成为翁婿。张佩纶介入海军建设的谋划虽是个人行为，但与“清流”领袖李鸿藻也有密切的沟通和联手，显示出不同政治集团纵横捭阖、相互渗透、利益消长的多样性和复杂性，远比后人想象的更为丰富。深入剖析，足以改变过去的概念。

张佩纶与李鸿章、李鸿藻的关系，李鸿章与李鸿藻及与“清流”其他人马的关系，均为中国近代史研究需要深入探索研究的复杂课题，以前由于史料稀少，研究是肤浅的和表面的。随着史料的不断发现和开掘，从前涂在张佩纶脸上的小丑式白粉正在被逐步洗去，对于张佩纶和“清流”的研究，将会获得更多精彩的结果。

本文初写于2009年，曾在该年5月20日由中国史学会、山东省历史学会、威海市人民政府主办之北洋海军成军120周年国际学术研讨会上宣读。2021年1月先后修订。

1 高阳:《同光大老》,第 18 页。

2 关于张佩纶的史料,主要有《涧于集》和《涧于日记》。《涧于集》系张佩纶个人文献汇编,包含奏议、文集、诗集、电稿、译署函稿、书牍六个部分,为丰润涧于草堂刊本。此外,张氏后人 2013 年向上海图书馆捐赠张佩纶与李鸿章、李鸿藻、陈宝琛等人的往来书信原稿,为近代史研究之重要史料。已在《张佩纶家藏信札》(上海人民出版社,2016 年)中刊布。其中《李鸿章张佩纶往来信札》(上海人民出版社,2018 年)由我整理出版。

3 张印塘履历,见“张印塘履历单”,秦国经主编:《清代官员履历档案全编》,第 3 卷,第 329 页;“通议大夫安徽按察使张府君墓志铭”,《涧于集·文集》,卷上,第 63 页;钱实甫:《清代职官年表》,第 3 册,第 2156 ~ 2157 页。

4 徐世昌撰:《大清畿辅先哲传·张印塘》,下册,第 1219 页。

5 李鸿章:“原任安徽按察使司按察使张君墓表”,《李鸿章全集》,第 37 册,第 48 ~ 49 页。

6 张佩纶:“陈母熊太夫人六十寿序”,《涧于集·文集》,卷上,第 44 页。

7 张佩纶:“祭外舅李文忠公文”,《涧于集·文集》卷上,第 60 页。

8 李鸿章:“致翰林院张佩纶”(同治十三年六月十三日),《李鸿章全集》第 31 册,第 71 页。

9 张佩纶同治十三年四月十八日参加庶吉士散馆考试,二十八日授编修。参见《咸丰同治两朝上谕档》,第 24 卷,第 82、110、119 页。

10 张佩纶:《涧于日记》,己卯上,第 12 页。

11 张佩纶:《涧于日记》,己卯下,第 2 ~ 3 页。张蔼青为张树声儿子张华奎。

12 张佩纶:《涧于日记》,己卯下,第 3 页。

13 李鸿章:“复丁雨生中丞”(光绪七年七月二十一日),《李鸿章全集》第 33 册,第 69 页。文中周公指奕䜣,沈文定即沈桂芬,高阳、吾宗均为李鸿藻,筠仙为郭嵩焘。

14 李鸿章在与张佩纶结交之初,即对潘鼎新说:“幼樵人甚伉直,所言未必能尽行,若谓敝处因彼增重,乃朋党之论,吾亦阅人阅世多矣。”“致潘鼎新”(光绪五年四月初二日),《李鸿章全集》,第 32 册,第 430 页。

15 陈寅恪:《寒柳堂记梦未定稿》及《寒柳堂记梦未定稿(补)》,《寒柳堂集》,第 191、219 页。

16 张佩纶:《涧于日记》,庚辰上,第 3 ~ 4 页。按:蚊子炮艇或蚊船,系时人对英国伦道尔式炮艇的一种称呼。该型炮艇的特征,是在小排水量的舰体上配置一门大口径火炮,主要用于近海防御作战。碰船,指带有冲角的碰撞式巡洋舰。北洋进口外国军舰是从蚊子船起步的。此时,李鸿章正在筹划订购碰撞式巡洋舰“超勇”“扬威”号。

17、18、21 张佩纶:《涧于日记》,庚辰上,第 5 页,第 17 页、第 21 页。

19 光绪六年三月初七日,张佩纶在日记中记“夜合肥师来话”。《涧于日记》庚辰上,第 15 页。

20 张佩纶:“致李鸿章”(光绪六年三月□日),《李鸿章张佩纶往来信札》,第 21 页。

22 张佩纶:“致李鸿章”(光绪六年三月二十日),《李鸿章张佩纶往来信札》,第 17 ~ 20 页。

23 张佩纶:《涧于日记》庚辰下,第 2 页。按:许钤身,字星祥,父许乃普,曾任吏部尚书。光绪元年七月,许钤身奉旨以道员发直隶补用,加三品顶戴。旋奉旨发往福建船政局差遣委用。嗣赴北洋督操蚊子等船。后署理直隶大顺广道,在天津办理船政、河工、海运。最后官至福建按察使。见“许钤身履历单”,《清代官员履历档案全编》,第 5 卷,第 68 页。

24 张佩纶:“致李鸿章”(光绪六年七月十三日),《李鸿章张佩纶往来信札》,第 42 ~ 43 页。

25 “总署奏日本废灭琉球一案美国前总拟加调停事已中变请派大员商办折”,《清季外交史料》,卷 21, 第 25 ~ 27 页。

26 李鸿章:“复总署 论商改俄约兼论球案”(光绪六年七月二十三日),《李鸿章全集》第 32 册,第 586 页。

27 “总理各国事务衙门奏与日本使臣议结琉球案折”(光绪六年九月二十五日),《清光绪朝中日交涉史料》,卷 2,页 8 ~ 9。

28 陈宝琛:“论球案不宜遽结倭约不宜轻改折”(光绪六年九月二十六日),《沧趣楼诗文集》,第 780 ~ 783 页。

29 张佩纶:“致李鸿章”(光绪六年十月初一日),《李鸿章张佩纶往来信札》,第 58 ~ 60 页。

30 《光绪朝东华录》,第 1 册,第 992 页。光绪六年十月己亥。

31 李鸿章:“妥筹球案折”(光绪六年十月初九日),《李鸿章全集》,第 9 册,第 198 ~ 200 页。

32 陈义杰点校:《翁同龢日记》,第 3 册,第 1539 页。

33 薛福成:“代李伯相筹议日本改约暂宜缓允疏”,《庸庵文续编》,卷上,第 1 ~ 8 页。

34 张佩纶:“致顾皞民观察”,《涧于集·书牍》,卷 1,第 47 ~ 48 页。

35 李鸿章:“复总署 请球案缓结”(光绪六年九月十六日),《李鸿章全集》,第 32 册,第 620 ~ 621 页。

36 “广东巡抚张兆栋奏呈丁日昌拟海洋水师章程”(同治十三年十月十一日),《筹备夷务始末》(同治朝),第 10 册,第 3955 ~ 3958 页。

37 “光绪元年四月二十六日总理各国事务衙门奕䜣等奏”,《洋务运动》丛刊,第 1 册,第 146 ~ 153 页。

38 “光绪六年十一月初二日内阁学士梅启照奏”,《洋务运动》丛刊,第 2 册,第 489 ~ 495 页。

39 张佩纶:光绪六年十一月初九日,《李鸿章张佩纶往来信札》,第 70 页。

40 张佩纶:光绪六年十一月十五日,《李鸿章张佩纶往来信札》,第 72 ~ 73 页。

41 张佩纶:“致李鸿章”,光绪六年十一月十七日,《李鸿章张佩纶往来信札》,第 74 页。

42 李鸿章:“复张佩纶”,光绪六年十一月十九日,《李鸿章全集》,第 32 册,第 637 ~ 638 页。

43 张佩纶:“致李鸿章”,光绪六年十一月二十五日,《李鸿章张佩纶往来信札》,第 78 页。

44 张佩纶:“致李鸿章”,光绪六年十一月□日,《李鸿章张佩纶往来信札》,第 81 页。

45 李鸿章:“议复梅启照条陈折”,光绪六年十二月十一日,《李鸿章全集》,第 9 册,第 261 页。

46 李鸿章:“致张佩纶”,光绪六年十二月十九日,《李鸿章全集》,第 32 册,第 645 页。

47 李鸿章说:“沈相忽于除日作古,一切乏人赞襄。”见李鸿章:“致左相国”,光绪七年正月十二日,《李鸿章全集》,第 33 册,第 5 页。关于这一阶段慈禧太后身体极差,正月十九日甚至出现昏迷的情况,可参见“光绪初年江南织造驻京人员呈堂禀稿”,《历史档案》,1998 年第 3 期第 54 页。以及翁同龢、王文韶相关日记。

48 张佩纶："保小捍边当谋自强折"（光绪八年正月初八日），《涧于集·奏议》，卷2，第1～12页。

49 李鸿章："致张佩纶"（光绪八年二月初三日），《李鸿章全集》，第33册，第117～118页。

50 张佩纶："致李鸿章"（光绪八年正月二十四日），《李鸿章张佩纶往来信札》，第204页。

51 张佩纶："谢在总理各国事务衙门行走折"（光绪九年十一月初五日），《涧于集·奏议》，卷3，第61页。

52 张佩纶："上恭亲王"，《涧于集·书牍》，卷3，第16～19页。

53 这封奏折，也由张佩纶执笔。见《涧于集·奏议》，卷6，第1～2页。

54 "上谕"，《涧于集·奏议》，卷6，第3～4页。

55 陈义杰整理：《翁同龢日记》，第4册，第1791页。

56 张佩纶："上恭亲王"，《涧于集·书牍》，卷3，第28页。

57 张佩纶："致李鸿章"（光绪九年十二月十七日），《李鸿章张佩纶往来信札》，第338页。

58 《大清畿辅先哲传·张佩纶传》，下册，第867页。

59 张佩纶：《涧于日记》，己卯上，第8页。

60 《异辞录》，第91页。

61 "上谕"，《李鸿章全集》第10册，第66～67页。

62 李鸿章："致张佩纶"（光绪八年三月二十日），《李鸿章全集》，第33册，第147页。

63 李鸿章："致张佩纶"（光绪八年三月二十八日），《李鸿章全集》，第33册，第147页。按，信中提到张佩纶二十四、二十五日复函均未见到。

64 李鸿章："致寿翁"（光绪八年四月初一日），《李鸿章全集》，第33册，第148页。

65 "王文韶代奏陈情折"，《李鸿章全集》，第10册，第69页。关于张佩纶代李鸿章所拟此稿，见李鸿章光绪八年四月十一日"致张佩纶函"，"初五奉初三日手示，敬承挚念。……咨文就大稿点窜涂改，事非得已，日内计已代奏，照抄奉览。"《李鸿章全集》第33册，第15页。

66 李鸿章："致张佩纶"（光绪八年四月初四日），《李鸿章全集》，第33册，第149页。

67 李鸿章："致张佩纶"（光绪八年四月十一日），《李鸿章全集》，第33册，第150页。

68 张佩纶："致李鸿章"（光绪八年四月十三日），《李鸿章张佩伦往来信札》。信中寿丈指黄彭年，孝侯指戴宗骞，越石似指刘铭传，汝南指袁保龄。

69 张佩纶："致文忠书"（光绪八年六月初十日），《篑斋函牍稿 致文忠书，壬午》（电子版145页）。收录于《李鸿章张佩纶往来信札》，第231页。

70 李鸿章："致潘鼎新"（光绪六年六月二十八日），《李鸿章全集》，第32册，第572页。

71 李鸿章："复曾劼刚星使"（光绪六年四月初五日），《李鸿章全集》，第32册，第544页。

72 张佩纶："致李鸿章"（光绪八年四月十三日），《李鸿章张佩纶往来信札》，第221页。

73 张佩纶致张华奎两封书信，见《李鸿章张佩纶往来信札》，第222～223页。信中子久为袁保龄，晴公为章洪钧，寿丈为黄彭年。

74 《光绪宣统两朝上谕档》，第8册，第101～102页。

75 《清实录》，第54册，第55页。光绪八年四月壬申条。

76 张佩纶："致李鸿章"（光绪八年四月十七日），《李鸿章张佩纶往来信札》，第224～225页。

77 见李慈铭日记："张树声奏请派翰林侍讲张佩纶赴津帮办水师，谕毋庸议。张佩纶与树声之子贽郎某交甚狎，故有此请。佩纶遂不与考差以待旨，而不意其不行也。次日陈宝琛劾张树声擅调近臣，谕交议处。陈与佩纶日相唱和，此疏以掩外人耳目也，然太难为树声父子矣。"《越缦堂日记》光绪八年四月十五日条。而刘体智后来在《异辞录》中，对此事曾作解释，前后缘由，讲得十分明白："张靖达……奏调丰润张幼樵学士帮办水师，有参四道八镇之说。斯时学士直声振中外，挟以自随，实为示威属下之意。诏责其冒昧，弗许。相传公子蔼卿部郎，清流党人也，与之为友，先得其同意，而后奏入。学士语人曰：'事诚有之，而未之允，疏已遽上，诚为憾事。是日考差，余适有小功之服，未之前往。不知者以为避考待旨，尤为误会。'"《异辞录》，第 81 页。

78 张佩纶："致李鸿藻"（光绪八年六月二十二日），《张佩纶家藏信札》，第 7 册。第 3760 页。

79 据张佩纶称，其"七月间乞假回籍，将两兄一弟两姊之柩均买地分葬"。见"致陈弢庵学士"，《涧于集·书牍》，卷 2，第 14 页。

80 张佩纶："致李鸿章"（光绪八年七月二十五日），《李鸿章张佩纶往来信札》，第 237 页。

81 张佩纶："致李鸿章函"（光绪八年八月十二日），《李鸿章张佩纶往来信札》，第 241 页。唯信中称"三数日内，邓君文字上，勿即驳，亦勿即复"，而邓承修的折子是八月初二日上奏的，中间之时间差，待作进一步详考。

82 "给事中邓承修奏朝鲜乱党已平请乘机完结琉球案折"（光绪八年八月初二日），《清光绪朝中日交涉史料》，卷 4，第 1 ~ 2 页。

83 李鸿章："议复邓承修驻军烟台折"（光绪八年八月十六日），《李鸿章全集》，第 10 册，第 81 ~ 83 页。

84 张佩纶："请密定东征之策"（光绪八年八月十六日），《涧于集·奏议》，卷 2，第 59 ~ 61 页。

85 张佩纶："致李鸿章"（光绪八年八月十七日），《李鸿章张佩纶往来信札》，第 243 页。文中李文定，即李天馥，胡文忠指胡林翼。

86 张佩纶："致李鸿章"（光绪八年八月十八日函第二），《李鸿章张佩纶往来信札》，第 245 ~ 246 页。

87 张佩纶："致李鸿章"（光绪八年八月十八日函第三），《李鸿章张佩纶往来信札》，第 246 页。

88 张佩纶："致李鸿章"（光绪八年八月十九日），《李鸿章张佩纶往来信札》，第 247 页。

89 张佩纶："致李鸿章函"（光绪八年八月二十一日），《李鸿章张佩纶往来信札》，第 249 页。

90 李鸿章："议复张佩纶靖藩服折"（光绪八年八月二十二日），《李鸿章全集》，第 10 册，第 88 ~ 89 页。按，此奏为薛福成代拟。薛在《庸庵文续编》中加注云：章琴生云："看似与张侍读之论无甚异同，疏中亦声明大致不谋而合，实则隐驳侍读东征之策，却又绝不费手。观其识议明豁，辞旨隽永，是汉唐以来奏疏中有数文字。中间自昔多事之秋一段，与侍读原疏针锋相对，所谓持矛刺盾也。读者不观侍读之疏，不知此文用笔之妙。"《庸庵文续编》，卷上，第 28 ~ 31 页。

91 张佩纶："致顾皞民观察"，《涧于集·书牍》，卷 2，第 11 ~ 12 页。

92 张佩纶与王文韶的儿子王庆桢均娶朱学勤的女儿为妻，二人是连襟。

93 转引自《许宝蘅日记》所录信函，手稿复印件，马忠文先生提供，谨此致谢。信中提及水师建设三误值得关注。一误即张树声父子奏调张佩纶帮办北洋海防。二误指两江总督左宗棠和彭玉麟回应他所奏《保小捍边当谋自强折》所上奏折，居然提出"有海防无海战"之说，声称"与其购铁甲重笨兵轮争胜于茫茫大海之中，毫无把握，莫若造灵捷轮船，专防海口扼要之地，随机应变，缓急可资为愈"。又说彭玉麟早在光绪六年冬就奏请建造小轮船十只，每只合工料炮价银八万两，现在应当赶造此类小轮船，并称这种说法"与张佩纶原奏江南可自为一军之说适相符合"。见左宗棠："会商海防事宜折"（光绪八年七月二十九日),《左宗棠全集》, 第 8 卷, 第 134 ~ 137 页。三误即前引鸿章所奏"议复张佩纶靖藩服折"提出"东征之事不必有, 东征之志不可无"等观点, 张佩纶心中均极不满。

94 李鸿章:"致张佩纶"(光绪八年八月二十六日),《李鸿章全集》, 第 33 册, 第 167 ~ 168 页。

95 张佩纶:"致李鸿章"(光绪七年四月十九日),《李鸿章张佩纶往来信札》, 第 169 页。

96 李鸿章:"致张佩纶"(光绪十年八月二十八日夜),《李鸿章全集》, 第 33 册, 第 415 页。

97 袁保龄:"致绳盦",《阁学公集·书札》, 卷 2, 第 43 页。

98 张佩纶:"复顾皞民观察",《涧于集·书牍》卷 3, 第 27 页。

99 李鸿章:"致张佩纶"(光绪十年二月初六日),《李鸿章全集》第 33 册。第 366 ~ 367 页。

100 李鸿章:"复总署, 请设海部兼筹海军"(光绪十年二月十三日),《李鸿章全集》, 第 33 册, 第 368 ~ 369 页。

101 李鸿章:"致张佩纶"(光绪十年三月初一日),《李鸿章全集》, 第 33 册。第 374 页。

102 张佩纶:"复李肃毅师相",《涧于集·书牍》, 卷 3, 第 34 页。

103 李鸿章:"致张佩纶"(光绪十年三月初二日),《李鸿章全集》, 第 33 册。第 375 页。

104 张佩纶:"致李鸿章"(光绪十年三月十一日),《李鸿章张佩纶往来信札》, 第 369 ~ 370 页。信中徐、唐指广西巡抚徐延旭、云南巡抚唐炯, 可庄指王仁堪, 旭庄指王仁东, 振轩指两广总督张树声, 盛庶子指盛昱, 赵侍御指福建道监察御史赵尔巽。从后来公布的盛昱奏折内容看, 其实没有涉及张之洞、吴大澂和李鸿章。

105 张佩纶:"致李鸿章"(光绪十年三月十一日),《李鸿章张佩纶往来信札》, 第 370 页。

106 李鸿章:"致张佩纶"(光绪十年四月二十五日),《李鸿章全集》, 第 33 册。第 390 页。

107 李鸿章:"致曾沅帅",《李鸿章全集》第 33 册, 第 393 ~ 394 页。

108 "醇亲王致翁同龢函第五十一",《翁同龢文献丛编之四: 中法越南之争》, 第 105 页。

109 李鸿章:"致阎中堂"(光绪十年五月十八日),《李鸿章全集》, 第 33 册, 第 395 页。

110 张佩纶:"拟将闽省轮船抽调聚操折"(光绪十年五月二十六日),《涧于集·奏议》, 卷 4, 第 10 ~ 11 页。

111 李鸿章:"致张佩纶"(光绪十一年六月初九日),《李鸿章全集》第 33 册, 第 513 ~ 514 页。《海战新义》, 奥地利阿达尔美阿著, 天津机器局印行。

112 李鸿章:"筹议海防事宜折"(光绪十一年七月初二日),《李鸿章全集》, 第 11 册, 第 147 ~ 151 页。

113 《清实录》, 第 54 册, 第 1023 页, 光绪十一年九月庚子。

114 黄体芳:"请开去李鸿章兼职折光绪十一年十二月十六日",《黄体芳集》, 第 34 ~ 36 页。

115 《清实录》, 第 54 册, 第 1102 ~ 1103 页, 光绪十一年十二月辛巳条。

116 《清实录》, 第 54 册, 第 1112 页, 光绪十一年十二月己丑条。

117 黄体芳光绪十七年在"六十述怀"诗中记录当时心情:"还朝匝月杞忧长, 司马论兵制所当。瓯脱胡奴雄虎视, 楼船诸将号龙骧。捧卮沃海何终极, 听客谈瀛总渺茫。镜砥清平须拭目, 不劳鸣凤动朝阳。"《黄体芳集》, 第 292 页。

118 李鸿章:"致张佩纶", 光绪十二年正月初四日,《李鸿章全集》, 第 34 册, 第 3 页。

119 张佩纶:《涧于日记》丙戌, 第 1 页。

120 张佩纶:"致李鸿章", 光绪十二年正月十一日,《李鸿章张佩纶往来信札》, 第 519 页。

121 张佩纶:"致李鸿章", 光绪十二年正月十八日,《李鸿章张佩纶往来信札》, 第 521 页。

附录二
严复任职天津水师学堂史实再证

严复在中国近代启蒙思想史上有着无可替代的重要地位和影响，其生平事迹也一直受到学界的关注，而且不乏歧见并存之处。其中，严复是否任职天津水师学堂总教习一事，即近年来争论比较激烈的一个话题。

通常的说法是，严复自 1880 年自英国留学回国后，先是出任天津水师学堂总教习，1890 年出任学堂总办，这种说法几乎为所有研究严复的论著所接受。对此，笔者在拙著《龙旗飘扬的舰队》中提出异议，指明严氏从 1880 年到 1887 年底所担任的，应为天津水师学堂所属驾驶学堂"洋文正教习"。限于篇幅，书中未展开论述。[1] 稍后，孙应祥、皮后锋分别对"洋文正教习"的说法提出质疑。[2] 马自毅对此问题进行了比较细致的探究，并与史春林产生了新的讨论。[3] 台湾学者黄克武也注意到笔者的观点，并发表了见解。[4] 讨论如此热烈，实始料未及。笔者认为，目前争论的分歧，均是史料不足引起的。仅凭有限史料做猜测与推论，甚至对史料中蕴含的个别信息过度发挥，无助于问题的解决。过去认为，天津水师学堂的档案资料已毁于战火，但笔者有幸从上海图书馆收藏的《北洋纪事》（抄本）中，发现了该学堂许多未曾公布的重要文献。《北洋纪事》系李鸿章在北洋大臣任内的公文汇编，其第十本《水师学堂》，收录了李氏的奏折批札、水师学堂给李的报告（禀、详）以及水师学堂起草的规章制度等。[5] 通过爬梳这批较为系统的材料，并比照中国第一历史档案馆保存的有关履历档案，可以订正歧说，大体厘清严复在天津水师学堂的履历变迁。当然，对该学堂乃至中国近代军事教育发展沿革、教学和管理制度进行整体考察，也是本文的主题之一。

一、天津水师学堂的教职设置

天津水师学堂内设三个教学部门，即驾驶学堂、管轮学堂和练船。驾驶学堂培养指挥军官，管轮学堂培养轮机军官。练船是上述二学堂学生完成理论课程后的海上实习场所。这三个教学部门是随着学校发展先后设立的。

1879冬，李鸿章仿效福建船政学堂，开始筹办天津水师学堂。次年8月6日，他正式行文，命天津道、津海关道和天津机器局道员许其光等人着手规划准备。19日，李鸿章奏请任命前船政大臣吴赞诚筹办水师学堂和练船，获得允准。吴赞诚在天津机器东局一带勘定地基，遴派局员，绘图估料，兴工建造，并草拟规章制度。不久，李鸿章将从英国格林尼次皇家海军学院留学回国的严宗光（后改名严复），从福州调来天津，参与学堂筹备。1881年5月，李鸿章因吴赞诚回籍养病，难期痊愈，另行任命福建船政局提调吴仲翔总办水师学堂和练船事宜。需要说明的是，此处所谈之水师学堂，均指驾驶学堂。

关于天津水师学堂，以往我们仅看到《万国公报》1881年3月19日所载《天津新设水师学堂章程》，大致知道其学制五年，第一批招收60名学生，依据成绩，分班教学。[6]对于学堂内部的教学安排、教员配置等方面情况则所知不详。《北洋纪事》中，存有该校1881年订立的《续定天津水师学堂章程》，对上述情况有所规定：

学生入堂试习三个月，分别去留后，即行第其资质进境，分作一、二、三班。第一班归洋文正教习课督，第二、三班归副教习二员分课。第一班遇礼拜一、礼拜四日，第二班遇礼拜二、礼拜五日，第三班遇礼拜三、礼拜六日，各以下午二点钟起至五点钟止，归汉文教习讲授经史。遇礼拜日，则三班学生全日统归汉文教习课督，上半日讲授，下半日命题作文……

学生入堂第一年，所习西学以语言文字为大宗，兼习浅近算学。第二、三年则以算学为要领，如几何、代数、平三角之类，均应指授。而中西海道、星辰部位等项，又在兼习之列。第四、五年，所造渐深，当授以弧三角、重学、微积、驾驶、御风、测量、躔晷诸法。若果诸生进境精锐，则帆缆、枪炮、水雷、轮机理要与格致、化学、台垒学中有关水师者，均可在堂先与训习，以资后来出洋肄业根柢。以上略举次第，应责成洋文正教习循序指授，以期日起有功。……

学生入堂半年后，春夏冬三季按季小考，由总办先期禀请派员会同考校，并请派熟谙水师西学委员会同洋文正教习校阅试卷，统核分数，酌拟甲乙，由监考官会同总办呈送中堂鉴定，列榜晓示。其秋季西学汉文分期大考，由总办呈请中堂定期亲临阅试，以重作养而示鼓励。……

> 学生初入学堂，隔日傍晚由二三班洋文教习带赴学堂外，仿外国水师操法，排列整齐，训演步伐，并令练习手足，藉壮筋力。三年后每日早晚仍由二三班教习训练枪炮。至第五年随同外国练船教习，早晚上学堂前样船学操帆缆诸事。五年期满后，洋文正教习会同各教习，将历年所授各学开列详单，并各生所造浅深、才器如何，按名出具考语，送由总办呈请中堂择期亲临，带同熟悉西学委员并外国水师官及所延外国练船教习详加考校。[7]

由此可知，天津水师学堂（驾驶学堂）教职设置极为精简，洋文正教习实际上是第一班英语暨各项西学基础课的授课老师，并有“课督”的责任。这种做法，出乎今人对近代西式学校按课程设置任课教师模式的意料，有点像传统私塾单一老师制的授读，然而却是早期军事学校的通行做法。

我们还可以举出旁证。1883 年，福建船政学堂聘请管轮洋教习师丢瓦任教，师丢瓦到职三月，提出辞职，理由之一，就是“该教习在外国食俸甚优，功课甚简，日前总理衙门咨由海部延聘之时，但云延教管轮。外国学堂章程，教管轮者，只教管轮，不教算学。教算学者，又另有教习专司其事，今（船政）后学堂学生，自语言文字算学一切，均归一人教课，繁劳异常，不能独任”。[8] 显然，天津水师学堂在教师课程安排上效仿了船政学堂的做法。有学者将洋文正教习直接理解为英语教员，不免望文生义之嫌。[9]

1881 年 12 月 3 日，吴仲翔向李鸿章建议增设管轮学堂，培养海军轮机军官。[10] 次年 4 月，天津机器局总办潘骏德等人在给李鸿章的报告中提到，本月 21 日接奉宪札，天津水雷学堂开办已经两年，效果不很明显，建议认真遴选，将其中资质学业略可造就者，提归水师学堂，照章分班肄习。接札后他们做了选拔学生的准备，还确定将水雷学堂校舍改为管轮学堂。[11] 李鸿章将报告批转给吴仲翔。5 月 10 日，吴仲翔向李报告，他已“督同洋文正教习认真考选”水雷学生。吴仲翔指出，“开堂伊迩，则执事各员不得不先期选派，以期委任得人。除汉文教习、文案、医生可勿庸设外，其洋文教习，原议以中国现乏管轮好手，先就水师人才选充，俾课语言文字及算学之属，俟一二年后再延洋师，则洋文教习正副二员此时所宜预派也。”他建议任命参将衔补用都司萨镇冰，或都司衔补用守备林颖启担任管轮学堂洋文正教习，后来李鸿章确认的人选为萨镇冰。[12]

根据《管轮学堂章程》，“水师（驾驶学堂）学生系分三班，第一班归洋文正教习课督，第二、三班归副教习二员分课。今管轮学堂所设洋文教习正副各只一员，学生人堂试习三个月，分别去留后，第其资质，分作两班，第一班归正教习课督，第二班归副教习课督”。“正教习设立各班日课簿，月底积计各生诸学分数多寡，列单送由总办呈报”，[13] 非常清楚地表明了管轮学堂洋文正教习同驾驶学堂洋文正教习是平行的教职，即两个专业第一班的“班主任”，各自向学堂总办负责。

后来，天津水师学堂筹备练船事宜，指派“威远”为练船，制定了《北洋水师练船章程》，通过严复向英国皇家海军学院联系招聘练船洋教习。《北洋水师练船章程》规定：

> 练船设洋教习四员，曰练船正教习，领袖全船，凡为兵船船主一切应知应能之事，号召部署攻战守御之方，驾驶积算御风应变之术，皆其所应课。曰枪炮教习，凡枪炮、水雷、鱼雷并随时新出军械理法原委及施放沈伏攻守避御诸事，皆其所应课。曰帆缆教习，凡御风操纵，临敌准备，升降攀跻，修治诸法，皆其所应课。曰测算教习，凡算法格致，天文风雨，测绘诸学及各国水战胜负之由，皆其所应课。……
>
> 练船应设公正廉明通晓水师之委员一人，以约束稽察在船员弁、学生、舵水人等，收发经理全船薪饷、应用物件，勾稽银钱款目。该委员系与练船正教习敌体，不相节制。现奉宪行以“威远”为练船，应否即以该船管驾充当委员之处，应候钧裁。……
>
> 练船正教习有调度全船之权，委员亦有管理全船之责。上而帆缆枪炮，下而轮机锅炉，咸属船中要件。正教习及委员均应随时详加稽察，督同执役人等，逐一如法部署，期臻妥善。……
>
> 练船系归水师统领及学堂总办节制。练船出洋巡历随在情形及洋教习所课何事，学生人等操作勤惰何若，委员均应随时详晰禀报水师统领及水师学堂总办，以便转禀中堂察核。
>
> 练船在津沽，归学堂总办照料；出海操巡，归水师统领调遣。[14]

《练船章程》同样证明，其所配置的四名洋教习，在校直接受学堂总办节制，出海受北洋水师统领调遣。在管理上，看不出设有“总教习”这样一个层级。

台湾学者包遵彭在 1969 年出版的《清季海军教育史》和 1970 年出版的《中国海军史》中，刊布民国海军部旧档“军学类编译第 361 号卷”，李照恒等人辑《天津水师学堂事略稿》，说该校驾驶学堂“设总办一员、监督一员、正教习一员、副教习无定数、文案一员、操教习一员、司事一员、汉文教习一员、医官一员、书识二名、洋号手一名、洋鼓手一名”。管轮学堂“设总办一员（驾驶学堂总办兼理）、监督一员、正教习一员、副教习无定数、司事一员、其余均由驾驶学堂兼理”。在人员设置上与《北洋纪事》所存各项公文的记录基本一致。[15]

通过上述史料，我们可以清楚地了解到天津水师学堂的组织架构，也不难得出明确结论：第一，天津水师学堂成立后，并未设置跨越驾驶、管轮学堂之上，被人想象为教务长的“总教习”职务；第二，驾驶、管轮学堂洋文正教习其实就是“班主任”，除教授英文外，还讲授各项西学基础课程。

二、严复是天津水师学堂驾驶学堂洋文正教习

严复在天津水师学堂成立后所担任的职务，是驾驶学堂洋文正教习，这在《北洋纪事》所录公文中，存有大量记录。

1882年4月，天津机器局总办潘骏德等人报告李鸿章，天津水雷学堂办学效果不很明显，“实由教习未得其人”。“水师学堂正教习严宗光精习西学，于测算格致具有根柢，应令该员就近赴水雷学堂，会同原管各道逐加考校，认真遴选，将其中资质学业略可造就者，提归水师学堂，照章分班肄习”。他们“拟请行知水师学堂吴道、正教习严宗光择日提选”，[16]吴仲翔也报告说，接到批札后，“职道即督同洋文正教习认真考选，拟拔其尤者令充水师学生，次者即留备管轮之选，又其次者商酌位置，或遣归水雷营”[17]。

1884年11月9日，吴仲翔、罗丰禄报告李鸿章：

> 驾驶一班学生堂课既毕，堪上练船，应及时大考……，所有试卷，卑职丰禄会同洋文正教习严都司宗光详加校阅……。卑职丰禄将此次所考驾驶一班学生试卷核定分数，酌拟甲乙及奖赏银数，并据洋文正教习严宗光照定章程，将各生所造浅深，才器如何，按名出具考语，呈送前来。[18]

在报告中，吴仲翔、罗丰禄对严复的教学工作和伍光鉴等30名学生的学习成绩给予高度评价，所以李鸿章同年12月21日上奏“水师学堂著有成效请援案奖励”。马自毅发现，这个文件被收入《李文忠公全书·奏稿》卷52时，改称“水师学堂请奖折”，但所附拟保人员的详细名单没有收入。她从中国第一历史档案

馆所藏军机处录副档中，找到了为严复请奖的原文：

参将衔留闽尽先补用都司严宗光，由闽厂出洋肄业，学成回国，派充该学堂洋文正教习，参酌闽厂及英国格林书院课程，教导诸生，造诣精进，洵属异常出力，拟请以游击补用，并赏加副将衔。[19]

我在军机处录副档所存请奖名单中，还查到以下教职员：洋文教习曹廉正、王凤喈、陈燕年，洋枪教习卞长胜，汉文教习董元度、郑筹、顾敦彝、陈壎、林学瑨、陈锡瓒，文牍甘联洁，司事顾衍贵，官医柳安庆等。[20] 每人的教职都记录得非常清晰。

录副档所存李鸿章奏折的末尾，还有一道上谕："光绪十年十一月初八日（1884 年 12 月 24 日）军机大臣奉旨：严宗光等均著照所请奖励，该衙门知道，单并发，钦此"[21]。这道上谕，连同前引李鸿章请奖折，被《清实录》编者概括整理，记录为"以天津水师学堂办有成效，予教习都司严宗光、游击卞长胜，学生伍光鉴、王学廉等奖叙有差"。[22]《清实录》中提到"教习都司"是种简略的说法，其他各位教习也未一一列出，但没有"总教习"，则是毋庸置疑的。

此后，严复继续在天津水师学堂担任洋文正教习。从时间上看，《北洋纪事》中所收涉及严复担任此职最晚的文件，为《光绪十三年十月二十九日（1887 年 12 月 13 日）水师学堂吕耀斗会同沈保靖、罗丰禄详北洋大臣李》，这份报告说：

驾驶一班学生堂课毕业，照章应行大考……，十五日蒙宪节莅堂考校，诸生面聆启发，感奋逾恒。所有试卷复经职道丰禄会同洋文正教习严游击宗光、副教习麦赖斯等详加校阅……。英国领事璧利南素轻中国水师学生，此次考后，经职道丰禄示以题纸，彼亦推为仅见。良由正教习严游击专讲水师算学二十余年，其奥窔曲折一一周知。[23]

从《北洋纪事》所收公文内容看，其对严复担任水师学堂洋文正教习的记录是连贯有序的，也是可靠的；与中国第一历史档案馆所存军机处档案，可以相互印证。这也正是笔者提出"直到 1887 年底，我们从文献上看到严复仍然只是天津水师学堂洋文正教习"观点的依据。至于他究竟何时不再担任洋文正教习，以及是否担任过学堂"总教习"，在水师学堂文件及李鸿章的奏折公文中，迄今尚未找到记载。

马自毅考证，关于严复在天津水师学堂任职总教习的说法，最早来源于池仲祐 1917 年在《海军大事记》中做的记载："（光绪）六年庚辰，天津设立水师学堂，以严复为总教习。"其后，严复儿子严璩撰《侯官严先生年谱》，又将这个说法细化，称作"庚辰（1880），府君二十八岁。直督李文忠公经营北洋海军，特调府君至津，以为水师学堂总教习，盖即今教务长也。"再以后，王蘧常《严几道年谱》，以及其他研究者普遍采用了严璩的说法。

马自毅还说，"从目前已刊各种严复本人的论著看，没有任何自称'光绪六年担任（或者"曾任"）北洋水师学堂总教习'的文字。"[24] 这个说法并不准确。查严复在 1898 年戊戌变法期间被光绪帝召见时所呈履历，就出现过光绪"六年十月调派天津水师学堂洋文总教习"这样一个奇特的职务称谓。[25]

1889 年 12 月 1 日（光绪十五年十一月初九日），前出使英国大臣郭嵩焘在日记中称："接严又陵……信，严又陵现充天津水师学堂事宜总教习，保举知府。"[26] 这是同时代人唯一的记录。我们仔细辨析，不难发现，无论提到"洋文总教习"的履历，还是郭嵩焘在日记中的记录，其实都来源于严复自谓，尚未找到官方文件佐证。而北洋存档证明，他自称光绪六年十月担任天津水师学堂洋文总教习，显然是不准确的。由于水师学堂是个新设机构，教习更非经制官员，教职称谓，当时或许不太重要，但今天却成了学术界的疑惑。究竟为何出现"总教习"提法，我们依然只能存疑。至于有学者说"总教习"就是"洋文正教习"，恐怕没有确凿的材料依据。

还需指出，在早期新式学校中，同文馆设有总教习，由西人丁韪良担任，职责类似"教务长"。[27] 福建船政学堂起先没有"总教习"，1887 年起开始有这个提法，从其性质看，有点像"班主任"。[28] 档案史料中最早出现"天津水师学堂总教习"的提法，是李鸿章 1887 报销北洋海防经费（光绪七年正月至光绪八年十二月两个财年）的奏折，其中提到"水师学堂总教习洋员高文薪水、川资银一万八百三十八两七钱九分"。[29] 这个高文后来未见记载，其承担的"总教习"究竟分管何项工作，也不清楚。而这些形形色色的"总教习"有一个共同点——都是洋人。

三、严复出任水师学堂会办的时间

在天津水师学堂，严复从一开始就是沿着武职的品级逐步升迁的，走的是武职发展路线。1884年底，他因李鸿章保举，获得补用游击，并赏加副将衔。但当时官场发展，重科举正途出身，严复本人尤其在乎，遂于1885年捐了监生，并于当年参加乡试，不第。此后，他于1887、1888年又两入秋闱，均失败而归。1888年10月，他报捐同知、双月选用。1889年初，因在水师学堂出力，经海军衙门保奏，请免选本班，以知府不论双单月选用，奉懿旨依议。[30] 从此严复获得候选知府的文官头衔，不再使用"都司""游击"等武职官阶。

天津水师学堂的管理职位为总办和会办。前文提到，前两任的总办是曾任福建船政大臣的吴赞诚和曾任福建船政提调的吴仲翔。在吴仲翔任职后期，李鸿章将福建船政提调吕耀斗调来充任会办。1886年，吴仲翔离任，吕耀斗继任总办。台湾学者王家俭教授注意到，水师学堂"会办一职并不常置"，[31] 吕耀斗任总办后，会办一职就出现了好几年的空缺。

严璩《严谱》载，严复1889年担任天津水师学堂会办。孙应祥认为严复是在光绪十五年十月（1889年11月）以后被任命为会办的。[32] 马自毅则说，严复在光绪十五年秋天担任天津水师学堂总教习。她认为，"至少在光绪十八年前后，严复仍未被授以实官"。[33]

马、孙的看法，其实依据均来自前引郭嵩焘所记光绪十五年十一月初九日收严复信，得知他"现充天津水师学堂事宜总教习，保举知府"。只是马自毅不采信《严谱》所称严复本年就任会办之说，她表示"未见任何相关史料，不知何据"，她推断严复是在此年秋天郭嵩焘收信前的某个日子出任总教习。孙应祥对严复这一时期任职的记载，主要依靠《严谱》。为了协调同年之内严璩记载与郭嵩焘记载的矛盾，他将严复出任会办的时间，放到郭氏收信之后。

其实，严复本年出任学堂会办也是有史料记载的。按照严复1898年奉旨召见时所呈履历，他于光绪"十五年二月奉委会办天津水师学堂事宜"，[34] 这与《严谱》在年份上恰好一致，但与孙应祥的考证在月份上有差异。按说会办是水师学堂第二号人物，严复履历对此记载应当是严谨的。而且严复获得保举知府，是光绪十四年十二月之事，严复写信给郭氏谈及自己的任职情况，并不一定就是任职当时，完全可能是对既成事实的一般性陈说而已。

但严复二月出任会办似乎也有疑点。这年五月初八日水师学堂总办吕耀斗与罗丰禄就管轮学堂学生毕业给李鸿章的报告，题署“光绪十五年五月初八日水师学堂吕耀斗会同罗丰禄详北洋大臣李”，严复没有同吕耀斗并列列名[35]，似乎还不像是会办。

同年11月11日，严复母亲去世，他回福建奔丧。1890年5月30日，严复乘“海晏”轮返回天津。接着，严复与总办吕耀斗的名字在学堂公文的标题上出现了并列：

> 光绪十六年六月初四日水师学堂吕耀斗、严复会同罗丰禄详北洋大臣：驾驶第三届学生堂课毕业，照章应行大考。经职道耀斗、卑府复详请宪台定期亲临阅试……奉宪台批：“本大臣定于五月初一日亲临阅试，并饬水师营务处罗道于前七日邀同外国水师兵官分日会同认真考校……”
>
> 职道丰禄遵于四月二十二日起赴堂，会同职道耀斗、卑府复调集驾驶一班学生刘秉镛等十九名，分日试以天文积算……[36]

此后，吕、严的名字在水师学堂公文标题上均为并列，如“光绪十八年四月十七日水师学堂吕耀斗、严复会同罗丰禄详北洋大臣李”“光绪十八年十一月二十九日水师学堂吕耀斗、严复会同罗丰禄详北洋大臣李”。[37]

按清制，官员丁忧时可执掌书院教席。官办新式学堂教员，也无须守制三年。但学堂负责人的任命亦不会在他回家料理丧事期间发表。笔者推测，似应在其请假离津前已经下达更为合理，即在1889年11月前严复已获会办的任命。这与《严谱》及严复履历单在年份上是一致的，与他返回天津后给四弟严传安的家信中说的“学堂公事山积，吕道皆推俟兄到津时措办。体怠事繁，然无可推诿也”的说法也可互证。[38]

1891年10月8日，李鸿章在“办理海军请奖折”所附清单中提到：“直隶试用道吕耀斗拟请归候补班前补用”，“候补知府马复恒、鲍兰徵、严复均拟请免选本班，以道员不论双单月遇缺前先选用”。[39] 从此，严复获得候选道的官衔。

四、严复出任水师学堂总办的时间

严璩《严谱》称，严复于1890年由“直督李公派为总办水师学堂”，[40] 现在这已成为各种严复传记的通行说法，但同样值得质疑。

首先，天津水师学堂总办吕耀斗直到1893年夏季一直在任。李鸿章1893年8月25日与庆郡王奕劻通信，讨论昆明湖水操学堂学生来天津考试事宜时，提到"当即遴委熟谙西学之罗道会同水师学堂吕道、严道认真考校"。[41] 显然，严复此时不可能担任学堂总办。

其次，1890年严复的官衔是候补知府，还没有升到候选道，做总办资格不够。曾经读过江南水师学堂的周作人说："无论军事或非军事的学堂，向来做总办的人总是候补道。"[42] 此话虽无明文规定可查，却是当时的实情。

最后，在严复履历单中，记载他于光绪"十九年十一月（1893年11月至1894年1月）委办天津水师学堂"[43]。这是关于他担任水师学堂总办的最重要记载。

严复虽从小受西学教育，却是个功名心很强的人，是以他有"四十不官拥皋比，男儿怀抱谁人知？""当年误习旁行书，举世相视如髦蛮"的怨辞。[44] 水师学堂缓慢的升迁之路，使他颇不愉快。在他前面，总办吕耀斗挡住他晋升的道路。

吕耀斗，字庭芷，号定子，江苏阳湖人。1828年（道光八年）生，1846年18岁中举人，1850年22岁中道光庚戌科进士，与徐桐、王凯泰、袁保恒、俞樾、吴可读为同年，此时距严复出生，尚前四年，可见科名极早。1886年，吕耀斗进京交内阁验看后，被李鸿章调至北洋。旋任天津水师学堂总办。吕耀斗虽无新式海军背景，但资历老，与吴仲翔一样，做过福建船政提调，[45] 熟谙官场世故的李鸿章不会将其随意摆放。可他在水师学堂仕途蹭蹬，一干竟是七年。时人说他"剑佩奋发，胸有甲兵，然亦用而不尽用，坦然处之。而慷慨之气，终欲为康乂民物，偿其夙志，出入军中，逡巡有年"。[46] 天津的英文报纸《中国时报》曾说，吕耀斗是位翰林，"学识渊博，和蔼可亲。在他管理下，当地人和外国人十分和谐融洽，没有摩擦"。外国人撰写的评论认为：水师学堂的"成功来自于诚恳的工作，不搞阴谋诡计。而这个国家很多有用的机构，正是被各种阴谋伎俩，搞得一塌糊涂"。[47] 这里或许多少有一些对吕氏的赞誉。

水师学堂总办或会办，都是差使而非实缺。欲使"用而不尽用"的吕耀斗让位严复，要么放实缺，要么平调差使。从操作上讲，两者都要等待机遇。即便平调差使，对吕耀斗这种老资格的官员来说，也要谨慎考虑他本人的感受和官场内部复杂的人脉关系，其中道理，古今皆然。可惜今日学者对于这种细微之处很少悉心体察，常为严复晋升缓慢而抱屈，认为他专学海军，谙熟西学，满怀爱国思想，不会奔走夤缘，与北洋官场格格不入，所以不被重用。其实，严复既然放弃武职，改为文职序列，又不是科举正途出身，晋升困难当在意料之中。吕耀斗和其他候补道要在狭窄的仕途上漫长地等待，严复也只能跟随等待，这是官场的规则和程序，不会因严复一人而异。

1894 年 12 月 2 日，李鸿章奏称：

> 天津道方恭钊由湖北荆宜施道调补今职，前后接算，历俸已满六年。经部调取引见，自应委员接署，以便交卸，给咨赴部。所有天津道篆务，查有二品顶戴军机处存记候补道吕耀斗，品学纯粹，资劳甚深，堪委署理，仍兼办绥巩支应局事务。除檄饬遵照外，理合附片具奏。[48]

此时，吕耀斗的身份是候补道，兼办绥巩支应局事务，已为严复腾出水师学堂总办的位置，转管绥巩军事务了。这与严复履历中所称在光绪十九年十一月委办天津水师学堂的说法可以相互印证。严复担任水师学堂总办，是获委重要职务，与洋文正教习不可同日而语，其任职时间与撰写履历的 1898 年也很接近，故我确认这条记录是可信的，这一年严复刚好 40 岁。

五、如何评价严复在水师学堂的工作

严复自英国留学回国后在天津水师学堂教学，前后凡 20 年，对学堂建设和学生培养做出的贡献是不可否认的。由于史料的缺乏，后人对严复在这个时期实际的工作状况所知甚少。

严璩曾说，天津水师学堂"以吴观察仲翔为总办。是时，府君仅积资保至都司武阶。当日官场习惯，不得不以一道员为一局所之长，而该学堂之组织及教授法，实由府君一人主之"。[49] 通过考证，可知严复其实并不是"总教习"，而天津水师学堂由单一教习讲授全部西学基础课程的做法，使我们不难从另一个角度来领会严璩所谓"学堂之组织及教授法，实由府君一人主之"的真实含义。但把这话被解释成"事实上他却担负了总办（校长）的责任"[50]，则是言过其实。

严复一直被认为基础课程学得很好，可以作为教员培养使用。他的教学情况究竟如何呢？至少留美幼童梁诚（后来担任驻美公使）对他上的数学课就有批评。梁诚是当时极少数既受过正规外国中学教育，又听过严复本人上课的学生，有很好的比较能力。他的记录，是值得参考的。[51]

1884 年秋天，天津水师学堂第一班学生毕业。吴仲翔、罗丰禄、严复于 10 月

30日至11月4日对学生进行全面考试。其中4日还邀请英国助理领事霍伍德和俄国炮舰舰长史塔克一同检查。7日，李鸿章本人也到校面试。吴仲翔、罗丰禄在给李鸿章的报告中称：

> 卑职丰禄查英国水师章程，学生届上练船，考试题目除他国语言文字外，计仅算法、代数、几何三项，所考分数以得三分之一者为中选。上船之后方习三角、驾驶、天文、重学诸书。今天津水师学堂一班学生三十名，本届大考题目，除英国语言文字外，于算学、代数、几何、平弧三角、驾驶积算、推步阐理、重学、地舆均已受课，而所得分数过半者多。上船后，只须专习枪炮、帆缆，便堪器使。如令出洋续习，益求精密，则根柢既深，端绪易引。……从前闽厂洋教习初入中国，惮其繁难，在堂未课。严教习知其用广法良，不厌讲解，阅诸试卷，于重测一法，推步多能如式。夫天文算学不难于布筹而难于立表，不难于墨守成规而难于推阐理数。从前洋教习期诸生之速化，用前人之成书，但课检寻，未探奥窔，递乘级数多付阙如。严教习踵格林之规模，授立表之算法，虽朱仁杰之《四元玉鉴》，李治之《测圜海镜》，算家所惮为艰深者，无难迎刃而解。故其阐理一项，多为卑职丰禄从前所未习，出其题纸以示俄国水师兵官，诧其精审，疑为英国算家所出……。今各省西学学堂，教习多属洋员，而天津水师学堂专用华员，自非选材严密，课导认真，学生造诣断难若此。卑职丰禄身为学生，于西学甘苦尚知一二，叠承宪恩，委考学堂，不敢阿好溢誉，亦不敢避嫌缄然，仅就识知所及，据实直陈。职道仲翔查自开堂以来，时阅三载有奇。学生叠经淘汰，驾驶一班仅得此数。仰荷宪台逾格甄培，在堂教习各员咸能勤于约束课导，诸生亦知奋勉用功。兹际毕业，察诸生所造，虽材质不无高下，未能一律精深，然以配上练船，酌派出洋，尚均具有根柢。经会同卑职丰禄，将此次所考驾驶一班学生试卷核定分数，酌拟甲乙及奖赏银数，并据洋文正教习严宗光照定章将各生所造深浅，才器如何，按名出具考语，呈送前来，谨分别开列册折，并各项题目试卷，统呈钧定，俯赐填榜，并试卷札发，实为公便。[52]

以上考核业绩，便是前述李鸿章所上“水师学堂请奖折”之由来，亦是严复获得以游击补用，并赏加副将衔的晋升依据。李鸿章说：“今年春秋两季，经臣饬派委员罗丰禄邀同英俄两国水师兵官到堂会考，该兵官等佥谓，欧洲水师学堂所留以俟上练船后指授之学，此堂均已先时预课。罗丰禄亦谓堂中所授繁难诸学，多为从前闽厂驾驶学堂洋教习所未及课。”[53] 人们据此相信学堂办学成绩斐然。

问题在于教学质量究竟如何？洋人的看法似乎有所不同。英国外交部档案中，保存有英国驻天津助理领事霍伍德参加本次考试后撰写的观察报告。霍伍德写道：

> 这场考试给我的印象是，老师颇具耐心，学生无疑也付出了辛勤的努力。校方告诉我，（学堂章程）第三条规定本校为五年学制，参加考试的学生已经学了三年半。他们熟练地掌握了英语，足以用原版教材学习英语语言和文学、地理、几何、三角、静力学和动力学、航海理论与实践等课程。他们用英文工整写就的答卷堆积如山，但整套体制的实际成效甚小。一个已经通过理论考试并将登上练船的学生连下列简单问题都给不出令人满意的答案：航海主要使用什么仪器？什么是船的风压差？这让旁观者不由想到，三年间的教育花费被浪费掉了。数百年来停滞不前的中国人的头脑，不适合学习西方的科学知识。

霍伍德还说：

> 最好的前三十名海军学生被逐一叫来，由严先生和罗丰禄先生面试。顺便指出，这二位似乎对航海的理论和实际知识驾轻就熟，无所不知。前十二名学生的回答很有才智，但随后学生的答题水平开始下降，有些学生居然不知道球的截面会形成一个圆。同样令人奇怪的是，竟有那么多学生坚持认为经纬仪是航海中使用的主要仪器之一。

霍伍德认为，午饭后在操场上的队列操练显然好于上午的考试。不过他说，这种行进中手臂在身前摇摆的操练，毕竟是非军事的把戏。[54]

霍伍德对严复的评价是正面的，但他批评了学生的学习效果。依据经验，区区三年半时间，要把毫无西学根底的学生，通过对英语、数学、物理课程的速成教育，达到初、高中水平，显然极为困难。同样，对严复本人来说，从做学生到做教师，也有适应和提高的过程。诚如王家俭先生指出，“以我国当时的教育体制及科学技术，当其创建初期，诸多均难达到理想，自为意中之事”，[55] 但教学成果是否有浮夸报功的成分，后人在研究时也须细辨。

1886 年 11 月，李鸿章前往天津水师学堂，视察季度考试。根据《中国时报》报导，他考察了学生的中英文各科目的教学。严复执教的驾驶学堂获得很高评价。数学考试采用英国皇家海军学院对海军上尉的试卷，参试者除一两人外，均获通过。40% 的学生表现优秀。[56]

1887 年秋天，驾驶学堂第二届学生即将毕业，《中国时报》跟踪报道了季考情况。考试科目包括代数、三角、航海术和理论航海天文学等。题目仍由严复选自皇家海军学院，有的问题要花费 3 ～ 6 小时才能答完，难度相当高。但考试结果，多数人成绩达到标准之上。各课平均分，分别为 55、53、50、51 分，去除一两个因病假而表现不佳者，则平均分数为 60、56、53、54。在 20 名学生中，有八人的分数在 80 分以上。此外，立体几何及几何学锥线法，平均成绩为 46 分，其中四人成绩超过 75 分。静力学平均成绩为 34 分。航海天文实践课，学生反映难度较大，平均成绩为 48.4 分，有两份卷子达到皇家海军学院的荣誉标准，一人满分，另有三人在 80 分以上。测绘学平均成绩均在 60 分以上。[57]

从 11 月 21 日起，吕耀斗、罗丰禄及前福建布政使沈保靖，开始对学生进行毕业大考。25 日，英国海军军官马图林、法国海军军官马罗勒，大副赍璧尼勒、随员达杩也应邀参加考试。考试科目包括英语、算术、地理、代数、平弧三角、物理、化学、力学、驾驶等 15 项。29 日，李鸿章亲临水师学堂阅视。洋文正教习严复、副教习麦赖斯也参加了考试。吕耀斗等人事后撰写的报告称：

> 职道丰禄查英国海部章程内载，凡副勒夫脱难（按即 lieutenant，海军上尉）在格林书院（即格林尼次皇家海军学院）学成，大考题目除他国语言文字外，计代数、几何、三角算法、重学、格致、驾驶、天文测量仪器等若干项，分数得六分之一者为中选。今驾驶一班学生入堂前后仅四年有余，已将英国海军副勒夫脱难应知之学一律毕业，且多习割锥、化学、流质重学、动重学、鱼雷五项。本届考试，除英国语言文字、算学、化学、格致四项及割锥等五项由职道丰禄会同正教习严游击等命题外，其余系试以英国格林书院题纸。统计全班中得分过四分之三者六人，四分之二者十人，其余亦皆在三分之一之上。英国水师兵官马图林等共叹学生造诣之精纯，称为意料所不及。英国领事璧利南素轻中国水师学生，此次考后，经职道丰禄示以题纸，彼亦推为仅见，良由正教习严游击专讲水师算学二十余年，其奥窔曲折一一周知，学生中时有不能领悟，一经口授指画，无不融会贯通。副教习麦赖斯长于推算，诸生每日

受课后，复经发难相稽，令其布算，以期心灵手敏，诸生获益更多。故本届考试代数、三角、驾驶等，设题多至十数问，限两三点钟交卷，从无草率不完之弊。从此派上练船，只须历练风涛，专习枪炮帆缆，印证所学，便成水师全材。英国水师兵官马图林等所称似无过誉。职道耀斗查自光绪十年上届一班学生毕业，经将二三班学生冯琦等升并一班，交正教习严游击授课，不惮繁难，苦心启牖，时阅三载，日起有功。上年复添洋教习麦赖斯入堂，功课认真，和衷商榷，诸生等咸能仰体宪台作养德意，无不恪循绳范，奋勉图成。兹际毕业之期，详加考校，虽造诣不无优绌，未能一律精深，然以配上练船，酌派出洋，尚均具有根柢。[58]

从以上吕耀斗的报告，参考《中国时报》的报道，可知学校教学确实在不断进步，这里面就有严复的不懈努力。

1888年春，管轮学堂第一届学生毕业上练船实习。李鸿章派罗丰禄并邀请法国海军工程师福利士到校考核。查阅吕、罗事后递交给李鸿章的报告，以及福利士给李鸿章的单独报告，均未提及严复的教学或教学管理，提到的教员为正洋教习霍克尔和副教习希耳顺。[59]霍克尔、希耳顺均为严复1883年与英国皇家海军学院总教习蓝博德联系后，由该校推荐派送来华任教的。[60]同样，1889年春，第二届管轮学堂学生毕业，吕、罗递交给李鸿章的报告，1892年第三届管轮学堂学生毕业，吕、严、罗递交给李鸿章的报告，也都没有提及严复。而1890年第三届驾驶学堂学生的毕业考试报告，则指出严复和洋教习麦赖斯“互相课授，指示奥窔，不敢惮烦”。[61]1892年秋，第四届驾驶学堂学生毕业，严复已是学堂会办，他和吕耀斗、罗丰禄联名提交给李鸿章的报告中，不再细谈教学功绩了。

六、关于李鸿章与严复的关系

严复是李鸿章亲自点名从福建调来天津的。1880年3月28日，李鸿章在给船政大臣黎兆棠的信中表示：“此间逐渐购置新船，管驾头目暂取资于闽厂，既虑人才有限，而水手等亦募南人，尤恐人地不习。故拟仿设水师练船学堂为造就之基。创办伊始，师徒均少。丹崖星使迭函严宗光堪充教习，闽人多引重之。夏间学生出洋后，允饬赴津，感盼之至！”[62]8月下旬，严复到达天津，拜谒李鸿章，从此开始他的北洋生涯。李鸿章对严复的到来十分重视，他写信告诉吴赞诚：“顷该生来署禀谒，嘱于明日趋谒台端。见在学堂甫经动工，应否留局暂住，讨论一切？”[63] 此后李严关系并不热络，原因不详。严复在家信中说：“用吾弟之言，多见此老果然即有好处，大奇大奇”，[64] 常被传记作者演绎为严复走了李鸿章的门路，由此在 1890 年获任学堂总办。[65] 本文的考证说明，严复该年其实并未获任总办，那些后人编造的官场故事自然也不成立。在这封没头没尾的抄件中，“此老”究竟是谁，本来没有解释，将其附会为李鸿章，既不严肃，也不可靠。

严复有做官从政的抱负，在北洋却没能实现，在存世的一些文字中流露出怀才不遇的孤独。这一时期保留下来的有关严复人际关系的资料很少，尤其是李鸿章对严复的评论，1880 年后就不再看到。陈宝琛在严复的墓志铭中说：

> 君慨夫朝野玩愒，而日本同学归者皆用事图强，径翦琉球，则大戚。常语人，不三十年藩属且尽，缳我如老牸牛耳！闻者弗省，文忠亦患其激烈，不之近也。法越事败，文忠为德璀琳辈所绐，皇遽定约，惎言者摘发，疑忌及君，君亦愤而自疏。及文忠大治海军，以君总办学堂，不预机要，奉职而已。[66]

这段话，以往被研究者普遍引用，据此认定严复思想过于激烈，使得李鸿章与他疏远，把李严关系简单图解为爱国观念之争。在笔者看来，陈宝琛的记录可质疑之处有三：一是严复固然狂放，但上述言论从当时语境来研判，并不过分。二是德璀琳事件即 1884 年 5 月李鸿章与法国代表福禄诺谈判，消息泄露，与严并无关系，严复恰是在 1884 年底，获得第一次保举。三是把这次怀疑造成两人的疏远延伸至后来严复出任总办，竟不获参与机要，更是言过其实。说到底，天津水师学堂这样一个学校，又有多少机要呢？我们大可不必在严复担任教习的时候，非说他实际上担任总办的责任，而做到总办之后，又说他不预机要。

当然，也可以把“不预机要”放到更大的概念中去理解，即严复在北洋只是从事教育，没有成为李鸿章的幕僚。天津水师学堂规模并不宏大，前后共培养了 6 届 120 名驾驶专业学生，其中严复亲自授课的一至三届，计 69 人。此外还有六届 85 名管轮专业学生。[67] 严复在校 20 余年，先在吴赞诚、吴仲翔、吕耀斗领导下做教学工作，后来全面主持校务。李鸿章对严复的使用上并不存在歧视，比如劝他戒鸦片烟，比如允许他参加科举考试。在官职上能够关照的，也都关照到了。以当年一同派往欧洲留学的马建忠、陈季同、罗丰禄三人来进行比较，马建忠早先随传教士学习外语，出国前已入李鸿章幕府。他以郎中资格，作为留学生监督李凤苞的随员，与海军留学生一起出国，在法国留学国际法。回国后仍留北洋办理洋务，后来担任过轮船招商局会办和上海机器织布局总办，官衔是道员。陈季同是福建船政前学堂第一届学生，海军留学生出国时，他是李凤苞的文案。在法国，他也专攻国际法。后来随李凤苞转入驻德、驻法使馆，升为参赞。陈的官衔级别走武职，一路升至副将、总兵、提督之类虚职，但换成文职，同样不超过道员。更有可比性的是罗丰禄，罗与严复均是船政后学堂同学。1878 年在英留学时，即捐主事，还有“船政大臣吴赞诚派带出洋肄业学生前赴英法德各国襄办肄业局事宜”的名分，做过李凤苞的翻译。1881 年，罗丰禄被李鸿章调赴天津，派办北洋水师营务处，兼办洋务，并担任李鸿章的英文秘书。同年因出洋学生学成回华案内，以直隶州知州分省补用，并加四品衔。1885 年因出洋肄业暨天津招募学生学业有成及中西教习出力人员请奖案内，奏保以知府分省补用，又以历年防务出力案内奏保以道员分省补用。1893 年经李鸿章奏保以关道记名简放。[68] 罗丰禄出国前、毕业后的职务始终在严复之上，1885 年获候补道员时，严复为游击，赏加副将衔。同年严复捐监生，改走文职路线，虽四次乡试未售，依然在六年里追成候补道，全部功绩是在水师学堂教书而已。严复没能如罗丰禄那样，“凡以调外交、策战守，……无所不咨”，[69] 跨入北洋决策的核心圈子，他私下对罗丰禄略有不悦，声称“李中堂处洋务，为罗稷臣垄断已尽，绝无可图”。[70] 但就海军教育的本职而言，后人并不能举出他受到李鸿章排挤的具体事例。

严复在天津水师学堂任职阶段，是他思想和学术日臻成熟的时期。在搞清楚他的任职情况之后，进一步摸清他的工作状态和在北洋官场的处境，对于正确把握他的思想脉络发展轨迹具有积极意义。笔者认为，历史人物研究的深化，需要发掘新鲜史料，开拓观察角度，把人物放回他当时生存的环境中去考察，从而得出可靠的结论。不能仅凭孤立的几条材料，就串缀概念，过度发挥。严复在天津水师学堂任职，洋文正教习、会办、总办三个职务，不能算是什么大题目，近百年来，却一直没有弄清楚，其中不少迷惑还是严复自己布下的，使得史学界研究严复的学者都走了弯路。戊戌前后，严复因翻译西学名著享誉天下，以此推论他先前在水师学堂的表现，推论他和李鸿章的关系，尤其需要谨慎。事实上，研究这一时期李严关系，我们所缺乏的，不是想象力，而是过硬的原始材料。

原载《历史研究》2008 年第 3 期

注释

1 姜鸣:《龙旗飘扬的舰队——中国近代海军兴衰史》(2002年生活·读书·新知三联书店，增订本)，第148、162页。

2 孙应祥在最新出版的《严复年谱》(福建人民出版社，2003年)中认为，严复在1880年8月27日报到之日即获任天津水师学堂总教习。在述及1881 ~ 1888年间严氏职务时，均称“天津水师学堂总教习”，重复共达9次。直到1889年11月，“被李鸿章任命为天津水师学堂会办(相当于副校长)。”参见该书第49页。另见皮后锋:《严复大传》，福建人民出版社，2003年，第67页。

3 马自毅:“‘总教习’还是‘洋文正教习’——严复任职北洋水师学堂期间若干史实考证”，《历史研究》2004年第2期，第68 ~ 84页。马自毅撰写此文时，似未看到拙著《龙旗飘扬的舰队——中国近代海军兴衰史》(增订本)中的相关研究，但总体上与笔者观点一致。她通过公布军机处录副档所存光绪十年十一月初五日李鸿章奏折和初八日上谕的原文，得出严复光绪六年(1880)在北洋水师学堂担任的职务是“洋文正教习”，而非“总教习”。只是整个考证引用的关键史料仅此一条，似嫌不足。马文发表后，史春林发表“严复任职北洋水师学堂期间若干史实再考证——兼与马自毅先生商榷”(《福建论坛》2005年第3期)，指出严复是“洋文正教习”而非“总教习”的观点是姜鸣首先提出的，但同时又称“严复只是洋文正教习不合常理”的质疑。稍后马自毅再发表“历史研究以‘史料’还是以‘常理’为据——与史春林先生商榷”(《福建论坛》2006年第1期)，与史春林展开进一步的讨论。

4 黄克武:“走向翻译之路:北洋水师学堂时期的严复”，《中央研究院近代史研究所集刊》第49期，2005年9月，第1 ~ 40页。黄克武注意到了笔者的观点，但是，他认为“总教习”是指驾驶学堂洋文总教习，亦称为“正教习”或“洋文正教习”，但并未提供确凿的依据。此外，2006年10月，福建师范大学严复研究所、中国社会科学院近代史研究所等八单位发起召开的“纪念严复逝世八十五周年国际学术研讨会”，会议认为，围绕“正教习”与“总教习”的考订，以及由“会办”到“总办”的升迁过程的讨论观点，发前所未发。但“正教习”等同于“总教习”的说法，似可进一步探讨。参见林平汉:《纪念严复逝世85周年国际学术研讨会综述》，2006-12-18，http://jds.cass.cn/Article/20061218215028.asp。

5 上海图书馆《北洋纪事》抄本，上海图书馆藏，登记号码:428627。

6 《天津新设水师学堂章程》,《万国公报》第361卷。

7 《续定天津水师学堂章程》,《北洋纪事》第十本《水师学堂》，无页码，下同。按，着重号为笔者所加。

8 “光绪九年十一月初六日船政大臣张梦元咨总理各国事务衙门”,《海防档》乙,《福州船厂》(三)，台北:“中研院”近代史研究所，1959年，第998页。

9 如皮后锋说:“姜鸣先生据《北洋纪事》(第十本)称:直到1887年底，严复在北洋水师学堂的职务只是驾驶学堂‘洋文正教习’，而非总教习。笔者未见过《北洋纪事》这一资料，但怀疑其有关严复职务的记载有违常理。严复是清政府重点培养的海军专才，他的海军专业知识在当时无疑是稀缺资源，李鸿章将他挖到北洋，也正是看中其海军专业素养。如仅分派严复负责北洋水师学堂的外语教学，显然用违其长。北洋水师学堂如仅缺乏外语师资，从北京同文馆和上海江南制造总局就能选聘到这样的人才，而不必一定要远调在福州的严复。”见皮后锋:《严复大传》，第67页。同样史春林亦未据有可靠史料，却认为洋文正教习“不合常理”。在笔者看来，这种不靠材料，只凭主观推断和分析的做法似不可取。

10 “光绪七年十月十二日水师学堂吴仲翔详北洋大臣李”,《北洋纪事》第十本《水师学堂》。

11 “光绪八年三月□日机器局潘骏德等禀北洋大臣李”,《北洋纪事》第十本《水师学堂》。

12 “光绪八年三月二十三日水师学堂吴仲翔详北洋大臣李”，李鸿章批文为:“都司萨镇冰既于水师诸学深谙理要，候饬该员毋庸出洋，留充管轮学洋文正教习，并行刘游击知照。”另外，“光绪八年四月初三日水师学堂吴仲翔详北洋大臣李”，李鸿章又批示:“萨镇冰充教习原非常局，两年后必须另延洋师。务饬严宗光、萨镇冰预为咨访，届时禀请延订为要。”均见《北洋纪事》第十本《水师学堂》。

13 “谨将〈管轮学堂章程〉应视水师学堂稍为变通各条开列清折呈送钧定”,《北洋纪事》第十本《水师学堂》。

14 “谨将酌拟〈北洋水师练船章程〉开折呈送钧定”,《北洋纪事》第十本《水师学堂》。顺便指出,《练船章程》规定的都是驾驶学堂毕业学生上船实习的内容，并没有涉及管轮学堂学生实习内容。但《北洋纪事》所收“光绪十四年四月十九日水师学堂吕耀斗会同罗丰禄详北洋大臣李”却称“该堂管轮一班学生诸学毕业堪上练船，应行大考”云云，说明练船实习也包括轮机学堂学生。

15 唯包先生采用王蘧常《严几道年谱》的说法，依然把严复定为“总教习”。见包遵彭:《清季海军教育史》，台北:“国防研究院”，1969年，第79页;《中国海军史》下册，台北：中华丛书编审委员会，1970年，第781 ~ 782、791页。又据笔者所见保存在台湾“国防部”的《天津水师学堂事略》手稿影印件，准确的原文是:“第三章 编制 驾驶学堂：总办一员、监督一员、正教习一员、副教习洋汉视学生多寡无定数、文案一员、司事一名、操教习二员、汉文教习三员、医官一员、书识二名、三班学生额设一百二十名、洋号手一名、洋鼓手一名、夫役 名。管轮学堂：总办一员（驾驶总办兼理）、监督一员、正教习一员、副教习无定数、司事一员、三班学生额设一百二十名、其余办事各员，除以上专设员数外，均由驾驶学堂兼理”。这与包先生所录略有差异。

16 “光绪八年三月□日机器局潘骏德等禀北洋大臣李”,《北洋纪事》第十本《水师学堂》。

17 “光绪八年三月二十三日水师学堂吴仲翔详北洋大臣李”,《北洋纪事》第十本《水师学堂》。

18 “光绪十年九月二十二日水师学堂吴仲翔会同罗丰禄详北洋大臣”,《北洋纪事》第十本《水师学堂》。

19 李鸿章:“水师学堂著有成效请援案奖励折”，军机处录副档，洋务・海军，6/180，中国第一历史档案馆藏，下同。

20 李鸿章:“拟保天津水师学堂教习员弁学生缮具清单”，军机处录副档，洋务・海军，6/183。

21 李鸿章:“水师学堂著有成效请援案奖励折”，军机处录副档，洋务・海军，6/180。

22 《清实录》第54册，第802页。又，孙应祥在著作中质疑笔者提出的“洋文正教习”说，接着他写道:“1884年12月25日，清廷以北洋水师学堂办有成效，‘予总教习都司严复、游击卞长胜……奖叙有差’。(《德宗实录》第197卷，第802页）可知，严复在天津水师学堂的职务是‘总教习’，并非仅是洋文正教习。”(《严复年谱》，第49页）皮后锋也说:“据《德宗实录》第197卷记载，清政府于1884年曾对严复等人进行奖励，其中所记严复职务为总教习。《德宗实录》是官方记载，一般而言，不会将严复的职务记错。如此，则《北洋纪事》所载严复的职务有待进一步考证。”（《严复大传》，第 67 页）这两项考证，在引用《德宗实录》时，均误植史料，在“教习”前面凭空添加了“总”字，结论自然不正确。而且孙应祥书称这道上谕的发布时间是 12 月 25 日，亦误。

23 《光绪十三年十月二十九日水师学堂吕耀斗会同沈保靖、罗丰禄详北洋大臣李》,《北洋纪事》第十本《水师学堂》。

24 马自毅：“‘总教习’还是‘洋文正教习’——严复任职北洋水师学堂期间若干史实考证”,《历史研究》2004 年第 2 期，第 68 页。严璩的说法见《侯官严先生年谱》（以下简称《严谱》），王栻主编:《严复集》第 5 册，北京：中华书局，1986 年，第 1547 页。

25 秦国经主编:《清代官员履历档案全编》，第 6 册，上海：华东师范大学出版社，1997 年，第 486 页。

26 郭嵩焘:《郭嵩焘日记》，第 4 册，长沙：湖南人民出版社，1983 年，第 891 页。

27 朱有瓛主编:《中国近代学制史料》，第 1 辑，上册，上海：华东师范大学出版社，1983 年，第 36 页。

28 如光绪十三年八月二十四日署理船政大臣裴荫森奏折中提到：“今则两学堂仅以四洋员为总教习，其余每班教习均以学成制造驾驶管轮之学生充当……”《中国近代史资料丛刊 洋务运动》第 5 册，上海：上海人民出版社，1961 年，第 372 页。另据同年十二月二十四日裴荫森所奏：“闽厂前后学堂共分四班：前学堂两班，曰法学、曰英学；后学堂两班，曰驾驶、曰管轮。每班设总教习一员，以洋员充之。四员之中，计法员一，曰迈达；英员三，曰邓罗、曰李家孜、曰赖格罗。”见《船政奏议汇编》卷 37，第 9 页。

29 李鸿章:“海防经费报销折”，光绪十二年十一月初四日，《李文忠公全书·奏稿》，第 58 卷，第 19 页 b。

30 《清代官员履历档案全编》，第 6 册，第 486 页。

31 王家俭:《李鸿章与北洋舰队——近代中国创建海军的失败与教训》，第 177 页。

32 孙应祥在著作中说，“11 月（十月）”“郭嵩焘‘接严又陵信……’”，又称“是月后，被李鸿章任命为天津水师学堂会办”。(《严复年谱》，第 63 页）按，《郭嵩焘日记》所记实为“十一月初九日”即 12 月 1 日。依此推算，严复出任天津水师学堂会办，当在 1889 年 12 月之后。

33 马自毅：“‘总教习’还是‘洋文正教习’——严复任职北洋水师学堂期间若干史实考证”,《历史研究》2004 年第 2 期，第 75 页。

34 《清代官员履历档案全编》第 6 册，第 486 页。

35 “光绪十五年五月初八日水师学堂吕耀斗会同罗丰禄详北洋大臣李”,《北洋纪事》第十本《水师学堂》。

36 “光绪十六年六月初四日水师学堂吕耀斗、严复会同罗丰禄详北洋大臣”,《北洋纪事》第十本《水师学堂》。

37 均见《北洋纪事》第十本《水师学堂》。

38 严孝潜:《新发现严复一封信》,《今晚报》2005 年 4 月 25 日，第 21 版。按，严孝潜文章及同年 4 月 27 日《今晚报》第 21 版所发表罗澍伟《严复“致观澜四弟书”注释》，皆以天津水师学堂第三届驾驶班学生于 1890 年 6 月（阴历五月）毕业。严信又提到“十二日行抵天津”，“十六日始移入新居”，遂将该信定为阴历五月十六日以后所写。其实，如上文所述，严复在四月二十二日（6 月 9 日）已经回津参与校内考试，故其当在四月十二日（5 月 30 日）回津，写信日期应在 6 月 3 日（四月十六日）到 6 月 9 日之间。

39　李鸿章："办理海军请奖折"，光绪十七年九月初六日。该奏折收录于《李文忠公全集·奏稿》，卷 73，第 1 ~ 2 页。请奖人员清单，见军机处录副档，洋务·海军，6/1040。

40　严璩：《侯官严先生年谱》，《严复集》，第 5 册，第 1547 页。

41　李鸿章："考校内学堂学生"，光绪十九年七月十四日，《李文忠公全集·海军函稿》卷 4，第 22 页 a。

42　周作人：《知堂回想录》，香港：三育图书文具公司，1980 年，第 149 页。

43　《清代官员履历档案全编》，第 6 册，第 486 页。

44　严复："送陈彤卣归闽"，《严复集》第 2 册，第 361 页。

45　"吕耀斗履历单"，宫中履历档，2/850 ~ 851，中国第一历史档案馆藏。顺便指出，《清代官员履历档案全编》公布这份履历影印件时，出现拼贴错误（见第 4 册，第 356 页），漏脱 7 行 126 字。这种技术错误，在大量影印文献时或会发生，而读者往往难以觉察。笔者为此到一档案馆专门调阅缩微胶片，才确认脱文内容。查吕耀斗光绪六年四月因浙江晋豫赈捐请奖，以道员指分直隶试用。七年，船政大臣黎兆棠与李鸿章函商，将其调派船政局提调。李鸿章表示："吕庭芷品端守洁，上年指分来直，适值停分展限之际，姑予局差以维系之。春季假回，并未声明辞退，念其日暮途穷，每为轸惜。旋闻有就闽幕之说，适接尊示，邀任船政提调，似足镇式浮嚣。虽船务机器素非熟习，而精细廉静，涉历稍久，当可为执事臂指之助。"（李鸿章："复黎召民京卿"，光绪七年五月初四日，《李文忠公全集·朋僚函稿》卷 20，第 8 页 a）黎兆棠旋于同年闰七月十一日上"派道员吕耀斗充船政提调片"，(《船政奏议汇编》，第 19 卷，第 16 页），将吕调去。所以，光绪十二年应是吕耀斗第二次入北洋任职。

46　谭献：《〈鹤缘词〉序》，光绪庚子十一月吕氏敬止堂版。

47　"The Imperial Naval College at Tientsin," *The Chinese Times* June 28th,1890.

48　"李鸿章光绪二十年十一月初六日片"，中国第一历史档案馆编：《光绪朝硃批奏折》第 10 辑，北京：中华书局，1995 年，第 234 页。又，光绪二十一年二月二十六日，吕耀斗接替因病开缺的万培因，实授永定河道。此时，距他进士及第，已经度过 45 年的漫长光阴。吕未及上任，就于 8 月 28 日（七月二十八日）卒于苏州老家，终年 67 岁。这位老人的一生，也是大多数中级官员的缩影。与他这种亦旧亦新身份与经历相似的，还有曾经担任过台湾道、福建船政提调、综理江南船政操练事宜的吴大廷，以及二品衔分发补用道充福建船政提调、天津水师学堂总办、广东水陆师学堂总办的吴仲翔。

49　严璩：《侯官严先生年谱》，《严复集》，第 5 册，第 1547 页。

50　王栻：《严复传》，上海人民出版社，1957 年，第 17 页。这种说法后来被经常采用。

51　梁诚 1881 年被从美国撤回国内，次年在天津水师学堂就读。这位前麻省名校菲列普斯中学（Phillips Academy,Andover, Mass）的学生说："我们的总教习（笔者按：译文如此），那位在英国受教育的，像其他中国教习一样不知如何施教。他上课每次念一小段，使人一听见他就感到恶心。数学应该是他的本行，但我们常发现他做几何及代数时也造成不必要的问题，他照书本一字字往下念。"见"梁诚（丕旭）致肖（Shaw）"，1882 年 3 月 6 日，高宗鲁译注：《中国留美幼童书信集》，传记文学出版社，1986 年，第 64 页。梁诚信中还写道："总教习为英国格林威治海军官校毕业"，高宗鲁加注曰："此处所指'总教习'当指严复，字畿道，福建侯官人……光绪六年（1880）出任天津水师学堂总教习。"（第 66 页）笔者揣测梁诚信中"总教习"的提法，是高宗鲁翻译信件时沿用了传统的称呼。笔者撰写本文时，曾两次与定居美国的高宗鲁教授电话联系，高先生热情允诺查找信件原文，但高先生于 2006 年 10 月 28

日猝然发病不幸去世，使得这项核对工作被迫终止了。在此谨向长期致力于研究留美幼童史的高宗鲁教授致哀。按高宗鲁在《幼童书信集》中的说法，梁诚的信，保存于他从康州历史学会、耶鲁大学及华盛顿州立大学等处发现的 26 个文件之中（《中国留美幼童书信集》，第 9 ~ 10 页），现在恐怕难以寻找原件了。唯黄克武先生在论文中说："对比上述的各种史料可知，'正教习'应等同于'总教习'，也就是英文的 superintendent，这样一来，正教习与总教习其实是形同的。1882 年之后，在驾驶学堂与管轮学堂各有一位，负责西学，严复担任者乃驾驶学堂总教习，而他的同乡、好友萨镇冰则曾担任管轮学堂总教习"。见黄克武："走向翻译之路：北洋水师学堂时期的严复"，《中央研究院近代史研究所集刊》第 49 期，第 9 页。黄先生坦承未见过英文原信，却又指出"正教习"应等同于"总教习"，系从 superintendent 而来，不知推断何据？

52 "光绪十年九月二十二日水师学堂吴仲翔会同罗丰禄详北洋大臣"，《北洋纪事》第十本《水师学堂》。

53 李鸿章："水师学堂著有成效请援案奖励折"，军机处录副档，洋务·海军，6/180，此折即"水师学堂请奖折"，见《李文忠公全集·奏稿》，卷 52，第 7 页 b。

54 "Memorandum of visit to Imperial Naval College and Arsenal ,Tientsin ," F.O.17/953, Peking, Dec.8th,1884,pp.68-70. 感谢王家俭教授为支持本课题研究，惠赐了这份档案及 The Chinese Times 的部分影印件。同时感谢香港岭南大学马幼垣教授，他惠赠了 1887—1890 年 The Chinese Times 更多的影印件。

55 转引自王家俭前揭书，第 226 页。

56 "Imperial Naval College,Tientsin," The Chinese Times.Nov.20th.1886.

57 "The Examinations," *The Chinese Times*.Sep.10th,1887. 关于学生成绩，原文直译如此。依此计算，学生水平差异极大。例如代数，20 人中，若 8 人达到 80 分，则其余 12 人平均分在 38 分。又如航海术，8 人达到 80 分，其余人的平均分仅 30 分。在前引"光绪十年九月二十二日水师学堂吴仲翔会同罗丰禄详北洋大臣"中提到："卑职丰禄查英国水师章程，学生届上练船，考试题目除他国语言文字外，计仅算法、代数、几何三项，所考分数以得三分之一者为中选"，而"光绪十三年十月二十九日水师学堂吕耀斗会同沈保靖、罗丰禄详北洋大臣"中又说："职道丰禄查英国海部章程内载，凡副勒夫脱难在格林书院学成，大考题目除他国语言文字外，计代数、几何、三角算法、重学、格致、驾驶、天文测量仪器等若干项，分数得六分之一者为中选。"究竟多少分是英国海军的及格标准，尚待考证。

58 "光绪十三年十月二十九日水师学堂吕耀斗会同沈保靖、罗丰禄详北洋大臣"，《北洋纪事》第十本《水师学堂》。

59 吕耀斗、罗丰禄的报告，见"光绪十四年四月十九日水师学堂吕耀斗会同罗丰禄详北洋大臣李"，《北洋纪事》第十本《水师学堂》。福利士的报告，见" Tientsin Naval College," *The Chinese Times*. May.26th,1888.

60 严复联系蓝博德事，详见"光绪九年八月初四日水师学堂吴仲翔禀北洋大臣李"等，《北洋纪事》第十本《水师学堂》。

61 "光绪十六年六月初四日水师学堂吕耀斗严复会同罗丰禄详北洋大臣"，《北洋纪事》第十本《水师学堂》。在当时天津《中国时报》的报道中，也提到"严先生是这个学校的支柱"。见 "The Imperial Naval College at Tientsin," *The Chinese Times* June 28th,1890.

62 李鸿章:“复黎召民京卿”，光绪六年三月十八日,《李文忠公全集·朋僚函稿》卷19，第19页b—20页a。信中提及“闽人多引重之”，据张佩纶光绪六年三月十一日记记载:“伯潜（陈宝琛）称严宗光者，器识闳通，天资高朗，合肥已往调来津矣。”十九日又记:“严，伯潜所荐士也。”见《涧于日记》，庚辰上，第17页a、19页b。

63 戴健:“从新发现的史料看李鸿章与严复”,《历史档案》，1988年第2期。

64 严复:“与四弟观澜书”,《严复集》，第3册，第730页。

65 比如王栻:《严复传》，第15页。其他作者不详细列举。

66 陈宝琛:“清故资政大夫海军协统严君墓志铭”,《严复集》，第5册，第1542页。

67 《海军各学校历届毕业生名册》，张侠等编:《清末海军史料》，第440 ~ 442页，北京：海洋出版社，1982年。按：依《海军各学校历届毕业生名册》，其公布的天津水师学堂各届毕业生名单相加为120人，但书中又说是六届125人。

68 《清代官员履历档案全编》，第6册，第216页。

69 严复:“罗母陈太淑人七十寿序”，孙应祥、皮后烽编:《〈严复集〉补编》，福州：福建人民出版社，2004年，第2页。

70 严复:“与四弟观澜书”,《严复集》，第3册，第730页。

附录三
王家俭的北洋海军研究

许多年前，当我刚开始研究中国近代海军史的时候，就读到台湾师范大学王家俭教授的《中国近代海军史论集》（1984 年 12 月台湾文史哲出版社出版），王家俭在中国近代海军史领域所作的极为认真细致的开拓工作，给我留下了深刻的印象。前些年，王家俭退休，移居加拿大，他克服了眼疾带来的诸多不便，依然孜孜不倦地致力于学术研究，终于将其积 40 余年专研海军史课题的深厚心得，著成《李鸿章与北洋舰队——近代中国创建海军的失败与教训》，2000 年 4 月在台湾出版。读到王家俭的大作之后，我向北京生活·读书·新知三联书店做了推荐，经过潘振平、孙晓林先生的努力，终于在去年底出版了大陆修订版。

王家俭出生于皖北农村，20 世纪 50 年代毕业于台湾师范大学，曾在中学任教。1960 年考入台湾大学史研所，师从郭廷以，研究方向先为魏源及明清思想史，后又转向中国近代海军史。王家俭因成长于抗战时期，耳闻目睹日军种种暴行，胸中充满无限愤懑，进而追思近代中国积弱之源，深感甲午战争海军的败绩、海权的沦丧，诚为关系其后历史发展的一大枢纽。海防、海军与海权三者实为一体，海洋与民族的生存、国家的发展关系至深且巨，因此乃下决心研究海军史，以期唤起国人的海洋意识和对发展海军的重视。十几年前，我在威海与王家俭先生相识，每次同他交谈，总是感受到他对祖国的热爱和对“台独”势力的忧患，拳拳之心，感人至深。2006年，我和他在合肥参加刘铭传首任台湾巡抚120周年讨论会，这是我们最近一次见面，平常每年圣诞节，我们都互发贺年卡致以问候。去年年底，孙晓琳从北京给我寄来《李鸿章与北洋舰队》的样书，我立即给王家俭先生打电话报告。从远远的大洋彼岸，我听到他和夫人喜悦的声音。我相信，这是寒冷的圣诞节前他收到的最好礼物。

王家俭对于中国近代海军史有着独到的贡献。早在本书出版前，他已对近代海军史做了扎实的研究。诸如清末海军留学生，过去只能从中文资料中知道其派遣时的筹划，而缺乏对其在英国留学情况的详细了解。王家俭在《清末海军留英学生的派遣及其影响》的论文中，通过对英国海军部档案的研究，搞清楚了前后三届学生在英国留学和实习的基本状况，从而大大拓展了研究视野；又如1886年北洋海军访日期间发生的“长崎事件”，经王家俭广博征引中、日、英文原始资料，在《中日“长崎事件”之交涉》一文中将事件的前因后果论述得极为清晰。中国近代海军，是中国人引进西方现代军事技术的产物，作为新式军港，在旅顺港的营建过程中，既有中国洋务官员的策划和各项施工组织工作，又有德、英、法国各种势力的介入和先进技术理念的引进，王家俭在《旅顺建港始末》一文中，以丰富的中外史料为基础，从建港背景、建港决策、工程实施过程、中外人士对于旅顺建港的评价等角度，很好地将这个近代海军建设的重要课题予以阐述，尤其是深入开掘了过去不太为史学界关注的总办旅顺营务处道员袁保龄的功绩。至于海军衙门这一清末海军的最高指挥机构，由于不是传统常设衙门，前后仅存在了十年，以往人们对其组织结构、分工执掌几无所知。王家俭通过仔细发掘史料，不仅搞清了海军衙门的组织结构和沿革脉络，甚至连总办、帮办及各部门的管股章京名单也考证得一应俱全，使我们了解到掌管近代海军最高决策机构的，全是一批从未接触过海军的旗人，或为纨绔子弟，或为候补官僚，或为贪官污吏，根本不知其所司何事，仅把海署当作钻营奖叙、争权夺利的场所，从而对探索近代海军的失败有了更深切的认识。

近年来，中国近代海军史受到学术界的高度关注，多种研究专著纷纷出版，但王著问世，依然有其不可替代的学术地位。王家俭大量掌握中外史料，尤其是早年利用在伦敦作访问研究之机，收集了英国海军部档案，为其他研究者所不及。王家俭所作的系列研究，不仅具有开创性，也是他写作本书的重要基础。同时，他充分吸收了学术界的研究成果，加上近年来新的思考，使得新著精彩纷呈。

通读全书，我觉得本书在以下三个方面的论述很有特色：

一是海权思想同国家战略的关系。海权是海军史研究的一个非常重要的内容。王家俭早于1978年就在《近代中国海权意识的觉醒》一文中予以阐述，1992年又发表论文《魏默深的海权思想——近代中国倡导海权的先驱》。在本书中，王家俭更是加以深入讨论。开卷伊始，他援引美国海军战略学家马汉的名言：“历史学家一般都不大熟悉海洋的情形，对之既无特别的兴趣，亦无特别的知识。而于海洋力量对于重大历史事件之深远决定性的影响，遂因此而予以忽视，尤以海权史的研究更为如是。如所周知，利用及统治海洋，在世界史上实为一重大因素，但若寻求与展现其在某一时机的正确方向，亦属不易。”马汉的名著《制海权对1860 ~ 1783年历史的影响》和《制海权对法国革命和法帝国1793 ~ 1812年历史的影响》出版于1890年前后，马汉的学说当时就震动了世界。制海权第一次被提高到国家战略的高度来认识。英国人为之倾倒，法国人把马汉的著作印发给海军的每一艘舰艇，日本也很快出了译本，用作军事院校和军舰舰长的必读书。唯在中国，则无人问津，直到第二次世界大战时方有节译本，甚至到了1997年，中国言实出版社出版的《海权论》仍是一个选编本。马汉研究，成为巨大的空白。王家俭写道："所谓'海权'，并非仅指海军一端而言，而实有其复杂的内涵。除马汉所说的地理位置、自然环境、领土大小、人口数量、国民性格和国家政策六大要素外，还可以包括商业生产、海外航运、殖民基地、国际市场、强大海军与有效的制海权等因素在内。换言之，海权思想乃是一种西方海洋文化的整体丛结(integrated complexity)，决非仅以海军为限。"他还进一步指出："中日两国同因西方海权国家之挑战，而以建设海军作为回应，但其结果却使中日的国势为之全面的改观，种下其后日军屡次侵华的悲剧。抚今追昔，亦可憬然海权观念的强弱，影响国家者是何等的深远。"这一观点，与他早就提出的"李鸿章的海军思想局限于自我防守的战略。他没有积极进取的海权观念。虽然他设想训练一支有铁甲舰装备的强大海军，……但是他的主要目的在于防御，而不是进攻"，"日本最初也和中国一样，只注意海防，随后，部分由于美国海军战略家马汉的影响，日本人的海权观念发生了重大变化。日本政府向人民灌输重视海权的思想，同时作出向海外扩展的紧迫计划"，"中国和日本地理和历史上的差异导致两国态度的不同。不同的观念导致中国、日本海军的不同发展"的批评是一脉相传的。王家俭对海军史的研究，已经进入国家战略的高度，这是他给我留下极为深刻的印象之处。所以王尔敏先生认为："家俭此作，即足以提示往时建立海军之必要，以及经营运用之疏失，正予后世用作检讨参考，取法取戒，以策将来……此家俭用心宗旨所在，冀希望我全国上下警惕反省，勿使国家再次沉沦。"海峡两岸，当同此心。

二是全面论述了李鸿章与北洋舰队建设的关系。王家俭的这部著作，本名"清季的北洋海军"，嗣为凸显李鸿章与北洋海军的关系而易名为"李鸿章与北洋舰队——近代中国创建海军的失败与教训"。书中在论述海军建设的各个方面时均谈到李鸿章的谋划、构想及运作过程，在书之末尾又做第十一章"结论"，对李鸿章与北洋海军的关系及北洋海军的失败教训进行专门的讨论。如同时下大部分研究洋务运动的学者一样，在回顾中国走向现代化的艰难曲折的道路时，人们越来越多地对这位筚路蓝缕的开拓者表示出敬意。王家俭认为，"在国际形势上，他（李鸿章）已认识到中国正面临一个‘三千年来未有之变局’和‘数千年来未有之强敌’。在中外关系上，他以为应当明守和局，阴为战备，力破成见，以求实际。在自强方针上，他主张改变科举，变通旧章，采借西法，制造轮船火器。在国防政策上，他力主充实武备，以防不虞，并且以为古今异势，应当分别缓急。当前形势东南重于西北，海防尤为堪虞；而东南海疆万里，势难处处宿以重兵，惟有就北洋之京畿门户及南洋之财富奥区二处择要设防。识见的卓越，器局的闳伟，目光的远大，在当时朝野大吏中及无一人可以望其项背”。他“以创建北洋一军为己任，购船置炮，选将练兵，设立海军学堂，派遣海军留学，兴建船坞基地，修筑炮台营垒。从其奏稿与函稿之内，即可知此一系列的措施是何等的繁难，耗费了多少的心血，历经了多少挫折”。

三是全方位思考北洋舰队失败的原因。以往的研究，大多数集中在李鸿章避战保舰方针及海军腐败等原因上，在本书中，王家俭通过详尽的分析，认为一是李鸿章个人的条件和处境限制。李鸿章以淮军统帅转入仕途，虽周咨博访，亲自观察，但终究并非海军出身，治军知识有限；且海军建设是洋务运动中之一环，其他如军事、外交、开矿、筑路，无不经李鸿章之手，任重事繁，其精力和时间自不能全力以赴；在政治地位上，李鸿章毕竟是地方长官，因而时常受到部臣的掣肘、保守派的嫉妒、地方派系的倾轧。二是制度层面的问题。洋务运动之所以无成，是不知从法律制度着手，即令偶而创立若干法规制度，也因用非其人，执行不当，形同具文。创立海军与其他洋务事业一样，凡事皆由各地督抚分别办理，权力边缘的推动，而非由权力枢纽的中央领导统筹，是以纷歧错乱，毫无成效可言。清季创办海军，20余年里朝廷竟无专职大臣负责，常为外人传为笑柄。中法战争后虽经朝野上下不断呼吁而设立海军衙门，可是由于满人把持，只不过增添了一个新的官僚机构而已。相比之下，日本于明治维新后，即以中央的权力推动一切现代化的建设，所以取得较高的成就。故由“中枢边缘”的观点考察中日现代化的成败，实为明显。三是经费问题。中国以农业经济和地方协饷来维持海军，本来就是一件荒唐之事，加上慈禧太后的昏庸和挪用海军经费，致使海军得不到必要的资金支持。四是中国工业和科技教育的落后造成的种种困难。科技的转移需经长期的培训，并非可以一蹴而就。高级海军将领的难求，迫使李鸿章派遣陆军将领丁汝昌统领北洋海军，实有其不得已之苦衷。五是国民的海洋意识，对海军的发展也有相当影响。中国由于传统上是一个大陆国家，仅有陆权思想而缺乏海洋精神，绝大多数国民视海洋为畏途，只有少数具有远见的知识分子和开明的政治家了解海军的重要性，其他人不是懵然无知，即是极端的冷漠，保守派的大臣时加阻挠反对。国家的最高当局，也对海洋毫无认知，更不会对海军发展做出大力的支持。凡此种种，最终造成北洋海军的全军覆灭。这些历史教训，值得后人深刻总结和认真记取。

本文原题“北洋海军何以覆灭”，
发表于 2009 年 4 月 26 日《东方早报 · 上海书评》

附录四
互联网时代的海军史研究

一

2002年的岁末，北京飘洒着几十年未遇的大雪。我在中央党校的学员宿舍里，刚刚把《龙旗飘扬的舰队》的最后一个清样稿校完。从朋友发来的电邮里，我获悉山东威海正在筹划建造“定远”号纪念舰，抽周末的空当，我赶往威海参加专家认证会议。在那个天寒地冻的时节，我见到了陈悦。

陈悦当时25岁，来自长江南岸的靖江，身份是“北洋水师”网站的版主，算起来只是一个业余级的网友。在会上，他的话不多，和另一位专程赶来的广州网友李玉生一起，静静地聆听着大家的发言。这是他第一次来到威海，威海是他心中的圣地，这从他每天站在宾馆的台阶上，凝神眺望海湾对面的刘公岛的眼神中可以清楚地看出。但对于复原“定远”号纪念舰，他此时已经投入了大量心血。

我知道按1∶1的尺度复原一艘7000吨级铁甲舰是十分困难的。这困难，既包含着历史资料缺乏，也包含着船东对于建造这样一艘纪念舰的投资力度和对项目的定位要求。大约在20年前，中国人民革命军事博物馆委托中国造船学会船史研究会复原一条“定远”舰1∶40的模型，我和已故的赵幼雄先生是这项任务的承担人。作为航海模型运动的国际裁判，赵幼雄先生本人对西方造船史有着深厚的功底。当时，我们曾经找遍了国内各家图书馆的资料，反复研究、探讨。现在陈列在北京军博和刘公岛甲午战争博物馆的两艘“定远”模型，代表着20年前中国船史界对于“定远”舰研究的水平。从某种意义上可以说，我比任何人更知道这具模型所存在的问题和未解的困惑。所以我私下坦率地向船东方面表示，真正能对复原“定远”舰起到实际推动作用的，恐怕是新一代的船史爱好者，比如陈悦这样的年轻朋友。

后来的事情发展正是如此，依靠互联网而发动起来的各地军迷们，对于“定远”舰的复原考证提供了极为宝贵的帮助，使得这艘纪念舰在各种细节上变得逐渐丰满。在这个过程中，“北洋水师”网站不仅起到了重要的联络作用，陈悦本人也直接转到威海工作，把自己的全部精力都倾注到再现“定远”舰的努力之中。他对北洋海军历史的挚爱和热情，使我深深感动和钦佩。去年4月15日，威武的“定远”纪念舰驶入威海港，成为一个新的爱国主义教育基地。那天，我们一起站在军舰上，迎着春天的海风，看着飘扬的龙旗，我想，陈悦是最有理由自豪的。许多年轻人，在人生的一个阶段，都会萌生出对于飞机、军舰等军事武器的喜爱，但把这种喜爱变成一种高强度兴趣的人不多，能把兴趣最后变为具体成果的更是凤毛麟角。应当说，陈悦抓住了一个难得的机遇，实现了自己的梦想。

在考证“定远”的过程中，陈悦开始了对于北洋海军军舰的系统研究。在以往的海军史研究中，学术界对于军舰史的研究是不够深入的，比较多的是引用和转述史料，而许多史料的记录者，由于他们只是清朝的官员，自身对于西式军舰了解不深，因而难以准确地用语言表述专业问题，造成今人研究中的讹误甚多。加上过去资料的限制——研究19世纪以前西方海军的各种作品，在国外是很普通的出版物，在国内却难以找到，也造成了这个领域的研究在国内远远没能很好地开展起来。说得再远一点，在我国对于人类文明历史的研究中，人文科学的学术史历来是一条主线，比如哲学史、文学史、史学史、宗教史、美术史、经济史等，可以作为专业学者的谋生饭碗，一辈子地研究下去。我有时候调侃研究中国近代思想史的朋友，你那个学问，老是研究魏源、洪秀全、康有为讲的某句话的思想深度，什么“启蒙”，什么“开放”，什么“地主阶级洋务派”、“资产阶级改良派”，哪有这么多可以多讲的？这当然是玩笑，所以人家还在讲。但是，对于物质文明的进化过程，大约归入科技史的门类，历来不够重视，研究者少之又少。中国海军和造船部门，包括教授船舶制造的院校，几乎很少有人深入研究西式舰船历史和技术细节，这个领域，基本上是业余研究者的天下（包括一些造船界前辈退休后研究船史，也包括我本人就是一个史学界的“票友”）。在我研究中国近代海军史的前20年里，结识到的真正对中西军舰史有着浓厚兴趣并做出杰出成果的学者，就是香港岭南大学研究中国古典文学的马幼垣教授。作为后起之秀，陈悦从研究19世纪西方军舰发展历史入手，把中国海军购买和自制的各型军舰，放到西方军舰的发展潮流中去考察，通过国内外的广泛搜寻，他也很快找到了许多新的有用资料。这对他的研究，拓展了思路，开辟了新的途径，从而获得许多令人称道的新成果。陈悦在寻找新史料上十分投入，因此也不断有新的发现。他的研究，代表着以业余研究者为中坚的学术力量，水准正在迅速提高，这是学术之幸事。我参加过陈悦组织的一些年轻网友的聚会，看到他们痴迷的钻研精神，看到他们以网络作为专业交流的平台，广泛迅速地交流着信息和心得，总觉得看到了舰船史研究的新鲜力量。这样的研究坚持下去，必定会进一步获得学术的丰收。历史研究中，技术史能够帮助后人了解各个专门领域中人类智慧的嬗递和进步；同时，专业技术领域和各个不同行业发展历史的研究，也必然丰富政治史军事史思想文化史的整体架构，使得后人对于昔日历史场景的再现，更加丰满，更加完整。

陈悦将他近年来发表在《现代舰船》杂志上的文章，结集成为《北洋海军舰船志》，是一件令人高兴的事情。如上所说，他将各型中国军舰放在19世纪西方蒸汽军舰发展的历史中去把握，既反映出近年来中国海军历史研究的最新成果，又丰富了甲午战争史的研究。加上丰富的历史照片和引人入胜的描述文字，使得《北洋海军舰船志》成为一本很有分量的著作。我希望在2006年第一场雪开始飘洒的时候，读者能够拿到散发着墨香的新书，也相信喜欢军事历史的朋友，都会喜欢这本新书。

《北洋海军舰船志》序

2006年10月15日

二

甲午战争史是中国近代史学界的一个重要研究分支。这些年来，从事这个专题研究的学者甚多，取得的成果也很丰富。无论是史料发掘整理，还是研究的深入探讨，都不断有可喜的进展。与其他研究分支比较起来，这个领域还有个显著的特点，就是有许多学术圈子之外的朋友，也一直在关心研究的进展，并且不断地贡献着自己的心得体会。我想，这是一个值得称道和发扬光大的好现象。

仔细想来，其实我自己就算是学术圈外的票友，有时候在发表论文的时候，还会为如何标注“作者单位”而动番脑筋。“票友”要在史学研究上做出成果，并得到承认和重视，显然要比圈子里的学者更为困难。然而，与历史研究的其他课题不同，由于甲午战争是中国近代历史上一道极为惨痛的伤痕，关注这段历史的朋友，自然都是关心民族兴亡的热血人士。在投入研究这段历史的时候，他们是想弄清楚，近代中国经历了20多年“求强”“求富”的洋务运动之后，近代化为什么会夭折？在中日两国的国运相搏中，拥有强大海军的大清帝国为什么会一败涂地？在战争的进行过程中，中国军队的战略、战术运用出了什么问题？甲午战争对现代中国人带来什么样的启迪？这些困惑，激发出他们对于甲午课题研究的热爱，这种热爱，往往超越了谋生手段的局限，也就成为一份执着的兴趣，一种真诚的投入，一腔豪情的绽放。

本书作者陈悦，也是个史学圈外的票友，最近十年来，他把自己的全部心血，都毫无保留地奉献给了甲午战争史的研究。他从前学习的专业是法律，学校毕业后在长江之畔的一个宁静的小城市从事电脑工作，业余时间办起了“北洋水师”网站。因为威海市有关方面投资建造“定远”号纪念舰相邀，竟使他抛家别舍，来到渤海之滨，全身心地投入到“定远”纪念舰的复原考证中去，并由近代军舰研究又进一步转入甲午海战研究，最终写出这部专著《碧血千秋——北洋海军甲午战史》来。他的这种激情，一直使我钦佩。

关于甲午战争中北洋海军的历史，前些年成果很多，基本叙事的架构早已形成。要发出别人没有发过的声音，形成有鲜明特点、有说服力的一家之言，其实困难很大。陈悦早年对近代军舰发展史所做的扎实研究，使得他在研究海战时，就能有效发挥出自己的长处。同时，他注重认真阅读史料，并认真发掘史料，他的专业阅读量，其实已经赶上甚至超过了专业研究者。加上他善于思考，许多早已公开发表的档案文字，在他的研究之下，就生发出新鲜的意境，比如对档案里不为人特别注意的细节，进行反复研磨分析，发现了足以对某些史事重新评价的新成果。他创办的“北洋水师”网站上，天天有青年人在讨论，在碰撞，在关注许多过去不曾被关注的细节，这些成果，对于推动甲午战争史的研究向更深的领域发展，起到了积极作用。

自从互联网诞生之后，就打破了文字写作的固有传统，印刷出版的纸质书刊不再是传播思想的唯一载体。同样，互联网拉近了专业学者和业余研究者之间的沟通距离，寻找资料、讨论课题、交流思想，以及把深奥的学术成果迅速向普通读者进行传播，都变得更为便捷。许许多多本来不可能对专业研究发表意见的青年人，用网站的论坛和博客，表达自己的观点，交流各种最新的成果，甚至把全世界各个角落原本不可能认识的人士，聚在一起，成为争论的对手和朋友。你在网上梭巡，会发现有许多冷僻的课题，竟然也会有人在做非常投入的研究。在这样的时代，专业研究者与业余研究者的距离在缩短，如果漠视这种变化，漠视“票友”们精彩纷呈的表演，专业研究者的研究必然是不全面的。而业余研究者们，如果有足够的知识储备和学术素养，就完全可以在庄严的学术殿堂里，获得自己的一席之地。我以为，陈悦就是这样的后起之秀，对于他，我寄托着厚望。

从网络起家，陈悦还是用自己的辛勤耕耘，换来了第二部学术著作的出版。我向他祝贺，希望他取得更大的成果，也希望大家喜欢他的这本新作。

《碧血千秋——北洋海军甲午海战史》序

2008 年 3 月

三

陈悦从威海来电，说《北洋海军舰船志》要在山东画报出版社出版修订本，嘱我作序。我笑着说，我已经成了为你写序的专业户了。但这是一件令人高兴的事，所以我还是应允下来。

为了自己的挚爱，陈悦在北洋海军的老营威海安了家。在这个景色秀丽、日新月异的城市里，他认认真真地工作，安安静静地做学问。眯缝的眼睛依然锐利地梭巡史料，修长的手指依然勤奋地敲打键盘。他自己，却从一个北洋海军历史的爱好者稳健地步入骨灰级专家的行列。

研究海军历史，必然要研究军舰，研究舰船的发展历史。舰船志，讲军舰的前世今生，讲军舰的各种性能参数，讲军舰的各种细节，这类书籍，欧美、日本出得很多，印刷极为精美，研究的水准很高，甚至也包括了中国历史上的军舰。但是同类作品，中国国内却非常少，《北洋海军舰船志》是中国近代海军研究书籍中第一本此类题材的作品。这本书既通俗可读，同时又具有学术性，是海军史研究者、爱好者的一本北洋海军舰船辞典。

时间才过去三年，《北洋海军舰船志》就要出修订版，因为陈悦的研究在不断取得新进展。相比初版，修订版中每一篇的内容都做了不同程度的修改，增补了一些新发现的史事，例如“失落的辉煌”一章里增补了新发现的“定远”舰航试时发生主炮爆炸事故的史事；“蹈海惊雷”一章中新增了根据李凤苞《使德日记》等资料发现的中国在英订造第一号杆雷艇的情况。新史事的增加，使得全书的内容更加丰富完整，资料性更强。同时还针对第一版的配图进行了优化调整，删去了一批关联性不是特别直接的图片，增加了新发现的珍贵照片，如“扬威”接舰官兵的墓地，“济远”舰丰岛海战后的伤情，“靖远”舰在英国的下水仪式等，使得全书图文并茂，某种意义上也成为北洋海军舰船的一册图片汇总。此外，根据最新的研究成果，对原书中的一些错误进行了更正。第一版中被略去的引注在修订版中全部加上，方便了研究者的引用。

这些年，北洋海军史的研究一直很热，在中华民族重新崛起的历史过程中，人们没有忘记曾经经历的挫折和承受的苦难。许多年轻人愿意从对昔日的剖析中，探索明天前进的路径。前些时候，北京生活·读书·新知三联书店出版了84岁高龄的台湾师范大学退休教授王家俭先生的大作《李鸿章与北洋舰队》，受到广泛好评。《李鸿章与北洋舰队》是王先生研究北洋海军史40年心血的结晶，也是我向三联书店热切推荐出版的一本好书。王先生是我尊敬的前辈学者，他的治学风格，开海军史研究的风气之先，一直为我所景仰。而在后辈学人中，陈悦无疑继承了这种严谨学风，他史料收集务求全面，考证事实务求精细，在利用互联网的方式从全世界收集材料的本事上，国内历史学界恐怕还没有人能达到他的程度。我曾经说过，陈悦是业余研究者，又是这个专题的痴迷者，通过对世界造舰历史的介绍和对技术细节的剖析，对北洋海军军舰历史的重新梳理，他更清晰更冷静地还原了历史场景，恢复了历史本来的面貌，也为其他学者的研究提供了一个很好的平台。同时，对于为了评职称而粗制滥造的“论文”和“专著”，《北洋海军舰船志》也给出了一把很好的标尺。所以我认为，陈悦的研究成果，正是老一代学者开辟的研究方向的传承之作。

《北洋海军舰船志》第二版序
2009年3月29日

附录五
马幼垣和他的海军史研究

在中国近代海军历史研究者队伍中，有个突出的现象，就是几位重量级的学者，都是业余玩票的“票友”，他们不在历史研究的专业机构供职，却将海军史的研究不断推向深入。其年轻的代表为陈悦，而年长者，非马幼垣先生莫属也。

我是在2000年威海的一次北洋海军史的学术会议上初识马幼垣的。那时，他刚从夏威夷大学退休，又到香港岭南大学任教，我却不知道他的本行是研究中国古典文学，更不知道他专攻的方向是《水浒传》。我们兴致勃勃地聊天，听他介绍他搜集的各类西文的海军史资料。当时，我已拜读过他在1994年甲午战争100周年国际学术讨论会的论文《法人白劳易与日本三景舰的建造》，觉得他对于世界海军舰船的沿革和掌故颇为精通。2004年，我到香港参加上海世博会的推广活动，在南洋酒店的鹭鹭餐厅还与他一起吃过饭。

我和马幼垣断断续续保持着联系，也常常收到他从海外寄来的论文。2009年，我收到一本寄自台湾的精装厚书《靖海澄疆：中国近代海军史事新诠》（台北，联经出版股份有限公司），是他近年海军史研究的论文汇编。兴致勃勃地捧起来阅读，厚厚的600余页，竟一口气全读完了。最近这部书，中华书局又出了简体字版，整个版式与台版一模一样，只是分作两册，开本的上下边切得略小几个毫米，没有原书大气。但一部学术著作，能在两岸都出版，还是值得庆贺，对大陆的学人和读者来说，读一下马幼垣的大作，能加强对中国近代海军史的了解，尤其是对于中国近代海军在世界近代海军发展历史中位置的了解，都是很有益处的。

马幼垣的论文，篇幅浩瀚、内容洒脱而随意。他自己说：“我写学术文章向主尽所知而为，不肯受制于长度的框限，文章即使写到六七万字，仍坚持要把话说完才收笔。”他考据入微，对于所论课题，能广泛引用史料，尤其是外文史料，这些恰是目前大陆学者所不足的地方。

比如研究甲午战争时“镇远”舰上的洋员帮带马吉芬（Philo Norton McGiffin），以往国内学者对此人的了解，先见于蔡尔康编《中东战记本末》（上海广学会，1896 ~ 1897）中辑入的“美麦吉芬游戎语录”，后有张荫麟先生 1931 年所译《泰莱甲午中日海战见闻录》（收入中国近代史资料丛刊《中日战争》第 6 册）中英籍洋员戴理尔（张译所称之泰莱）对他的记叙，再从 1936 年出版的《海事》杂志第 10 卷第 3 期中，找到《马吉芬黄海海战述评》，但几十年来，进展不多，对马吉芬来华前的经历，几无所知。马幼垣详考了马吉芬的生平大略和性格特征，发现这位安纳波利斯海军学院的毕业生，“性格好动，顽皮透顶，捣蛋最精”，甚至可能是“这所学院有史以来，最著名的捣蛋星君”。他从学校毕业后就失业，1885 年跑到中国，在李鸿章手下当差。马幼垣研究了马吉芬的侄媳妇马芬妮 (Lee Mcgiffin) 依据马吉芬家书编纂的传记，指出马吉芬当年在家书中讲述的关于他在北洋海军的见闻和活动，真假混合，“编起故事来，不计老本”，是个说谎大王。此公在甲午战争之后返美，发表了海战记事文章，随即被西方军事评论家争相引用，马吉芬的声誉也由此文而起，连日本海军军令部编纂的《二十七八年海战史》（东京，春阳堂，1905），也将其收入。但中方对此毫无关注，直至 20 世纪 30 年代，才弄出简略的提要（发表于《海事》杂志）。再往后，台湾退休海军将领郑天杰、赵梅卿在《中日甲午海战与李鸿章》（台北，华欣文化事业中心，1979）中，依原文翻译出来，也未得到更多的关注。1996 年出版的《中日战争》（中国近代史资料丛刊续编，第 7 册），所收录的马吉芬海战报告《鸭绿江外的海战》，竟然还是转译自日文的《二十七八年海战史》。对此，马幼垣感慨地写道，百年前，日本人找马吉芬报告原文毫无困难，但对大陆学者而言，直至今日，竟仍是绝难一见之物。

马幼垣为收集原始史料所下的功夫是令我钦佩的。早年，台湾著名铁路工程师凌鸿勋在《詹天佑先生年谱》（台北，中国工程师学会，1961）中提到詹天佑曾参加过甲申中法马江之战，史料来源是“上海晋源西字报一八八四年七月初五日”，为了找到这张“上海晋源西字报”，他花了十几年的功夫，终于搞清楚其英文名为 Shanghai Courier and China Gazette，即通常称作《晋源西报》或《上海差报》，他又托我在上海图书馆寻找此报。我拜托复旦大学历史系陈绛老师代为查检，陈老师找到原文后，因上图不让复印，竟代为抄录全文。我将抄件寄给马幼垣，他自己也通过其弟马泰来获得了该报道影印件。2004 年，马幼垣写出《詹天佑曾否参加甲申中法海军马江战役问题平议》，他在文中说：“史学虽不是史料学，但治史不可说出超越材料允许的话，故资料如何配备始终是成败的关键。此文的筹备长逾四十年，原因即在此。”一个严肃学者的甘苦其实全在其中了。

马幼垣治海军史的特长，更多体现在对于世界海军的广博视野和对军舰发展的了解之上。他的《北洋海军“平远”舰考释》一文，首先讨论“平远”舰仿自何种军舰。当初，船政大臣裴荫森上奏提出建造计划，史学界，包括我自己，通常均使用中国近代史资料丛刊《洋务运动》第5册第311页的标点，为德国军舰“柯袭德士迪克”“十飞礼”“则唐”。我相信了《洋务运动》的标点，也用这几个舰名去查找过 Conway's All The World's Fighting Ships 之类海军工具书，无法对上，但也没有深究，只是如法抄录。其实这里有标点错误，福建师范大学林庆元先生早在1984年已经做过考证，但却未引起学界的关注。马幼垣不仅指出了林庆元的研究成果，即仿制的军舰应当为法国军舰“柯袭德”（Cocyté）、“士迪克士”（Styx）、“飞礼则唐”（Phlegeton），还进一步考证出这三舰属于法国“黄泉”（Achéron）级装甲海防炮舰及其设计特点，从而推断福建船政的造船工程师——他们是船政学堂培养的第一批学生，也是清政府派往法国学习造船的第一批留学生——的专业水准，并得出“平远”舰的设计建造所达到的技术高度，使整个军舰研究线索清晰完整。这篇论文首发于马幼垣本人主编的《岭南学报》新第2期，16开本的杂志，洋洋洒洒，篇幅长达56页。读到马幼垣的大作，我对他是佩服的。而对于自己忽略了长期专研福建船政历史的林庆元的研究成果，亦是甚感懊丧。林先生数年前过世，对我研究海军史多有帮助，回想初识是在1985年秋，我和沈渭滨师同在福州出差，专程去林府拜访，林先生人极敦厚诚挚，林师母特地下厨，为我们做了炒米线，此情此景，宛若就在眼前。

同类的军舰研究，还有鸦片战争期间的侵华英舰，甲午战争期间李鸿章谋划购买的外舰，甲午战后清政府向外购舰，在这些研究中，马幼垣都列出军舰的线型图，考订出这些军舰的源流和特点，体现出对世界海军舰船沿革旷阔的专业知识。

马幼垣曾和我聊起他的西文藏书，比如布拉西主编的《海军年鉴》（*The Nanal Annual*.Edited by T.A.Brassey），他从1886年到20世纪20年代各卷，基本收集齐全了，这很让我神往。他在《靖海澄疆》中说，*Warship International*，他全部看完过，对此我并不吃惊。这份国际驰名的英文海军史杂志，刊登过不少海外学者对晚清海军军舰的研究论文，更有不计胜数的关于19世纪海军技术知识的论文、照片、资料，是西方海军史研究界援用颇广的材料，而在中国，即使如一些大型专业图书馆，也未见有全套收藏的。

我完全同意马幼垣的观点，“海军是高科技的兵种，写海军史不从科技角度去交代舰只就会沦落为重心失调的货色”。回想我自己开始研究近代海军史，就有幸看过1890、1895等年份的《海军年鉴》分卷，还在复旦图书馆研读过驻德公使许景澄编纂的《外国师船图表》。1885年，许景澄到柏林履职，发现使馆已故随员刘孚翊和美籍译员金楷理译有各国铁甲船表，认为很有价值，但内容较少，遂与金楷理合作，利用欧洲丰富的海军舰船资料，编成图表13卷，杂说3卷，包括英、法、德、俄、奥、意、日等19个国家1600多艘军舰技术参数和240余幅军舰舰体图、结构图、舰队阵法图，于该年底在柏林用洋纸石印，全书8册，共印100部，绝大多数解送总理衙门，使得中国人第一次全面了解外国军舰的总体状况。次年，许景澄感到"初余辑是编，急于成书，随笔写印，献之于官"，内容和体例上尚不完善，于是，"会使馆同人，谋集私资，赓续是役，广其流布"，又将全书结构重新组织，内容重新修订，吸收了各国海军的最新材料（包括一些正在建造的军舰），并将原来附于各表后面的插图集中于一卷，编为表8卷、杂说3卷、图1卷的第二版。这版用宣纸印刷，订为4册。其图版的精密与准确性，远胜前版。当年，我就引用了《海军年鉴》和《外国师船图表》的数据和舰图，撰写《"定远"和"镇远"铁甲舰述略》（载《船史研究》，第2期，上海，1986）一文，在国内海军史研究中首次公布了李鸿章谋划购买铁甲舰时，曾经打算购买的土耳其铁甲舰"柏尔来"号（Belleisle）、奥利恩号（Orion）的型线图，以及在德国订购"定远""镇远"铁甲舰时，曾参考过的英舰"英弗来息白"号（Inflexble，又译不屈号）、德舰"萨克森"号（Sacksen）型线图，和"定远"、"镇远"的型线图。实在说来，早些年国内对于西方19世纪军舰发展的著作少之又少，能够请教切磋的人也没有，只能靠点点滴滴的阅读、搜索，来逐渐拼凑对于西方军舰发展的认识，这和国外学者收集世界海军史所能获得的便利条件差距甚大。

相比较而言，台湾学者条件较我们好很多。台湾师范大学王家俭教授对近代海军史就做过许多开创性的研究，他1970年去伦敦大学做访问学者，查阅英国外交部、海军部档案和国会文书；1979年去哈佛大学进修，在哈佛燕京学社图书馆发现大批日本海军资料，这些对他研究中国近代海军帮助极大。他的一系列论文，先结集为《中国近代海军史论文集》（台北，文史哲出版社，1984），后又进一步发展为专著《李鸿章与北洋舰队——近代中国创建海军的失败与教训》（台北，"国立编译馆"，2000），经我向潘振平先生推荐，2008年在生活·读书·新知三联书店出版大陆简体字版，受到读者的欢迎。王先生是从传统治史学方法入手，研究侧重文献史料，尤其是英国档案，弥补了这方面的缺门，使得中国近代海军史这项与英国关系极为密切的现代化事业的研究得到双边史料的推动，有着不可替代的作用。最近我收到王先生新出版的自传《梦影萍踪——一个农村子弟的奋斗》（台北，国泰文化事业有限公司，2013），书中提到当年在英国档案局阅档的种种细节：一是原始档案年代久远，字迹模糊，且多数是手稿，不易辨识，煞费猜想；二是当时复印非常昂贵，史料又极为丰富，每天抄写眼花手酸，所录者极为有限；三是英人规定抄档只能用铅笔，大量抄录十分不便。这些情形，相信史学研究者都有同样的体验，故对其字母错录，和一些海军掌故传统的缺失当可谅解。王先生对中西方舰船发展沿革和英国海军传统等方面用力不多，他与马幼垣的研究各有侧重，可以互相弥补。当然，治海军史，全面了解军舰的发展沿革，乃是基本功，今后学人，内外兼修，将把学术更加提升。

马幼垣眼大如斗，目光如炬。言辞犀利，嬉笑怒骂，宛若学术界的“老顽童”。他把北洋海军军官称作“烂泥糊不上壁的癞蛤蟆”；他说李鸿章、丁汝昌是“大饭桶，而且还是破底的大饭桶，怎也不致冤枉他们。虚有其表的大饭桶李鸿章推举连虚有其表也称不上的超级大饭桶丁汝昌来主持北洋海军的发展，悲剧如何能够避免？”酣畅淋漓，大逞口舌之快。他的不少观点，我也有同感，但按照大陆学人的行文习惯，我却难以如此下笔。

马幼垣曾说：“此集何以取名《靖海澄疆》？这是一个具有反讽意味的选择。”本书台湾版用丁汝昌照片做封面，用陈绍宽（民国时代海军司令）照片做封底，马幼垣说是为了“反映两个不同时代的共同特质——领导人海军知识和统理能耐同样严重不足”。

作为一个有深度的海军历史学家，马幼垣对于北洋海军的失败有着深深的痛惜，对导致这种失败的领导者有着强烈的抨击，这和国内史学界动辄用“爱国将领”之类术语来主导历史研究，形成鲜明的反差。在甲午战争和北洋海军史研究中，历来存在着简单地用政治评价代替学术评价的倾向，这和前些年养成的僵化的观念体系有很大关系。十几年前，我因反对某些人士为“济远”管带方伯谦平反而写文章参与学术批评，就注意到，方伯谦的侄孙女为方在黄海海战中因逃跑被清政府杀头一案鸣冤，但到了国内的写作者手中，他们的翻案文本则一定要写成“弘扬民族魂，继承爱国精神”，“树立方伯谦的爱国将领形象”云云，他们的整个话语系统，早已被定型和扭曲了。作为海军史研究的“票友”，我平常写作史学论文较少，偶尔参加学术会议，总感到充斥着一堆概念形态的垃圾文章，抄一些初级史料，重复一些老生常谈，就凑成参加学术会议的“门票”，看到这类论文的遣词造句，常常不适应，不理解，但也无可奈何。直到今天，这类浅薄的文风仍在继续着、重复着，和高质量的学术研究各据半壁江山。在这种情形下，马幼垣深入细致的研究，就显得宝贵和富有学术精神。

读马幼垣的书是有营养也有快感的。丰富的专业知识、广博的史料印证，清晰的史源标注，既给治学者带来知识上的拓展，也带来学术规范上的启迪。

本文原题《不懂海军，如何治海军史？》
发表于 2013 年 6 月 9 日《东方早报 · 上海书评》

主要参考书目

一、中文文献

（1）史料及史料汇编

《清史稿》，赵尔巽等撰，1977年，中华书局

《清史列传》，王钟翰点校，1987年，中华书局

《清朝续文献通考》，刘锦藻编，民国25年（1936年），商务印书馆

《筹办夷务始末》（咸丰朝），1979年，中华书局

《筹办夷务始末》（同治朝），李书源整理，2008年，中华书局

《光绪朝硃批奏折》，中国第一历史档案馆编，1995年，中华书局

《光绪朝上谕档》，中国第一历史档案馆编，1996年，广西师范大学出版社

《光绪朝东华录》，朱寿朋编，1958年，中华书局

《清代官员履历档案全编》，秦国经主编，1997年，华东师范大学出版社

《清光绪朝中法交涉史料》，故宫博物院编，1932年，故宫博物院铅印本

《清光绪朝中日交涉史料》，故宫博物院编，1932年，故宫博物院铅印本

《大清宣统政纪实录》（简称《清宣统政纪》），1968年，台湾华文书局

《清季中日韩关系史料》，1972年，台湾"中央研究院"近代史研究所影印

《清季外交史料》，王彦威辑，1935年外交史料编撰处铅印本

《中外旧约章汇编》，王铁崖编，1957年，生活·读书·新知三联书店

《海防档》，甲、购买船炮；乙、福建船厂；丙、机器局。1959年，台湾"中央研究院"近代史研究所影印本

《船政奏议汇编》，光绪戊子船政衙门版

《船政规章文件汇编》，陈悦编纂，2017年，山东画报出版社

《德国外交文件有关中国交涉史料选》（简称《德国外交文件》），孙芹译，1960年，商务印书馆

《红档杂志有关中国交涉史料选译》，张蓉初译，1957年，生活·读书·新知三联书店

《清代外务部中外关系档案史料丛编——中英关系卷》第5册，中国第一历史档案馆、北

京大学、澳大利亚拉筹伯大学编，2009 年，中华书局

《清代档案资料丛编》第一辑，故宫博物院明清档案部编，1978 年，中华书局

《鸦片战争档案史料》，中国第一历史档案馆编，1987 年，上海人民出版社

《鸦片战争史论文集》，列岛编，1958 年，生活 · 读书 · 新知三联书店

《洋务运动》（中国近代史资料丛刊），中国科学院近代史研究所史料编辑室、中央档案馆明清档案部编辑组编，1961 年，上海人民出版社

《中法战争》（中国近代史资料丛刊），邵循正等编，1957 年，上海人民出版社

《中法战争》（中国近代史资料丛刊续编），张振鹍主编，1995 ~ 1996 年，中华书局

《中国海关与中法战争》，中国近代经济史资料丛刊编辑委员会编，1983 年，中华书局

《翁同龢文献丛编之四：中法越南之争》，翁万戈编，2002 年，艺文印书馆

《中日战争》（中国近代史资料丛刊），邵循正等编，1957 年，上海人民出版社

《中日战争》（中国近代史资料丛刊续编），戚其章主编，1989 ~ 1996 年，中华书局

《中国海关与中日战争》，中国近代经济史资料丛刊编辑委员会编，1983 年，中华书局

《旧中国海关总税务司署通令选编》，本书编委会编，2003 年，中国海关出版社

《甲午中日战争》（盛宣怀档案资料之三）（简称“盛档之三”），陈旭麓、顾廷龙、汪熙主编，1980、1982 年，上海人民出版社

《义和团》（中国近代史资料丛刊），翦伯瓒等编，1951 年，神州国光社

《义和团运动》（盛宣怀档案资料之七）（简称“盛档之七”），陈旭麓、顾廷龙、汪熙主编，2001 年，上海人民出版社

《义和团档案史料》，国家档案局明清档案馆，1979 年，中华书局

《庚子国变记》，1951 年，神州国光社

《辛亥革命》（中国近代史资料丛刊），柴德赓等编，1957 年，上海人民出版社

《清末海军史料》，张侠等编，1982 年，海洋出版社

《北洋海军资料汇编》，谢忠岳编，1994 年，中华全国图书馆文献缩微复制中心

《北洋海军章程》（稿本）

《北洋海军章程》（十四款本等）

《海军大事记》，池仲祐编，载《洋务运动》第 8 册

《海军实纪》购舰篇、造舰篇，池仲祐编，载《清末海军史料》

《卢氏甲午前后杂记》，卢毓英撰（手稿影印件）

《上督办军务处查验北洋海军禀》，徐建寅撰（手稿影印件）

《大清畿辅先哲传》，徐世昌撰，1993 年，北京古籍出版社

《甲午五十年（1895—1945）：媾和 · 书愤 · 明耻》，陈占彪编，2019 年，生活 · 读书 · 新知三联书店

《马关议和中之伊李问答》，本社编，2008 年，广西师范大学出版社

《西洋镜：海外史料看李鸿章》，赵省伟主编，2019 年，广东人民出版社

《甲午战后清政府对北洋海军将弁议恤档案》，中国第一历史档案馆编，《历史档案》，2014 年第 4 期

《1904 年“海天”军舰触礁沉没记》，林献炘撰（未刊稿）

《中华民国海军史料》，杨志本主编，1987 年，海洋出版社

《中国近代工业史资料》，陈真编，1961 年，三联书店

《中国近代工业史资料》（简称《孙辑》），孙毓棠编，1957 年，科学出版社

《中国近代航运史资料》，聂宝璋编，1883 年，上海人民出版社

《中国近代铁路史资料》，宓汝成编，1963 年，中华书局

《中国近代学制史料》第一辑上册，朱有瓛主编，1983 年，华东师范大学出版社

《中国近代教育史资料汇编 · 普通教育》，陈元晖、李桂林、戚名琇、钱曼倩编，2007 年，上海教育出版社

《中国海关密档——赫德、金登干函电汇编》，陈霞飞主编，1990 ~ 1996 年，中华书局

《历史珍档：湖北省档案馆特藏档案集粹》，吴绪成主编，2003 年，湖北教育出版社

《近代温州社会经济发展概况》，赵肖为编译，2014 年，上海三联书店

《德国侵占胶州湾史料汇编》，青岛市博物馆等编，1986 年，山东人民出版社

《“黄祸论”历史资料选辑》，吕浦等编译，1979 年，中国社会科学出版社

《湘军记》，王定盦著，1983 年，岳麓书社

《中东战纪本末》，林乐知撰、蔡尔康纂辑，光绪乙酉图书集成局铅印本

《普天忠愤集》，孔广德辑，光绪二十一年石印本

《东方兵事纪略》，姚锡光编，光绪乙酉武昌刻本

《外国师船图表》，许景澄著，光绪十一年柏林石印本

《防海新论》，[普鲁士] 希理哈著，同治十三年江南机器制造局刊

《海战新义》，[奥] 阿达尔美阿著，光绪十一年天津机器局刊

《水师操练》，英国战船部著，傅兰雅口译，徐建寅笔述，同治十一年江南机器制造局译书馆刊

《卤簿图》，清彩绘本，上海图书馆藏

《五等宝星宝带式 中外各国轮船旗式》，上海图书馆藏

（2）文集、日记、书信

《马克思恩格斯选集》，1966 年，人民出版社

《林则徐集》，中山大学历史系编，1965 年，中华书局

《林则徐书简》，林则徐著，1981 年，福建人民出版社

《曾国藩全集》，曾国藩著，1994 年，岳麓书社

《李鸿章全集》，顾廷龙、戴逸主编，2008 年，安徽教育出版社

《李文忠公全集》，李鸿章著，吴汝伦编，光绪乙巳四月金陵版

《李文忠公尺牍》，李鸿章著，1916 年合肥李氏石印本

《李鸿章全集 · 电稿》，顾廷龙、叶亚廉主编，1985 ~ 1987 年，上海人民出版社

《李鸿章致丁日昌函稿》，李鸿章著，载《丰润文史》第 2 辑，1989 年丰润县政协编印

《合肥李氏三世遗集 · 李鸿章遗集》，李国杰辑，台湾文海出版社影印

《海军衙门函稿》（未刊稿影印件）

《北洋纪事》抄本，上海图书馆藏

《张佩纶家藏信札》，上海图书馆编，2016 年，上海人民出版社

《李鸿章张佩纶往来信札》，姜鸣整理，2018 年，上海人民出版社

《合肥李勤恪公政书》，李瀚章著，台湾文海出版社影印

《左文襄公全集》，左宗棠著，光绪庚辰仲冬排印本

《沈文肃公政书》，沈葆桢著，光绪辛卯排印本

《沈文肃公牍》，沈葆桢著，1997 年，江苏广陵古籍刻印社

《清醇亲王信函选》，《历史档案》，1982 年第 4 期

《刘坤一全集》，刘坤一著，1959 年，中华书局

《曾忠襄公奏议》，曾国荃著，光绪二十九年仲春版

《抚吴公牍》，丁日昌著，宣统元年南洋书局

《马端敏公奏议》，马新贻著，王锡蕃校，光绪甲午闽浙总督署版

《刘铭传文集》，刘铭传撰，马育华、翁飞点校，1997 年，黄山书社

《彭刚直公奏稿》，彭玉麟著，台湾文海出版社影印

《丁文诚公遗集》，丁宝桢著，光绪十九年京师版

《张靖达公奏议》，张树声著，光绪二十五年刊本

《吴光禄奏稿》，吴赞诚著，光绪十二年版

《张之洞全集》，苑书义、孙华峰、李秉新主编，1998 年，河北人民出版社

《丁汝昌集》，戚俊杰、王记华编校，1997 年，山东大学出版社

《丁汝昌集·相关史料辑录》，孙建军整理校注，2017年，山东画报出版社

《曾纪泽遗集》，喻岳衡点校，1983年，岳麓书社

《阁学公集》，袁保龄著，宣统辛亥夏清风阁编刊

《吴汝纶尺牍》，徐寿凯、施培毅校点，1988年，黄山书社

《涧于集》，张佩伦著，1922～1928年丰润张氏涧于草堂刻本

《佩弦斋文存》，朱一新著，光绪二十二年葆真堂版

《周悫慎公全集》，周馥著，民国11年（1922年），孟春秋浦周氏校刻本

《李凤苞往来书信》，张文苑整理，2018年，中华书局

《罗丰禄信稿》，中国社会科学院近代史研究所藏

《许文肃公遗稿》，许景澄著，1918年北京外交部铅印本

《许竹员先生出使函稿》，许景澄著

《庸庵全集》，薛福成著，光绪辛丑上海书局石印本

《浙东筹防录》，薛福成著，台湾文海出版社影印

《薛福成集》，丁凤麟、王欣之编，1987年，上海人民出版社

《适可斋纪言纪行》，马建忠著，台湾文海出版社影印

《春在堂全书》，俞樾著，台湾文海出版社影印

《黄体芳集》，黄体芳撰，俞天舒编，2004年，上海社会科学出版社

《李忠节公奏议》，李秉衡著，民国19年（1930年）铅印本

《李秉衡集》，戚其章辑校，1993年，齐鲁书社

《端忠愍公奏稿》，端方著，1918年铅印本

《二二五五疏》，钱恂著，上海聚珍仿宋书局印本

《林文直公奏稿》，林绍年著，1927年印本

《郑观应集》，夏东元编，1982年，上海人民出版社

《张謇全集》，张謇研究中心等编，1994年，江苏古籍出版社

《于湖题襟录》，袁昶辑，1937年，商务印书馆

《中国留美幼童书信集》，高宗鲁编译，台湾《传记文学》，第36卷第6期

《饮冰室合集》，梁启超著，民国15年（1926年），中华书局

《翁同龢日记》，陈义杰点校，1989～1998年，中华书局

《王文韶日记》，袁英光、胡逢祥整理，1989年，中华书局

《涧于日记》，张佩伦著，民国年间丰润张氏涧于草堂石印本

《越缦堂国事日记》，吴语亭编著，台湾文海出版社影印

《伦敦与巴黎日记》，郭嵩焘著，1984年，岳麓书社

《郭嵩焘日记》，郭嵩焘著，1982年，湖南人民出版社

《英轺私纪》，刘锡鸿著，《随使英俄记》，张德彝著，1986年岳麓书社合刊本

《出使英法俄国日记》，曾纪泽著，1985年，岳麓书社

《欧游杂录》，徐建寅著，1980年，湖南人民出版社

《出使四国日记》，薛福成著，1981年，湖南人民出版社

《西学东渐记》，容闳著，1981年，湖南人民出版社

《早期日本游记五种》，罗森等著，1983年，岳麓书社

《袁昶日记》，袁昶著，孙之梅整理，2018年，凤凰出版社

《台湾海防并开山日记》，罗大春著，1972年，台湾银行经济研究室

《请缨日记》，唐景崧著，光绪癸巳台湾布政使署刊本

《楼船日记》，余思诒著，光绪丙午山东官印书局

《西行日记》，池仲祐著，光绪三十四年商务印书馆

《西轺纪略》，刘瑞芬著，光绪丙申刻本

《赫德日记——赫德与中国早期现代化（1863 ~ 1866）》，凯瑟琳·布鲁诺、费正清、[美]理查德·司马富编，陈绛译，2003年，中国海关出版社

《赫德日记——步入中国的仕途（1835 ~ 1911年）》，[美]理查德·司马富、费正清、凯瑟琳·布鲁诺编，傅增仁、刘壮翀、潘运昌、王联祖译，2005年，中国海关出版社

《日意格1864年关于中国内陆的日记》，夏春涛译，《近代史资料》，总90号，1997年，中国社会科学出版社

《郑孝胥日记》，中国历史博物馆编，劳祖德整理，1993年，中华书局

《龙的航程——北洋海军航海日记四种》，吉辰译注，2013年，山东画报出版社

《近代史所藏清代名人稿本抄本》，第一辑，虞和平主编，2011年，大象出版社

《田所广海勤务日志》，[日]田所广海著，上海鲁迅纪念馆整理，瞿斌、江枫、章骞、吴奇译，2015年，上海书店出版社

（3）笔记、回忆录、方志

《清朝野史大观》，1981年上海书店影印

《清宫史事》，王树卿、李鹏年著，1986年，紫禁城出版社

《晚清宫廷生活见闻》，中国人民政治协商会议全国委员会文史资料委员会，1982年，文史资料出版社

《庸庵笔记》,薛福成著，1983 年,江苏人民出版社

《梵天庐丛录》,柴小梵著，1999 年,山西古籍出版社,山西教育出版社

《李鸿章历聘欧美记》,蔡尔康、林乐知编译，1982 年,湖南人民出版社

《客座偶谈》,何刚德著，1983 年,上海古籍书店

《花随人圣盦摭忆》,黄濬著，1999 年,山西古籍出版社,山西教育出版社

《苌楚斋随笔 续笔 三笔 四笔 五笔》,刘声木著，1998 年,中华书局

《异辞录》,刘体智著，1988 年,中华书局

《我在中国海军三十年(1889 ~ 1920)——戴乐尔回忆录》,[英]戴乐尔著,张黎源、吉辰译，2011 年文汇出版社

《青龙过眼》,[美]阿林敦著,叶美凤译：2011 年,中华书局

《西方人亲历和讲述的甲午战争》,刘文明编，2015 年,浙江大学出版社

《甲午战争,一个意大利人的记述》,[意]弗拉基米尔著,孔祥文译,孔祥茹校订，2018 年，商务印书馆

《北洋海军官兵回忆辑录》,卢毓英等著,孙建军整理校注，2017 年,山东画报出版社

《庚子西狩丛谈》,吴永口述,刘治襄记,鄢琨标点，1985 年,岳麓书社

《辛亥革命回忆录》,第六册,全国政协文史资料委员会编，1963 年,中华书局

《武昌首义回忆录》,第二辑,中国人民政治协商会议湖北省委员会编，1980 年,湖北人民出版社

《历史珍档：湖北省档案馆特藏档案集粹》,吴绪成主编，2003 年,湖北教育出版社

《朝花夕拾》,鲁迅著，1973 年,人民文学出版社

《知堂回想录》,周作人著，1980 年,香港三育图书有限公司

《对华回忆录》,[日]东亚同文会编,胡锡年译，1958 年,商务印书馆

《维特伯爵回忆录》,[俄]维特著,傅正译，1976 年,商务印书馆

《近代京华史迹》,林克光等主编，1985 年,中国人民大学出版社

《京师五城坊巷胡同集》,张爵著;《京师坊巷志稿》,朱一新著，1982 年北京古籍出版社合刊

《津门杂记》,张焘著，1986 年,天津古籍出版社

《天咫偶闻》,震钧著,光绪乙未甘棠转舍刊

《福州马尾港图志》,林萱治主编，1984 年,福建省地图出版社

《威海卫志》,郭文大修,民国 18 年(1929 年)印本

《威海旧影》,哲夫、张建国、赵敏编著，2008 年,山东画报出版社

《上海县竹枝词》,秦荣光著，1989 年,上海古籍出版社

《上海县志》，应宝时修，俞樾纂，同治十年刊

《崇明县志》，民国版

《近代以来南海诸岛稀见档案文献资料汇编》，海南省档案局、广东省立中山图书馆编，2017年，海南出版社

《让历史告诉未来——中国管辖南海诸岛百年纪实》，张良福编著，2011年，海洋出版社

《琉球地理志略》，傅角今、郑励俭著，1948年，商务印书馆

（4）年谱、传记

《曾国藩年谱》，黎庶昌编，1986年，岳麓书社

《李鸿章年（日）谱》，窦宪一编，1968年，香港友联书报发行公司

《李鸿章年谱》，雷禄庆编，1977年，台湾商务印书馆

《左宗棠年谱》，罗正钧编，1982年，岳麓书社

《李鸿藻先生年谱》，李宗桐、刘凤翰编，1969年，台湾商务印书馆

《丁日昌生平活动大事记》，江村编，1988年，广东人民出版社

《丁汝昌年谱》，戚俊杰编著，2016年，山东大学出版社

《益堂年谱》，方伯谦撰，载《中日甲午海战中方伯谦问题研讨集》，1993年，知识出版社

《近代名人小传》，费行简编，台湾明文书局

《近代中国科学家》，沈渭滨主编，1988年，上海人民出版社

《淮军人物列传——李鸿章家族成员·武职》，马昌华主编，1995年，黄山书社

《淮军人物列传——文职·北洋海军·洋员》，马昌华主编，1995年，黄山书社

《甲午中日战争人物传稿》，孙克复、关捷主编，1984年，黑龙江人民出版社

《李鸿章评传》，[美]刘广京、朱昌峻编，1995年，上海古籍出版社

《沈葆桢评传》，[美]庞百腾撰，2000年，上海古籍出版社

《丁日昌评传》，邓亦兵著，1988年，广东人民出版社

《翁同龢传》，谢俊美著，1994年，中华书局

《翁同龢传》，高阳著，1995，年华艺出版社

《甲午战争与翁同龢》，常熟市人民政府、中国史学会编，1995年，中国人民大学出版社

《戊戌变法与翁同龢》，常熟市人民政府、中国史学会编，2000年，中央文献出版社

《甲午海将方伯谦》，王宜林著，1997年，海潮出版社

《张謇传记》，刘厚生编，1985年，上海书店

《南海何曾隐风流：清末广东水师提督李准纪事》，李昕著，2020年，海南出版社

《赫德与中国海关》，［美］魏尔特著，陈敩才、陆琢成、李秀风等译，1997年，厦门大学出版社

《赫德传》，卢汉超著，1986年，上海人民出版社

《赫德与近代中西关系》，汪敬虞著，1987年，人民出版社

《赫德爵士传——大清海关洋总管》，王宏斌著，2000年，文化艺术出版社

《袁宝龄研究札记》，孙海鹏著，2019年，万卷出版公司

《海疆英魂——记甲午海战中的邓世昌和致远舰》，陈明福著，2003年，人民文学出版社

《詹天佑生平志》，詹同济著，1995年，广东人民出版社

《铁路巨擘詹天佑》，经盛鸿著，2000年，兰州大学出版社

《程璧光殉国记》，程慎修堂编，台湾文海出版社影印本

《威震东洋的西乡隆盛》，田野著，2000年，北方文艺出版社

《李鸿章的洋顾问：德璀琳和汉纳根》，张畅、刘悦著，2012年，传记文学出版社股份有限公司

《李鸿章的军事顾问汉纳根传》，刘晋秋、刘悦著，2011年，文汇出版社

《他选择了中国——大东沟海战亲历者，北洋海军洋员马吉芬传》，［美］李·马吉芬著，张黎源译，2013年，山东画报出版社

《中国近代海军史事日志，1860—1911》，姜鸣编著，1994年，生活·读书·新知三联书店

《中国近代海军史事编年，1860—1911》，姜鸣编著，2017年，生活·读书·新知三联书店

（5）研究著作

《鸦片战争史论文集》，列岛编，1958年，生活·读书·新知三联书店

《鄂州血史》，蔡寄鸥著，1959年，龙门书局

《中国国民党史稿》，邹鲁著，1960年，中华书局

《中国海军史》，包遵朋编，1974年，台湾中华丛书编审委员会

《六十年来中国与日本》，王芸生著，1979年，生活·读书·新知三联书店

《洋务运动与中国近代企业》，张国辉，1979年，中国社会科学出版社

《中日甲午战争与李鸿章》，郑天杰、赵梅卿著，1979年，台湾华欣文化中心

《北洋舰队》，戚其章著，1981年，山东人民出版社

《晚清海军兴衰史》，戚其章著，1998年，人民出版社

《中日甲午战争史论丛》，戚其章著，1983年，山东教育出版社

《甲午战争国际关系史》，戚其章著，1994年，人民出版社

《国际法视角下的甲午战争》，戚其章著，2001年，人民出版社

《甲午战争史》，戚其章著，1990年、2014年，人民出版社

《走近甲午》，戚其章著，2006年，天津古籍出版社

《甲午中日海战史》，孙克复、关捷著，1981年，黑龙江人民出版社

《甲午中日陆战史》，孙克复、关捷著，1984年，黑龙江人民出版社

《中日甲午战争全史》，关捷、唐功春、郭富纯、刘恩格总主编，2005年，吉林人民出版社

《晚清政局与甲午战争》，关捷著，2017年，辽宁民族出版社

《甲午纵横》，第一辑，戚俊杰、郭阳主编，2006年，华文出版社

《甲午纵横》，第二辑，戚俊杰、郭阳主编，2008年，华文出版社

《靖海澄江——中国近代海军史事新诠》，马幼垣著，2009年，台湾经联出版事业股份有限公司；2013年，中华书局

《沙俄侵华史》，中国社会科学院近代史研究所编，1981年，人民出版社

《中国幼童留学美国史——现代化的探索》，高宗鲁编译，1982年，台湾华欣文化事业中心

《中国近代海军史论集》，王家俭著，1984年，台湾文史哲出版社

《李鸿章与北洋舰队——近代中国创建海军的失败与教训》，王家俭著，2000年，台湾编译馆；2008年，生活·读书·新知三联书店

《中法马江之战日志》，陈道章编著，2004年，中共福建省委宣传部、福州市社会科学院、福州市社会科学界联合会编印

《越南与中法战争》，龙章著，1996年，台湾商务印书馆

《西洋铜版画与中法战争》，中国闽台缘博物馆、秦风西洋版画馆编著，2008年，福建教育出版社

《中法战争史学术讨论会论文集——纪念马江战役一百周年》，福建省社会科学院历史研究所编，1984年，福建省社会科学院历史研究所

《干戈春秋——中国古代兵器史话》，李少一、刘旭编，1985年，中国展望出版社

《中国近代战争史》，军事科学院编，1985年，军事科学出版社

《福建船政局史稿》，林庆元编，1986年，福建人民出版社

《船政研究集萃》，林樱尧主编，2011年，福建省马尾造船股份有限公司

《船政人物谱》，刘传标著，2017年，福建人民出版社

《船政学堂》，沈岩著，2007年，科学出版社

《中国近代造船史》，王志毅著，1986年，海洋出版社

《甲午战争90周年纪念论文集》，山东省历史学会编，1986年，齐鲁书社

《朝鲜1884年的政变》，杨昭全，1986年，商务印书馆

《中国近代军事史论文集》，梁巨祥主编，1987年，军事科学出版社

《沈葆桢与福建船政》，林崇墉著，1987年，联经出版事业公司

《北洋水师大沽船坞》，塘沽政协文史委编，2005年，中国文史出版社

《中国古代航海史》，孙光圻著，1989年，海洋出版社

《中国近代海军史》，吴杰章、苏小东、程志发主编，1989年，解放军出版社

《大清福建海军的创建与覆灭》，杨东梁著，1989年，中国人民大学出版社

《甲午海战与中国近代海军》，张炜编，1990年，中国社会科学出版社

《中日甲午海战中方伯谦问题研讨集》，林伟功、黄国盛主编，1993年，知识出版社

《近代中国海军》，海军司令部《近代中国海军》编辑部编著，1994年，海潮出版社

《中日甲午海战百年祭》，林濂藩编，1994年，中国社会科学出版社

《甲午战争与近代中国和世界——甲午战争100周年国际学术讨论会文集》，戚其章、王如绘主编，1995年，人民出版社

《甲午战争与东亚近代历史进程——纪念甲午战争120周年国际学术研讨会论文集》，郭阳、王记华主编，2018年，社会科学文献出版社

《北洋海军新探——北洋海军成军120周年国际学术研讨会论文集》，戚俊杰、郭阳主编，2012年，中华书局

《中法海战》，陈悦著，2018年，台海出版社

《甲午海战》，陈悦著，2014年，中信出版社

《中日黄海大决战》，陈悦著，2019年，台海出版社

《碧血千秋——北洋海军甲午战史》，陈悦著，2008年，吉林大学出版社

《船政史》，陈悦著，2016年，福建人民出版社

《从船政到南北洋——沈葆桢李鸿章通信与近代海防》，陈悦著，2020年，福建人民出版社

《北洋海军舰船志》，陈悦著，2009年，山东画报出版社

《清末海军舰船志》，陈悦著，2012年，山东画报出版社

《辛亥·海军——辛亥革命时期海军史料简编》，陈悦著，2011年，山东画报出版社

《民国海军舰船志（1912—1937）》，陈悦著，2013年山东画报出版社

《清日战争（1894—1895）》，宗泽亚著，2012年，后浪出版公司

《绝版甲午——从海外史料揭秘中日战争》，［澳大利亚］雪珥著，2009年，文汇出版社

《大东亚的沉没——高升号事件的历史解剖》，雪儿简思著，2008年，中华书局

《复盘甲午——重走近代中日对抗十五局》，王鼎杰著，2015年，上海人民出版社

《再见甲午——蓝色视角下的中日战争》，许华著，2014年，人民出版社

《甲午殇思》，刘声东、张铁柱主编，2014年，上海远东出版社

《甲午遗证》，法制晚报社编著，2014年，现代出版社

《昂贵的和平——中日马关议和研究》，吉辰著，2014年，生活·读书·新知三联书店

《北洋海军研究探微》，孙建军著，2010年，苏州大学出版社

《泰恩河上的黄龙旗》，张黎源著，2020年，生活·读书·新知三联书店

《中国海疆历史与现状研究》，吕一燃主编，1995年，黑龙江教育出版社

《清季总理衙门研究》，吴福环著，1995年，文津出版社

《近代初期中日台湾事件外交》，赵国辉著，2008年，海峡学术出版社

《甲午百年祭——多元视野下的中日战争》，杨念群，1995年，知识出版社

《被调整的目光》，姜鸣著，1996年，上海人民出版社

《越南与中法战争》，龙章著，1996年，台湾商务印书馆

《中法战争镇海之役110周年学术研讨会论文集》，镇海口海防历史遗迹领导小组编，1996年，人民出版社

《台湾历史影像》，杨孟哲编著，1996年，台湾艺术家出版社

《甲午战争前后之晚清政局》，石泉著，1997年，生活·读书·新知三联书店

《中法战争诸役考》，黄振南著，1998年，广西师范大学出版社

《北洋海军研究》，戚俊杰、刘玉明主编，1999年，天津古籍出版社

《北洋海军研究》第二辑，戚俊杰、刘玉明主编，2001年，天津古籍出版社

《北洋海军研究》第三辑，戚俊杰、刘玉明主编，2006年，天津古籍出版社

《北洋海军新探——北洋海军成军120周年国际学术研讨会论文集》，戚俊杰、郭阳主编，2012年，中华书局

《关注与超越——中国近代军事改革论》，皮明勇著，1999年，河北人民出版社

《近代中日关系与朝鲜问题》，王如绘著，1999年，人民出版社

《世界海军史》，丁一平等编著，2000年，海潮出版社

《日清战争实纪》，[日]桥本海关著，吉辰校注，2017年，山东画报出版社

《甲午中日战争纪要》，（民国）参谋本部第二厅第六处编，1935年印本

《日清战史讲授录》，[日]誉田甚八著，1936年训练总监部军学编译处译印

《明治前期日中关系史研究》，[日]安田昭男著，胡连成译，王晓秋审校，2007年，福建人民出版社

《中华帝国对外关系史》，[美]马士著，张汇文译，1960年，商务印书馆

《十九世纪的德国与中国》，[德]施丢克尔著，1963年，生活·读书·新知三联书店

《潜艇发展史》，[加]爱德华·霍顿著，粟俊译，1979年，国防工业出版社

《日清战争》，[日]藤村道生著，米庆余译，1981年，上海译文出版社

《还历史的本来面目——日清战争是怎样发生的》，[日]中塚明著，于时化译，2005年，天津古籍出版社

《甲午战争》，[日]大谷正著，刘峰译，2019年，社会科学文献出版社

《遗失在西方的中国史：英国画报看甲午战争》，赵省伟编，张维懿、兰莹译，2020年，中国画报出版社

《日俄旅大争夺战图鉴》，郭富纯主编，2002年，吉林人民出版社

《从鸦片战争到八国联军》，哲夫主编，2000年，天津人民出版社

《威海旧影》，哲夫、张建国、赵敏编著，2008年，山东画报出版社

《城市及其周边——旧日中国影像》，方霖、锐明编著，2003年，山东画报出版社

《黑船来航》，[日]三谷博著，张宪生、谢跃译，2017年，社会科学文献出版社

《战争艺术》，[瑞士]安·亨·约米尼著，钮先钟译，1981年，解放军出版社

《俄国与苏联海上力量史》，[美]唐纳德·W.米切尔著，朱协译，1983年，商务印书馆

《英国对华外交（1880—1885）》，[英]季南著，许步曾译，1984年，商务印书馆

《武器和战争的演变》，[美]杜普伊著，李志兴译，1985年，军事科学出版社

《日本军国主义》，[日]井上清著，尚永清译，1985年，商务印书馆

《美国海军史》，[美]内森·米勒著，卢如春译，1985年，海洋出版社

《世界海战简史》，[德]H.帕姆塞尔著，屠苏译，1986年，海洋出版社

《美国军事战略和政策史》，[美]韦格利著，彭光谦、张孝林、赵汉生译，1986年，解放军出版社

《日本海军史》，[日]外山三郎著，龚建国译，1988年，解放军出版社

《海权论》，[美]马汉著，萧伟中译，1997年，中国言实出版社

《驶向阳光灿烂的大海：美国海军史（1775—1991）》，[美]史蒂芬·豪沃斯著，王启明译，1997年，世界知识出版社

《海权对历史的影响（1660—1783）》，[美]马汉著，安常容译，1998年，解放军出版社

《德国克虏伯与之结婚的近代化》，[德]乔伟、李喜所、刘晓琴著，2001年，天津古籍出版社

《寒柳堂集》，陈寅恪著，2001年，生活·读书·新知三联书店

《天公不语对枯棋：晚清的政局和人物》，姜鸣著，2006年，生活·读书·新知三联书店

《秋风宝剑孤臣泪：晚清的政局和人物续编》，姜鸣著，2015年，生活·读书·新知三联书店

《却将谈笑洗苍凉：晚清的政局和人物三编》，姜鸣著，2020年，生活·读书·新知三联书店

（6）工具书

《中华民国史资料丛稿·大事记》，第一辑，中国社会科学院近代史研究所中华民国史组编，1978年，中华书局

《清代职官年表》，钱实甫编，1980年，中华书局

《近世中西史日对照表》，郑鹤声编，1980年，中华书局

《近代来华外国人名辞典》，中国社会科学院近代史研究所翻译室编，1981年，中国社会科学出版社

《中国近代教育史大事记》，陈学恂主编，1982年，上海教育出版社

《清季中外使领年表》，故宫博物院明清档案部等编，1985年，中华书局

《近代中国史事日志》，郭廷以主编，1987年，中华书局

《中国军事史大事记》，军事科学院战略研究部百科编审室编，1988年打印本

《近代上海大事记》，汤志钧主编，1989年，上海辞书出版社

《中国兵书总目》，刘申宁编，1990年，国防大学出版社

二、外文文献

（1）西文

Correspondence Respecting the Fiting Out, Dispatching to China, and Ultimate Withdrawal of the Anglo-Chinese Fleet Under the Command of Captain Sherard Osbor; and the Dismissal of Mr. Lay From the ChiefInspectorate of Customs. *British Parliamentary Papers v.* 27. Irish University Press.Shannon Ireland.1971.

The Naval Annual,1890. Edited by T. A. Brassey, London, 1890

The Naval Annual,1895. Edited by T. A. Brassey, London, 1895

China-Japan War. Vladimir, London, 1896

The Japan-China War: The Naval Battle of Haiyang, Jukichi Inouye, Kelly and Walsh Limited, Yokohama, 1894

Pulling String In China. W.F.Tyler, London, 1929

China's Struggle For Naval Development,1839-1895. John L. Rowlinson, Harvard University Pr. 1967

Conway's All The World's Fighting Ships 1860-1905, Conway Maritime Press, London 1979

Conway's All The World's Fighting Ships 1906-1921, Conway Maritime Press, London 1985

Warships For Export:Armstrong Warships, 1867-1927, Peter Brook, the World Ship Society, Kent,1999

Flags of Maritime Nations,From the Most Authentic Sources,the Bureau of Navigation,Washionton,D.C.1982

Drawings of the flags in use at the present time by various nations,1889,Great Britian Admiralty, London 1889

Modern History of Warships. W.Hovgaaro, E. & F. N. Spon, Ltd. London, 1920

The Encyclopedia of Sea Warface, From the Ironclads to the Present Day Spring Books, London. 1975

The Chinese Steam Navy 1862-1945, Richard N. J. Wright, Chatham Publishing, London, 2000

R.M.Anderson:The Rendel Gunboat, Warship International, No. 1,1976

（2）日文

《日清戰争實記》，明治二十七～二十八年，日本博文馆

《廿七八年海戰史》，日本海軍軍令部編纂，明治三十八年，東京水交社

《廿七八年海戰史・黄海役》，日本海軍軍令部編纂（秘本）

《近世帝國海軍史要》，海軍終社编，1970年，東京原書房

《山本權兵衛と海軍》，日本海軍大臣官房编，1966年，日本東京原書房

《威海衛戰纪》，平田勝馬編纂，明治三十年六月，東京陽春堂

《山縣有朋意见書》，大山梓编，1973年，東京原書房

《丁汝昌遺墨》，1895年，日本中央新聞社

《日清戰争寫真帖・伯爵龜井兹明の日记》，1992年，東京都柏書房

《ぁっ日本海軍》，実松讓，1977年，光人社

《海軍》编集委员会編纂，《海軍》第二巻《帝國海軍と日清戰争》，1981年，日本東京誠文圖書株式會社

《幕末明治の群像》第六巻，《帝國陸軍の誕生》，1977年，東京世界文化社

《日本陸海軍八十年——維新の建軍より敗戰の壞滅まで》，國書刊行會編纂，1978年，東京都國書刊行會

《韓國の歷史》，南昌祐编，1999年，ハソリム出版社

三、报纸杂志

《格致汇编》

《申报》

《益闻录》

《民立报》

《东方杂志》

《近代史资料》

《辛亥革命史丛刊》

《海事》

WARSHIP INTERNATIONAL

SEA POWER

《世界の舰船》

人名索引

A

B

C

D

E

F

G

H

J

K

L

M

N

O

P

Q

R

S

T

W

X

Y

舰船索引

D

E

H

J

K

L

M

N

O

P

Q

R

S

T

W

X

Y

甲午增补本后记

《龙旗飘扬的舰队》增订本出版至今已经12年了。这些年来，中国近代海军史的研究一直在不断地深入推进。许多新鲜的史料，包括档案、书信、日记、图片被陆续发掘出来，许多新的研究专著不断出版，一批新生代的研究者也在成长。这些成果，使得我们对于先人进行的国防现代化努力和海军建设的了解不断加深。

这12年来，世界进入了互联网时代。本书刚刚印出的2003年1月，新浪网就邀请我在网上与读者聊天，虽然当时还没有视频，问答交流都是通过文字方式进行的，但即时互动依然使我感受到与读者之间毫无间隔的沟通之愉悦。感谢学术界和网上许多熟悉的或者从未见过面的朋友，给予本书积极的评价，同时也指出了存在的问题。通过网络，我不断搜集学术前沿的最新成果，丰富自己的认识。最近，生活·读书·新知三联书店拟再版本书的甲午增补本，我也重读了本书，对于书中的部分提法做了调整。

近年来，我本人的研究兴趣，较多地转向光绪前期清政府上层政治关系和中外关系。其中一个方面，是张佩纶与李鸿章关系研究。通过阅读李鸿章与张佩纶之间数百封未刊信件，我进一步发现和厘清了“清流”代表人物张佩纶，在近代海防建设中所起的作用，以及他在军机大臣李鸿藻与北洋大臣李鸿章之间牵线搭桥，构筑更加复杂的政治架构所进行的运作，推动建立总理衙门海防股和筹建海军衙门，统筹全国海军的发展。这些情况，以往都不为学术界所知晓。我在2002年《龙旗飘扬的舰队》增订本中有所涉及，之后做了更深入的考察。依据研究心得，我撰写了《光绪前期张佩纶与李鸿章谋划海军之研究》，收入本书，作为附录。

同时收入附录的，还有《严复任职天津水师学堂史实再证》。这篇文章，也是对2002年增订本中关于天津水师学堂记叙的丰富和再研究。严复，一直是学术界关注的人物，但其在天津水师学堂工作的任职情况，由于以往缺乏足够详尽的史料，几乎所有的文章都在重复不准确的说法。我在本书 2002 年增订本中，依据上海图书馆保存的档案抄本《北洋纪事》，首先提出严复在天津水师学堂的职务，不是人们常说的“总教习”，而是驾驶学堂“洋文正教习”，并在书中加了一个注释，以作简要说明。没有料到的是，有研究者对我的观点提出质疑，这促使我专门写作本文，对严复的任职问题予以回应、考证和澄清。

本书附录还收入了我对台湾、香港的两位学术界前辈王家俭先生、马幼垣先生的海军史专著的评论。两位先生的专著近年来在国内印行，受到欢迎和好评，关键在于他们都在学术上花了很大的努力，能发前人所未发之声，在观点上也有各自的鲜明特色。收录这两篇文字，是向他们表达我的尊崇。

在这 12 年里，近代海军研究还有一位重要的人物引起各方面的关注，他是我的好朋友陈悦。陈悦是一位业余研究者，他从创办“北洋水师”网站起家，广泛收集史料，结交各方俊杰，经过不懈努力，现在成为资深的海军史专家。我曾经多次向茅海建教授提起，在时下，史学研究要与互联网结合，应当关注陈悦在史学研究中取得的成就和他所走的道路。在本书的修订中，他也认真地提出过意见，并提供新发现的史料。我将为他写的三篇序言放在附录中，是对我们友谊的回顾和纪念，也是向这位年轻人致意。

今年是甲午战争 120 周年，两个甲子以来，中国的国际地位发生了根本的变化。中国海军也在保卫和拓展国家海洋权益的过程中走向远洋。我们研究中国近代海军兴衰的历史经验教训，我们更关注中国海军未来的发展，关注着钓鱼岛、南中国海和第一岛链，关注着中国海军从西太平洋走向印度洋、大西洋。当我站在“辽宁舰”的飞行甲板上的时候，我不由想起袁保龄当年修建旅顺口基地在黄金山炮台上撰写的对联：

大海澜回忆从前唐战辽征往昔英雄垂信史
高山天作愿此后镐京丰水中兴日月丽神州

今天是 2014 年 7 月 7 日，是中国全民族抗战爆发 77 周年纪念日。20 世纪 30 年代日本发动侵华战争，是甲午中日战争的延续，也是日本按照大陆政策实现称霸世界战略的延续。当下，日本政府解禁集体自卫权，其本质是修改“二战”后制定的和平宪法。对此，中国人民当然要保持高度警惕。以史为鉴，展望未来，为实现中华民族复兴的宏伟事业，我们要建设一支强大的现代化的海军。

姜鸣

2014年7月7日于上海

2021年版后记

这是《龙旗飘扬的舰队——中国近代海军兴衰史》的最新修订本。

1981 年，我在复旦大学历史系读大二的时候，在沈渭滨老师指导下开始研究中国近代海军史。1991 年，《龙旗飘扬的舰队》由上海交通大学出版社首次出版；2002 年，生活 · 读书 · 新知三联书店出版了增订本；2014 年，三联书店出版甲午增订本；直至今年，《龙旗飘扬的舰队》又出版了新的插图增订本。

中国近代海军史，特别是甲午战争史，是个常讲常新的话题，因为它记载着一百多年来中华民族经历的苦难、探索和抗争，承载着人民对国家强盛的希望和失落，印证着中国人走向现代化、走向世界的足迹和经历的挫折。回首这段曲折历史，使人既悲愤感慨，又从中吸取教训和力量。所以，这也成为我四十年来持续关注的课题和不断对本书进行修订的动力源泉。

读者常把本书叫成“龙旗飘飘”。在许多场合，素不相识的人会说，你就是《龙旗飘飘》的作者啊，给我们讲讲北洋海军吧。我因本书结交了很多朋友，尤其是海军的朋友，我也一直在关注着当下中国海军的发展。这些年，人民海军获得了长足发展，正在走向星辰大海，不断总结和反思历史上的经验教训，也就显得尤为重要。

熟悉我经历的朋友知道，我中学毕业那年，正是“文革”最后时期，我先读技校，后进工厂，参加过“七〇八工程”，在运 -10 飞机的总装线上工作。1980 年考入大学，1984 年留校任教。1985 年调入上海市委组织部，1992 年进入证券行业。2008 年转入上海国盛集团，参加对商用大飞机、航空发动机和集成电路产业的投资。当初离开工厂考大学，正是“十年动乱”结束未久，我有着强烈的学习新知识的冲动。离开大学转入机关，和离开机关再转入企业，我都怀着强烈的参与改革和社会发展的激情。我总觉得，作为一个研究中国近代历史的学者，应该投身到当下中国社会经济发展的实践中去。只有关注当下，才能更好地理解一百多年前中国人为走向世界所付出的每一步代价。

四十多年的光阴悄然流逝。我自己从青年工人、青年学生、青年教师、青年

干部起步，一路走完职业生涯。我自己所经历的人生，对于理解和思考中国近代历史上的曲折波澜，显然是有很大帮助的。退休之后，我将本书再次做了修订，补充进近年来学术界和我自己的研究成果，订正了一些不合适的表述，并特别增加“收复东沙，巡阅西沙 ”一节，以向当年为保卫国家南海权益的先辈和当下奋战在南海一线的军队和地方的朋友致敬。鉴于本书书名涉及龙旗，我特地对清末龙旗做了研究。刘申宁、孙海鹏为我积极联系，程红、王振芬两位馆长专门为我调出合肥李鸿章故居陈列馆和旅顺博物馆珍藏的两面龙旗实物。我一直认为，历史人物、历史事件，绝非简单的术语标签所能概括，它反映的是错综复杂的时代进程、人际关系，也包括思想观念和科学技术的进步和变迁。所以，本书在探索中国近代海军创建和失败的过程时，总是努力把军事史放进当年的大时代中考察分析，努力使得笔下的叙述更加复杂绚烂，接近历史本来的样貌，更加引人入胜。当然，由于是修订，总体上仍依循原书叙述结构，对书中可能存在的问题，也期待读者批评。或许十年之后，我还会再做新的修订。

在此，我要向本书修订过程中给予帮助的马忠文、陈悦、周政纬、张黎源、徐家宁、赵省伟、顾伟欣、孙建军、刘申宁、孙海鹏、程红、王振芬、梁颖、吉辰、林琳、吴慧剑、何云凌浩表示衷心感谢。向为本书各个版本编辑出版作出贡献的李安瑜、周孟霞、潘振平、孙晓林、张小波、章晓明、张雪雅等先生、女士表示衷心感谢。三十年前，推荐本书出版的上海团委副书记王仲伟先生，最近刚从国务院参事室主任岗位退休；当年《龙旗》问世不久，亲自撰写书评（刊于 1991 年 7 月 23 日《新民晚报》）推荐的老领导中共上海市委组织部赵启正部长，不久即转任上海市副市长和浦东新区党工委书记、管委会主任，亲自组织了浦东开发的宏伟事业；本书 2002 年增订本作序者柏耀平，现在担任北部战区海军副司令员。这三十年，是邓小平南方谈话后中国蓬勃发展的岁月，诸多往事回忆起来，恍若就在眼前，在此也向他们致以衷心感谢。本书出版和修订过程中，诸多朋友的关心帮助，我无法用语言表达，只能永远铭记在心。

屈指算来，当年的指导老师和本专业的前辈学者，沈渭滨、陈绛、张一文、王家俭、戚其章等先生已先后故世，在此谨表深切怀念。同时祝关捷、戚俊杰、马幼垣先生健康长寿。

姜鸣
2021 年 5 月 18 日于上海